AF748770

Archicad 29

Sie finden uns hier:

www.instagram.com/mitp_verlag/

www.facebook.com/mitp.Verlag

www.tiktok.com/@mitp_verlag

www.linkedin.com/company/mitp-verlag

Detlef Ridder

Archicad 29

Der umfassende Praxiseinstieg

mitp

Bibliografische Information der Deutschen Nationalbibliothek
Die Deutsche Nationalbibliothek verzeichnet diese Publikation in der Deutschen Nationalbibliografie; detaillierte bibliografische Daten sind im Internet über <https://portal.dnb.de/opac.htm> abrufbar.

Bei der Herstellung des Werkes haben wir uns zukunftsbewusst für umweltverträgliche und wiederverwertbare Materialien entschieden.
Der Inhalt ist auf elementar chlorfreiem Papier gedruckt.

ISBN 978-3-7475-1094-0
1. Auflage 2026

www.mitp.de
E-Mail: mitp-verlag@lila-logistik.com
Telefon: +49 7953 / 7189 - 079
Telefax: +49 7953 / 7189 - 082

© 2026 mitp Verlags GmbH & Co. KG, Augustinusstr. 9a, DE 50226 Frechen
Dieses Werk, einschließlich aller seiner Teile, ist urheberrechtlich geschützt. Jede Verwertung außerhalb der engen Grenzen des Urheberrechtsgesetzes ist ohne Zustimmung des Verlages unzulässig und strafbar. Dies gilt insbesondere für Vervielfältigungen, Übersetzungen, Mikroverfilmungen und die Einspeicherung und Verarbeitung in elektronischen Systemen.
Die Wiedergabe von Gebrauchsnamen, Handelsnamen, Warenbezeichnungen usw. in diesem Werk berechtigt auch ohne besondere Kennzeichnung nicht zu der Annahme, dass solche Namen im Sinne der Warenzeichen- und Markenschutz-Gesetzgebung als frei zu betrachten wären und daher von jedermann benutzt werden dürften.

Lektorat: Janina Vervost
Sprachkorrektorat: Petra Heubach-Erdmann
Covergestaltung: Christian Kalkert
Bildnachweis: © Oleksandr / stock.adobe.com
Satz: III-Satz, www.drei-satz.de

Inhaltsverzeichnis

Wo finde ich ...

Schnelle Themenübersicht

Downloads zum Buch

Auf der Webseite des Verlags unter `www.mitp.de/1094` steht ein Zusatzkapitel zum Thema »Morph-Elemente« zum kostenlosen Download bereit.

Darüber hinaus finden Sie dort die Antworten zu den Übungsfragen (Downloadkapitel X) sowie eine systematische Übersicht über die Benutzeroberfläche von Archicad mit allen Symbolleisten und Paletten mit ihren wichtigsten Funktionen (Downloadkapitel Y).

Kapitel 1

Schnellstart: Wie geht das?

In diesem einleitenden Kapitel wird zunächst die Installation des Programms beschrieben und dann anhand eines einfachen Beispiels ein kurzer Überblick über die Bedienung gegeben. Die Vertiefung über einzelne Bedienelemente, die Benutzeroberfläche und eine systematische Einführung in die Konstruktionsweise mit Archicad wird in den nachfolgenden Kapiteln gebracht.

1.1 Archicad und BIM

Archicad ist ein ausgereiftes CAD-System für Architekturaufgaben. Es arbeitet objektorientiert und erstellt ein Gebäudemodell aus Architekturelementen, die aus einem Werkzeugkasten gewählt werden und durch Einstellen ihrer Eigenschaften an die Anforderungen des Projekts angepasst werden. Diese Architekturelemente tragen alle Informationen über Materialien, Abmessungen und Volumen bei sich und sind damit intelligente Objekte. Die internen Informationen der Objekte werden automatisch in Form von Teilelisten, Stücklisten, Massenlisten und Raumstempeln als Projektdaten zusammengefasst und sind stets automatisch aktuell. Es handelt sich hier also nicht um ein Basis-CAD-Programm, das seine Konstruktionen aus einzelnen Linien, Bögen, Kreisen etc. zusammensetzt, sondern um ein fortgeschrittenes CAD-System mit intelligenten Objekten und fortschrittlicher Konstruktionstechnik. Archicad nennt sein CAD-Modell deshalb BIM, *Building Information Model*. Es gibt zur eigentlichen CAD-Software noch eine interessante Projektverwaltungssoftware, den Graphisoft BIM Server. Damit können Projekte, auf die mehrere Mitarbeiter zugreifen sollen, im Netzwerk verwaltet und mit Zugriffsrechten versehen werden.

1.2 Neuheiten der aktuellen Version

Archicad 29 weist gegenüber der Vorgängerversion einige Neuerungen und Verbesserungen auf.

- AI-ASSISTENT – Die Beta-Version eines AI-Assistenten wurde implementiert, um als modernes Werkzeug bei Hilfeanfragen zu Archicad-Themen und komplexen Objektwahlen zur Verfügung zu stehen.
- SCHNELLES DREHEN – Eine schnelle Drehen-Funktion für Drehungen um +/-90° wurde mit den Tastenkürzeln `Strg`+`→` bzw. `Strg`+`←` implementiert.

- 3D-AUFLÖSUNGSVERBESSERUNG – Die Auflösung von 3D-Darstellungen in Layouts kann über Kontextmenü dieser Bilder reguliert werden.
- DIREKTEINGABE FÜR ÖFFNUNGEN IN SEITENANSICHTEN – Mit dem ÖFFNUNGS-Werkzeug können Öffnungen in Schnitten und Ansichten direkt erzeugt werden.
- AUSSCHNITTE FILTERN – AUSSCHNITTE können über einen Index und wählbare Kriterien gefiltert, überprüft und – bei Nichtverwendung – gelöscht werden.
- PROJEKTORDNER AUF-/ZUBLÄTTERN – Im Kontextmenü der Projektordner gibt es eine Option zum schnellen Ein-/Ausschalten aller untergeordneten Ordner.
- BIBLIOTHEKSAKTUALISIERUNGEN – Archicads Bibliotheken werden in künftigen Updates ergänzt. Im ersten Update sind neue Bäume. Aufzüge und Schiebetüren enthalten.
- VERBESSERUNGEN FÜR AUSWERTUNGSFORMATIERUNGEN – Die Felder in Auswertungslisten können über Farben, Einheiten, Präfixe und Ersatztexte für Nullen vielfältiger formatiert werden.
- PFEILSPITZEN FÜR 2D-KURVEN – Alle 2D-Kurven von LINIE bis SPLINE können mit diversen Pfeilspitzen versehen werden.
- MARKER MIT UMBAU-STATUS – Auch Marker können nun einem bestimmten Umbau-Status zugeordnet werden.
- PDF-SEITEN ERSETZEN – Sie können PDF-Seiten in einem Layout durch eine andere Seite desselben PDF-Dokuments ersetzen.
- ARCHICAD-VERBINDUNGEN (BIMPLUS, BLUEBEAM) – Sofern Sie entsprechende Accounts besitzen, können Sie auf das BIMPLUS (Allplan) zugreifen, um Modelle zu vergleichen oder auf Bluebeam (Softwarelösung zur PDF-Verarbeitung).

1.3 Die Testversion

Unter `http://www.graphisoft.de` können Sie eine Testversion von Archicad 29 übers Internet herunterladen. Sie finden auf der Begrüßungsseite oben rechts einen Button JETZT TESTEN. Nach einem Klick darauf erscheint ein Fenster zur Auswahl der Art der Testversion. Unter STUDIUM/AUSBILDUNG/SCHULE/LEHRE kann mit einem Ausbildungsnachweis eine Lizenz für ein Jahr angefordert werden, unter KOMMERZIELL kann eine 30-Tage-Test-Lizenz erhalten werden. Die Lizenznummer wird jeweils nach einer Registrierung zugewiesen.

1.3.1 Hard- und Software-Voraussetzungen

Folgende 64-Bit-Betriebssysteme werden für Archicad 29 empfohlen:

- Windows 11
- macOS 14 Sonoma, 15 Sequoia oder 16 Tahoe

Als Hardware wird mindestens vorausgesetzt:

- Für PC oder Mac: Ein 64-Bit-Prozessor mit vier oder mehr Kernen wird empfohlen (AMD Ryzen 5 bis 9, Apple M1 bis M2 Ultra), mindestens aber zwei Kerne.
- 16 GB RAM-Speicher oder mehr werden empfohlen.
- Mindestens 5 GB freier Speicherplatz auf einem SSD-Laufwerk für die komplette Installation
- Zusätzlich 10 GB Festplattenspeicher oder mehr pro aktivem Projekt
- Bildschirmauflösung von 1920 x 1080 Pixel oder mehr wird empfohlen, mindestens 1440 x 900 Pixel.
- DirectX 11-kompatible Grafikkarte mit mindestens 4 GB
- Für die Redshift Rendering Engine ist eine NVIDIA-Grafikkarte mit Cuda 7.0 oder höher oder AMDs Navi/Vega nötig, sowie ein VRAM-Speicher mit mindestens 8 GB.
- Zeigegerät: Maus oder Trackball
- Schnelles Internet für den Software-Download und Updates

Für die kommerzielle Vollversion ist entweder eine Cloud-Lizenz, ein Archicad-CodeMeter-Hardware- oder -Software-Key nötig.

1.3.2 Installation

Obwohl Sie zur Ausführung von Archicad nur einfache Benutzerrechte benötigen, müssen Sie für die Installation *Administratorrechte* auf dem Rechner besitzen. Außerdem sollten alle anderen Anwendungen geschlossen sein.

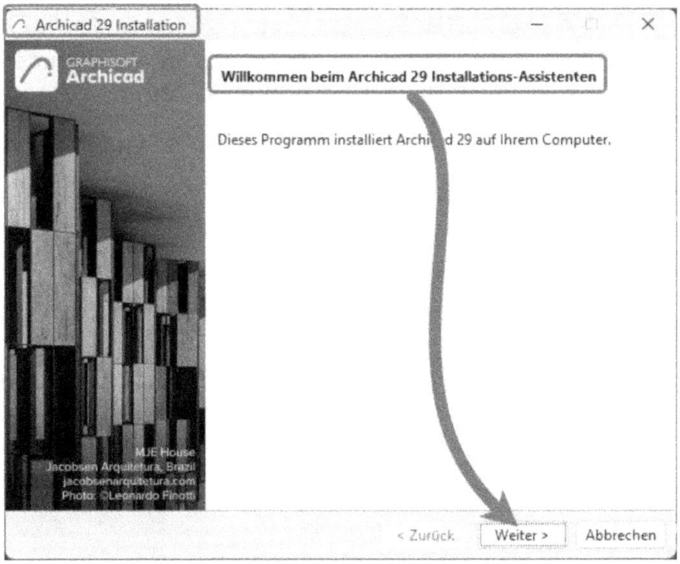

Abb. 1.1: Installation von Archicad 29

Nach dem Download führen Sie die Datei ARCHICAD-29.0.0-GER.exe aus dem Download-Verzeichnis aus. Es erscheint ein Hauptdialogfenster (Abbildung 1.1) und dann eine Reihe weiterer Dialogfenster, die Sie meist mit einem Klick auf WEITER durchlaufen.

Wenn eine vorherige Version von Archicad gefunden wird, könnten Sie einige Einstellungen übernehmen. Es wird aber empfohlen, die neuesten Programmeinstellungen zu benutzen.

Mit FERTIGSTELLEN wird die Installation beendet.

1.3.3 Die deutschen Vorlagen

Vermutlich liegt es an Windows 11, dass ArchiCAD 29 nicht die korrekte Vorlage für die deutsche Version lädt. Stattdessen startet das Programm bisher mit einer internationalen Vorlage, die nicht so einfach gewechselt werden kann, wie es im Text des Startfensters empfohlen wird. Da ich nicht weiß, wann dieses Startproblem korrigiert werden kann, beschreibe ich hier für den Fall der Fälle einfach mal, wie man sich schnell deutsche Vorlagen aus dem Internet selbständig beschaffen kann.

Es gibt dabei zwei Vorlagen, die sich in der Lage des Bezugspunkts für die Geschosshöhen unterscheiden:

- Die Vorlage mit dem Bezugspunkt, also der Höhe 0 m, auf der Oberkante des Fertigfußbodens führt in ihrem Namen die Kennzeichnung **OK_FF**,
- die Vorlage mit dem Bezugspunkt auf der Rohdecke trägt die Kennzeichnung **OK_RD**.

Der Link zu den beiden Vorlagen wäre:

www.graphisoft.com/de/service-support/downloads?section=cross-border-cooperation&localization-GER.

Auf dieser Seite schalten Sie nun noch auf **Online-Template** um und finden dann die oben beschriebenen Vorlagendateien mit der Endung ***.tpl**.

Diese Vorlagen sollten Sie dann auch im Vorlagenverzeichnis ablegen:

C:\Programme\Graphisoft\Archicad 29\Grundeinstellungen\Archicad.

1.4 Programmstart und Benutzeroberfläche

1.4.1 Neues Projekt starten

Wir wollen hier zunächst Archicad so benutzen, wie es bei normaler Installation eingerichtet ist.

Abb. 1.2: Startsymbol für Archicad 29 auf dem Desktop

Nach Programmstart erscheint das Start-Dialogfenster (Abbildung 1.3). Hier wählen Sie, ob Sie ein neues Projekt beginnen wollen (= NEUES PROJEKT) oder eine bestehende Konstruktion fortsetzen wollen (= PROJEKT SUCHEN). Sie könnten sich auch an einem Team-Projekt beteiligen, wenn der BIM-Server installiert und gestartet ist. Für die erste Konstruktion wählen Sie hier NEUES PROJEKT ❶.

Wenn Sie wie oben beschrieben die deutschen Vorlagen gespeichert haben, dann werden neben der internationalen Vorlage 00 ARCHICAD INT TEMPLATE.TPL zwei Vorlagen angeboten, die sich in der Geschoss-Organisation unterscheiden. Bei 01 AC29.3000.DEFAULT.01 ARCHICAD BEISPIEL-VORLAGE – GESCHOSS OK FF.TPL startet und endet ein Geschoss mit der *Oberkante des Fertigfußbodens* (OK FF). Bei der zweiten Vorlage erstreckt sich das Geschoss zwischen den *Oberkanten der Rohdecken* (OK RD). Da für viele Maße der Fertigfußboden mit Höhe 0 nützlich ist, verwenden Sie hier als *Vorlage* am besten die AC29.3000.DEFAULT.01 ARCHICAD BEISPIEL-VORLAGE - GESCHOSS OK FF.TPL ❷ und wählen die *Arbeitsumgebung* PROFIL ARCHITEKTUR 29 ❸. Dann beenden Sie den Dialog mit NEU, und die Vorlage, zugehörige Bibliotheken und die Benutzeroberfläche werden geladen.

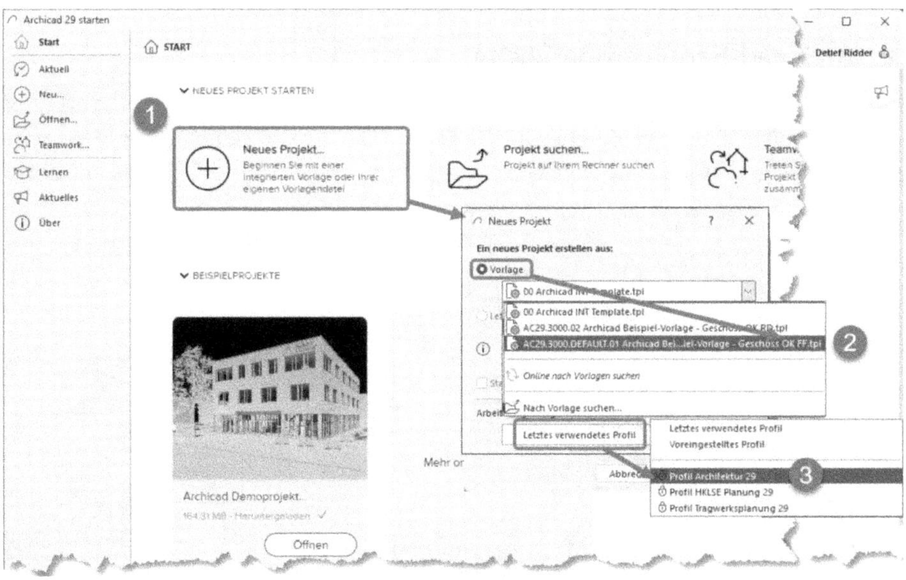

Abb. 1.3: Start-Dialogfenster bei Archicad

Auf dem Bildschirm erscheint für einige Sekunden zunächst ein Dialogfenster mit Lizenzhinweisen, die Sie auch per Klick akzeptieren können.

Dann wird beim ersten Start im Vordergrund ein empfehlenswertes LERN CENTER (Abbildung 1.4) mit den Registern PRODUKT-TOUR, QUICK-TUTORIALS und HILFE zur Einführung in die Möglichkeiten des Programms angezeigt. Es ist als kleine Einführung in die Bedienung recht empfehlenswert. Sie können das LERN CENTER auch nachträglich über das Menü HILFE|LERN CENTER jederzeit aufrufen.

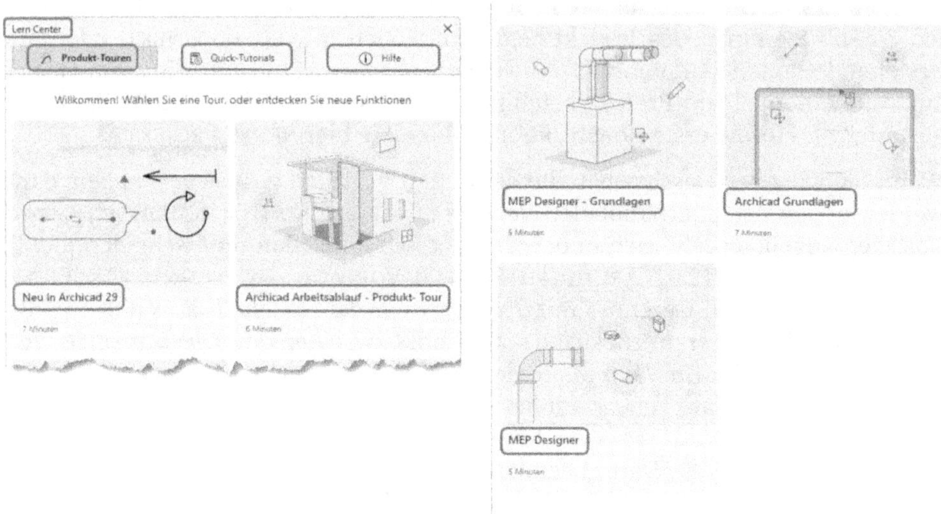

Abb. 1.4: Das neue Lern Center

1.4.2 Archicad-Benutzeroberfläche

Nach Schließen des Lern Centers erscheint mitten im zentralen Grundrissfenster ein Hinweistext auf der Zeichenfläche ❻. Auf der linken Seite dieses Texts wird die höhenmäßige Zuordnung von Geschosshöhen, Decken und Wänden beschrieben (Abbildung 1.6).

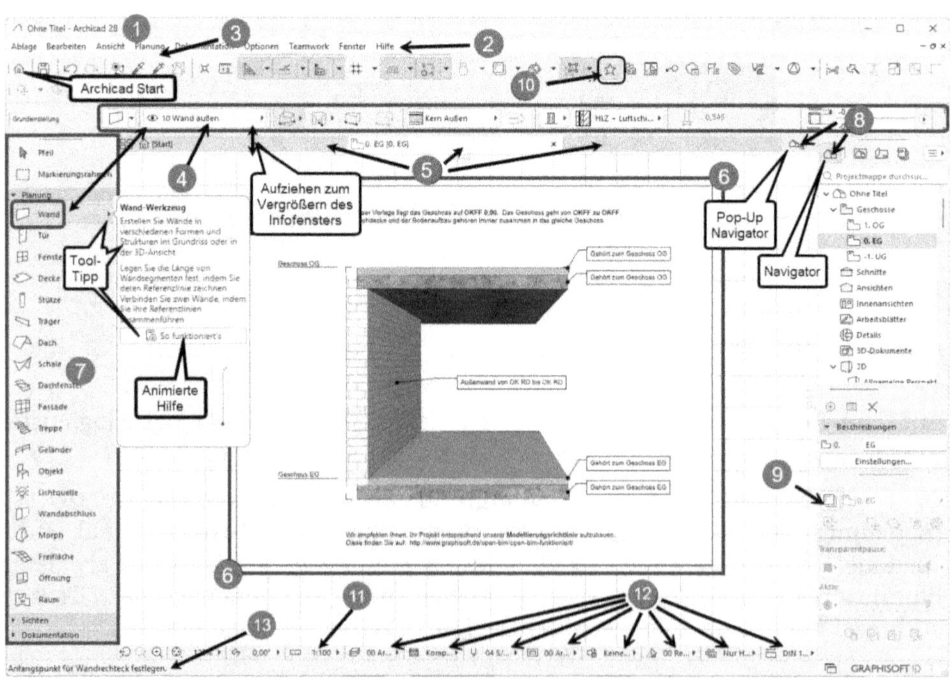

Abb. 1.5: Archicad-29-Benutzeroberfläche nach dem Start

Unten wird darauf hingewiesen, dass Sie eine nützliche MODELLIERUNGSRICHTLINIE für Ihr Projekt aus dem Internet herunterladen können.

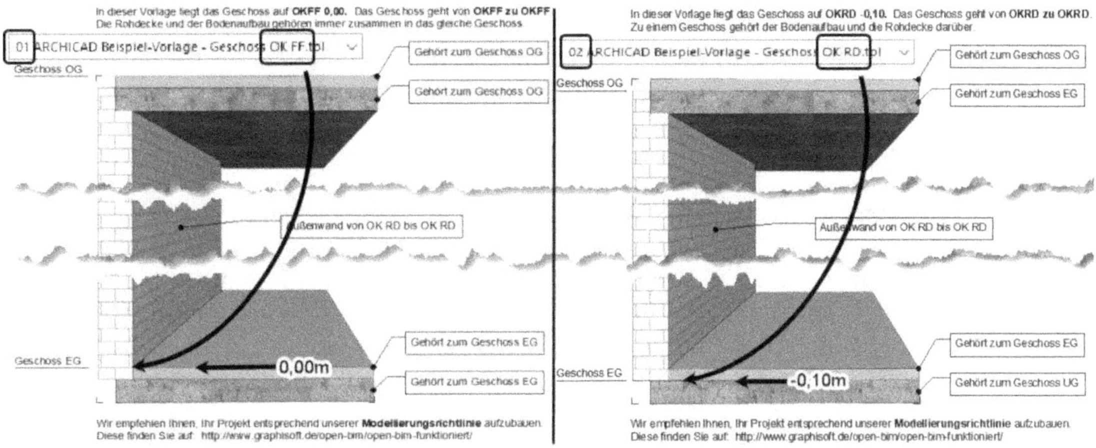

Abb. 1.6: Hinweise zur Orientierung von Decken und Wänden

Diesen Hinweis-Text können Sie anklicken oder über zwei Klicks mit einer Box markieren ❻ und mit der Taste `Entf` löschen.

Programmleiste

Der oberste graue Balken, die PROGRAMMLEISTE ❶ zeigt den *Namen der aktuellen Projektdatei* und den *Programmnamen* an. Hier wird zunächst mit **`Ohne Titel`** angedeutet, dass die Datei noch nicht gespeichert wurde und deshalb auch noch keinen Namen trägt. Um Ihrem Projekt einen Namen zu geben, genügt es, den üblichen Befehl SICHERN 💾 in der Multifunktionsleiste zu starten und einen Namen einzugeben. Die Archicad-Zeichnung wird mit der Dateiendung *.PLN – abgeleitet von »PLaN« – gespeichert. Die Sicherungsdateien erhalten die Endung *.BPN entsprechend »Backup-PlaN«.

Menüleiste

Unter der PROGRAMMLEISTE finden Sie die MENÜLEISTE ❷. Sie enthält in Aufklappmenüs die *Befehlsaufrufe nach Kategorien* geordnet.

Symbolleiste STANDARD

Darunter liegt die Symbolleiste STANDARD ❸ mit Funktionen wie NEU, ÖFFNEN, SICHERN, DRUCKEN und vielen weiteren Werkzeugen.

Infofenster

Unter der Menüleiste liegt das INFOFENSTER ❹, das immer die wichtigsten Details des *aktuellen Konstruktionswerkzeugs* anzeigt. Wenn kein Werkzeug aktiv ist, liegen dort die Einstellungen für das PFEIL-Werkzeug. Normalerweise ist dieses Fenster eine Zeile hoch, es kann aber durch Herunterziehen des Zeichenfenster-Rands vergrößert werden, um mehr Eingabeoptionen des aktuellen Werkzeugs zu sehen.

Ansichts-Tabs

Darunter liegt eine Leiste ❺, die *Tabs* zum Aufruf verschiedener Zeichnungsansichten enthält. Vorgabemäßig liegt hier nur ein Tab für das GRUNDRISSFENSTER des Erdgeschosses. Weitere Tabs für eine 3D-ANSICHT oder andere Modellansichten erscheinen erst, wenn Sie im Navigator entsprechende Ansichten aktiviert haben. Durch diese Tabs wird das Umschalten zwischen verschiedenen Ansichten der Zeichnung besonders schnell möglich. Archicad stellt hier dann im Laufe der Konstruktion immer die zuletzt benutzten Ansichten zur Verfügung, nicht nur die voreingestellte Grundrissansicht.

Grundrissfenster,

Den Hauptteil der Bildschirmoberfläche nimmt das GRUNDRISSFENSTER ❻ ein. Hier entsteht im normalen Konstruktionsmodus Ihr Projekt in Form von Grundrissen. Der KOORDINATENNULLPUNKT wird durch ein *Kreuz* markiert. Sie werden feststellen, dass dieses Kreuz nach dem Löschen der Starthinweise links oben auf dem Bildschirm liegt. Da man meist diesen Punkt als Nullpunkt für den Start der Konstruktion verwenden will, sollte man ihn der Einfachheit halber nach links unten verlegen. Dazu positionieren Sie den Cursor in die Nähe des Kreuzes, halten dann das Mausrad gedrückt – der Cursor wandelt sich in ein Handsymbol um – und bewegen nun den Cursor in die Ecke links unten. Der Vorgang ist der dynamische PAN-Modus, mit dem die Zeichenfläche mit allen darauf befindlichen Objekten beliebig verschoben werden kann.

Werkzeugkasten

Der WERKZEUGKASTEN erscheint links ❼ und zeigt für jedes markierte Werkzeug nützliche TOOLTIPPS in Textform an und nach längerem Verweilen auch eine grafische Erklärung, die Sie für ein Hilfe-Video anklicken können. Der WERKZEUGKASTEN enthält die *Erstellungswerkzeuge* für die verschiedenen *Architekturelemente*. Die einzelnen Werkzeuggruppen

- PLANUNG – Werkzeuge zum Erstellen der Architekturelemente,
- SICHTEN – Werkzeuge zur Erzeugung zusätzlicher Ansichten und
- DOKUMENTATION – Werkzeuge zum Bemaßen, Beschriften und für 2D-Skizzen

können individuell aufgeblättert oder geschlossen werden.

Tipp

Sollte der WERKZEUGKASTEN einmal ganz anders aussehen, dann haben Sie evtl. beim Start ein anderes PROFIL gewählt wie beispielsweise die HKLSE-PLANUNG oder TRAGWERKSPLANUNG. Ändern Sie das nachträglich unter OPTIONEN|ARBEITSUMGEBUNG|PROFIL ANWENDEN|PROFIL ARCHITEKTUR 29.

Navigator

Der NAVIGATOR mit Anzeige aller Geschosse kann über den POP-UP NAVIGATOR ❽ eingeschaltet werden. Im NAVIGATOR sehen Sie die Struktur des Projekts mit den verschiedenen *Geschossen, Schnitt-, Detail-* und *3D-Ansichten* und den *Zeichnungsinformationen,* die in *Listen* zusammengefasst werden können.

Transparentpause

Die TRANSPARENTPAUSE ❾ zur gleichzeitigen Anzeige mehrerer Geschosse ist standardmäßig aktiviert und unter dem NAVIGATOR platziert. Sie kann über das Menü FENSTER|PALETTEN|TRANSPARENTPAUSENPALETTE aus-/eingeschaltet werden.

Favoriten

Die FAVORITEN können unter ❿ aktiviert werden. Dort finden Sie die bevorzugten Konstruktionselemente aus den Bibliotheken, auch in grafischer Darstellung. Die FAVORITEN werden bei vielen Werkzeugen automatisch aktiviert, wenn Sie rechts neben dem Werkzeug auf das Drop-Down-Symbol ▾ klicken. Eigene Konstruktionselemente mit eigenen Parameterwerten und Namen können Sie später hier auch aus dem EINSTELLUNGSDIALOG jedes Werkzeugs hinzufügen, um sie jederzeit sozusagen griffbereit zu halten. Mit einem *Doppelklick* auf diese FAVORITEN-Elemente in der Palette wird auch das zugehörige Erstellungswerkzeug aktiviert.

Schnell-Optionen

In der Leiste unter dem Zeichenfenster verteilt von links nach rechts finden Sie die nützlichen SCHNELL-EINSTELLUNGEN ⓬ der Zeichnungsansicht.

Tipp

Die bisher genannten Paletten können Sie auch über das Menü FENSTER|PALETTEN|... jederzeit aktivieren oder deaktivieren. Unter FENSTER|SYMBOLLEISTEN finden Sie die oben genannten Symbolleisten und auch weitere. PALETTEN und SYMBOLLEISTEN können per Drag&Drop oder mit einem Doppelklick auch über oder unter dem Zeichenbereich *angedockt* werden.

Hilfsmittelleiste

Unter dem GRUNDRISSFENSTER liegt noch die HILFSMITTELLEISTE ⓫ mit Buttons für *Zoom-Optionen* (Abbildung 1.7) auf der linken Hälfte.

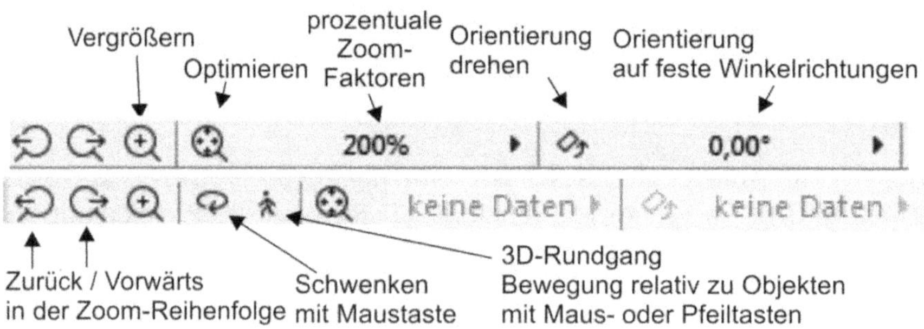

Abb. 1.7: Werkzeuge der HILFSMITTELLEISTE für 2D und 3D

Die ZOOM-Werkzeuge in der HILFSMITTELLEISTE haben folgende Bedeutung:

- VORHERIGER ZOOM – geht in der Zoom-/Schieben-/Drehen-Historie rückwärts.
- NÄCHSTER ZOOM – geht in der Zoom-/Schieben-/Drehen-Historie wieder vorwärts.
- ZOOM-VERGRÖẞERN – Sie wählen hierbei über zwei diagonale Punkte einen Ausschnitt des Bilds aus, der dann auf den kompletten Bildschirm vergrößert wird.
- ORBIT – Diese Funktion existiert nur, wenn Sie im NAVIGATOR eine 3D-ANSICHT gewählt haben. Sie erlaubt durch vertikale Bewegung der gedrückten Maustaste ein Kippen der 3D-Ansicht, bei horizontaler Bewegung ein Drehen.
- 3D-RUNDGANG – Diese Funktion existiert nur, wenn Sie im NAVIGATOR eine 3D-ANSICHT gewählt haben. Sie bewegen mit Maustaste oder Pfeiltasten Ihre Position relativ zur Konstruktion. OPTIMIEREN – zeigt die gesamte Konstruktion bildschirmfüllend an.
- 200% ▸ ZOOM – steuert die Vergrößerung auf dem Bildschirm unabhängig vom späteren Plotmaßstab. Hier können Sie einen Zoomfaktor aus einer Liste diskreter Werte auswählen. Dieses Feld dient der Anzeige des aktuellen Zoomfaktors.
- ORIENTIERUNG EINSTELLEN – dreht den Bildschirminhalt um einen wählbaren Drehpunkt (erster Klick) aus einer gewählten Richtung (zweiter Klick: Punkt für Startwinkel) in eine neue Richtung (dritter Klick: Punkt für neuen Winkel).
- 0,00° ▸ ORIENTIERUNG – Diese Box erlaubt die Auswahl eines festen Drehwinkels aus einer Box. Ein Klick darauf genügt, um die Drehung auf einen festen Wert einzustellen.

Dialogleiste

Als unterste Leiste des Programms finden Sie eine DIALOGLEISTE ⓭, in der bei Befehlsbedienung die Eingabeaufforderungen der Werkzeuge erscheinen.

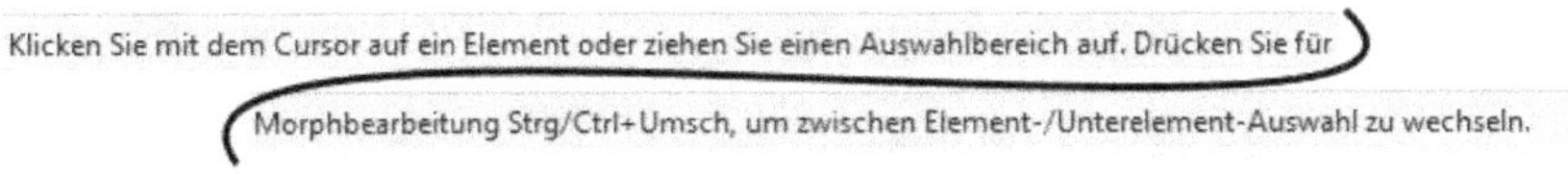

Abb. 1.8: Dialogleiste zur Erläuterung der Eingabe für jeden Befehl

In der PROJEKTMAPPE wird rechts oben unter GESCHOSSE mit 0. EG das *Erdgeschoss als aktuelles Geschoss* markiert sein (Abbildung 1.9). Die Geschossnummerierung beginnt automatisch mit 0, der Name EG ist eine Vorgabe, die Sie nach Rechtsklick darauf über GESCHOSS UMBENENNEN auch ändern können.

Etwas unterhalb der Strukturdarstellung des NAVIGATORS finden Sie unter BESCHREIBUNGEN die Schaltfläche EINSTELLUNGEN. Hier können Sie mit einem Klick die Voreinstellungen für das Geschoss sehen, ändern und auch weitere Geschosse mit DARÜBER EINFÜGEN und DARUNTER EINFÜGEN erstellen (Abbildung 1.10) und mit den gewünschten Höhenangaben versehen. Alternativ erreichen Sie die GESCHOSS-EINSTELLUNGEN auch über das Rechtsklickmenü eines beliebigen Geschosses.

Im Beispiel werden wir uns zunächst auf ein einziges Geschoss beschränken.

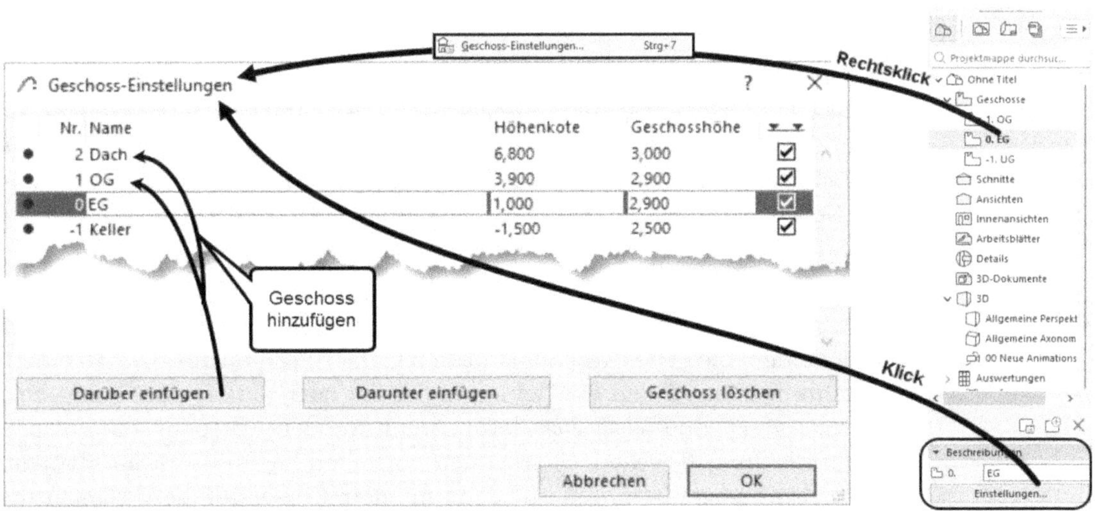

Abb. 1.9: Einstellungen für Geschosse

1.4.3 Nützliche Voreinstellungen

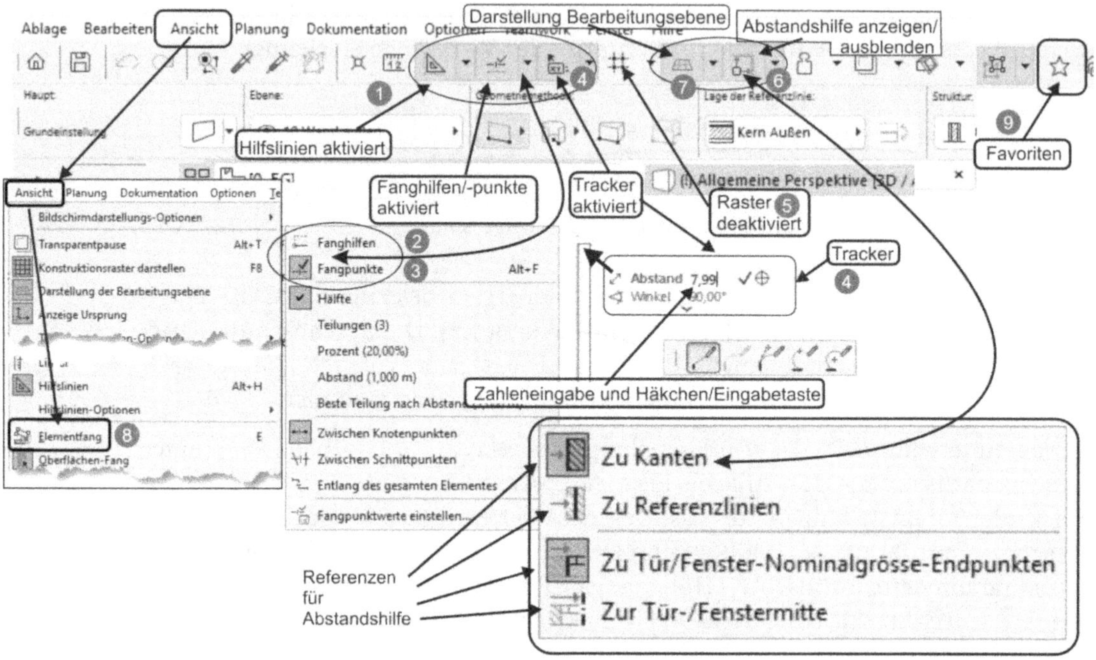

Abb. 1.10: Nützliche Voreinstellungen für die Konstruktion

In der STANDARD-Symbolleiste finden Sie einige nützliche Werkzeuge (Abbildung 1.10), die Ihnen bei der Koordinateneingabe helfen:

- Die HILFSLINIEN ❶ erscheinen als *horizontale, vertikale oder an Objektkanten ausgerichtete orangefarbene permanente Hilfslinien*. Erzeugt werden sie, indem Sie die auf dem Grundrissfenster in den vier Himmelsrichtungen *am Rand sichtbaren orangefarbenen Linien* auf eine Punktposition oder eine Elementkante ziehen. Neben dem HILFSLINIEN-Werkzeug finden Sie in der Drop-down-Liste Funktionen zum Löschen aller oder einzelner dieser Hilfslinien.
- FANGHILFEN ❷ sind temporäre Hilfslinien, die automatisch während einer Konstruktion erscheinen und beim Beenden des Konstruktionsbefehls wieder verschwinden. Sie gehen von der aktuellen Cursor-Position aus oder an einem angefahrenen Punkt und erscheinen *horizontal* oder *vertikal* oder auch *unter Winkeln von 45°* und *Vielfachen* davon, wenn Sie den Cursor in die entsprechende Richtung bewegen. HILFSLINIEN entstehen auch, wenn Sie Elementkanten etwas länger berühren und dann mit dem Cursor auf die Verlängerung dieser Kanten fahren. Die gedachte Verlängerung erscheint dann als gestrichelte Hilfslinie.

- FANGPUNKTE ❸ ist wie FANGHILFEN standardmäßig aktiviert. Vorgabemäßig ist der ENDPUNKT einer Elementkante zum exakten Einrasten eingestellt. Sowie Sie einen Endpunkt anfahren, erscheint der Cursor in Häkchenform; wenn Sie dann länger darauf bleiben, wird er hellblau eingekringelt. Der TRACKER bietet dann die *Abstandseingabe* von diesem Punkt aus auf den FANGHILFEN an. Andere Positionen entlang von FANGHILFEN können durch Aufklappen eines Menüs neben dem FANGHILFEN/-PUNKTE-Werkzeug eingestellt werden. Standardvorgabe dafür ist HÄLFTE, also der *Mittelpunkt* von Elementkanten.
- Der TRACKER ❹ ermöglicht, wie oben demonstriert die *Koordinateneingabe* oder *Abstandseingabe* an der *Cursorposition*.
- Der RASTERFANG ❺, hier deaktiviert, bewirkt, dass Sie auf den Positionen eines vordefinierten Rasters einrasten würden. Er kann beispielsweise benutzt werden, um bei vollen Metern oder anderen charakteristischen Abständen einzurasten.
- Mit ABSTANDSHILFE ANZEIGEN/AUSBLENDEN ❻ erhalten Sie bei der Eingabe von Positionen automatisch die x- und y-Abstände zu den hier gewählten *Referenzobjekten* angezeigt, die Sie einfach überschreiben können. Wenn zwei Abstände gleichzeitig angezeigt werden, blättern Sie dazwischen mit der [Tab]-Taste.
- DARSTELLUNG BEARBEITUNGSEBENE ❼ bietet in 3D-Darstellungen die Anzeige der aktuellen Arbeitsebene an.

Weitere nützliche Hilfsmittel sind der ELEMENTFANG und die FAVORITEN.

- Der ELEMENTFANG ❽ wird im Menü ANSICHT oder über Tastenkürzel [E] aktiviert. Er bewirkt, dass die *charakteristischen Punkte von Elementen*, wie Endpunkte von Wänden, für dynamische Änderungen, wie beispielsweise dynamische Verschiebungen mit dem PFEIL-Werkzeug, die Form von kleinen Quadraten annehmen und diese Elemente dann mit diesen Quadratpositionen an Positionen oder Fangpunkten anderer Elemente einrasten können.
- Die FAVORITEN ❾ können Sie über das Werkzeug ☆ in der Symbolleiste STANDARD, das Menü FENSTER|PALETTEN|FAVORITEN oder Tastenkürzel [Strg]+[F] aktivieren. Damit können Sie häufig benutzte Elemente in einer Liste zur schnellen Auswahl anzeigen lassen. *Eigene* Elemente mit bestimmten individuellen Voreinstellungen können Sie später aus dem GRUNDEINSTELLUNGEN-Dialogfenster jedes Werkzeugs mit der Schaltfläche FAVORITEN dort ablegen. Als Beispiel wird in Abbildung 1.11 eine Wand mit Wandstärke 50 cm als Favorit gespeichert:
  1. WERKZEUGKASTEN|PLANUNG ▾ |WAND
  2. INFOLEISTE|WAND|GRUNDEINSTELLUNG|EINSTELLUNGSDIALOG (aber nicht ▾)

3. Im Dialogfenster WAND-GRUNDEINSTELLUNGEN: Im Panel GEOMETRIE UND POSITIONIERUNG die Wandstärke auf **0,50** ändern
4. Darüber im selben Dialogfenster FAVORITEN anklicken
5. Unten im Dialogfenster FAVORITEN: NEUER FAVORIT anklicken
6. Passenden Namen dafür eintragen: **KS 50 cm**
7. OK anklicken
8. Neuer Name erscheint in FAVORITEN DURCHSUCHEN
9. Rechts unten auf ANWENDEN klicken

Die neue Wand erscheint nun zusätzlich in der FAVORITEN-PALETTE.

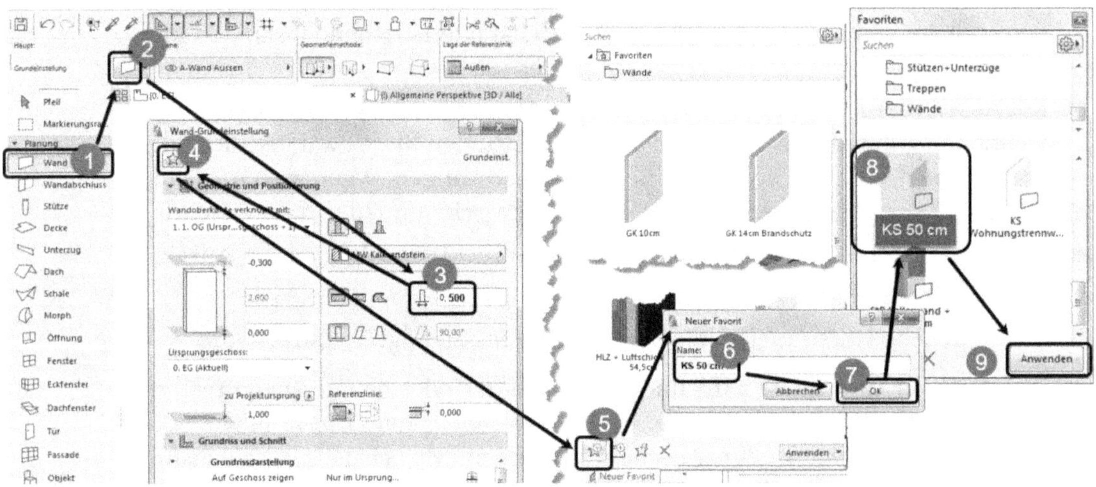

Abb. 1.11: Favoriten mit eigenem WAND-Element bestücken

1.5 Die Wände

Um schnell in die Konstruktion einzusteigen, sollen hier zunächst die Außenwände für einen einfachen Grundriss gezeichnet werden, dann Innenwände hinzugefügt und Fenster und Türen mit Standard-Bibliotheks-Elementen eingebaut werden. Die Maße sind in Abbildung 1.12 gegeben.

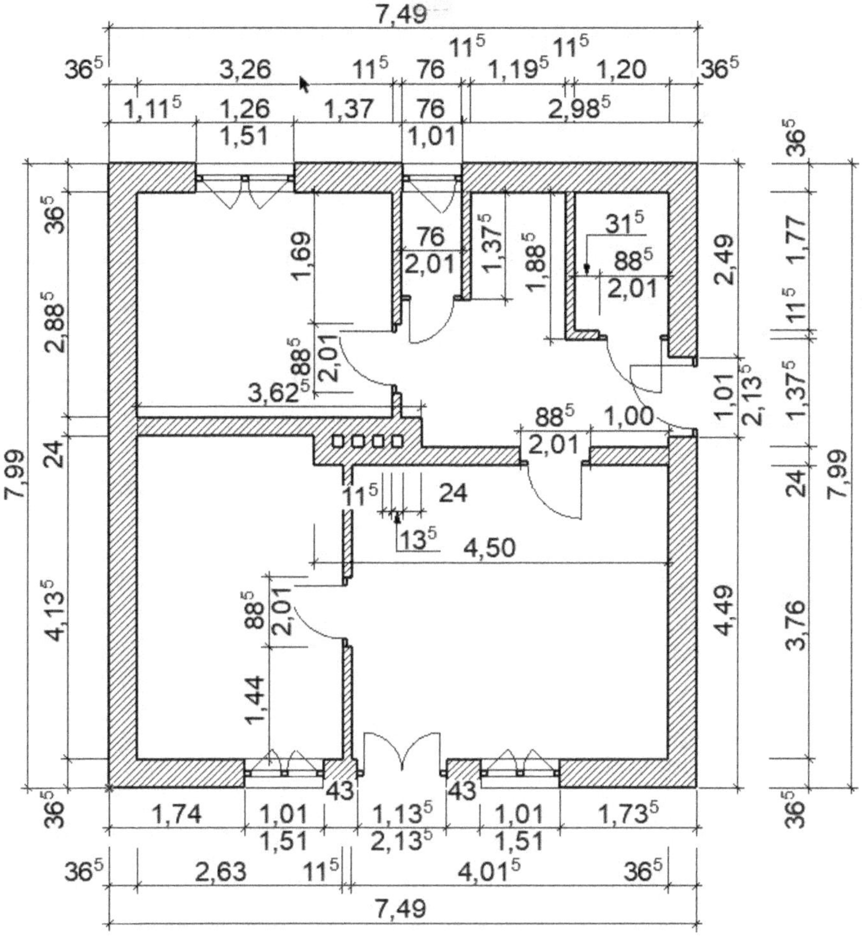

Abb. 1.12: Erste Beispielkonstruktion

1.5.1 Wand-Werkzeug und Außenwände

Für die ersten Wände beginnen Sie damit, dass Sie im WERKZEUGKASTEN links das WAND-Werkzeug anklicken. Das führt dazu, dass im INFOFENSTER oberhalb des Grundrissfensters die wichtigsten GRUNDEINSTELLUNGEN für dieses WAND-Werkzeug angezeigt werden (Abbildung 1.13). Außerdem erscheint sofort ganz unten in der DIALOGLEISTE die Anfrage ANFANGSPUNKT FÜR WAND FESTLEGEN. Hier erfahren Sie bei Aufruf bestimmter Funktionen immer, was zu tun ist. Sofern Sie also noch nicht auswendig wissen, wie Archicad zu bedienen ist, bekommen Sie hier unten stets wertvolle Hilfe.

Zur schnellen Auswahl von favorisierten Wandtypen aktivieren Sie gleich im Wandwerkzeug rechts neben dem Icon mit dem Drop-Down-Symbol ▾ die FAVORITEN ❶. Unter der Kategorie WÄNDE ❷ können Sie beispielsweise den Typ KS

36,5 CM ❸ mit Doppelklick wählen. Alternativ erreichen Sie die Wandtypen auch über ▾ ❹ oben neben der INFO-LEISTE im Icon WAND-EINSTELLUNGSDIALOG. Wenn Sie das FAVORITENWERKZEUG in der STANDARD-Symbolleiste oben ❺ aktiviert haben (hellblau hervorgehoben), wird für jedes Konstruktionswerkzeug die Favoritenpalette *automatisch* angezeigt.

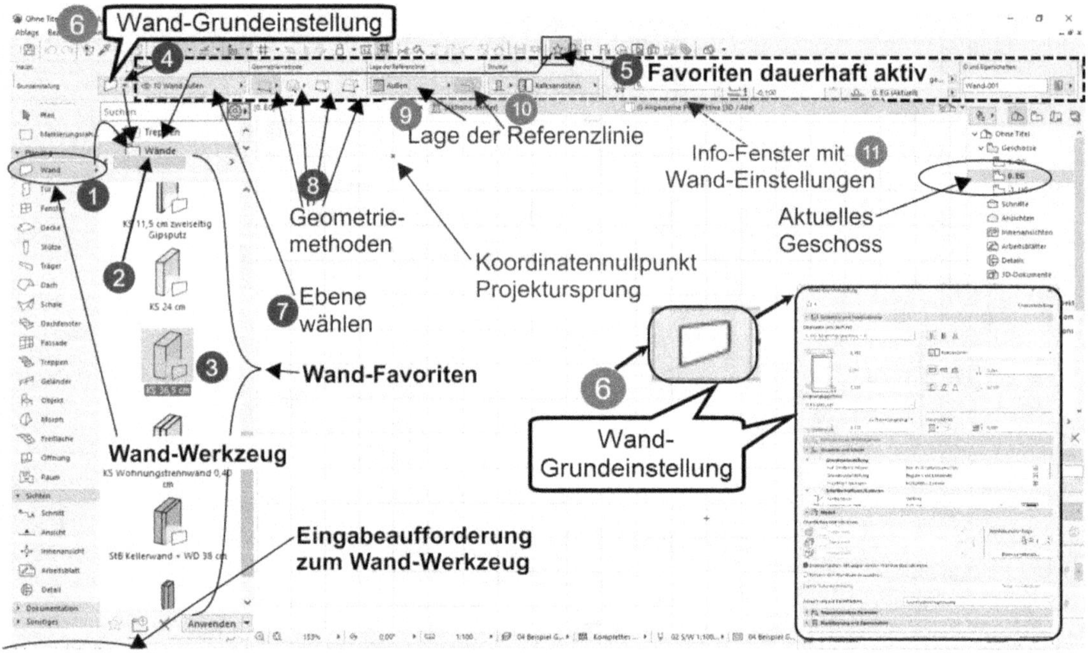

Abb. 1.13: WAND-Werkzeug aufrufen

Sie sollten einen kurzen Blick auf das INFOFENSTER ⓫ (*gestrichelt*) oben werfen. Es enthält mit mehreren Schaltflächen, einigen Unterkategorien und Eingabefeldern die *wichtigsten Bedienelemente* für die Festlegung der Parameter für eine Wand.

Mit dem Button EINSTELLUNGSDIALOG ❻ würden Sie ein Dialogfeld *mit den kompletten Einstellungen* für ein Wandelement erreichen, die WAND-GRUNDEINSTELLUNG (siehe Einblendung rechts unten). Im INFOFENSTER sehen Sie in der ersten Schaltfläche die für das aktuelle Element aktivierte EBENE aus der Objektebenen-Verwaltung von Archicad, hier 10 WAND AUßEN ❼.

Archicad legt die Elemente der Konstruktion auf verschiedene logische EBENEN. Für fast jedes Element und auch für einzelne Elementtypen gibt es eigene Ebenen, um damit später die Darstellung steuern zu können. So gibt es für *Wände* die logischen Ebenen 10 WAND AUßEN, 10 WAND INNEN und 10 WAND INNEN TRAGEND. Die benutzte Ebene wird im INFOFENSTER immer gleich neben dem Element angezeigt und kann auch dort verändert werden.

Nach der Ebenen-Einstellung folgen vier wichtige Buttons ❽ mit den *Geometriemethoden* (Abbildung 1.14) zur Wanderstellung:

- GERADE – erstellt im Normalfall mit der Option EINFACH einzelne geradlinige Wandsegmente. Weitere Optionen sind POLY für mehrere verbundene gerade Wandsegmente, RECHTECKIG für rechteckige Wandverbünde und RECHTECK GEDREHT für rechteckige Wandverbünde, die unter einem Winkel stehen.
- GEBOGEN – Mit verschiedenen Untervarianten können bogenförmige Wandsegmente konstruiert werden: MITTELPUNKT UND RADIUS, UMFANG oder TANGENTIAL. Nach Eingabe der benötigten Geometrieelemente wird in den beiden ersten Methoden noch der Start- und Endwinkel des Bogens angefordert, während bei der Methode TANGENTIAL ein Vollkreis entsteht, der aber noch in seiner Lage mit dem sogenannten *Augen-Cursor* verändert werden kann.
- TRAPEZ – ist eine Sonderform der Wand mit variabler Dicke an den Wandenden. Die Wandstärken für die beiden Wandenden müssen Sie vorher in der WAND-GRUNDEINSTELLUNG oder in der INFO-LEISTE unter WANDSTÄRKE festlegen.
- POLYGON – dient zur Erzeugung beliebig geformter Wandstücke durch Angabe eines begrenzenden Vielecks, das auch Bogenformen enthalten kann. Damit kann der Wandquerschnitt beliebig vorgegeben werden. Die Form der einzelnen Segmente für die Wandkontur wie Linie, Bogen oder tangentialer Bogen kann über eine sogenannte PET-PALETTE während der Erstellung gewählt werden.

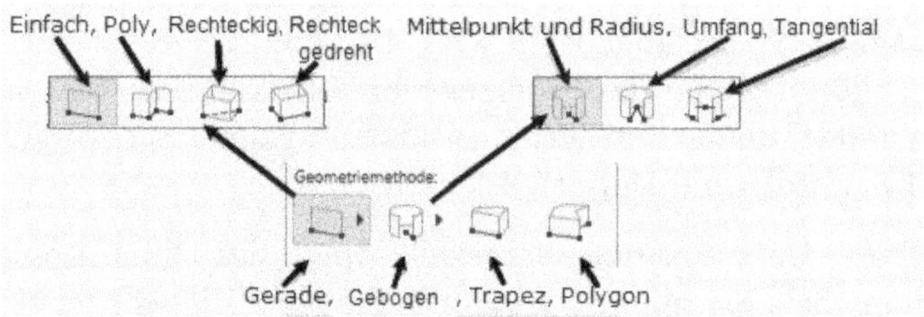

Abb. 1.14: WAND-Geometriemethoden

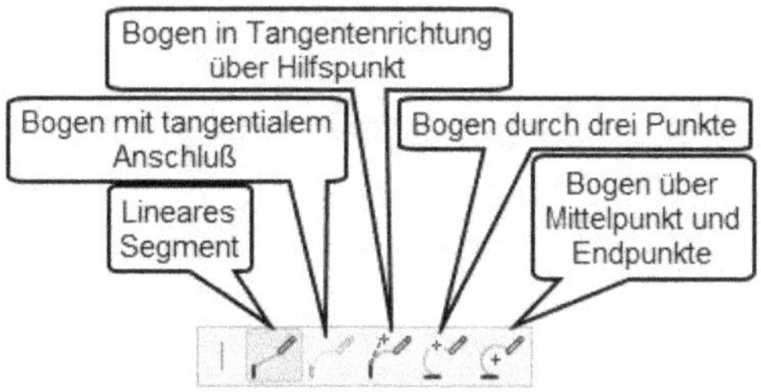

Abb. 1.15: Pet-Palette für Polygon-Wand

Da Sie in der Folge mehrere verbundene Wände ohne Unterbrechung zeichnen wollen, sollten Sie die GEOMETRIEMETHODE auf GERADE und POLY einstellen.

In der nächsten Schaltfläche LAGE DER REFERENZLINIE Außen ❾ bestimmen Sie die Lage der Wand in Bezug auf die gezeichnete Kurve:

- AUßEN – Bei den Geometriemethoden EINFACH und POLY definieren die eingegebenen oder angeklickten Positionen die Wand-Referenzlinie, und die Wandbreite erstreckt sich in »Fahrtrichtung« gesehen nach links von der gezeichneten Kante.
- ZENTRIERT – Die eingegebenen Positionen bestimmen die Wandmitte.
- INNEN – Die Positionen definieren die Wand-Referenzlinie, und die Wandbreite erstreckt sich in »Fahrtrichtung« gesehen nach rechts von der gezeichneten Kante.

Allerdings gilt für die übrigen Geometriemethoden GEBOGEN oder RECHTECKIG etwas anderes. Dann liegen die Referenzlinien bei der Option AUßEN wirklich immer *außen*, unabhängig davon, wie der Bogen oder das Rechteck aufgezogen wird. Umgekehrt liegen die Referenzlinien bei diesen Methoden für Option INNEN immer innen.

Mit der nächsten Schaltfläche daneben ❿ können Sie allerdings die Ausrichtungen auch jederzeit umkehren.

Die erste Wand

Im INFOFENSTER der bzw. in den FAVORITEN wird Ihnen vorgabemäßig eine isolierte Außenwand mit `0,545 m` Stärke angeboten wird. Um hier mit einer einfachen Wand zu beginnen, könnten Sie das einerseits im EINSTELLUNGSDIALOG ändern, oder Sie könnten einfach in der aktivierten FAVORITEN-Palette in der Kategorie WÄNDE die Option KS 36,5 CM mit Doppelklick aktivieren.

Die erste Wand ❶, ❷ soll am *Projektursprung*, dargestellt durch das kleine Kreuz im Zeichenfenster, starten. Sobald Sie mit dem Cursor in die Nähe dieses Kreuzes kommen, wandelt sich das Cursorsymbol in ein *Häkchen* um, es wird mit einem hellblauen Kreis umrahmt und deutet das Einrasten an ❸. Sobald Sie nun klicken, rastet der Cursor ein, und es erscheint eine dynamische Darstellung der Wand mit der dickeren Referenzlinie auf der aktuellen linken Kante.

Achten Sie an dieser Stelle schon auf die Wandausrichtung. Wenn Sie wie im Folgenden im Uhrzeigersinn weiterzeichnen wollen, dann müsste die andere dünnere Wandlinie jetzt auf der rechten (Innen-)Seite liegen. Die Wandausrichtung können Sie noch ändern, bevor Sie den Endpunkt des Wandsegments eingeben, indem Sie in der INFOLEISTE auf das Werkzeug LAGE DER REFERENZLINIE: WAND AN DER REFERENZLINIE SPIEGELN klicken oder zwischen INNEN und AUSSEN wechseln ❹.

Wenn Sie dann mit dem Cursor nach oben fahren und sich nahe der Senkrechten bewegen, erscheint eine hellblaue gestrichelte Hilfslinie mit dem Symbol für die Y-Richtung. Dadurch, dass Sie den Cursor in der Nähe dieser Hilfslinie halten, können Sie auf dieser Hilfslinie mit der Wand einrasten. Damit ist die senkrechte Richtung dieser Wand bestimmt (Abbildung 1.16).

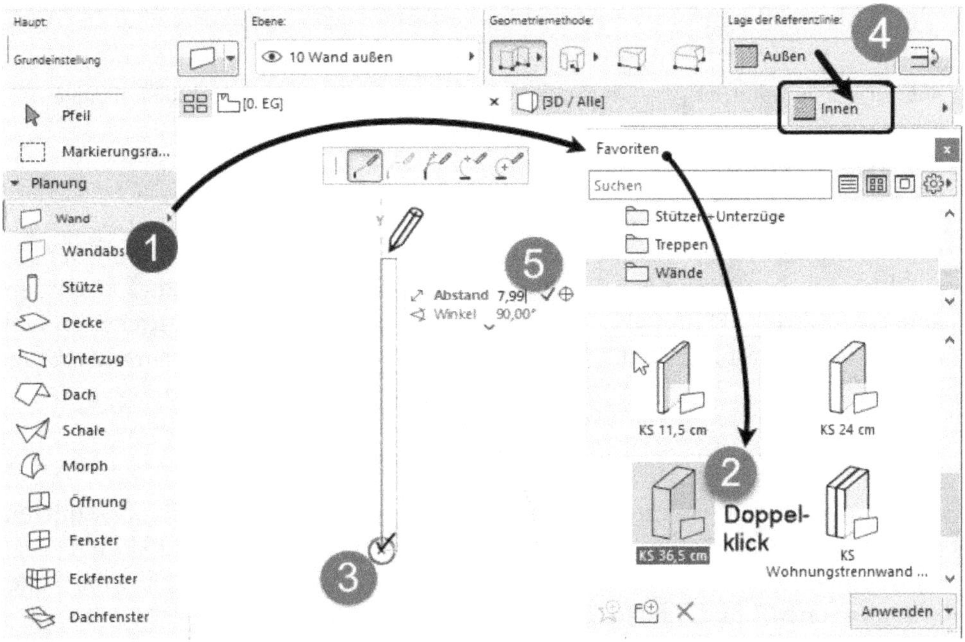

Abb. 1.16: Erste Wand mit Startpunkt 0,0

Es erscheint vorgabemäßig für die Eingabe des Endpunkts nun auch der TRACKER als Feld mit blauen Texten zur Vereinfachung der Koordinateneingabe. In das fett hervorgehobene erste TRACKER-Feld ABSTAND können Sie nun direkt über die Tastatur die Länge der Wand eingeben (**7,99**) ❺. Mit der Taste `Tab` könnten Sie zum nächsten TRACKER-Feld wechseln, mit `Enter` beenden Sie die Eingabe. Anstelle der `Enter`-Taste können Sie auch auf das Häkchen rechts neben der Zahl klicken, um die Eingabe zu akzeptieren. Damit haben Sie das erste Wandstück erstellt (Abbildung 1.17).

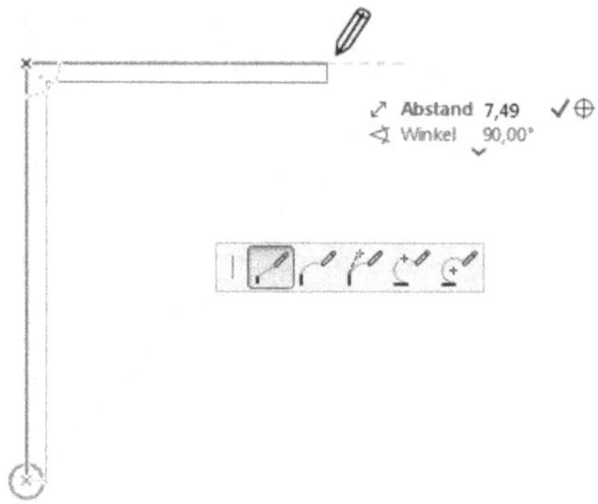

Abb. 1.17: Erste Wand fertig, zweite Wand weitergezeichnet mit TRACKER-Eingabe für Länge

Die zweite Wand

Wenn Sie die erste Wand fertiggestellt haben, können Sie mit der nächsten Wand fortfahren, wenn im INFOFENSTER die vorgegebene GEOMETRIEMETHODE POLY aktiv ist. Mit POLY zeichnen Sie ohne Unterbrechung ein Wandstück nach dem anderen. Fahren Sie nun also annähernd waagerecht auf einer gestrichelten hellblauen Hilfslinie nach rechts und geben Sie im TRACKER die gewünschte Länge von **7,49** ein.

Die dritte Wand

Sie können bei der weiteren Konstruktion auch die hellblauen *Hilfslinien* nutzen, die von vorangegangenen Punkten der Kontur ausgehen. Solche Hilfslinien erhalten Sie automatisch, wenn Sie die Kontur nicht unterbrechen, und zwar unter Winkeln von 90° und Vielfachen davon sowie 45° und Vielfachen.

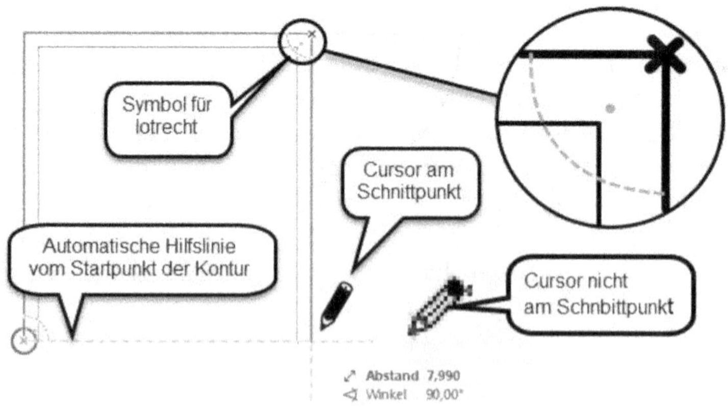

Abb. 1.18: Automatische Hilfslinien anstelle von Koordinateneingaben nutzen

Bei der dritten Wand wurde in dieser Weise vorgegangen. Die Wand wurde am Endpunkt der zweiten Wand weitergezeichnet, diesmal einer senkrechten Hilfslinie nach unten folgend. Der Cursor wurde so weit nach unten gezogen, bis automatisch die waagerechte Hilfslinie vom Startpunkt der ersten Wand her erschien. Es zeigt sich dann auch ein kleines Logo, das das lotrechte Einrasten symbolisiert. Mit einem Klick wurde die Position übernommen.

Die vierte Wand

Die vierte Wand zeichnen Sie nun weiter waagerecht bis zum Startpunkt der Kontur. Wenn Sie die Kontur ohne Unterbrechung gezeichnet haben, wird die Wandkonstruktion damit automatisch abgeschlossen. Ansonsten müssten Sie rechtsklicken und OK wählen, um die Wandkonstruktion abzuschließen. Bei der GEOMETRIEMETHODE GERADE – POLY erscheint in dem Moment, in dem Sie die Kontur schließen, also die Startposition wieder erreichen, zu Ihrer Information evtl. kurzzeitig das HAMMERSYMBOL, das sich aber schnell darauf wieder in den ZEICHENBLEISTIFT wandelt. Der HAMMER bedeutet, dass das Polygon mit dem Klick dann geschlossen ist und keine weiteren Positionsanfragen für dieses Polygon mehr erscheinen.

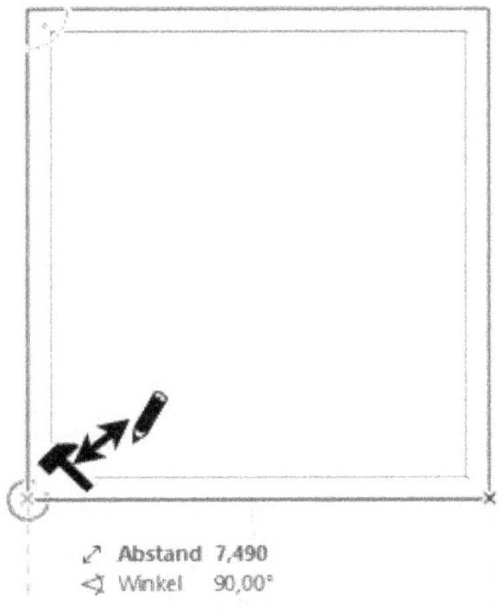

Abb. 1.19: Kontur durch Anklicken des Startpunkts schließen

Die Beschreibung mag so im Text umständlich klingen, aber in der Praxis erscheinen ja die Hilfslinien und die Einrastsymbole automatisch, sodass Sie nur die richtigen Positionen anfahren und dann an der richtigen Stelle klicken müssen ohne weitere Eingaben Ihrerseits. Nach kurzer Übung wird es Ihnen gelingen, mit diesem Vorgehen schnell und intuitiv mit Archicad zu arbeiten.

Wände einzeln zeichnen

Falls Sie den Wandbefehl im Modus POLY verlassen wollen, bevor die Wandkontur geschlossen ist, drücken Sie die rechte Maustaste und wählen im Kontextmenü die Option OK. Ansonsten wird der Befehl beendet, sobald Sie den Anfangspunkt einer geschlossenen Kontur wieder anklicken. Wenn Sie die Wandkontur derart unterbrochen haben, müssen Sie mit dem Cursor nur den richtigen Anschlusspunkt wieder anfahren, der dann erneut hellblau eingekringelt wird, und können durch Anklicken damit wieder anschließen. Haben Sie die Kontur aber unterbrochen und neu angestückelt, dann müssen Sie Hilfslinien, die von anderen Punkten ausgehen, anfordern, indem Sie einen solchen Punkt anfahren (NICHT anklicken!) und dann von diesem Punkt aus in die gewünschte Hilfslinienrichtung wegziehen. Es entsteht eine blau gestrichelte Hilfslinie. Diese Hilfslinie können Sie mit anderen Hilfslinien zum Schnitt bringen und damit beispielsweise den Endpunkt für die dritte Wand erhalten.

Alternative mit Rechteck

Wesentlich schneller arbeiten Sie natürlich, wenn Sie die fortgeschrittene Geometriemethode RECHTECK im WAND-Werkzeug nutzen. Damit entstehen die vier Wände unter Angabe von zwei diagonalen Positionen.

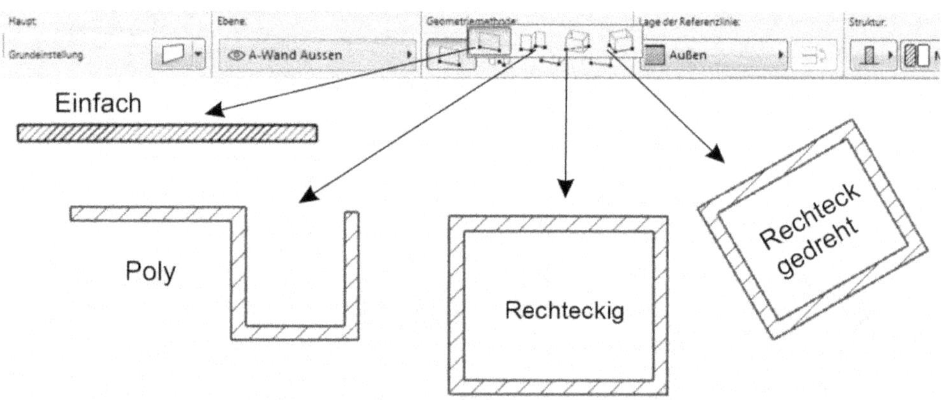

Abb. 1.20: Geometriemethoden für geradlinige Wände

Bei der Alternative RECHTECK können Sie beide Abmessungen im TRACKER eingeben. Mit [Tab] wechseln Sie in den TRACKER oder tippen gleich direkt für den fett markierten Wert für LÄNGE die Zahl **7,49** ein, wechseln dann mit [Tab] zu BREITE, wo Sie den Wert **7,99** eingeben.

Achten Sie darauf, dass die Ausrichtung für die Wand-Referenzlinie stimmt. Die obigen Maße sind Außenmaße, also muss dafür die dicke Referenzlinie außen liegen. Wenn Sie den Wandbefehl schon begonnen haben und die Wandausrichtung noch ändern wollen, können Sie immer in der INFOLEISTE das Werkzeug LAGE DER REFERENZLINIE benutzen, um die Wandausrichtung noch zu korrigieren.

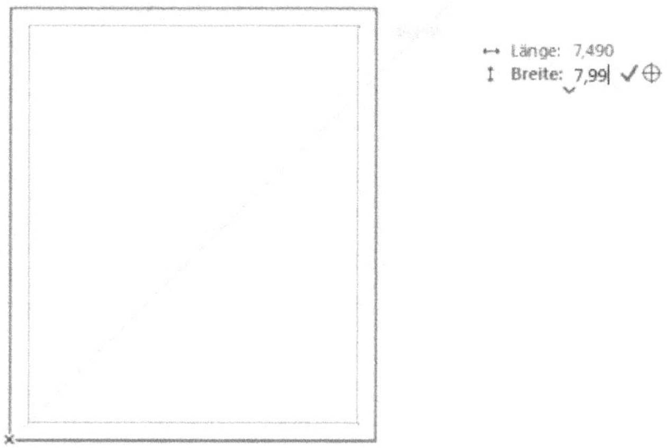

Abb. 1.21: Wandrechteck mit TRACKER-Eingabe (über Tab) für Länge und Breite

1.5.2 Die Innenwände

Für die Innenwände sind mehrere Dinge umzustellen. Die Wandstärke muss eine andere sein, sie sollen auf eine andere Ebene gelegt werden, und es muss eine Möglichkeit geschaffen werden, auf den gewünschten Anfangs- und Endpunkten einzurasten.

Wandstärke und Ebenen

Die neue Wandstärke **0,24** finden Sie schon im erweiterten INFOFENSTER, oder Sie wählen sie wieder über die FAVORITEN **KS 24 cm** mit einem Doppelklick. Ansonsten klicken Sie für die Einstellung einer anderen *Wandstärke* im INFOFENSTER des WAND-Werkzeugs in die Schaltfläche WANDSTÄRKE oder auf die erste Schaltfläche EINSTELLUNGSDIALOG . Im Dialogfenster des EINSTELLUNGSDIALOGS finden Sie oben rechts die Einstellung der Wandstärke. Ändern Sie dort von **0,365** auf **0,24** für die ersten Innenwände und beenden Sie mit OK (Abbildung 1.22).

Falls die EBENE nicht schon vorgabemäßig auf WAND INNEN TRAGEND umgestellt ist, können Sie die Ebene entweder im Dialogfenster WAND-GRUNDEINSTELLUNG ganz unten oder auch im INFOFENSTER mit dem Werkzeug EBENE einstellen. Wählen Sie in der Ebenen-Liste die passende Ebene 10 WAND INNEN TRAGEND (Abbildung 1.23).

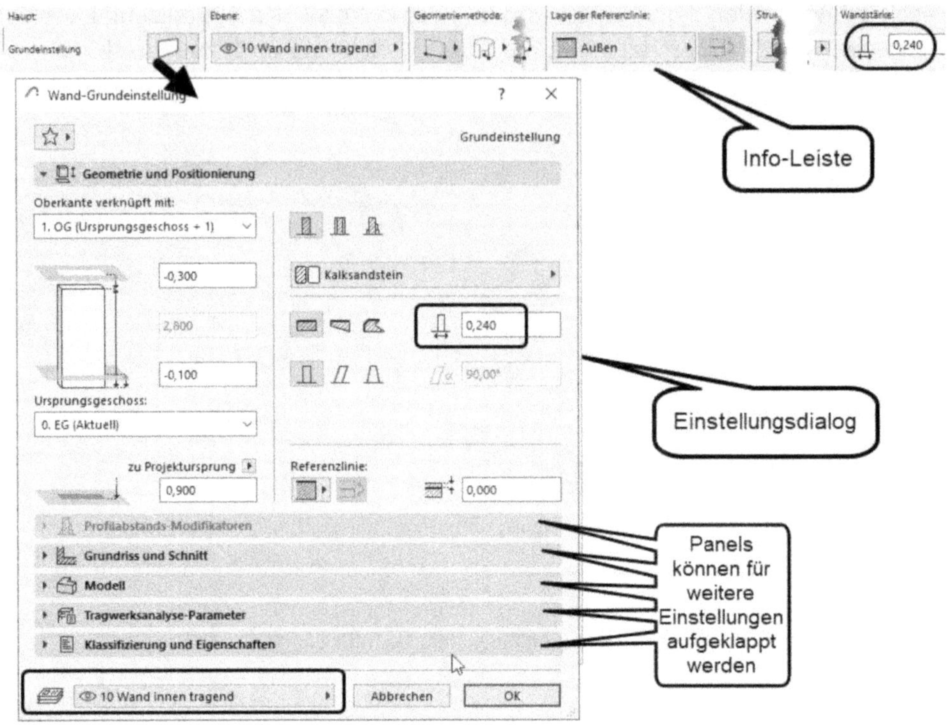

Abb. 1.22: Einstellungen einer anderen Wandstärke für Innenwände

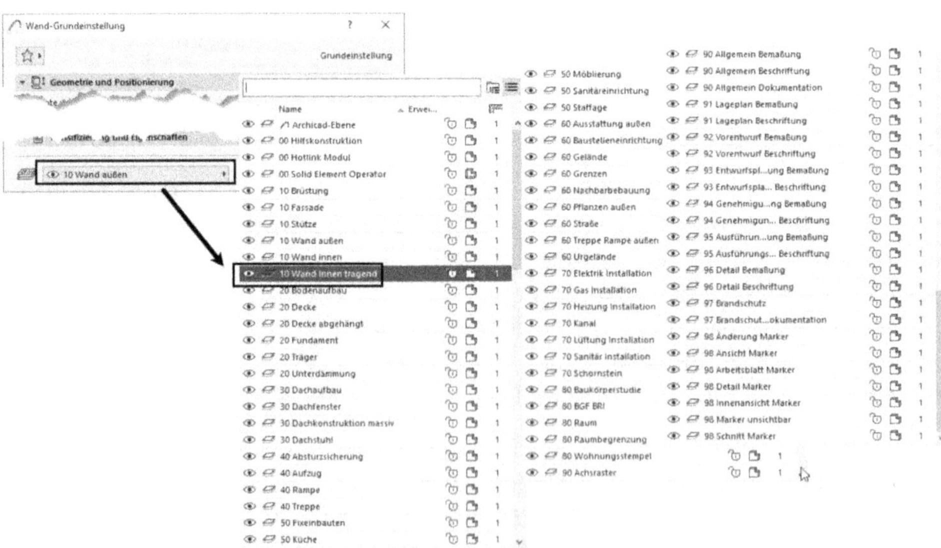

Abb. 1.23: EBENEN-EINSTELLUNG für tragende Innenwand

Eingabe für die Innenwände mit Abstandshilfen

Es gibt verschiedene Methoden, weitere Wände zu positionieren. Am elegantesten geht es mithilfe der neuen ABSTANDSHILFEN.

- Wenn Sie den WAND-Befehl gestartet haben und sich mit dem Cursor innerhalb der Außenwände befinden, erscheinen vier ABSTANDSHILFEN, die die Abstände von den Wänden anzeigen ❶.
- Nun fahren Sie auf die linke Wand und sehen, dass der Cursor mit einem Kringel dort einrastet ❷ und nur noch zwei Abstandshilfen in y-Richtung übrig bleiben.
- Mit der [Tab]-Taste wechseln Sie nun zu dem Abstandswert ❸, den Sie ändern wollen.
- Sie überschreiben diesen mit **4,135** und beenden mit [Enter] ❹.
- Der Startpunkt der Innenwand liegt nun fest, und es erscheint die Anfrage nach dem Endpunkt ❺.
- Sie ziehen nun waagerecht nach rechts und überschreiben den Wert für den ABSTAND mit **3,625** ❻.

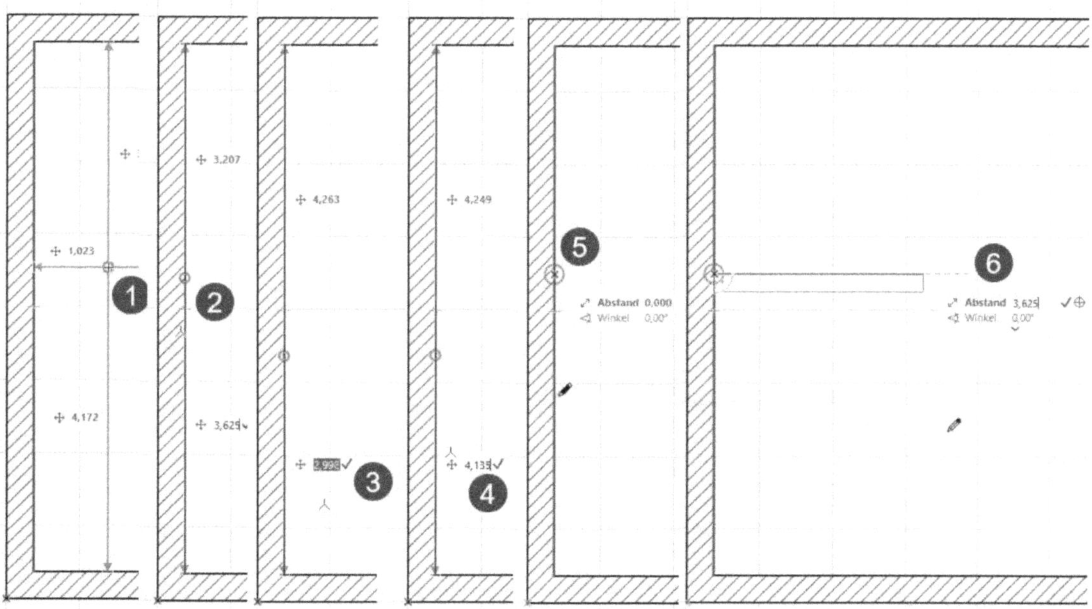

Abb. 1.24: Koordinateneingabe mit Abstandshilfe und TRACKER-Eingabe für den zweiten Punkt einer Wand

Alternative: Automatische Hilfslinien und Tracker

Einfacher wird es durch automatische Hilfslinien und die Eingabe von RELATIVKOORDINATEN über den TRACKER. Dazu (Abbildung 1.25)

1. aktivieren Sie das WAND-Werkzeug und wählen WANDREFERENZLINIE INNEN TRAGEND,
2. schalten Sie HILFSLINIEN und TRACKER ein, aber ggf. Rasterfang [F7] aus,
3. fahren Sie die Ecke unten links an, bis das Häkchensymbol erscheint und die Wand-Innenecke hellblau umkringelt wird (nicht klicken!),
4. fahren Sie an der Wandkante nach oben, wobei eine hellblau gestrichelte Hilfslinie erscheint,
5. geben Sie im TRACKER den relativen Abstand mit **4,135** und [Enter] ein. Damit ist der Startpunkt der Innenwand gegeben. Achten Sie darauf, dass dies das Maß für die untere Wandkante ist. Gegebenenfalls müssen Sie die Wandausrichtung hier noch einmal mit umkehren.
6. Ziehen Sie dann mit dem Cursor waagerecht nach rechts entlang einer neuen Hilfslinie rüber, geben Sie im TRACKER die Wandlänge über den ABSTAND **3,625** ein und beenden Sie mit [Enter].

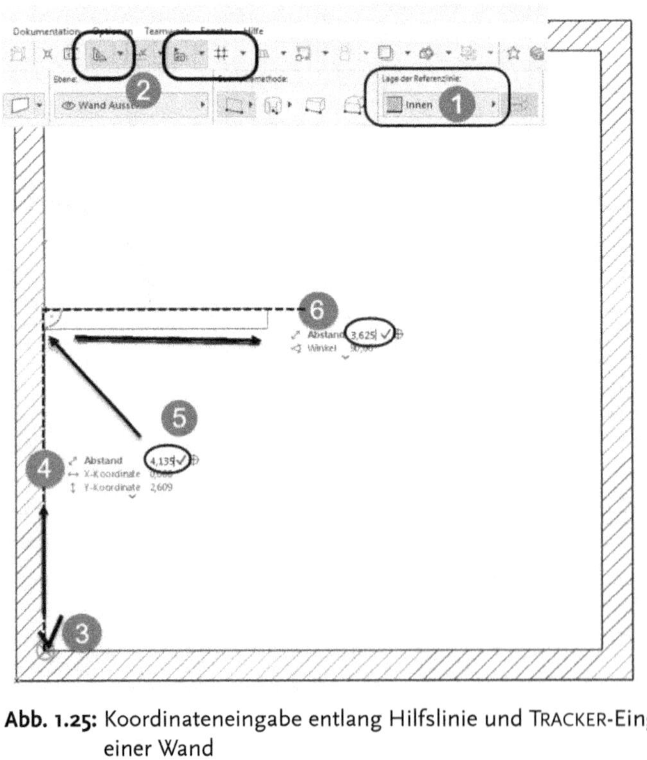

Abb. 1.25: Koordinateneingabe entlang Hilfslinie und TRACKER-Eingabe für zweiten Punkt einer Wand

Methode 3: Wand verschieben

Sie können auch einfach die eine vorhandene Wand auf den gewünschten Abstand ziehen. Eine vorhandene oder zunächst an der falschen Position erstellte Wand ❶, ❷ wird mit dem PFEIL-Werkzeug angeklickt ❸, erscheint dann in Grün und bietet Bearbeitungsfunktionen in der PET-PALETTE ❹ an. Hiermit wird die Wand um den Abstand verschoben ❺, der aus Abbildung 1.12 ohne zusätzliches Rechnen entnommen werden kann ❻.

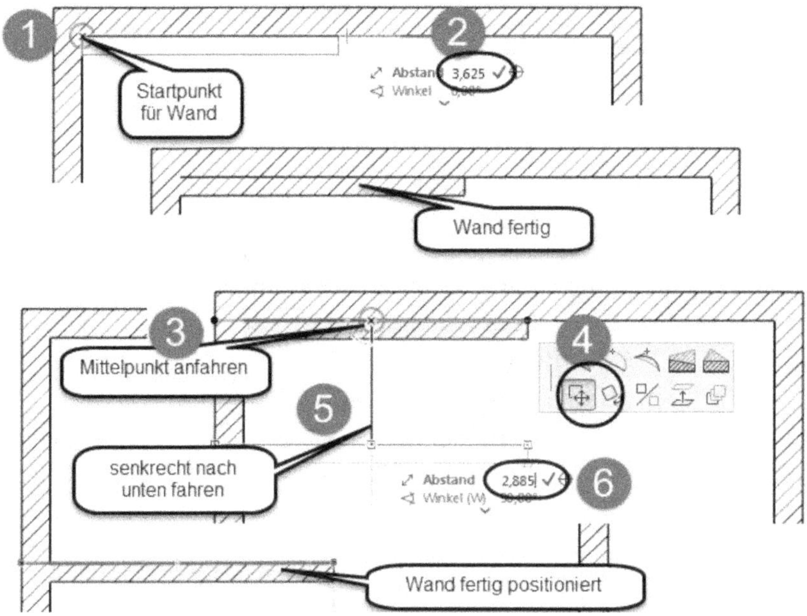

Abb. 1.26: Innenwand erstellen und verschieben

Ähnlich wird die nächste Innenwand von rechts herübergezogen (Abbildung 1.27). Achten Sie dabei darauf, dass Sie die Werte bei ABSTAND und nicht bei X-KOORDINATE eingeben. Falls der TRACKER die nötigen Eingabezeilen nicht anzeigt, können Sie die mit den Tasten `Tabulator` oder `↑` aktivieren. Zwei weitere Wandstücke in y-Richtung werden dann jeweils an den Wandenden von Endpunkt auf Lotpunkt gezogen und begrenzen dann den Kaminbereich (Abbildung 1.27).

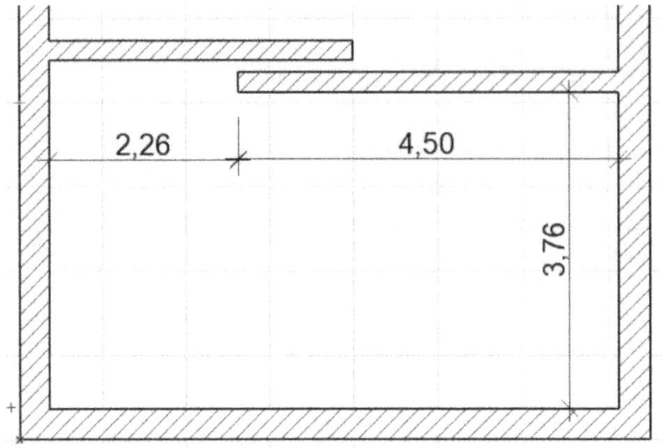

Abb. 1.27: Zweite Innenwand mit Maßvorgaben

Weitere Wände

Für die übrigen Wände wäre die Wandstärke über die FAVORITEN oder mit dem EINSTELLUNGSDIALOG des WAND-Werkzeugs auf **0,115** m umzustellen. Für diese nicht tragenden Wände sollten Sie die EBENE nun auf 10 WAND INNEN setzen. Außerdem sollten Sie im Panel TRAGWERKSANALYSE-PARAMETER bei TRAGENDE FUNKTION auf NICHT TRAGENDE ELEMENTE umschalten.

Dann können Sie auch diese Wände mithilfe von RELATIVKOORDINATEN und des TRACKERS und der standardmäßigen Fangoptionen wie LOT schnell konstruieren. Jedes Wandstück beenden Sie mit Rechtsklick und OK.

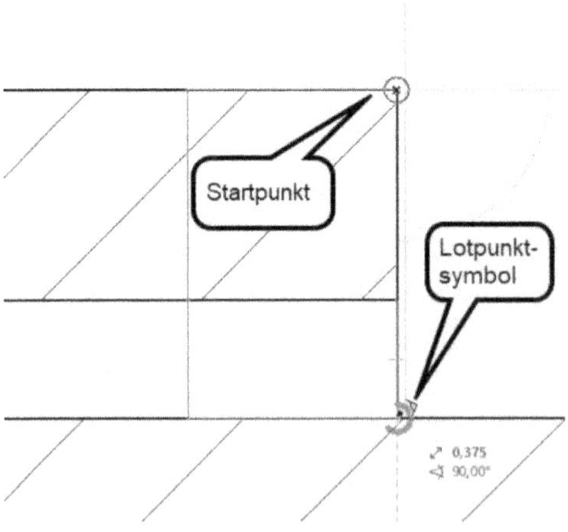

Abb. 1.28: Anzeige für Einrasten an einem Lotpunkt

In Abbildung 1.29 finden Sie alle bisher konstruierten Wände mit den nötigen Bemaßungen.

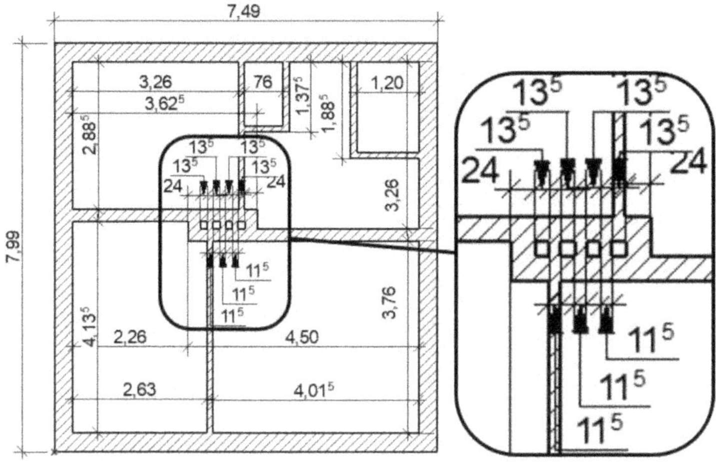

Abb. 1.29: Erdgeschosswände mit Maßen

Wenn die Abmessungen von Wänden nicht ohne Kopfrechnen einzugeben sind, kann ein Wandstück auch erst mal zu lang oder zu kurz erzeugt werden. Zu lange Wände können dann mit dem Werkzeug TRIMMEN verkürzt werden. Dazu genügt es, auch ohne das explizite Werkzeug die Wand per Klick zu markieren und dann bei gedrückter [Strg]-Taste auf das Ende zu klicken, das entfernt werden soll (Abbildung 1.30).

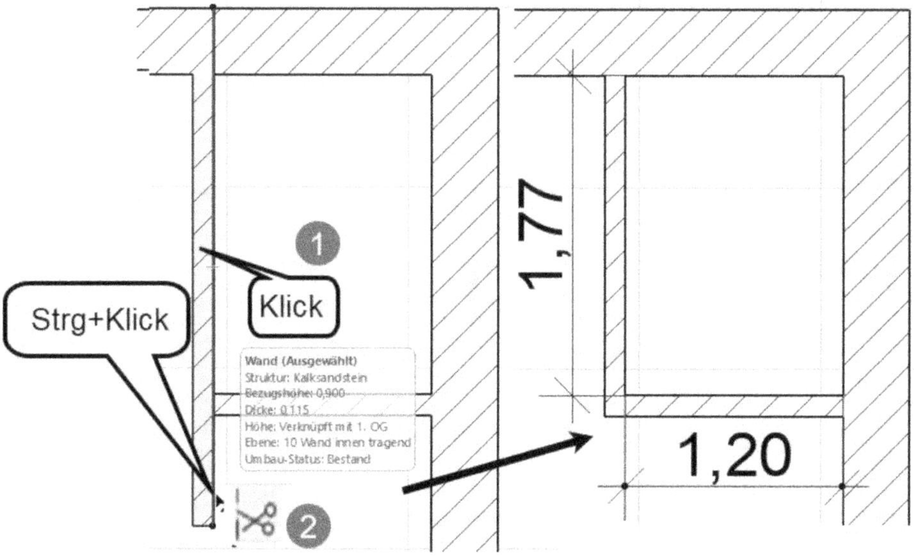

Abb. 1.30: Wand trimmen

Eine zu kurze oder zu lange Wand kann auch im Endpunkt angeklickt ❶ werden und mit dem *Pet-Werkzeug* LÄNGENÄNDERUNG verlängert ❷ werden (siehe Abbildung 1.31). Dazu reicht es auch, die Wand zu markieren und dann den Endpunkt mit gedrückter Maustaste zu der gewünschten Position zu ziehen.

Wenn nun beide Wandstücke zu kurz oder zu lang sind, kann das Werkzeug VERBINDEN benutzt werden. Dazu wird die erste Wand mit dem PFEIL-Werkzeug gewählt ❶, die zweite mit der [Shift]-Taste dazugewählt ❷ und dann das VERBINDEN-Werkzeug ❸ angeklickt (siehe Abbildung 1.32).

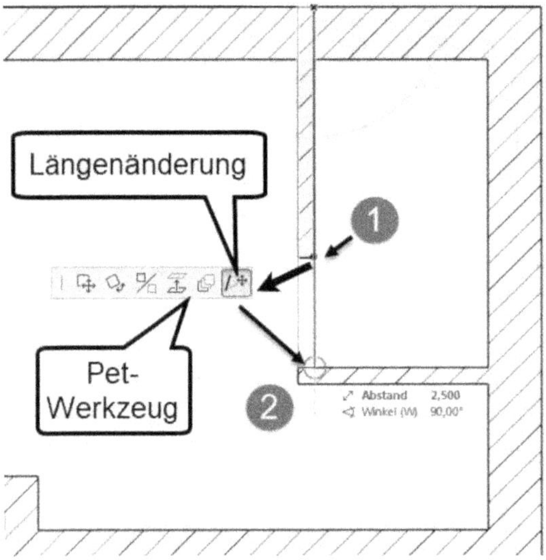

Abb. 1.31: Längenänderung einer Wand

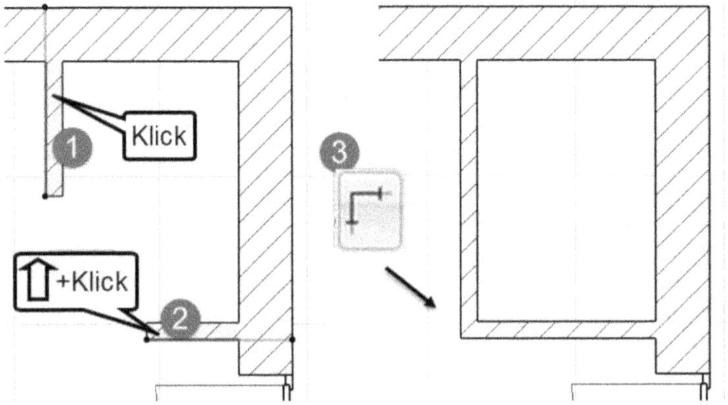

Abb. 1.32: Wände verbinden

Nachträgliches Anpassen von Eigenschaften

Sollten Sie die Eigenschaften der dünnen Wände (11,5 cm) nachträglich noch anpassen wollen, dann können Sie diese alle zusammen mit der Menüfunktion BEARBEITEN|SUCHEN&AKTIVIEREN auswählen. Unter ELEMENT IST GLEICH klicken

Sie auf ▸ und wählen den Typ Wand. Dann klicken Sie auf Hinzufügen, um die Dicke der Wand unter Parameter und Eigenschaften|Geometrie|Dicke als weiteres Kriterium hinzuzufügen. Im Dialogfeld tragen Sie dann den Wert von **`0,115 m`** ein. Dann können Sie mit Auswahl + die Suche ausführen und die betreffenden Wände markieren lassen. Über das Infofenster können Sie dann beispielsweise für alle diese Wände die Einstellung für die Ebene auf **`10 Wand innen`** anpassen.

1.5.3 Rasterfang und Koordinateneingabe

Als Alternative zur Koordinateneingabe über den Tracker können Sie für das Einrasten des Cursors an bestimmten Positionen das *Konstruktionsraster* aktivieren. Im Menü Ansicht|Raster- & Bearbeitungsebenen-Optionen|Raster-Einstellungen (Abbildung 1.33) oder mit der Taste F6 können Sie die Einstellungen vornehmen.

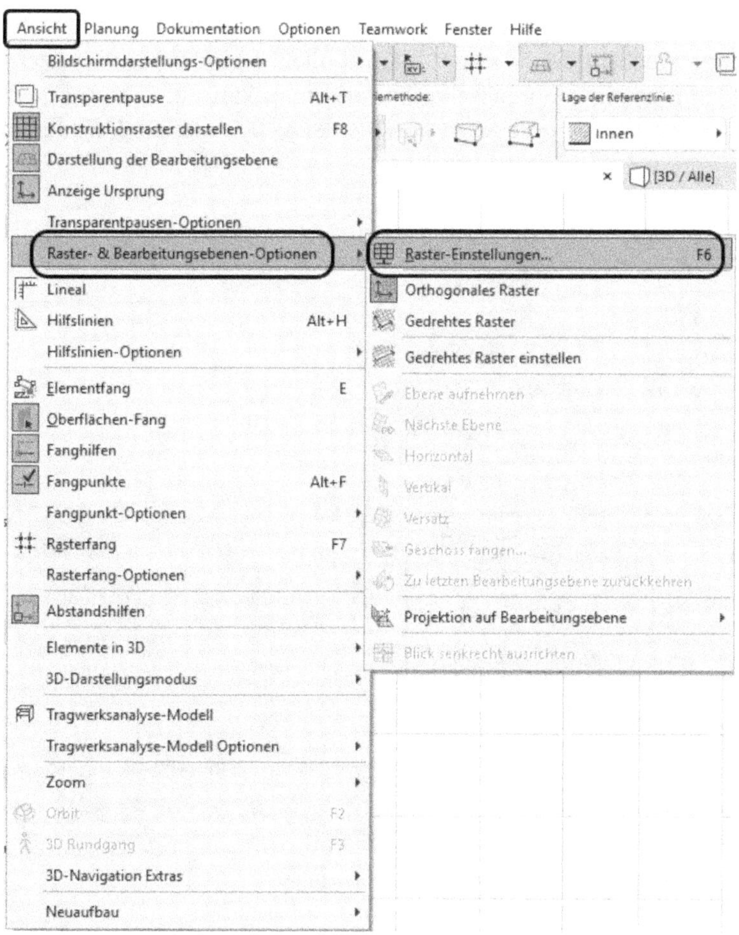

Abb. 1.33: Rasteroptionen wählen

Für Bau-Entwurfszeichnungen ist oft ein Einrasten alle *12,5 cm* sinnvoll. Im Dialogfenster geben Sie die Abstände unter der Rubrik FANGRASTER/STOSSEN mit **0,125** horizontal und vertikal ein. Das KONSTRUKTIONSRASTER, das auf dem Bildschirm die grauen Linien in 1-m-Abständen anzeigt, lassen Sie zur allgemeinen Orientierung am besten so eingeschaltet.

Unten im Dialogfenster können Sie nun wählen, ob und welcher Rasterfang aktiviert wird. Die drei Kästchen in Abbildung 1.34 unten zeigen die Möglichkeiten:

- *Kein Einrasten* an dem eingestellten Raster oder am 1-m-Konstruktionsraster
- *Einrasten am eingestellten Fangraster* (hier 0,125)
- *Einrasten am 1-m-Konstruktionsraster*

Alternativ können Sie auch mit F7 oder Menü ANSICHT|RASTERFANG das Einrasten generell ein- und ausschalten. Zwischen Raster und Konstruktionsraster können Sie auch übers Menü ANSICHT|RASTERFANG-OPTIONEN|AM FANGRASTER EINRASTEN oder ANSICHT|RASTERFANG-OPTIONEN|AM KONSTRUKTIONSRASTER EINRASTEN wählen. Auch in der STANDARD-Symbolleiste gibt es ein Werkzeug RASTERFANG. Man kann es ein- und ausschalten, und man kann in seinen Unteroptionen zwischen RASTERFANG und KONSTRUKTIONSRASTER wählen (Abbildung 1.35).

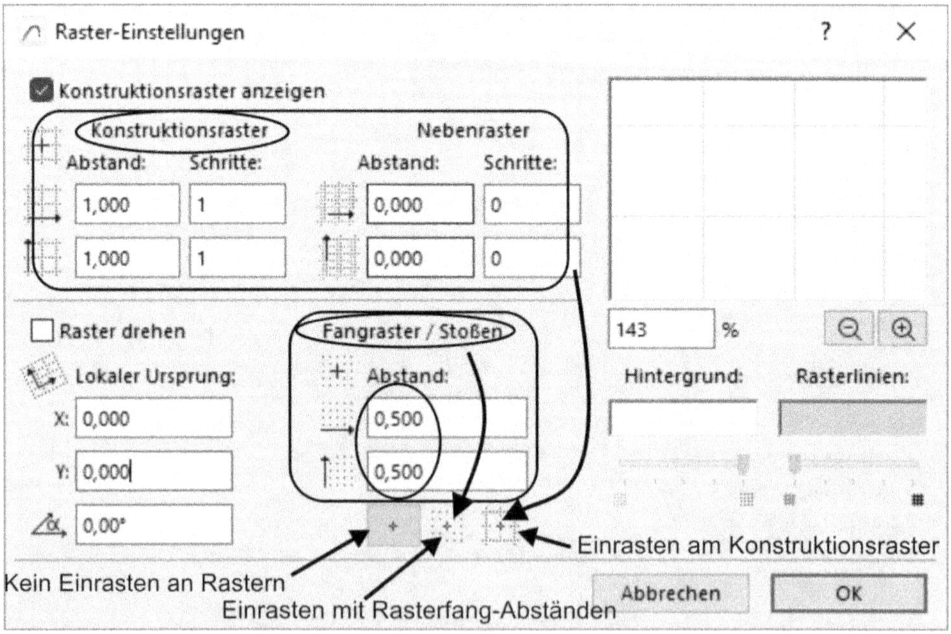

Abb. 1.34: Rasterabstände eingeben und Rasterfang-Option wählen

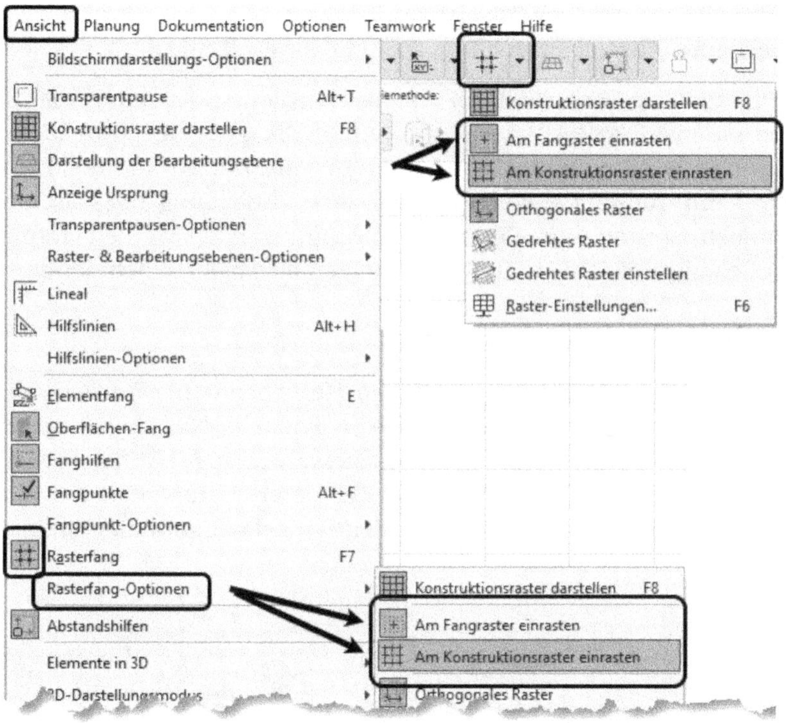

Abb. 1.35: Rasterfang zwischen Fangraster und Konstruktionsraster umschalten

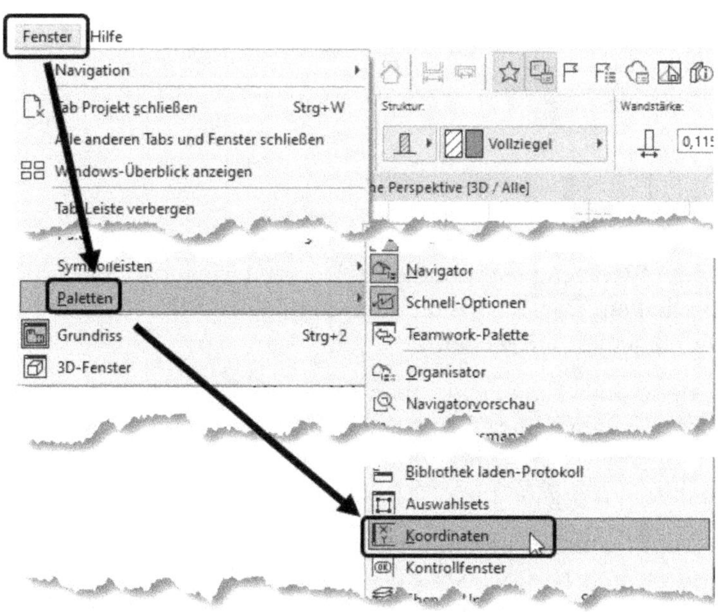

Abb. 1.36: Koordinatenfenster aktivieren

Die Arbeit mit dem Raster ist beispielsweise für Eingaben von Entwurfszeichnungen geeignet, bei denen Vielfache von 1/8 m (11,5 cm) sinnvoll sind.

Zur Anzeige der aktuellen Cursorposition gibt es die Palette KOORDINATENFENSTER. Sie können sie mit FENSTER|PALETTEN|KOORDINATEN aktivieren (Abbildung 1.36). Sie dient zur Anzeige und Eingabe von Koordinaten sowie zur Rastereinstellung. Außerdem kann mit dem ersten Werkzeug links (Abbildung 1.37) der Ursprung vom Projektursprung zum Benutzerursprung verändert werden. Damit können Sie den Bezugspunkt für absolute Koordinaten beliebig neu definieren.

Weitere Rastereinstellungen

Im KOORDINATENFENSTER (Abbildung 1.37) finden Sie neben dem Werkzeug für den BENUTZERURSPRUNG , mit dem Sie eine individuelle Nullpunktposition festlegen können, drei weitere Werkzeuge zur Rasterverwaltung. Mit dem ersten können Sie die Richtung für Ihr gedrehtes Raster definieren. Dafür ist die Eingabe eines Startpunkts und eines zweiten Punkts für den Winkel nötig. Damit wird das gedrehte Raster auch gleich aktiviert.

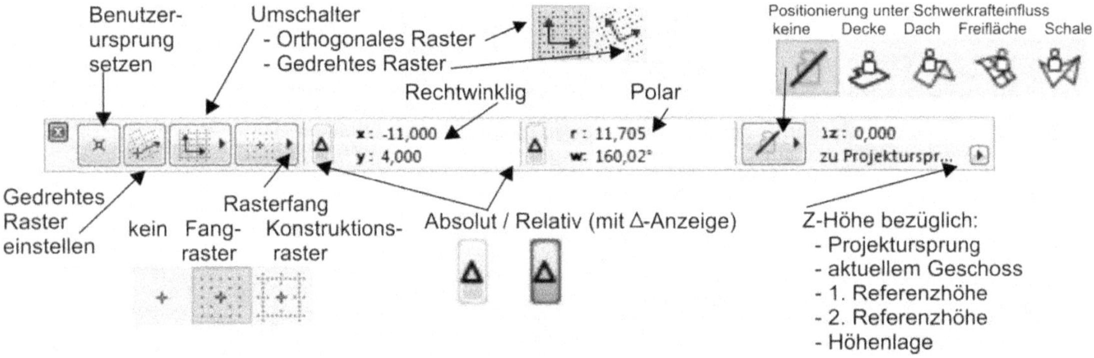

Abb. 1.37: Koordinatenfenster

Sie können aber mit dem Werkzeug rechts daneben jederzeit wieder auf das orthogonale Raster zurückschalten. Das Werkzeug dient nämlich als Umschalter zwischen orthogonalem und gedrehtem Raster.

Das dritte Werkzeug steuert das Fangen wie oben beschrieben mit drei Optionen. Die erste schaltet das Fangen generell aus. Die zweite aktiviert das Fangen auf dem Fangraster  (Vorgabe 0,5 m). Die dritte Option aktiviert das Fangen auf dem Konstruktionsraster  (Vorgabe 1 m).

Zusätzlich zum KONSTRUKTIONSRASTER kann noch ein NEBENRASTER aktiviert werden. Mit KONSTRUKTIONS- und NEBENRASTER ist es auch möglich, Ausführungszeichnungen mit korrekten Abmessungen im Ziegelraster zu erstellen. Dazu stellen Sie für das KONSTRUKTIONSRASTER das Ziegelmaß **`0,115 m`** ein und für das NEBENRASTER die Fugenbreite **`0,01 m`** (Abbildung 1.38).

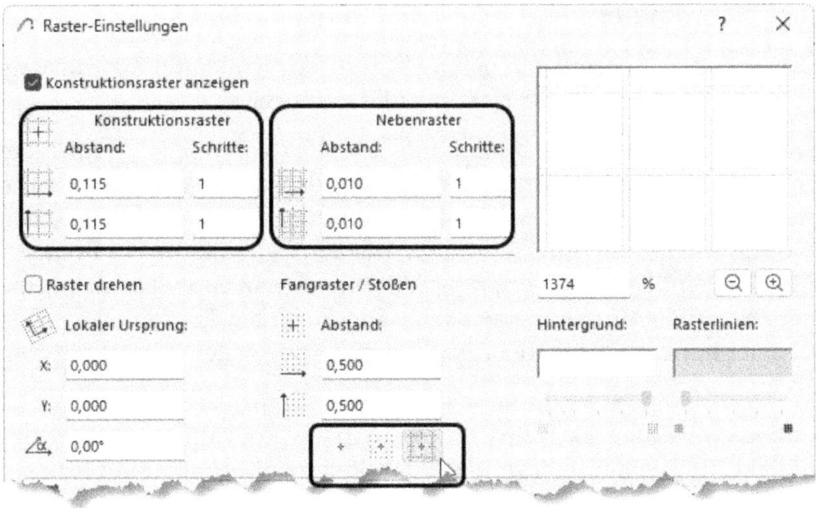

Abb. 1.38: KONSTRUKTIONSRASTER und NEBENRASTER für Ausführungszeichnungen

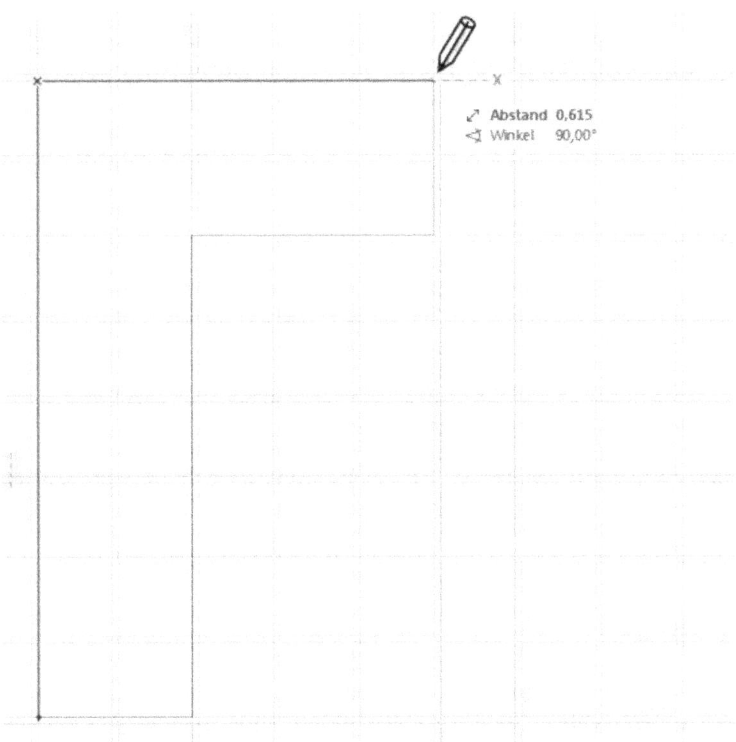

Abb. 1.39: Detailkonstruktion mit 24er-Wand im KONSTRUKTIONSRASTER mit NEBENRASTER

Rechtwinklige Koordinaten

Die übliche Eingabe von Koordinaten geschieht mit rechtwinkligen Koordinaten. Man kann nun diese Koordinaten *absolut* und *relativ* eingeben.

Absolute Koordinaten beziehen sich immer auf den *Ursprung*. Das ist in unserem Beispiel noch der *Projektursprung*, kann aber auch der *Benutzerursprung* sein, wenn mit dem ersten Werkzeug links ein Benutzerursprung gelegt wurde. Auf jeden Fall wird der Ursprung immer durch ein *dickes Kreuz* markiert. Ist es ein *Benutzerursprung*, dann erscheint der *Projektursprung* daneben noch in Grau, hat aber keine Auswirkung mehr auf die Koordinateneingabe. Die absoluten Koordinaten geben den Abstand in der horizontalen x-Richtung und in der vertikalen y-Richtung vom Ursprung aus an.

Relative Koordinaten werden aktiviert, indem man im Koordinatenfenster das *Δ-Symbol* anklickt. Es erscheint dann *umrahmt*. Relative Koordinaten beziehen sich immer auf einen *vorhergehenden Punkt*. Deshalb werden relative Koordinaten auch immer nur wirksam, wenn Folgepunkte einzugeben sind.

Der *erste Punkt* einer Wand wird *immer absolut* eingegeben, egal ob Δ aktiviert ist oder nicht. Für den zweiten Punkt einer Wand hängt die Eingabe und Anzeige schon davon ab, ob relativ aktiv ist oder nicht. Die relativen Koordinaten zeigen auch Wirkung bei polygonalen Formen, wo später *nur der Startpunkt absolut* angegeben wird und alle Folgepunkte sich dann auf den jeweils vorhergehenden Punkt beziehen.

Polarkoordinaten

Eine etwas seltenere Koordinatenart sind die *Polarkoordinaten*. Dafür werden der *Abstand vom Ursprung* und der *Winkel zur x-Richtung* eingegeben. Auch hier gibt es wieder die Möglichkeit, für Folgepunkte *relative Polarkoordinaten* zu verwenden. Bei relativen Polarkoordinaten bezieht sich der Abstand auf den vorhergehenden Punkt, der Winkel aber immer auf die x-Richtung.

Bei einem *gedrehten Raster* werden die x- und y-Richtungen um den gewählten Winkel verdreht. Alles Erwähnte gilt dann bezogen auf die gedrehten Koordinatenrichtungen.

1.6 Türen einfügen

Die erste Tür soll nun an der in Abbildung 1.12 gezeigten Position in der rechten Außenwand 2,49 m unterhalb der Wandecke oben eingebaut werden. Es ist keine Eingangstür, weil später noch ein Windfang davor gebaut wird. Wenn Sie aus dem Werkzeugkasten das TÜR-Werkzeug aktivieren, erscheinen wieder die wichtigsten Eingabefelder im INFOFENSTER und alle im EINSTELLUNGSDIALOG

([Strg]+[T]) der TÜR-GRUNDEINSTELLUNG (Abbildung 1.40). Die Tür kann mit einem der Pfosten oder der Mitte positioniert werden. Laut Bemaßung ist der Ankerpunkt links nötig. Den richtigen Typ der Tür können Sie aus GELADENE BIBLIOTHEKEN ❶ auswählen (Abbildung 1.40):

- *Blockrahmentür 1-Fl* ❷, ❸.
- Geben Sie die *Abmessungen* ein ❹ und
- aktivieren Sie den *Ankerpunkt* ❺.
- Bei Bedarf können Sie mit dem *Favoriten-Werkzeug* ❻ die Tür gleich zu Ihren *Favoriten* hinzufügen.

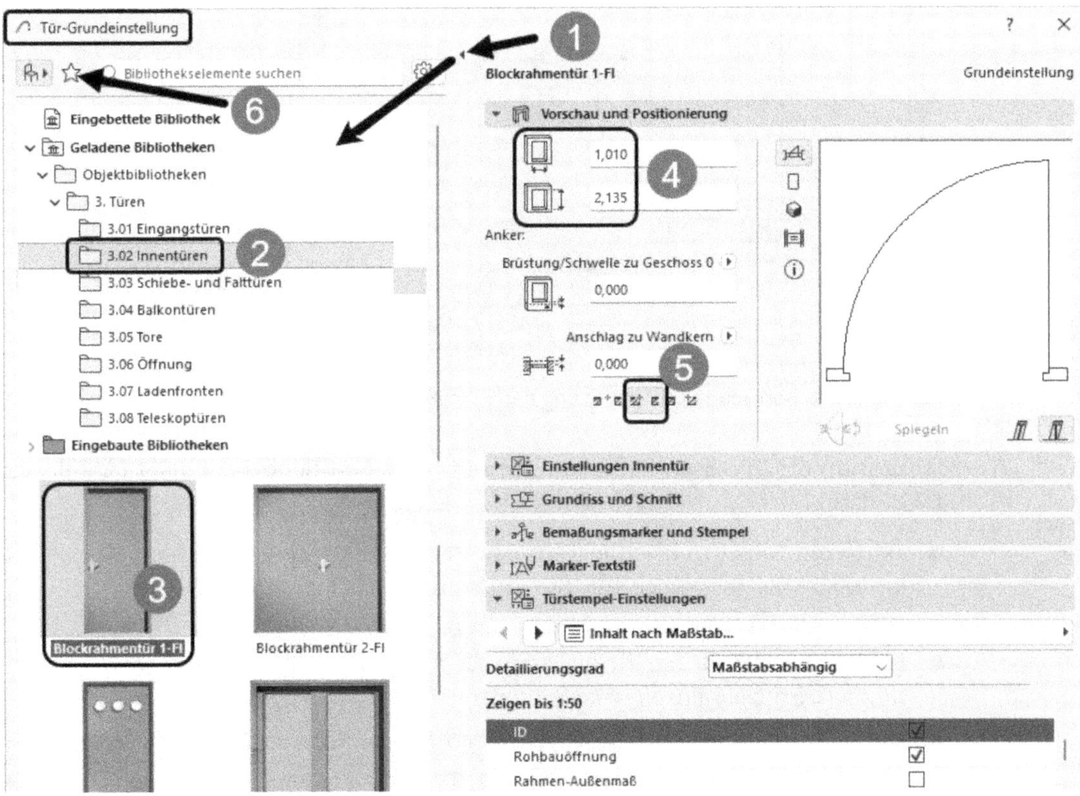

Abb. 1.40: Tür auswählen und Parameter bestimmen

Zum Einbau (Abbildung 1.41)

- fahren Sie bei aktivierten Fanghilfen zunächst auf die Wand rechts außen ❶ und
- aktivieren mit [Tab] den Abstand von der Ecke oben ❷ und
- geben **2,49** und [Enter] ein.

- Nachdem die Tür nun positioniert ist, müssen Sie mit einem weiteren Klick nur noch die Öffnungsrichtung angeben ❸.

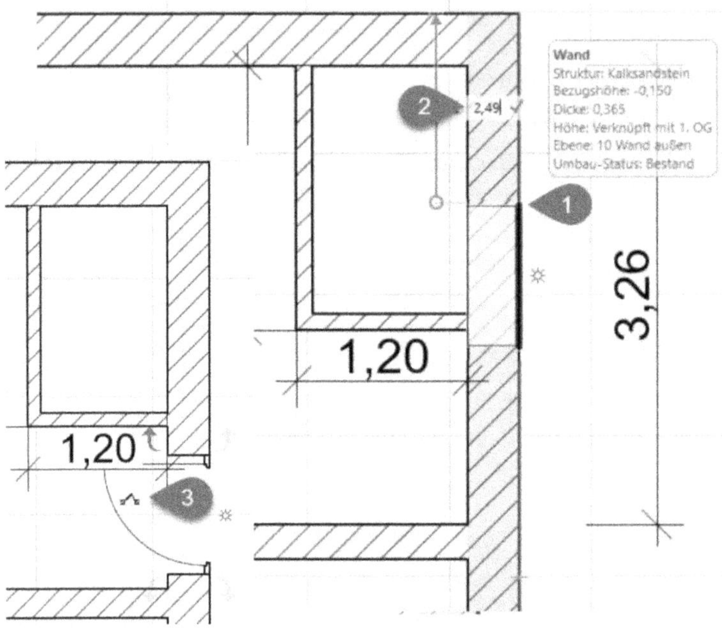

Abb. 1.41: TÜR-Werkzeug und Aktivierung der Hilfslinie

Wenn nun die Tür eventuell doch nach der falschen Seite aufschlägt (Abbildung 1.42), dann

- aktivieren Sie zum Nachbessern das PFEIL-Werkzeug ❶ aus dem WERKZEUGKASTEN. Mit [ESC] wechseln Sie am schnellsten aus einem beliebigen Befehl zum PFEIL-Werkzeug.
- Klicken Sie damit die Tür direkt an ❷, damit sie grün markiert wird, und die *charakteristischen* Punkte erscheinen.
- Dann klicken Sie einen dieser *charakteristischen* Punkte ❸ an und
- wählen aus der nun erscheinenden PET-PALETTE das Werkzeug zum SPIEGELN ❹. Es kann sein, dass die PET-PALETTE etwas weiter weg auf dem Bildschirm liegt!
- Es reicht nun aus, dass Sie den *charakteristischen Punkt* anklicken, der *auf der Mittellinie* liegt ❺. Die Tür wird sofort um die Mittellinie gespiegelt.

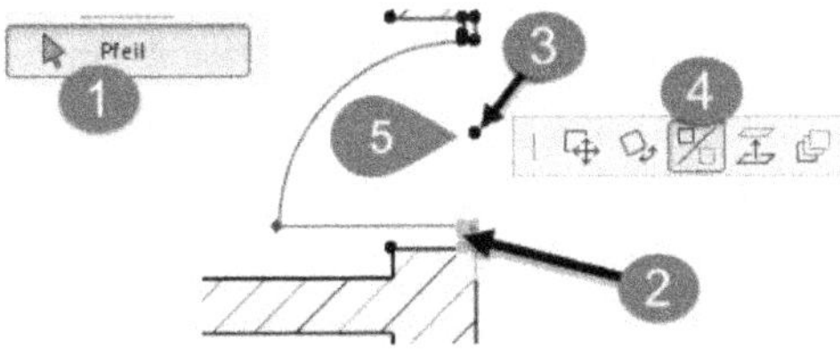

Abb. 1.42: Markierte Tür mit charakteristischen Punkten und PET-PALETTE SPIEGELN

Tipp

Die Funktion DREHEN in der PET-PALETTE bewirkt bei der Tür, dass sich die Rahmen-Position von innen nach außen ändert und umgekehrt.

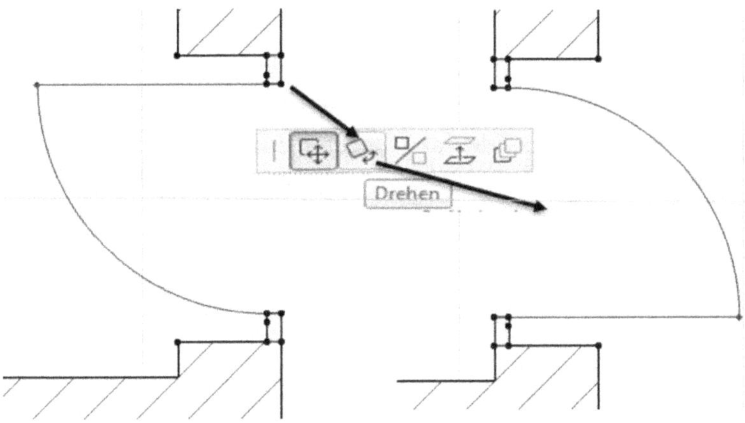

Abb. 1.43: Drehen der Tür mit PET-PALETTE

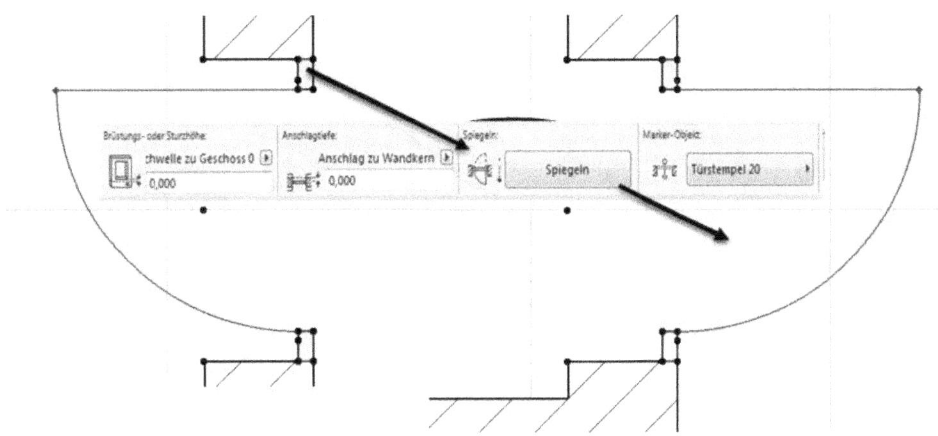

Abb. 1.44: Tür über INFOFENSTER spiegeln

Über den Schalter SPIEGELN im INFOFENSTER kann die Öffnungsrichtung der Tür gespiegelt werden.

Die vollständige Mittellinie der Tür ist standardmäßig nicht eingeschaltet. Um das zu ändern, müssen Sie die Tür-Eigenschaften verändern. Mit dem Werkzeug PFEIL klicken Sie in einen der Tür-Pfosten hinein, um im INFOFENSTER die wichtigsten Tür-Eigenschaften zu sehen. Um nun die Tür-Darstellung wie in Abbildung 1.45 zu erzielen,

- klicken Sie im INFOFENSTER auf das *Tür-Symbol* und Sie bekommen die EINSTELLUNGEN FÜR DIE TÜR-AUSWAHL angezeigt.
- Hier öffnen Sie das Panel BEMAẞUNGSMARKER UND STEMPEL und wählen Sie den Marker-Typ T MARKER.
- Im Panel MARKER SYMBOL UND TEXT aktivieren Sie unter MARKER-GEOMETRIE die Option LINIE VERLÄNGERN und entfernen das Häkchen bei MARKER-KOPF.

Außerdem ist die Anzeige der Tür-Details noch abhängig von den MODELLDARSTELLUNGS-KOMBINATIONEN unter den SCHNELL-OPTIONEN. Letztere finden Sie rechts unten als fünfte von rechts bei den angedockten Paletten. Wählen Sie hier 50 BEISPIEL AUSFÜHRUNGSPLANUNG. Alternativ können Sie auch die Palette SCHNELL-OPTIONEN aktivieren. Davon bestimmt die fünfte Zeile die MODELLDARSTELLUNGS-KOMBINATIONEN.

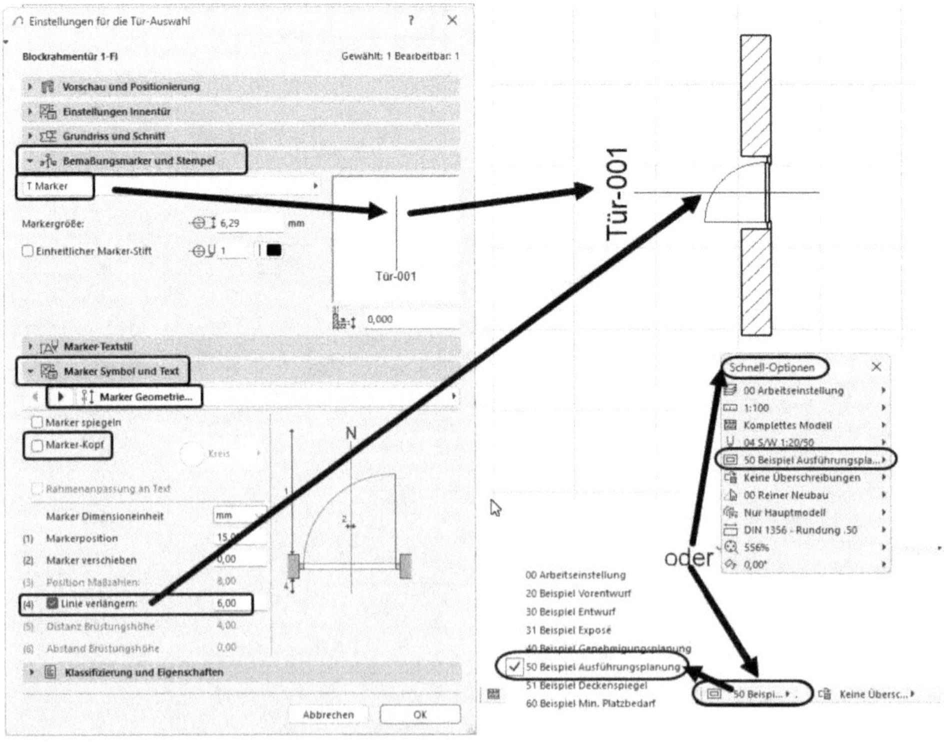

Abb. 1.45: Einstellungen für den Tür-Marker

1.7 Einbau von Fenstern

Der Einbau der Fenster geschieht analog zu den Türen. Wählen Sie das FENSTER-Werkzeug, und klicken Sie im INFOFENSTER auf das Icon EINSTELLUNGSDIALOG. Dort wählen Sie links oben die Bibliothek aus:

GELADENE BIBLIOTHEKEN|BIBLIOTHEKEN |2. FENSTER |2.01 RECHTECKFENSTER und darunter das individuelle Fenster, z.B. 2-FLÜGELFENSTER 1+1 . Die Fensterbreite können Sie auch im großen Dialogfenster FENSTER-GRUNDEINSTELLUNGEN oder im INFOFENSTER eingeben.

Das FENSTER-Werkzeug bietet ähnliche Positionierungsvarianten an wie bei den Türen. Auch bei Fenstern erscheint nach der Positionierung ein Cursor für die *Öffnungs-Richtung*. Dafür wäre hier die Innenseite anzuklicken. Bei einem falsch herum eingebauten Fenster können Sie mit dem PFEIL-Werkzeug markieren, einen Punkt anklicken und in der PET-PALETTE mit der Funktion DREHEN die Anschlagsrichtung ändern oder im INFOFENSTER mit SPIEGELN die Öffnungsrichtung umkehren. Die *detaillierte Darstellung* des Fensters mit Lage des Fensterflügels sehen Sie allerdings nur in der MODELL-DARSTELLUNGSKOMBINATION *50 Beispiel Ausführungsplanung*.

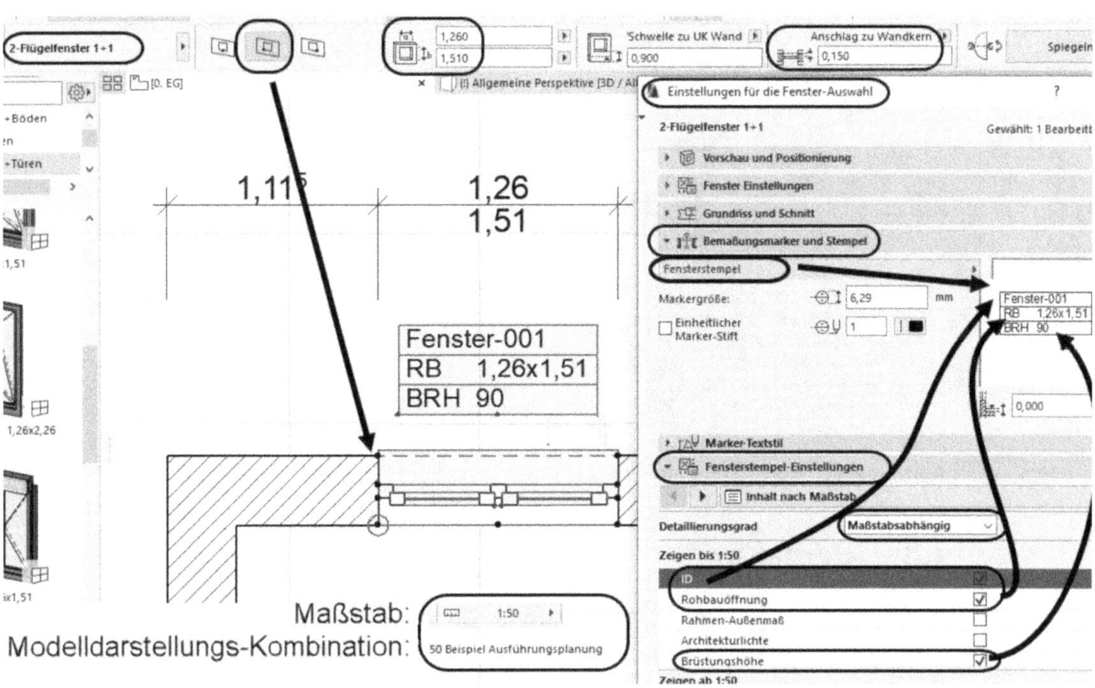

Abb. 1.46: FENSTER-Werkzeug und Fenstereigenschaften

Weitere Feinheiten für die Fenster können natürlich über den FENSTER-EINSTELLUNGSDIALOG detailliert eingestellt werden. Die Details sind auch maßstabsabhängig. Hier wurde Maßstab 1:50 eingestellt. Sie können nun weitere Fenster nach den Maßen in Abbildung 1.47 einbauen.

Wenn Sie die Fenster geöffnet anzeigen wollen, müssen Sie im FENSTER-EINSTELLUNGSDIALOG auf das Panel FENSTEREINSTELLUNGEN klicken, dort den Titel FENSTEREINSTELLUNGEN UND ÖFFNUNGEN aktivieren und den Untertitel ÖFFNUNGSTYP UND WINKEL wählen. Dort aktivieren Sie ÖFFNUNGSWINKEL und können dann für 2D und/oder 3D die Öffnungswinkel eingeben.

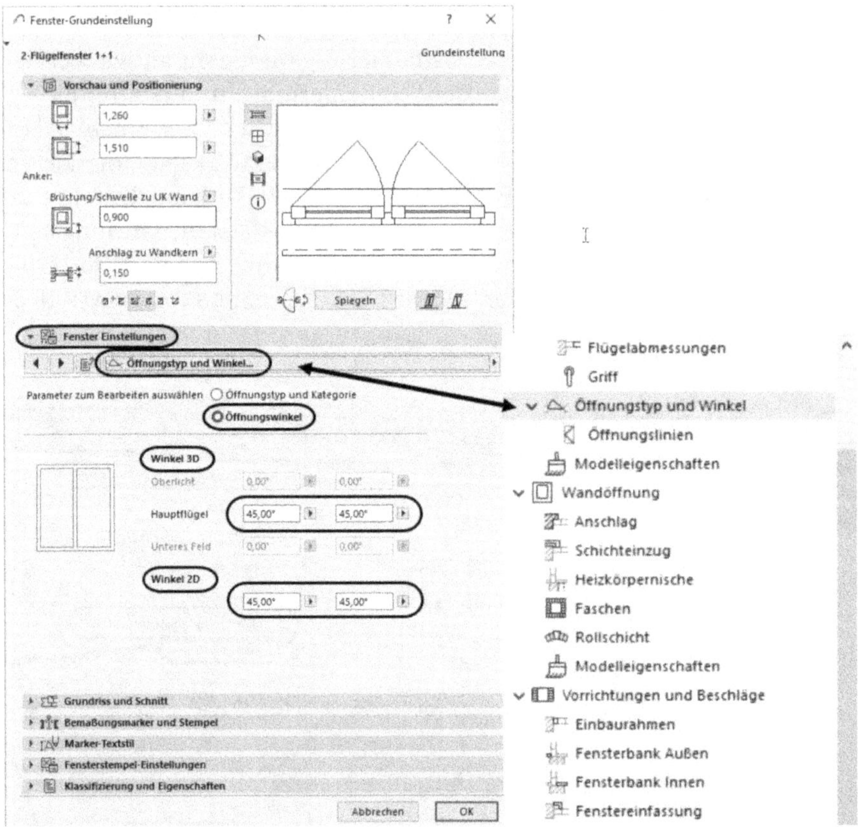

Abb. 1.47: Fenstereinstellungen für geöffnete Fenster in 2D-/3D-Ansichten

1.8 Bemaßung

Zur Erstellung der Bemaßung wählen Sie aus dem WERKZEUGKASTEN unter der Überschrift DOKUMENTATION das Werkzeug BEMAßUNG . Sie können im INFOFENSTER die *Konstruktionsmethode* für die Bemaßung wählen. Für eine normale Architektur-Kettenbemaßung wäre die KONSTRUKTIONSMETHODE: LINEAR zu verwenden. Sie klicken dann die einzelnen Bemaßungspositionen mit dem Häkchen-Cursor an. Es werden dort Symbole mit Kreis und Kreuz ⊗ gesetzt, und Sie beenden diese Auswahl der Positionen mit einem *Doppelklick* auf einer freien Fläche oder mit einem Rechtsklick und Wahl von OK. Danach erscheint der *Hammer-Cursor*, mit dem Sie die *Maßlinienposition* festlegen.

Eventuell erhalten Sie bei der ersten Bemaßungsposition eine Meldung, dass die Bemaßungsebene ausgeschaltet ist. Klicken Sie dann einfach in diesem Dialogfenster auf EBENE SICHTBAR, um sie zu aktivieren.

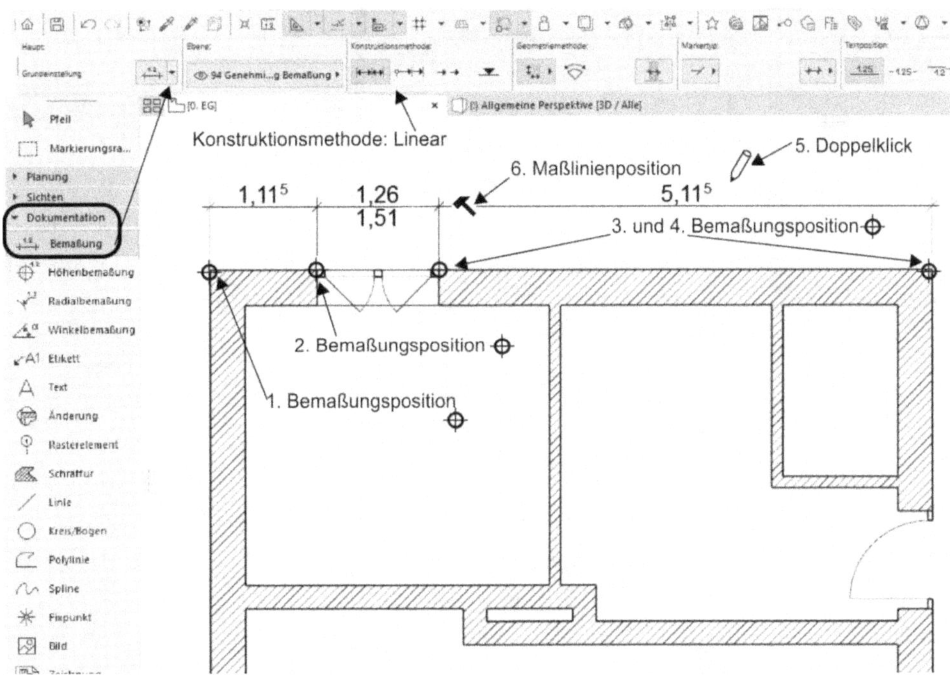

Abb. 1.48: Bemaßung erstellen

Wenn Sie die *Maßlinien in einem konkreten Abstand* zur Wand positionieren möchten, können Sie sich vorher mit dem Werkzeug HILFSLINIEN-SEGMENT ERSTELLEN aus dem HILFSLINIEN-MENÜ eine permanente Hilfslinie für die Positionierung der Maßlinien (Abbildung 1.49) erzeugen (im Prinzip ist das auch während der Bemaßungsaktion möglich):

1. Das kleine orange gestrichelte Hilfsliniensegment am Zeichenfenster-Rand mit gedrückter Maustaste auf eine Wand ziehen,
2. die Hilfslinie rastet auf der Wand ein,
3. Hilfslinie anklicken; es erscheint ein runder orange Klecks an der Hilfslinie.
4. Diesen Klecks ziehen Sie nun von der Wand weg und geben noch im Ziehen den Abstand ein.

Wenn permanente Hilfslinien nicht mehr benötigt werden, können Sie sie mit den übrigen Funktionen des HILFSLINIEN-Menüs einzeln oder alle löschen.

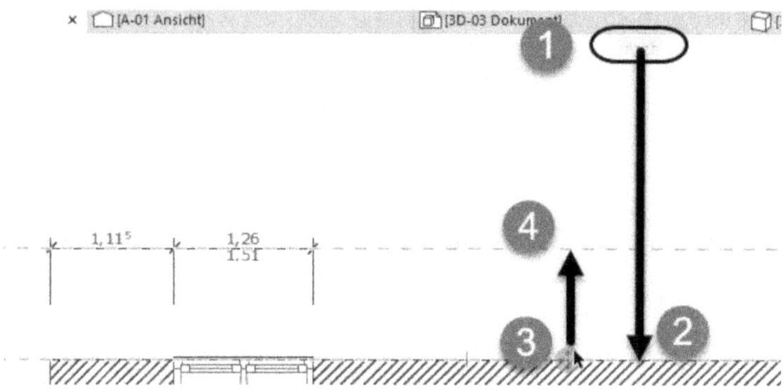

Abb. 1.49: Permanente Hilfslinie erstellen

Die hier benutzte Einzel-Bemaßung ist natürlich etwas mühsam. Die eleganteren Möglichkeiten der *automatischen Bemaßung* werden später vorgestellt.

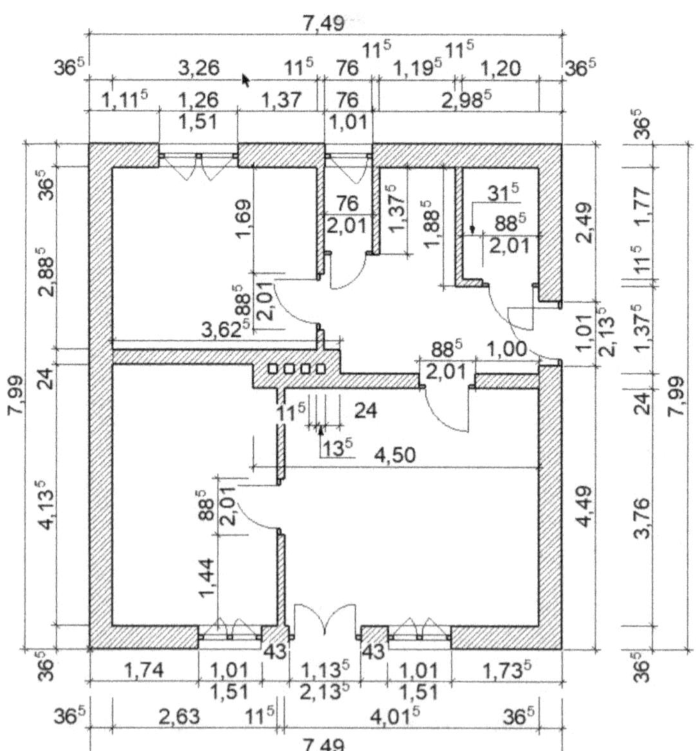

Abb. 1.50: Erdgeschoss komplett

1.9 Speichern der Konstruktion

Wenn Sie nun zum ersten Mal die Konstruktion sichern wollen, wählen Sie im Menü ABLAGE|SICHERN oder das entsprechende Werkzeug aus der STANDARD-Symbolleiste. Weil Sie bisher noch keinen Namen vergeben haben, heißt die Zeichnung vorläufig erst mal `Ohne Titel.pln`. Sie können jetzt einen eigenen sinnvollen Namen vergeben. Wenn Sie später wieder sichern, wird dieser Name automatisch weiterverwendet und Ihre alte Zeichnung mit dem neuen Stand überschrieben.

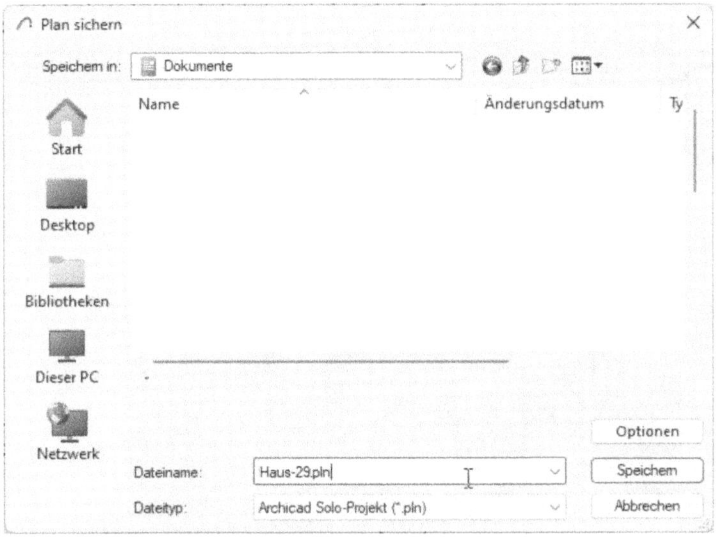

Abb. 1.51: Speichern des bisherigen Projektstands

1.10 3D-Ansicht

Zum Abschluss soll die Konstruktion noch dreidimensional betrachtet werden. Der schnelle Weg führt nach Wahl von 3D|ALLGEMEINE PERSPEKTIVE im NAVIGATOR bzw. über das Register [3D / Alle] unter dem INFOFENSTER zur 3D-Darstellung. Gegebenenfalls müssen Sie noch mit OPTIMIEREN aus der Hilfsmittelleiste etwas zoomen. Die 3D-Darstellung können Sie auch noch mit dem Werkzeug ORBIT unten in der Hilfsmittelleiste schwenken. Wenn Sie mit gedrückter Maustaste mit diesem Werkzeug den Cursor auf dem Bildschirm auf und ab bewegen, wird die 3D-Darstellung gekippt. Wenn Sie den Cursor mit gedrückter Maustaste horizontal bewegen, wird die Darstellung gedreht.

Tipp

Für dieses Schwenken gibt es auch ein Tastenkürzel: Sie müssen nur bei gedrückter `Shift`-Taste das Mausrad gedrückt halten und die Maus bewegen.

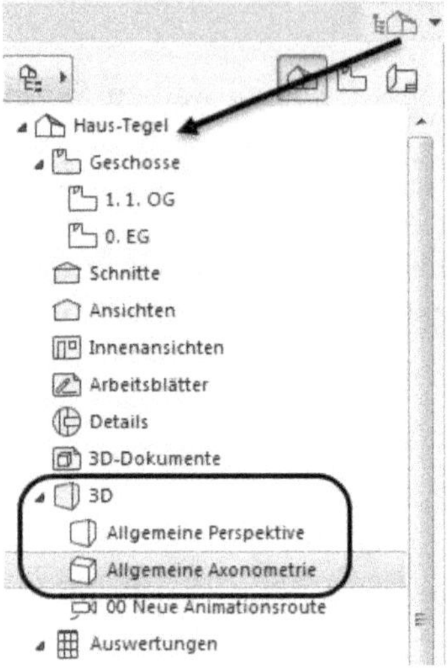

Abb. 1.52: 3D-Darstellungen im Navigator

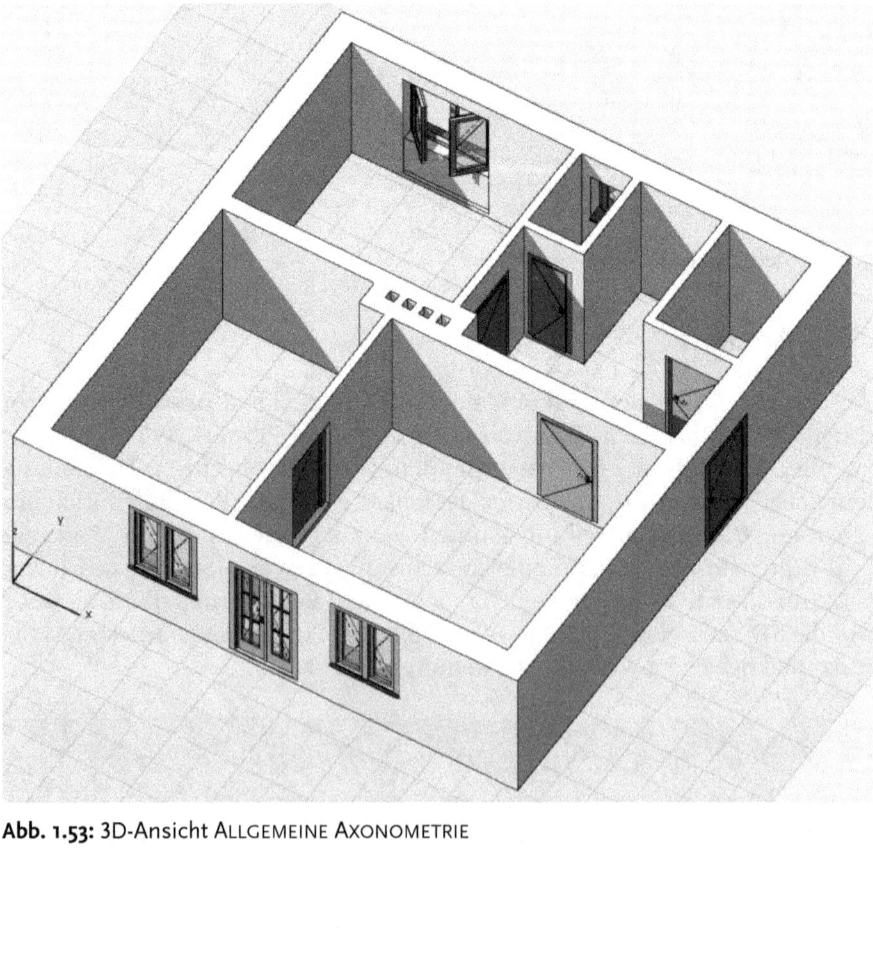

Abb. 1.53: 3D-Ansicht ALLGEMEINE AXONOMETRIE

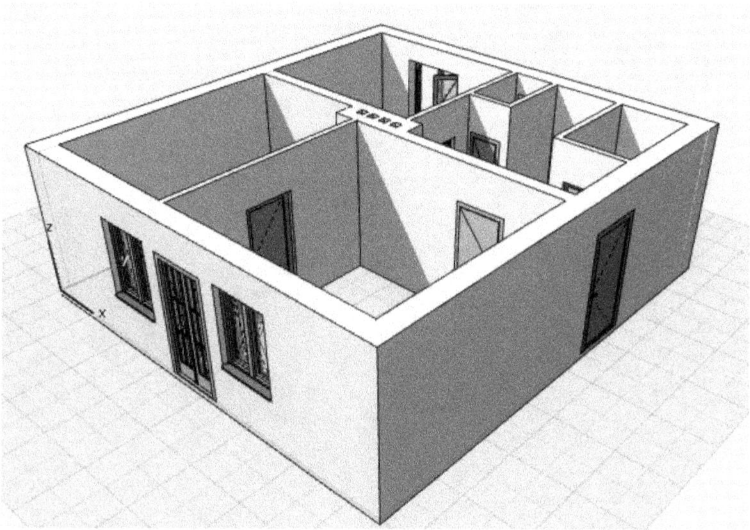

Abb. 1.54: 3D-Ansicht ALLGEMEINE PERSPEKTIVE

1.11 Übungsfragen

1. Was bedeutet die Abkürzung BIM?
2. Wie lange läuft die Demoversion?
3. Was können Sie nicht mit der Demoversion tun?
4. Welches Betriebssystem brauchen Sie für Archicad 29?
5. Welche RAM-Speichergröße ist mindestens erforderlich?
6. Wo liegt der Nullpunkt der Konstruktion beim Start, und wie wird er angezeigt?
7. Was sind die wichtigsten Werkzeuge in der Hilfsmittelleiste?
8. Wie wird das Fangen existierender Punkte angezeigt?
9. Wo liegen die Werkzeuge zum Einschalten von Hilfslinien und TRACKER?
10. Womit können Sie die Parameter der Konstruktionselemente einstellen?

Kapitel 2

Die Benutzeroberfläche im Detail

Archicad besitzt eine Vielzahl von Bedienelementen, die je nach Projektstatus für eine optimale Bedienung zu wählen sind. Beim Start habe ich hier das *Arbeitsumgebungs-Profil* PROFIL ARCHITEKTUR 29 gewählt. Das bedingt eine ganz bestimmte Auswahl von Symbolleisten und Paletten. Weitere Arbeitsumgebungen PROFIL HKLSE PLANUNG 29 und PROFIL TRAGWERKSPLANUNG 29 sind auf die Bereiche Installation und Tragwerk spezialisiert. Die Arbeitsumgebung kann jederzeit mit OPTIONEN|ARBEITSUMGEBUNG|ARBEITSUMGEBUNG gewechselt werden. Im Folgenden werde ich eine Übersicht über PROFIL ARCHITEKTUR 29 geben und die ganz wichtigen Bedienelemente, das PFEIL-Werkzeug und die ZOOM-Funktionen vorstellen. Die *Menüs, Symbolleisten* und *Paletten* werden Sie bei Vorstellung der einzelnen Funktionen schrittweise kennenlernen. Eine allgemeine Übersicht über diese Bedienelemente können Sie im Downloadkapitel Y finden.

2.1 Die Arbeitsumgebung »Profil Architektur 29«

2.1.1 Die wichtigsten Leisten

Wenn Sie mit der *Arbeitsumgebung* PROFIL ARCHITEKTUR 29 gestartet haben, finden Sie folgende *Leisten, Werkzeuge* und *Paletten* auf dem Bildschirm (Abbildung 2.1):

- PROGRAMMLEISTE – zeigt den Programmnamen an sowie den Namen des aktuellen Projekts. Nach dem Start eines neuen Projekts steht dort allerdings nur OHNE TITEL. Nach dem ersten Speichern unter einem spezifischen Namen erscheint dieser dort.
- MENÜLEISTE – bietet in neun Menüs die Archicad-Funktionen an, die aber meist auch in bequemen *Werkzeugkästen*, PET-PALETTEN (aktionsabhängig nach Anklicken von Objekten) und *Kontextmenüs* (über Rechtsklick) zu finden sind. Die wichtigsten Funktionen aus den Menüs sind solche zur Einstellung der *Arbeitsumgebung.*
- Symbolleiste STANDARD – Diese Symbolleiste bietet an erster Stelle die START-Oberfläche und die Funktion zum SPEICHERN an. Daneben finden Sie die Werkzeuge zum *Zurücknehmen* von Aktionen oder zum *Wiederherstellen.* Dann folgen Einstellungen zur *Konstruktionsunterstützung* und die gängigsten *Änderungsbefehle.*

Abb. 2.1: Arbeitsumgebung PROFIL ARCHITEKTUR 29

2.1.2 Die wichtigsten Paletten

Infofenster

Palette INFOFENSTER – Hier werden die aktuellen *Optionen zum laufenden Befehl* angezeigt. In Abbildung 2.1 ist momentan kein Werkzeug aktiv und deshalb die INFOFENSTER-Palette leer. Insbesondere nehmen Sie damit die schnellsten Änderungen an den Werkzeug-GRUNDEINSTELLUNGEN vor. Das INFOFENSTER können Sie am unteren Rand in der Höhe variieren, um mehr Einstellungen des aktuellen Werkzeugs im Zugriff zu haben. Um später den kompletten *Einstellungsdialog* eines Werkzeugs zu erreichen, müssten Sie hier auf das *Werkzeug-Logo* ganz links klicken – im Bild nur als leerer Platzhalter –, um das große Dialogfenster Werkzeug-GRUNDEINSTELLUNG zu aktivieren.

Werkzeugkasten

Der WERKZEUGKASTEN am linken Rand ist in drei Abschnitte eingeteilt: PLANUNG, SICHTEN und DOKUMENTATION . Sie können (bei der PC-Version, nicht Mac) mit dem Cursor auf dem rechten Rand diesen Werkzeugkasten auch in die Breite ziehen (Abbildung 2.2). Er erscheint dann mehrspaltig.

- PLANUNG – Hier befinden sich die *Werkzeuge* für die *Architekturelemente*, aus denen sich ein Projekt zusammensetzt. Nach Anklicken eines Werkzeugs werden die dazugehörigen Optionen mit ihren Einstellungen im INFOFENSTER angezeigt.

- SICHTEN – enthält Werkzeuge zur Erstellung von Schnitten, Detailansichten und weiteren Ansichten.
- DOKUMENTATION – bietet die Werkzeuge für Bemaßung und Text.

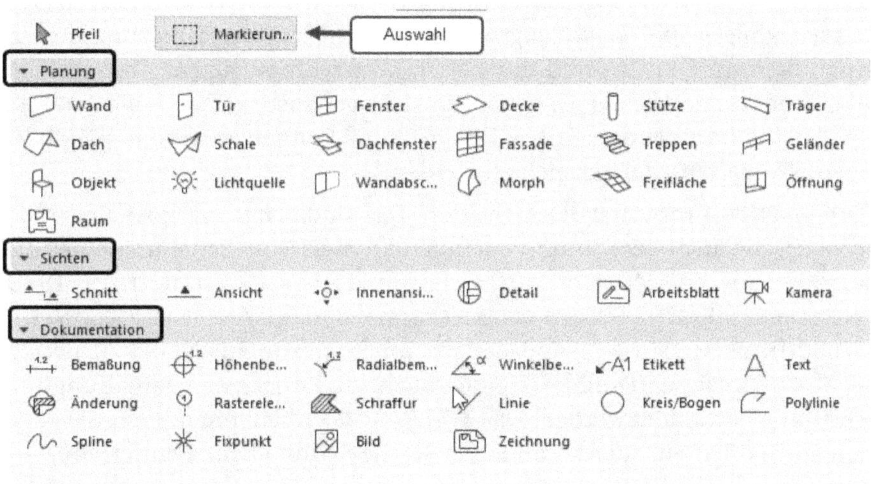

Abb. 2.2: Palette WERKZEUGKASTEN

Navigator

Der NAVIGATOR (Abbildung 2.3) rechts zeigt die Struktur des Projekts an. Standardmäßig ist dort die Darstellung der PROJEKT-MAPPE (erster Button) aktiv. Jedes Projekt ist in *Kategorien* eingeteilt:

- GESCHOSSE – enthält die 2D-Ansichten der einzelnen Geschosse.
- SCHNITTE/ANSICHTEN/INNENANSICHTEN (IA) – verwaltet die mit den Werkzeugen aus dem Bereich WERKZEUGE|SICHTEN automatisch erstellten Schnitte, Ansichten oder Innenansichten.
- ARBEITSBLÄTTER – sind in der Regel Ausschnitte von Grundrissen oder anderen Ansichten, in denen *2D-Kopien der Konstruktionselemente* erscheinen, die *unabhängig von der Ursprungsansicht* bearbeitet werden können. Die Arbeitsblätter werden in der Originalzeichnung durch eine dünne Rechteckberandung gekennzeichnet. In das Arbeitsblatt werden die zu den Originalelementen bereits erstellten *Anmerkungen und Bemaßungen* auch außerhalb der Ausschnittsgrenzen übernommen. Standardmäßig haben Arbeitsblätter den gleichen Maßstab wie die Ursprungsansicht. Auf diesen ARBEITSBLÄTTERN sind nur die *2D-Werkzeuge* wie *Linien, Schraffuren, Texte, Etiketten* (Hinweistexte) u.Ä. verfügbar. Arbeitsblätter können auch unabhängig von anderen Ansichten (DOKUMENTATION|DOKUMENTATIONSWERKZEUGE|UNABHÄNGIGES

ARBEITSBLATT ERSTELLEN) zur Erstellung von Zusatzgrafiken wie Diagrammen, Organigrammen oder Konstruktionsvorschlägen verwendet werden.

- DETAILS – enthält Detailansichten, die mit dem Detailwerkzeug zu Grundrissen, Ansichten, 3D-Dokumenten, Arbeitsblättern und anderen Details erzeugt werden. Sie enthalten wie die Arbeitsblätter *2D-Kopien der Projekt-Elemente*, aber in *vergrößerten Maßstäben*. Details werden in der Ursprungszeichnung durch einen deutlichen *abgerundeten Detailrahmen und -marker* gekennzeichnet. *Anmerkungen und Bemaßungen* werden *nicht* aus der Ursprungsansicht übernommen. In DETAILS sind nur die *2D-Werkzeuge* verfügbar. DETAILS können bei Änderungen in der Ursprungsansicht genauso wie auch die ARBEITSBLÄTTER *aktualisiert* werden. Übers Kontextmenü können auch vom 3D-Modell völlig *unabhängige Details* gezeichnet werden.
- 3D-DOKUMENTE – verwaltet 3D-Ansichten. Das sind *Schnappschüsse* aus einem 3D-Fenster, die auch 3D-Schnitte enthalten können (Zur Erstellung eines 3D-DOKUMENTS aus einer Ansicht in 3D siehe Menü ANSICHT|ELEMENTE IN 3D|3D-SCHNITTEBENEN|EIGENE SCHNITTEBENE ERSTELLEN, dann ANSICHT|ELEMENTE IN 3D|3D-SCHNITT AUSFÜHREN und danach im Kontextmenü NEUES 3D-DOKUMENT AUS 3D). Diese 3D-Bilder können auch für Zwecke der Bemaßung und Beschriftung verwendet werden. Das 3D-DOKUMENT bleibt in der einmal generierten Form erhalten, auch wenn Sie in 3D die Schnittebenen entfernen.
- 3D – zeigt Ihre Konstruktion als dreidimensionale Ansicht. 3D unterteilt sich in die *perspektivischen* und allgemeinen *axonometrischen* 3D-Darstellungen. Diese Darstellungen können mit der ORBIT-Funktion (HILFSMITTEL-Palette oder ANSICHT|ORBIT oder [F2]) gedreht werden. Für ALLGEMEINE PERSPEKTIVE ist auch der 3D-RUNDGANG möglich (HILFSMITTEL-Palette oder ANSICHT|3D-RUNDGANG oder [F3]). In der Rubrik 3D werden auch Animationen gespeichert (DOKUMENTATION|RENDERING, ANIMATION ETC.|ANIMATION).
- AUSWERTUNGEN – enthält die automatisch erstellten Listen der verschiedenen Elementtypen mit allen Daten und Maßen.
- PROJEKTINHALTE – zeigt Listen von vorhandenen Ausschnitten, Plot-Layouts und Zeichnungen an.
- LISTEN – unterteilt sich in Listen von Elementen, Komponenten und Raumflächen. Dies sind automatisch im Rahmen des BIM (Building Information Model) erstellte Listen Ihrer Konstruktionselemente und Raumflächen.
- INFO – enthält *Projektnotizen*, die Sie hier eintragen können, und automatische *Protokollierungen* zum Projekt.
- FLÄCHENBERECHNUNG – Hier finden Sie die Listen für Flächen- und Volumenberechnungen, die automatisch basierend auf den mit dem RAUM-Werkzeug definierten Räumen erstellt werden.

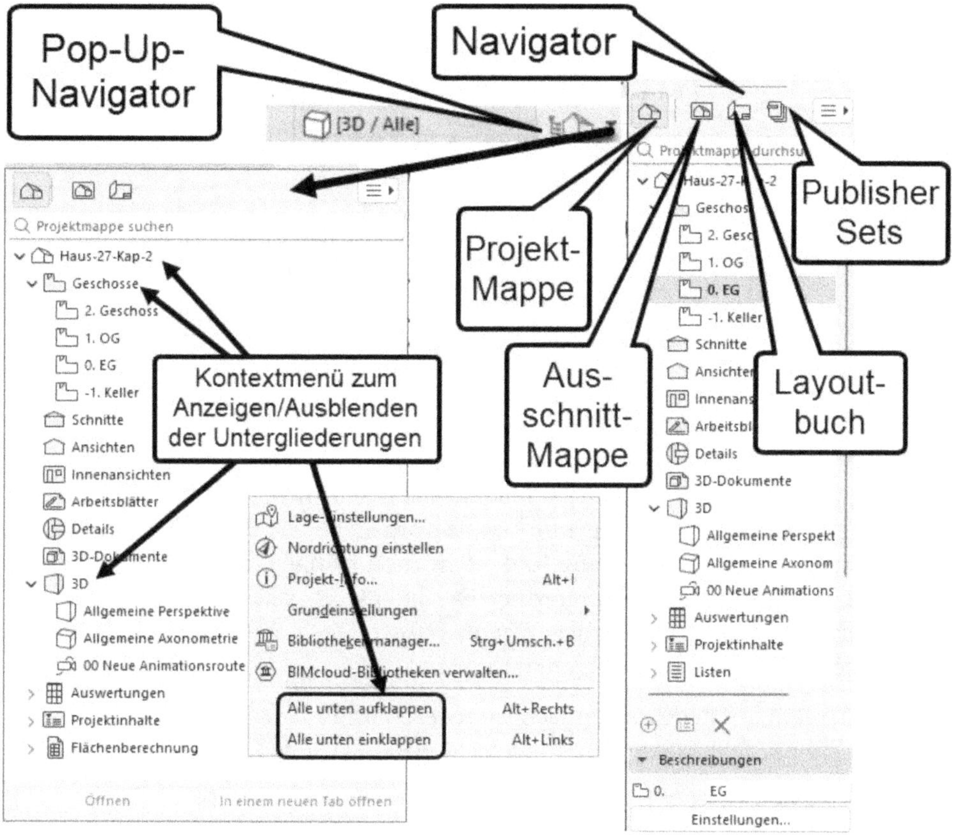

Abb. 2.3: Navigator-Paletten

Die Transparentpause

Diese Palette wird vorgabemäßig unter dem NAVIGATOR angezeigt. Ansonsten aktivieren Sie sie über das Menü FENSTER|PALETTEN|TRANSPARENTPAUSENPALETTE. Sie können andere Geschossansichten, Schnitte, Details etc. als Transparentpause in roter bzw. wählbarer Farbe anzeigen lassen und dann Positionen daraus als Konstruktionshilfen für die aktuelle Ansicht verwenden. Ansichten lassen sich auch nach Rechtsklick oben im NAVIGATOR über das Kontextmenü als Transparentpause anzeigen. Wenn für die Konstruktion nötig, kann die Transparentpause mit Werkzeugen hier auch verschoben oder gedreht werden. Die Original-Konstruktion ist aber davon dann nicht betroffen.

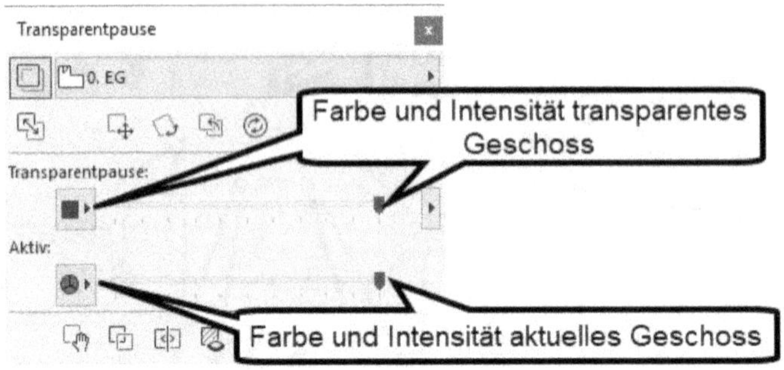

Abb. 2.4: Palette TRANSPARENTPAUSE

Favoriten

Sie werden im Werkzeugkasten STANDARD mit ☆ aktiviert. Anstatt allgemein ein Werkzeug aus dem WERKZEUGKASTEN zu wählen, können Sie bequem aus den FAVORITEN Standard-Elemente mit bereits vorgegebenen Einstellungen wählen. Damit Sie eine gewisse Ordnung in die Favoriten bringen, sollten Sie sich zuerst nach Rechtsklick auf den Hauptordner FAVORITEN mit NEUER ORDNER mehrere sinnvoll benannte Ordner für *Wände, Fenster, Türen* etc. erstellen. Sie können dann eigene Favoriten hinzufügen, indem Sie

1. ein Element auf der Zeichenfläche aktivieren und
2. dann auf die passende Kategorie wie z.B. WÄNDE bei den FAVORITEN klicken,
3. das Werkzeug NEUER FAVORIT anklicken und
4. einen Namen eingeben.
5. Nach OK ist die Palette erweitert.

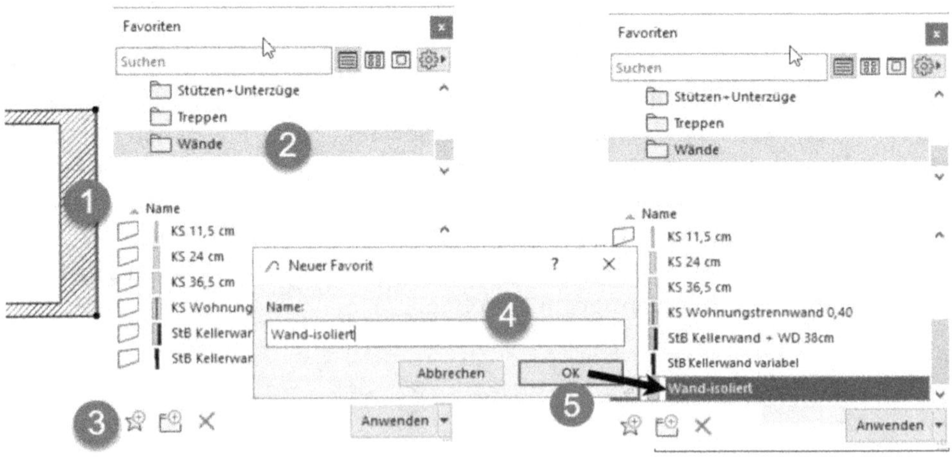

Abb. 2.5: Favoriten hinzufügen

2.1.3 Schnell-Optionen

Die Schnell-Optionen sind eine besonders wichtige Palette, weil Sie die Darstellung der Architektur-Elemente in verschiedenen Ansichten beeinflussen und mit einer Änderung in einem der vielen Themen die Darstellungen vieler Ansichten beeinflussen können.

Die Themen dieser Palette finden Sie direkt und einzeln in der Zeile unter dem Zeichenfenster (Abbildung 2.6). Wenn Sie die Palette als Ganzes sehen möchten, können Sie sie über FENSTER|PALETTEN|SCHNELL-OPTIONEN aktivieren (Abbildung 2.7). Mit den Optionen dieser Palette wählen Sie für das Grundrissfenster

- die EBENENKOMBINATIONEN,
- den MAẞSTAB,
- die STRUKTURDARSTELLUNG,
- das STIFT-SET,
- die MODELLDARSTELLUNGS-KOMBINATION,
- die GRAFISCHE ÜBERSCHREIBUNGSREGELKOMBINATION,
- den UMBAU-FILTER, die VARIANTENDARSTELLUNG,
- die BEMAẞUNGSEINSTELLUNG,
- den ZOOMFAKTOR und
- die ANSICHTSAUSRICHTUNG.

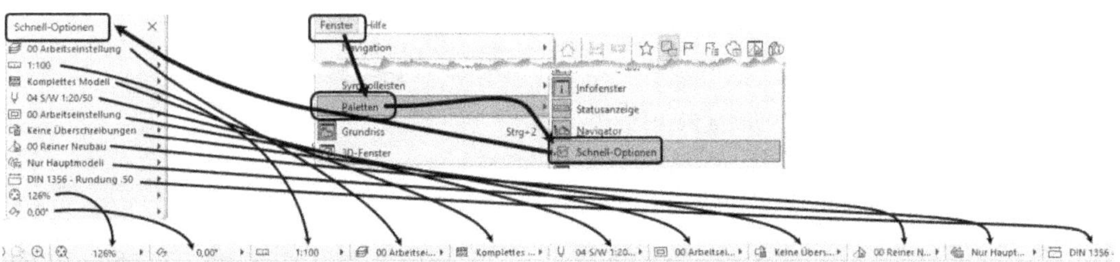

Abb. 2.6: SCHNELL-OPTIONEN als eigene Palette und in der Leiste unter dem Grundrissfenster

Mit diesen Optionen steuern Sie die Darstellung der Elemente in der aktuellen Ansicht.

Abb. 2.7: Themen der Palette SCHNELL-OPTIONEN

Ebenenkombinationen

Die EBENENKOMBINATIONEN erlauben es, in verschiedenen Projektphasen unterschiedliche Ebenen sichtbar zu machen. Welche EBENEN bei einer bestimmten EBENENKOMBINATION sichtbar sind, erfahren Sie im Menü DOKUMENTATION|EBENEN|EBENEN (MODELLDARSTELLUNG) (siehe Abbildung 2.8). Darüber wird die *Sichtbarkeit* der einzelnen *Elementtypen* gesteuert, die ja auf ganz spezifischen Ebenen liegen (GR = GRUNDRISS, S/A = SCHNITT/ANSICHT). Die Voreinstellung ist 00 ARBEITSEINSTELLUNG, wobei alle Ebenen sichtbar geschaltet sind.

Abb. 2.8: Ebenen-Kombinationen

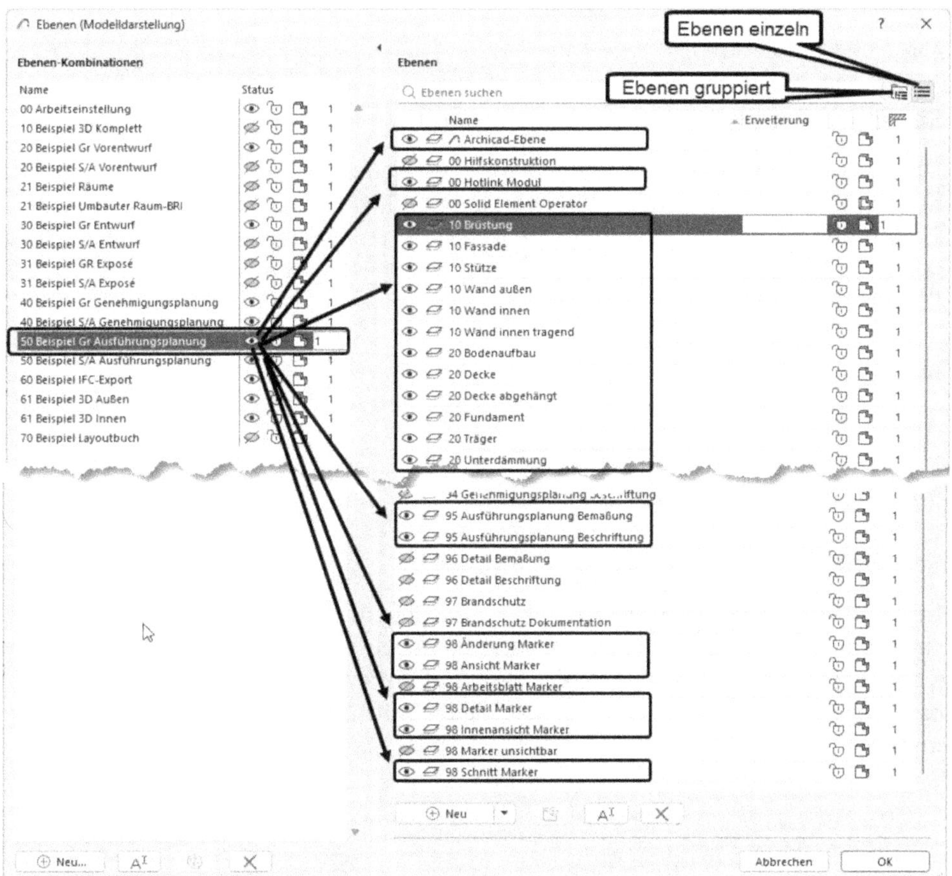

Abb. 2.9: Ebenenkombination für Grundriss Ausführungsplanung, sichtbare Ebenen markiert

Maßstab

Der MAẞSTAB bestimmt später die gesamte Ausgabe der Konstruktion im Plan, und während der Konstruktionsarbeit wirkt er auf die relative Größe der Schrift im

Verhältnis zu den architektonischen Elementen. Andererseits hängt die Detaildarstellung bestimmter Elemente vom Maßstab ab. Für detaillierte Fensterdarstellung ist beispielsweise M=1:50 nötig.

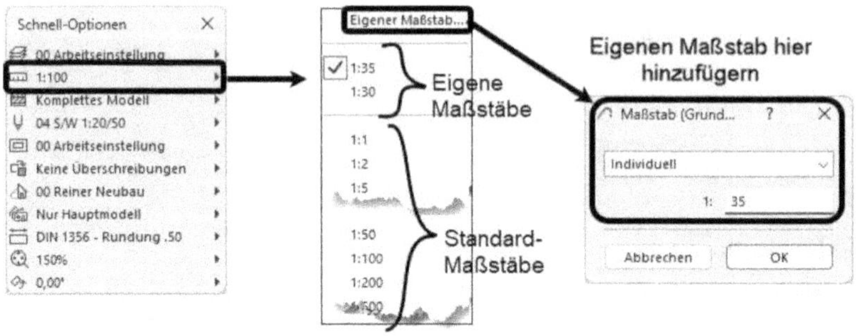

Abb. 2.10: Maßstabsliste

Strukturdarstellung

Die STRUKTURDARSTELLUNG ist für mehrschichtige Wände interessant und bestimmt deren Darstellung. Für Wände und Decken mit Schichtaufbau steuern Sie hier die Sichtbarkeit der Schichten. Sie können wählen zwischen KOMPLETTES MODELL, OHNE BEKLEIDUNGEN, NUR DER KERN, NUR DER KERN DER TRAGENDEN ELEMENTE.

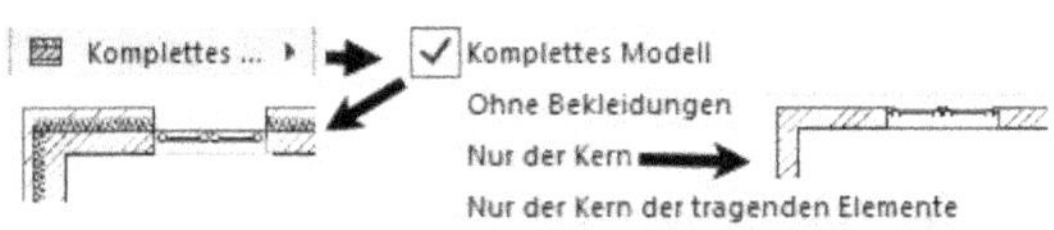

Abb. 2.11: Strukturdarstellungen

Stift-Set

Im STIFT-SET können Sie können Sie festlegen, welche Stiftnummer mit welcher Linienstärke und welcher Farbe ausgegeben wird. Im EINSTELLUNGSDIALOG jedes Elements ist für die verschiedenen Linien jeweils die Stiftnummer einstellbar. Über das gewählte STIFT-SET wird jeder Stiftnummer dann die Linienstärke und Farbe zugeordnet. Es gibt auch schwarz-weiße Darstellungen.

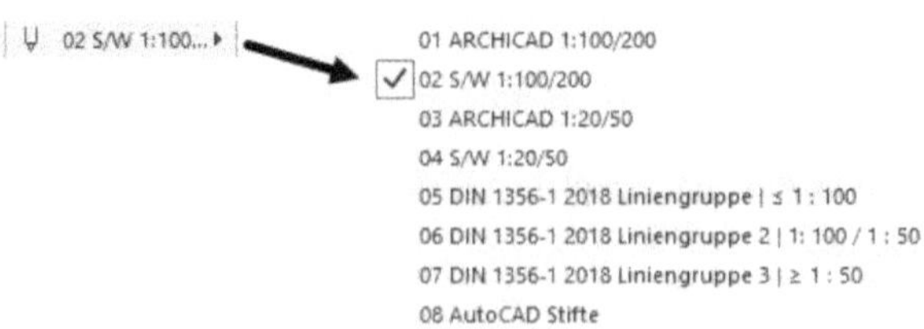

Abb. 2.12: Stift-Sets

Modelldarstellungskombination

Abb. 2.13: Modell-Darstellungskombinationen

Die jeweilige MODELLDARSTELLUNGSKOMBINATION, hier 00 ARBEITSEINSTELLUNG, legt fest, wie detailliert die Elemente *Träger, Stütze, Fassade, Marker, Tür, Fenster* und *Schraffur* dargestellt werden. Es gibt acht vordefinierte Darstellungsarten. Sie können sich diese Einstellungen unter dem Menü DOKUMENTATION|MODELLDARSTELLUNG|MODELLDARSTELLUNG ERSTELLEN anzeigen lassen und bearbeiten. Bei den DECKEN können Sie z.B. die Kanten zwischen mehreren Deckenflächen entweder als verdeckte Linien oder auch gar nicht anzeigen lassen (Abbildung 2.13).

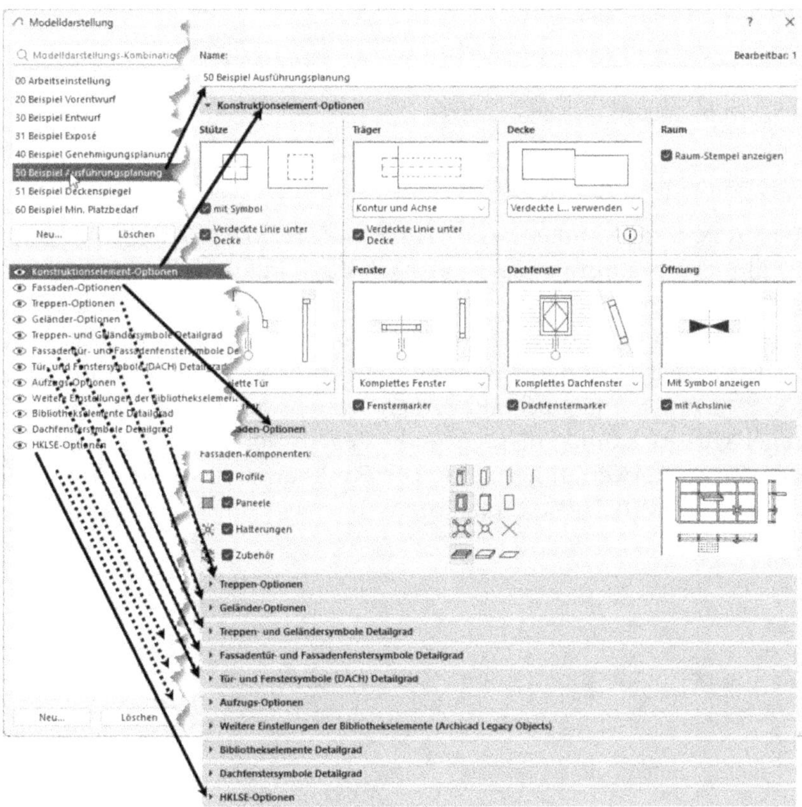

Abb. 2.14: Modelldarstellungs-Kombinationen

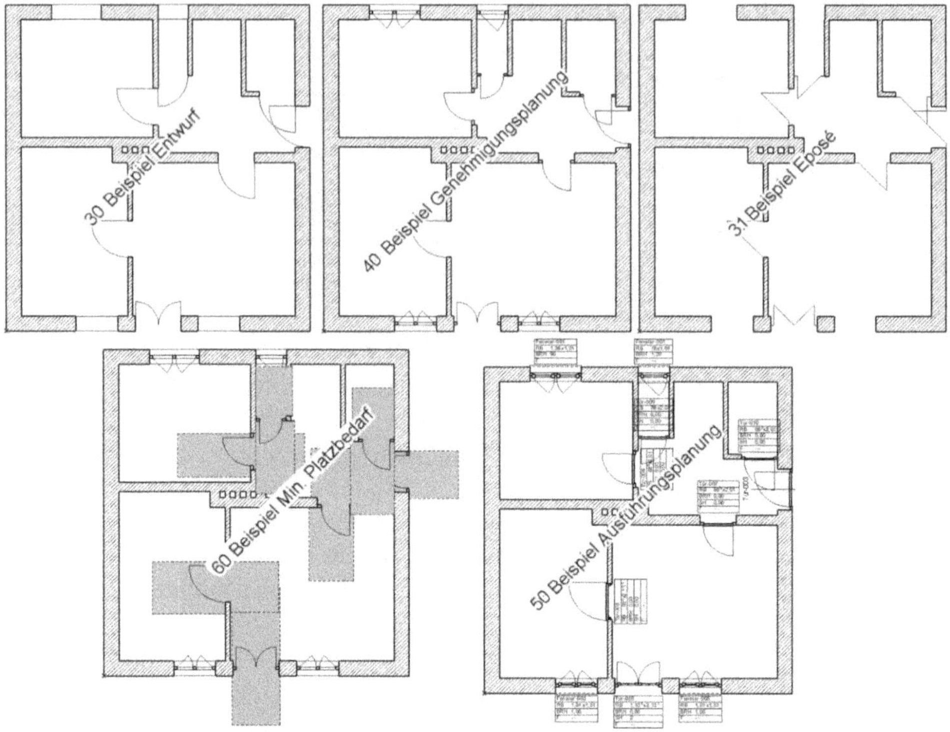

Abb. 2.15: Wirkung der Beispiel-Modelldarstellungen

Grafische Überschreibungsregelkombinationen

Mit den GRAFISCHEN ÜBERSCHREIBUNGREGELKOMBINATIONEN können Sie für spezielle Darstellungen bestimmte Elemente nach ihren internen Parametern verschieden darstellen lassen. So gibt es eine Überschreibungsregel BEISPIEL TRAGEND – NICHTTRAGEND, die tragende Wände rot, nicht tragende blau und undefinierte gelb darstellt. Die dafür nötigen Eintragungen müssen natürlich in den WAND-EINSTELLUNGEN entsprechend vorgenommen werden, damit die Überschreibungsregel wirken kann. Entsprechende Regeln können Sie auch selbst nach beliebigen Parameterwerten gestalten. Die Funktion dafür finden Sie unter DOKUMENTATION|GRAFISCHE ÜBERSCHREIBUNG.

Abb. 2.16: Überschreibungsregeln

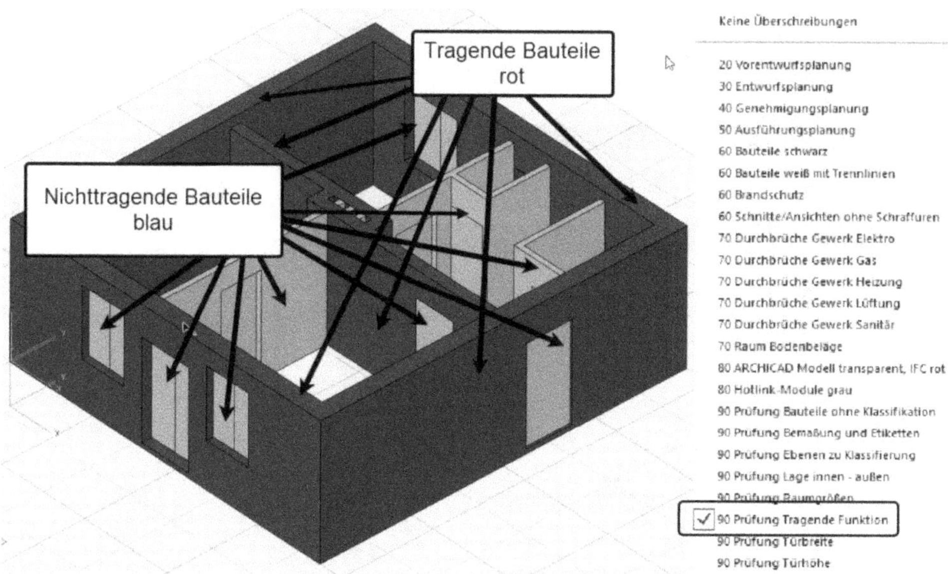

Abb. 2.17: Wirkung der Überschreibung 90 PRÜFUNG TRAGENDE FUNKTION

Umbau-Filter

Der UMBAU-FILTER kennt bei den Elementen drei Bauphasen, die als **Neubau**, **Bestand** oder **Abbruch** klassifiziert sind. Je nach Filter-Auswahl werden die betreffenden Wände angezeigt oder nicht bzw. farbig markiert. Daraus werden hier sechs verschiedene Darstellungen erzeugt: 00 REINER NEUBAU, 01 BESTAND, 02 ABBRUCH, 03 ABBRUCH/NEUBAU, 04 NEUBAU und 05 ENDZUSTAND. Die Anzeige der einzelnen Elemente erfolgt dann gemäß Ihren Eingaben im EINSTELLUNGSDIALOG im Panel KENNZEICHEN UND KATEGORIEN beim Thema UMBAU, Vorgabe ist **Bestand**.

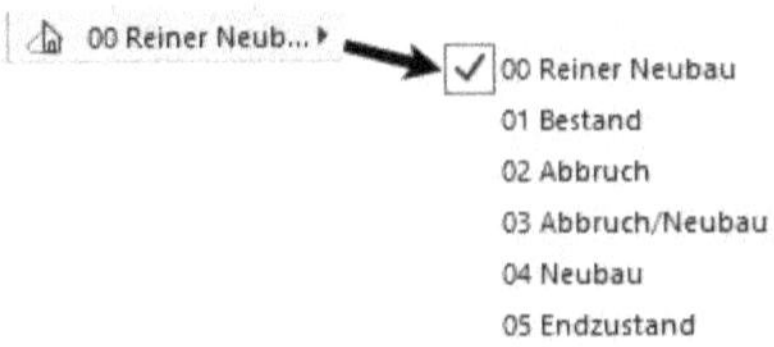

Abb. 2.18: Umbaufilter

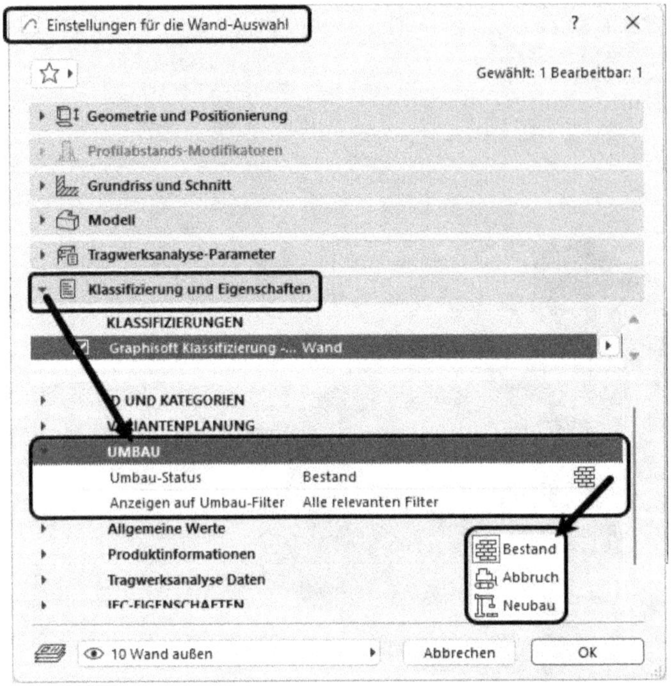

Abb. 2.19: Umbau-Status einer Wand einstellen

Variantenverwaltung

Die VARIANTENVERWALTUNG zeigt an, ob Sie sich im HAUPTMODELL befinden oder in einer Variantendarstellung (INDIVIDUELL). Über das Icon gelangen Sie in den VARIANTEN-MANAGER zum Aktivieren einer Variantenanzeige. Die Anzeige schaltet dann von **`Nur Hauptmodell`** auf **`Individuell`** um. Es kann danach wieder einfach von **`Individuell`** auf **`Nur Hauptmodell`** zurückgeschaltet werden.

Bemaßungseinstellungen

Bei den BEMASSUNGSEINSTELLUNGEN gibt es vier Möglichkeiten für die Genauigkeit: DIN 1356 RUNDUNG .01, DIN 1356 RUNDUNG .25, DIN 1356 RUNDUNG .50 und MILLIMETER. Hierbei werden die Maße auf 1/10 mm, 1/4 cm, 1/2 cm genau oder auf volle Millimeter mit hochgestellten Hundertsteln angezeigt. DIN 1356 – RUNDUNG 0.50 ist vorgegeben. Dies ist eine normale Baubemaßung mit Angabe der halben Zentimeter.

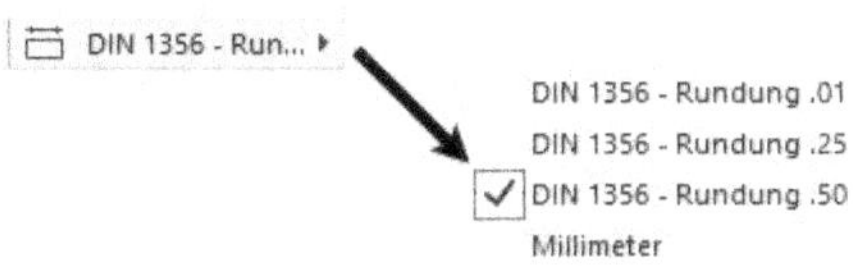

Abb. 2.20: Bemaßungseinstellungen

Schattierung

SCHATTIERUNG – In einer 3D-Ansicht erscheint anstelle der BEMAßUNGSEINSTELLUNG die Auswahl für eine SCHATTIERUNG.

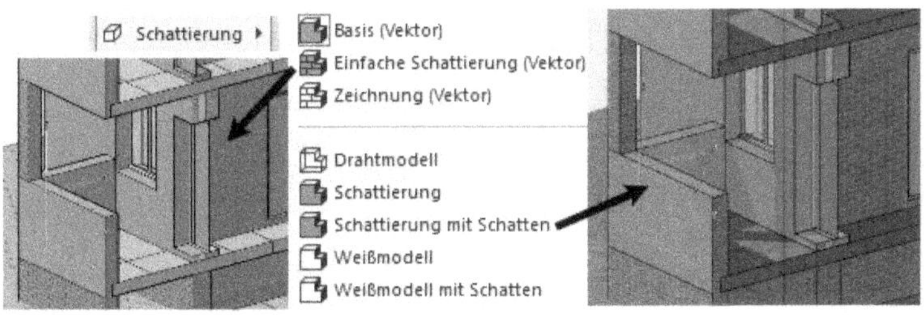

Abb. 2.21: Verschiedene Schattierungen

2.2 Das Pfeil-Werkzeug

Die Bedienung von Archicad zeichnet sich durch ein sehr direktes, intuitives Vorgehen aus. Sie fahren oft Punkte oder Elemente einfach mit dem Cursor an, um sie zu bearbeiten oder auszuwählen. Was Sie dann mit dem Cursor erreicht haben oder machen können, erkennen Sie meist an der Form des Cursorsymbols. Deshalb werden in den folgenden Tabellen die verschiedenen Varianten des Cursorsymbols aufgelistet.

2.2.1 Objekte mit Pfeil-Werkzeug wählen

Das PFEIL-Werkzeug liegt noch oberhalb des WERKZEUGKASTENS. Es wird aufgerufen, um Objekte zu wählen, und oft auch mit der Absicht, ein Objekt an dezidierten Positionen zu wählen. Die möglichen Formen und Bedeutungen des Cursors beim PFEIL-Werkzeug sind in Tabelle 2.1 gezeigt.

Logo	Bedeutung	Beispiel
	Pfeil auf leerem Bereich oder auf einer Wandschraffurlinie, normale Elementwahl nur durch Klick auf eine Konturlinie.	
	Pfeil bei aktivierter SCHNELL-AUSWAHL (MAGNETSYMBOL  in INFOFENSTER aktiv), Wahl durch Klick *in eine Objektkontur* bzw. *in eine Fläche eines Elements hinein*. Mit gehaltener `Leertaste` kann die SCHNELL-AUSWAHL temporär aktiviert/deaktiviert werden.	
	Element am *Eckpunkt auf Referenzlinie* (bei Markierung dick hervorgehobene Linie) von Wand etc. wählen	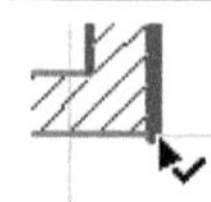
	Element am *Eckpunkt* oder *besonderen Fangpunkt* auf anderer Linie oder besonderen Fangpunkt auf Referenzlinie von Wand etc. wählen	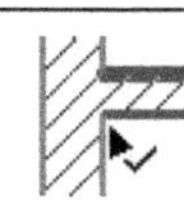
	Element an beliebiger *Position auf Referenzlinie* von Wand etc. wählen	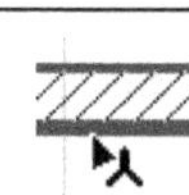
	Element an beliebiger *Position auf anderer Linie* von Wand etc. wählen	
	Element am *Schnittpunkt* zwischen Elementen wählen	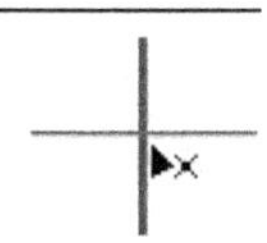

Tabelle 2.1: Verschiedene Gestalten des PFEIL-Werkzeugs

2.2.2 Punktpositionen auf Elementen

Zur Eingabe von Punktpositionen erhält der Cursor an ganz bestimmten Positionen eine bestimmte Gestalt, um anzudeuten, was Sie beim Anklicken erhalten werden. Es gibt unterschiedliche Möglichkeiten für den *Startpunkt* einer Wand oder eines ähnlichen Elements und für den *Folgepunkt*. Diese Varianten werden in Tabelle 2.2 und Tabelle 2.3 gezeigt. Die Darstellungen können mit dicker oder dünner Strichstärke erscheinen. Die dicke Darstellung deutet an, dass Sie an der Referenz- oder Basislinie arbeiten.

Logo	Bedeutung	Beispiel
	Punktposition abseits von Elementen	
	Punkt an Ecke auf Referenzlinie von Wand, Träger etc.	

Tabelle 2.2: Cursorsymbole

Logo	Bedeutung	Beispiel
	Position an Ecke oder an besonderem Fangpunkt auf anderer Linie von Wand, Träger etc.	
	Punkt an beliebiger Stelle auf Referenzlinie von Wand, Träger etc. (Stern-Cursor)	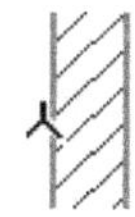
	Punkt an beliebiger Stelle auf anderer Linie von Wand, Träger etc. (Stern-Cursor)	

Tabelle 2.2: Cursorsymbole (Forts.)

Logo	Bedeutung	Beispiel
	Cursor für zweiten Punkt an freier Position	
	An Endpunkt auf Referenzlinie von Wand etc.	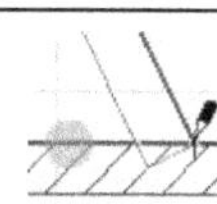
	An besonderem Fangpunkt auf Referenzlinie oder anderer Linie einer Wand etc. oder an Endpunkt auf anderer Linie von Wand etc.	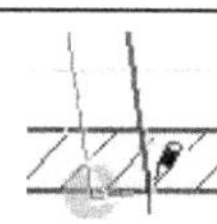
	An beliebiger Position auf Referenzlinie von Wand etc.	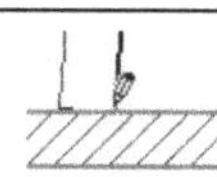
	An beliebiger Position auf anderer Linie von Wand etc.	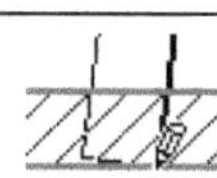
	Am Schnittpunkt zweier Elemente	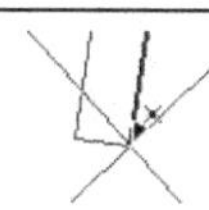
	Am Lotpunkt auf ein Element	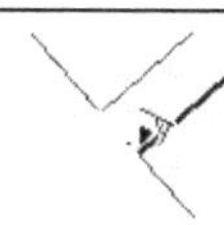
	Am Tangentenpunkt auf bogenförmigem Element	

Tabelle 2.3: Cursorsymbole für zweiten Punkt einer Wand etc.

2.3 Zoom-Funktionen

Da der Bildschirm am Computer eben kein 2-m-Zeichenbrett ist, sondern typisch ca. 21 Zoll in der Diagonale misst, besteht immer das Bedürfnis, Ausschnitte und Gesamtübersichten der Konstruktion möglichst schnell herzuholen. Dazu dienen die Zoom- und Verschiebe-Funktionen. Das sind Funktionen, wie Sie sie vom Fotoapparat her kennen, wo die Zoom-Linse das Bild vergrößern und verkleinern kann und ein Kameraschwenk den Bildausschnitt verschiebt.

2.3.1 Zoom und Verschieben mit der Maus

Eine der wichtigsten Erfindungen für den Computer ist wohl die Maus, insbesondere die moderne optische Maus, die alle Bewegungen an der Unterlage optisch ertastet. Das *Mausrad* war eine weitere wichtige Neuerung für den CAD-Bereich. Das *Mausrad* kann man mit minimalem Aufwand benutzen, um eine grafische Darstellung zu verkleinern und zu vergrößern.

Das Mausrad hat drei wichtige Funktionen:

- Mausrad rollen verkleinert und vergrößert die Darstellung, je nach Rollrichtung. Hiermit werden nicht etwa die Konstruktionselemente in der Größe skaliert, sondern nur die Anzeige.
- Mausrad gedrückt halten und bewegen erlaubt, den Ansichtsfensterinhalt in alle Richtungen zu verschieben. Sie bekommen dabei den *Hand-Cursor*, als ob Sie mit der Hand auf die aktuelle Position zugreifen und sie verschieben können. Zu beachten ist, dass Sie dabei nicht etwa die Elemente in der Konstruktion verschieben, sondern unter dem Bildschirmausschnitt die gesamte Grafik inklusive des Projektursprungs verschieben, der natürlich bei x=0 und y=0 bleibt.
- Mausrad doppelklicken Diese Funktion zoomt derart, dass Ihre gesamte Konstruktion auf dem Bildschirm sichtbar wird. Ausgenommen davon sind Elemente auf ausgeblendeten Ebenen. Das entspricht dem Optimieren aus der Hilfsmittel-Palette.
- Mausrad mit `Shift`-Taste gedrückt halten und bewegen erlaubt in einer 3D-Ansicht, die Orbit-Funktion auszuführen, also die Ansicht zu schwenken.

2.3.2 Zoom und Verschieben mit Werkzeugen

Nützliche Zoom-Funktionen finden sich auch in der Hilfsmittelleiste unter dem Grundrissfenster (Abbildung 2.22).

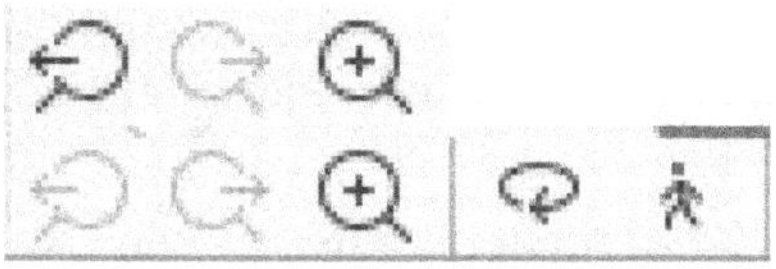

Abb. 2.22: Werkzeuge in der HILFSMITTELLEISTE FÜR 2D UND 3D

- ORBIT (nur in 3D-Ansichten) Hiermit können Sie in 3D-Ansichten das Projekt in der Höhe und seitlich mit gedrückter linker Maustaste schwenken. Die ORBIT-Funktion erreichen Sie aber auch, wenn Sie die [Shift]-Taste halten und die Maus bei gedrücktem Mausrad bewegen.
- 3D-RUNDGANG (aktiv nur in der Ansicht 3D|ALLGEMEINE PERSPEKTIVE) Hiermit können Sie sich dreidimensional durch Ihre Konstruktion bewegen. Es gelten folgende Regeln:
  - Bewegung der Maus (keine Maustaste gedrückt) schwenkt die Blickrichtung seitlich oder in der Höhe.
  - Mit den Pfeiltasten ([←], [→], [↑], [↓]) oder den Zeichentasten [A], [D], [W] und [S] bewegen *Sie sich selbst* in die jeweilige Richtung.
  - Mit [Bild ↑] oder [C] und [Bild ↓] oder [Leertaste] bewegen *Sie sich* wie im Fahrstuhl nach oben oder unten.
  - Mit [Shift] können Sie die Bewegungen beschleunigen.
  - Mit [F] schalten Sie in den Flug-Modus um. Die Bewegungen beziehen sich ab jetzt auf ein *Bezugssystem, das mit der Bildschirmebene* verknüpft ist. Sie fahren bei Annäherung in einer isometrischen Ansicht dann räumlich diagonal in die Konstruktion hinein. Ohne Flugmodus wird Ihre Bewegung auf das *xyz-Bezugssystem der Konstruktion* bezogen. Bei Annäherung in einer isometrischen Ansicht von oben segeln Sie dann über die Konstruktion darüber hinweg.
  - Mit [+] und [-] können Sie die Geschwindigkeit schneller oder langsamer einstellen.
  - Mit einem Mausklick oder [ESC] beenden Sie den Modus.
- ZOOM VERGRÖẞERN Hiermit vergrößern Sie einen konkreten Bereich auf das ganze Zeichenfenster. Dazu müssen Sie mit zwei Klicks ein Rechteck aufziehen. Der Inhalt dieses Rechtecks wird dann auf die Fenstergröße vergrößert.
- OPTIMIEREN Das ist auch wieder ein Ersatz für das Mausrad, und zwar entspricht das dem Doppelklick mit dem Mausrad. Die gesamte Konstruktion mit Ausnahme ausgeblendeter Ebenen wird auf das Zeichenfenster gezoomt.
- ORIENTIERUNG DREHEN (nicht in 3D-ANSICHTEN, wohl aber bei 3D-DOKUMENTEN und 2D-Darstellungen) Sie können hiermit das Dokument drehen.

Zwei Punkte definieren *Drehpunkt* und *Ausgangsrichtung*, ein dritter Punkt die *Zielrichtung*. Sie können auch als zweite Eingabe einen *Winkel* eintippen, um den gedreht werden soll.

- ORIENTIERUNG 0,00° Hier wird der aktuelle Drehwinkel der Ansicht aus einer Tabelle fester Werte gewählt. Mit einem Klick auf 0° können Sie die Drehung beispielsweise wieder auf 0° zurücksetzen.
- ZU VORHERIGEM ZOOM Diese Funktion geht jeweils einen Schritt in Ihrer Zoom-Historie zurück.
- ZUM NÄCHSTEN ZOOM Und diese Funktion geht in Ihrer Zoom-Historie jeweils wieder schrittweise vorwärts.

2.3.3 Was ändert sich bei Wahl eines anderen Maßstabs?

Egal, welcher Maßstab eingestellt ist, stets können Sie die Ansicht so zoomen, wie Sie es für Ihre Arbeit brauchen. Es gibt aber Veränderungen in Ihrer Zeichnung, die sich beim Maßstabswechsel ergeben. Verschiedene Detaildarstellungen von Elementen werden sich bei Maßstabsänderungen anpassen. Und zwar werden bei größeren Maßstäben wie 1:100 oder 1:200 Details verschwinden, die bei kleineren Maßstäben wie 1:20 oder 1:50 sichtbar sind. Außerdem werden die Größen der Schriften angepasst. So muss eine Schrift, die für Ausgabe im Maßstab 1:20 relativ zu den Konstruktionselementen eine bestimmte Höhe hat, für Ausgabe unter 1:100 fünfmal so groß erscheinen, weil sie beim Plotten später fünfmal stärker verkleinert wird. Die relativen Höhen von Texten, Maßtexten und Maßpfeilen etc. bezogen auf die geometrischen Elemente werden sich also beim Maßstabswechsel verändern.

2.4 Kontextmenü im Grundrissfenster

Kontextmenüs bieten immer die wichtigsten Funktionen an, die in der aktuellen Situation angeboten werden können. *Kontextmenüs* werden mit *Rechtsklick* aufgerufen. Abbildung 2.23 zeigt das Kontextmenü im Grundrissfenster (wenn keine Elemente aktiviert sind und kein Werkzeug aktiv ist). Das *Grundrissfenster* wird angezeigt, nachdem Sie gestartet haben oder immer, wenn Sie im NAVIGATOR die PROJEKT-MAPPE und darin ein Geschoss aktiviert haben. Folgende Funktionen werden nach Rechtsklick angeboten:

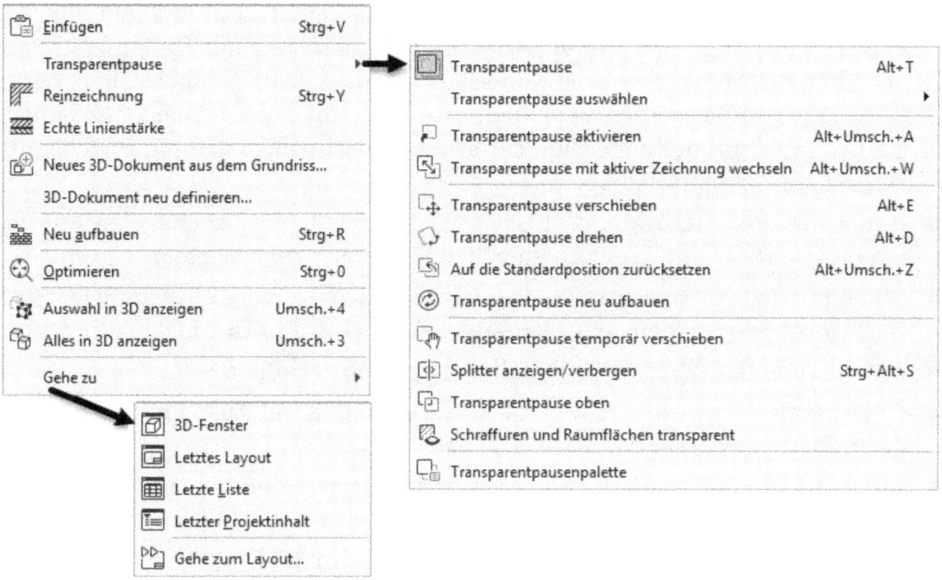

Abb. 2.23: Kontextmenü im Grundrissfenster (bei aktivierter Transparentpause)

- EINFÜGEN ([Strg]+[V]) fügt Objekte aus der *Zwischenablage* ein. Voraussetzung ist natürlich, dass Sie vorher durch Anklicken und [Strg]+[C] oder mit Rechtsklick und EINFÜGEN etwas in die *Zwischenablage* gelegt haben.
- TRANSPARENTPAUSE Hier geht es zum Menü, das Transparentpausen verwaltet. Wenn keine Transparentpause aktiv ist, gibt es hier nur zwei Optionen:
  - Mit TRANSPARENTPAUSE ([Alt]+[T]) aktivieren und deaktivieren Sie den Modus TRANSPARENTPAUSE, das heißt, Sie schalten die Sichtbarkeit des aktuellen Transparentpausen-Geschosses ein oder aus.
  - Mit der unteren Option TRANSPARENTPAUSE wird die *Palette* für Transparentpausen auf der rechten Seite unter dem NAVIGATOR aktiviert und deaktiviert.
  - Wenn die Transparentpause aktiv ist, dann gibt es hier noch zusätzliche Optionen zur Verwaltung der Transparentpausen, die auch in der Palette verfügbar sind. Sie können z.B. dann mit TRANSPARENTPAUSE WÄHLEN das Geschoss auswählen, das als rote Transparentpause angezeigt werden soll, um beispielsweise Positionen daraus zu übernehmen.
- REINZEICHNUNG ([Strg]+[Y]) schaltet den *Reinzeichnungsmodus* ein, in dem die *Verschneidungen* von Elementen korrekt dargestellt werden. Alternativ werden die Verschneidungen abgeschaltet und Konstruktionslinien oder Basislinien der einzelnen Wände mit Andeutung der Laufrichtung gezeigt. Das kann sehr nützlich sein, um Probleme bei Wandverschneidungen aufzudecken.

- ECHTE LINIENSTÄRKE schaltet die Darstellung echter Linienstärken ein. Bei entsprechend starker Zoom-Vergrößerung können Sie dann die Unterschiede zwischen dicken, dünnen und mittelstarken Linien sehr deutlich sehen. Ohne echte Linienstärke werden alle Linien zwar auch mit den verschiedenen Linienstärken, aber dünner angezeigt, damit die Bildschirmdarstellung unabhängig vom Zoom-Ausschnitt bleibt.
- NEUES 3D-DOKUMENT AUS DEM GRUNDRISS erstellt aus der aktuellen Ansicht ein neues 3D-OBJEKT in der entsprechenden Rubrik im Navigator.
- 3D-DOKUMENT NEU DEFINIEREN Hiermit können Sie ein bestehendes 3D-OBJEKT *eines Grundrisses* mit dem aktuellen Zustand des *Grundrissfensters* aktualisieren.
- NEU AUFBAUEN ([Strg]+[R]) aktualisiert den Fensterinhalt.
- OPTIMIEREN ([Strg]+[O]) Die gesamte Konstruktion mit Ausnahme ausgeblendeter Ebenen wird auf das aktuelle Fenster gezoomt.
- AUSWAHL IN 3D ANZEIGEN zeigt nur die markierten Elemente im 3D-FENSTER. Rückgängig gemacht wird das durch ALLES IN 3D ANZEIGEN (siehe unten).
- ALLES IN 3D ANZEIGEN ([Shift]+[3]) zeigt alles im 3D-FENSTER an. Das ist die schnellste Umschaltung in die 3D-Ansicht.
- GEHE ZU|3D-FENSTER wechselt ins 3D-FENSTER.
- GEHE ZU|LETZTES LAYOUT wechselt ins zuletzt benutzte *Layout.*
- GEHE ZU|LETZTE LISTE wechselt in die zuletzt benutzte *Liste.*
- GEHE ZU|LETZTER PROJEKTINHALT wechselt in den zuletzt benutzten *Projektinhalt,* beispielsweise die *Ausschnittsliste, Layoutliste* oder *Zeichnungsliste.*
- GEHE ZUM LAYOUT wechselt in ein wählbares Layout, eine zum Plotten aufbereitete Darstellung mit Zeichnungsrahmen.

Wechsel zwischen *Grundrissfenster* und *3D-Fenster*: Am schnellsten wechseln Sie Ansichtsfenster mit den TABS unter dem INFOFENSTER. Im Menü FENSTER finden Sie eine Funktion zum Ein- und Ausschalten dieser TAB-LEISTE. Auch die einzelnen TABS können hier ein- und ausgeschaltet werden. Das Ausschalten nicht mehr benötigter Tabs gelingt am schnellsten durch einen Klick auf ein kleines »x« im jeweiligen Tab. Auch mit [Strg]+[2] und [Strg]+[3] können Sie schnell zwischen GRUNDRISSFENSTER und 3D-FENSTER wechseln.

2.5 Ansicht im 3D-Fenster manipulieren

Das *3D-Fenster* wird schnell aktiviert, wenn Sie die Tastenkombination [Shift]+[3] oder im Kontextmenü die Option ALLES IN 3D ANZEIGEN wählen oder im NAVIGATOR in der Projekt-Mappe den Knoten 3D mit einem Klick aufblättern und mit Doppelklick ALLGEMEINE AXONOMETRIE oder ALLGEMEINE PERSPEKTIVE aktivieren. Weitere Themen zur 3D-Darstellung finden Sie in späteren Kapiteln unter 11.7 *3D-Schnitte* und 13.1.6 *Projektlage.*

2.5.1 Das Kontextmenü im 3D-Fenster

Das 3D-FENSTER kennt zwei Darstellungsarten, die ALLGEMEINE PERSPEKTIVE und die ALLGEMEINE AXONOMETRIE. Erstere ist eine Darstellung mit Fluchtpunkt und Blickpunkt, bei der sich parallele Kanten in der Verlängerung treffen. Die axonometrische Darstellung dagegen erhält die Parallelität von Kanten. Sie können zwischen beiden Darstellungsarten über die NAVIGATOR-Palette durch Doppelklick umschalten.

Das Kontextmenü im 3D-FENSTER erhalten Sie mit einem Rechtsklick (Abbildung 2.24), wenn keine Elemente gewählt sind.

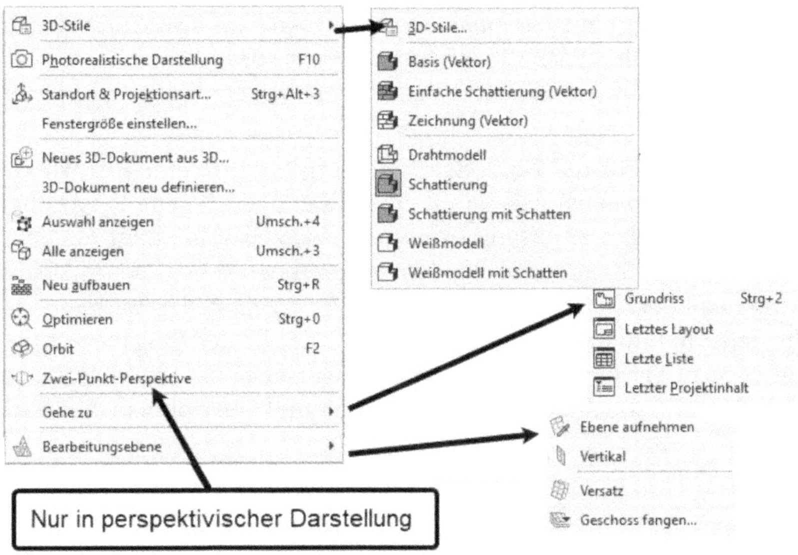

Abb. 2.24: Kontextmenü im 3D-Fenster

Es enthält einige Punkte, die ähnlich oder gleich dem Kontextmenü im GRUNDRISS-FENSTER sind, aber auch einige sehr 3D-spezifische. 3D-Einstellungen können Sie alternativ auch über das Menü ANSICHT|3D-DARSTELLUNGSMODUS vornehmen.

- 3D-STILE Hierunter finden Sie acht verschiedene Stilarten für die 3D-Darstellung.
  - Bei DRAHTMODELL werden alle Elemente nur durch ihre Kanten repräsentiert. Alle Flächen sind dann durchsichtig. Diese Darstellungsart wird gewählt, um innen liegende Elemente oder Kanten zu sehen und bearbeiten zu können.
  - SCHATTIERUNG In dieser Darstellungsart erscheinen alle Elemente mit undurchsichtigen schattierten Oberflächen. Auch die Materialien der Oberflächen kommen hier zur Geltung.

- WEIẞMODELL Nun werden nur sichtbare Kanten und weiße Flächen angezeigt, aber verdeckte Kanten bleiben ausgeblendet.

- PHOTOREALISTISCHE DARSTELLUNG Mit dieser Funktion wird in einem extra Fenster eine photorealistische Darstellung der Konstruktion neu berechnet. Dieses Bild können Sie mit ABLAGE|SICHERN als Pixelbild speichern. Die Einstellungen für die photorealistische Darstellung finden Sie unter DOKUMENTATION|RENDERING, ANIMATION ETC.|PHOTOREALISTIK-EINSTELLUNGEN.
- STANDORT & PROJEKTIONSART Je nachdem, ob Sie in der perspektivischen oder axonometrischen Darstellung sind, erhalten Sie unterschiedliche Dialogfenster zur Einstellung der Ansichten (Abbildung 2.25, Abbildung 2.26). Zu beachten ist, dass Sie in beiden Fenstern *im kleinen Vorschaufenster* die *Ansichtsrichtungen, Beleuchtungsrichtung* und *Blickpunkt* auch *interaktiv mit dem Cursor* variieren können. Mit der Schaltfläche PERSPEKTIV-EINSTELLUNGEN bzw. AXONOMETRIE-EINSTELLUNGEN können Sie zwischen diesen beiden Darstellungsarten wechseln.
- Bei den Einstellungen für die *Perspektive* wird gern ein größerer BILDWINKEL gewählt (Weitwinkel-Objektiv), um damit eine etwas übertriebene Perspektive zu erreichen (Abbildung 2.28). Dann kann man beispielsweise auch von oben in einen Raum hineinschauen und alle Wände von innen sehen. Wenn Sie die Blickrichtung nicht gerade über *ganz bestimmte Winkel* einstellen müssen, verwenden Sie dafür natürlich das Werkzeug ORBIT anstelle der Eingaben in diesen Dialogfenstern. Sie können auch mit dem Cursor *direkt im Dialogfenster* den Standpunkt des Betrachters, die Blickrichtung und den Sonnenstand variieren.

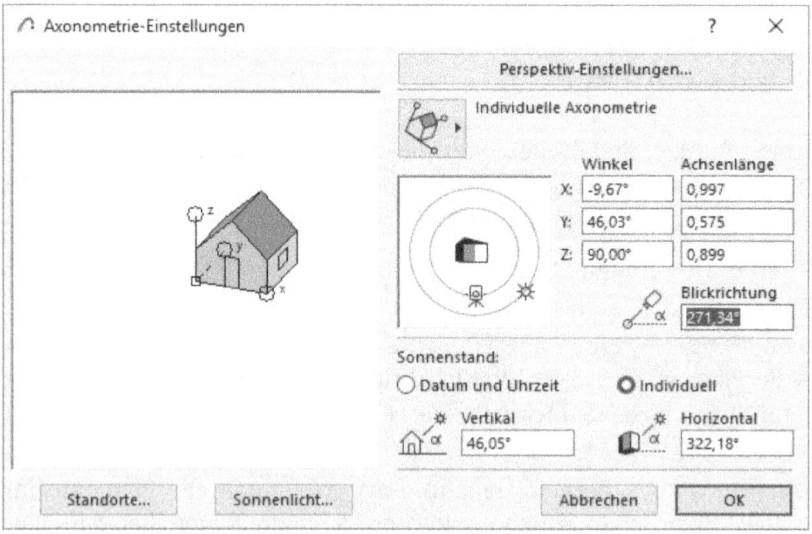

Abb. 2.25: Einstellungen für die Allgemeine Axonometrie

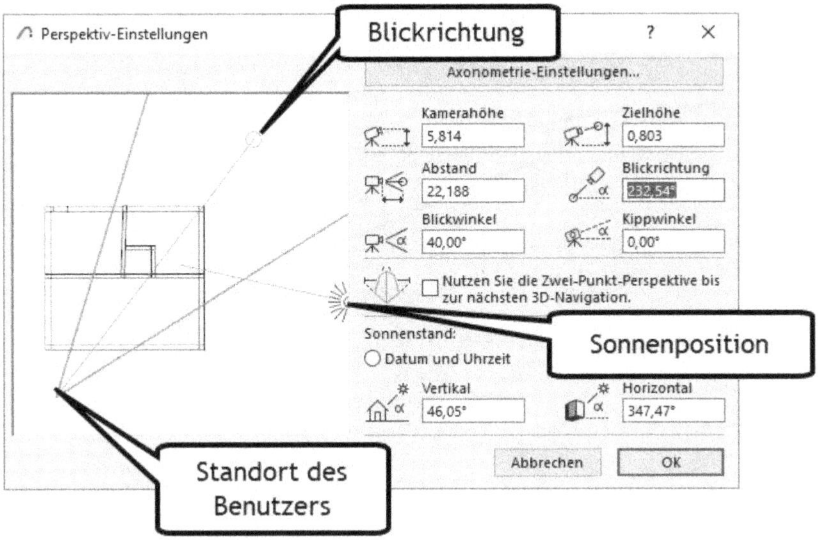

Abb. 2.26: Einstellungen für die Allgemeine Perspektive

- FENSTERGRÖẞE EINSTELLEN Sie können hiermit wählen, wie groß Ihr 3D-Fenster sein soll.
- NEUES 3D-DOKUMENT AUS 3D erstellt von der aktuellen Ansicht im Knoten 3D-DOKUMENTE des NAVIGATORS einen 3D-Schnappschuss der aktuellen Ansicht. Dieser kann dann als grafische Darstellung für Bemaßungen, Beschriftungen oder Schnittgenerierung verwendet werden.
- 3D-DOKUMENT NEU DEFINIEREN erstellt von der aktuellen 3D-Ansicht ein bestehendes 3D-DOKUMENT neu. Das Dokument, das überschrieben werden soll, wird dann aus einer Liste gewählt.
- AUSWAHL ANZEIGEN zeigt nur die vorher markierten Elemente im 3D-FENSTER an ❶. Dazu kann vorher mit dem MARKIERUNGSRAHMEN-Werkzeug ❷, ❸ eine *dreidimensionale Box* aufgezogen ❹, ❺, ❻ werden. Die Funktion ❼, ❽ zeigt dann *vom aktuellen Geschoss* den *von der Box umrahmten 3D-Bereich* ❾ an.
- ALLE ANZEIGEN (GEFILTERT) ermöglicht Auswahl unter den gefilterten Elementen (siehe ANSICHT|ELEMENTE IN 3D|ELEMENTE IN 3D FILTERN UND SCHNEIDEN).
- NEU AUFBAUEN aktualisiert den Fensterinhalt.
- OPTIMIEREN Die gesamte Konstruktion mit Ausnahme ausgeblendeter Ebenen wird auf das Fenster gezoomt.
- ORBIT ermöglicht das Schwenken des Modells mit gedrückter Maustaste.

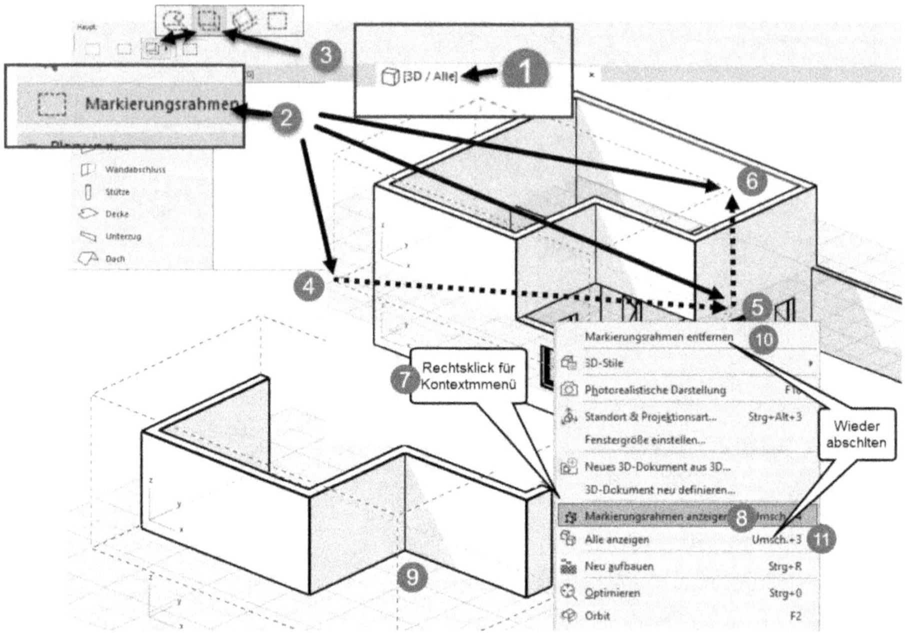

Abb. 2.27: Markierungsrahmen in 3D liefert Ausschnitt vom aktuellen Geschoss.

- GEHE ZU|...
  - GRUNDRISS wechselt ins GRUNDRISS-FENSTER.
  - LETZTES LAYOUT wechselt ins zuletzt aktivierte LAYOUT (vorbereitete Plotausgabe).
  - LETZTE LISTE wechselt in die zuletzt aktivierte LISTE.
  - LETZTER PROJEKTINHALT wechselt in den zuletzt aktivierten PROJEKT-INHALT.

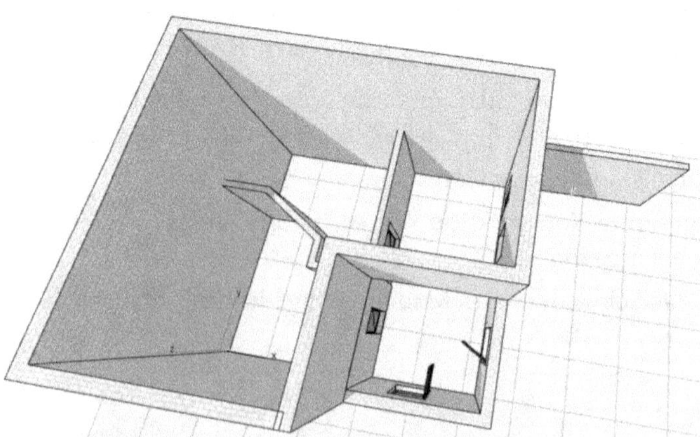

Abb. 2.28: Perspektivische Ansicht von oben mit großem Bildwinkel

2.5.2 Bearbeitungsebene im 3D-Fenster

Archicad kann Ihnen beim Arbeiten im 3D-FENSTER eine *Bearbeitungsebene* in Hellblau und ggf. mit Konstruktionsraster anzeigen. Dazu aktivieren Sie ANSICHT|DARSTELLUNG DER BEARBEITUNGSEBENE. Die Standard-Bearbeitungsebene liegt vorgabemäßig in der Basisebene von Geschoss 0. Wenn Sie eine andere Ebene zur Definition von Positionen benötigen, können Sie über das Kontextmenü per Rechtsklick oder über die PET-PALETTE (nach Anklicken der blauen Markierung) weitere Optionen zur Arbeitsebenenauswahl erhalten (Abbildung 2.29).

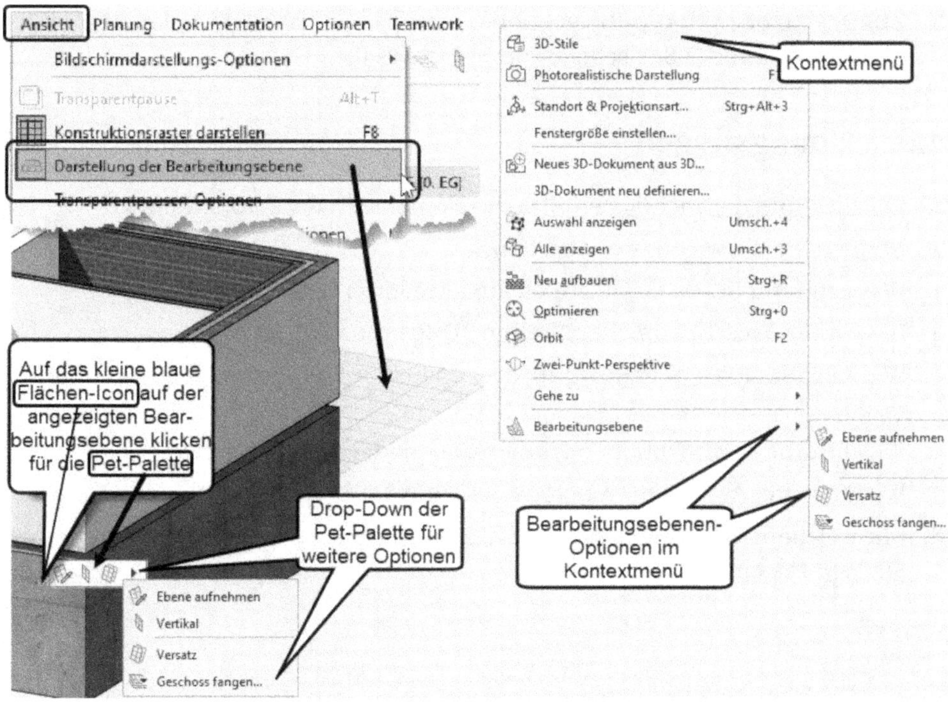

Abb. 2.29: Kontextmenü und PET-PALETTE für Bearbeitungsebene im 3D-FENSTER

Besonders für verschiedene Bearbeitungen von *Morphs* (frei modellierbare Volumenkörper) wird die Verwendung von beliebig positionierbaren Arbeitsebenen interessant.

- Sehr nützlich ist dort die Option EBENE AUFNEHMEN, mit der Sie eine graue Fläche mit dem Cursor auf eine geeignete Fläche in der Konstruktion legen können. Alternativ können Sie damit aber auch eine Fläche völlig frei über *zwei Punktpositionen* und einen *dritten Punkt* definieren, der die *Drehrichtung* bezüglich dieser Achse angibt.

- Mit VERTIKAL wird eine senkrecht stehende Bearbeitungsebene erzeugt, deren Position Sie beispielsweise von einer Wand abgreifen können.
- Mit HORIZONTAL wird eine horizontal stehende Bearbeitungsebene erzeugt, deren Position Sie beispielsweise von einer Bodenfläche abgreifen können.
- Mit VERSATZ können Sie die vorhandene Bearbeitungsebene parallel um einen Abstand verschieben.
- Bei GESCHOSS FANGEN erlaubt eine Tabelle der vorhandenen Geschosse die Positionierung der Bearbeitungsebene auf ein gewähltes Geschoss.
- ZURÜCK ZUR STANDARD-BEARBEITUNGSEBENE restauriert wieder die Bearbeitungsebene auf der Basisebene vom Geschoss 0.

2.6 Übungsfragen

1. Welches sind die wichtigsten Strukturelemente in der PROJEKTMAPPE?
2. Nennen Sie die wichtigsten Paletten.
3. Was kann mit SCHNELL-OPTIONEN eingestellt werden?
4. In welcher Ansicht erreichen Sie den 3D-RUNDGANG?
5. Wie zeigt das PFEIL-Werkzeug an, dass es auf einem Punkt oder einer Kante einrastet?
6. Welche drei Zoom-Optionen können Sie mit der Maus bedienen?
7. Was bedeutet ALS TRANSPARENTPAUSE ANZEIGEN?
8. Mit welchem Hilfsmittel stellen Sie am einfachsten die Ansichtsrichtung im 3D-FENSTER ein?

Kapitel 3

Koordinateneingabe

Die Koordinaten werden meist in Form rechtwinkliger Koordinaten eingegeben. Die x-Koordinate zählt in der waagerechten Richtung, die y-Koordinate in der senkrechten Richtung. Die positive Richtung zählt einerseits nach rechts, andererseits nach oben. Es gibt verschiedene Möglichkeiten für den Koordinatenursprung: *Projektursprung*, *Benutzerursprung* oder *Bearbeitungsursprung*. Die rechtwinkligen Koordinaten werden nach dem französischen Mathematiker Descartes auch als *kartesische Koordinaten* bezeichnet.

Eine Eingabe *polarer Koordinaten* ist auch möglich. Dabei werden der radiale Abstand vom Koordinatenursprung sowie der Winkel zur positiven x-Richtung angegeben.

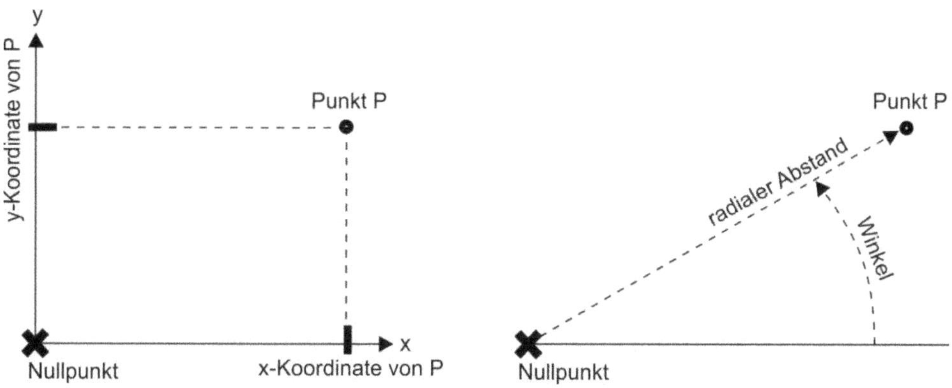

Abb. 3.1: Rechtwinklige (kartesische) und Polarkoordinaten

3.1 Der Koordinatenursprung

Die Palette zur Anzeige und Eingabe der Koordinaten wird mit dem Menü FENSTER|PALETTEN|KOORDINATEN aktiviert.

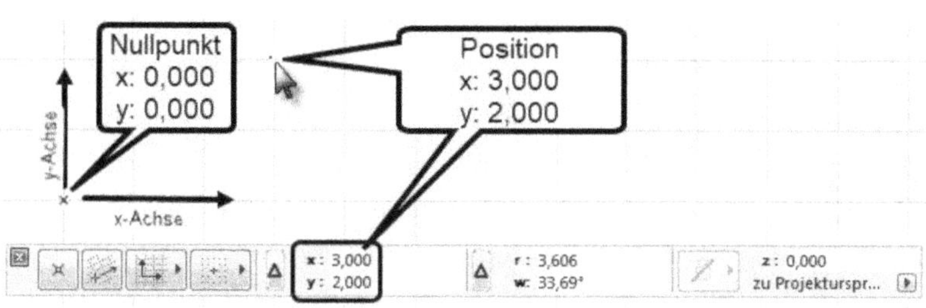

Abb. 3.2: KOORDINATEN-Palette

3.1.1 Projektursprung

Beim Start einer neuen Zeichnung finden Sie mitten auf der Zeichenfläche des Startfensters eine Markierung für den PROJEKTURSPRUNG in Form eines dicken Kreuzchens. Dieser PROJEKTURSPRUNG kennzeichnet den absoluten Nullpunkt der Koordinaten für dieses Projekt. Dieser Ursprung ist eindeutig und kann vom Benutzer nicht verändert werden.

> **Wichtig**
>
> Die Position des PROJEKTURSPRUNGS kann jederzeit mit einem *Doppelklick* auf das Werkzeug BENUTZERURSPRUNG SETZEN aus der KOORDINATEN-Palette oder der STANDARD-Symbolleiste wieder hergestellt werden.

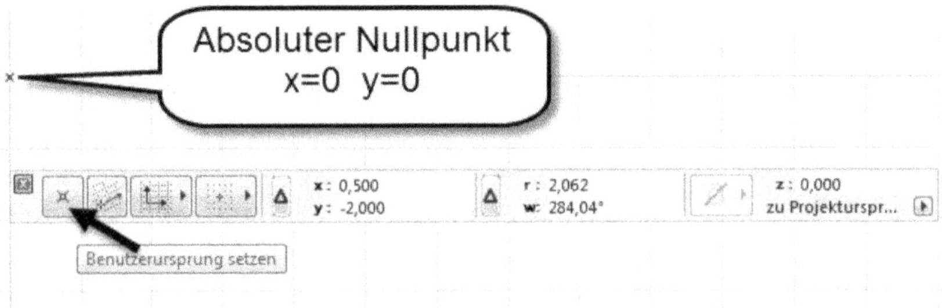

Abb. 3.3: Werkzeug BENUTZERURSPRUNG SETZEN

In einer 3D-Darstellung wird der PROJEKTURSPRUNG durch ein Dreibein mit dicken Linien dargestellt. Jede der Linien ist 1/2 m lang.

3.1.2 Benutzerursprung

Ein individueller Ursprung, der BENUTZERURSPRUNG, kann mit dem Werkzeug BENUTZERURSPRUNG SETZEN aus der KOORDINATEN-Palette oder der STANDARD-Symbolleiste an jede beliebige Stelle verschoben werden. Mit diesem Ursprung können Sie sich die Koordinateneingabe bei Anbauten oder das Messen von Abständen erleichtern und vermeiden, dass Sie unnötig kopfrechnen müssen. Temporär können Sie den BENUTZERURSPRUNG auch mit [Alt]+[Shift]+Klick im aktuellen Befehl auf eine vorhandene Position setzen.

Wenn das Werkzeug nach Anklicken aktiv geschaltet und dadurch blau unterlegt wird, dann wird beim nächsten Werkzeugaufruf die erste Positionseingabe auch den neuen BENUTZERURSPRUNG festlegen.

Mit einem Doppelklick auf das Werkzeug wird der BENUTZERURSPRUNG abgeschaltet und der Nullpunkt wieder auf den Projektursprung gesetzt.

3.1.3 Bearbeitungsursprung

In Zeichen- oder Bearbeitungsoperationen erscheint oft das dicke Kreuzchen als Ursprung einer Gummibandlinie beispielsweise für Verschiebungen. Der Grund liegt dann darin, dass die △-ZEICHEN in der KOORDINATEN-Palette vorher aktiviert wurden (blau unterlegt). Das wird dann als *Bearbeitungsursprung* bezeichnet. Hier kann dann der relative Abstand bezüglich dieses *Bearbeitungsursprungs* angegeben werden. Das sind dann relative Koordinaten.

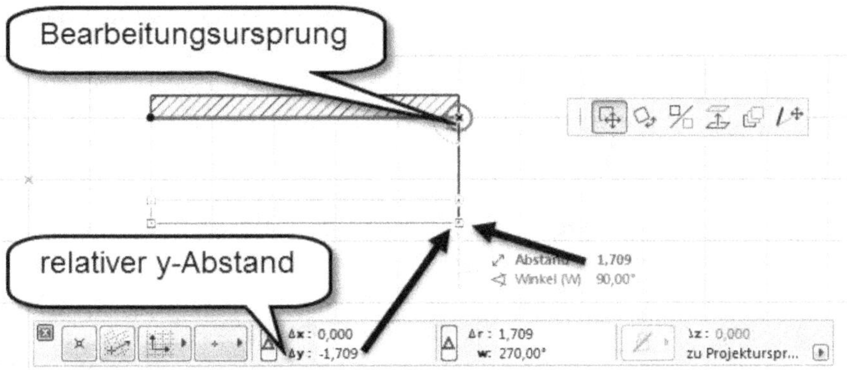

Abb. 3.4: Verschieben relativ zu einem Bearbeitungsursprung

Wenn die △-ZEICHEN nicht vorher aktiviert wurden, zählen die Koordinatenangaben in der KOORDINATEN-Palette wieder absolut bezogen auf den PROJEKT- oder BENUTZERURSPRUNG. Anstelle des fetten Kreuzchens erscheint dann ein fetter Punkt.

3.1.4 Koordinateneingabe

Koordinaten können eingegeben werden

- über die *Tastatur* in die KOORDINATEN-Palette oder
- mit *Mausunterstützung und Tastatur über den* TRACKER, wobei die Maus meist die Richtung vorgibt (Hilfslinien benutzen), oder
- bei aktivierter ABSTANDSHILFE relativ zu den nächstliegenden Elementen oder
- direkt per MAUSKLICK, bei aktivierten FANGPUNKTEN über Punktpositionen an Elementen oder
- auf Hilfslinien ausgehend von diesen FANGPUNKTEN, den FANGHILFEN.

Eingabe in der Koordinaten-Palette

In der KOORDINATEN-Palette werden die Koordinaten als rechtwinklige und auch als Polarkoordinaten angezeigt. Mit der Schaltfläche Δ vor beiden Koordinatenarten kann auf die Anzeige relativer Koordinaten umgeschaltet werden. Das griechische Δ soll darauf hinweisen, dass es sich dann um relative *Distanzen* handelt. Eine relative Anzeige macht natürlich immer nur Sinn, wenn bereits ein Punkt in der aktiven Bearbeitung eingegeben wurde. Aktivieren Sie die Schaltflächen Δ vor den Koordinaten (blau unterlegt) und rufen Sie beispielsweise das WAND-Werkzeug auf. Für den ersten Punkt hat die Δ-Einstellung keine Bedeutung, es werden die absoluten Koordinaten, bezogen auf den Projektursprung oder Benutzerursprung, angezeigt bzw. verwendet. Aber für den Endpunkt der Wand beziehen sich die Koordinaten mit dem Δ dann auf den Startpunkt des Wandsegments (= Bearbeitungsursprung) und nur bei vorher deaktiviertem Δ auf den Projektursprung.

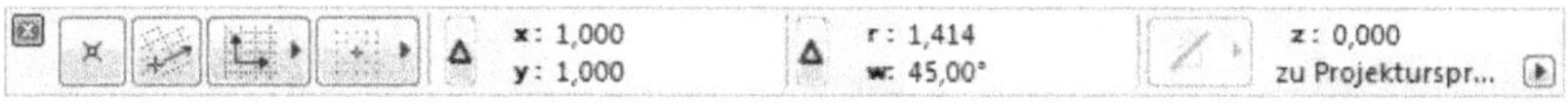

Abb. 3.5: Die KOORDINATEN-Palette

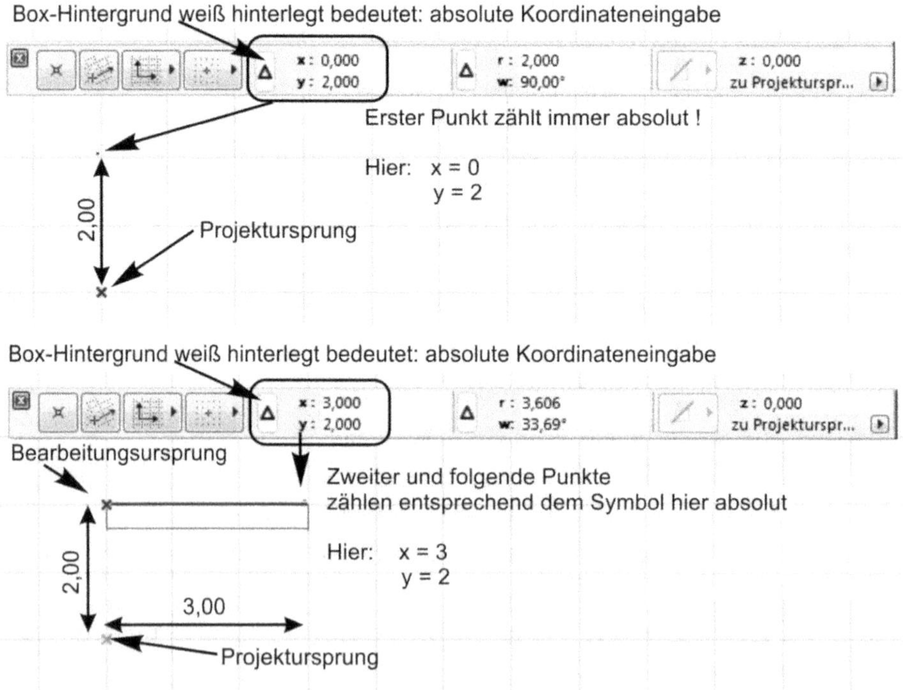

Abb. 3.6: Wandkonstruktion mit absoluten Koordinaten (Δ deaktiviert)

Sie können nun in die Koordinatenfelder klicken und die gewünschten Koordinaten eintragen und mit Enter in Ihre Konstruktion übernehmen. Damit Sie im Moment noch nicht durch den TRACKER irritiert werden, schalten Sie ihn vielleicht für diese Übung in der STANDARD-Symbolleiste ab: .

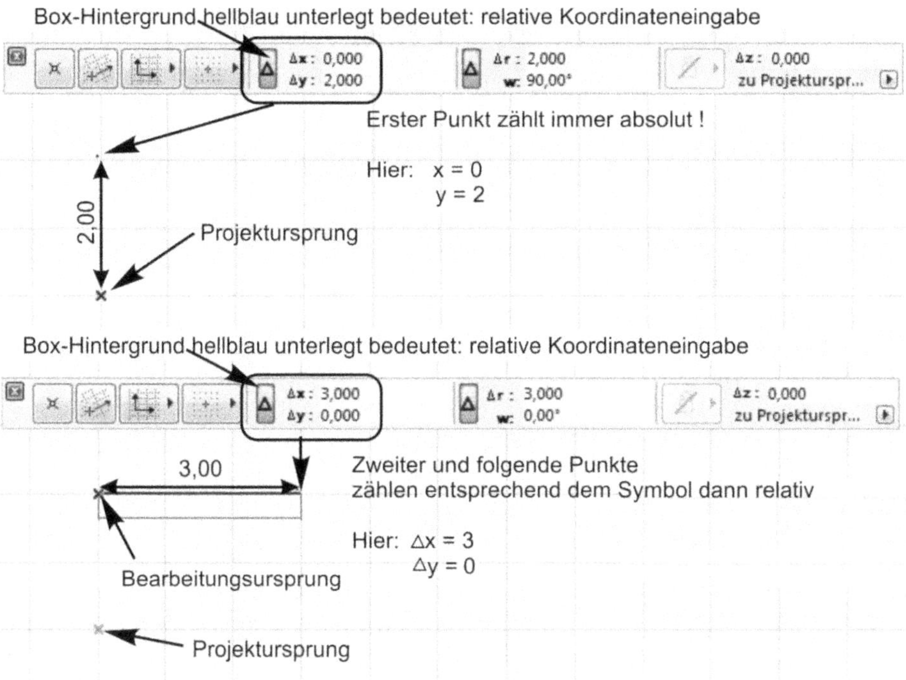

Abb. 3.7: Wandkonstruktion mit relativen Koordinaten (Δ aktiviert)

Wenn die Koordinateneingabe *nur über relative Werte möglich* ist, wie beispielsweise bei der Benutzung des Trackers im nächsten Abschnitt, werden die Δ-Symbole gegraut angezeigt.

Tracker-Eingabe

Die Koordinateneingabe wird durch den TRACKER erheblich erleichtert. Der TRACKER ist ein dynamisches Anzeige- und Eingabefeld für die aktuelle Cursorposition. Es ist transparent und folgt der Cursorposition. Der Umfang der Anzeige hängt etwas von der jeweiligen Situation und der Konfigurierung ab. Der TRACKER lässt sich mit dem Werkzeug EINGABE-TRACKER ANZEIGEN/VERBERGEN in der STANDARD-Werkzeugleiste jederzeit ein- oder ausschalten.

Über die Optionen des Werkzeugs können Sie unter 6 wählen, ob *absolute oder relative* Koordinaten angezeigt werden sollen. So sind z.B. für Wandkonturen oft relative Koordinaten sinnvoll.

Nützlich ist auch die Option 6EINGABE-TRACKER AUTOMATISCH VERGRÖßERN. Dadurch wird bei jeder Eingabe in den TRACKER dieser sofort vergrößert, um alle Koordinatenwerte *x, y, z, Abstand* und *Winkel* anzuzeigen und nicht nur die *x-, y-Werte*.

Wenn der TRACKER erscheint, können Sie mit Rechtsklick ein Kontextmenü aktivieren, in dem Sie von *rechtwinkligen Koordinaten* in *polare* und umgekehrt umschalten können.

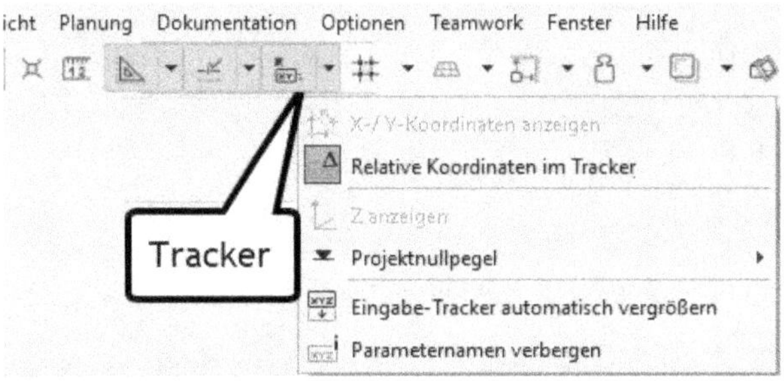

Abb. 3.8: Optionen des TRACKER-Werkzeugs

Die detaillierte Konfiguration des TRACKERS erlaubt das Menü OPTIONEN|ARBEITSUMGEBUNG|TRACKER & KOORDINATENEINGABE (Abbildung 3.9).

- Nützlich ist hier bei ERSCHEINUNGSBILD die Aktivierung von EINGABE-TRACKER ANZEIGEN mit Option IMMER. Letzteres bewirkt, dass auch der Startpunkt von Wänden etc. schon mit dem TRACKER bedient werden kann und nicht erst der Folgepunkt.
- Üblicherweise sollte auch unten die Option DIREKTE NUMERISCHE EINGABE IN DEN TRACKER-FELDERN AKTIVIEREN gewählt sein.
- Die Option POLAR-KOORDINATEN BEI DER EINGABE VON GERADEN VEKTOREN IM TRACKER BEVORZUGEN ist nützlich zur Eingabe relativer Koordinaten. Wenn Sie trotzdem mal absolute Koordinaten eingeben wollen, können Sie den TRACKER bei der Arbeit leicht mit der [Tab]-Taste erweitern.
- Wenn Sie *nur* ZUM BENUTZERURSPRUNG RELATIVE X-Y-KOORDINATEN IM TRACKER ANZEIGEN aktiviert haben *ohne* die Option POLAR KOORDINATEN..., dann werden im TRACKER *immer* die Koordinaten vom Benutzerursprung aus angezeigt. Die Umstellung des TRACKERS in der STANDARD-Symbolleiste auf RELATIVE KOORDINATEN IM TRACKER wird dann deaktiviert. Das ist vielleicht nicht immer erwünscht.

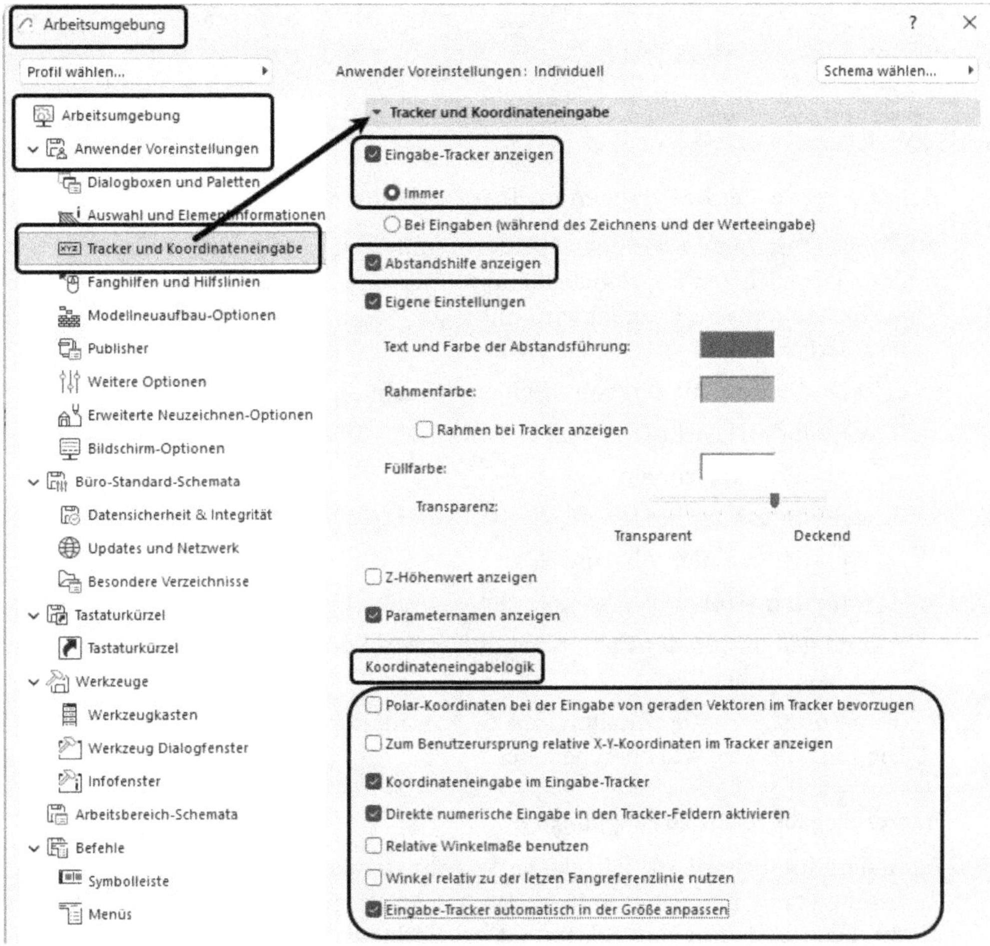

Abb. 3.9: Typische Konfiguration des TRACKER-Werkzeugs

Die Eintragungen im TRACKER können Sie mit [Tab] durchblättern. Dabei erscheinen auch weitere Eingabeparameter.

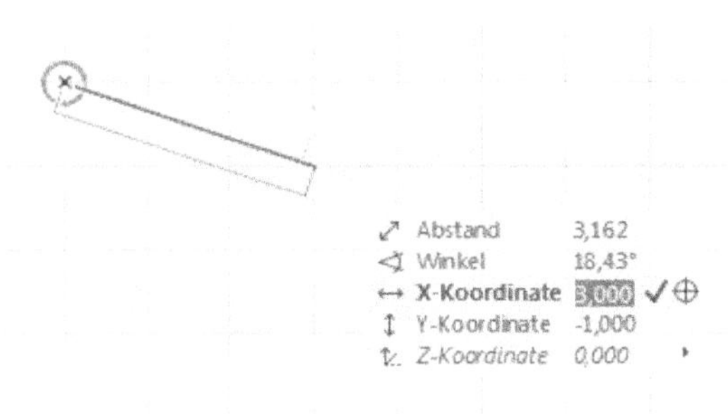

Abb. 3.10: TRACKER mit weiteren Eingabefeldern

Tipp

Wenn Sie einmal [Tab] drücken, wird der TRACKER für zusätzliche Eingaben erweitert.

Zum Eingeben von Koordinaten im TRACKER können Sie

- zur gewünschten Koordinate blättern (mit [Tab]), dort eine Zahl eingeben, dann zur nächsten Koordinate blättern (mit [Tab]) und die Zahl der zweiten Koordinate eingeben. Beendet wird mit [Enter] oder mit einem Klick auf das *kleine Häkchen* a.
- die Koordinaten mit den betreffenden Kürzeln eingeben
  - **x** für die x-Koordinate
  - **y** für die y-Koordinate
  - **z** für die z-Koordinate
  - **r** für den radialen Abstand
  - **w** für den Winkel
  - und gefolgt von der Zahl. Nach der letzten Koordinate beenden Sie die Eingabe wie oben.
- die gewünschten Koordinaten im TRACKER anklicken und die Zahlen eingeben. Die Eingabe wird wie oben beendet.

Tracker-Eingabe relativ zu Fangpunkten

Besonders interessant ist die relative Koordinateneingabe über den TRACKER im Zusammenhang mit Fangpunkten. In Abbildung 3.11 soll eine neue Wand im Abstand von 2 Metern vom Startpunkt der horizontalen Wand begonnen werden. Mit dem WAND-Werkzeug wurde der Startpunkt der Wand angefahren, was durch das Häkchen-Symbol angezeigt wird. Danach wurde durch Eingabe von [X] + [Enter] der TRACKER mit der X-Eingabezeile aktiviert. Dort kann dann der gewünschte relative Abstand von 2 Metern in positiver x-Richtung vom obigen Punkt als *Wert* eingegeben werden. Voraussetzung ist hier, dass in der STANDARD-Symbolleiste neben dem TRACKER-Symbol die Einstellungen auf RELATIVE KOORDINATEN IM TRACKER gesetzt wurden.

Wenn diese Option dort nicht aktiviert ist, gelten die Koordinaten im TRACKER absolut (!). In diesem Fall können Sie aber auch relative x- und/oder y-Koordinaten eingeben, indem Sie im TRACKER beispielsweise den x-Abstand *gefolgt von einem Pluszeichen* (allerdings + auf der numerischen Tastatur) eintippen (Abbildung 3.11).

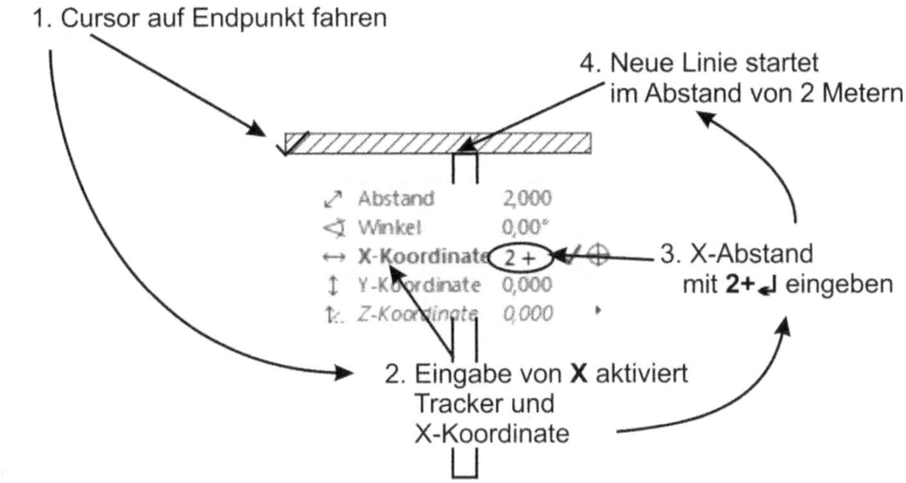

Abb. 3.11: Relative Koordinaten im TRACKER, wenn die TRACKER-Einstellungen absolut eingestellt sind

Markieren

Alternativ können Sie eine Koordinate nach Eingabe im TRACKER durch Klick auf das *Fadenkreuzsymbol* ⊕ dahinter *markieren*. Damit wird die Koordinate gewissermaßen fixiert. Besonders effektiv wird das *Markieren,* wenn in der STANDARD-Symbolleiste die FANGHILFEN aktiviert sind, weil Sie dann an der markierten Position eine *temporäre Hilfslinie* erhalten, auf der Sie zur Positionsbestimmung beispielsweise entlangfahren können, um die endgültige Position zu spezifizieren. Wenn Sie die x-Koordinate markieren, entsteht eine Hilfslinie mit dem entsprechenden x-Abstand, bei der y-Koordinate mit passendem y-Abstand. Besonders nützlich ist die Vorgehensweise, wenn eine diagonale Wand über x- und y-Abstand konstruiert werden soll. Wichtig ist nur, das Pluszeichen mit der *numerischen Tastatur* einzugeben.

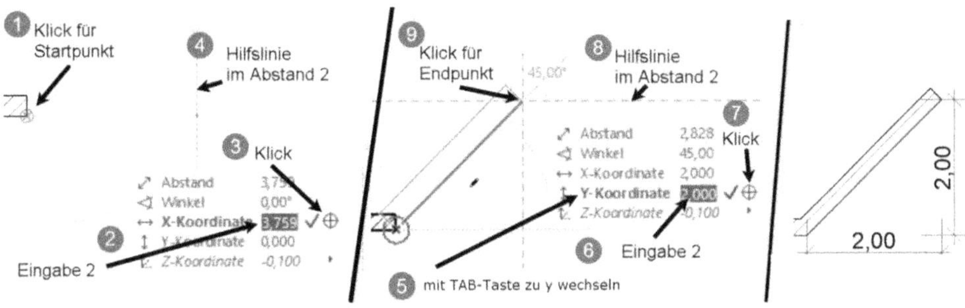

Abb. 3.12: Markieren im TRACKER

Es können auch *kreisförmige Hilfslinien* entstehen, wenn Sie im TRACKER nicht die x-Koordinate, sondern den Abstandswert mit POSITION MARKIEREN festhalten (Fadenkreuz- bzw. Cursorsymbol wählen, nicht das Häkchen). Dann werden danach auch Tangenten an diesen Kreis angeboten.

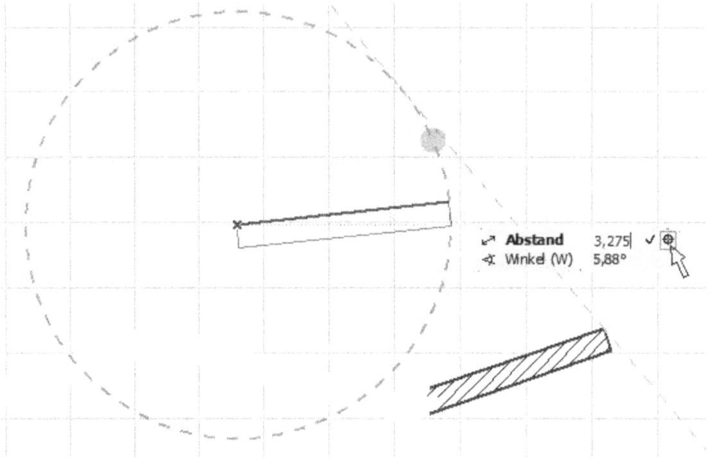

Abb. 3.13: Hilfslinien-Kreis bei fixiertem Abstand

Die Abstandshilfe

Ein neues und sehr effektives Hilfsmittel zur Koordinateneingabe ist die ABSTANDSHILFE. Bei aktivierter ABSTANDSHILFE werden für die meisten Planungselemente die Punktpositionen relativ zu schon existierenden Elementen angezeigt (Abbildung 3.14). Die ABSTANDSHILFE aktivieren Sie in der Symbolleiste STANDARD. Dort können Sie auch noch wählen, ob die äußeren Kanten oder innere Referenzlinien verwendet werden sollen, bzw. ob bei Türen und Fenstern die Mitten oder Eckpunkte referenziert werden sollen. Allerdings sind diese Hilfslinien auf die x- und y-Richtungen beschränkt und reagieren nicht auf ein gedrehtes Raster.

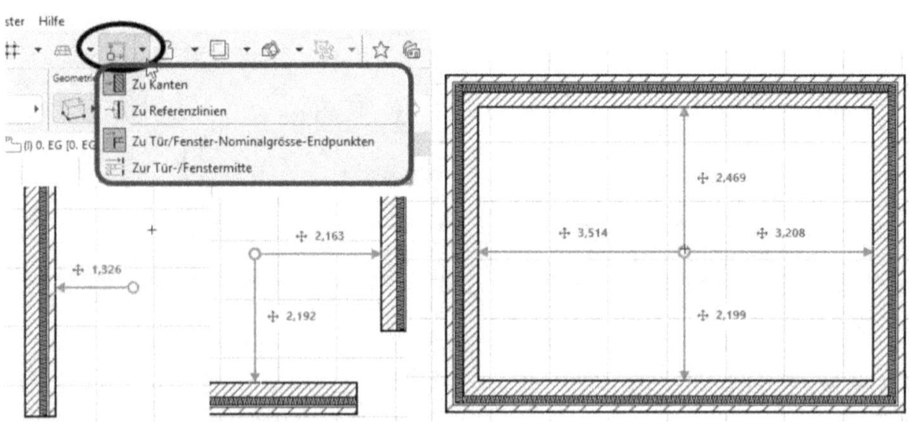

Abb. 3.14: Punkteingabe bei aktivierter ABSTANDSHILFE

Sie können dann mit der [Tab]-Taste zu den angezeigten Maßzahlen wechseln, diese überschreiben und den gewünschten Wert mit einem Klick auf das Häkchen festlegen.

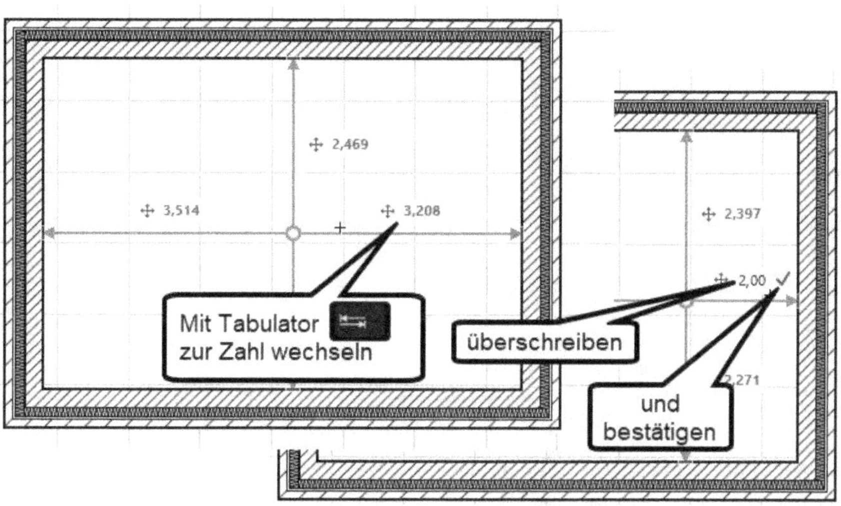

Abb. 3.15: Wert in ABSTANDSHILFE überschreiben

Werkzeug zum Messen

Jede Konstruktion erfordert immer mal eine Nachprüfung, bei der Abstände und/oder Winkel überprüft werden müssen. Dazu dient das Werkzeug MESSEN in der STANDARD-Werkzeugleiste oder das Tastenkürzel [M]. Sie klicken den ersten Punkt mit dem Cursor an, typischerweise sollte er dabei mit einem Häkchen-Symbol an einem charakteristischen Punkt einrasten. Dann fahren Sie zur zweiten Position und klicken dort. Im automatisch aktivierten TRACKER finden Sie die Entfernung unter KUMULATIVER ABSTAND.

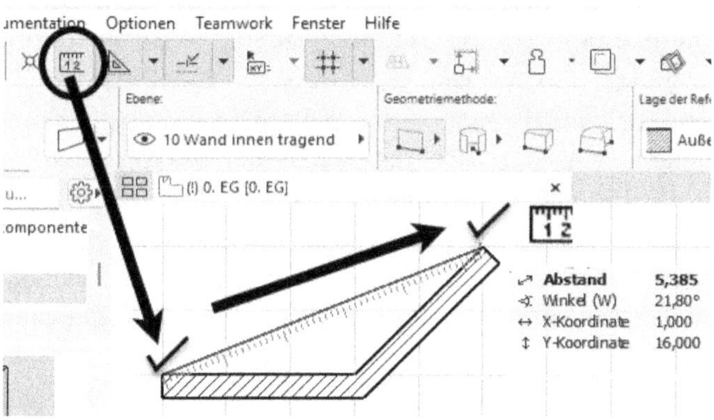

Abb. 3.16: MESSEN-Werkzeug und Anwendung

Nachdem Sie zwei Positionen mit dem MESSEN-Werkzeug angeklickt haben, wechselt es in den Flächenmodus für polygonale Flächen. Der aktuelle Flächeninhalt erscheint dann zusätzlich im TRACKER. Sie können dann weitere Polygonecken anklicken und im TRACKER Flächeninhalt und Umfang (KUMULATIVER ABSTAND) ablesen.

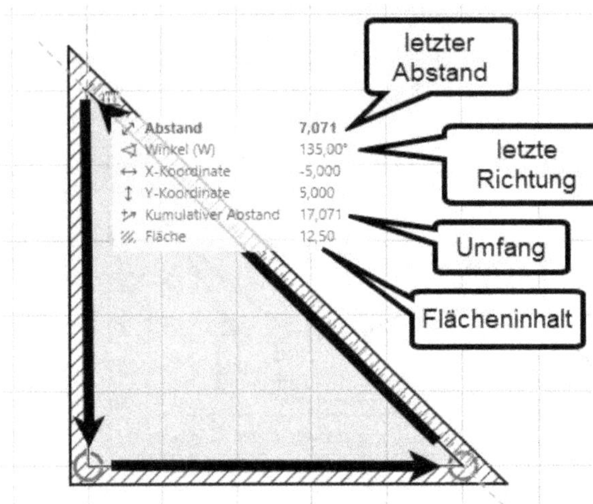

Abb. 3.17: Fläche und Umfang mit MESSEN-Werkzeug bestimmen

3.2 Raster

Bei den Rastermöglichkeiten müssen wir zwischen zwei grundlegenden Rastern unterscheiden, dem *Konstruktionsraster* und dem *Fangraster*.

- Das KONSTRUKTIONSRASTER ist vorgabemäßig aktiviert und stellt eine optische Orientierungshilfe dar, indem es ein Raster anzeigt, das Linien im 1-Meter-Abstand horizontal und vertikal erzeugt. Es kann mit [F8] oder ANSICHT|KONSTRUKTIONSRASTER DARSTELLEN sichtbar gemacht werden. Dieses Raster hat aber erst dann eine Wirkung auf den Cursor, wenn auch ANSICHT|RASTERFANG oder [F7] aktiviert ist.
- Das FANGRASTER, ursprünglich auf 0,5 Meter eingestellt, wird *nicht sichtbar* angezeigt. Es ist im Dialogfenster ANSICHT|RASTER- & BEARBEITUNGSEBENEN-OPTIONEN|RASTER-EINSTELLUNGEN (siehe Abbildung 3.19) als FANGRASTER/STOẞEN bezeichnet.
- Unter ANSICHT|RASTERFANG-OPTIONEN (Abbildung 3.19) können Sie wählen, ob der Cursor auf dem FANGRASTER (Vorgabe-Abstand 0,5 m) oder dem KONSTRUKTIONSRASTER (sichtbar, Abstand 1,0 m) einrasten soll.
- Erst die Aktivierung von ANSICHT|RASTERFANG [F7] führt dazu, dass der Cursor auf einem der beiden möglichen Raster *einrastet*.

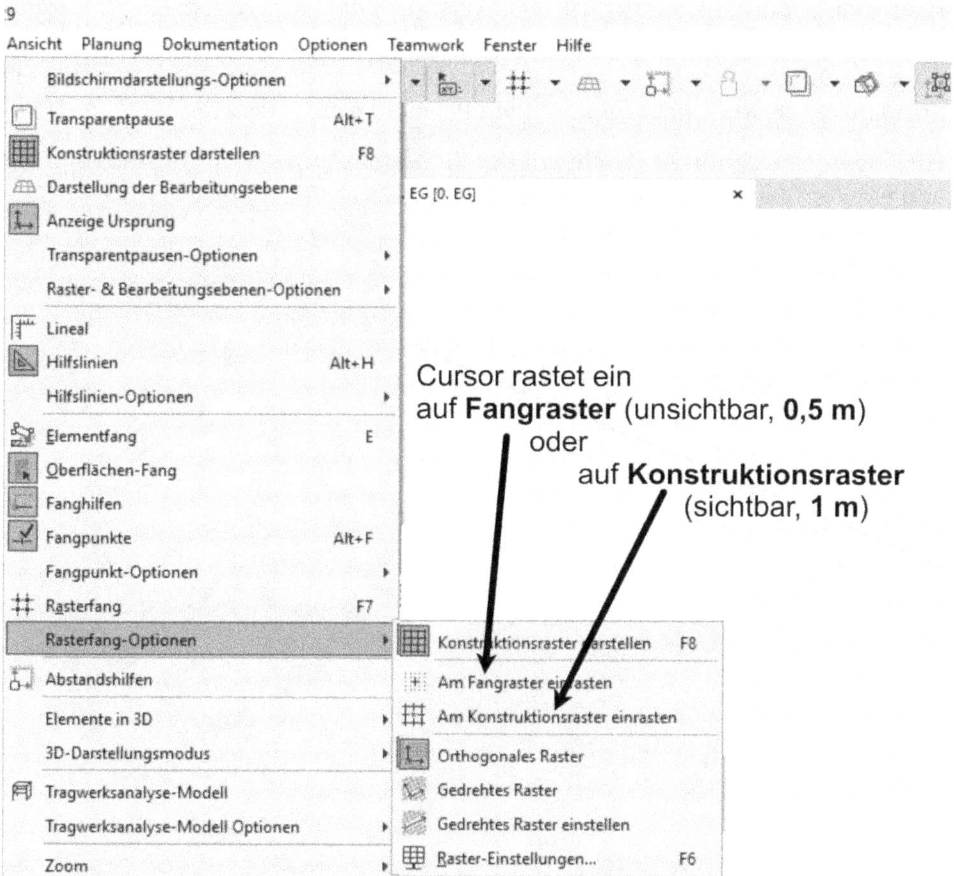

Abb. 3.18: Verschiedene Fang-Optionen

- Das FANGRASTER ist im Prinzip unabhängig vom KONSTRUKTIONSRASTER. Oft wird es aber eine Unterteilung des KONSTRUKTIONSRASTERS sein. Das heißt, wenn das KONSTRUKTIONSRASTER typischerweise auf 1,0 Meter gesetzt wird, verwendet man für den Rasterfang beispielsweise 0,50 oder 0,25 oder 0,125 Meter für eine Entwurfszeichnung. Das FANGRASTER ist nicht als Linienraster *sichtbar*, aber es bewirkt, dass der Cursor an diesen Positionen einrastet. Der *Cursorpfeil* erhält neben dem *Pfeilsymbol*, das frei beweglich ist, dann ein zusätzliches *Punktsymbol*, das nur auf Fangrasterpositionen einrasten kann.

Die Rastereinstellungen können Sie mit ANSICHT|RASTER- & BEARBEITUNGSEBENEN-OPTIONEN|RASTER-EINSTELLUNGEN oder [F6] verwalten. In diesem Dialogfeld finden Sie die Einstellungen für das KONSTRUKTIONSRASTER und für das FANGRASTER. Im Bereich GEDREHTES RASTER lassen sich für beide Raster ein *Drehwinkel* und auch ein anderer *Startpunkt* als der Projektursprung einstellen. Das gedrehte Raster können Sie auch unter ANSICHT|RASTER- & BEARBEITUNGSEBENEN-OPTIONEN|GEDREHTES RASTER EINSTELLEN über Positionen in der Zeichnung festlegen.

Interessant ist unter KONSTRUKTIONSRASTER auch die Möglichkeit, ein *Nebenraster* einzustellen. Beispielsweise könnte man das *Hauptraster* auf das Ziegelmaß von 0,115 m und das *Nebenraster* auf die Fugenbreite von 0,01 einstellen, um für ein Standard-Mauerwerk stets auf korrekten Positionen einzurasten.

Für Entwurfszeichnungen reicht ein KONSTRUKTIONSRASTER mit 1-m-Abstand aus und ein RASTERFANG mit dem Abstand 0,125 m.

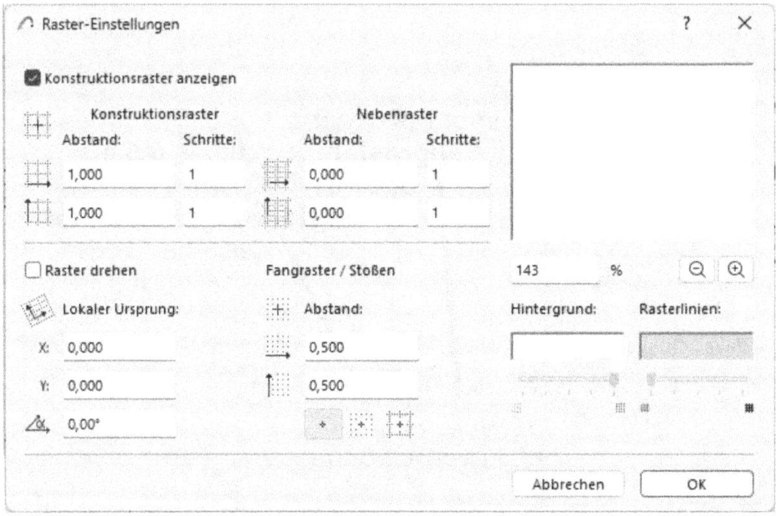

Abb. 3.19: Rastereinstellungen

Mit ANSICHT|RASTER- & BEARBEITUNGSEBENEN-OPTIONEN|ORTHOGONALES RASTER und …|GEDREHTES RASTER wählen Sie zwischen diesen Rastervarianten aus.

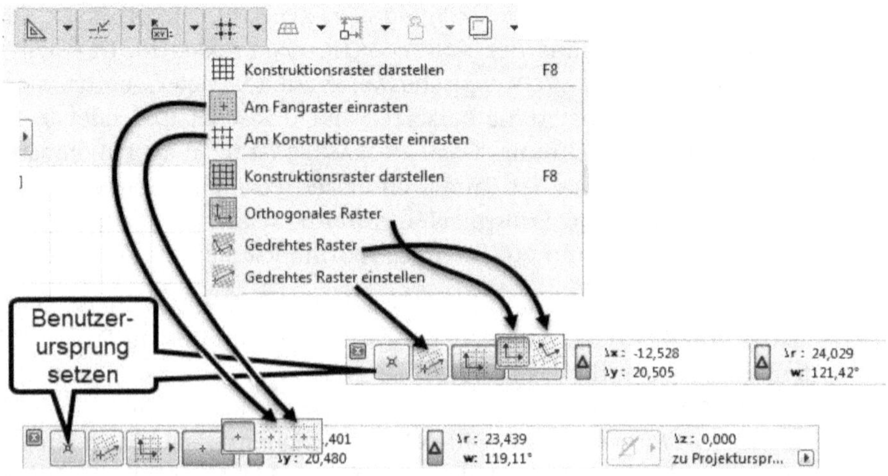

Abb. 3.20: Rastereinstellungen in STANDARD-Symbolleiste oder Palette KOORDINATEN

Wenn Sie *kein* Nebenraster wünschen, müssen Sie nicht unbedingt den Rasterabstand dafür auf 0 setzen, aber auf jeden Fall die *Schritte*.

Tipp

Für Detailzeichnungen und Schnitte können separat eigene Raster definiert werden.

3.3 Hilfslinien und -punkte

Es gibt zwei Arten von Hilfslinien in ARCHICAD.

- FANGHILFEN erscheinen automatisch als gestrichelte blaue Linien beim Wegziehen von Punktpositionen oder Kanten in bestimmte Richtungen. Sie sind temporäre Hilfslinien und verschwinden später wieder automatisch.
- HAUPTHILFSLINIEN, manchmal auch nur als HILFSLINIEN bezeichnet, sind *permanente Hilfslinien*. die Sie üblicherweise per Drag&Drop aus dem Rand des Zeichenfensters heraus manuell platzieren. Sie bleiben so lange sichtbar, bis Sie sie absichtlich einzeln oder insgesamt löschen.

Zusätzliche Hilfspunkte, die üblicherweise zwischen Punkten einer Elementkontur liegen, können als FANGPUNKTE aktiviert werden.

Die Einstellungen für Hilfslinien und -punkte finden Sie unter OPTIONEN|ARBEITSUMGEBUNG|FANGHILFEN UND HILFSLINIEN.

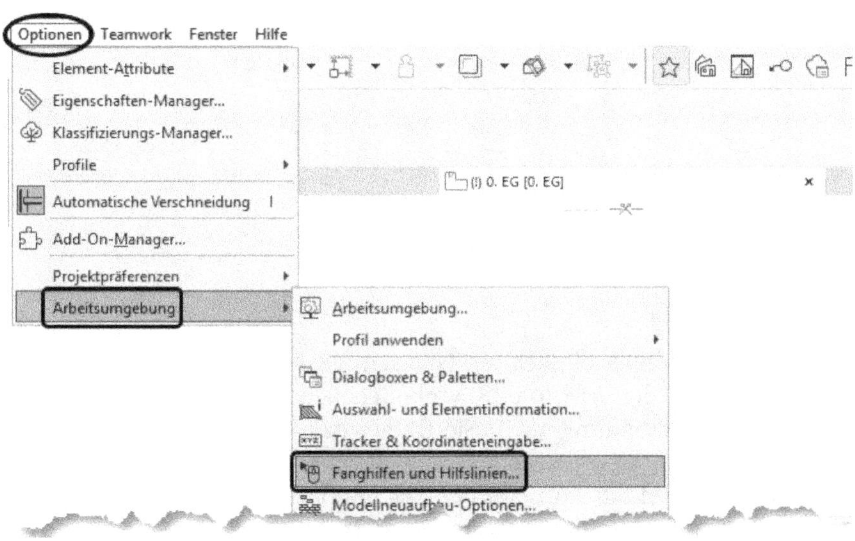

Abb. 3.21: Einstellungen für Hilfslinien und -punkte

Die Farben sind in den Optionen folgendermaßen voreingestellt:

- FANGHILFEN sind hellblau,
- HAUPTHILFSLINIEN sind orange und
- FANGPUNKTE werden in roter Farbe dargestellt.

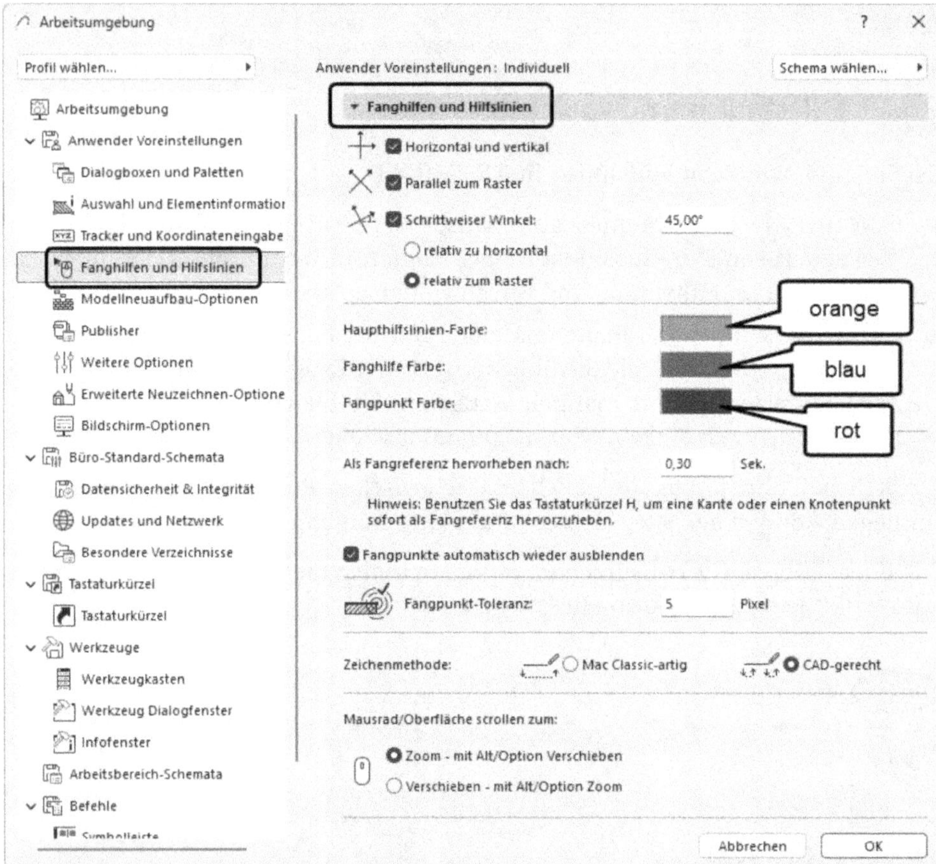

Abb. 3.22: Optionen für die Hilfslinien und -punkte

3.3.1 Haupthilfslinien

Die HAUPTHILFSLINIEN, auch einfach als HILFSLINIEN bezeichet, können Sie verwenden, sobald Sie in der STANDARD-Symbolleiste das HILFSLINIEN-Werkzeug aktiviert haben (s. Abbildung 3.23). Sie finden das Werkzeug auch im Menü ANSICHT|HILFSLINIEN ([Alt]+[H]) und in der Palette KONTROLLFENSTER. Bei aktivierten HILFSLINIEN sehen Sie dann auf der Zeichenfläche in allen vier Himmelsrichtungen kurze gestrichelte orangefarbene Linien am Rand. Diese können Sie nach Anklicken mit einem zweiten Klick auf Positionen wie Eckpunkte o.Ä. setzen oder auch mit gedrückter Maustaste dorthin ziehen. Dadurch entstehen dort dann unendlich lange gestrichelte orangefarbene HILFSLINIEN. Die Haupthilfslinien lassen sich auch an beliebig schräge Konturen anschmiegen. Beim Anschmiegen an eine bogenförmige Kontur entsteht übrigens eine kreisförmige Hilfskurve. Bestehende HILFSLINIEN können Sie jederzeit nach kurzer Cursor-Berührung per Drag&Drop am orangefarbenen Kreissymbol beliebig verschieben.

Alternativ können Sie in der Symbolleiste neben auch über 6 die Option HILFSLINIEN-SEGMENT ERSTELLEN wählen und eine HILFSLINIE mit endlicher Ausdehnung über zwei Punktpositionen erstellen. Damit sind auch beliebig schräge HILFSLINIEN-SEGMENTE möglich. Es wird dabei auch eine PET-Palette angezeigt, die es Ihnen erlaubt, neben einem linearen Segment auch ein bogenförmiges zu erstellen. Dafür stehen drei Bogenoptionen zur Verfügung:

- Bogen über Startpunkt, Mittelpunkt und Endpunkt,
- Bogen über Startpunkt, zweiten und dritten Punkt sowie Öffnungswinkel,
- Bogen über Tangente, Start- und Endpunkt und Lage.

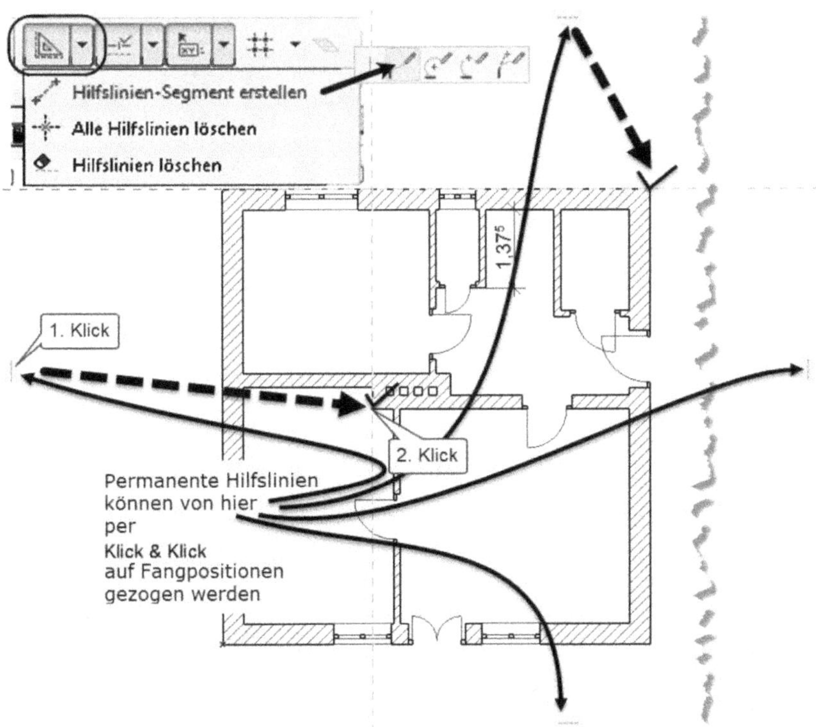

Abb. 3.23: Erzeugen von permanenten Hilfslinien

Achten Sie bei den Bogen-Optionen genau auf die Eingabeaufforderungen in der Dialogzeile am unteren Bildschirmrand.

Des Weiteren finden Sie unter 6 auch die Option ALLE HILFSLINIEN LÖSCHEN, um eben alle zu löschen, und HILFSLINIEN LÖSCHEN, um ausgewählte HILFSLINIEN einzeln zu löschen.

HILFSLINIEN lassen sich in vielfältiger Weise verwenden: Sie können auf den HILFSLINIEN entlangfahren, mehrere HILFSLINIEN zum Schnitt bringen, Lote auf HILFSLINIEN fällen oder Parallelen dazu erzeugen.

Sie können diese HILFSLINIEN auch parallel um definierte Abstände verschieben. Dazu fahren Sie eine HILFSLINIE als Bezugselement an und erhalten ein orangefarbenes kreisförmiges Handle darauf. Mit diesem Handle können Sie nun die Hilfslinie parallel per Drag&Drop verschieben. Für eine exakte Verschiebung ist es wichtig, den Abstand noch im TRACKER einzugeben, bevor Sie die Maustaste loslassen.

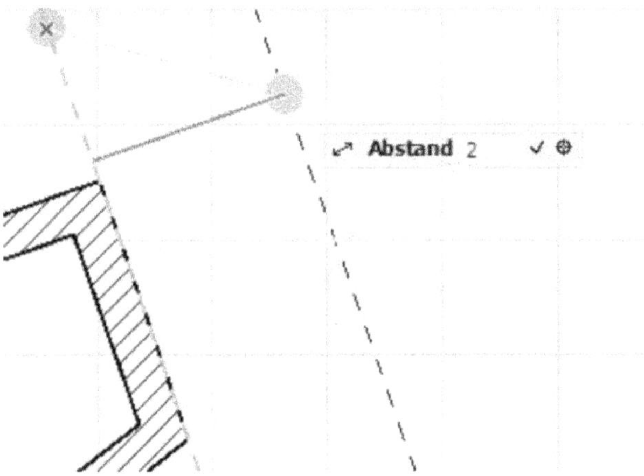

Abb. 3.24: Relative Hilfslinie mit Abstand

3.3.2 Fanghilfen

Sobald das Werkzeug FANGHILFEN aktiviert ist, können Sie temporäre blau gestrichelte Hilfslinien durch Ihre Cursorbewegung von einer Punktposition aus erzeugen. Als Indikator, dass diese Punktposition als Ausgangspunkt für eine FANGHILFE benutzt werden kann, wird er mit einem blauen Kreis umschlossen. Sie finden das Werkzeug entweder unter ANSICHT|FANGHILFEN oder in der STANDARD-Symbolleiste unter FANGHILFEN UND -PUNKTE (Abbildung 3.25). Diese FANGHILFEN erscheinen auch während der Konstruktion, wenn Sie beispielsweise eine Wand ungefähr waagerecht, senkrecht oder unter 45° (und Vielfachen davon) zeichnen, bei der Eingabe des Endpunkts. Da die Wand dann praktisch an diesen Hilfslinien einrastet und Sie nur noch die Länge eingeben müssen, wird dadurch die Konstruktion sehr erleichtert (Abbildung 3.26).

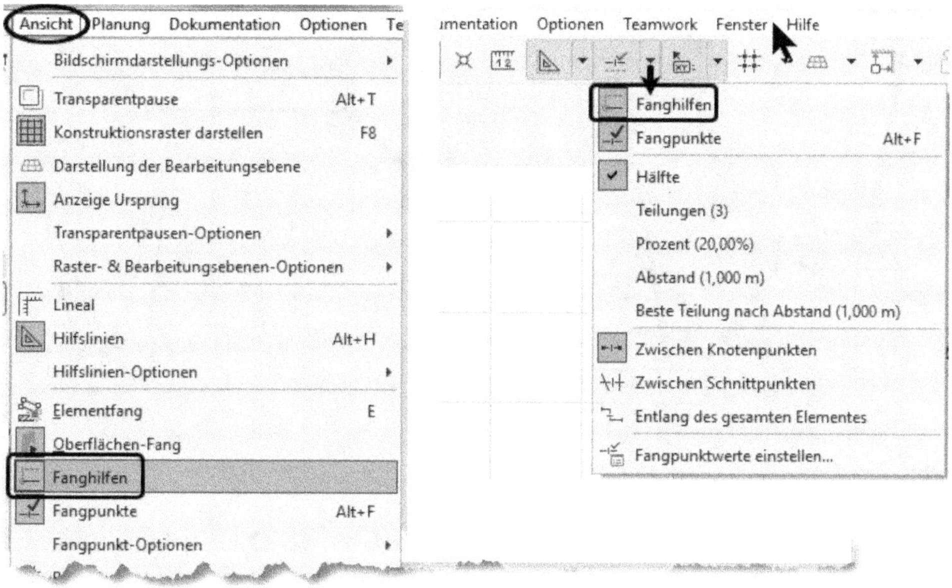

Abb. 3.25: FANGHILFEN aktivieren

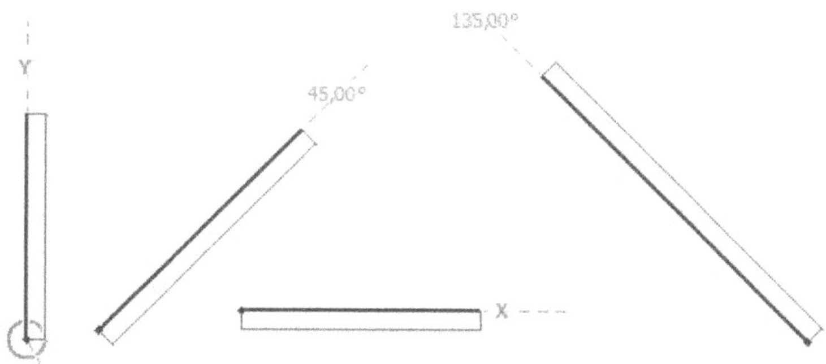

Abb. 3.26: Fanghilfen bei Wandkonstruktion

Die Richtungen, in denen Sie temporäre Hilfslinien erhalten, sind unter OPTIONEN|ARBEITSUMGEBUNG|FANGHILFEN UND HILFSLINIEN einstellbar. Dort kann auch der Winkel von 45° geändert werden, beispielsweise auf 15° (schrittweise), um Hilfslinien auch unter 30°, 45° und weiteren Vielfachen von 15° zu erhalten.

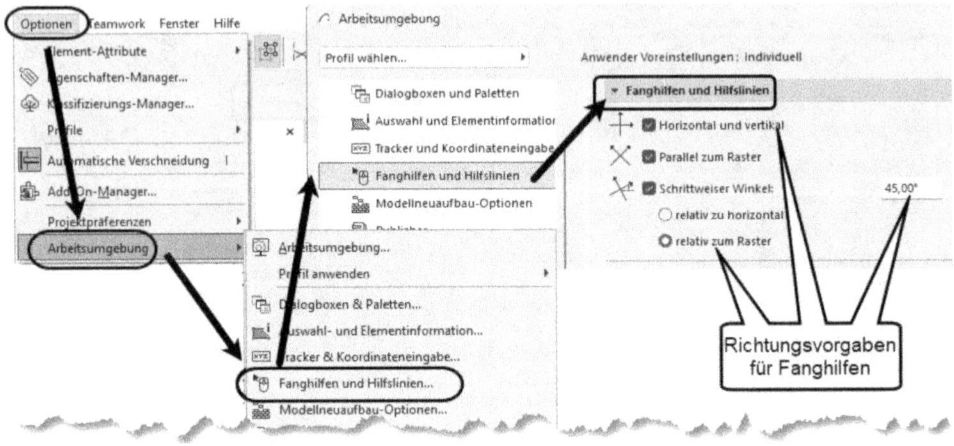

Abb. 3.27: Optionen für FANGHILFEN

Sie können auch Fanghilfen von mehreren Punkten ❶, ❷ ausgehend erzeugen (Abbildung 3.28). Dann ist es möglich, den Schnittpunkt ❸ dieser Fanghilfen zur Konstruktion zu verwenden.

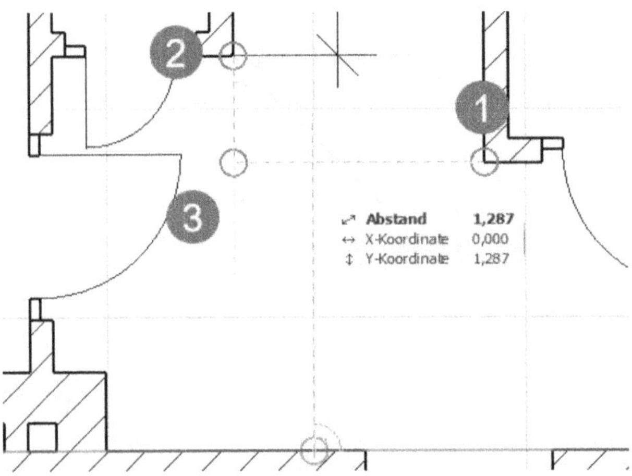

Abb. 3.28: Mehrere über Hilfspunkte erzeugte Fanghilfen und ein Hilfslinien-Schnittpunkt

Die Hilfspunkte bleiben so lange aktiv, bis der Zeichenvorgang beendet ist. Ein Hilfspunkt kann auch deaktiviert werden, indem Sie einfach den Punkt noch einmal mit dem Cursor berühren. Dann wird der hellblaue Kreis wieder eingerollt.

Wenn Sie Fanghilfen verwenden, gibt es nach Rechtsklick im Kontextmenü noch einige Optionen dazu.

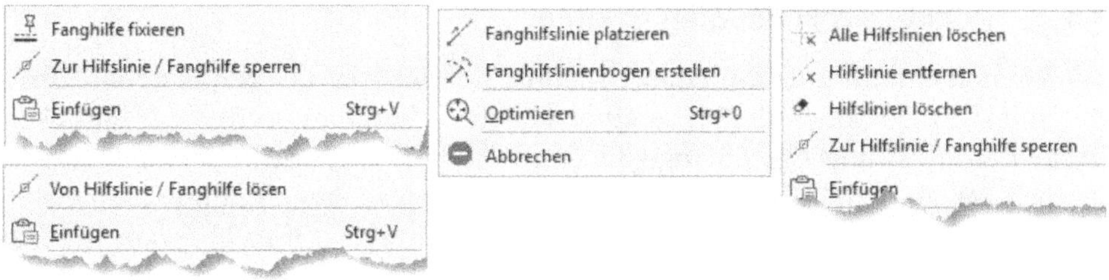

Abb. 3.29: Kontextmenü für Fanghilfslinien (nicht platziert, bereits platziert)

- Fanghilfe fixieren – macht die aktuelle Fanghilfe permanent.
- Zur Hilfslinie / Fanghilfe sperren – Diese Option wandelt die temporäre Hilfslinie in eine permanente Hilfslinie um.
- Von Hilfslinie / Fanghilfe lösen – entfernt permanente Hilfslinien.
- Fanghilfslinie platzieren – Diese Option erscheint beispielsweise, wenn Sie den Endpunkt eines Wandsegments eingeben wollen, und generiert zur aktuellen Wandrichtung die passende Hilfslinie.
- Fanghilfslinienbogen erstellen – Diese Option erscheint ebenfalls, wenn Sie den Endpunkt eines Wandsegments eingeben wollen, und generiert zur aktuellen Endpunktposition den passenden Hilfskreis.
- Alle Hilfslinien löschen – löscht alle Hilfslinien.
- Hilfslinie entfernen – löscht die aktuelle temporäre Hilfslinie.
- Hilfslinien löschen – aktiviert einen Radiergummi, mit dem Sie beliebige zu löschende Hilfslinien anklicken können. Wenn Sie ein *gedrehtes Raster* aktiviert haben (*Festlegung* über zwei Punkte mit Menü Ansicht|Raster- & Bearbeitungsebenen-Optionen|Gedrehtes Raster einstellen und Aktivierung mit ...|...|Gedrehtes Raster), dann erhalten Sie Haupt-Hilfslinien zusätzlich auch in den neuen x-y-Richtungen des Rasters mit x- und y-Markierungen, aber auch in den Richtungen des ungedrehten Rasters (auch die 45°-Hilfslinie). Die Hilfslinien mit Bezug auf das ungedrehte Raster zeichnen sich dadurch aus, dass sie mit Winkelangaben erscheinen, wobei sich die Winkel auf das gedrehte Raster beziehen.

Die Vielzahl der möglichen Zeichenhilfen mag zunächst verwirrend erscheinen, erleichtert aber sehr die eigentliche Konstruktion. Sobald gestrichelte hellblaue Hilfslinien erscheinen, müssen Sie immer schauen, woher sie kommen, um sie zu verstehen und dann korrekt nutzen zu können.

3.3.3 Punkte auf Hilfslinien fixieren

Sie können einen Punkt auf einer Hilfslinie mit der `Shift`-Taste fixieren. Sobald Sie mit dem Cursor in die Nähe einer Hilfslinie kommen und `Shift` drücken, rastet der Punkt dort ein. Solange Sie die `Shift`-Taste gedrückt halten, bleibt der Punkt auch an der Hilfslinie angeheftet. Sie können so einen Endpunkt einerseits an der Hilfslinie in dieser Richtung fixieren und dann die Länge über den TRACKER mit `Tab` eingeben.

3.3.4 Fangpunkte

Dass Sie beim Konstruieren mit dem Cursor auf vorhandenen Konturpunkten von Wänden oder anderen Elementen einrasten, liegt in der Grundfunktion des Cursors und wird ja auch durch das Häkchen-Symbol signalisiert. Wenn Sie aber andere Positionen, beispielsweise entlang einer Wand brauchen, dann ist es nötig, die FANGPUNKTE zu aktivieren.

In der STANDARD-Symbolleiste finden Sie unterhalb der FANGHILFEN im Aufklappmenü die FANGPUNKTE mit ihren Einstellungen weiter unten.

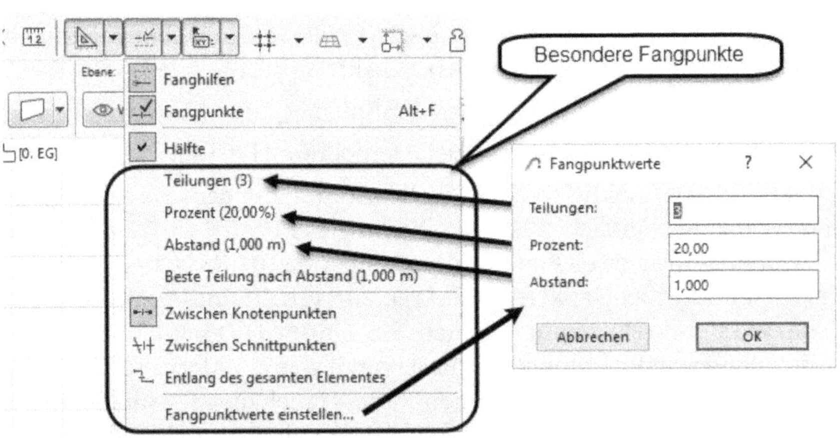

Abb. 3.30: Fangpunkte in der STANDARD-Symbolleiste

Es gibt folgende Möglichkeiten für FANGPUNKTE:

- HÄLFTE – erzeugt *einen Fangpunkt in der Mitte* des Bereichs.
- TEILUNGEN – generiert *mehrere Fangpunkte*, indem der Bereich wahlweise in 3, 4, 5 usw. gleichlange Segmente eingeteilt wird.
- PROZENT – führt zu *einem Fangpunkt* bei der in Prozent des Bereichs angegebenen Länge, gemessen vom nächsten Ende.
- ABSTAND – führt zu mehreren Fangpunkten im angegebenen Abstand von dem Endpunkt aus gemessen, der dem Cursor am nächsten liegt.

- BESTE TEILUNG NACH ABSTAND – führt zu mehreren gleichmäßigen Fangpunkten mit dem nächstkleineren Abstand.

Worauf sich die obigen Angaben beziehen, geben Sie weiter unten als Bereich an:

- ZWISCHEN KNOTENPUNKTEN – verwendet die komplette Länge des Elements oder bei zusammengesetzten Elementen eines Unterelements, um davon nach den obigen Angaben die Hälfte, die Teilungen, die prozentuale Länge oder den Abstand auszurechnen.
- ZWISCHEN SCHNITTPUNKTEN – nimmt als Bereich für die Fangpunkte nicht die Gesamtlänge des Elements, sondern grenzt den Bereich auf die nächstliegenden Schnittpunkte mit anderen Elementen ein. Das sind z.B. bei Wänden die Abschnitte zwischen Querwänden, die oft zum Positionieren von Türen und Fenstern auf Mitte nötig sind.
- ENTLANG DES GESAMTEN ELEMENTS – Diese Option entspricht bei den meisten Elementen der obersten Option, nur bei zusammenhängenden Elementen wie Polylinien bezieht sich diese Option nicht auf ein Teilsegment, sondern auf die Gesamtlänge.

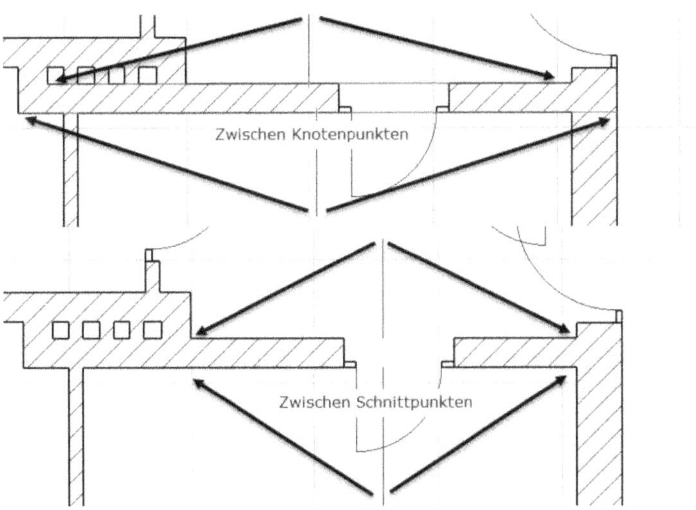

Abb. 3.31: Optionen für Fangpunkte

Die Werte für Teilungen, Prozent und Abstand geben Sie in der letzten Menüwahl an:

- FANGPUNKTWERTE EINSTELLEN

Die Fangpunkte können Sie auch mit ANSICHT|FANGPUNKTE oder [Alt]+[F] aktivieren und deaktivieren, und Sie stellen die Optionen über das Menü ANSICHT|FANGOPTIONEN|HÄLFTE, ...|TEILUNGEN, ...|PROZENT usw. ein.

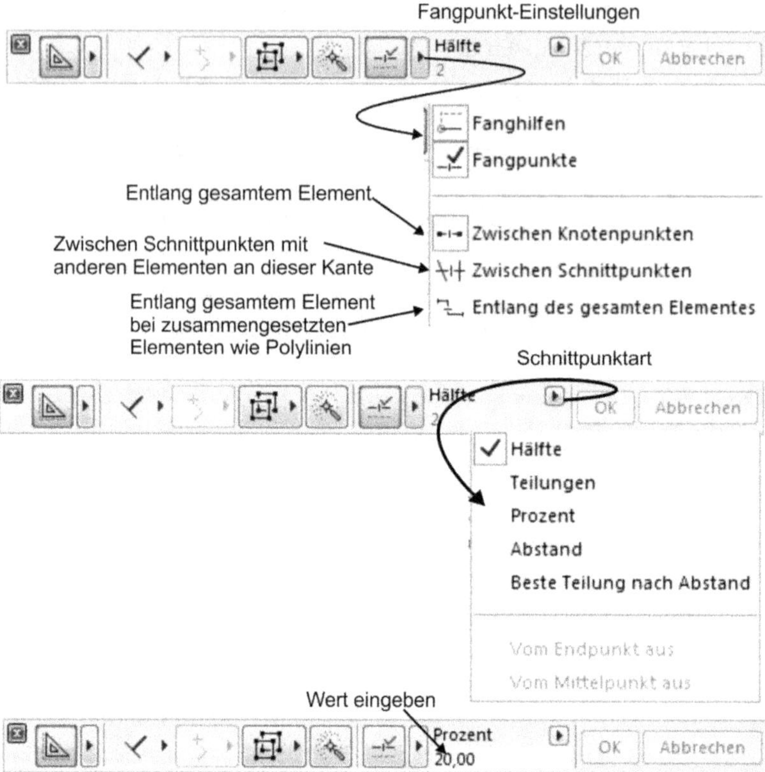

Abb. 3.32: Fangpunkte in der Palette KONTROLLFENSTER

Während der Konstruktionsarbeit werden die Fangpunktpositionen durch eine kleine Marke am Element gekennzeichnet, und der Häkchen-Cursor erscheint.

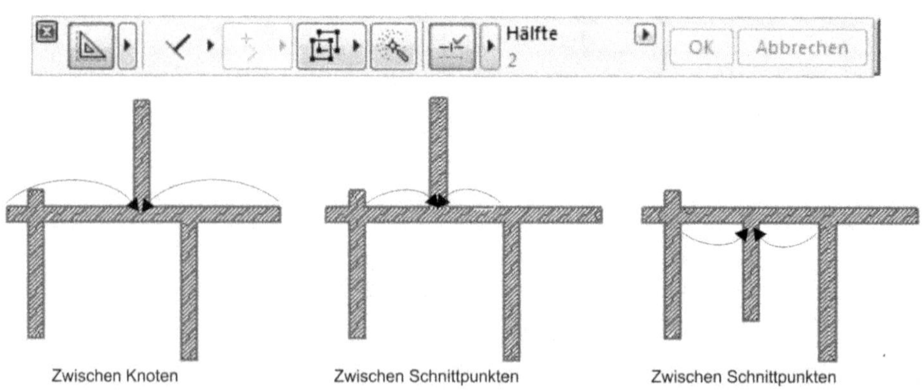

Abb. 3.33: Fangpunkt bei der Hälfte zwischen Knoten und zwischen Schnittpunkten

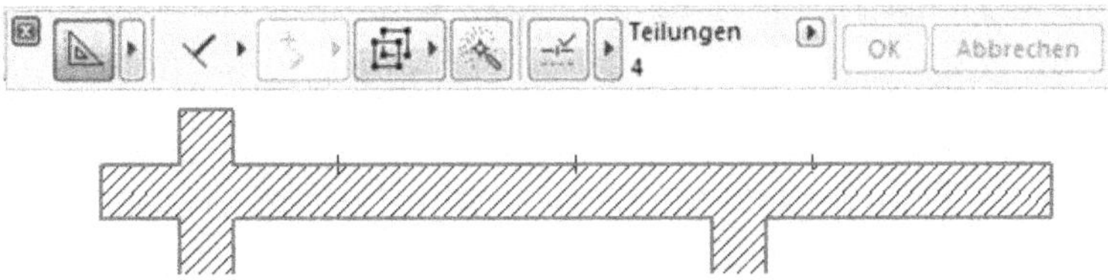

Abb. 3.34: Fangpunkt bei 4 Teilungen bezogen auf gesamtes Element

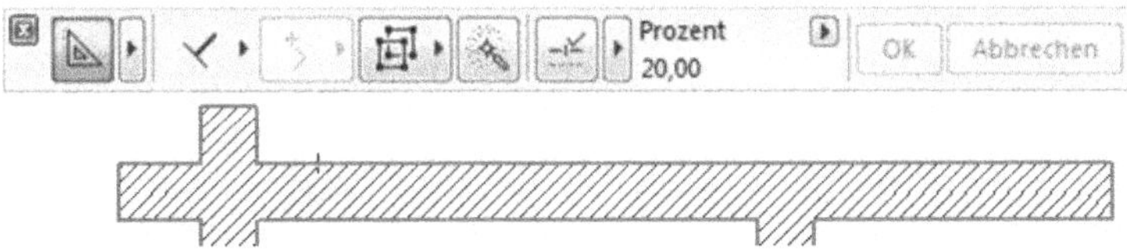

Abb. 3.35: Fangpunkt bei 20 % vom nächsten Endpunkt bezogen auf gesamtes Element

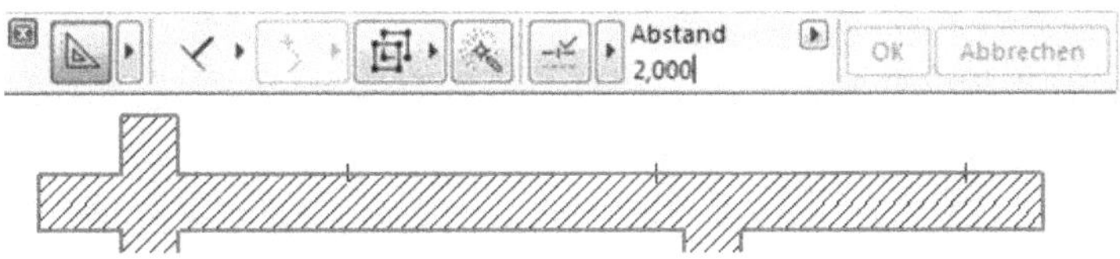

Abb. 3.36: Fangpunkte bei Abstand 2 m, Cursorposition links an der Kante bezogen auf gesamtes Element

3.3.5 Fangpunktvarianten

Wenn Sie beispielsweise bei der Konstruktion einer Wand auf einer temporären Hilfslinie liegen, können Sie mit der Taste `Shift` Ihre Konstruktionsrichtung einfrieren. Damit können Sie nur noch die Länge in dieser Richtung variieren. Wenn Sie bei einer schrägen Wand unter 45° dann aber die Länge durch die Projektion in x-Richtung bestimmen wollen, haben Sie ein Problem. Dazu gibt es in der Palette KONTROLLFENSTER, die man nach Rechtsklick zum ERWEITERTEN KONTROLLFENSTER vergrößern kann, und in der Symbolleiste ZEICHENHILFEN die Werkzeuge FANGPUNKTVARIANTEN (Abbildung 3.37).

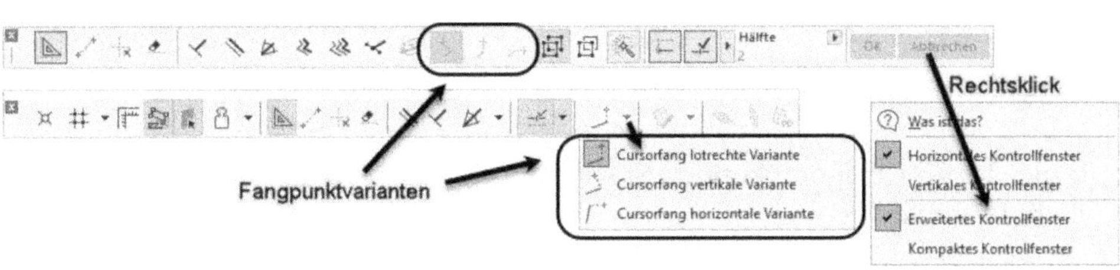

Abb. 3.37: FANGPUNKTVARIANTEN in der Palette ERWEITERTES KONTROLLFENSTER und im Fenster ZEICHENHILFEN

Im Beispiel soll zu einer bestehenden waagerechten Wand mit gleichem Startpunkt eine zweite unter 45° gezeichnet werden, deren Länge so bestimmt wird, dass die Projektion auf die waagerechte Wand genau der waagerechten Länge entspricht. Ich setze voraus, dass Hilfslinien unter 45° im Dialogfenster OPTIONEN|ARBEITSUMGEBUNG|FANGHILFEN UND HILFSLINIEN aktiviert sind. Dann beginnen Sie die neue Wand am linken Ende der waagerechten Wand, bewegen den Cursor etwa in die 45°-Richtung und drücken die Taste `Shift` zum Einrasten in der Fangrichtung. Nun erst können Sie das Werkzeug FANGPUNKTVARIANTEN in den ZEICHENHILFEN anwählen und die Variante VERTIKAL aktivieren (Abbildung 3.38). Damit können Sie nun das rechte Ende der waagerechten Wand anklicken und bestimmen damit die projizierte Länge der 45°-Wand.

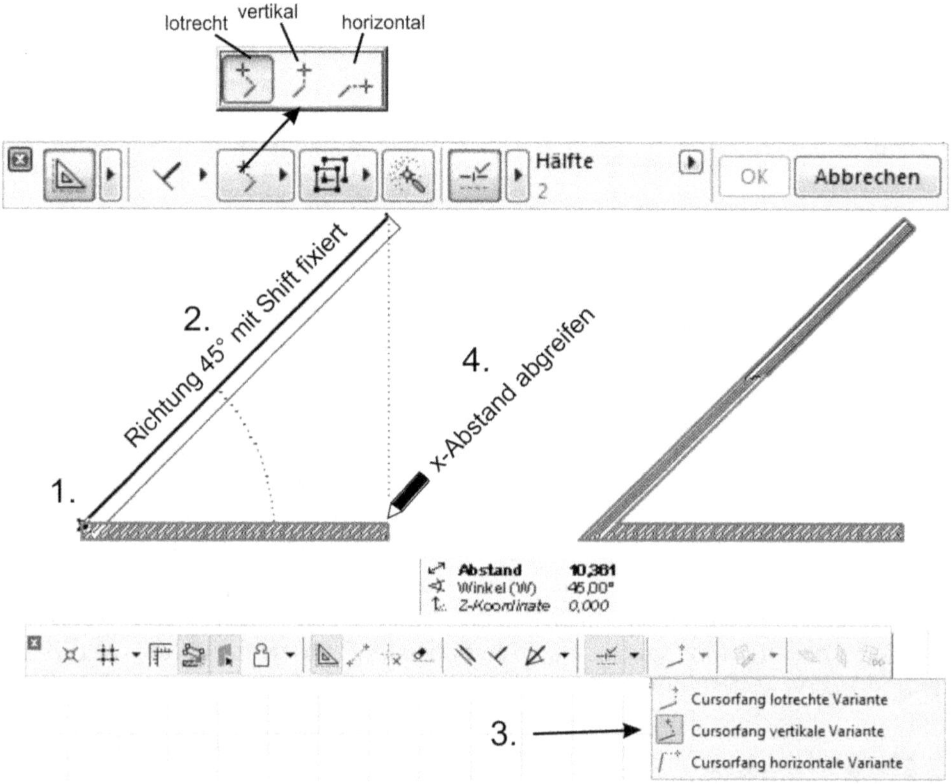

Abb. 3.38: Wirkung der Fangpunktvariante vertikal nach Einrasten in der Fangrichtung 45°

Die gleiche Konstruktion können Sie natürlich auch mit dem Schnittpunkt zweier Hilfslinien erstellen.

3.3.6 Koordinaten-Fang

Während der Eingabe von Positionen können Sie Koordinaten, Abstände oder Richtungen auch bequem mit Tastencodes einfrieren. Dazu drücken Sie die Taste [Alt] und die entsprechende Koordinatenbezeichnung:

- [Alt]+[X] fixiert die x-Koordinate.
- [Alt]+[Y] fixiert die y-Koordinate.
- [Alt]+[R] fixiert den radialen Abstand bezogen auf den Ursprung bzw. Benutzerursprung.
- [Alt]+[W] fixiert den Winkel bezogen auf den Ursprung bzw. Benutzerursprung.

Die gleichen Funktionen lösen auch wieder die Fixierung, und zwar auch gegenseitig. Wenn zusätzlich die Hilfslinien aktiviert sind, werden auch die zum fixierten Wert passenden Hilfslinien gezeigt (Abbildung 3.39).

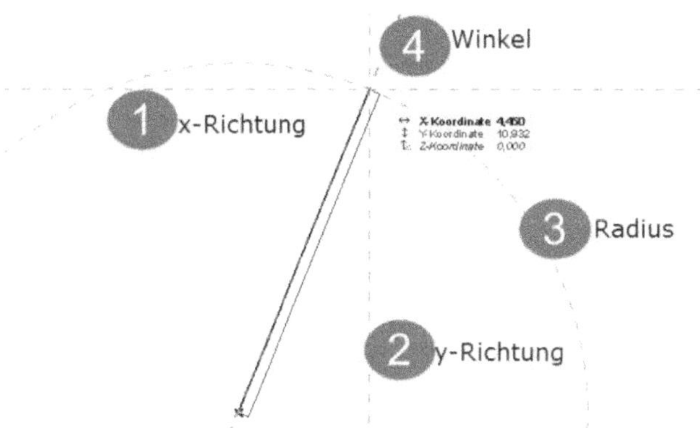

Abb. 3.39: Die vier Möglichkeiten, Koordinaten zu fangen

3.3.7 Relative Konstruktionsmethoden

Die relativen Konstruktionsmethoden sind Möglichkeiten, um relativ zu vorhandenen Elementen oder deren Ausrichtung eine Richtung für neue Elemente zu definieren. Typische Varianten davon sind die Optionen PARALLEL oder LOTRECHT. Sie finden diese Methoden wieder im ERWEITERTEN KONTROLLFENSTER.

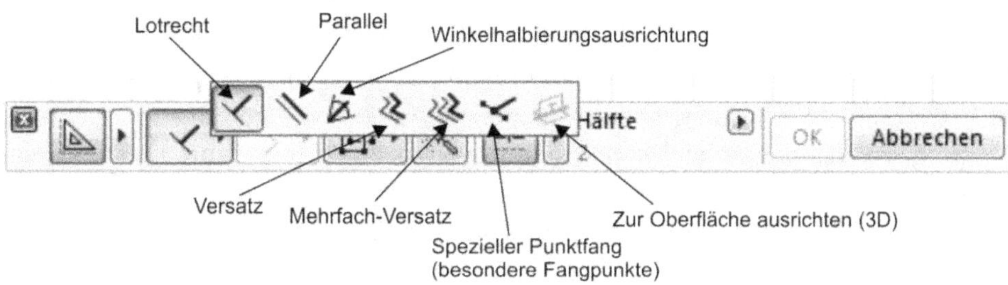

Abb. 3.40: Relative Konstruktionsmethoden

- LOTRECHT – Sie wählen hier im Konstruktionsbefehl (1) zuerst den Anfangspunkt (2), danach LOTRECHT (3), dann über zwei Punktpositionen (4a) und (4b) die *Referenzrichtung*, zu der Sie lotrecht konstruieren möchten und dann die Punkte für die Wand. Anstelle zweier Punkte für die Referenzrichtung reicht es auch aus, die Kante mit dem Stern-Cursor (4) anzuklicken.

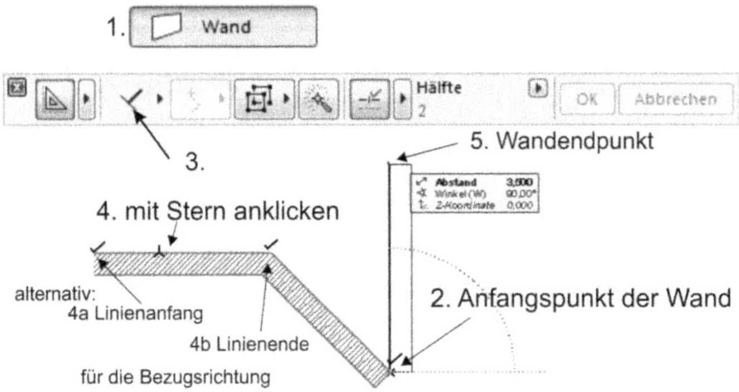

Abb. 3.41: Lotrecht zu vorhandener Richtung

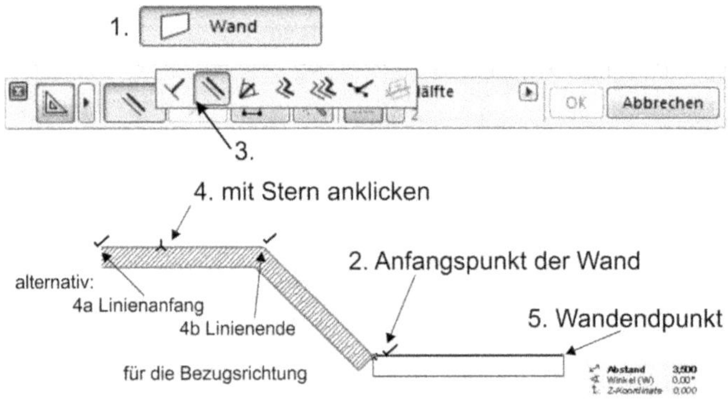

Abb. 3.42: Parallel zu gegebener Richtung

Es reicht auch aus, wenn Sie die Bezugsrichtung später festlegen, nämlich nach dem Startpunkt der Wand, kurz bevor Sie den Endpunkt festlegen, können Sie das Werkzeug LOTRECHT noch aufrufen und die Bezugskante mit dem Stern-Cursor anklicken.

- PARALLEL – Sie wählen wieder über zwei Punktpositionen die Referenzrichtung, zu der Sie parallel konstruieren wollen. Auch hier kann alternativ eine Kante mit dem Stern-Cursor angeklickt werden. Für eine Wandkonstruktion bedeutet dies, dass wieder die Richtung für den zweiten Punkt fixiert ist.

- WINKELHALBIERUNGSAUSRICHTUNG – Sie wählen über vier Punktpositionen die beiden Richtungen, zu denen die Winkelhalbierende für die nachfolgende Konstruktion berechnet werden soll. Es genügt auch hier, die Kanten mit dem Stern-Cursor anzuklicken. Bei der Winkelhalbierenden ist damit auch schon die Linie festgelegt, auf der der erste Punkt der nachfolgenden Konstruktion liegen muss, und natürlich auch der zweite.
- VERSATZ – Diese Option ist für *polygonale Objekte* interessant, weil hiermit *alle Segmente einer polygonalen Kontur* gleichzeitig um den angegebenen Abstand parallel verschoben werden. Sie klicken beispielsweise mit dem WAND-Werkzeug und der *Geometriemethode* POLY die Punkte einer bestehenden polygonalen Wand an und beenden mit *Rechtsklick* und OK aus dem Kontextmenü. Dann werden Sie zur Eingabe des *Abstands* aufgefordert, und die komplette neue Poly-Wand wird nun um diesen Abstand versetzt.

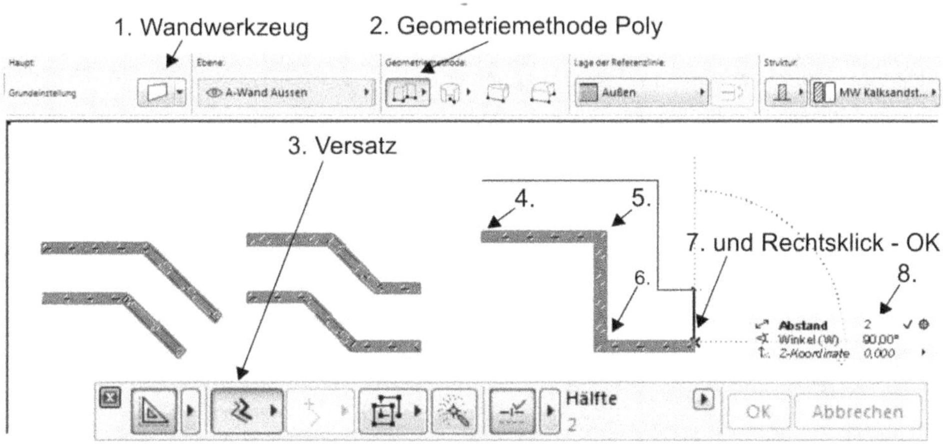

Abb. 3.43: Abstandsmethode für polygonale Elemente

- MEHRFACH-VERSATZ – Diese Option arbeitet wie die vorhergehende, nur können hier *mehrere Abstände* eingegeben werden. Dadurch können mehrere parallel versetzte polygonale Konturen entstehen.
- SPEZIELLER PUNKTFANG – Dies ist eine Kombination zwischen den Fangpunkten und einer hier erstellten Hilfslinie. Während bei den Fangpunkten immer eine existierende Wand, Linie, Bogen für Hälfte etc. zugrunde liegt, kann hiermit ein Fangpunkt wie HÄLFTE, PROZENT usw. auf einer Linie ermittelt werden, die aus zwei Punktpositionen hervorgeht. Sie stellen also zuerst die gewünschte Option der FANGPUNKTE ein, aktivieren dann dieses Werkzeug der relativen Konstruktionsmethoden und wählen Anfangs- und Endpunkt der Referenzlinie, auf der dann die Fangpunkte erscheinen werden. Damit erhalten Sie sozusagen Bezugspunkte, die in der Luft liegen.

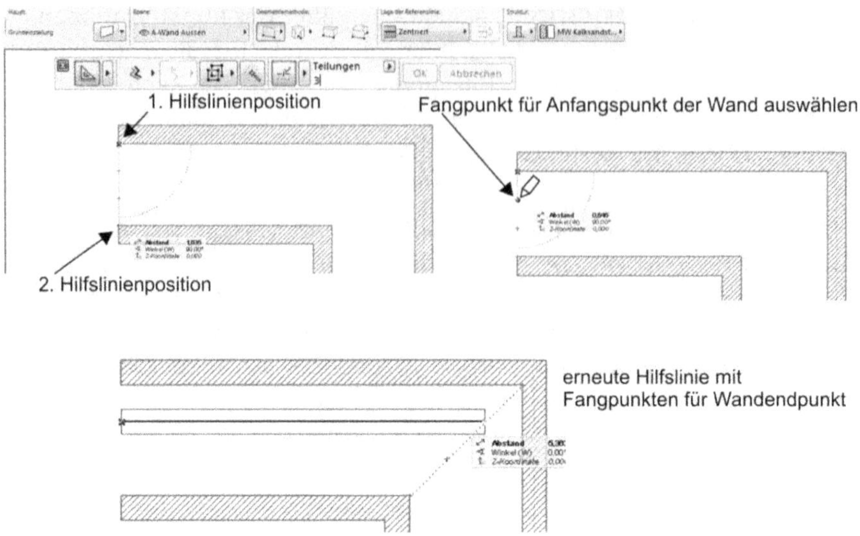

Abb. 3.44: Referenzvektor bei 1/3 mit Fangpunkten

- ZUR OBERFLÄCHE AUSRICHTEN – Dies ist eine Möglichkeit, im 3D-Fenster eine Schnittkante zwischen einer schrägen Fläche (bzgl. der xy-Ebene) und der Konstruktionsebene z = 0 für verschiedene Konstruktionen oder Modifikationen zu benutzen. Im Beispiel wird eine Decke auf die Schnittlinie mit einer Dachfläche hin verlängert.

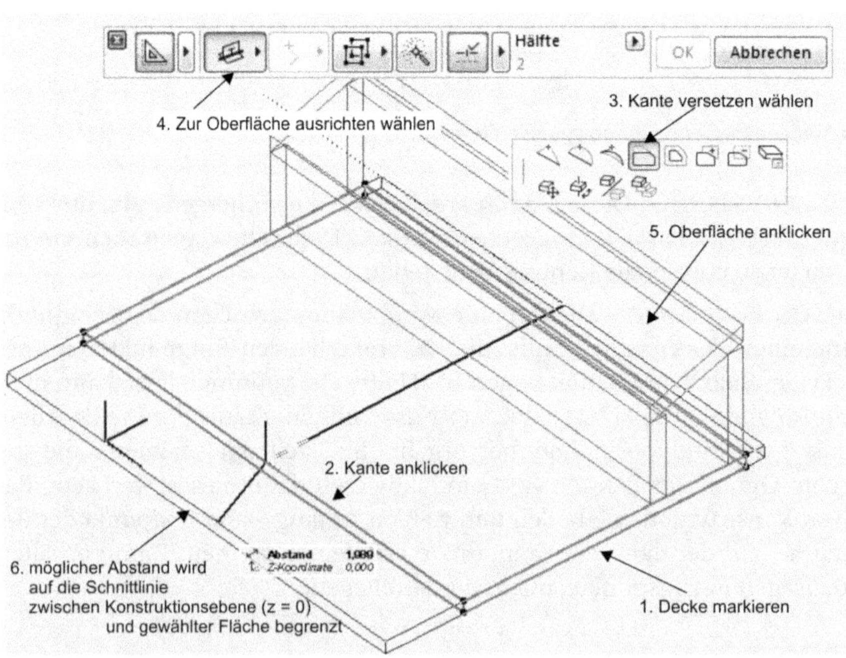

Abb. 3.45: Decke bis zum gedachten Schnitt mit der Dachfläche verlängern

Wichtig

Sie können aber diese 3D-Konstruktion auch einfach über Hilfslinien lösen, die durch die Eckpunkte der beteiligten Elemente laufen, und die Sie dann zum Schnitt bringen.

Wichtig

Wichtig ist zu beachten, dass diese *relativen Konstruktionsmethoden* immer nur für *eine* Konstruktionsaktion gültig sind und ggf. erneut aktiviert werden müssen, wenn Sie diese wiederholt brauchen.

3.4 Elementfang

Die Archicad-Elemente besitzen von Haus aus Punkte, die zum gegenseitigen Einrasten benutzt werden können, die Auswahlpunkte und Ankerpunkte. Der dazu nötige Elementfang wird über das Menü ANSICHT|ELEMENTFANG aktiviert (Abbildung 3.46). Damit er wirkt, muss allerdings der Rasterfang abgeschaltet sein, ggf. mit [F7].

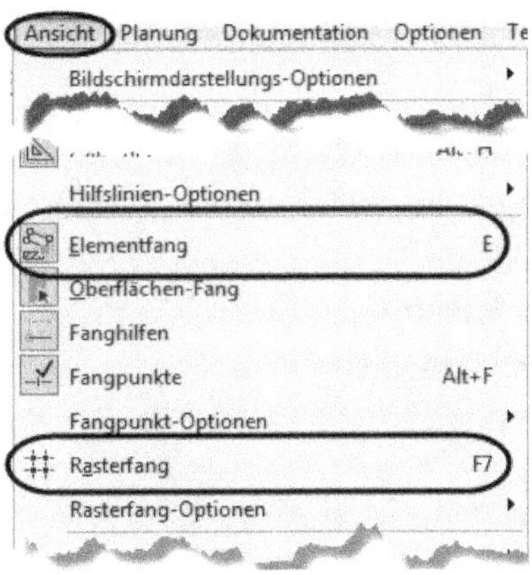

Abb. 3.46: ELEMENTFANG

Der Elementfang wird aktiviert, sobald ein Element zur Bearbeitung markiert wird. Die möglichen Punkte werden dann als etwas größere leere Quadrate angezeigt. Als Punkte für den Elementfang kommen infrage:

- Auswahlpunkte einschließlich der Ankerpunkte des Elements
- Fangpunkte, sofern aktiviert
- Position der Cursorspitze

Wenn ein solcher Punkt beispielsweise beim Verschieben auf entsprechende Punkte eines anderen Elements stößt, wird das betreffende Symbol etwas vergrößert, um zu signalisieren, dass nun mit Klick eingerastet werden kann. Wenn sich mehrere Punkte gleichzeitig näher kommen, werden sie schwarz markiert. Sie können dann mit der Taste [Leertaste] zwischen den Möglichkeiten wechseln und mit Klick die richtige Position zum Einrasten bringen.

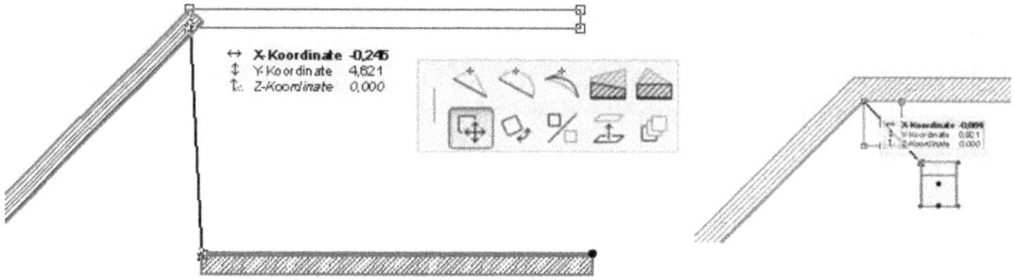

Abb. 3.47: Elementfang mit Auswahlpunkten beim Positionieren von Wand (links) und Stuhl (rechts)

3.5 Übungsfragen

1. Wo liegt das Werkzeug zum Festlegen eines individuellen Benutzer-Koordinatenursprungs?
2. Wie schalten Sie wieder auf den Projektursprung zurück?
3. Was ist der Unterschied zwischen dem Konstruktionsraster und dem Fangraster (auch als Rasterfang bezeichnet)?
4. Welches der Raster kann auch ein Nebenraster haben?
5. Nennen Sie die vier wichtigen Fangpunkt-Einstellungen.
6. Wie können Sie eine Koordinate fixieren?
7. Welche relativen Konstruktionsmethoden gibt es?
8. Wie wird der Elementfang aktiviert?

Kapitel 4

Einfache Geometrie

Es wurde zu Beginn des Buches hervorgehoben, dass Archicad ein CAD-System ist, das die Konstruktion nicht mühsam Linie für Linie aufbaut, sondern gleich mit komplexen intelligenten (mit internen Parametern versehenen) Elementen erstellt. Dennoch ist für einzelne Aktionen die Konstruktion eines Umrisses aus zweidimensionalen Linien, Bögen und Kreisen sinnvoll. Zweidimensionale Geometrien finden als Hilfskonstruktionen zur Positionierung der 3D-Elemente immer wieder Anwendung. Außerdem können damit 2D-Detaillierungen, also vom 3D-Entwurf unabhängige Einzelheiten frei gestaltet werden. Deshalb sollen in diesem Kapitel die Vorgehensweisen zur Erstellung einfacher 2D-Geometrie vorgestellt werden.

Die Werkzeuge für einfache Geometrieelemente finden Sie im WERKZEUGKASTEN im Bereich DOKUMENTATION (Abbildung 4.1). Es sind die Werkzeuge:

- LINIE – zeichnet einzelne Liniensegmente.
- KREIS/BOGEN – zeichnet Kreise, Kreisbögen, Ellipsen und Ellipsenbögen.
- POLYLINIE – erstellt eine zusammenhängende Kurve bestehend aus Linien- und Bogensegmenten.
- SPLINE – erzeugt eine glatte Kurve durch vorgegebene Stützpunkte.
- FIXPUNKT – setzt einen einzelnen Punkt.
- SCHRAFFUR – erzeugt eine Schraffur in einem polygonalen Gebiet.

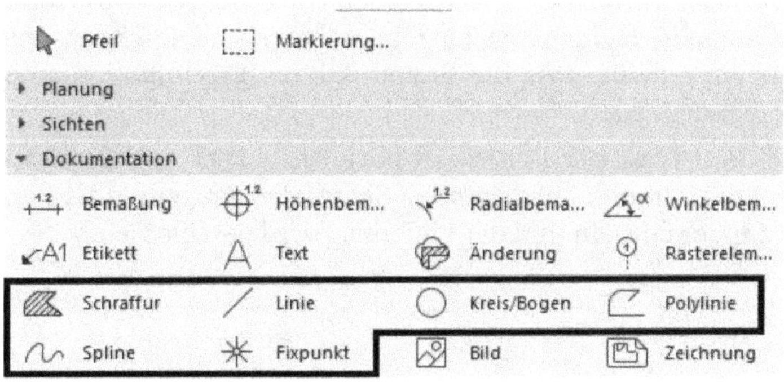

Abb. 4.1: WERKZEUGKASTEN mit Linie, Kreis/Bogen etc.

Tipp

Einfache Geometrieelemente können auch leicht mit dem ZAUBERSTAB-Werkzeug (Menü PLANUNG|ZAUBERSTAB oder im KONTROLLFENSTER ) beispielsweise in *Wände, Decken* oder *Dächer* (z.B. GEOMETRIEMETHODE: POLYGONALES DACH) umgewandelt werden.

4.1 Linie

Die Funktion 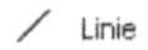 Linie erstellt einzelne oder mehrere geradlinige oder gebogene Segmente. Im INFOFENSTER werden verschiedene Geometriemethoden angeboten (Abbildung 4.3):

- EINFACH – zeichnet eine einzelne Linie. In der Statusleiste erhalten Sie die Anfragen nach den *Endpunkten* LINIENANFANGSPUNKT FESTLEGEN und LINIENENDPUNKT FESTLEGEN.
- POLY – zeichnet mehrere aneinander anschließende Linien. Die Anfragen in der Statusleiste lauten:
  - ERSTEN ECKPUNKT FÜR POLY-LINIE FESTLEGEN
  - NÄCHSTEN PUNKT FÜR POLYLINIE FESTLEGEN – fragt nach dem Endpunkt des aktuellen Liniensegments, der gleichzeitig Startpunkt des nächsten Liniensegments ist. Obwohl hier im Text das Wort »Polylinie« erscheint, ist es kein Element vom Typ POLYLINIE, das Sie erzeugen, denn alle Liniensegmente bleiben *einzelne* Elemente und sind *nicht irgendwie zusammengefasst,* wie das beim Element POLYLINIE weiter unten der Fall ist.
  - Sie bekommen in diesem Modus über eine PET-PALETTE auch Optionen wie bei der POLYLINIE angeboten, um auf *Bogen* umzuschalten. Die Konstruktion läuft wie weiter unten bei der Polylinie beschrieben, aber die erzeugten Elemente *hängen nicht zusammen* wie bei der POLYLINIE. Jedes mit dem LINIE-Werkzeug erstellte Element ist einzeln wählbar und löschbar. Nur sorgt der Modus POLY dafür, dass die Endpunkte bei Erzeugung geometrisch exakt aufeinander liegen.
  - Beendet wird der Linienzug per *Doppelklick* oder Rechtsklick und der Wahl von OK aus dem Kontextmenü. Auch können Sie auf den Startpunkt klicken. Dabei rastet der Cursor dort ein und der Linienzug wird geschlossen.

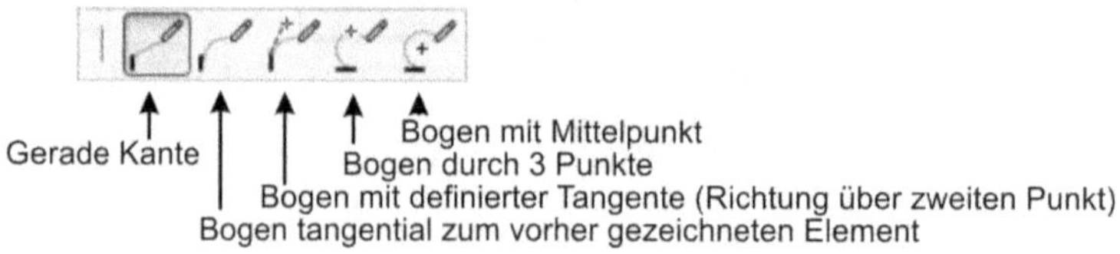

Abb. 4.2: PET-PALETTE für LINIE im Modus POLYLINIE

- Rechteck – Mit dieser Methode konstruieren Sie vier Linien, die ein Rechteck bilden, dessen Seiten zu den x- und y-Achsen parallel sind. Sie müssen zwei diagonale Eckpunkte eingeben auf die beiden Anfragen:
  - Ersten Eckpunkt für Linien-Rechteck festlegen
  - Linien-rechteck konstruieren
  - Wenn Sie das Rechteck bei gedrückter [⇧]-Taste aufziehen, entsteht ein Quadrat.
- Rechteck gedreht – Damit können Sie Linien konstruieren, die ein gedrehtes Rechteck bilden. Das Rechteck liegt unter einem bestimmten Winkel zur Horizontalen. Nach dem ersten Eckpunkt folgt die Eingabe für die Richtung der ersten Rechteckseite, anstelle eines dritten Punkts können Sie im Tracker auch einen Abstandswert eingeben:
  - Ersten Eckpunkt für gedrehtes Linien-Rechteck festlegen
  - Richtung für Linien-Rechteck festlegen
  - Linien-rechteck konstruieren

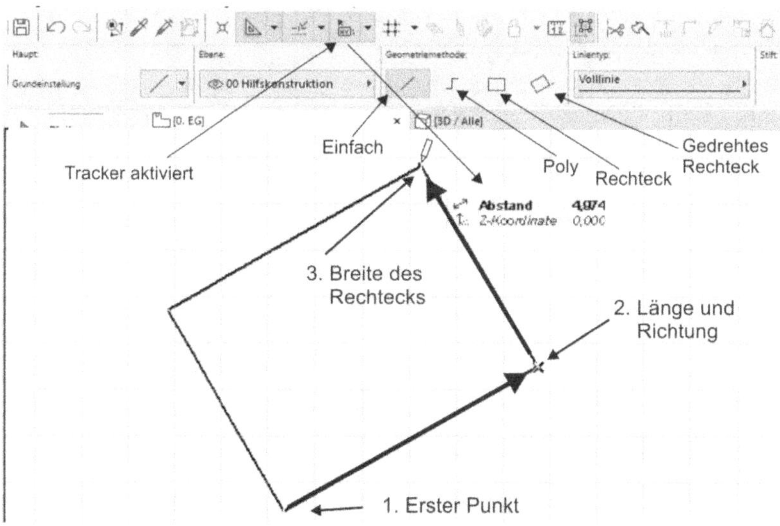

Abb. 4.3: Linienkonstruktion, Option Gedrehtes Rechteck

Wenn Sie den Einstellungsdialog im Infofenster für die Linie anklicken, finden Sie noch wertvolle Optionen (Abbildung 4.4). Sie können dort viele verschiedene Linientypen aus den Kategorien Barrierefrei-Linien, Massiv-, Strich- und Symbollinien wählen.

Die Checkbox Raumflächen-Begrenzung sollten Sie aktivieren, wenn Sie später bei der *automatischen Raumflächenerkennung* nicht nur Wände zur Begrenzung von Räumen verwenden wollen, sondern auch Linien. Das ist beispielsweise der Fall, wenn Sie Räume, die Wohn- und Essbereich ohne Trennwand vereinen, zur logischen Raumtrennung unterteilen wollen.

Ferner können Sie LINIEN mit MARKERN (= Maßpfeilsymbole) versehen, um Hinweispfeile oder Maßlinien selbst zu konstruieren, ohne Beschriftungs- oder Bemaßungswerkzeuge zu benutzen. Die MARKER greifen aber im LINIE-Werkzeug nur bei den Geometriemethoden EINFACH und POLY. Sie wirken aber auch bei den Geomerieelementen BOGEN, POLYLINIE und SPLINE. Im INFOFENSTER gibt es dafür unter MARKER-TYPEN noch das Werkzeug START UND ENDE TAUSCHEN, um schnell die beiden Marker zu vertauschen.

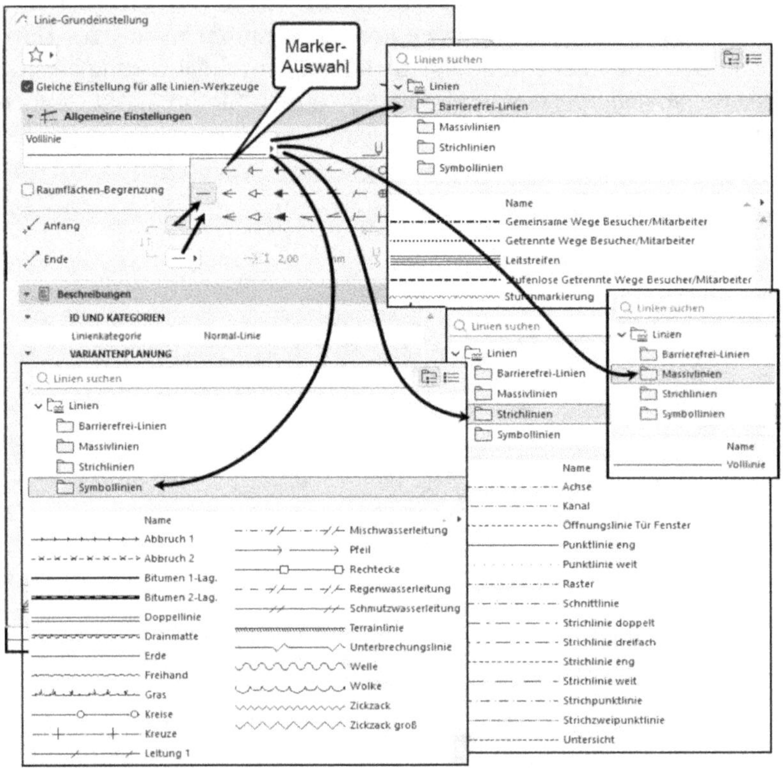

Abb. 4.4: Grundeinstellungen für LINIE

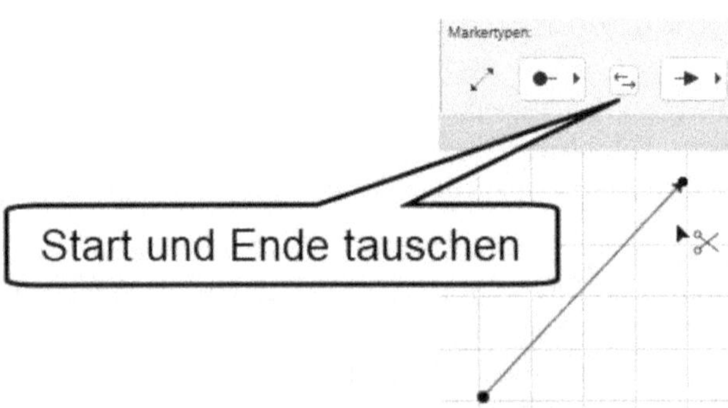

Abb. 4.5: Werkzeug zum MARKER-Tausch

Übereinanderliegende Linien

Wenn in einer Linienkonstruktion oder Skizze mehrere Linien übereinanderliegen oder mit gleicher Richtung aneinandergrenzen, dann ist es möglich, diese zu einer einzigen Linie zusammenzufügen. Dafür verwenden Sie BEARBEITEN|VEREINIGEN & ZERLEGEN|LINIEN-VEREINIGUNG. Wählen Sie alle betreffenden Linien, indem Sie eine mit dem PFEIL-Werkzeug anklicken und mit der ⇧-Taste weitere hinzufügen. Mit der ⇆-Taste wechseln Sie ggf. die Auswahl. Beim Zusammenfügen der Linien können Sie verschiedene *Aktionen* wählen:

1. doppelte löschen,
2. Polylinien zerlegen,
3. Attribute für die neue Linie bestimmen,
4. aneinanderstoßende gleichen Linientyps verbinden,
5. überlappende vereinigen,
6. Volllinien erzwingen,
7. bei Überlagerung nur oberste erhalten.

Es wird mit dieser Funktion aber aus den einzelnen Linien/Bögen *keine* zusammenhängende Polylinienstruktur erstellt. Dafür gibt es die Funktion VEREINIGEN.

4.2 Kreis/Bogen

Die Funktion ○ Kreis/Bogen erstellt Kreise, Bögen, Ellipsen und Ellipsenbögen mit verschiedenen Methoden (Abbildung 4.6). Die Dialoge zur Eingabeaufforderung erscheinen in der Statusleiste. Sie werden hier detailliert erläutert, damit die Eingaben klar werden.

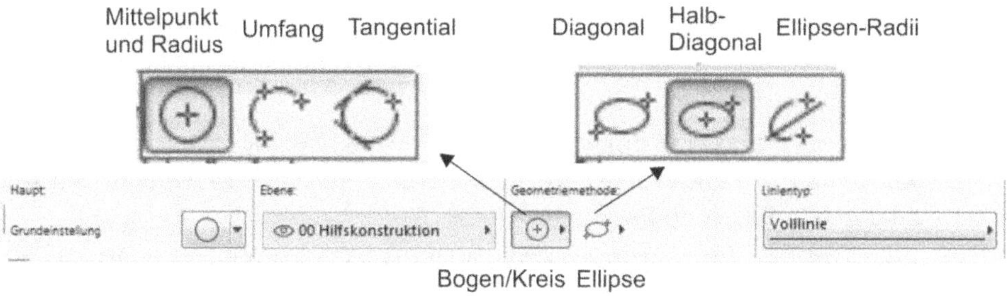

Abb. 4.6: KREIS-Werkzeug mit Geometriemethoden

Bei der Geometriemethode KREIS/BOGEN gibt es folgende Optionen:

- MITTELPUNKT UND RADIUS – Sie erstellen einen Kreis durch Angabe von Mittelpunkt und Radius.

  - MITTELPUNKT DES KREISBOGENS FESTLEGEN – Geben Sie den Kreismittelpunkt ein.
  - BOGENANFANGSPUNKT FESTLEGEN – Geben Sie hier eine Position für den Startpunkt des *Vollkreises* oder *Kreisbogens* ein. Dieser Punkt legt den *Radius* fest. Alternativ können Sie für einen *Vollkreis* auch den *Radius* im TRACKER eingeben.
  - BOGENENDPUNKT FESTLEGEN – Für einen *Vollkreis* klicken Sie am einfachsten an der letzten Position noch einmal oder geben Sie im TRACKER den Winkel **0**° oder **360**° ein. Für einen *Kreisbogen* geben Sie entweder den Endpunkt ein oder im TRACKER den *Öffnungswinkel* des Bogens. Um einen Vollkreis zu erhalten, brauchen Sie nur den Startpunkt wieder als Endpunkt wählen.
- UMFANG – Mit dieser Funktion wird ein Kreis durch drei Punkte erzeugt.
  - ERSTEN BOGENPUNKT FÜR 3-PUNKTE-KONSTRUKTION FESTLEGEN – Geben Sie eine Position für den Startpunkt des Bogens ein.
  - ZWEITEN BOGENPUNKT FESTLEGEN – Es wird ein zweiter Punkt auf dem Bogen gefordert.
  - DRITTEN BOGENPUNKT FESTLEGEN – Es wird ein dritter Punkt auf dem Bogen gefordert, der aber nicht der Endpunkt des Bogens sein muss.
  - BOGENENDPUNKT FESTLEGEN – Hier wird der *Endpunkt* des Bogens eingegeben. Der Punkt legt nur noch den *Öffnungswinkel* fest und muss nicht auf dem Bogenumfang liegen. Alternativ können Sie auch den *Öffnungswinkel* im TRACKER eingeben.
- TANGENTIAL – Diese Funktion erzeugt einen Kreis, der ein, zwei oder drei lineare Elemente exakt tangiert und im Übrigen noch durch Punkte auf dem Kreisbogen definiert wird. Sie erstellt keine Tangenten zu gebogenen Elementen. Hiermit kann auch ein Kreis über drei Punkte konstruiert werden.
  - BOGENPUNKT FESTLEGEN ODER AUF TANGENTIALES ELEMENT KLICKEN – Klicken Sie auf ein lineares Element, das als Tangente dienen soll, oder geben Sie einen Punkt ein.
  - ELEMENT TANGENTIAL ODER EINEN PUNKT AUF KREISBOGEN ANGEBEN – Klicken Sie auf ein weiteres lineares Element, das als Tangente dienen soll, oder geben Sie einen Punkt ein.
  - LAGE DES KREISES FESTLEGEN – Meist ist die Lage des Kreises durch die bisherigen Eingaben noch nicht eindeutig. Deshalb erscheint hier der *Augen-Cursor*, mit dem Sie bei der gewünschten Voranzeige mit einem Klick die Auswahl treffen.

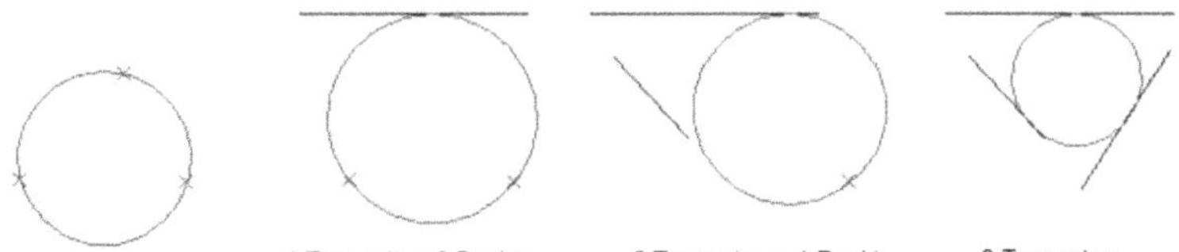

Abb. 4.7: Kreise konstruiert mit der Methode TANGENTEN

Bei der Geometriemethode ELLIPSE gibt es folgende Optionen:

- DIAGONAL – Diese Funktion erstellt eine Ellipse, indem Sie die diagonalen Ecken des *umschreibenden Rechtecks* eingeben. Wenn Sie den zweiten Punkt auf eine 45°-Hilfslinie legen, erhalten Sie natürlich auch einen Kreis.
  - GEBEN SIE DEN ERSTEN PUNKT DES ELLIPSEN-BEGRENZUNGSRAHMENS AN – Geben Sie die erste Ecke des Rechtecks ein, das die Ellipse umfängt.
  - ELLIPSEN-BEGRENZUNGSRAHMEN BEENDEN – Geben Sie die zweite diagonale Ecke ein.
- HALB-DIAGONAL
  - GEBEN SIE DEN MITTELPUNKT DER ELLIPSE EIN – Geben Sie die Position für den Mittelpunkt der Ellipse ein.
  - ELLIPSEN-BEGRENZUNGSRAHMEN BEENDEN – Geben Sie eine diagonale Position für die Ecke des umschreibenden Rechtecks ein. Die x- und y-Entfernungen vom Mittelpunkt entsprechen den Längen der großen und kleinen Halbachsen. Diese Werte können Sie natürlich auch über den TRACKER eingeben.
- ELLIPSEN-RADIEN – Hiermit wird ein Ellipsenbogen erstellt.
  - GEBEN SIE DEN MITTELPUNKT DER ELLIPSE AN – Geben Sie die Position für den Mittelpunkt der Ellipse ein.
  - GEBEN SIE DEN ENDPUNKT DER ELLIPTISCHEN ACHSEN EIN – Hier geben Sie die Lage (Winkel) und Länge der halben Hauptachse der Ellipse ein.
  - GEBEN SIE DEN UMFANGSPUNKT DER ELLIPSE EIN – Dieser Punkt bestimmt die Nebenachse der Ellipse.
  - GEBEN SIE DEN STARTPUNKT DES ELLIPTISCHEN BOGENS EIN – Dieser Punkt legt den Startpunkt des Ellipsenbogens fest.
  - ELLIPSEN-BOGEN BEENDEN – Dieser Punkt definiert schließlich den Endpunkt des Ellipsenbogens.

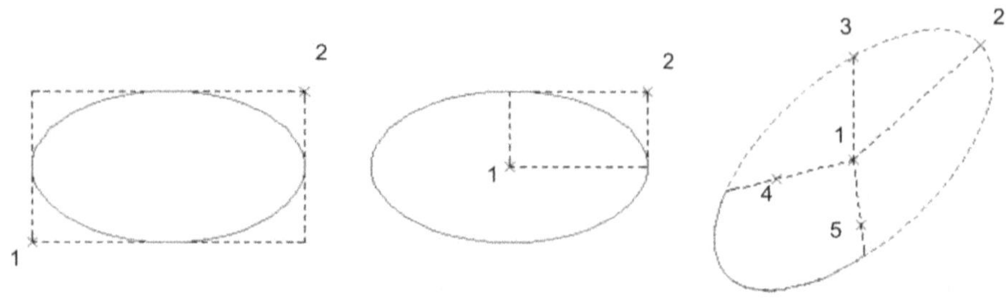

Abb. 4.8: Ellipsen und Ellipsenbogen

4.3 Polylinie

Die Funktion Polylinie erstellt Polylinien, die aus mehreren Segmenten bestehen. Die Segmente können Linien oder Kreisbögen sein. Die Polylinie kann offen oder geschlossen sein. Eine Polylinie ist eine zusammenhängende Kurve. Damit reicht es, ein Segment anzuklicken, um den gesamten Kurvenzug zu wählen.

Polylinien können als nützliche Grundlage für viele andere Elemente dienen wie Wände und Decken. Sie können mit den entsprechenden WAND- oder DECKEN-Werkzeugen und dem ZAUBERSTAB (aus der Palette KONTROLLFENSTER oder dem Menü PLANUNG|ZAUBERSTAB) schnell aus Polylinien abgeleitet werden.

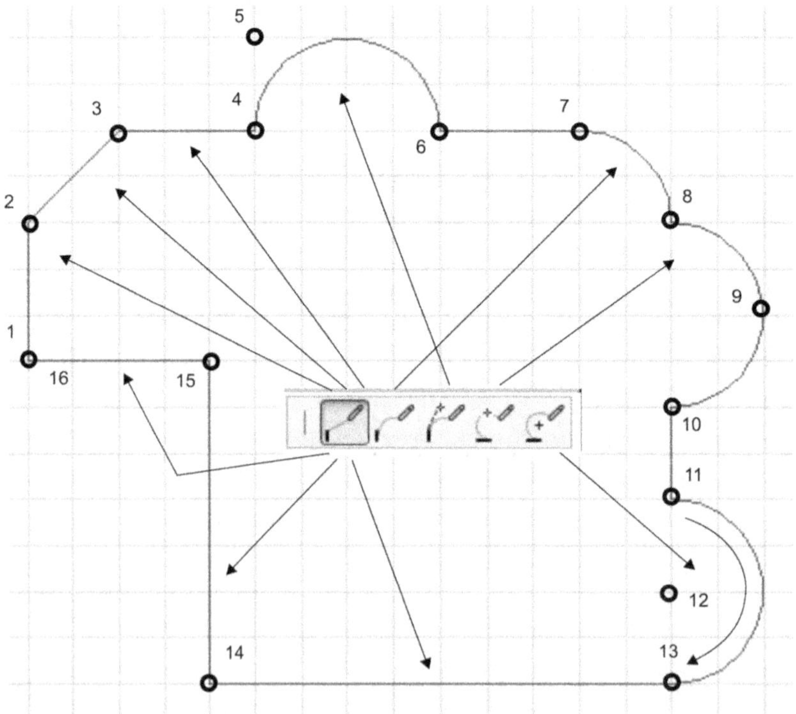

Abb. 4.9: Geschlossene Polylinie mit Bogensegmenten

Am Konstruktionsbeispiel der Abbildung 4.9 mit dokumentiertem Dialogfenster aus der Statusleiste sollen die Optionen demonstriert werden, die in der PET-PALETTE enthalten sind. Damit die Eingabe einfacher wird, habe ich für das Beispiel den Rasterfang auf das Konstruktionsraster eingestellt (F7, F8).

- Polylinie Befehlsaufruf – Die PET-PALETTE ist im Modus GERADE KANTE.
  - ERSTEN PUNKT FÜR POLYLINIE FESTLEGEN – Geben Sie Punkt 1 ein.
  - NÄCHSTEN PUNKT FÜR POLYLINIE FESTLEGEN – Geben Sie Punkt 2 ein.
  - NÄCHSTEN PUNKT FÜR POLYLINIE FESTLEGEN – Geben Sie Punkt 3 ein.
  - NÄCHSTEN PUNKT FÜR POLYLINIE FESTLEGEN – Geben Sie Punkt 4 ein.
- PET-PALETTE in den Modus BOGEN MIT DEFINIERTER TANGENTE schalten
  - TANGENTE DES ERSTEN KREISBOGENS ANKLICKEN – Geben Sie Punkt 5 ein.
  - NÄCHSTEN PUNKT DES POLYGONBOGENS FESTLEGEN – Geben Sie Punkt 6 ein.
- PET-PALETTE in den Modus GERADE KANTE schalten
  - NÄCHSTEN PUNKT FÜR POLYLINIE FESTLEGEN – Geben Sie Punkt 7 ein.
  - NÄCHSTEN PUNKT DES POLYGONBOGENS FESTLEGEN – Geben Sie Punkt 8 ein.
- PET-PALETTE in den Modus BOGEN DURCH 3 PUNKTE schalten
  - ZWEITEN BOGENPUNKT FESTLEGEN – Geben Sie Punkt 9 ein.
  - DRITTEN BOGENPUNKT FESTLEGEN – Geben Sie Punkt 10 ein.
- PET-PALETTE in den Modus GERADE KANTE schalten
  - NÄCHSTEN PUNKT FÜR POLYLINIE FESTLEGEN – Geben Sie Punkt 11 ein.
- PET-PALETTE in den Modus BOGEN MIT MITTELPUNKT schalten
  - MITTELPUNKT DES KREISBOGENS FESTLEGEN – Geben Sie Punkt 12 ein.
  - BOGENENDPUNKT FESTLEGEN – Fahren Sie mit dem Cursor in der angedeuteten Pfeilrichtung auf die Position von Punkt 12, damit Sie den richtigen Halbkreis bekommen.
- PET-PALETTE in den Modus GERADE KANTE schalten
  - NÄCHSTEN PUNKT FÜR POLYLINIE FESTLEGEN – Geben Sie die Punkte 13 bis 16 ein.

Am Punkt 16 wird die Polylinie mit dem Hammer-Cursor geschlossen. Archicad erkennt also, dass Sie mit dem letzten Punkt wieder den Startpunkt erreicht haben, und zeigt dies mit dem Hammer-Symbol an.

Polylinien verbinden

Mit der Funktion BEARBEITEN|VEREINIGEN & ZERLEGEN|VEREINIGEN können Sie mehrere aneinandergrenzende Polylinien oder mehrere Splinekurven zu einer *Gesamtkurve* verbinden. Auch einzelne Linien und Bögen lassen sich hiermit zu einer Polylinie zusammenfügen. Voraussetzung ist immer, dass die Kurven mit ihren Endpunkten zusammenfallen. Splinekurven und Polylinien können nicht miteinander zu einem einzigen Element verbunden werden.

Die Funktion BEARBEITEN|VEREINIGEN & ZERLEGEN|IN 2D-ELEMENTE ZERLEGEN zerlegt dann die Polylinie wieder in einzelne Segmente.

4.4 Spline

Die Funktion Spline erstellt eine glatte Kurve, die durch einzugebende Stützpunkte definiert ist. Es gibt drei verschiedene Spline-Typen: NATÜRLICH, BÉZIER und FREIHAND.

Geometriemethode: Natürlich

Bei der Geometriemethode NATÜRLICH geben Sie Stützpunkte ein, zwischen denen automatisch eine glatte Kurve entsteht. Durch Bearbeiten können Sie die Stützpunkte nachträglich verschieben und im Start- und Endpunkt die Tangentenrichtungen drehen. Abbildung 4.11 zeigt eine Splinekurve mit hervorgehobenen Stützpunkten und einer Polylinie durch die gleichen Punkte als Vergleich. Eine Splinekurve ist eine sogenannte Freiformkurve mit variablem Radius, wodurch glatte Übergänge entstehen. Sie wird im modernen Design gern verwendet, weil sie maximale Freiheit in der Formgebung bietet.

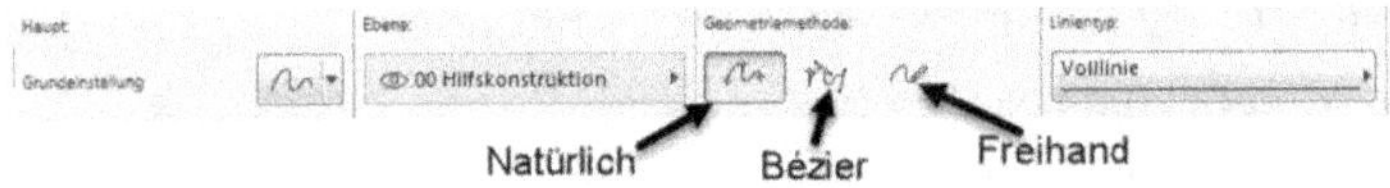

Abb. 4.10: Spline-Geometriemethoden: NATÜRLICH, BÉZIER, FREIHAND

Die Voreinstellung ist eine offene Kurve. Wenn Sie eine geschlossene Splinekurve wünschen, sollten Sie in den EINSTELLUNGSDIALOG gehen und auf das Icon für geschlossene Kurve klicken. Nach Rechtsklick und OK im Kontextmenü wird die Kurve beendet. Notfalls können Sie auch nachträglich über den Einstellungsdialog vom Modus offene Kurve auf geschlossene umschalten.

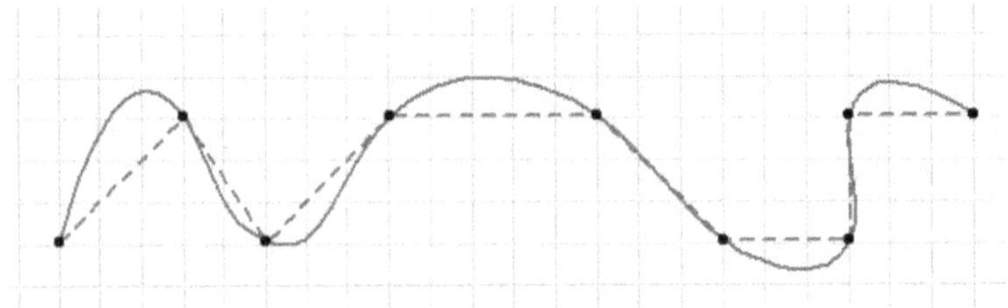

Abb. 4.11: Splinekurve verglichen mit Polylinie (gestrichelt)

Abbildung 4.12 zeigt eine Wand, die mit dem ZAUBERSTAB aus einer Splinekurve erzeugt wurde.

Abb. 4.12: Wand auf Grundlage einer Splinekurve

Geometriemethode: Bézier

Beim Typ Bézier gibt es zwei verschiedene Vorgehensweisen: Konstruktion mit *Punkten und Tangenten* oder Konstrunktion *nur über Punkte*, wobei die Tangenten nachträglich beim Bearbeiten über die Pet-Palette punkt- und segmentweise hinzugefügt werden können (Abbildung 4.14).

Beim Klicken auf eine Punktposition können Sie gleich durch Ziehen (mit gedrückter Maustaste) die Richtung der Tangente in diesem Punkt bestimmen. Hier spielt nicht nur die Richtung, sondern auch die Länge der Tangente eine Rolle. So entsteht eine glatte Kurve aus mehreren Béziersegmenten. Beendet wird mit Rechtsklick und OK.

Wenn Sie nur Punktpositionen durch Klicken eingeben, *entstehen zunächst nur Liniensegmente wie bei einer Polylinie*. Wenn Sie an einer Punktposition statt zu klicken mit gedrückter Maustaste ziehen, entsteht ein neues Splinesegment mit dieser Tangentenrichtung.

Sie können jederzeit eine Natürliche Splinekurve in eine Bézier-Splinekurve verwandeln und umgekehrt, indem Sie nach Markieren der Kurve die gewünschte Option im Infofenster auswählen.

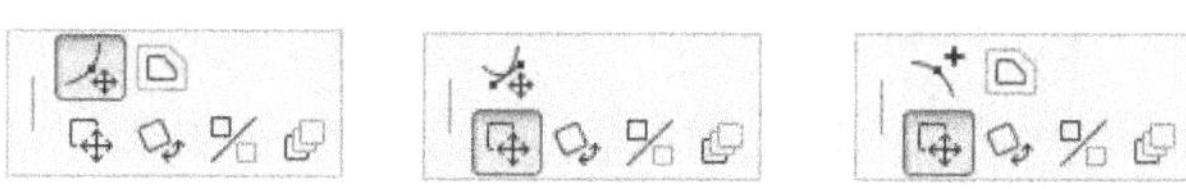

Abb. 4.13: Pet-Paletten für Splines mit aktivierter Bearbeitung für Punkte, Spline-Hebel und zusätzliche Punkte (Icon immer links oben)

Beim Bearbeiten einer Splinekurve gibt es mehrere Möglichkeiten:

- Klick auf einen Punkt:
  - Punkt verschieben
  - Spline-Hebel drehen, falls vorhanden

- Spline-Hebel hinzufügen, falls bei Typ Bézier noch keiner vorhanden
- Zweiten Spline-Hebel hinzufügen, falls erst einer vorhanden

- KLICK AUF DIE KURVE ZWISCHEN DEN PUNKTEN:

  Sie müssen dazu zuerst die gesamte Kurve wählen, und danach können die Knotenpunkte durch Anklicken mit dem PFEIL-Werkzeug bearbeitet werden. Über die PET-PALETTE können Sie die sogenannten *Tangentenhebel* bearbeiten. Beim ersten Klick auf einen Punkt wird eine Tagente für das vorhergehende Segment angeboten. Diese Tangente legt die Richtung im Knotenpunkt und die Krümmungsstärke des vorhergehenden Segments fest. Beim zweiten Klick auf denselben Knoten und der *Pet-Funktion* TANGENTENHEBEL VERSCHIEBEN wird die Tangente fürs nachfolgende Segment erstellt und immer automatisch fluchtend mit der ersten Tangente eingerichtet. Dadurch ist für einen glatten Übergang ohne Knickstelle gesorgt. Ändern lässt sich nun nur noch die Länge des Tangentenhebels zur Bestimmung der Krümmung des nachfolgenden Segments.

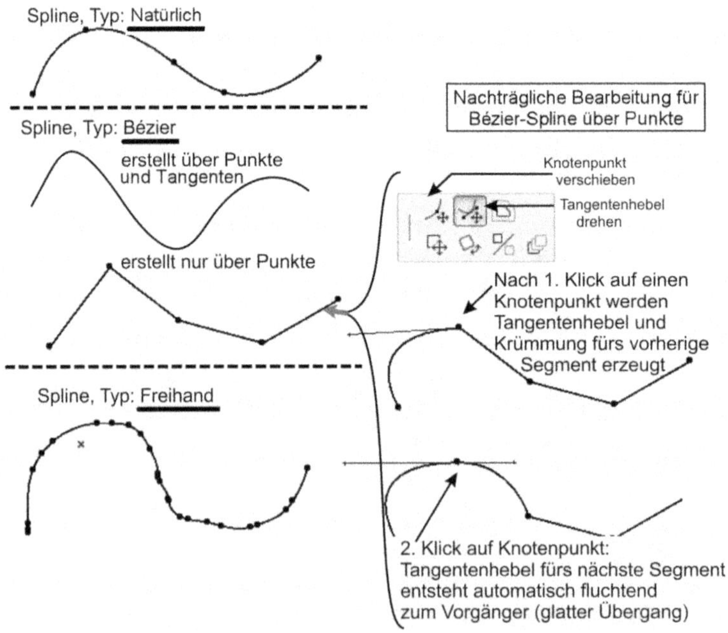

Abb. 4.14: Vergleich verschiedener Splinetypen

Hinweis

Beim Bearbeiten der Spline-Knoten eines Bézier-Splines erscheinen die Splinehebel (Tangenten) in sehr hellem Grün. Man kann sie leicht übersehen.

Geometriemethode: Freihand

Beim Typ FREIHAND fahren Sie einfach mit der Maus den gewünschten Verlauf ab und erhalten dann eine geglättete Splinekurve ihrer Mausspur als Ergebnis.

Splines verbinden

Auch Splinekurven lassen sich wie in Abschnitt 4.4 beschrieben zu Gesamtkurven zusammenfassen. Sollte dabei an der Verbindungsstelle ein *Knick* vorliegen, wird dieser in der Gesamtkurve automatisch *geglättet*.

4.5 Fixpunkt

Die Funktion ✳ Fixpunkt erstellt ein Punkt-Objekt.

Diese Funktion erstellt an der eingegebenen Position ein Punkt-Element, das für weitere Konstruktionen mit dem Häkchen-Cursor gefangen werden kann. Die Darstellung ist ein kleines Kreuz. In den Beispielen für die Ellipse habe ich Fixpunkte gesetzt, um die Positionen zu markieren, an denen ich Punkte eingegeben habe.

4.6 Schraffur

Die Funktion Schraffur erstellt eine Schraffur mit einer polygonalen oder rechteckigen Begrenzung (Abbildung 4.15). Standardmäßig ist die Geometriemethode POLYGON eingestellt. Sie werden also wie in der Funktion POLYLINIE aufgefordert, eine Kontur zu definieren, und zwar eine geschlossene. Wenn Sie die Kontur nicht selber schließen, sondern als offene Kontur mit Doppelklick beenden, wird sie *automatisch* geschlossen. Sollten dabei Überschneidungen der Kontur auftreten, wird die erste geschlossene Teilkontur verändert.

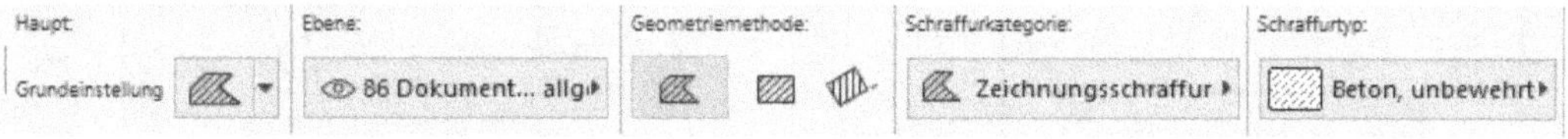

Abb. 4.15: Werkzeug SCHRAFFUR

Bei den Grundeinstellungen können Sie die Checkbox mit Flächenmaß aktivieren. Dann erscheint nach der Konturdefinition der Hammer-Cursor für die Festlegung der Textposition des Flächenmaßes.

Eine elegantere Methode zur Erstellung von Schraffuren besteht darin, mit dem SCHRAFFUR-Werkzeug und dem ZAUBERSTAB aus dem KONTROLLFENSTER (siehe FENSTER|PALETTEN|KONTROLLFENSTER oder PLANUNG|ZAUBERSTAB) *in* eine geschlossene Wandkontur oder *auf* die Kontur zu klicken. Archicad erkennt die Kontur dann automatisch. Bei Konturen mit Überschneidungen können auch die Teilkonturen, die normalerweise vom SCHRAFFUR-Werkzeug nicht berücksichtigt werden, durch Hineinklicken in diese Bereiche ausschraffiert werden.

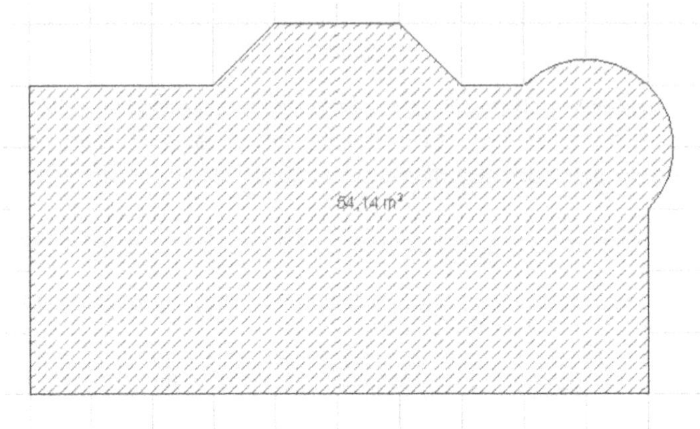

Abb. 4.16: Schraffur mit polygonaler Begrenzung

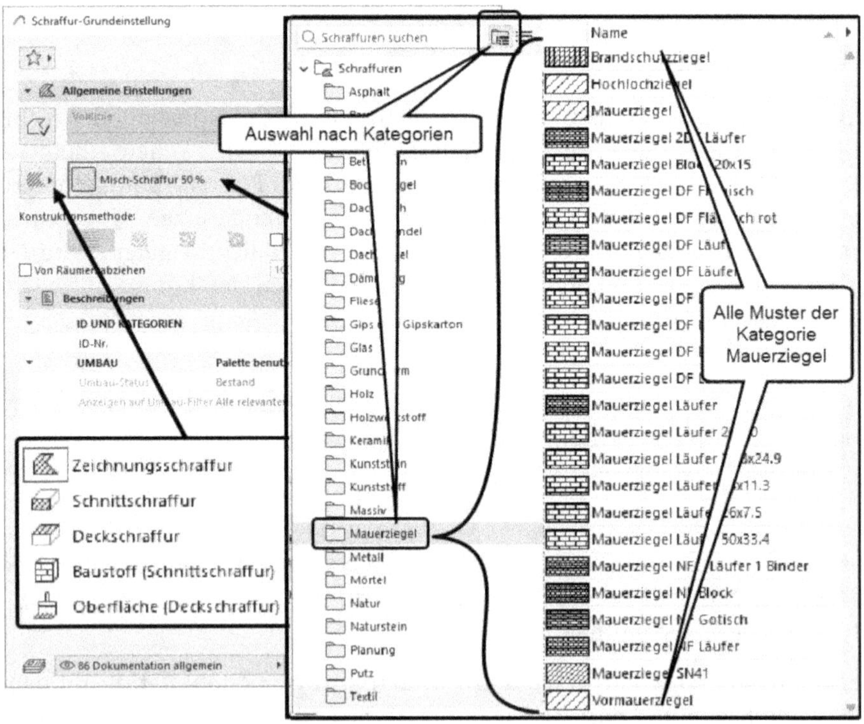

Abb. 4.17: Schraffur-Einstellungen

Umgekehrt können Sie mit dem WAND-Werkzeug und dem ZAUBERSTAB auch eine Schraffurfläche mit einer Wand umrahmen lassen.

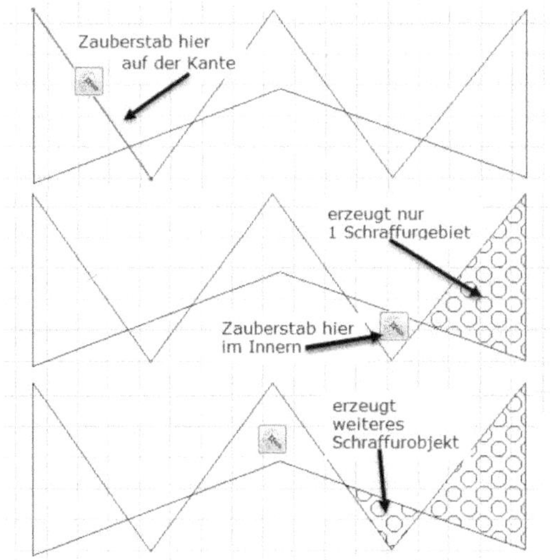

Abb. 4.18: Komplexe Schraffurbereiche mit dem ZAUBERSTAB bearbeiten

Schraffuren zusammenfassen

Bei aneinandergrenzenden oder überlappenden Schraffuren gibt es die Möglichkeit, diese mit BEARBEITEN|VEREINIGEN & ZERLEGEN|SCHRAFFUREN-VEREINIGUNG zusammenzufassen. Mit BEARBEITEN|VEREINIGEN & ZERLEGEN|IN 2D-ELEMENTE ZERLEGEN wird das Schraffurelement in die reine Schraffur und die Umgrenzungselemente zerlegt.

4.7 Übungsfragen

1. Welche zweidimensionalen Geometrieelemente kennen Sie?
2. Welche Geometriemethoden gibt es beim KREIS-Werkzeug?
3. Welche Segment-Übergänge gibt es bei der POLYLINIE in der PET-PALETTE?
4. Was ist charakteristisch für eine SPLINE-Kurve?
5. Welchen Geometriemethoden gibt es bei SCHRAFFUREN?
6. Erscheint ein FIXPUNKT im Plot?

Kapitel 5

Wände, Fenster, Türen ...

Zu den Standard-Elementen jeder Architektur-Konstruktion gehören Wände mit Fenstern und Türen, ferner Decken, Dächer, Stützen und Träger. Diese Grundelemente sollen in diesem Kapitel mit vielen ihrer Gestaltungsmöglichkeiten vorgestellt werden.

5.1 Wände

5.1.1 Infofenster

Wenn Sie das WAND-Werkzeug zum Erstellen von Wänden aktivieren, werden die wichtigsten Vorgaben im INFOFENSTER angezeigt (Abbildung 5.1). Dort finden Sie folgende Schaltflächen für diverse Einstellungen:

- EINSTELLUNGSDIALOG – Hinter dieser ersten Schaltfläche verbirgt sich das in Abbildung 5.15 gezeigte allgemeine Einstellungsdialogfenster.

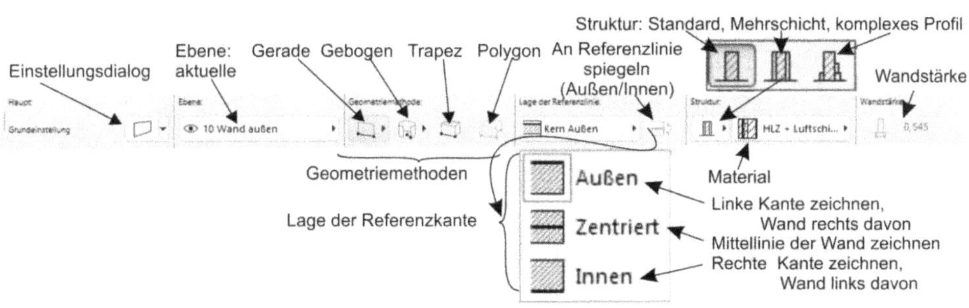

Abb. 5.1: INFOFENSTER zu Wänden

- 10-WAND AUßEN – Mit dieser Schaltfläche könnten Sie die gewünschte Ebene für die Wand auswählen. Da die Voreinstellung 10 WAND AUSSEN ist, müssten Sie erst für die Innenwände zu den Ebenen 10 WAND INNEN oder 10 WAND INNEN TRAGEND wechseln.

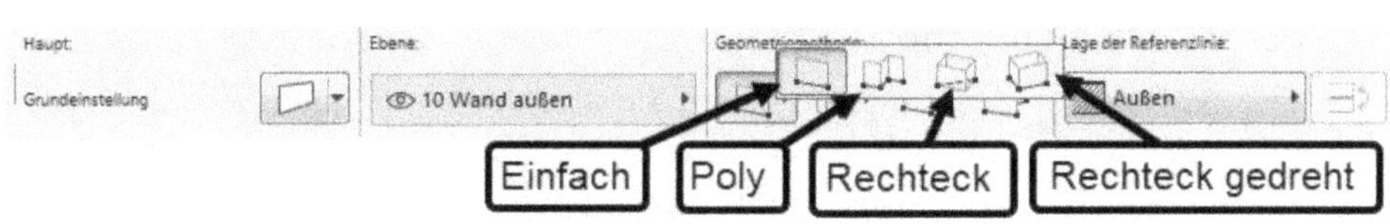

Abb. 5.2: Auswahl bei Geometriemethode GERADE

- Geometriemethode GERADE – Für *gerade Wandabschnitte* gibt es vier verschiedene Geometriemethoden, die bei geeigneter Wahl die Konstruktion beschleunigen können:
  - EINFACH – Hiermit zeichnen Sie einzelne Wandstücke. Mit der ersten Koordinateneingabe oder Klick beginnt das Wandsegment, mit der zweiten Koordinateneingabe oder Klick endet es. Es wird nicht weitergezeichnet. Das nächste Wandstück müssen Sie wieder mit Klick oder Koordinatenangabe beginnen.
  - POLY – Diese Methode eignet sich bestens zum Konstruieren zusammenhängender Wandstücke. Vom zweiten Wandsegment an wird automatisch an das letzte Wandsegment angeschlossen. Den Wandzug beenden Sie mit *Doppelklick* oder mit Rechtsklick und Wahl von OK aus dem *Kontextmenü*. Beenden Sie *nicht* mit [ESC], weil das die Abbruch-Taste ist und das komplette Wandpolygon verworfen wird.
  - RECHTECKIG – Rechteckige Grundrisse wird man wohl immer mit dieser Option beginnen, weil hier eine rechteckige Form über zwei diagonale Punkte am schnellsten erzeugt wird. Dieses Rechteck orientiert sich an den x- und y-Richtungen.
  - RECHTECK GEDREHT – Eine rechteckige Form, die nicht parallel zu den Koordinatenrichtungen ausgerichtet ist, können Sie hiermit erstellen. Dieses Rechteck wird über drei Punkte definiert. Die ersten zwei Punkte geben die Richtung und Länge der ersten Rechteckseite an, der dritte Punkt definiert dann die Länge oder den Abstand der zweiten Rechteckseite.

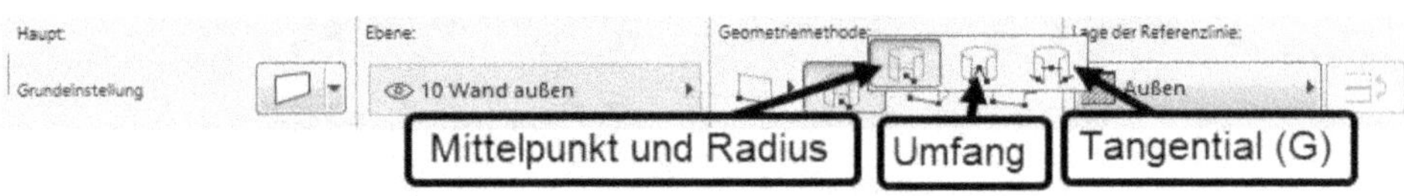

Abb. 5.3: Auswahl bei Geometriemethode GEBOGEN

- Geometriemethode GEBOGEN – Die Methode GEBOGEN erlaubt die Erstellung bogenförmiger Wandsegmente. Es gibt drei Optionen:
  - MITTELPUNKT UND RADIUS – Sie beginnen mit dem *Mittelpunkt* des Kreisbogens und geben dann den *Startpunkt* ein, wodurch sowohl die Winkelposition als auch der Radius definiert sind. Dann bleibt nur noch über einen dritten Punkt der *Endwinkel* des Bogens zu bestimmen. Wenn Sie keinen dritten Punkt eingeben, sondern mit [↵] beenden, wird die Winkelvorgabe 0° als *Vollkreis* mit 360° interpretiert.
  - UMFANG – Bei dieser Option geben Sie drei Punkte *auf* dem Kreisbogen an. Der erste Punkt ist auch der *Startpunkt* des Bogens. Nach dem dritten Punkt können Sie über einen weiteren Punkt oder eine Winkeleingabe den ÖFFNUNGSWINKEL des Bogens noch variieren.

- TANGENTIAL – Diese Option erzeugt einen Vollkreis nach Eingabe von drei Punkten oder von drei Tangentenbedingungen oder entsprechenden Kombinationen von Punkten oder Tangenten. Für die Wahl der Tangentenbedingungen müssen Sie mit dem Cursor auf eine Wand- oder Geometrielinie oder einen -bogen fahren. Es wird dann die tangierende Kurve als Hilfslinie angezeigt. Wenn die Definition nicht eindeutig ist, erscheint der *Augen-Cursor,* mit dem Sie die gewünschte Möglichkeit auswählen.

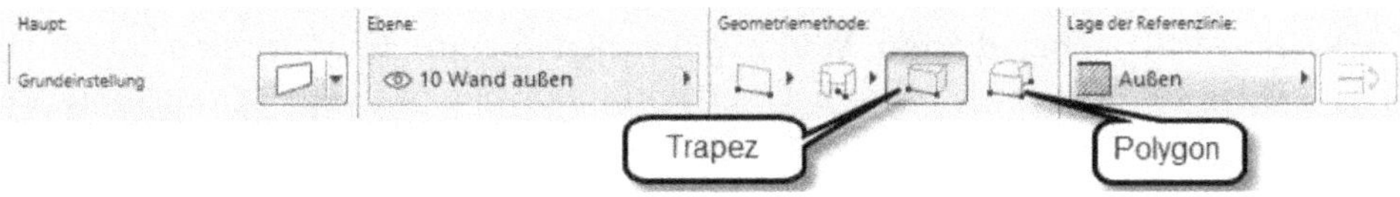

Abb. 5.4: Geometriemethoden TRAPEZ und POLYGON

- Geometriemethode TRAPEZ – Eine Wand mit *unterschiedlicher Wandstärke an beiden Enden* wird mit der Methode TRAPEZ erzeugt. Die Wandstärken stellen Sie im EINSTELLUNGSDIALOG über WANDSTÄRKE und TRAPEZOIDE WAND, 1. DICKE bzw. 2. DICKE ein.
- Geometriemethode POLYGON – Mit der Methode POLYGON erstellen Sie Wandstücke mit *beliebigem Querschnitt.* Der Querschnitt wird wie eine Polylinie durch Linien- und Bogensegmente erzeugt. Eine PET-PALETTE (Abbildung 5.5) bietet die verschiedenen Optionen für unterschiedliche Segmentanschlüsse an.

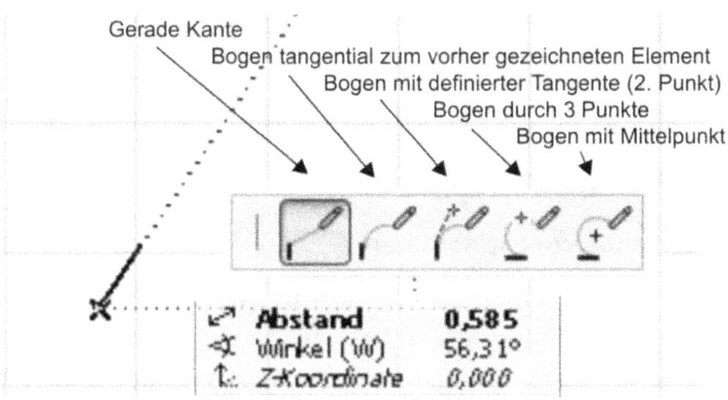

Abb. 5.5: PET-PALETTE für Polylinien-Formen

- Lage der *Referenzkante*
  - AUSSEN – legt fest, dass die *Referenzkante* der Wand bezüglich der Konstruktionsrichtung rechts liegt und die Wandbreite von dieser Kante nach links gerechnet wird. Die *Referenzkante* ist die Linie, für die Sie die *Koordinaten* eingeben.
  - MITTE – Die *Referenzkante* liegt in der Mitte der Wand. Diese Option steht für Trapezwände nicht zur Verfügung.

- INNEN – Die Wand erstreckt sich von der *Referenzkante* aus gesehen nach rechts.

- Lage der *Referenzkante*: WAND AN DER REFERENZKANTE SPIEGELN – Mit dieser Funktion können Sie die Ausrichtung einer Wand während der Erzeugung oder nachträglich ändern. Dadurch wird die Wand an der *Referenzkante* gespiegelt, also in ihrer Lage verändert.
- Struktur: EINFACH, MEHRSCHICHT, KOMPLEXES PROFIL – Hiermit können Sie den *Wandaufbau* aus verschiedenen Komponenten und/oder die *Wandform* wählen.
  - EINFACH – Bei diesem Wandtyp können Sie im Grundrissfenster unter WANDNEIGUNG drei Querschnittsformen wählen: SENKRECHT, GENEIGT und BEIDSEITIG GENEIGT. Die Wand besteht aus einem einzigen Material bzw. Baustoff.
  - MEHRSCHICHT – Für diesen Wandtyp gibt es im Grundrissfenster dieselben Querschnitte wie oben, aber die Wand besteht aus *mehreren Materialschichten*. Die vorhandenen mehrschichtigen Wandaufbauten finden Sie unter OPTIONEN|ELEMENT-ATTRIBUTE|MEHRSCHICHTIGE BAUTEILE.
  - KOMPLEXES PROFIL – Hier können ein *beliebiges Wandprofil* und ein *beliebiger Schichtaufbau* verwendet werden. Bei Wahl dieser Option erscheint neben dieser Strukturoption eine neue Dialogfläche für das gewünschte *Profil*. Als Vorgabe wird ein Profil WAND, ALTBAU mit verschiedenen Schichten und einer konstruierten Außenkontur angeboten. Bei dieser Wand gibt es im Grundrissfenster keine Option für die Wandneigung mehr, weil der Querschnitt allein durch das Profil bestimmt wird. Eigene Profile können über OPTIONEN|PROFIL-MANAGER erstellt werden. Profile entstehen im Prinzip aus Schraffurbereichen mit beliebiger Form und wählbaren Materialien/Baustoffen.

5.1.2 Materialien, Prioritäten und Profile

Materialen/Baustoffe und Verschneidungsprioritäten

Den Wänden und Wandschichten können verschiedene *Materialien* zugeordnet werden. Diese Materialien regeln über Prioritäten auch die automatische Verschneidung von Wänden und die Darstellungsreihenfolge. Wände und später auch Decken oder Dächer aus *gleichem Material* werden in Schnitten und Grundrissen verschmolzen dargestellt.

Bei Überlagerungen von Wänden und Wandschichten regeln die Prioritäten, welche Schicht verschmolzen wird und welche unterdrückt wird. Die verfügbaren Materialien oder Baustoffe können über OPTIONEN|ELEMENT-ATTRIBUTE|BAUSTOFFE oder über Symbolleiste ATTRIBUTE|BAUSTOFFE angezeigt werden (Abbildung 5.6). Auch neue Baustoffe lassen sich hier erstellen. In der Spalte PRIORITÄT oder rechts unter VERSCHNEIDUNGSPRIORITÄT sind verschiedene Werte eingetragen, die den Vorrang von Materialien steuern. Ein hoher Wert entspricht auch einer hohen Priorität. Die Auswirkung unterschiedlicher Prioritäten zeigt Abbildung 5.7. Dort hat Stahlbeton mit 670 die höchste Priorität und dominiert die anderen Baustoffe. Entsprechend werden die Wände durch Stahlbeton unterbrochen.

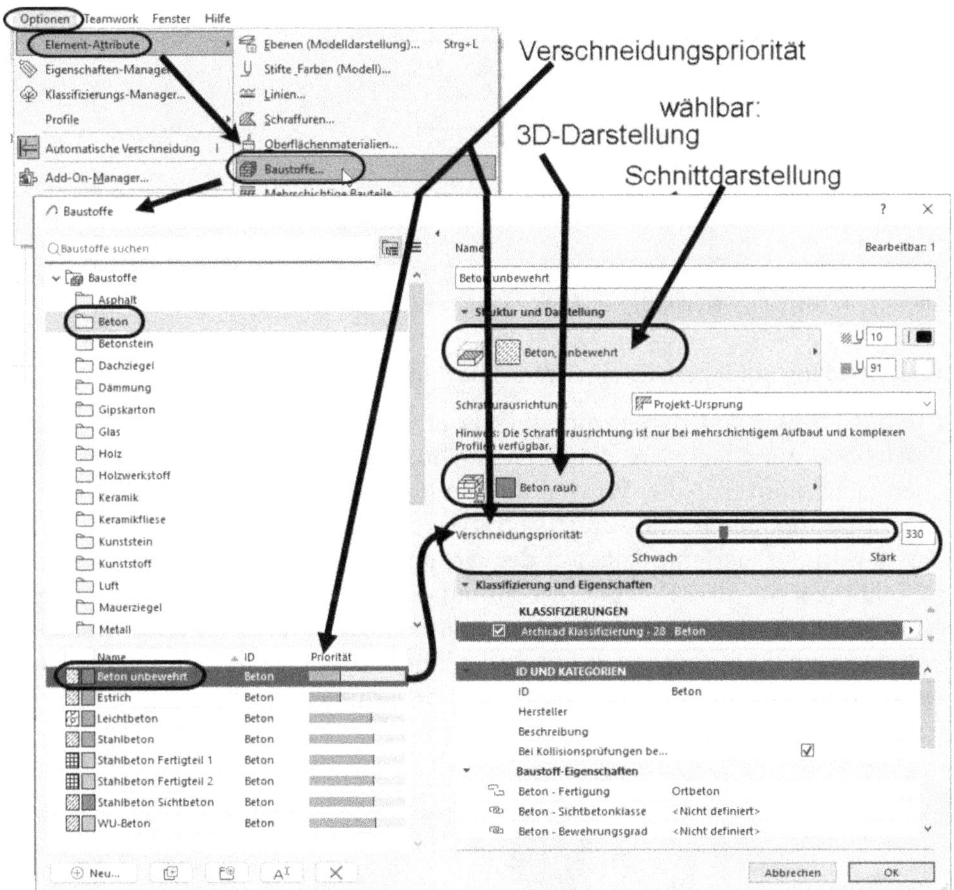

Abb. 5.6: Verwaltung der Prioritäten für Baustoffe

Noch deutlicher zeigt sich die Wirkung der Verschneidungsprioritäten in Abbildung 5.8. Hier wurden teilweise Wände mit Schichtaufbau und eine Decke mit Schichtaufbau kombiniert. Das Bild soll nur die Wirkung der Prioritäten zeigen, die Konstruktion ist architektonisch gesehen nicht sinnvoll. Wände und Decken gleichen Materials, hier Beton, werden verbunden. Die Deckenschichten mit geringerer Priorität werden von den Wandkomponenten mit höherer Priorität unterbrochen.

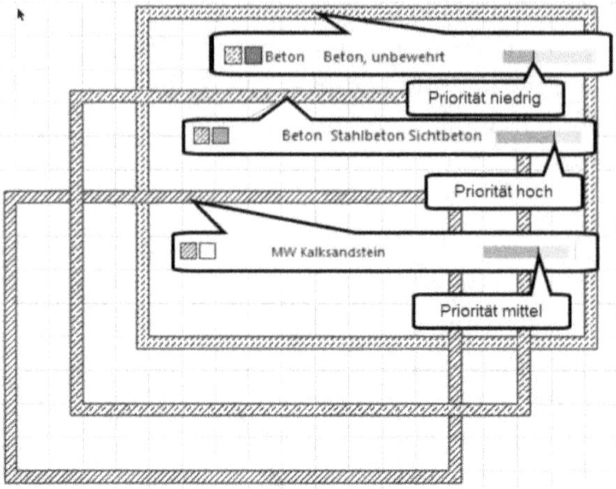

Abb. 5.7: Auswirkung verschiedener Wandprioritäten

Verschneidung nur innerhalb einer Verschneidungsgruppe

Für die Ebenen, auf denen die Objekte erzeugt werden, gibt es eine weitere Einstellung zur Steuerung der Verschneidung, die *Verschneidungsgruppe*. Allen Ebenen ist zunächst die *Verschneidungsgruppe* 1 zugeordnet (siehe DOKUMENTATION|EBENEN|EBENEN (MODELLDARSTELLUNG) oder Symbolleiste ATTRIBUTE|EBENEN). In der vierten Spalte auf der rechten Seite steht die Gruppennummer (Abbildung 5.9). Als Regel gilt: Die automatische Verschneidung wird nur zwischen Ebenen mit gleicher Gruppennummer aktiv. Wenn eine automatische Wandverschneidung nicht erwünscht ist, können Sie die betreffenden Objekte einfach auf eine Ebene mit einer anderen Gruppennummer legen oder die Gruppennummer einer Ebene ändern.

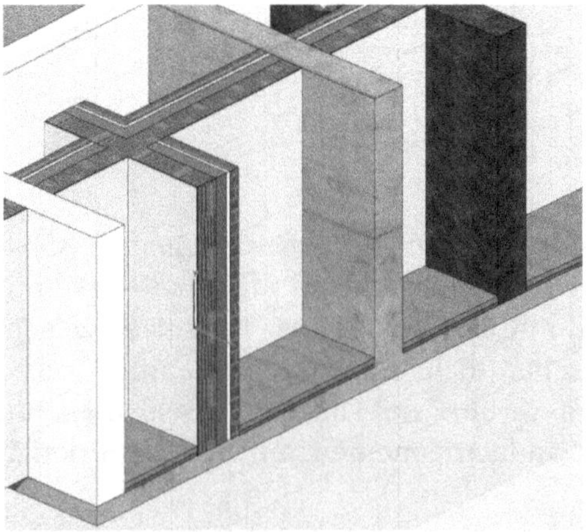

Abb. 5.8: Verschneidungen zwischen Wänden und Decke (mit Schichtaufbau)

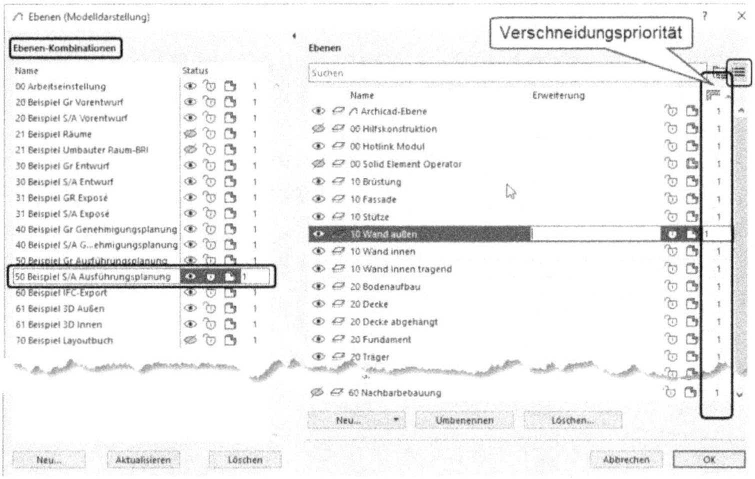

Abb. 5.9: Verschneidungsgruppe bei Ebenen

Anschlussreihenfolge bei gleichen Wänden

Auch bei Wänden mit gleicher Verschneidungspriorität kann es abhängig von der Zeichenreihenfolge Probleme mit der Darstellung geben. Bei Abbildung 5.10 soll unabhängig von der angedeuteten Zeichenreihenfolge die mittlere Wand auf die Innenkante reduziert werden. Die linke Abbildung zeigt die durch die Zeichenreihenfolge entstehende Verschneidung. Damit die mittlere Wand nun zurückgezogen wird, genügt es, im EINSTELLUNGSDIALOG die *Anschlussreihenfolge* der mittleren Wand vom Standardwert 8 auf 7 herunterzusetzen.

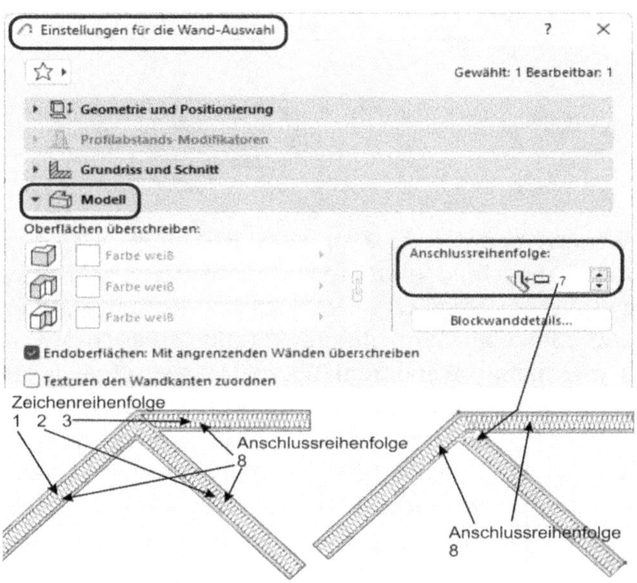

Abb. 5.10: Steuerung der Verschneidung über die Anschlussreihenfolge

Mehrschichtige Wände

Mehrschichtige Wände können unter OPTIONEN|ELEMENT-ATTRIBUTE|MEHRSCHICHTIGE BAUTEILE oder Symbolleiste ATTRIBUTE| MEHRSCHICHTIGE BAUTEILE bearbeitet und neu erstellt werden (Abbildung 5.11). Das Dialogfeld zeigt rechts die vorhandenen mehrschichtigen Bauteile. Neue können mit mehreren Schichten aus den wählbaren Materialien und wählbaren Trennungslinien zusammengesetzt werden. Sie können rechts unten für die verschiedenen Bauteile wie Wände, Decken, Dächer und Schalen zur Verfügung gestellt werden.

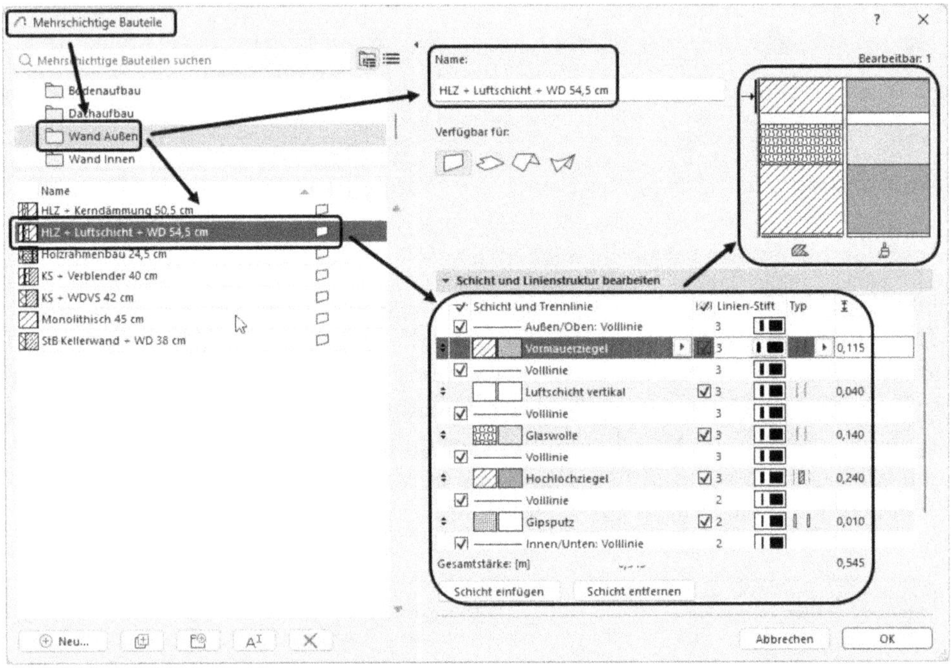

Abb. 5.11: Dialog für mehrschichtige Bauteile

Komplexe Profilwände

Die komplexeste Art von Wänden nennt sich KOMPLEXES PROFIL. Das sind Wände mit frei definierbarem Querschnitt und Aufbau aus beliebig geformten Schichten. Die Generierung erfolgt im Menü OPTIONEN|ELEMENT-ATTRIBUTE|PROFIL-MANAGER (Abbildung 5.12) oder über Symbolleiste ATTRIBUTE|PROFIL-MANAGER. Im Beispiel ist das vorhandene Wandprofil WAND, ALTBAU gezeigt. Ein kleines Kreuz auf der unteren Linie gibt die Lage der *Wand-Referenzlinie* an. Das Profil besteht zunächst aus je zwei horizontalen und vertikalen Begrenzungslinien, genannt STRECKUNGSBEREICH HORIZONTAL und STRECKUNGSBEREICH VERTIKAL. Diese Begrenzungen werden später im Wanddialog der Wandhöhe und der Wandbreite angepasst. Die Profilteile, die innerhalb dieser Begrenzungen liegen, werden proportional zu den Abmessungen der Wand skaliert. Weitere Profilteile, die außerhalb liegen könnten (beim aktuellen Profil ist nichts außerhalb der Begrenzungen vorhanden), würden einfach mit den Wandabmessungen verschoben werden.

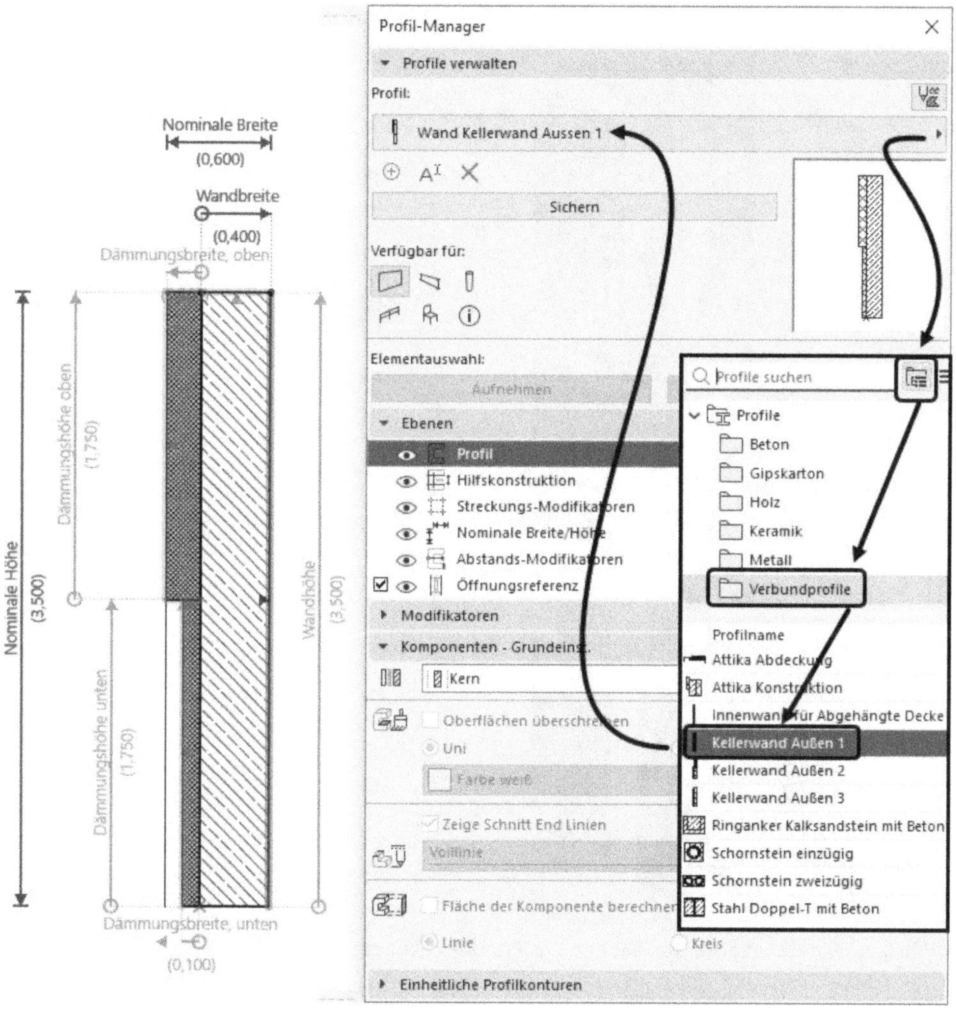

Abb. 5.12: Profil-Manager mit Wandprofil

Die Profilteile selbst werden mit dem Schraffur-Werkzeug mit entsprechend gewählten *Baustoffen* erstellt. Für diese Komponenten gibt es noch drei *Grundeinstellungen*: Kern, Andere, Bekleidung. Die Wirkung dieser Zuordnung können Sie unter der Palette Schnell-Optionen durch Wahl der verschiedenen Strukturdarstellungen zeigen. Bei der Darstellung Komplettes Modell werden *alle Wandkomponenten* angezeigt werden. Die Darstellung ohne Bekleidungen entfernt dann die Bekleidungen der Wände, und bei NUR DER KERN werden nur die Kernbereiche der Wände angezeigt (Abbildung 5.13).

Die Kante ÖFFNUNGSREFERENZ legt die Lage für Wandöffnungen wie Fenster und Türen fest, die dort dann später eingefügt werden.

Abb. 5.13: Wände unter verschiedenen Strukturdarstellungen

5.1.3 Einstellungsdialog für Wände

Wenn Sie die Schaltfläche EINSTELLUNGSDIALOG in der INFOLEISTE des WAND-Werkzeugs anklicken, bekommen Sie eine komplette Übersicht über *alle* einzustellenden Daten. Dieses Dialogfeld ist in einzelne *Panels* eingeteilt, die unabhängig voneinander auf- und zugeschaltet werden können. Die *Panels* sind im geschlossenen Zustand lediglich durch ein nach rechts weisendes schwarzes Dreieck ▸ und ihre Überschrift gekennzeichnet. Im geöffneten Zustand zeigt das Dreieck ▾ nach unten, wo die Daten zu finden sind. Folgende *Panels* sind für WÄNDE verfügbar:

- GEOMETRIE UND POSITIONIERUNG – Hier finden Sie auf der rechten Seite die Wand-Daten im engeren Sinne, die zum größten Teil schon im INFOFENSTER einzugeben waren.
  - Auf der linken Seite können Sie die *Wand* assoziativ zu den Geschossen angelegen, sodass bei späterer Änderung der Geschosshöhen die Wände automatisch angepasst werden. Dazu wählen Sie das URSPRUNGSGESCHOSS, auf dem die Wand steht, und unter WANDOBERKANTE VERKNÜPFT MIT das zugehörige darüber liegende Geschoss. Zusätzlich sind aber die Abstände zu Oberkante Rohdecke (OK RD) oder Oberkante Fertigfußboden (OK FF) zu definieren. Welches Maß Sie verwenden, hängt davon ab, ob Sie die Vorlagendatei **AC29.3000.02 Archicad Beispiel-Vorlage - Geschoss OK RD.tpl** oder **AC29.3000.DEFAULT.01 Archicad Beispiel-Vorlage - Geschoss OK FF.tpl** verwendet haben (Abbildung 5.14). Im ersten Fall (OK- RD) sind für die Außenwand beide Abstände **0,00** m. Für die Innenwand ist dann oben die Deckenstärke mit **-0,20** m abzuziehen. Wenn Sie die Geschosshöhen aber auf den Fertigfußboden beziehen (OK -FF), verschieben sich alle Abstände mit **-0,10** m um die Stärke des Fußbodens.

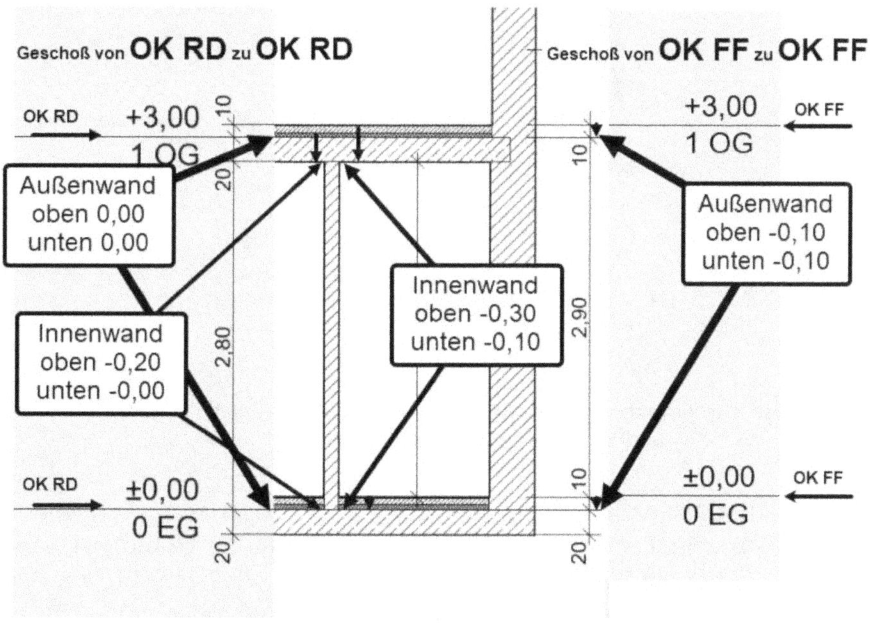

Abb. 5.14: Höhenangaben für Außen- und Innenwände bzgl. Oberkante Rohdecke und Fertigfußboden

  - Die *Geschosshöhen* gibt man übrigens am leichtesten im NAVIGATOR durch Rechtsklick auf den Knoten GESCHOSSE ein. Unter GESCHOSS-EINSTELLUNGEN finden Sie das Dialogfenster für die *Geschosshöhen*.

- GRUNDRISS UND SCHNITT – In diesem Panel können Sie die Wanddarstellung im Grundrissfenster und für die Schnitte bestimmen:
  - GRUNDRISSDARSTELLUNG | AUF GESCHOSS ZEIGEN – bietet für mehrgeschossige Wände die Wahl zwischen der Anzeige NUR AUF URSPRUNGSGESCHOSS oder ALLE RELEVANTEN GESCHOSSE.

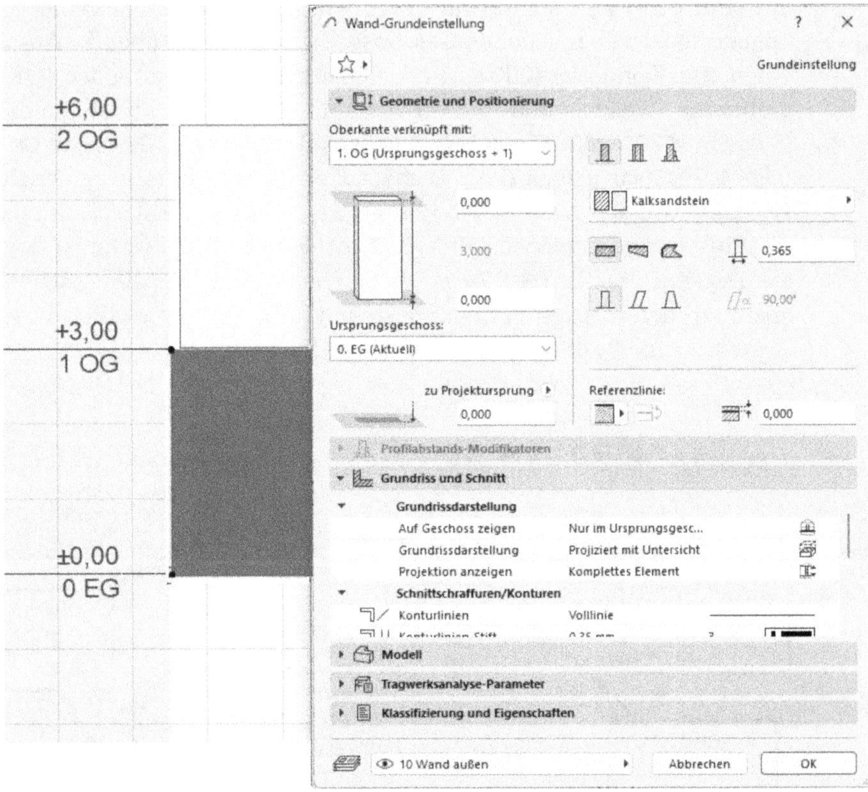

Abb. 5.15: Grundeinstellungen und Einstellungen für Darstellung von Außenwänden im Grundriss bei Bezugsebene OK-RD

  - GRUNDRISSDARSTELLUNG | GRUNDRISSDARSTELLUNG – Die Option PROJIZIERT zeigt den Schnitt (Vorgabe: Schnittebene für Grundrisse ist 1 m) und bei schrägen Wänden zusätzlich die Unterkante der Wand an. PROJIZIERT MIT UNTERSICHT zeigt den Schnitt (1 m) und bei schrägen Wänden die Unterkante und punktiert die Oberkante an. NUR SCHNITT zeigt nur den Schnitt (1 m) an. Letztere wird mit dem Menü DOKUMENTATION|GRUNDRISS-SCHNITTEBENE bestimmt. SYMBOLISCHER SCHNITT zeigt für einfache Wände die übliche Schnittansicht *unabhängig* von der eingestellten Höhe der Schnittebene. NUR AUFSICHT zeigt die Ansicht von oben übers gesamte Geschoss und UNTERSICHT die Ansicht von unten mit gepunkteten Konturen.

- GRUNDRISSDARSTELLUNG | PROJEKTION ANZEIGEN – Die Option ZUM GRUNDRISSBEREICH zeigt die Projektion nur im aktuellen Geschoss an (Schnitt, Projektion nach unten und Projektion nach oben im aktuellen Geschoss). Mit ZUR ABSOLUTEN DARSTELLUNGSGRENZE erhalten Sie eine Darstellung wie oben, nur wird die Projektion nach unten bis zur absoluten Darstellungsgrenze durchgeführt (siehe Menü DOKUMENTATION|GRUNDRISS-SCHNITTEBENE). Die Option KOMPLETTES ELEMENT zeigt den Schnitt im aktuellen Geschoss, aber die Projektionen nach oben und unten bei geschossübergreifenden Wänden auch auf anderen Geschossen an.

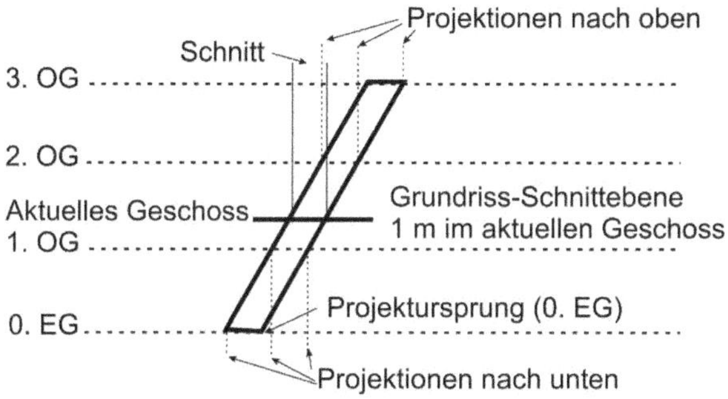

Abb. 5.16: Mehrgeschossige Wand, benutzt für die verschiedenen Projektionen

- STRUKTUR – Unter BAUTEILSCHRAFFUR können Sie Wandaufbau und Wandmaterial auswählen. Das Wandmaterial wird durch die Schraffur im Schnitt charakterisiert. Es können auch mehrschichtige Wände ausgewählt werden.

Abb. 5.17: Wandformen für verschiedene Grundrissdarstellungen

Mit der WANDPRIORITÄT im Wertebereich von 1 bis 16 können Sie bestimmen, welche Wand bei Verschneidungen und unterschiedlichen Materialien höhere Priorität hat und durchgeht. Wände gleicher Priorität werden verschmolzen.

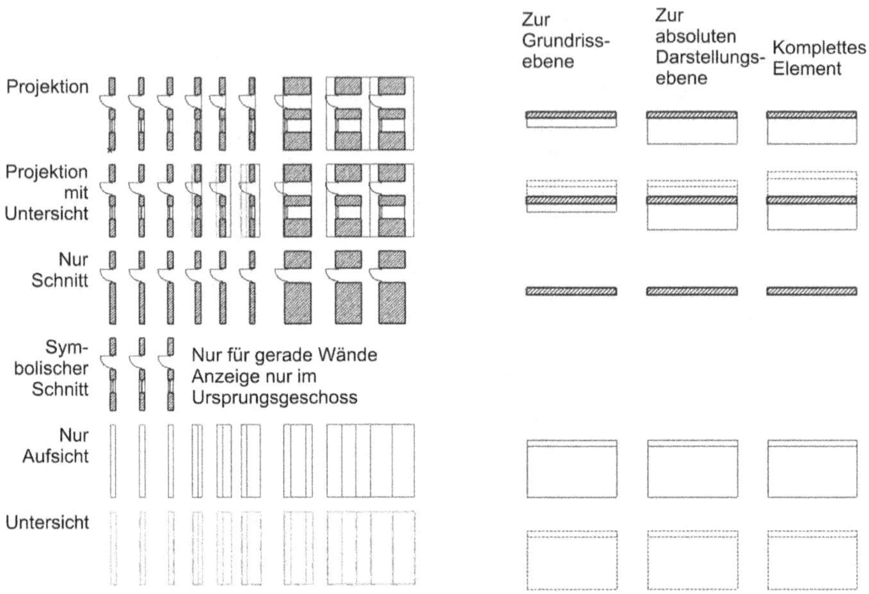

Abb. 5.18: Auswirkung der verschiedenen Grundrissdarstellungen

- BAUTEILSCHRAFFUREN/KONTUREN – Hier können Sie die Stifte – sprich Linientypen – und Farben für Kontur und Schraffur im Schnitt wählen.
- AUFSICHT/UNTERSICHT – Hier wählen Sie Stifte und Farben für die Darstellung der nach unten und nach oben projizierten Kanten.

- MODELL – Für die Darstellung im 3D-Fenster können Sie hier Farbe und Material für die Außen- und Innenfläche und den Wandabschluss abweichend vom Wandmaterial wählen. Sie können auch die Materialien für alle drei Flächen verknüpfen. Damit wirken sich Änderungen gleichzeitig und gleichmäßig auf alle aus. Interessant ist auch die Sonderfunktion BLOCKWANDDETAILS, wenn Sie ein Blockhaus bauen wollen. Beachten Sie, dass BLOCKHÖHE und WANDSTÄRKE zueinander passen müssen.

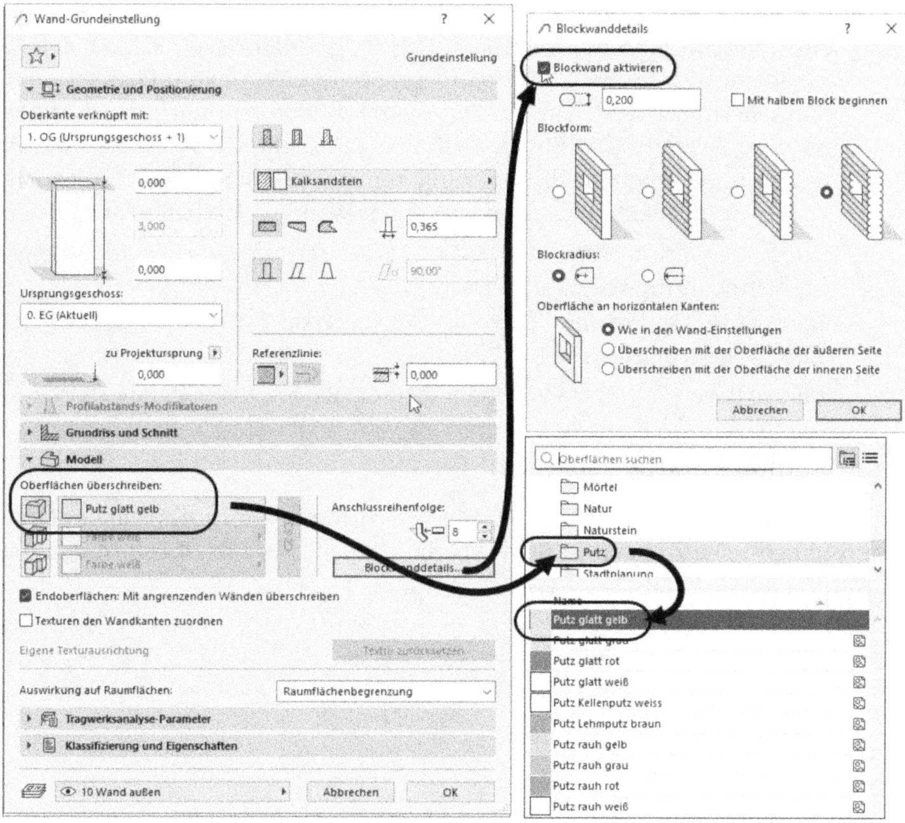

Abb. 5.19: Einstellungen für 3D-Modell-Darstellung

- LISTEN UND ETIKETTEN – Hier wird geregelt, wie das Element in Auswertungslisten berücksichtigt wird und ob Element-Hinweise (Etiketten) im Grundriss angezeigt werden. *Etiketten* sind Textkommentare oder auch Symbole, d.h. Bilder für grafische Hinweise.
  - Unter AUSWIRKUNG AUF RAUMFLÄCHEN können Sie wählen, wie die Wand bei der Berechnung von Raumflächen und Raumvolumen wirken soll.
  - Mit der Option RAUMFLÄCHEN-BEGRENZUNG wirkt die Wand ganz normal als Raumgrenze.
  - REDUZIERT RAUMFLÄCHE bedeutet, dass die Raumfläche des Nachbarraums mitgezählt wird und die Grundfläche der Wand als Abzugsfläche zählt:
    `Bruttofläche beider Räume = Netto-Gesamt-Fläche + Abzugsfläche (Wandgrundfläche)`
    `Raumvolumen = Netto-Volumen beider Räume + Wandvolumen`

Sie sehen das, wenn Sie mit dem RAUMFLÄCHEN-Werkzeug dem Raum einen *Raumstempel* zuordnen. Das Werkzeug verlangt *einen* Klick in den Raum hinein zum Definieren des Raums und *einen zweiten* zum Positionieren des Raumstempels. Die berechneten Werte finden Sie auch im NAVIGATOR unter AUSWERTUNGEN|ELEMENTE|ROH-03 RAUMBUCH. Sie können die Daten von Raumstempeln nach Änderungen mit dem Menü PLANUNG|RÄUME AKTUALISIEREN jederzeit nach Änderung der Wandeigenschaften aktualisieren.

Die dritte Option VON RÄUMEN ABZIEHEN ignoriert die Wand bei der Flächenberechnung vollständig:

`Bruttofläche beider Räume = Netto-Gesamt-Fläche (beider Räume ohne Wandgrundfläche)`

`Raumvolumen = Netto-Volumen beider Räume ohne Wandvolumen`

5.1.4 Umbau-Status verwalten

Es gibt für Konstruktions-Elemente drei verschiedene Umbau-Zustände. Der normal voreingestellte Zustand ist BESTAND. Sie können aber auch Wände dem Zustand ABBRUCH oder dem Zustand NEUBAU zuordnen.

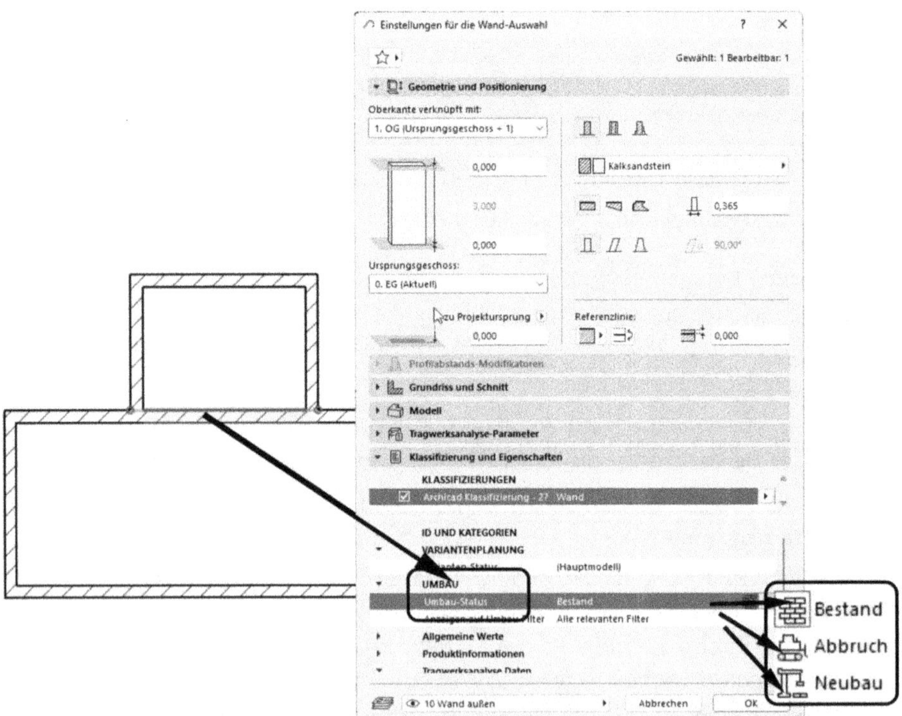

Abb. 5.20: Umbau-Status über Grundeinstellungen festlegen

Die Zuordnung können Sie beim Ändern der WAND-EINSTELLUNGEN im Panel KATEGORIEN UND EIGENSCHAFTEN vornehmen (Abbildung 5.20) oder über die Palette UMBAU (Abbildung 5.21).

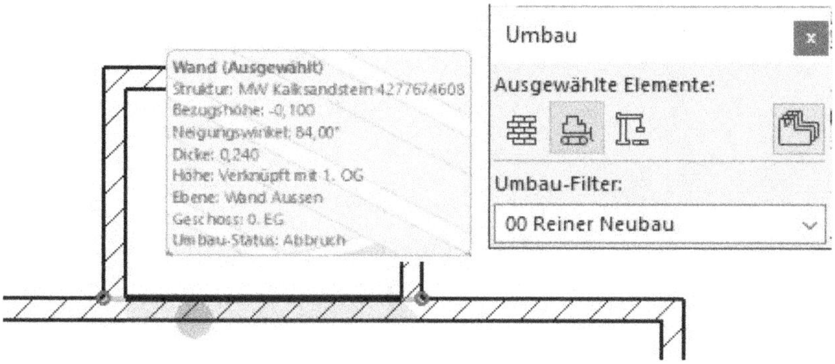

Abb. 5.21: Umbau-Zustand über Palette UMBAU bestimmen

Sie können dann die Umbau-Filter in den Tabs unter dem Grundrissfenster verwenden, um die verschiedenen Bauphasen darzustellen und entsprechende Elemente zu zeigen oder auszublenden.

Entsprechend dem jeweiligen Umbau-Zustand werden folgende Darstellungen in den sechs Umbau-Filtern angezeigt (Abbildung 5.22):

- Filter 00 REINER NEUBAU – zeigt Wände der Zustände BESTAND, NEUBAU und ABBRUCH ohne besondere Hervorhebung an.
- Filter 01 BESTAND – zeigt Wände der Zustände BESTAND und ABBRUCH ohne besondere Hervorhebung an, also den Stand vor den Abbruch-Arbeiten.
- Filter 02 ABBRUCH – zeigt Wände des Zustands BESTAND an und mit Hervorhebung gepunktet und in *gelber Farbe* die Wände des Zustands ABBRUCH.
- Filter 03 ABBRUCH/NEUBAU – zeigt Wände des Zustands BESTAND an und mit Hervorhebung gepunktet und in *gelber Farbe* die Wände des Zustands ABBRUCH, sowie in *roter Farbe* die Wände des Zustands NEUBAU.
- Filter 04 NEUBAU – zeigt Wände des Zustands BESTAND an und in *roter Farbe* die Wände des Zustands NEUBAU. Die Abbruch-Wände werden nicht angezeigt.
- Filter 05 ENDZUSTAND – zeigt Wände der Zustände BESTAND und NEUBAU ohne besondere Hervorhebung an, also den Stand nach den Abbruch-Arbeiten.

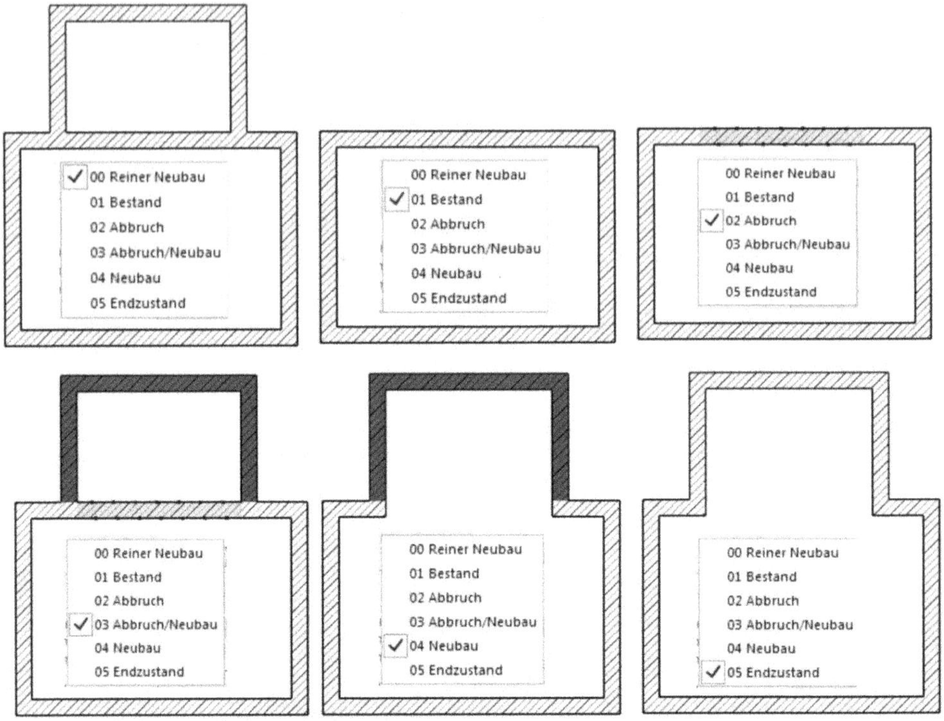

Abb. 5.22: Sichtbarkeit von Wänden im Status BESTAND, ABBRUCH und NEUBAU in den sechs Umbau-Filtern

Sie können diese Umbau-Zustände natürlich auch anderen Konstruktions-Elementen zuordnen. Bei Fenstern und Türen, die als NEUBAU eingesetzt werden sollen, werden dann automatisch die Durchbrüche als ABBRUCH definiert.

5.1.5 Wandabschlüsse

Eine spezielle Funktion erlaubt die Erstellung verschiedener Wandabschlüsse. Der Wandabschluss wird vorgabemäßig an die Wandhöhe angepasst, kann aber auch variiert werden.

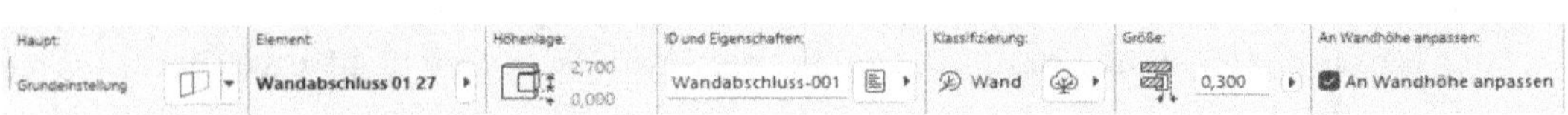

Abb. 5.23: WANDABSCHLUSS-Werkzeug

Die unterschiedlichen Wandabschlüsse sind in Abbildung 5.24 zu sehen. Insbesondere für mehrschichtige Wände mit Wärmedämmschichten sind sie interessant.

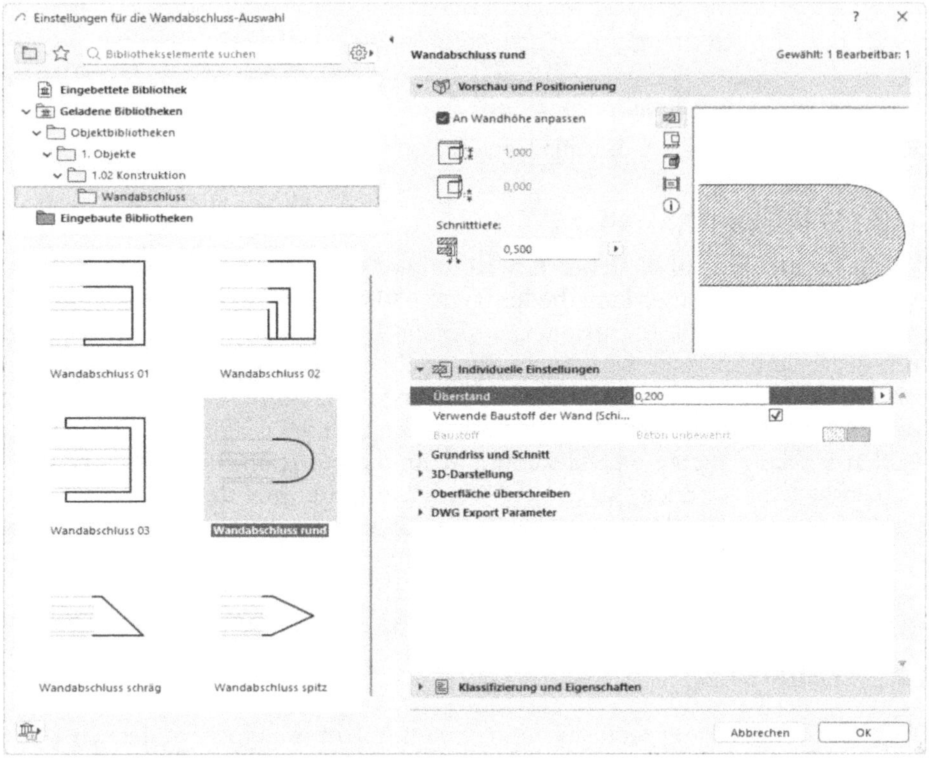

Abb. 5.24: EINSTELLUNGSDIALOG für Wandabschlüsse

Die Wandabschlüsse werden auf die Wandendpunkte positioniert und ergeben die in Abbildung 5.25 und Abbildung 5.26 gezeigten Darstellungen in 3D bzw. im Grundriss.

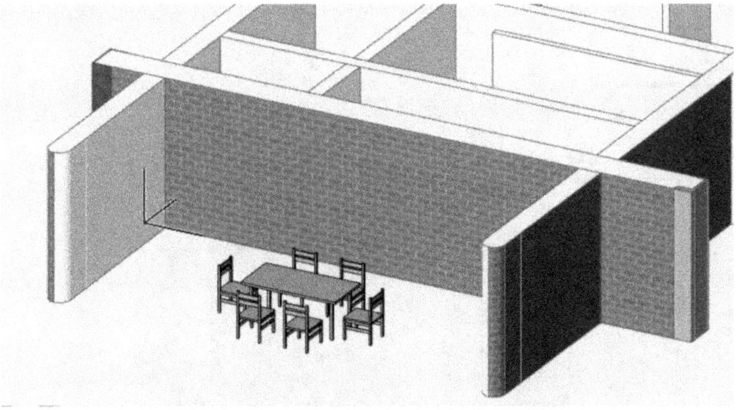

Abb. 5.25: 3D-Darstellung verschiedener Wandabschlüsse

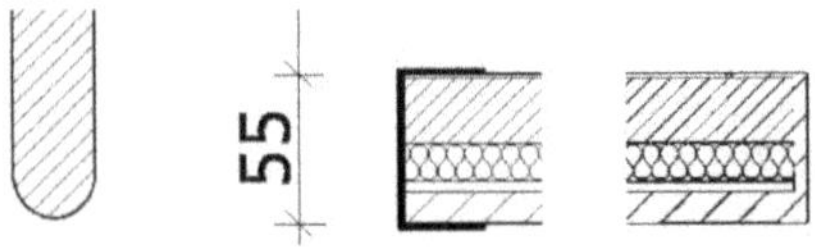

Abb. 5.26: Wandabschlüsse in der Grundrissansicht

5.1.6 Wände gruppieren

Wände werden Sie zur weiteren Bearbeitung oft als geschlossene Kontur wählen wollen. Bei den Geometriemethoden GERADE-POLY, GERADE-RECHTECK und GERADE-RECHTECK GEDREHT entstehen automatisch gruppierte Wände, die Sie später zum Bearbeiten mit einem einzigen Klick wählen können. Wenn Sie aber Wände einzeln als GERADE-EINZELN oder GEBOGEN erstellen, dann ist keine automatische Gruppierung möglich. In diesen Fällen müssten Sie die Objekte selbst gruppieren. Wählen Sie dazu zuerst die Objekte und dann die Funktion BEARBEITEN|GRUPPIEREN|GRUPPIEREN oder `Strg`+`G`. Wenn Sie später aus den gruppierten Elementen einzelne wählen wollen, müssen Sie nur das Werkzeug GRUPPIERUNG AUSSETZEN oder `Alt`+`G` aktivieren, um die *Gruppierungsfunktion* vorübergehend abzuschalten. Sie müssen die Gruppe nicht auflösen.

5.2 Fenster

Das FENSTER-Werkzeug zeigt sich beim ersten Aufruf mit einem einfachen **`1-Flügelfenster`** im INFOFENSTER (Abbildung 5.27). Neben verschiedenen Fenstertypen können Sie mit dem kleinen Button unter der Fensterbezeichnung auch eine *leere Fensteröffnung* erstellen.

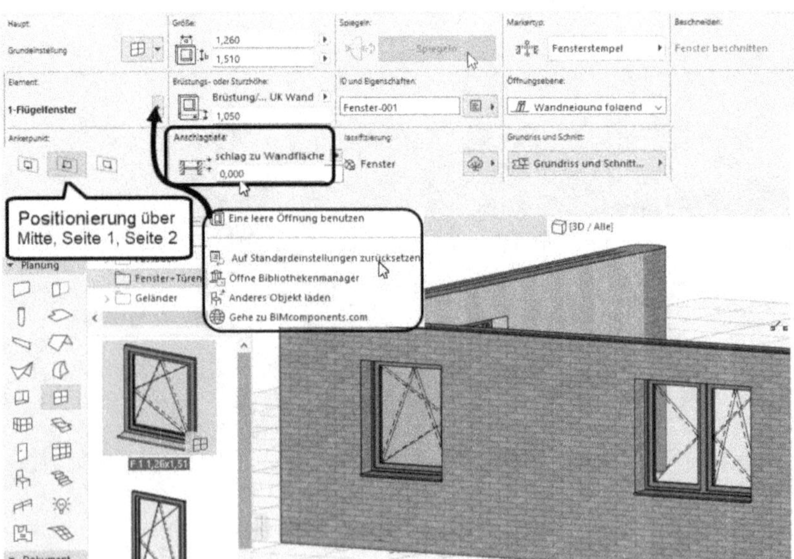

Abb. 5.27: INFOFENSTER für Fenster

Es werden drei GEOMETRIEMETHODEN zum Einfügen von Fenstern in Wände angeboten: MITTE, SEITE 1 und SEITE 2. Wählen Sie eine der Methoden und geben Sie eine Position auf der Wand ggf. mit geeignet eingestellten Fangpositionen ein. Zuerst erscheint beim Einfügen eines Fensters an der betreffenden Wand ein Sonnensymbol. Damit wählen Sie die Anschlagseite, üblicherweise die Wand-Außenkante. Für die nächste Eingabe erscheint der Cursor für die Öffnungsrichtung. Damit geben Sie an, wohin das Fenster öffnen soll, üblicherweise nach innen. Beim einflügligen Fenster kann damit auch noch gewählt werden, ob nach links oder rechts geöffnet wird. Auf der Schaltfläche ANSCHLAG ZU WANDKERN kann die Einbautiefe für das Fenster eingegeben werden.

Falls die Anschlagseite nicht stimmt, können Sie in der FENSTER-GRUNDEINSTELLUNG diese nachträglich über die Schaltfläche SPIEGELN umkehren (Abbildung 5.28).

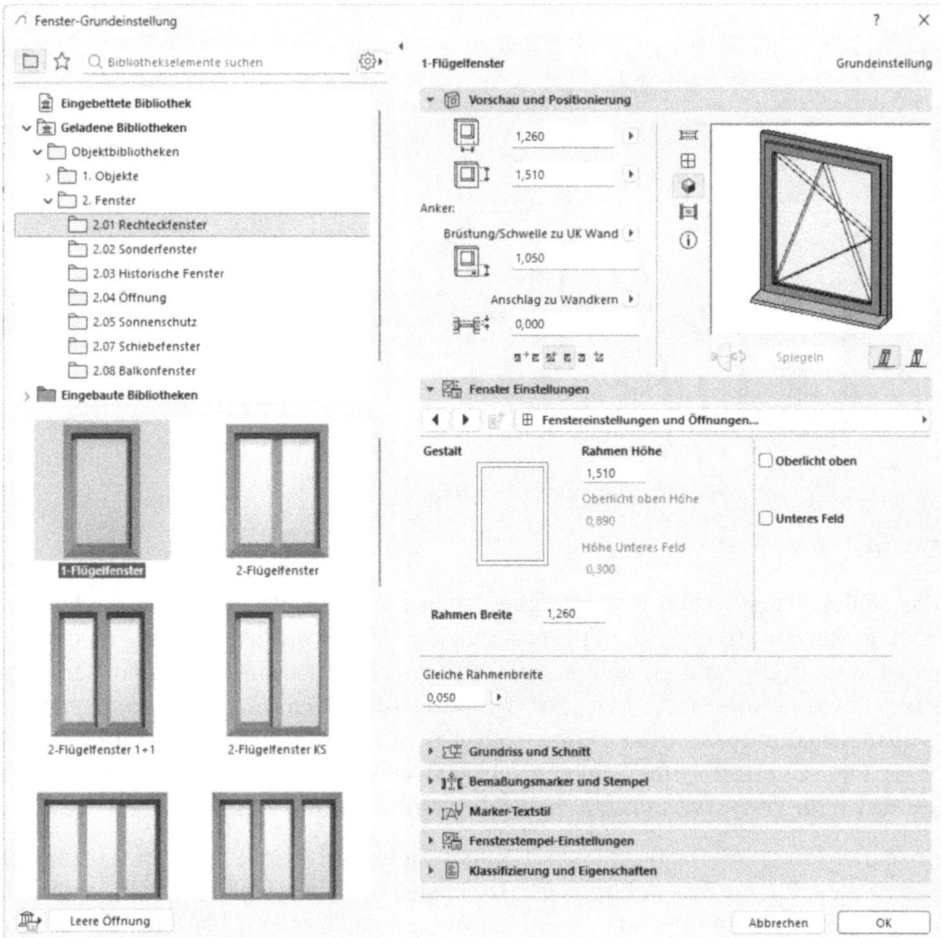

Abb. 5.28: Fenster-Grundeinstellungen

Wenn Sie im INFOFENSTER auf den EINSTELLUNGSDIALOG klicken, haben Sie Zugriff auf alle Parameter für das Fensterelement (Abbildung 5.28). Immer wenn Sie ein kleines Dreieck sehen, das nach rechts weist, können Sie es anklicken, um weitere Optionen oder Parameter zu sehen und einzugeben. Wenn Sie einzelne Parameter anpassen möchten, dann klicken Sie den betreffenden Parameter an, und Sie werden ein Eingabefeld für einen neuen Wert erhalten. Parameter, die nicht verändert werden können, erscheinen in Grau.

Interessant ist auch die linke Seite der FENSTER-GRUNDEINSTELLUNGEN, wo die Bibliotheken angezeigt werden, aus denen Sie die verschiedensten Fenstertypen beziehen können. Hier können Sie nach geeigneten Fenstern suchen. Diese Spalte lässt sich durch einen Klick in den ganz schmalen Balken rechts daneben schließen.

Beachten Sie auch, dass Sie oben rechts im *Vorschau-Fenster* verschiedene Darstellungen bis hin zur photorealistischen 3D-Ansicht aufrufen können.

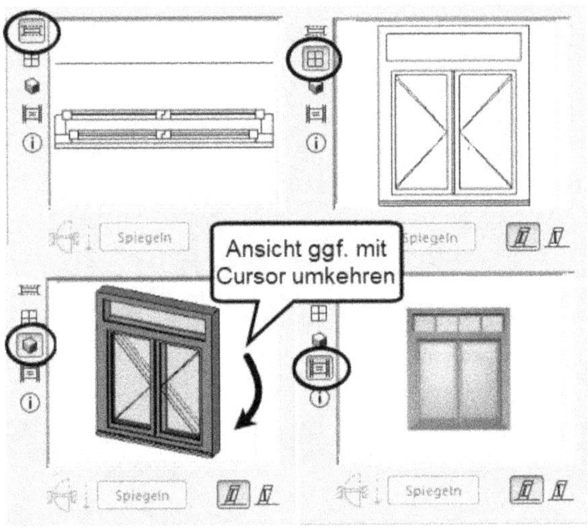

Abb. 5.29: Fenster-Vorschau-Optionen

Das Dialogfeld ist wieder in zahlreiche Panels eingeteilt. Im Panel VORSCHAU UND POSITIONIERUNG finden Sie die geometrischen Abmessungen für das Fenster wie Höhe und Breite und so weiter, zahlreiche weitere Parameter folgen dann im Panel FENSTER-EINSTELLUNGEN, um *Gestaltung* und *Darstellung* des Fensters Ihren Wünschen anzupassen. So lassen sich z.B. im Panel FENSTER-EINSTELLUNGEN unter ÖFFNUNGSTYP UND WINKEL nach Aktivieren der Option ÖFFNUNGSWINKEL die Werte für ÖFFNUNGSWINKEL-3D und ÖFFNUNGSWINKEL-2D eintragen.

Im Panel FENSTER-EINSTELLUNGEN können Sie unter MODELLEIGENSCHAFTEN die Materialien für die Darstellung im 3D-Fenster etwa für Holzfenster überschreiben. Unter FENSTER-EINSTELLUNGEN können Sie auch über 4 blättern, bis Sie alle nötigen Einstellungen für Anschlag und Fensterrahmen finden, und detaillierte Maße eingeben (Abbildung 5.31).

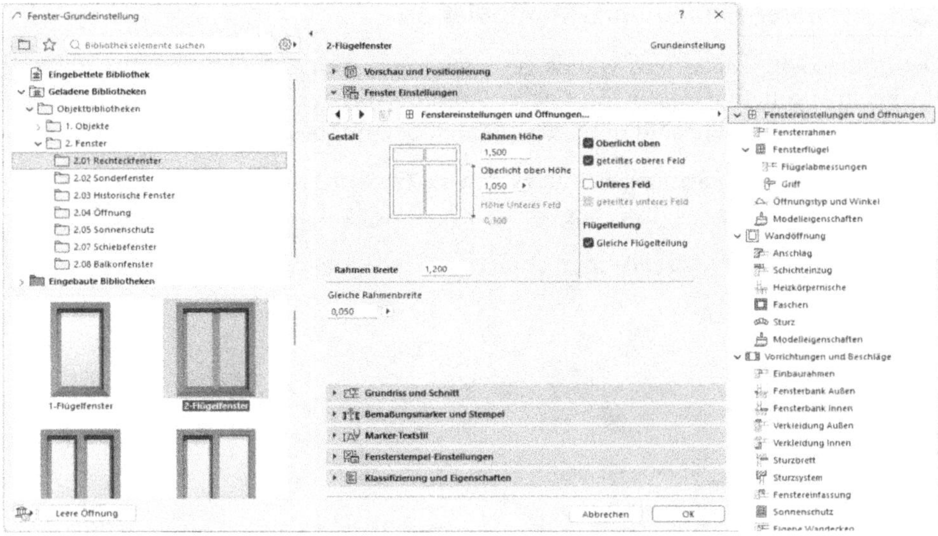

Abb. 5.30: Fenster-Abmessungen

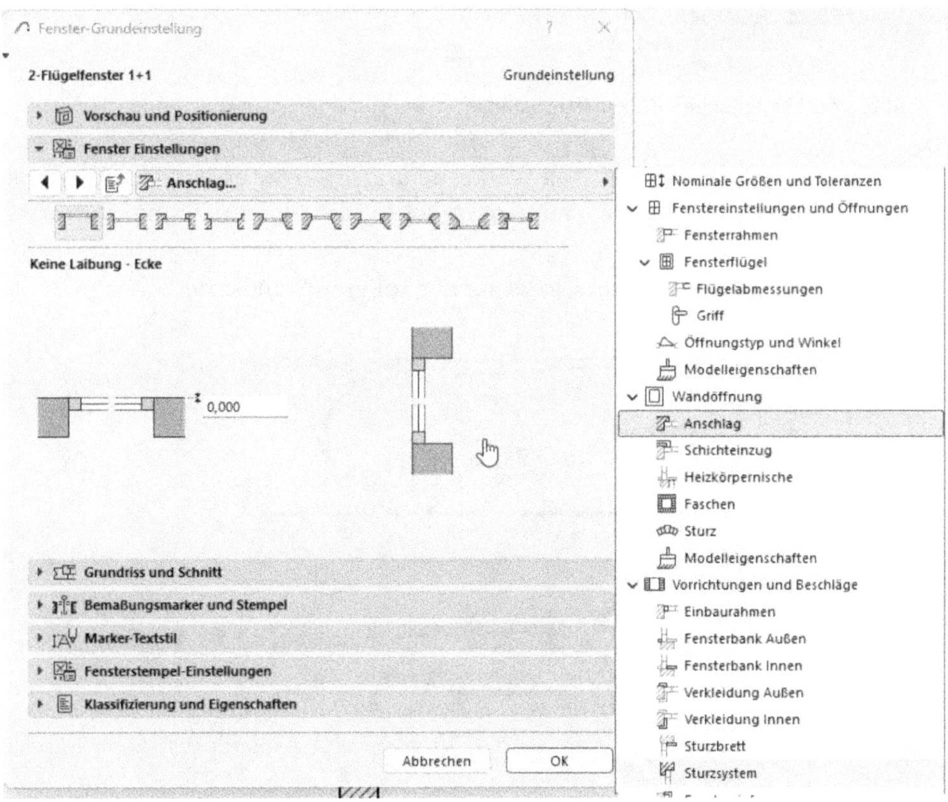

Abb. 5.31: Fenster-Parameter

5.2.1 Fenster-Einbau und -Manipulation

Der Einbau von Fenstern in Wände geschieht oft mit einem vorgegebenen Abstand. Im Beispiel soll ein Fenster mit 1,50 m Abstand von der Wandecke eingesetzt werden. Folgende Schritte sind nötig für die Methode mit besonderen Fangpunkten:

1. In der STANDARD-Symbolleiste aktivieren Sie FANGHILFEN UND -PUNKTE ▾ ABSTAND,
2. klicken FANGHILFEN UND -PUNKTE ▾ FANGPUNKTWERTE EINSTELLEN an und
3. geben bei ABSTAND **1,50** ein.

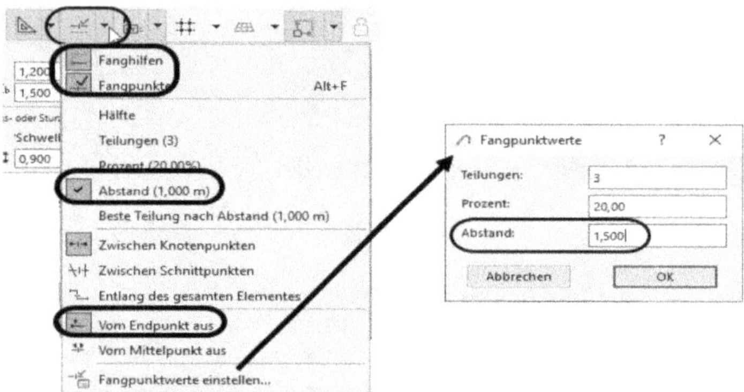

Abb. 5.32: Einstellungen für Fensterposition

4. Aktivieren Sie nun das FENSTER-Werkzeug und legen Sie es mit dem Cursor an die Wand-Außenkante. Das Sonnensymbol für die Außenrichtung muss auch außen erscheinen!
5. Es erscheint eine Marke bei 1,50 m auf der äußeren Wandkarte.

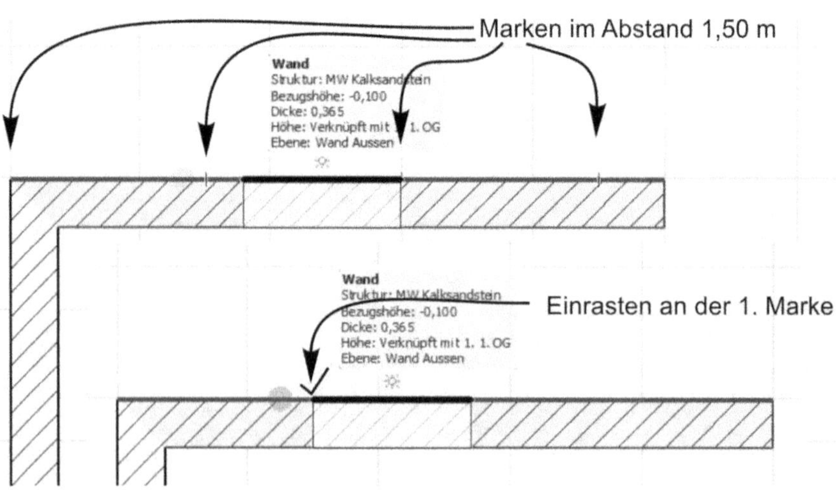

Abb. 5.33: Fenster auf Marke positionieren

6. Fahren Sie auf den Fangpunkt, bis das Häkchen erscheint, und klicken Sie die Position an.
7. Dann erscheint der *Öffnungs-Cursor*, mit dem Sie die Öffnungsrichtung auf der Innenseite der Wand angeben können.

Alternativ können Sie auch mit den ABSTANDSHILFEN arbeiten (Abbildung 5.34):

1. In der STANDARD-Symbolleiste aktivieren Sie die ABSTANDSHILFEN.
2. Aktivieren Sie nun das FENSTER-Werkzeug und
3. fahren Sie die Ecke der Wand an, bis das *Häkchen* erscheint und die *Ecke hellblau umkringelt* wird.
4. Fahren Sie auf der Wandkante entlang, wo dann die Abstandshilfen zu den beiden Enden erscheinen.
5. Nun drücken Sie so oft die Tab-Taste, bis der Abstandswert blau unterlegt wird, für den Sie das Maß eingeben wollen.
6. Tippen Sie jetzt den WERT ein, also **1,50**. Beenden Sie die Eingabe mit Enter.
7. Nun erscheinen das Fenster und der *Sonnen-Cursor* an der gewünschten Wandposition und Sie müssen nur noch den Cursor auf die Öffnungsrichtung bewegen und klicken.

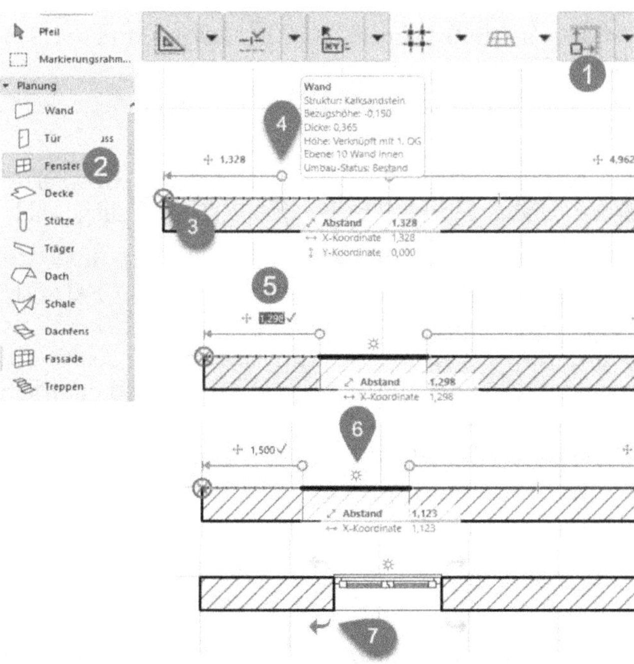

Abb. 5.34: Fenster mit Abstand von Ecke einfügen

Besonders einfach wird es, wenn das Fenster auf Wandmitte gesetzt werden soll (Abbildung 5.35).

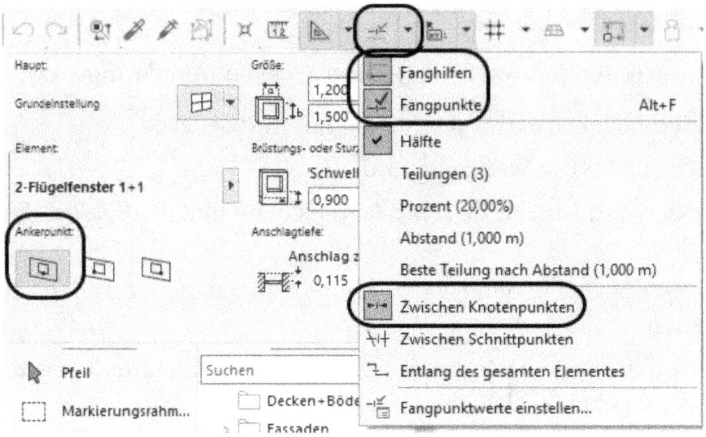

Abb. 5.35: Fensterposition für Mitte eines Wandstücks

1. In der STANDARD-Symbolleiste aktivieren Sie FANGHILFEN UND -PUNKTE ▾ HÄLFTE.
2. Aktivieren Sie nun das FENSTER-Werkzeug und wählen Sie in der INFOLEISTE die GEOMETRIEMETHODE MITTE.
3. Fahren Sie nun die Wand an. Es erscheint eine *Marke* in der Wandmitte.
4. Fahren Sie auf der Wand-Außenseite dorthin, bis das *Häkchen* und der *Sonnen-Cursor* erscheinen, klicken Sie die Position an.
5. Dann erscheint der *Öffnungs-Cursor*, mit dem Sie auf der Innen-Seite des Fensters klicken.

Sie können Fenster auch nachträglich noch in der Wand verschieben. Im Beispiel (Abbildung 5.36) wurde der besseren Übersichtlichkeit halber die 3D-Darstellung gewählt.

Am besten klicken Sie das Fenster mit dem Pfeil-Werkzeug SCHNELL-AUSWAHL an. Dann können Sie einen *Eckpunkt* anklicken. Es erscheint eine PET-PALETTE, auf der Sie das Werkzeug HORIZONTAL VERSCHIEBEN wählen. Über den TRACKER wäre eine bequeme Eingabe für den ABSTAND möglich, um das Fenster relativ zu verschieben. Da das Fenster an die Wand gebunden ist, folgt der Abstand natürlich der Wandrichtung. Archicad blendet auch eine zur jeweiligen PET-PALETTEN-Aktion sinnvolle Bearbeitungsebene ein. Zusätzlich könnten Sie dann noch das Fang- oder das Konstruktionsraster aktivieren, um Raster-Positionen in dieser Ebene einfach anzuklicken.

Tipp: Fenster spiegeln

Wenn Sie ein Fenster mit der Innenseite nach außen eingebaut haben, können Sie im FENSTER-EINSTELLUNGSDIALOG oder im INFOFENSTER die Funktion SPIEGELN wählen. Diese spiegelt von innen nach außen und umgekehrt.

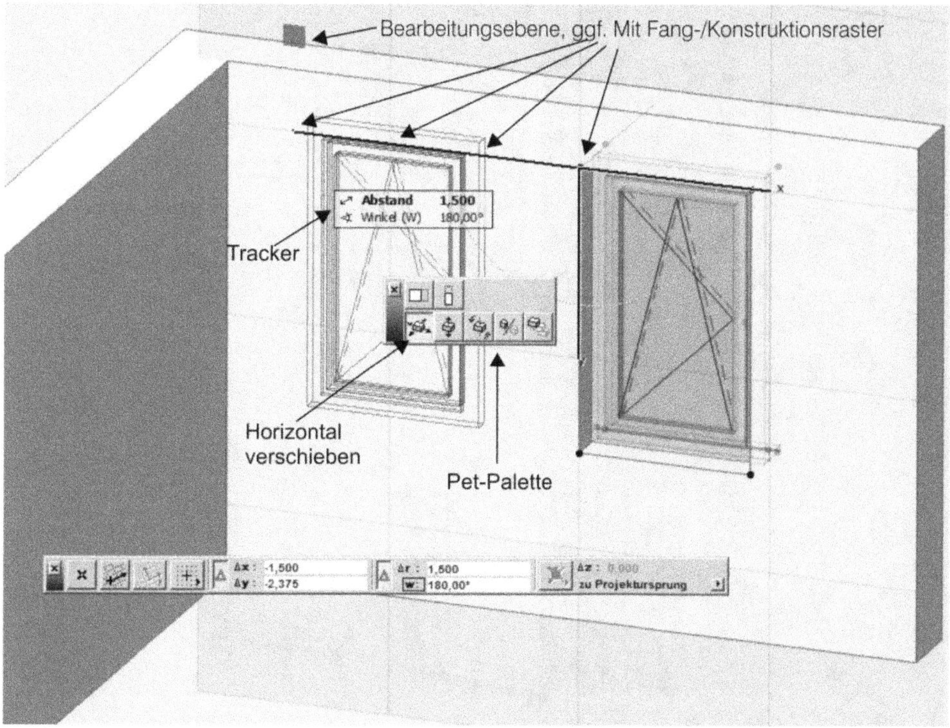

Abb. 5.36: Fenster im 3D-Fenster verschieben

Öffnungswinkel des Fensters anzeigen

Im EINSTELLUNGS-Dialog wählen Sie das Panel FENSTER-EINSTELLUNGEN und dort das Thema ÖFFNUNGSTYP UND WINKEL. Darunter aktivieren Sie die Option ÖFFNUNGSWINKEL und geben beispielsweise 90° für WINKEL 2D ein. Um die Öffnungsrichtung eines Fensters zu spiegeln, markieren Sie das Fenster und wählen in der PET-Palette die Funktion SPIEGELN. Als Spiegelachse klicken Sie auf den *Punkt in der Fenstermitte.*

5.2.2 Eckfenster

Die Eckfenster werden analog zu den normalen Fenstern erstellt, eben mit der Ausnahme, dass Sie eine Wandecke zum Einbau wählen. Im Grundrissfenster wird zunächst ein normales Fenster für *eine* Seite angeboten. Dieses wird dann an der Wandecke mit dem Sonnen-Cursor außen positioniert. Danach wählen Sie mit dem Öffnungs-Cursor die Öffnungsrichtung nach innen. Die zweite Hälfte des Eckfensters erscheint dann automatisch. Bei nachträglichen Änderungen am Fenstertyp bleiben die Fenster immer symmetrisch. Die Abmessungen der beiden Fensterteile können aber einzeln bearbeitet werden, um unsymmetrische Eckfenster zu gestalten.

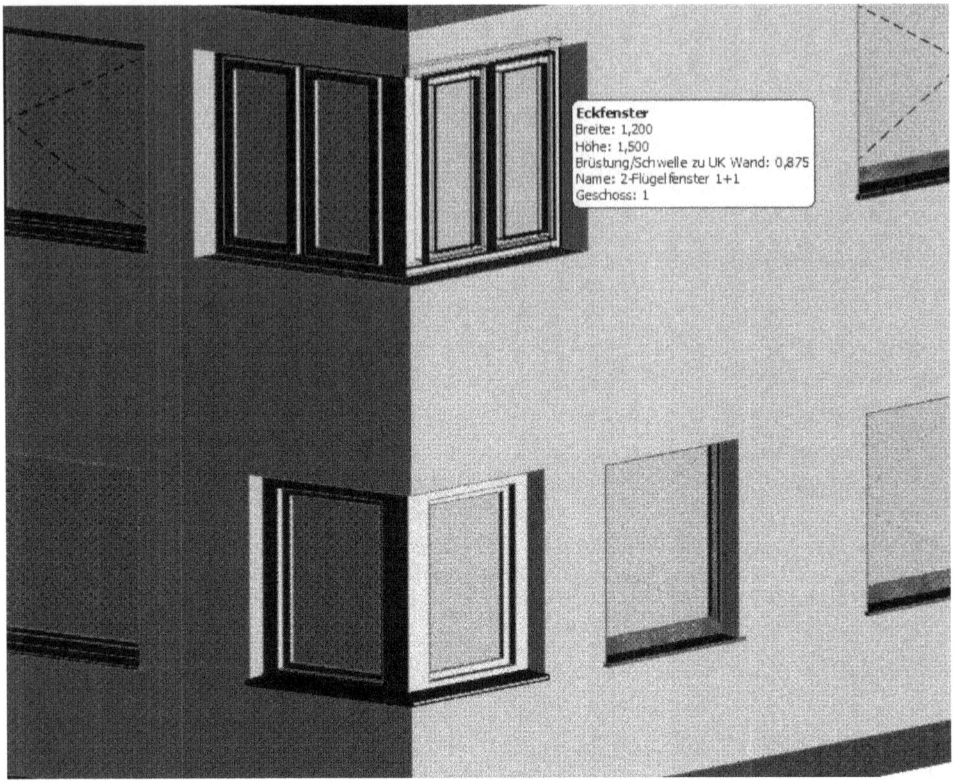

Abb. 5.37: Eingebaute Eckfenster der Typen Einflügelig und Zweiflügelig

5.3 Türen

Das TÜR-Werkzeug ähnelt natürlich in vielem dem FENSTER-Werkzeug. Das INFOFENSTER zeigt die gleichen GEOMETRIEMETHODEN MITTE, SEITE 1 und SEITE 2. Auch hier gibt es die Option einer leeren Türöffnung.

Nach Einfügen der Tür wird wieder wie beim Fenster mit dem *Richtungspfeil-Cursor* nach der Anschlagseite innen oder außen gefragt.

Abb. 5.38: INFOFENSTER für TÜR-Werkzeug

Der EINSTELLUNGSDIALOG (Abbildung 5.39) ähnelt auch sehr stark dem des Fensters. Auch hier lässt sich mit der Option SPIEGELN die *Öffnungsrichtung* nach innen oder nach außen noch nachträglich umstellen.

Wenn Sie die Anschlagseite von rechts nach links oder umgekehrt ändern wollen, markieren Sie zunächst die Tür mit der SCHNELL-AUSWAHL und klicken einen

Punkt auf der *Mittellinie* der Tür an. Dann erscheint die Pet-Palette und bietet unter anderem das Werkzeug Spiegeln an. Klicken Sie dieses Symbol in der Pet-Palette an. Mit einem weiteren Klick auf einen Punkt der *Mittelachse* wird die Tür schon umgedreht. Im Panel Parameter finden Sie unter Listenparameter auch Eingabemöglichkeiten für *Preis* und *Hersteller*, die später zur Erzeugung automatischer Listen sehr nützlich sein können.

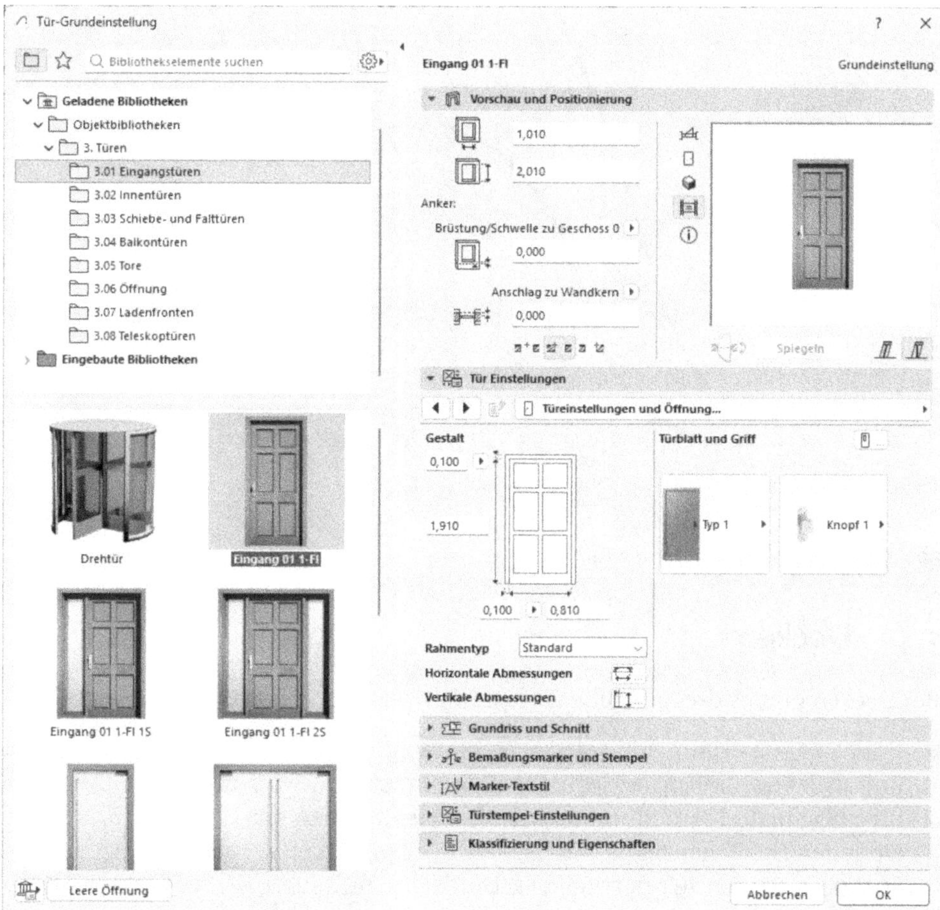

Abb. 5.39: Tür-Grundeinstellungen

Im Panel Eingangstüreinstellungen finden Sie eine Vielzahl von individuellen Parameterwerten, insbesondere die Anschlag Einstellungen mit allen möglichen Abmessungen. In den Panels Bemaßungsmarker und Stempel bzw. Marker Symbol und Text haben Sie viele Möglichkeiten zur Gestaltung der Tür-Marker.

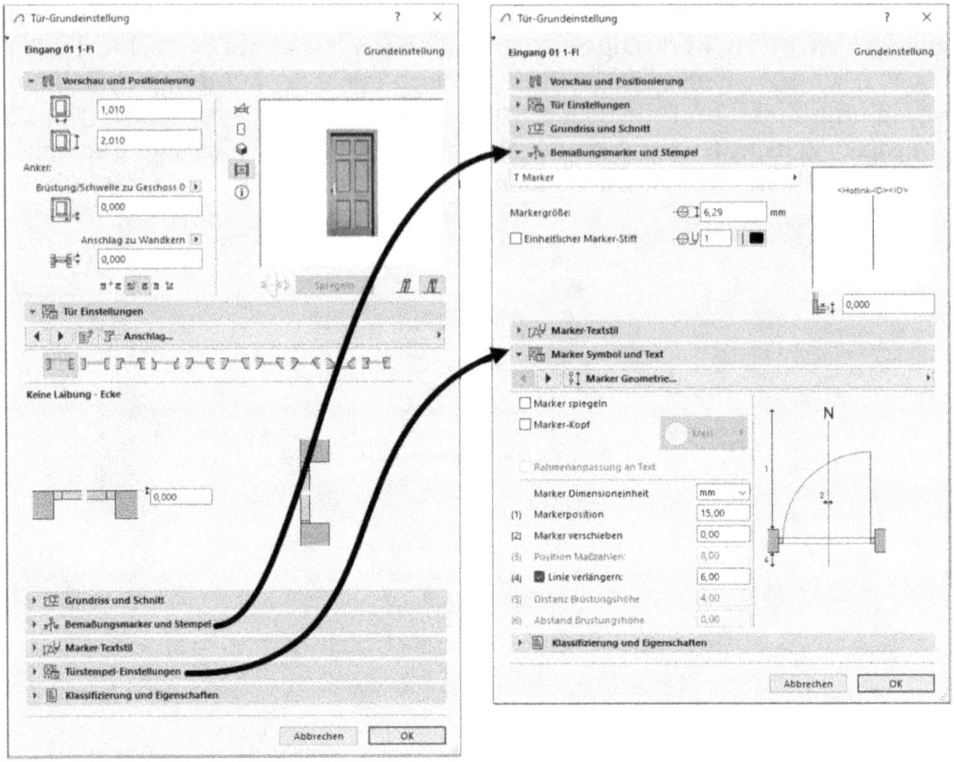

Abb. 5.40: Weitere Parameter für Türen

5.4 Decken

Bei Decken gibt es drei einfache GEOMETRIEFORMEN:

- POLYGON – Es kann eine polygonale Form eingegeben werden mit geradlinigen und auch bogenförmigen Segmenten. Die Erzeugung wird durch die PET-PALETTE für polygonale Formen unterstützt. Sie bietet neben der GERADEN KANTE drei Optionen für Bogensegmente: BOGEN TANGENTIAL ZUM VORHERGEZEICHNETEN SEGMENT, BOGEN MIT DEFINIERTER TANGENTE, BOGEN DURCH 3 PUNKTE und BOGEN MIT MITTELPUNKT.
- RECHTECK – Durch zwei diagonale Punkte wird ein Rechteck definiert, dessen Seiten parallel zu den Koordinatenachsen laufen.
- GEDREHTES RECHTECK – Hiermit wird über drei Punkte ein Rechteck definiert, das in einem wählbaren Winkel zu den Koordinatenachsen steht.

Bei der bisher benutzten Vorlage 01 AC29.3000.DEFAULT.01 ARCHICAD BEISPIEL-VORLAGE – GESCHOSS OK FF.TPL werden die Decken jeweils unter den Geschossen gezeichnet. Die Geschosshöhe 0,00 cm entspricht dann der Oberkante des Fertigfußbodens (FF). Er würde sich dann typischerweise bis -15 cm ausdehnen. Dort beginnt dann der Rohfußboden, der sich beispielsweise mit einer Stärke von 20 cm bis -35 cm erstreckt.

In Abbildung 5.41 liegt dann der Fertigfußboden mit einer Dicke von 0,15 m mit der Unterkante bei -0,15 m und die Rohdecke mit der Oberkante bei -0,15 m mit einer Dicke von 0,20 m, die sich nach unten ausdehnt.

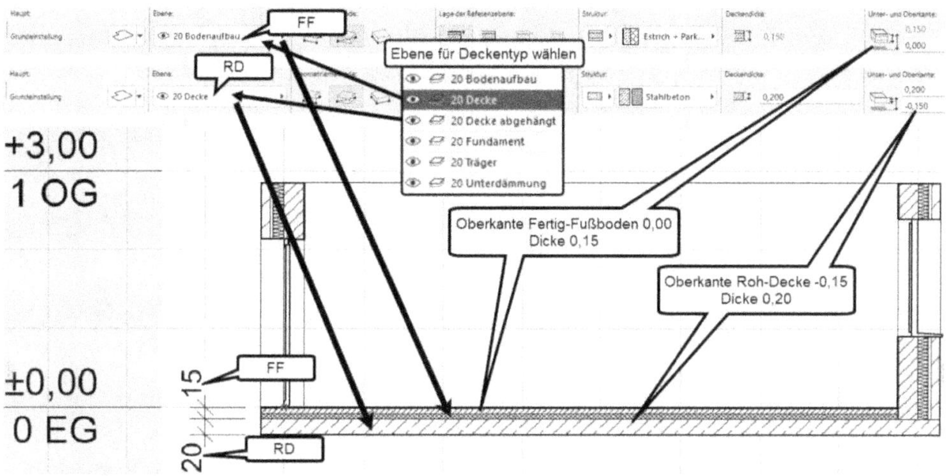

Abb. 5.41: INFOFENSTER Decke (Rohdecke=RD) und Bodenaufbau (Fertigfußboden=FF)

Da der Wandbeton die Priorität 680 hat, der Estrich 330 und die Trittschall-Dämmung aber 210, dominiert eine Betonwand die oberen Schichten des Fertigfußbodens und geht bis zur Betonschicht der Decke hindurch.

Es stehen viele verschiedene Schichtaufbauten zur Verfügung, auch für Holzdecken. Für individuelle Schichtaufbauten müssten Sie unter OPTIONEN|ELEMENT-ATTRIBUTE|MEHRSCHICHTIGE BAUTEILE eigene Strukturen aufbauen, wie bereits bei den Wänden beschrieben.

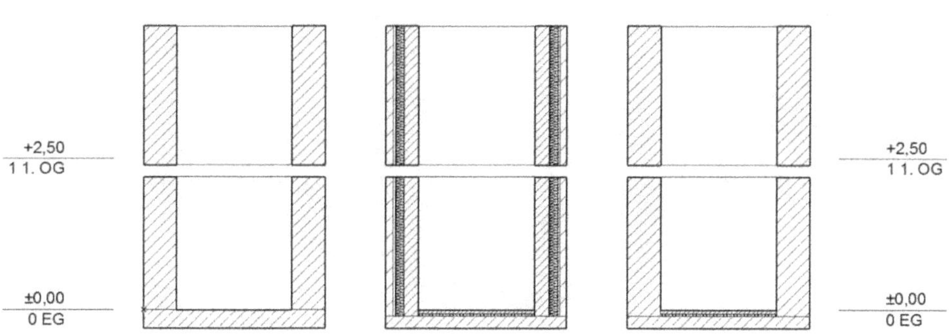

Abb. 5.42: Verbindungen zwischen Wänden und Decken

Für die schattierte Modelldarstellung ist die Oberfläche durch das Schichtmaterial bestimmt. Sie können aber im Panel MODELL noch strukturierte Materialien auswählen wie etwa *Holz, Parkett Stäbchen.*

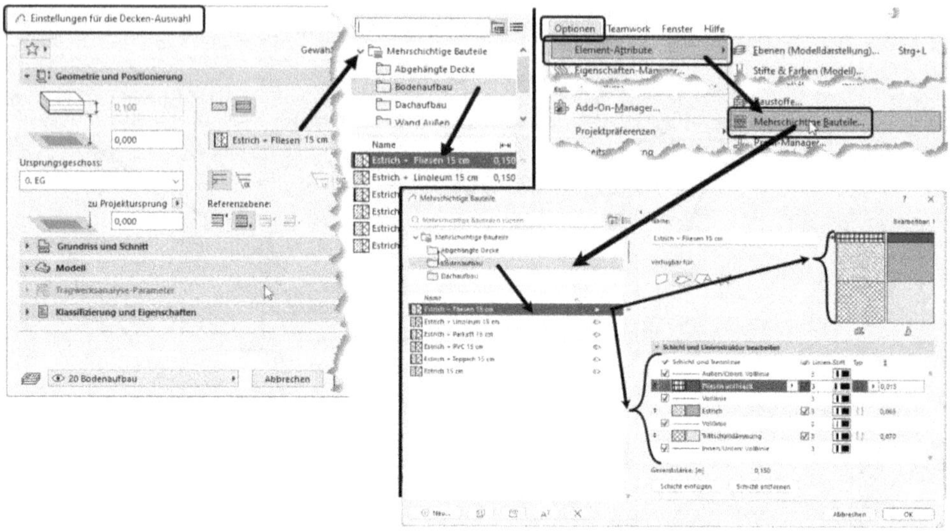

Abb. 5.43: Grundeinstellungen für Decken, hier Schichtaufbau mit individuellen Oberflächen

5.4.1 Decken mit Zauberstab

Sie können die Decke auch mit dem ZAUBERSTAB aus dem KONTROLLFENSTER bzw. aus PLANUNG|ZAUBERSTAB erstellen.

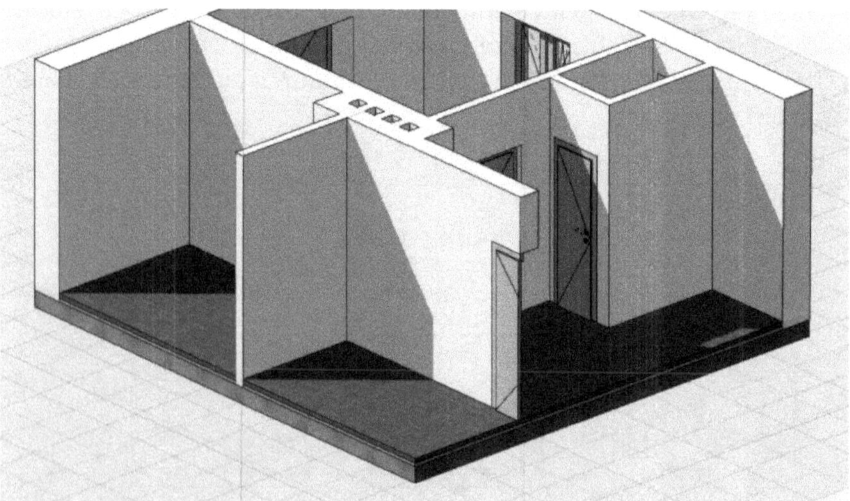

Abb. 5.44: Decke mit Schichtaufbau im Schnitt

Wenn Sie mit dem ZAUBERSTAB einfach in die umgrenzenden Wände hineinklicken, entsteht eine Decke, die bis zu den *Innenkanten* der Wände reicht. Wenn Sie mit dem ZAUBERSTAB auf die *Außenkante* der Umgrenzungswand klicken, zeigt der ZAUBERSTAB das Polygonsymbol und erstellt eine Decke bis zu den Außenkanten der Wände. Das funktioniert auch im 3D-Fenster.

5.4.2 Decken anpassen

Die Deckenkanten können auch in ihrem *Neigungswinkel* verändert werden, z.B. zum Anpassen an eine Dachneigung. Das geht im EINSTELLUNGSDIALOG oder auch für individuelle Kanten mittels PET-PALETTE. Markieren Sie dazu die Decke, aktivieren Sie mit einem weiteren Klick auf eine Kante die PET-PALETTE und rufen Sie dort rechts oben das Werkzeug INDIVIDUELLE KANTEN-EINSTELLUNGEN auf. Hier können Sie eigene Winkel für die aktuelle Kante oder auch für alle Kanten eingeben. Zum Anpassen an eine Dachneigung von 30° müssen Sie einen Winkel von 150° angeben (180° – 30° = 150°), also immer den Neigungswinkel von 180° abziehen. In den GRUNDEINSTELLUNGEN können Sie zwar auch den Winkel für die Kante angeben, aber nur einen einzigen Wert für *alle* Kanten. Bei individuell veränderten Kantenwinkeln finden Sie in den GRUNDEINSTELLUNGEN dann ein gelbes Warndreieck.

Eventuell wollen Sie die Decke nicht bis ganz zur Außenkante der Wand durchgehen lassen. Dann müssen Sie die Decke an einer Kante anklicken und mit dem Werkzeug ALLE KANTEN VERSETZEN aus der PET-PALETTE um den gewünschten Betrag zurückziehen. Den Abstand geben Sie in die TRACKER-Dialogfläche unter ABSTAND ein.

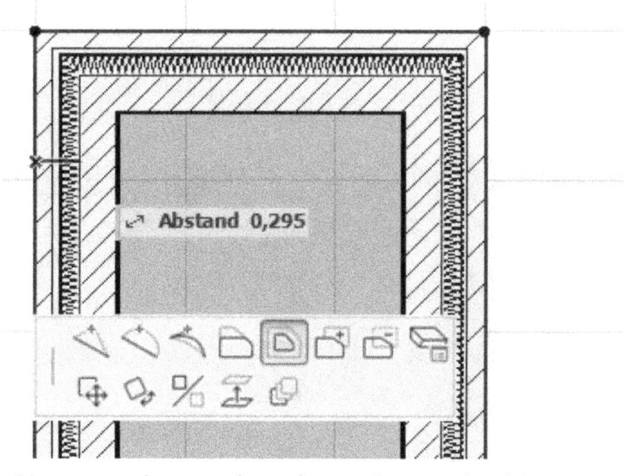

Abb. 5.45: Decke unter dem Obergeschoss wird auf die tragende Wand zurückgezogen.

Die Wände im darunter liegenden Geschoss sollten nun mit der äußeren Schicht bis zur entsprechenden Schicht im Obergeschoss durchgehen. Dazu reicht es aus, die untere Wand bis zur Geschosshöhe durchgehen zu lassen, also den vorgegebenen Versatz der Oberkante von -0,3 m auf 0,0 m zu setzen. Die Verschneidungsprioritäten sorgen dann dafür, dass die Materialien korrekt dargestellt werden.

Abb. 5.46: Verschneidungen zwischen Decken und Wänden

Die Wirkung der Decken auf die Wände können Sie in 3D gut anzeigen, indem Sie die Decken ausblenden. Für die Darstellung in Abbildung 5.47 gehen Sie im NAVIGATOR auf 3D|ALLGEMEINE AXONOMETRIE. Aktivieren Sie 3D-SCHNITT AUSFÜHREN im STANDARD-Werkzeugkasten und wählen Sie EIGENE SCHNITTEBENE ERSTELLEN. Klicken Sie dann auf eine *Wandfläche*, um die Schnittebene zu definieren, verschieben Sie diese dann in das Modell hinein und klicken Sie auf FERTIGSTELLEN. Wählen Sie unter der gleichen Funktion ELEMENTE IN 3D FILTERN und deaktivieren Sie die *Decken*.

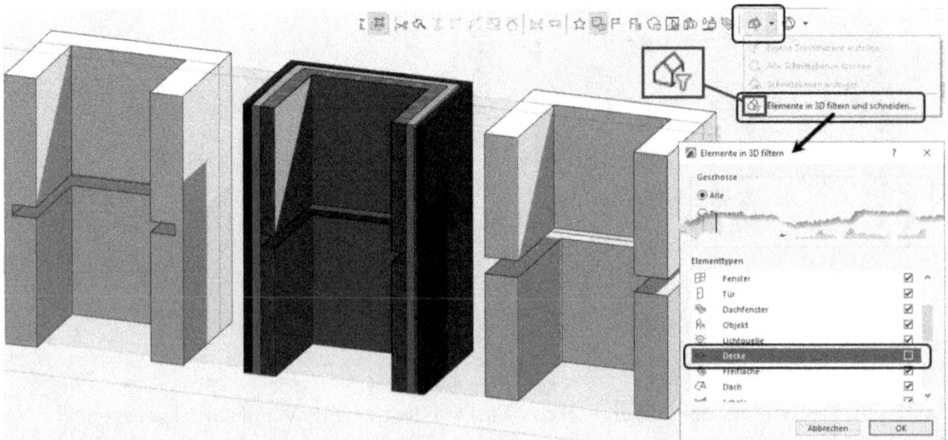

Abb. 5.47: Wände nach Ausblenden der EG-Decke

5.4.3 Deckendurchbrüche und -öffnungen

Ausschnitte für Treppen

Große und beliebig geformte Deckendurchbrüche beispielsweise für Treppen können Sie nach Markieren der Decke und zusätzlichem Anklicken am Rand oder an der Ecke mit dem Werkzeug VOM POLYGON ABZIEHEN aus der PET-PALETTE erstellen. Je nach Einstellung in der INFOLEISTE können Sie ein POLYGON, ein RECHTECK oder ein GEDREHTES RECHTECK erzeugen. Ziehen Sie dann z. B. ein Polygon über mehrere Eckpunkte auf und schließen Sie es. Dann erscheint es als Durchbruch.

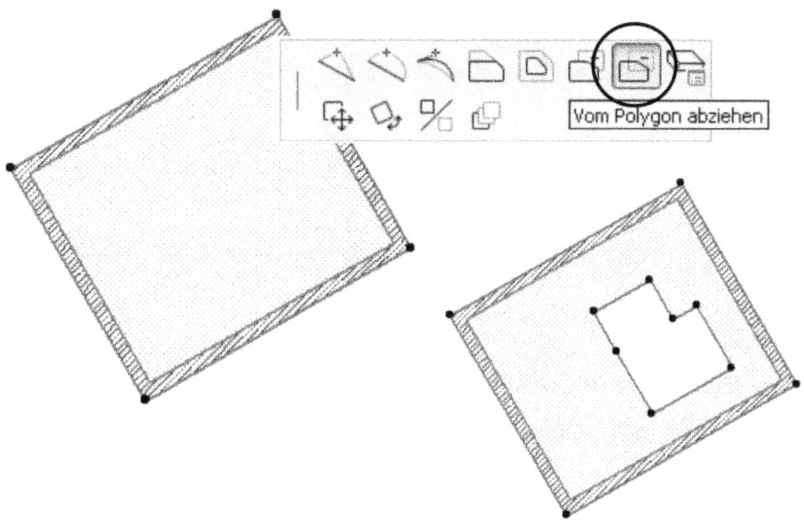

Abb. 5.48: DECKENDURCHBRUCH-Werkzeug

Wenn Sie eine Decke über mehrere aneinandergrenzende Flächen konstruieren, werden Sie standardmäßig eine gestrichelte Grenzkante dazwischen sehen, auch wenn sie exakt aneinandergrenzen. Diese gestrichelten Kanten können Sie aber über eine Änderung in der Modelldarstellung unsichtbar machen.

Dazu wählen Sie DOKUMENTATION|MODELLDARSTELLUNG|MODELLDARSTELLUNG ERSTELLEN und suchen die aktuelle Modelldarstellung, hier 05 BEISPIEL AUSFÜHRUNGSPLANUNG, zum Ändern aus. Unter der Kategorie DECKE ändern Sie die Kantendarstellung von VERDECKTE LINIEN VERWENDEN in ELIMINIEREN um (Abbildung 5.49).

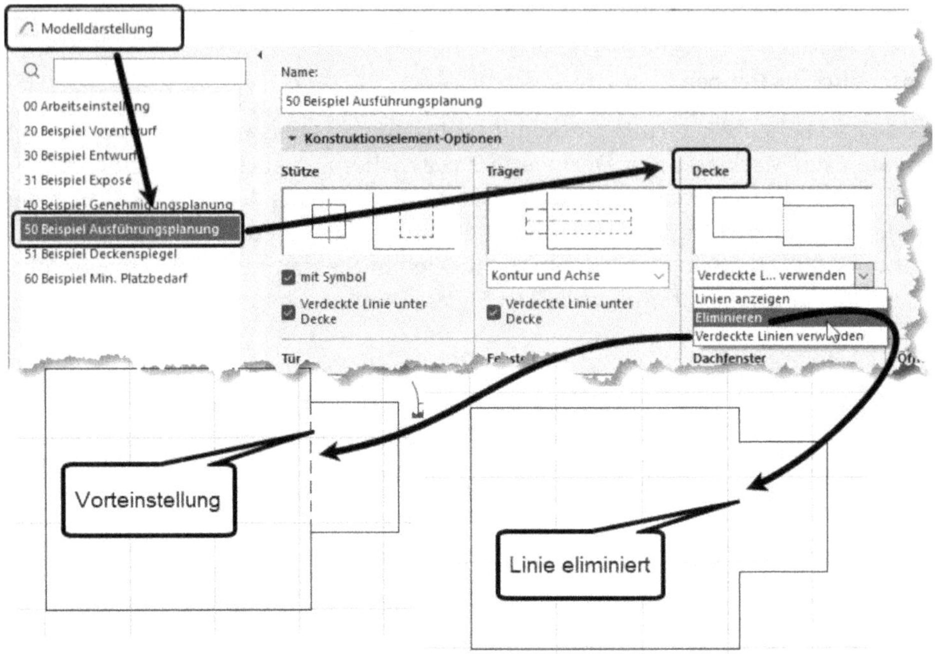

Abb. 5.49: Deckenkante über Modelldarstellung ausblenden

Deckendurchbruch über ÖFFNUNGS-Werkzeug

Sie können für die rechteckigen oder kreisförmigen kleineren Deckendurchbrüche im WERKZEUGKASTEN unter PLANUNG|ÖFFNUNG aus den Favoriten ein passendes Werkzeug aussuchen oder die Einstellungen über INFOLEISTE bzw. GRUNDRISSFENSTER vornehmen (s.a. Abschnitt 5.8).

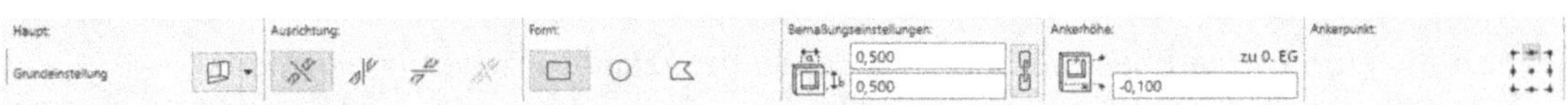

Abb. 5.50: Werkzeug für Schlitze und Durchführungen

In diesem Fall wird dann auch das übliche Durchbruchssymbol in der Grundrissansicht bzw. in der Schnittansicht angezeigt. Das Werkzeug kann für Decken- und Wandöffnungen benutzt werden.

Wenn Sie zwei Decken für Rohdecke und Fertigfußboden haben, dann legt sich die Öffnung in der Grundrissansicht natürlich zunächst nur auf die obere Schicht, den Fußboden. Markieren Sie dann die Öffnung und wählen Sie dort das BEARBEITUNGSWERKZEUG, um mit der Option + die Öffnung durch die Rohdecke fortzusetzen. Im BEARBEITUNGSWERKZEUG werden danach die IDs der beiden durchbrochenen Decken angezeigt. Alternativ können Sie im Pet-Werkzeug der Durchbruchskante auch ZUSÄTZLICHES ELEMENT AUSSCHNEIDEN auswählen.

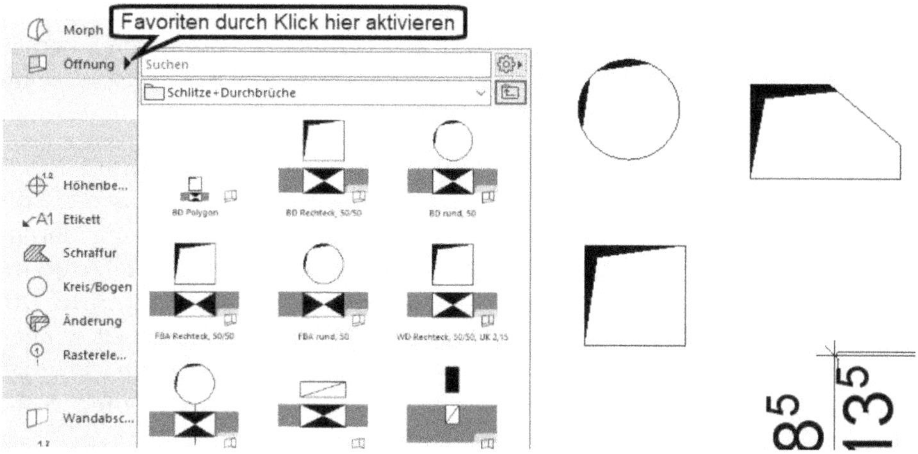

Abb. 5.51: Öffnungswerkzeug mit Favoriten und Beispielen für Deckenöffnungen

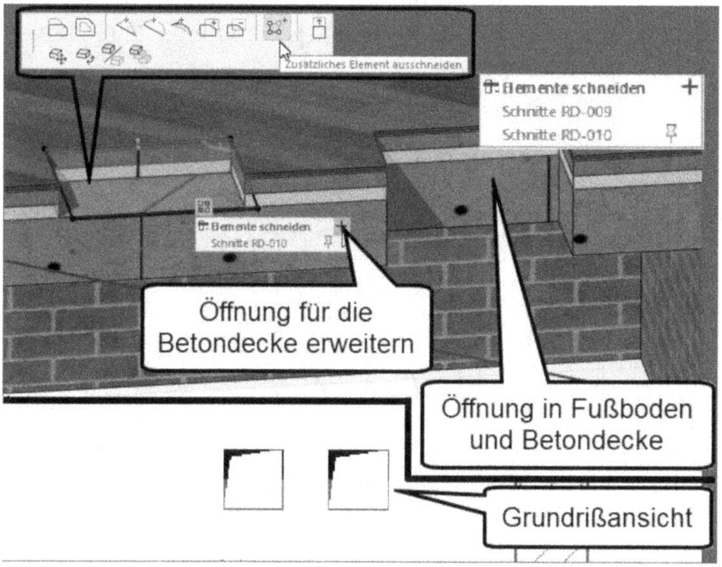

Abb. 5.52: Deckendurchbruch durch Fußboden und Erweiterung durch die Rohdecke

Öffnungen mit Morph-Volumen generieren

Alternativ können Sie auch Öffnungen mit MORPH-Volumenkörpern aus Wänden oder Decken über mehrere Stockwerke sehr praktisch herausstanzen. Dazu aktivieren Sie zuerst das Morph-Werkzeug ❶ und zeichnen mit der Geometriemethode ❷ KÄSTCHEN den gewünschten Ausschnitt nach ❸ und geben auch die Höhe als EXTRUSIONSLÄNGE ❹ ein. Wenn Öffnungen in mehreren Stockwerken erstellt werden sollen, dann wählen Sie diese Höhe so, dass der Morph-Volumenkörper alle Geschossdecken und ggf. auch die Dachfläche durchschneidet. Denken Sie auch an Öffnungen im Kellerbereich und stellen Sie die HÖHENLAGE im INFOFENSTER passend ein, um später damit alle Öffnungen zusammen zu erhalten. Sie können hier natürlich auch gleich mehrere Morphs wie beispielsweise für die Schornsteinzüge in Abbildung 5.53 erzeugen.

Dann wählen Sie die erzeugten Morphs ❺ und aktivieren im Menü PLANUNG|ÖFFNUNGEN|ÖFFNUNGEN AUS AUSWAHL ERSTELLEN ❻. Im Dialogfeld wählen Sie die gewünschte Form ❼ aus und stellen evtl. noch einen VERSATZ ❽ um die Morphs herum ein. Sie können noch entscheiden, ob die Morphs für weitere Aktionen genutzt werden sollen ❾ und können auch eine Verschmelzung benachbarter Öffnungen aktivieren ❿. Mit ÖFFNUNGEN ERSTELLEN ⓫ werden nun alle Öffnungen für die gewählten Morphs in allen Stockwerken erstellt ⓬. In der Draufsicht erhalten diese Öffnungen die üblichen Markierungen ⓭. Die Formen der Durchbrüche sind auf rechteckig und kreisförmig beschränkt.

In ähnlicher Weise können Sie auch Morphs in den SOLID ELEMENT-Befehlen mit der Methode ABZUG verwenden. Um die Morphs selbst dann danach unsichtbar zu machen, können Sie im Kontextmenü nach Rechtsklick die Option EBENE|EBENE AUSBLENDEN für die Morph-Ebene verwenden.

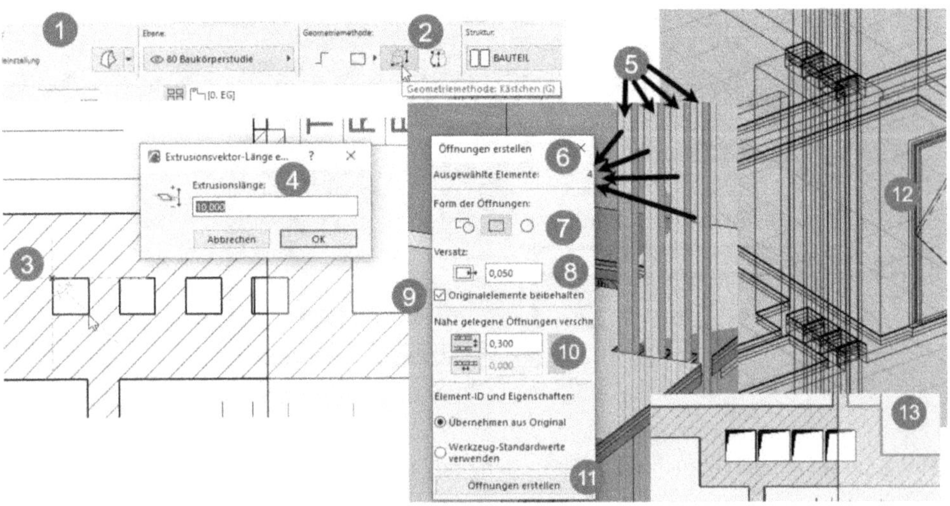

Abb. 5.53: Öffnungen mit Morphs erstellen

5.5 Dächer

5.5.1 Infofenster

Das voreingestellte Dach ist ein Walmdach mit rechteckigem Umriss und einem Schichtaufbau. Wenn Sie für das DACH-Werkzeug das INFOFENSTER auf drei Zeilen aufziehen, finden Sie dort die wichtigsten Einstellungen.

Links unten und oben im zweiten Feld finden Sie in fünf Buttons mit Unteroptionen die *Geometriemethoden* (Abbildung 5.54) für Dächer:

- EINZELFLÄCHE – erzeugt eine einzelne geneigte oder ebene Dachfläche. Die Einzelfläche, praktisch Pultdächer, wird durch die Dach-Aufsetzkante, die Neigungsrichtung (per Augen-Cursor anzugeben) und den Dachumriss definiert. Drei Unteroptionen sind möglich:
  - KOMPLEXES DACH – Mit KOMPLEXES DACH wird eine Dachfläche erzeugt, die einen polygonalen Umriss besitzt, der im Grundrissfenster eingegeben wird. Diese Methode ist besonders im Zusammenhang mit dem ZAUBERSTAB (Menü PLANUNG|ZAUBERSTAB oder ZAUBERSTAB im KONTROLLFENSTER) sehr praktisch, weil Sie damit nicht alle Polygonecken einzeln anklicken müssen, sondern nur einmal mit dem Zauberstab auf die umlaufende Wandkontur zu klicken brauchen.
  - RECHTECK – Es wird ein Dach durch ein Rechteck erstellt, dessen Seiten parallel zu den Koordinatenachsen laufen. Das Rechteck wird über diagonale Eckpunkte definiert.
  - GEDREHTES RECHTECK – Das Dach wird als gedrehtes Rechteck erzeugt. Nach dem ersten Rechteckpunkt folgt der zweite Eckpunkt, der auch die Richtung definiert. Der dritte Eckpunkt legt dann die Tiefe des Rechtecks fest.

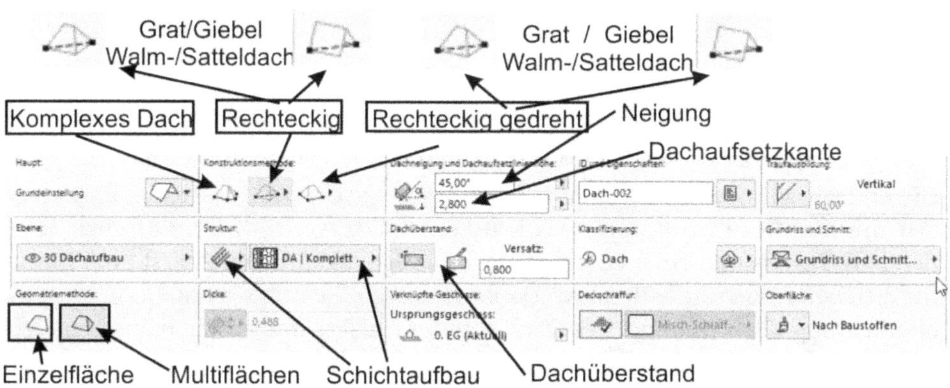

Abb. 5.54: INFOFENSTER für DACH-Werkzeug

- MULTIFLÄCHEN – bedeutet ein aus mehreren Flächen zusammengesetztes Dachobjekt. Die Option erzeugt deshalb gleich mehrere zusammengehörige Dachflächen für einen geschlossenen Umriss. Hier können Walmdächer und Satteldächer generiert werden, wenn der Umriss rechteckig ist. Bei anderen Umrissen können Giebel nach Zerlegen in Einzel-Dachflächen modelliert werden.
  - KOMPLEXES DACH – Das komplexe Multiflächen-Dach kann einen beliebigen polygonalen Umriss haben. Zusätzlich können in den DACHEINSTELLUNGEN *mehrere Dachneigungen* in verschiedenen Höhen definiert werden. Eine Auf-

setzkante definiert die Lage des Daches. Mit dem Zauberstab müssen Sie nur die Kontur einmal anklicken, ohne die Aufsetzkante explizit zu wählen.

- RECHTECK – Es wird wie oben ein Dach durch ein Rechteck mit zwei diagonalen Punkten erstellt, dessen Seiten parallel zu den Koordinatenachsen laufen. Bei dieser Option können Sie noch zwischen *Satteldach* (Option GIEBEL) und *Walmdach* (Option GRAT) wählen.
- GEDREHTES RECHTECK – Das Dach wird als gedrehtes Rechteck wie weiter oben erzeugt. Auch hier kann zwischen *Sattel-* und *Walmdach* gewählt werden.

Komplexere Dachformen wie Kuppeldach oder Dächer mit beliebigem Querschnitt können mit dem Werkzeug SCHALE realisiert werden (siehe nächster Abschnitt).

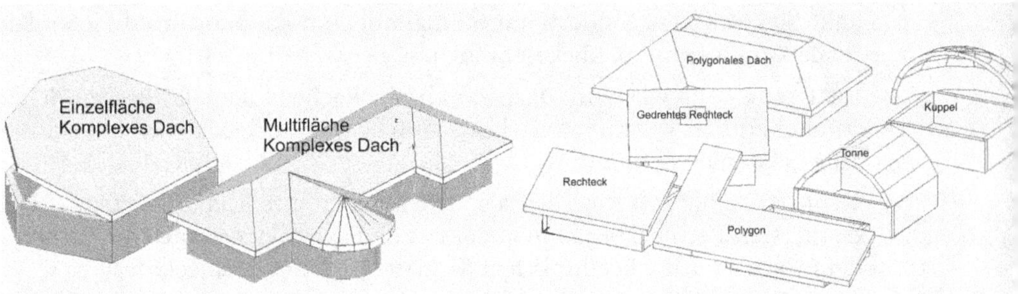

Abb. 5.55: Dachformen

5.5.2 Verschiedene Dachformen erstellen

Pultdach

Die einfachste Form im DACH-Werkzeug ist die GEOMETRIEMETHODE: EINZELFLÄCHE mit KONSTRUKTIONSMETHODE: KOMPLEXES DACH, ein Dach mit frei zu zeichnendem Umriss und einer einzigen Dachschräge. Sie müssen zuerst zwei Punkte für die *Dach-Aufsetzlinie* eingeben. Danach müssen Sie mit dem AUGEN-CURSOR in die Richtung klicken, in die das Dach von der Aufsetzlinie gesehen aus ansteigen soll. Dann folgen die einzelnen Punkte für das geschlossene Dachflächen-Polygon (Abbildung 5.56). Hier können Sie effektiv den ZAUBERSTAB zur automatischen Konturauswahl einsetzen (über PLANUNG|ZAUBERSTAB oder KONTROLLFENSTER).

Die Definition für das KOMPLEXE DACH kann wie bei der *Polylinie* auch Bogensegmente einschließen. Die PET-PALETTE bietet entsprechende Werkzeuge an, um auch Bögen mit glattem, tangentialem Übergang oder mit anderer Startrichtung oder mit drei Punkten etc. zu erstellen. Wenn Sie am Schluss den Startpunkt erreichen, zeigt der Hammer-Cursor an, dass die Kontur geschlossen wird.

Die Konstruktion der Dachformen RECHTECK und KOMPLEXES DACH beginnt immer mit der Definition der *Aufsetzlinie*. Danach wird die äußere Form über zwei (RECHTECK) oder mehrere Punkte (KOMPLEXES DACH) definiert.

Bei der Form Gedrehtes Rechteck wird das Rechteck mit der ersten Seite zur Richtung der Aufsetzlinie ausgerichtet, beim normalen Rechteck dagegen liegen die Dachkanten immer horizontal und vertikal in der Grundrissansicht.

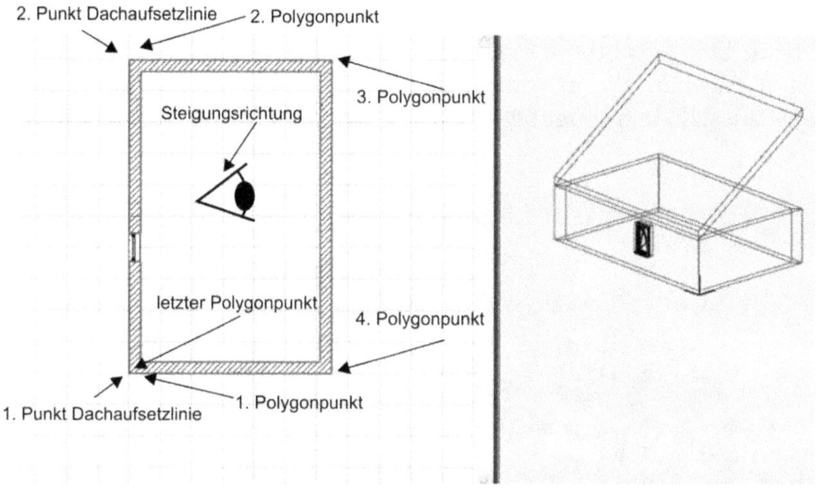

Abb. 5.56: Einfache Dachfläche mit Eingabepositionen

Walmdach und Satteldach

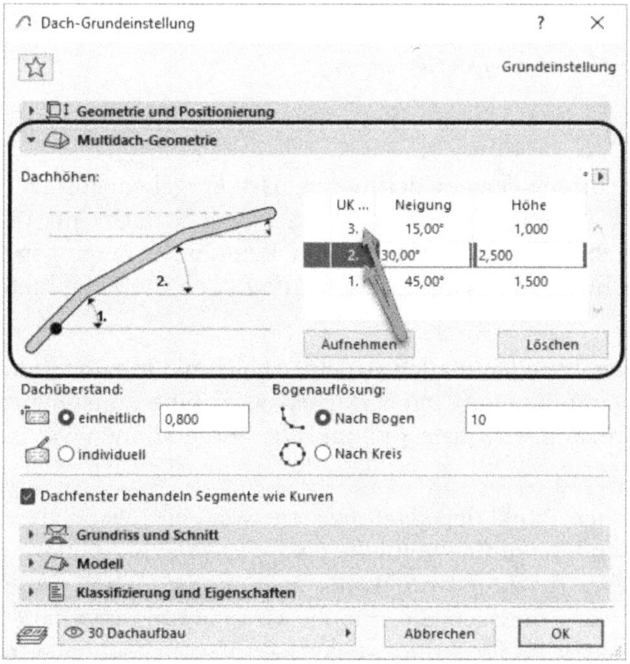

Abb. 5.57: Dachneigungen für das Multiflächen-Dach

Beim MULTIFLÄCHEN-Dach können Sie für die KONSTRUKTIONSMETHODEN RECHTECK und GEDREHTES RECHTECK noch zwischen *Walmdach*, hier als GRAT bezeichnet, und *Satteldach*, hier GIEBEL, wählen. Für KOMPLEXES DACH lassen sich nach dem Zerlegen mit BEARBEITEN|VEREINIGEN & ZERLEGEN|IN EINZEL-DACHFLÄCHEN ZERLEGEN nachträglich noch Giebel modellieren.

Sie können beim MULTIFLÄCHEN-Dach in den Dach-Einstellungen auch mehrere Dachneigungen angeben, die in verschiedenen Höhen aktiviert werden (Abbildung 5.57). Die zusätzlichen Neigungen werden mit AUFNEHMEN hinzugefügt.

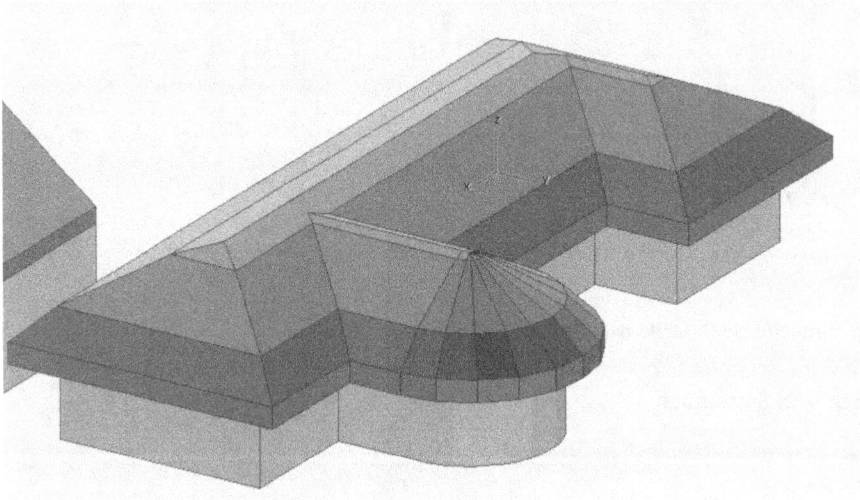

Abb. 5.58: MULTIFLÄCHEN-Dach mit verschiedenen Neigungen

5.5.3 Dach im 3D-Fenster

Sie können auch ein Dach im 3D-Fenster definieren. Der Eingabedialog läuft dann etwas anders. Bei der Konstruktion eines EINZELFLÄCHEN-Dachs im 3D-Fenster werden zuerst drei Punkte zur Festlegung der Referenzebene eingegeben. Dadurch wird die Dachneigung bestimmt. Danach folgen die Eckpunkte des Dach-Polygons.

Der dritte Punkt der Referenzebene kann auch auf einer Hilfslinie in z-Richtung liegen. Dazu müssen die Haupt-Referenzlinien aktiviert sein. Eine Hilfslinie in z-Richtung erhalten Sie dann mit der Taste [H], und die Höhe können Sie im TRACKER eingeben.

Bequem ist es auch, den dritten Punkt der Referenzebene von einer Wand abzugreifen, die in der Höhe verändert wurde. Wenn Sie eine Wand wie in Abbildung 5.59 einzeln in die Höhe ziehen möchten, Ihre Wände aber mit der Option GRUPPIEREN erstellt wurden, dann müssen Sie nur die Gruppierung abschalten (Menü BEARBEITEN|GRUPPIEREN|GRUPPIERUNG AUSSETZEN oder in Symbolleiste STANDARD), um die Höhe dieser Wand einzeln in der INFOLEISTE zu ändern.

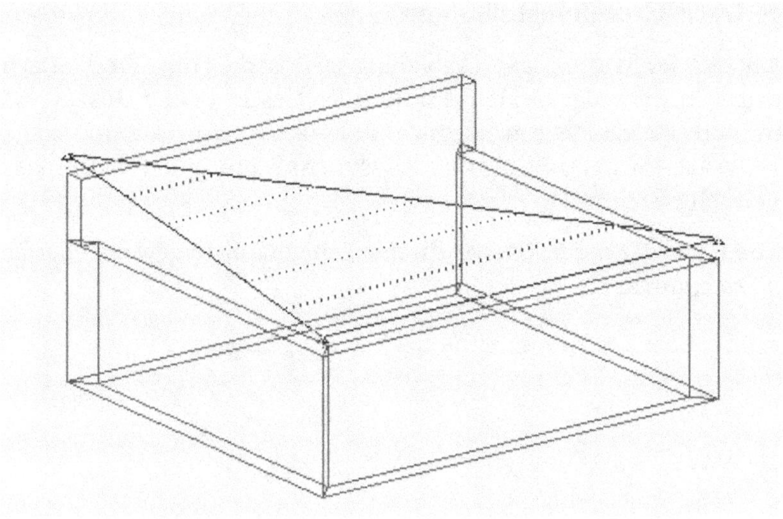

Abb. 5.59: Referenzebene für POLYGONDACH im 3D-Fenster

Wenn das Dach-Polygon größer sein soll als durch die Wandecken gegeben, können Sie nachträglich das Dach an einem Eckpunkt aktivieren und über das Werkzeug der PET-PALETTE ALLE KANTEN VERSETZEN bequem vergrößern.

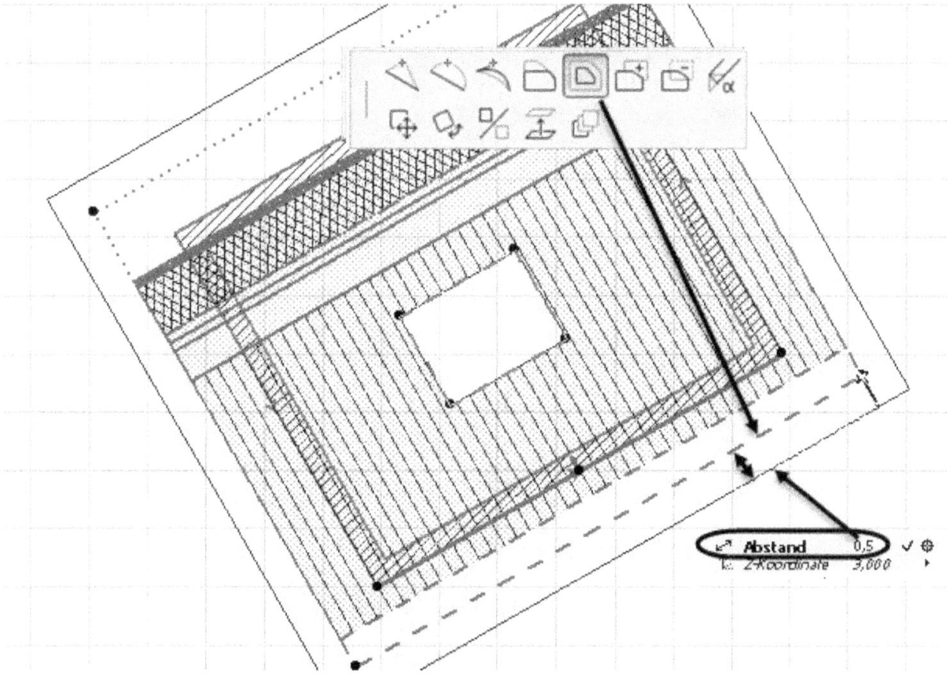

Abb. 5.60: Dach vergrößern mit ALLE KANTEN VERSETZEN

5.5.4 Weitere Dach-Grundeinstellungen

Unter GEOMETRIE UND POSITIONIERUNG (Abbildung 5.61) ist die Höhe für die Dach-Aufsetzlinie anzugeben, entweder als Höhe im aktuellen Geschoss, hier URSPRUNGSGESCHOSS, relativ zum PROJEKTURSPRUNG, zur 1. REFERENZHÖHE, zur 2. REFERENZHÖHE oder zur MEERESHÖHE. Das URSPRUNGSGESCHOSS kann in der GRUNDRISSDARSTELLUNG gewählt werden.

Rechts davon wird entweder der BAUSTOFF für den Schichtaufbau gewählt oder bei einschichtigem Dachaufbau die STÄRKE.

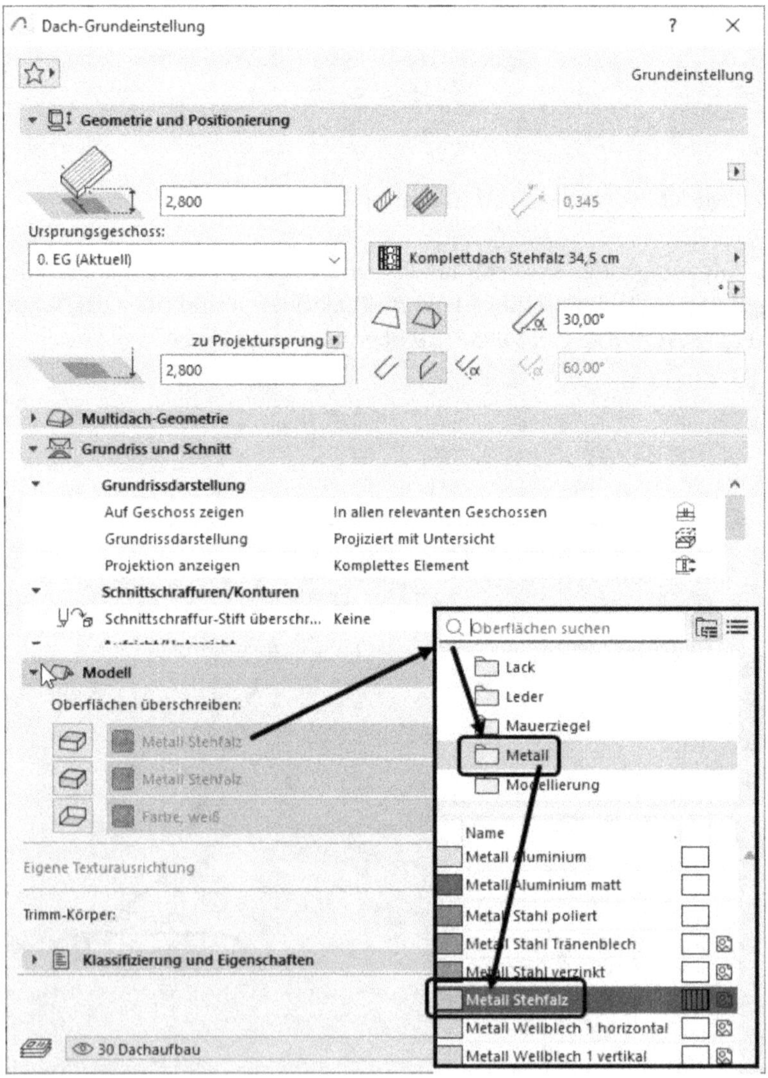

Abb. 5.61: DACH-GRUNDEINSTELLUNGEN

Darunter wird die DACHNEIGUNG eingegeben. Anstelle des Winkels in Grad kann über einen kleinen Button auch auf Prozent umgeschaltet werden.

Ferner kann noch zwischen rechtwinkliger, vertikaler und beliebig geneigter Dachkante gewählt werden.

Im Panel MODELL können noch verschiedene Oberflächenstrukturen abweichend vom Material für Dachfläche, -kante und -unterseite gewählt werden wie z.B. **Dach Schindeln grün**.

Darstellungsoptionen

Gerade bei Dächern ist es interessant, die Darstellungsoptionen auszutesten. Sie sind im Panel GRUNDRISS UND SCHNITT lokalisiert unter GRUNDRISSDARSTELLUNG:

- AUF GESCHOSS ZEIGEN – gibt an, in welchen Geschossen das Element angezeigt werden soll mit den Optionen:
  - NUR IM URSPRUNGSGESCHOSS
  - URSPRUNGSGESCHOSS UND EIN GESCHOSS DARÜBER
  - URSPRUNGSGESCHOSS UND EIN GESCHOSS DARUNTER
  - URSPRUNGSGESCHOSS UND EIN GESCHOSS DARÜBER UND DARUNTER
  - IN ALLEN GESCHOSSEN
  - ALLE RELEVANTEN GESCHOSSE
  - EIGENE EINSTELLUNG
- GRUNDRISSDARSTELLUNG – legt fest, ob nur der Höhenschnitt in der Schnittebene des aktuellen Geschosses oder auch Unteransichten oder Draufsichten oder Projektionen angezeigt werden sollen:
  - PROJIZIERT – zeigt den Schnitt in Höhe der Grundriss-Schnittebene und die Draufsicht der darunter liegenden Teile.
  - PROJIZIERT MIT UNTERSICHT – zeigt den Schnitt in Höhe der Grundriss-Schnittebene, die Draufsicht der darunter liegenden Teile und punktiert die Teile über der Schnittebene.
  - NUR SCHNITT – zeigt nur den Schnitt in Höhe der Grundriss-Schnittebene, weder Teile oder Projektionen darüber noch darunter.
  - NUR AUFSICHT – zeigt keinen Schnitt, dafür aber die Draufsicht auf das komplette Teil.
  - UNTERSICHT – zeigt punktiert die Unteransicht des kompletten Teils.
- PROJEKTION ANZEIGEN
  - ZUM GRUNDRISSBEREICH – zeigt Elemente auf einer Reihe von Geschossen als Projektion.

- ZUR ABSOLUTEN DARSTELLUNGSGRENZE – zeigt alles, was innerhalb der definierten Geschosse sichtbar wäre. Dächer, die über das oberste definierte Geschoss hinausgehen, würden dort abgeschnitten werden.
- KOMPLETTES ELEMENT – wird auf allen relevanten Geschossen gezeigt.

Abbildung 5.62 zeigt die verschiedenen Grundrissdarstellungen für ein Pult- und ein Walmdach, das im 1. Geschoss beginnt und darüber herausragt vom 2. Geschoss aus gesehen.

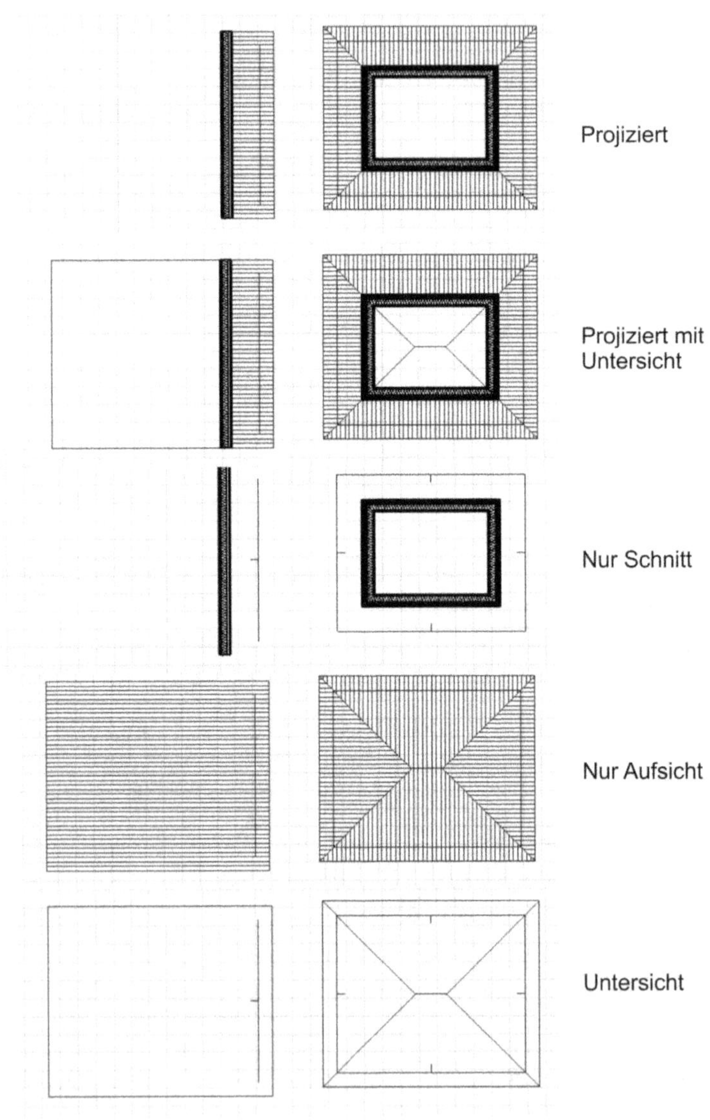

Abb. 5.62: Grundrissdarstellungen für ein Pultdach und ein Walmdach

5.5.5 Dachdurchbrüche und -öffnungen

Sie können einen Dachdurchbruch analog zu den Deckendurchbrüchen mit der PET-PALETTE über VOM POLYGON ABZIEHEN erstellen. Dabei wird der Durchbruch aber in der 2D-Projektion nicht als Öffnung markiert. Bequemer verwenden Sie deshalb das Werkzeug ÖFFNUNG, das rechteckige, runde und polygonale Durchbrüche erlaubt. ÖFFNUNGEN lassen sich auch leichter entfernen.

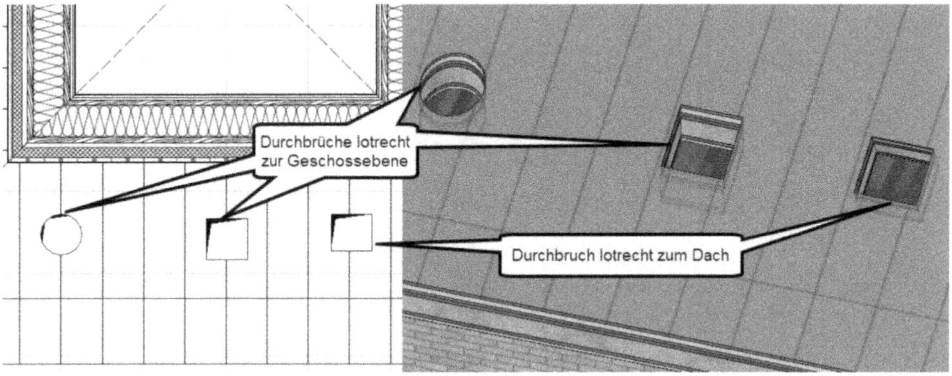

Abb. 5.63: Dachdurchbrüche mit ÖFFNUNG erstellt

5.5.6 Wände auf Dach anpassen

Die Wände werden durch eine spezielle *Trimm-Aktion* ans Dach angepasst:

1. Damit Sie gleich mehrere Wände wählen können, schalten Sie in der STANDARD-SYMBOLLEISTE das Werkzeug GRUPPIEREN AUSSETZEN ab (z.B. mit [Alt]+[G]). Wenn Sie die Außenwände mit der Geometriemethode RECHTECK erstellt haben, bilden sie automatisch eine Gruppe, die sich mit einfachem Klick wählen lässt.

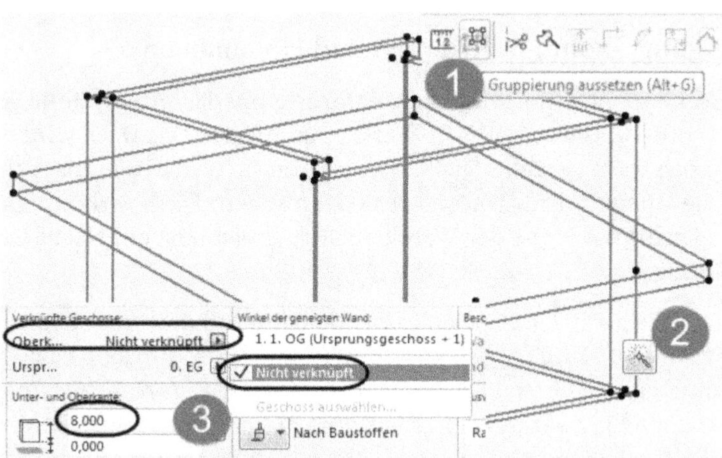

Abb. 5.64: Wände zur Dach-Anpassung verlängert

2. Wählen Sie die Außenwände im 3D-Fenster einzeln mit Klick und [⇧]-Klick oder als Gruppe mit einem einzelnen Klick.
3. Ändern Sie die Höhe im INFOFENSTER so, dass alle komplett über das Dach hinausragen.
4. Sobald die Wände höher als das Dach und noch aktiviert sind, wählen Sie das Werkzeug AN DACH ANPASSEN aus der STANDARD-Symbolleiste.
5. Sie wählen dann das Dach als Trimm-Element, das dann rot markiert wird.
6. Abschließend müssen Sie nur noch auf die Seite der nun blau markierten Wände (nämlich unten) klicken, die bei der Trimm-Aktion erhalten bleiben soll.

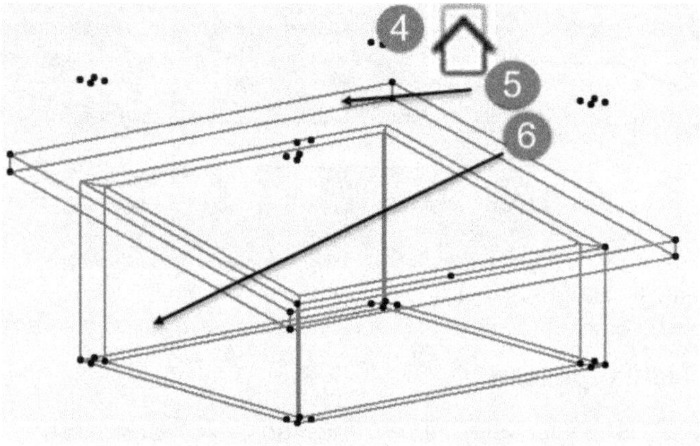

Abb. 5.65: Fertig angepasste Wände

Die Wände werden auch mit dem Dach verschnitten. Die Verschneidungsergebnisse können Sie wieder wie bei Wänden und Decken über die Verschneidungsprioritäten der beteiligten *Materialien* beeinflussen.

5.5.7 Dachneigung, -höhe, Traufkanten und Höhenlinien

Die Dachneigung können Sie nachträglich natürlich für das ausgewählte Dach über den EINSTELLUNGSDIALOG des DACH-Werkzeugs ändern. Das Dach wird dann immer um die *Aufsetzkante* gedreht. Die Wände passen sich dabei automatisch an, wenn sie durch die Operation AN DACH ANPASSEN mit dem Dach verknüpft sind. Nur wenn die ungetrimmte Höhe der Wände nicht ausreicht, ist ein Nachbessern der Wandhöhen nötig.

Schließlich können Sie auch *Einzeldachflächen* wie beim Pultdach markieren und mit Schnell-Auswahl und [Strg] zusammen anklicken, um ein Dialogfeld zur Eingabe der unteren und oberen Dachhöhen zu erhalten. Komplexe zusammengesetzte Dächer können Sie zwar mit dem Kontextmenü in Einzeldachflächen zerlegen, aber eine individuelle Bearbeitung von Höhenwerten ist dann nicht sinnvoll.

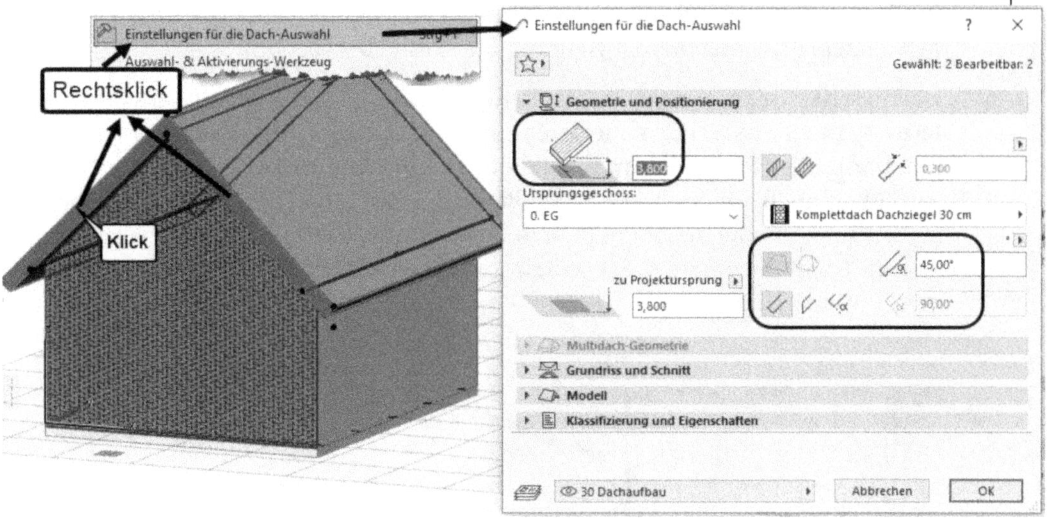

Abb. 5.66: Höhen und Kanten einzelner Dachflächen ändern

Individuelle Einstellungen für *Traufenwinkel*, Oberfläche und Kantentyp sind möglich, wenn Sie das Dach markieren und dann eine Kante anklicken. Die PET-PALETTE enthält dann dafür ein spezielles Werkzeug (Abbildung 5.67). Wenn Sie die Option AUF ALLE KANTEN ANWENDEN aktivieren, wird auch ein evtl. vorhandener Dachausbruch betroffen.

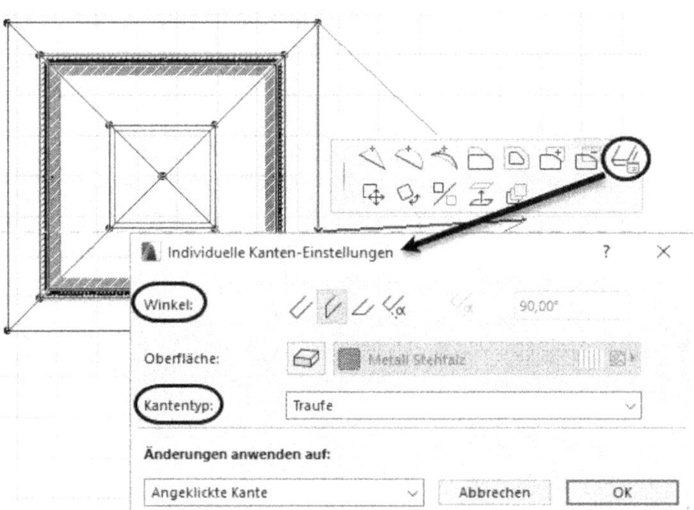

Abb. 5.67: *Pet-Werkzeug* für den Traufenwinkel

Bei einem Dach mit mehreren Neigungen können Sie auch über die PET-PALETTEN einzelne Dachflächen in Neigung und Höhe bearbeiten.

Dach-Höhenlinien können Sie mit dem Menü PLANUNG|DACH EXTRAS|DACH-HÖHENLINIEN ERSTELLEN generieren. Sie müssen zuerst die Dachflächen wählen und dann die Menüfunktion aktivieren. Die Funktion ist für Einzel-Dachflächen verfügbar, auch für mehrere gewählte und gruppierte. Im Dialogfeld geben Sie zunächst an, ob Sie die obere (OBEN) oder untere (UNTEN) Dachfläche verwenden wollen. Dann geben Sie die gewünschte Höhe im aktuellen Geschoss oder relativ zum Projektursprung an.

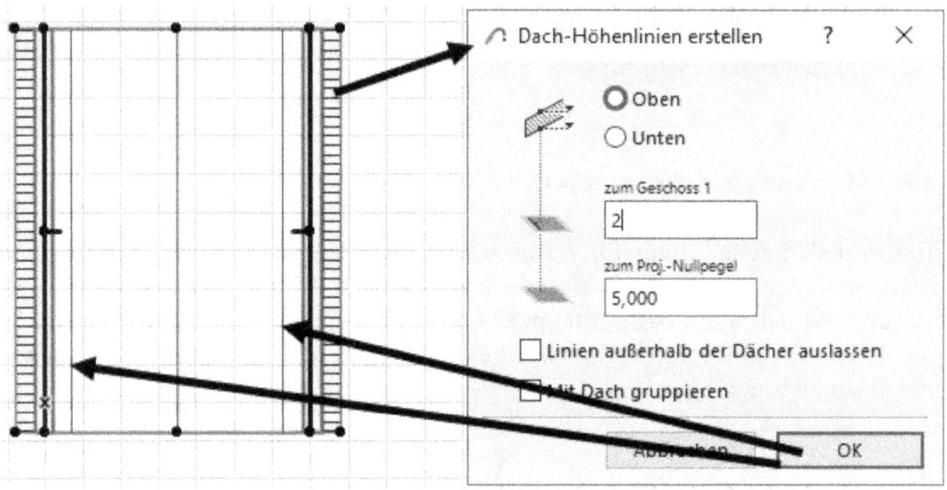

Abb. 5.68: Höhenlinie erstellen

Die Höhenlinien können Sie zu einer Polylinie zusammenfassen, die im Beispiel alle Dachhöhen über 3 m erfasst, indem Sie das POLYLINIE-Werkzeug aktivieren, dann den ZAUBERSTAB aus dem KONTROLLFENSTER und damit auf die Linienkontur klicken. Sofort ist die Polylinie erstellt. Die Polylinie können Sie über den EINSTELLUNGSDIALOG zur Raumflächen-Begrenzung erstellen. Damit ist es dann möglich, die Raumflächen einzeln zu berechnen, die unter und über der angegebenen Höhe liegen. Für Wohnraumberechnungen mit Dachschrägen ist das sehr nützlich.

5.6 Schalen

SCHALEN-Elemente sind den Dächern sehr ähnlich. Viele komplizierte und moderne Dachformen lassen sich mit den Schalen erstellen.

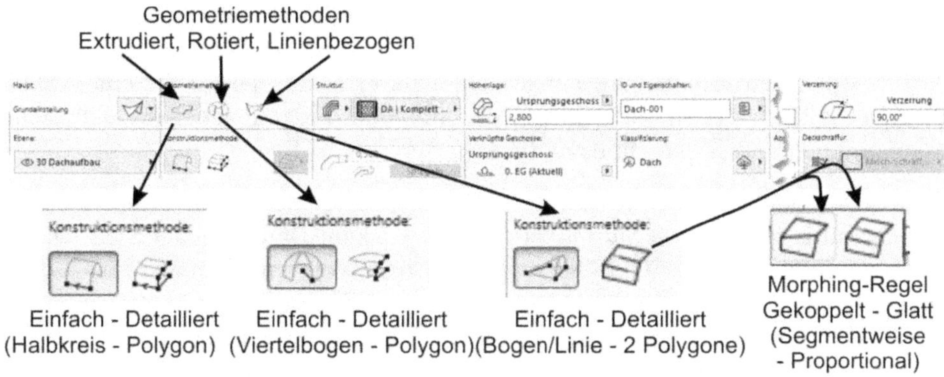

Abb. 5.69: Grundeinstellungen für Schalen

Es gibt drei verschiedene Geometriemethoden: EXTRUDIERT, ROTIERT und LINIENBEZOGEN. Bei EXTRUDIERT wird ein ebenes Profil in eine Richtung verschoben, um eine Fläche zu erzeugen. Bei der ROTIERT wird ein Profil um eine Achse gedreht, um eine Fläche zu bilden. Bei LINIENBEZOGEN wird durch den linearen Übergang zwischen zwei Profilen eine Fläche erzeugt, mathematisch gesehen eine Regelfläche. In diesem Fall können Sie noch eine MORPHING-REGEL wählen. Bei der Regel GEKOPPELT werden die Segmente bzw. Segmentknoten der einzelnen Profile einander zugeordnet, bei GLATT werden die Profilkurven einander proportional zugeordnet. LINIENBEZOGEN ähnelt etwas dem Lofting-Verfahren, allerdings gibt es beim allgemeinen Lofting mehrere Querschnitte und nicht nur zwei.

Bei allen drei Methoden gibt es jeweils eine Konstruktionsmethode EINFACH und DETAILLIERT.

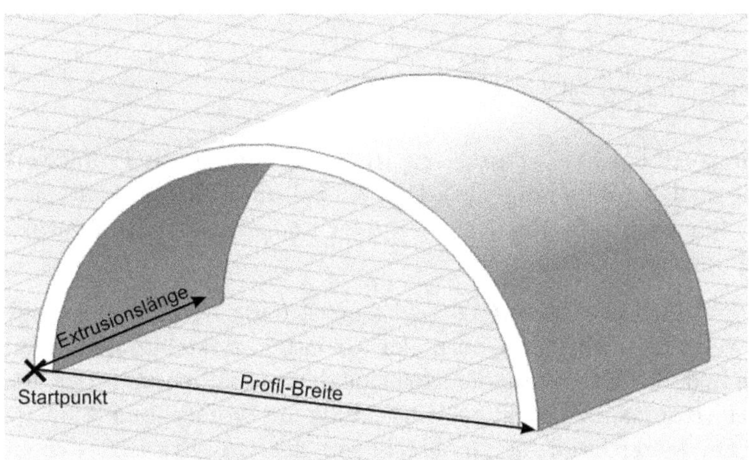

Abb. 5.70: Einfache Schalen-Extrusion

Bei der Methode EXTRUDIERT bedeutet EINFACH, dass ein halbkreisförmiges Profil verschoben wird. Bei DETAILLIERT wird eine Polylinie bestehend aus Linien- und Bogensegmenten verschoben. Für die einfache Extrusion geben Sie einen *Startpunkt* an, danach ziehen Sie in die gewünschte Richtung und geben die *Extrusionslänge* an und dann senkrecht dazu die *Breite*.

Es ist auch möglich, eine *vertikale Extrusion* zu erzeugen. Dazu müssen Sie nur in der Grundrissansicht *am Startpunkt zweimal* klicken. Dann erscheint ein Dialog für die Extrusionslänge. Wenn Sie einen positiven Wert eingeben, wird nach oben (positive z-Richtung) extrudiert, bei negativem Wert nach unten. In einer 3D-Ansicht können Sie vertikal extrudieren, indem Sie für den zweiten Punkt die *vertikale Hilfslinie* benutzen, die automatisch erscheint, wenn Sie in die richtige Richtung ziehen.

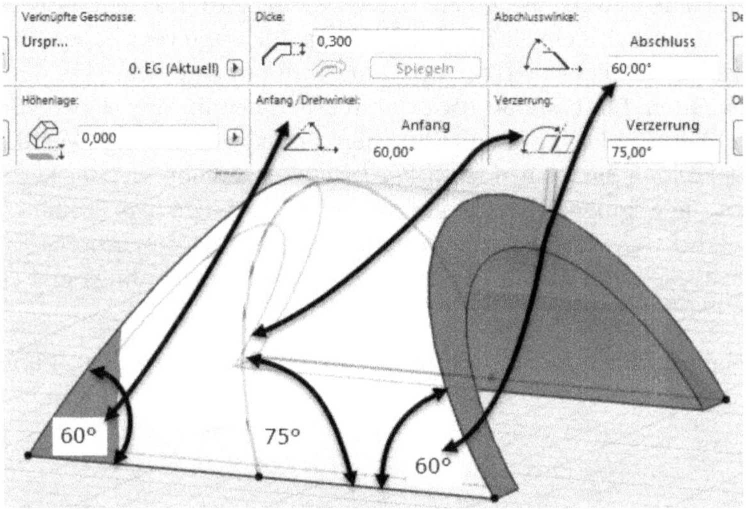

Abb. 5.71: Schale einfach extrudiert mit Winkeleinstellungen

Über die Winkelangaben bei ANFANG und ABSCHLUSS können Sie die Profile vorn und hinten schräg stellen (Abbildung 5.71). Der Winkel unter VERZERRUNG stellt das Profil schräg (grau-schwarz gestrichelte Kurve) und erzeugt damit vertikal betrachtet einen elliptischen Querschnitt.

Bei der Methode EXTRUDIERT – DETAILLIERT wird am Anfang nach den Profilsegmenten gefragt. Wenn Sie sich in der normalen Grundrissdarstellung befinden, entsteht das Profil in der xy-Ebene und die Extrusion dann in z-Richtung. Um eine Extrusion in der Horizontalen zu erhalten, müssen Sie die Profilsegmente im 3D-Fenster in einer Ebene zeichnen, die senkrecht auf der Grundrissebene steht. Dazu haben Sie am Cursor das Werkzeug zur Ebenenwahl. Klicken Sie damit auf eine Referenzebene, z.B. eine Wand. Danach richtet Archicad dann die Arbeitsebene zur Definition des Profils aus. Das Profil wird dann punktweise als Polylinie eingegeben und am letzten Punkt mit Doppelklick beendet. Sie haben über eine PET-PALETTE dabei auch die Möglichkeit, zwischen Linien- und verschiedenen Bogen-Modi zu wechseln. Danach können Sie die Extrusionsrichtung angeben und über den TRACKER die exakte Extrusionslänge eingeben.

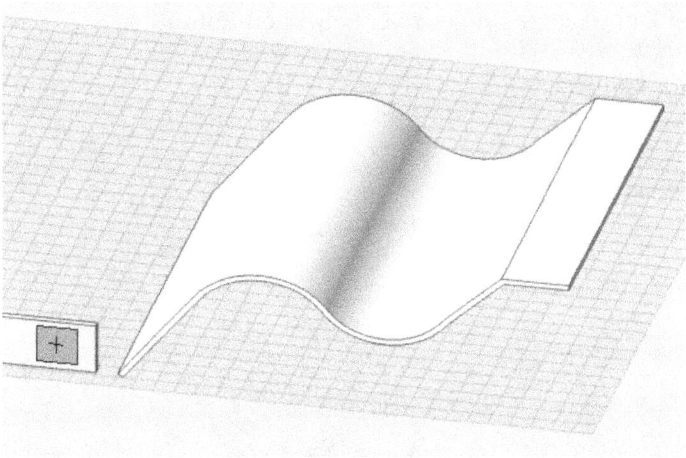

Abb. 5.72: Wahl der Bezugsebene (links) und detaillierte Extrusion mit einem Polylinienprofil

Bei ROTIERT bedeutet EINFACH, dass ein Viertelkreis um den Mittelpunkt rotiert wird. Es entsteht so eine Kuppel, ggf. mit einem Öffnungswinkel unter 360°. Die Konstruktionsmethode DETAILLIERT erlaubt wieder die Verwendung einer Polylinien-Kontur.

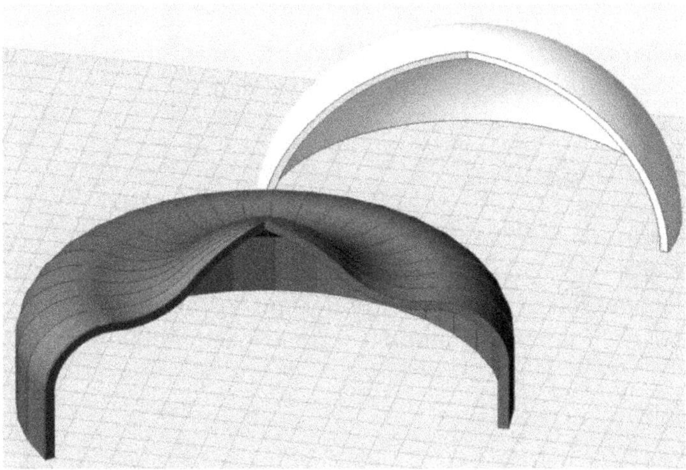

Abb. 5.73: Rotationsschalen

Abbildung 5.73 zeigt eine einfache Rotationsschale mit Öffnungswinkel von 210° und eine detaillierte Rotationsschale mit 220° Öffnungswinkel. Für Letztere wurden die ROTATIONSEIGENSCHAFTEN auf Segmentierung mit **36** Segmenten für den Vollkreis eingestellt. Dadurch entsteht die Facettierung in Umfangsrichtung.

Bei LINIENBEZOGEN werden immer zwei Profile benötigt. Im Fall der Konstruktionsmethode EINFACH sind es ein Halbkreis am Beginn der Konstruktion und eine Linie am Ende. Bei DETAILLIERT sind es zwei Polylinien-Konturen.

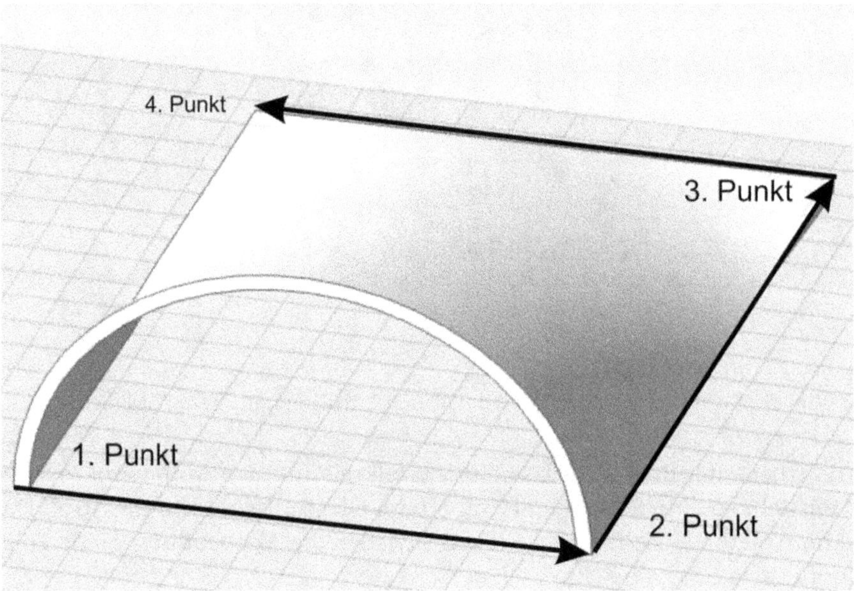

Abb. 5.74: Einfache linienbezogene Schale

Schalen können wie Dächer benutzt werden, um Wände etc. zu trimmen. Sie können auch mit einem Schichtaufbau wie Dächer erzeugt werden.

5.7 Dachfenster und Gauben

In Dächer und Schalen können Sie Elemente aus der Rubrik DACHFENSTER einbauen. Hier finden Sie eine Vielzahl von Dachelementen vom einfachen Dachfenster über verschiedenste Oberlicht-Konstruktionen bis zu den Dachgauben mit Satteldach, Schleppdach, Tonnendach und Fledermausdach (Abbildung 5.75).

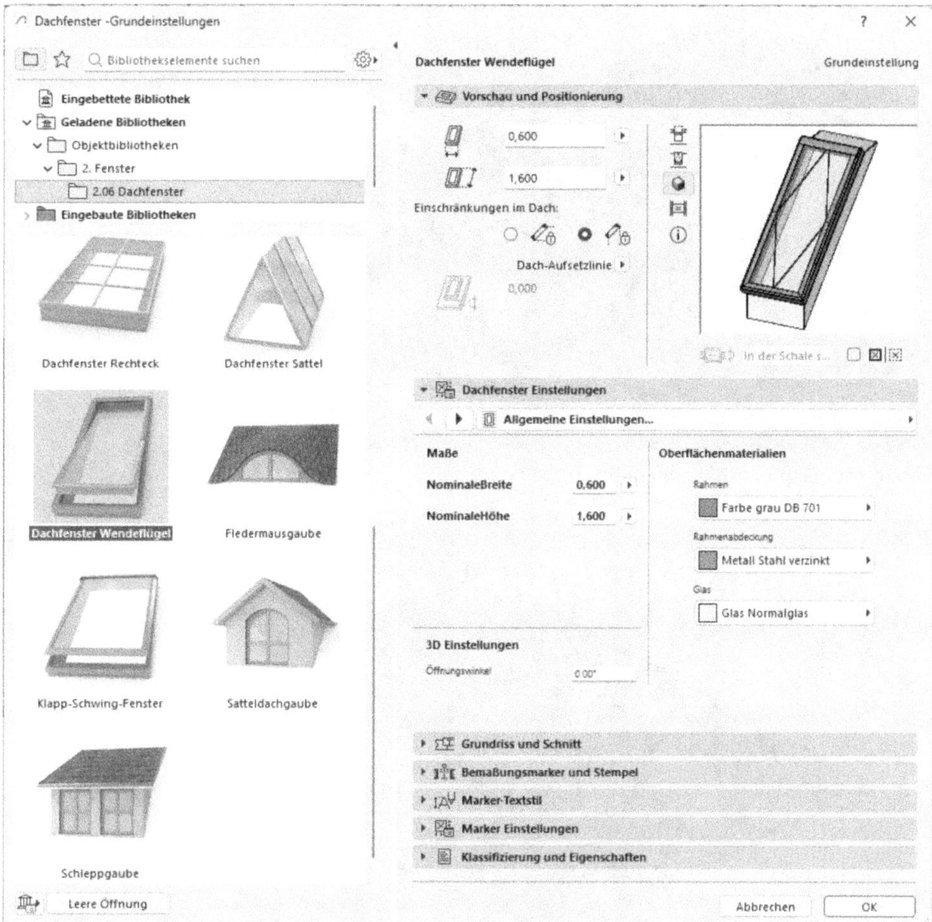

Abb. 5.75: Grundeinstellungen und Typen für Dachfenster

Die Dachfenster-Elemente werden in den Grundrissen projiziert dargestellt. Als Ankervorgaben sind die Dach-Aufsetzlinien vorgesehen. Diese Elemente erzeugen automatisch die notwendigen Dachdurchbrüche, sodass keine extra Arbeit dafür nötig ist. Standardmäßig wird von den Gauben auch das Dachmaterial des vorhandenen Daches übernommen.

Die nötigen Parameter können Sie über die Grundeinstellungen und deren Panels steuern. Auch in Schalen lassen sich die Elemente einbauen, bei stärker gewölbten Schalen kann es Probleme mit der Verträglichkeit der Geometrien einiger Gauben geben, aber es sind einfach nicht alle Formen miteinander sinnvoll kombinierbar. Durch Anpassen der Neigung für das Gaubendach können oft gute Ergebnisse erzielt werden (Abbildung 5.77).

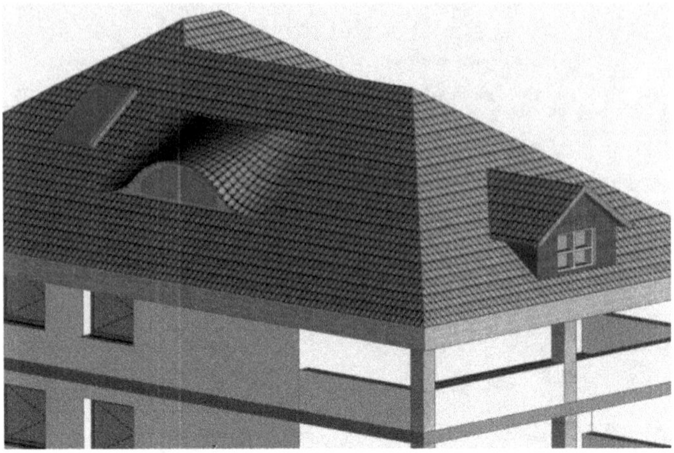

Abb. 5.76: Beispiel für Dachfenster und Gauben

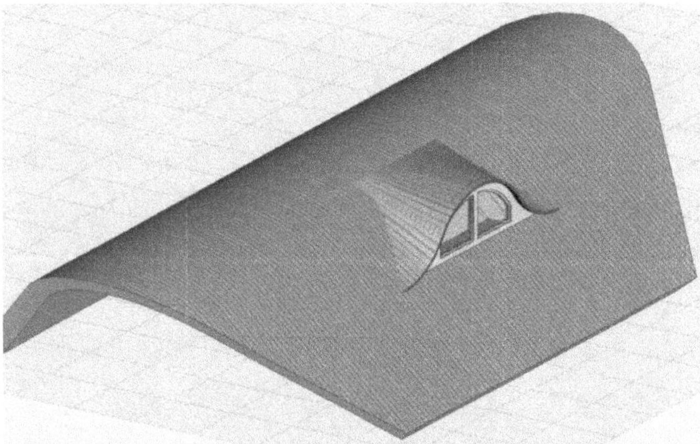

Abb. 5.77: Dachgaube kombiniert mit Schale

5.8 Werkzeug »Öffnung«

In Decken und Dächern können Sie Durchbrüche über die PET-Paletten zusätzlich zur Außenkontur hinzufügen. Mit dem Werkzeug ÖFFNUNG werden im Gegensatz dazu Durchbrüche in Wänden, Decken und Dächern etc. erzeugt, die genauso in der 3D-Ansicht sichtbar sind, aber zusätzlich in der 2D-Grundriss- oder Schnittansicht durch passende Symbole oder hervorgehoben werden. Diese Öffnungen können einzeln erzeugt werden in runder, oder rechteckiger oder polygonaler Form, sie können aber auch für Elemente wie Haustechnikanlagen an allen Wänden und Decken automatisch erzeugt werden. Sie können Öffnungen auch in SCHNITTEN und ANSICHTEN über einen projizierten Umriss erzeugen. Für Decken und Dächer wurden die Öffnungen bereits in Abschnitt 5.4.3 »Deckendurchbrüche und -öffnungen« bzw. Abschnitt 5.5.5 »Dachdurchbrüche und -öffnungen« vorgestellt.

Abb. 5.78: INFOLEISTE für Öffnung

In der vierzeilig aufgeblätterten INFOLEISTE ist oben mittig zunächst die AUSRICHTUNG zu wählen. Sie können durch eine schräge Wand lotrecht (ausgerichtet) schneiden oder generell vertikal oder horizontal. Bei einer vertikalen Öffnung in einer Wand lässt sich aber noch die Richtung über einen zweiten Punkt steuern. Damit sind schräge Öffnungen möglich.

Die nächste wichtige Einstellung ist FORM. Hier gibt es die runden und rechteckigen Varianten RECHTECKIG, RUND und POLYGONAL. Für beide können Sie die Außenmaße bestimmen, entweder in beiden Richtungen gleich, was zu Quadraten und Kreisen führt, oder unterschiedlich, um Rechteck und Ellipsen zu erhalten. Bei POLYGONAL können Sie nach Wahl der Startfläche und Richtung dann mehrere Punkte für Linien- oder Bogensegmente eingeben. Eine offene Kontur wird durch eine Linie geschlossen.

Wenn Sie im 3D auf Wandkanten als Ausgangselement gehen, können vertikale oder horizontale Schlitze erzeugt werden. Bei horizontalen Schlitzen in Wänden wirkt die Funktion nur auf eine einzelne Wand. Mit der PET-PALETTE können aber weitere Wände zur Fortsetzung des Schlitzes über ZUSÄTZLICHES ELEMENT AUSSCHNEIDEN hinzugefügt werden.

Unter BEGRENZUNG können Sie zwischen drei Varianten wählen:

- KEINE – Die Öffnung oder der Schlitz geht durch das gesamte Element.
- BEGRENZUNG AN EINER SEITE – Sie geben eine maximale Tiefe als VERSATZ unter VERSATZ UND LÄNGE ein.
- BEGRENZUNG AN BEIDEN SEITEN – Sie geben neben der maximalen Tiefe noch die LÄNGE des Ausbruchs in entgegengesetzter Richtung an (Abbildung 5.79).

Die letzte Funktion SPIEGELN kehrt die Bezugsrichtung für die Begrenzungen um, was manchmal nötig ist.

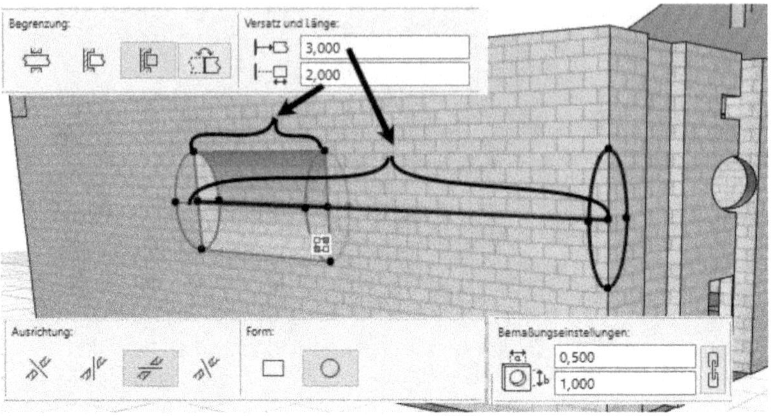

Abb. 5.79: Öffnung als ellipsenförmiger Schlitz mit Versatz und Länge

Das Symbol für die 2D-Grundrissansicht (Abbildung 5.82) können Sie im EINSTELLUNGSDIALOG unter SYMBOL wählen (Abbildung 5.80).

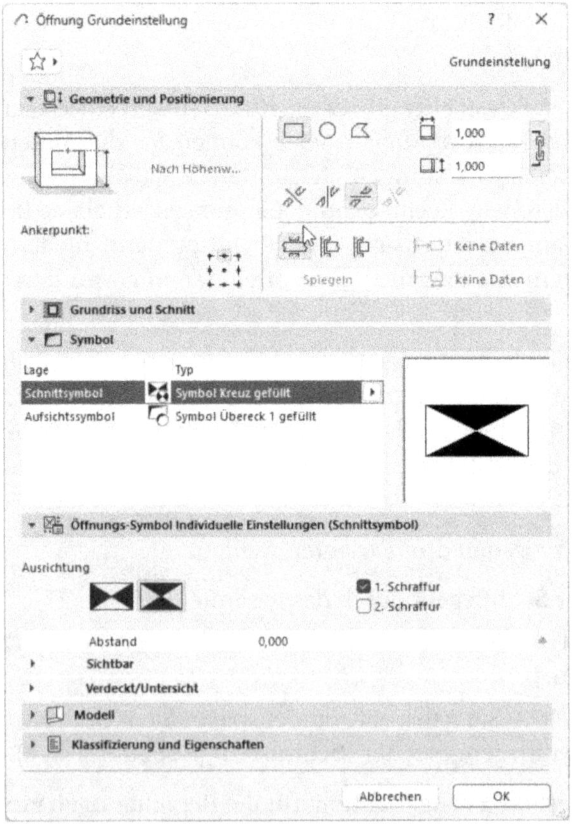

Abb. 5.80: Grundeinstellungen für Öffnungen

Interessanter als die Erstellung einzelner Öffnungen ist die globale Generierung aller Öffnungen, die für Gebäudeinstallationen nötig sind. Im Beispiel wurde mit einer MORPH-Konstruktion der mögliche Verlauf von Lüftungskanälen simuliert. Dann wurden für dieses Element alle nötigen Durchbrüche erzeugt. Sie markieren zuerst die betreffenden Installationselemente und wählen dann in der Menüleiste PLANUNG|ÖFFNUNG|ÖFFNUNGEN AUS AUSWAHL ERSTELLEN. Im Dialogfenster können Sie AUTOMATISCH als Form wählen, wenn die Form direkt von den Installationselementen bestimmt werden soll. Ansonsten stehen RECHTECKIG und RUND zur Verfügung. Bei diesen beiden Optionen bestimmt der individuelle Querschnitt der Installationselemente nur die Größe der Öffnung, nicht aber die Form. Auch ein zusätzlicher VERSATZ kann hier angegeben werden, damit die Installation später auch gut hindurchpasst. Wenn es mehrere dicht beieinanderliegende Öffnungen gibt, wählen Sie NAHE ÖFFNUNGEN VERSCHMELZEN und tragen einen Toleranzwert dafür ein.

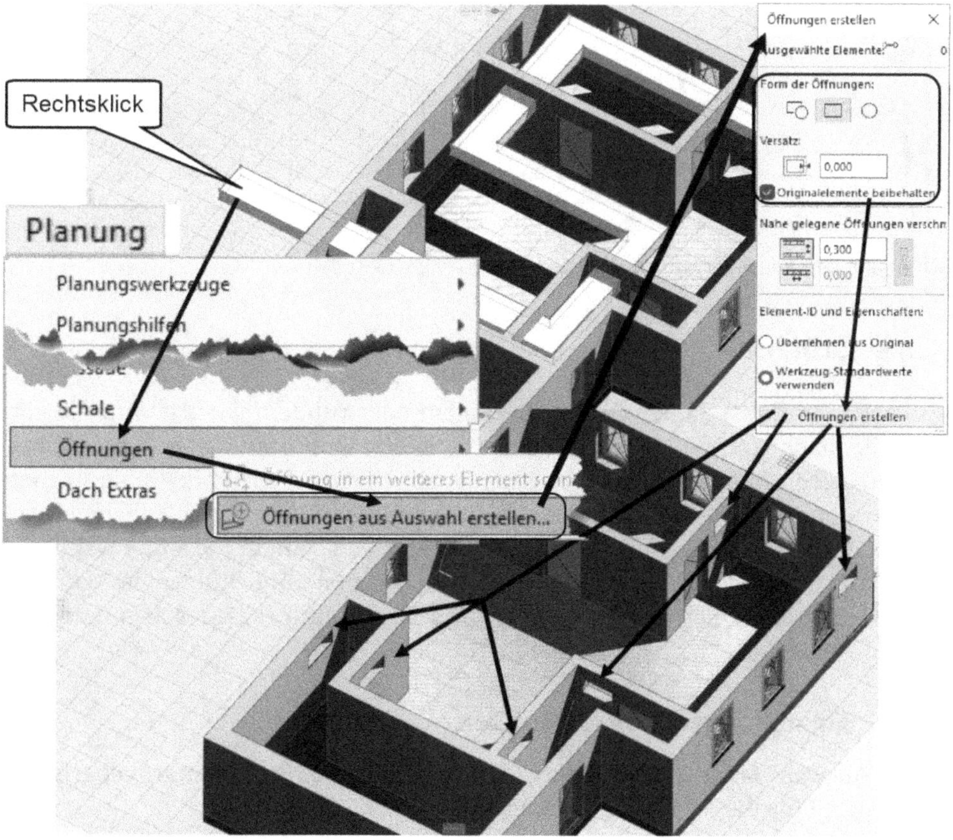

Abb. 5.81: Öffnungen aus Elementen erstellen

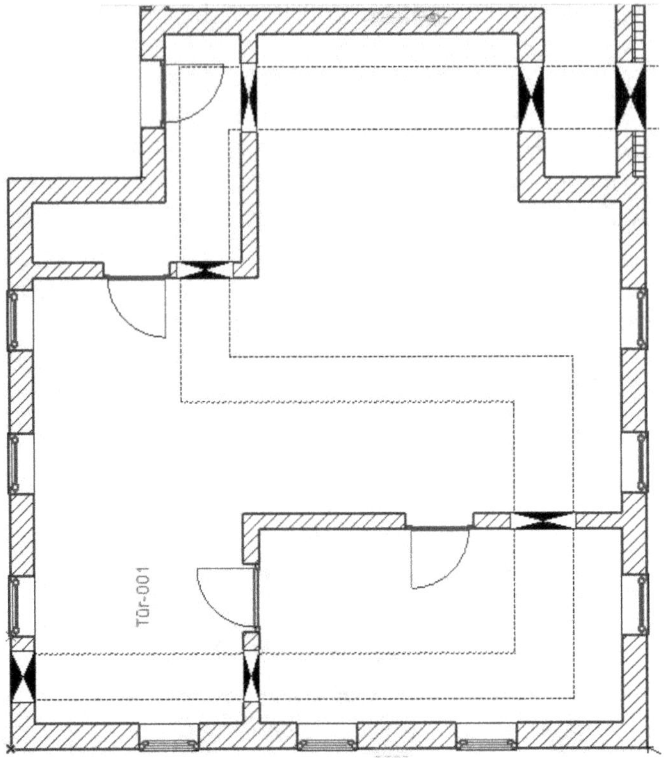

Abb. 5.82: Öffnungssymbole im Grundriss

5.9 Stützen

Stützen sind meist Säulen mit rechteckigem oder rundem Querschnitt. Sie können aber auch komplexere und benutzerdefinierte Querschnitte besitzen. In ihrer Höhenausdehnung können sie eine einfache Struktur haben oder auch in mehrere Segmente mit unterschiedlichen Querschnitten und unterschiedlichen Materialien gegliedert sein. Die Querschnitte bestehen aus einem Kern und wahlweise einer Ummantelung. Das INFOFENSTER für segmentierte Stützen ist dann im Bereich STRUKTUR noch etwas erweitert, um die Struktur für jedes Segment angeben zu können.

5.9.1 Einstellungsdialog für Stützen

Nach Auswahl einer Stütze über FAVORITEN oder im Einstellungsdialog ist die wichtigste Eingabe die Positionierungsart.

Das gesamte INFOFENSTER ist hier auf vier Zeilen aufgeblättert worden. Im INFOFENSTER (Abbildung 5.83) erste Spalte, dritte Zeile erscheinen maximal vier GEOMETRIEMETHODEN (Abbildung 5.84). Sie legen fest, welche Positionen und Winkel

Sie durch Klickpositionen – üblicherweise in der Grundrissansicht – festlegen können. Zusätzlich dazu gelten aber auch noch die übrigen Einstellungen des INFOFENSTERS wie beispielsweise DREHWINKEL DER ACHSE (3. Spalte, 3. Zeile) und WINKEL DER GENEIGTEN STÜTZE (4. Spalte, 1. Zeile).

Die GEOMETRIEMETHODEN sind:

- EINFACH – Lediglich die Referenzposition der Stütze ist anzuklicken.
- ZWEI KLICKS – Der erste Klick definiert die Referenzposition für das untere Ende der Stütze, der zweite Klick das obere Ende. Daraus ergeben sich der Winkel für die Ausrichtung der Stütze und die Neigung. Hierdurch fallen die Ausrichtung des Stützenprofils und die Neigung beide in Richtung des zweiten Punkts. Wurde außerdem unter DREHWINKEL DER ACHSE ein Wert eingetragen, dann wird dieser zusätzlich wirksam. Ist unter WINKEL DER GENEIGTEN STÜTZE ein Wert eingetragen, dann bestimmt dieser die Neigung und der zweite Punkt definiert die Höhe.
- GEDREHT – Nach Anklicken des Referenzpunkts wird über einen zweiten Punkt die Drehrichtung des Stützenprofils spezifiziert. Wurde zusätzlich unter DREHWINKEL DER ACHSE auch ein Wert eingetragen, dann wird er zum Winkel hier addiert. Ist unter WINKEL DER GENEIGTEN STÜTZE ein Wert eingetragen, dann bestimmt dieser die Neigung.

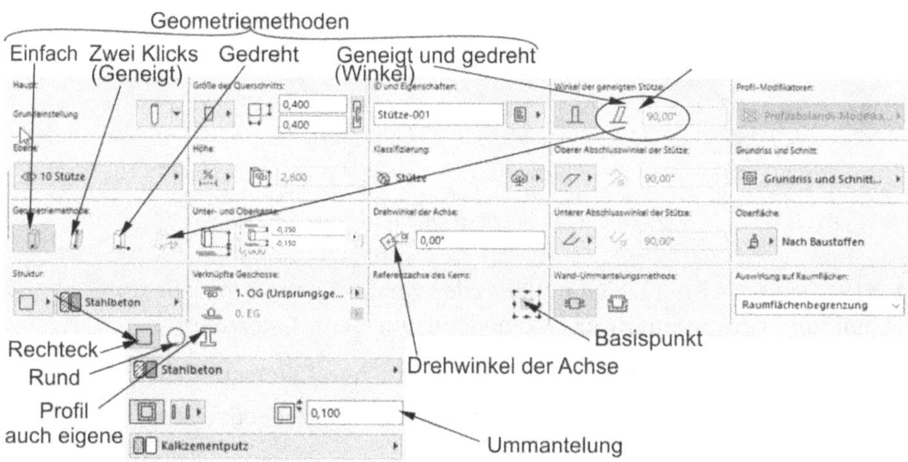

Abb. 5.83: INFOFENSTER für Werkzeug STÜTZE

- GENEIGT UND GEDREHT – Diese GEOMETRIEMETHODE ist nur wählbar, wenn unter WINKEL DER GENEIGTEN STÜTZE die Option NEIGUNG aktiviert ist. Der Neigungswinkel folgt dem hier eingetragenen Wert. Nach Anklicken des Referenzpunkts wird über einen zweiten Punkt die Drehrichtung des Stützenprofils und die Ausrichtung für die Neigung spezifiziert. Ein zusätzlicher Wert unter DREHWINKEL DER ACHSE wird hierbei berücksichtigt. Über einen dritten Punkt kann dann noch die Drehung des Stützenprofils um die bisherige Achse variiert werden.

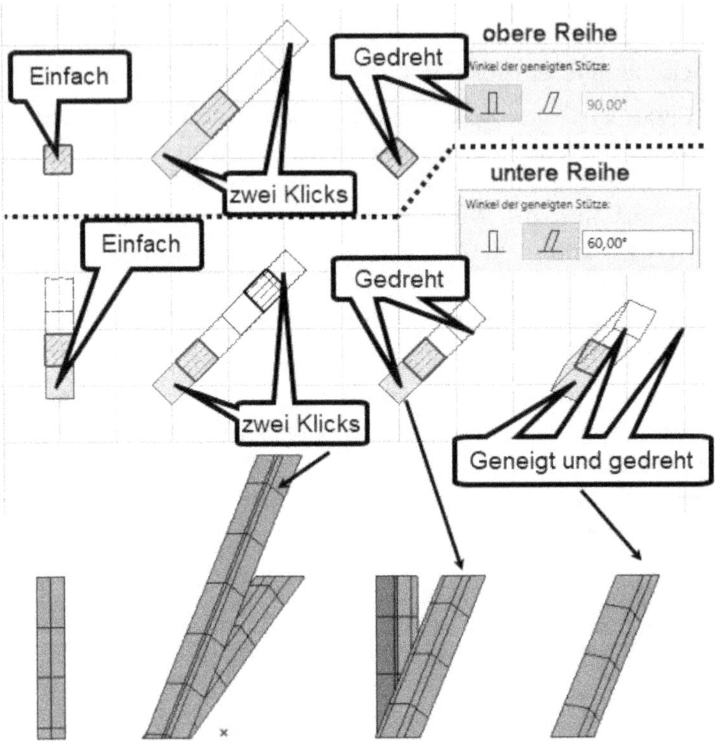

Abb. 5.84: Positionierungsvarianten für senkrechte und geneigte Stützen

Im INFOFENSTER finden sich in der ersten Spalte der vierten Zeile unter STRUKTUR (Abbildung 5.83 unten) drei verschiedene Querschnittsformen:

- RUND – erzeugt eine Stütze mit kreisförmigem Querschnitt.
- RECHTECK – setzt eine Stütze mit quadratischem oder rechteckigem Querschnitt.
- PROFIL – erzeugt eine Stütze mit einem komplexen Querschnitt, der durch ein Profil definiert wird. Auch *eigene Profile* sind hier möglich. Es können hierüber auch die importierten Profile verwendet werden, die Sie unter OPTIONEN|PROFILE|STANDARD STAHLPROFILE IMPORTIEREN laden können.

Über das Icon daneben 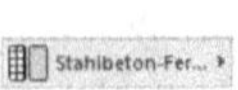 kann auch das *Material* gewählt werden.

Die Angaben für die Stützenhöhen finden Sie in der zweiten Spalte. Unter VERKNÜPFTE GESCHOSSE finden Sie die Möglichkeit, die Stützenenden mit den Geschossen zu koppeln. Normalerweise werden die Stützen mit der Unterkante zum aktuellen Geschoss verknüpft und mit der Oberkante zum Geschoss darüber. Nur wenn Sie diese Verknüpfung lösen, können Sie eigene Höhen eingeben.

Da die Geschosshöhe gemäß der Vorlage 3.00 m ab Fußbodenoberkante zählt und von einem Fußbodenaufbau von 10 cm ausgegangen wird, beginnt die Stütze im Normalfall bei Höhe -0,10 m, nämlich auf der Rohdecke. Das finden Sie unter UNTER- UND OBERKANTE. Die Oberkante der Stütze kann nun verschieden angegeben werden:

- OK UND URSPRUNGSGESCHOSS ABSTAND – Hier wird nach Vorgabebedingungen der obere Abstand mit -0,30 (Fertigfußboden 0,10 m und Rohdecke 0,20 m) und der untere mit -0,10 m relativ zu den jeweiligen Geschosshöhen angegeben.
- HÖHE UND URSPRUNGSGESCHOSS ABSTAND – Hier wird die untere Position als Abstand zur Geschossebene mit -0,10 und die obere Position als Höhe 2,80 m von der Rohdecke unten bis zur Unterkante der Rohdecke oben (Geschosshöhe 3,00 m abzüglich Stärke der Rohdecke von 0,20 m) angegeben.
- PROJEKTURSPRUNG – Die absoluten Höhen hier beziehen sich auf den Projektursprung, und das ist vorgabemäßig die Höhe des Fertigfußbodens im Erdgeschoss.

Unter HÖHE kann auch eine absolute Höhe eingetragen werden. Das würde dann aber die Kopplung mit dem Obergeschoss unter VERKNÜPFTE GESCHOSSE lösen.

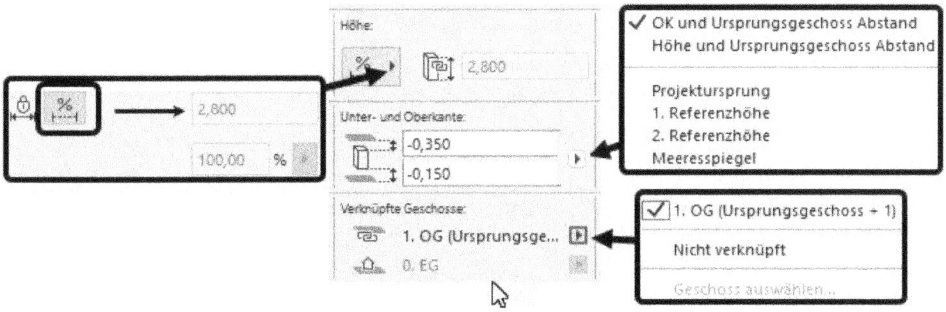

Abb. 5.85: Höhenangaben für Stützen

In der zweiten Spalte, oberste Zeile liegen für rechteckige Stützen die *Seitenlängen* bzw. für runde die *Durchmesser*, auch mit der Option auf konischen Verlauf mit verschiedenen Maßen oben und unten.

Unter DREHWINKEL DER ACHSE kann der Stütze von Haus aus eine *Verdrehung* mitgegeben werden. Darunter folgt die Festlegung des Referenzpunkts, mit dem die Stütze positioniert werden soll. Vorgabe ist der *Mittelpunkt*, aber auch alle *Eckpunkte* oder *Seitenmitten* sind für die Positionierung wählbar.

In der vierten Spalte, erste Zeile kann eine *Neigung* für die Stütze über das Symbol aktiviert und ein definierter Winkel eingegeben werden. Damit wird auch die vierte Geometriemethode aktiviert.

Unter STRUKTUR in der ersten Spalte, vierte Zeile kann neben dem MATERIAL auch die UMMANTELUNG für nicht segmentierte Stützen aktiviert und die Stärke und das Material für den Mantel angegeben werden. Bei der UMMANTELUNG gibt es mehrere Optionen, die die STRUKTURDARSTELLUNG in den SCHNELLOPTIONEN beeinflussen. Wenn das Mantel-Material den Typ BEKLEIDUNG hat, kann es mit der Darstellung OHNE BEKLEIDUNGEN unterdrückt werden. Entsprechend kann eine Ummantelung des Typs KERN nicht unterdrückt werden. Aber eine Ummantelung vom Typ ANDERE kann bei der Darstellung NUR DER KERN unsichtbar gemacht werden. Falls Sie später einmal mit NUR DER KERN DER TRAGENDEN ELEMENTE die Kerne der tragenden Bauteile allein sehen wollen, müssen Sie darauf achten, dass in der INFOLEISTE (hier 3. Spalte, 1. Zeile) bei den betreffenden Elementen unter ID UND EIGENSCHAFTEN unter TRAGENDE FUNKTION entsprechend TRAGENDE ELEMENTE eingetragen ist.

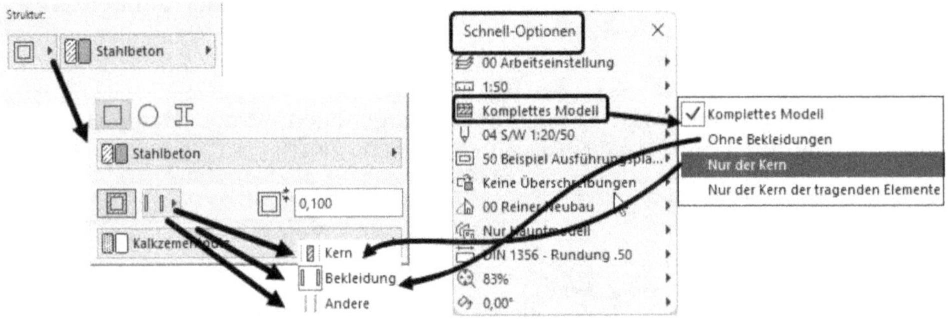

Abb. 5.86: STRUKTURDARSTELLUNGEN und UMMANTELUNG

Stützen lassen sich genauso wie Wände an Dächer anpassen.

Tipp

Wenn Sie komplette *Stützenraster* auch mit *Trägern* zusammen benötigen, finden Sie das Werkzeug dazu unter PLANUNG|RASTERSYSTEM .

5.9.2 Segmentierte Stützen

Die Segmentierung von Stützen kann im GRUNDEINSTELLUNGS-DIALOG aktiviert werden (Abbildung 5.87). Bei segmentierten Stützen finden Sie unter STRUKTUR ein erweitertes Aufklappmenü VERSCHIEDENE QUERSCHNITTE, in dem Sie diese Einstellungen für jedes Segment einzeln vornehmen können (Abbildung 5.88). Fertig segmentierte Stützen finden Sie in den Favoriten.

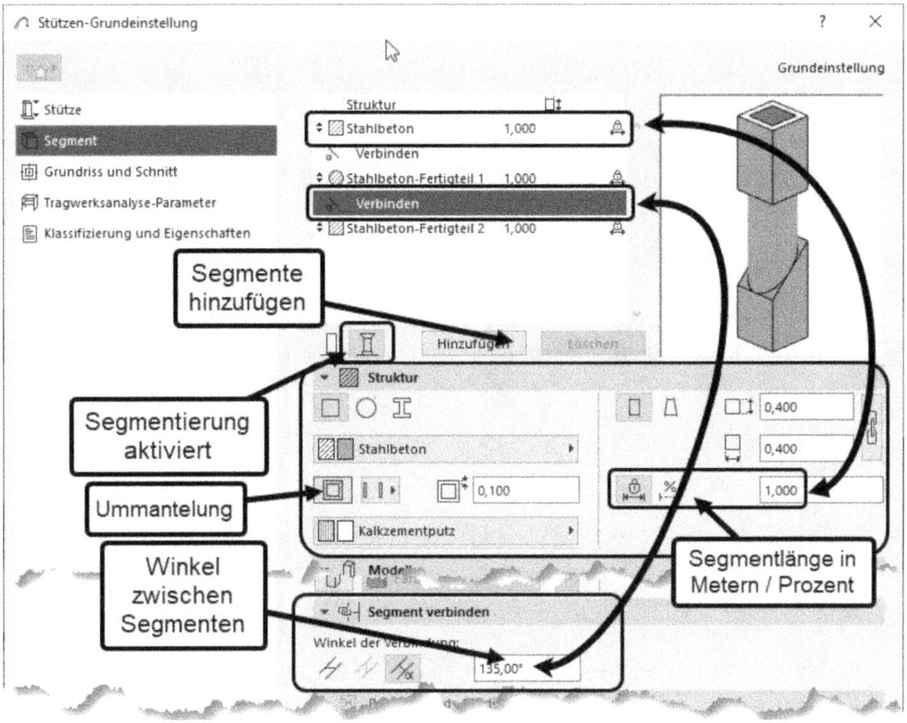

Abb. 5.87: Einstellungen für segmentierte Stützen

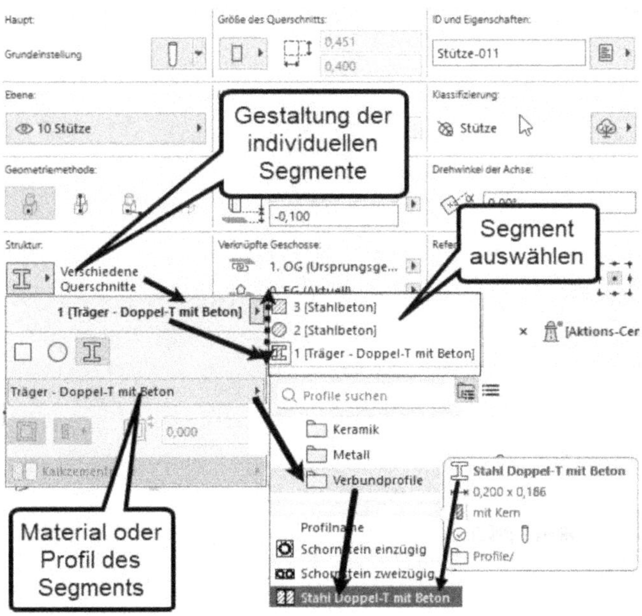

Abb. 5.88: Infoleiste für segmentierte Stützen

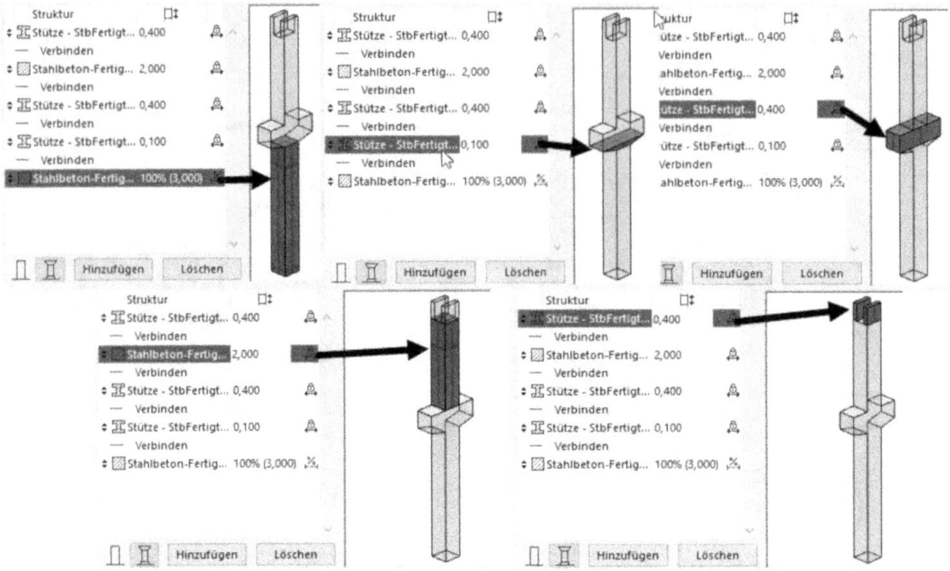

Abb. 5.89: Stütze aus 5 Segmenten

Zum Bearbeiten mit der PET-PALETTE gibt es einen BEARBEITEN-Modus und einige Funktionen zum Verschieben, Drehen und Erweitern der Querschnitte.

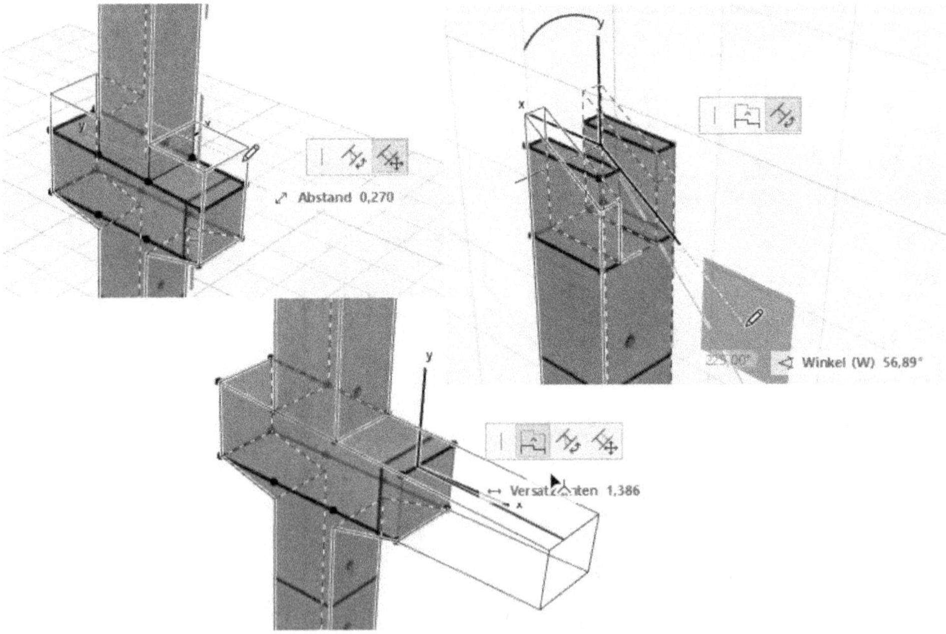

Abb. 5.90: Bearbeiten von segmentierten Stützen mit PET-PALETTE

5.9.3 Eigenes Profil

Sie können sogar eigene Profile definieren, wenn Sie das Menü OPTIONEN| ELEMENT-ATTRIBUTE|PROFIL-MANAGER oder die Symbolleiste ATTRIBUTE|PROFIL-MANAGER wählen. Wenn Sie nur ein vorhandenes Profil bearbeiten wollen, dann wählen Sie im Drop-down-Menü unter EIGENE ▸ das Profil aus und klicken auf BEARBEITEN.

Für ein neues Profil klicken Sie auf die Schaltfläche NEU ⊕. Sie werden nach einem Namen gefragt, sollten aber zuerst zwischen NEU und DUPLIZIEREN wählen. Mit NEU erstellen Sie eine komplette Neukonstruktion des Profils, mit DUPLIZIEREN wählen Sie ein vorhandenes Profil als Vorlage. Danach erst geben Sie den Namen für das neue Profil ein und beenden diesen Dialog mit OK.

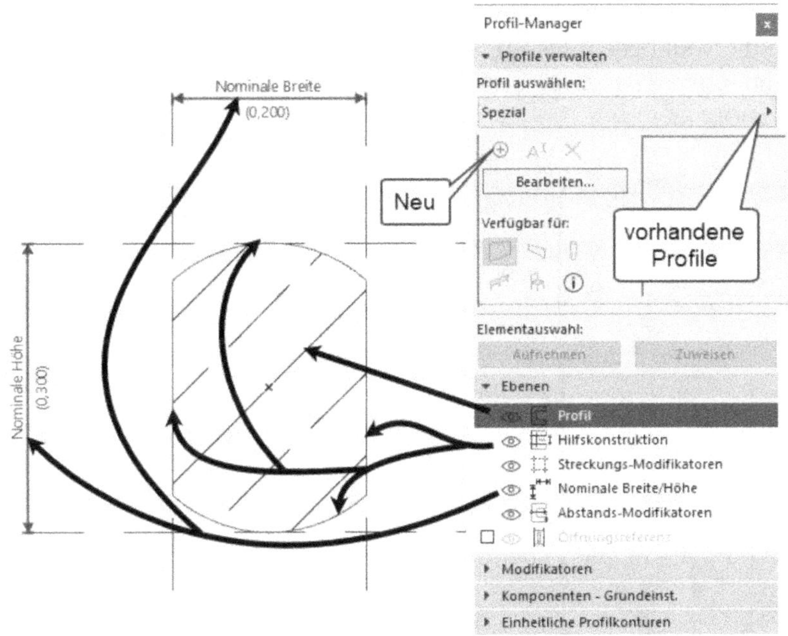

Abb. 5.91: Eigenes Profil erstellt

Archicad öffnet dann eine neue Zeichnungsansicht für die Konstruktion des Profil-Querschnitts. Bei NEU wird eine Vorgabe in Form eines quadratischen Profils mit den Abmessungen 30 x 30 cm zur Orientierung angezeigt. Diese Geometrie können sie jetzt oder später löschen. Achten Sie darauf, dass der *Nullpunkt* in dieser Ansicht später als *Einfügeposition* der Stütze verwendet wird!

- Dann wählen Sie am besten unter EBENEN die Kategorie HILFSKONSTRUKTION und zeichnen die Kontur des Profils. Dabei schaltet der Profil-Manager automatisch vom zuerst angebotenen SCHRAFFUR-Werkzeug auf das LINIEN-Werkzeug um.

- Danach wechseln Sie in die EBENE PROFIL, um die Kontur durch Hineinklicken oder mit dem ZAUBERSTAB mit einer SCHRAFFUR zu füllen. Wählen Sie im INFOFENSTER ein geeignetes *Material* für die Schraffur. Unter NOMINALE BREITE/HÖHE können Sie die Anzeige der Abmessungen aktivieren, die automatisch mit der Schraffur verknüpft ist.
- Schließlich wählen Sie bei VERFÜGBAR FÜR: den oder die Elementtyp(en) (WAND, TRÄGER, STÜTZE, GELÄNDER und/oder BIBLIOTHEKSELEMENTE), für den/die das Profil verfügbar sein soll, und klicken auf SICHERN.

5.9.4 Stütze und Wand

Wenn Stützen in Wände eingebaut werden, wird bei einfachen Wänden lediglich der Platz für die Stütze und ggf. für eine Ummantelung in der Wand ausgespart. Bei mehrschichtigen Wänden kann der Einbau in eine Wand je nach Lage zu den Wandschichten auch die Wand beeinflussen. Abbildung 5.92 zeigt verschiedene Einstellungen mit und ohne UMMANTELUNG für verschiedene Wandtypen und KONSTRUKTIONSMETHODEN.

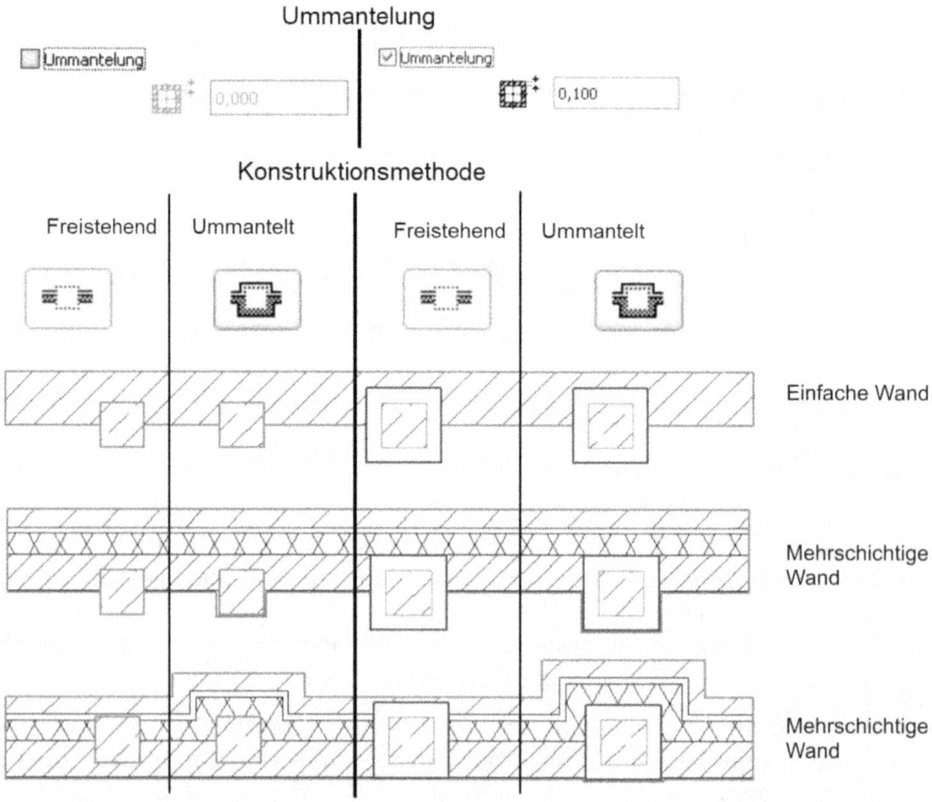

Abb. 5.92: Stützen mit und ohne Ummantelung in einfachen und mehrschichtigen Wänden

5.10 Träger

5.10.1 Einfache Träger

Träger sind horizontale oder auch geneigte Balken mit unterschiedlichem Profil. Sie werden meist mit Stützen und Wänden kombiniert. Auch Träger können wie Stützen segmentweise definiert werden und damit dann komplexe Formen repräsentieren. Ferner können nicht segmentierte Träger auch in der Vertikalen eine gebogene Form annehmen.

Die GEOMETRIEMETHODEN in der ersten Spalte, dritte Zeile des INFOFENSTERS entsprechen denen von Wänden (Abbildung 5.93):

- EINFACH,
- POLY,
- RECHTECK und GEDREHTES RECHTECK,
- ferner gebogene Formen mit MITTELPUNKT UND RADIUS, Umfang und TANGENTIAL. Die in der Horizontalen gebogenen Formen sind allerdings nicht für komplexe segmentierte Träger möglich.

Darunter können Sie bei STRUKTUR das Material wählen. Dort ist auch das Profil wählbar von rechteckig über rund bis hin zu speziellen und selbst definierten Konturen.

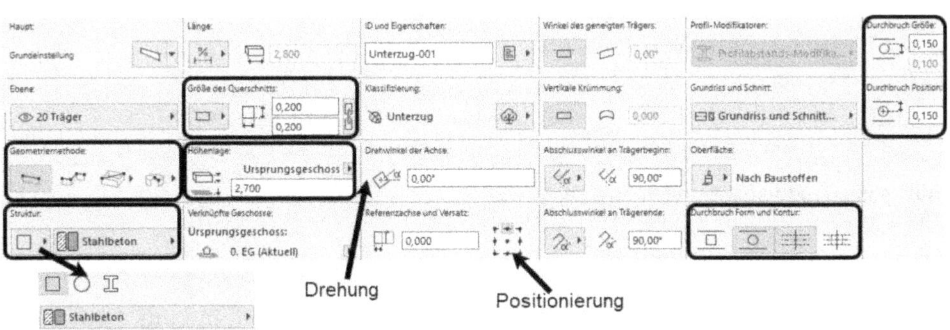

Abb. 5.93: Infofenster TRÄGER auf vier Zeilen expandiert

In der zweiten Spalte, dritte Zeile wird die HÖHENLAGE angezeigt. Wenn der Träger nicht an einer Stütze oder Wand angebracht wird, wird er über den ersten Fangpunkt in der Höhe positioniert. Sie ergibt sich aus der Geschoss-Höhe (Vorgabe 3 m) und abzüglich Deckenstärke (Vorgabe 0,20 m) und abzüglich der Fußbodenstärke (Vorgabe 0,10 m). Der Standard-Träger ist mit Breite und Höhe von 20 × 20 cm vorgegeben (siehe GRÖSSE DES QUERSCHNITTS). Er kann auch mit einem Mittenversatz relativ zur Achse versehen werden (siehe REFERENZACHSE UND VERSATZ).

Die normale Form ist *rechteckig*, aber auch beliebige andere Profile können verwendet werden. Eigene Profile können wie oben bei den Stützen beschrieben mit OPTIONEN|ELEMENT-ATTRIBUTE|PROFIL-MANAGER erzeugt werden.

Für schräg liegende Träger, die auf einem Profil basieren, kann in der vierten Spalte oben ein *Winkel* angegeben werden. In der fünften Spalte unten und in der sechsten Spalte sind drei Felder zur Festlegung von Durchbrüchen vorhanden.

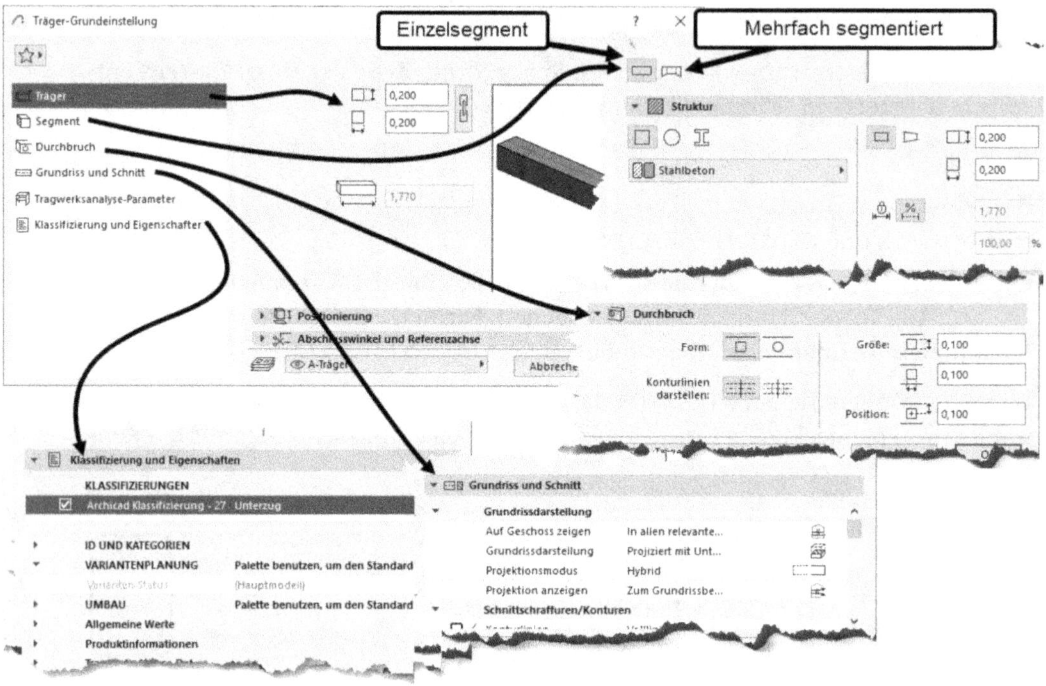

Abb. 5.94: Grundeinstellungen für Träger

5.10.2 Segmentierte Träger

In den FAVORITEN gibt es einen bereits fertigen Träger bestehend aus sieben Segmenten. Jedes Segment benutzt ein Profil, dessen Kontur durch Parameter geformt werden kann.

In den GRUNDEINSTELLUNGEN kann man schön verfolgen, wie die einzelnen Querschnitte sich eigentlich immer wieder von demselben Profil ableiten. Die PROFIL-ABSTANDS-MODIFIKATOREN sorgen dann dafür, dass die unterschiedlichen Querschnitte entstehen. Das zugrunde liegende Profil zeigt Abbildung 5.97 im Profil-Manager.

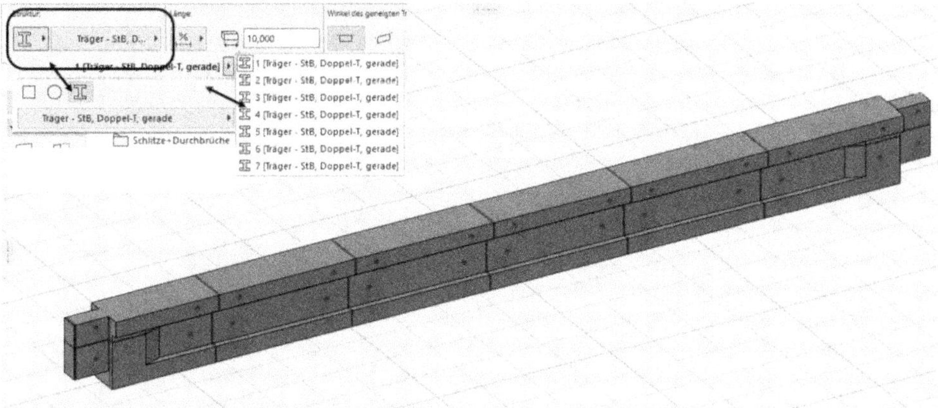

Abb. 5.95: Segmentierter Träger mit sieben Segmenten

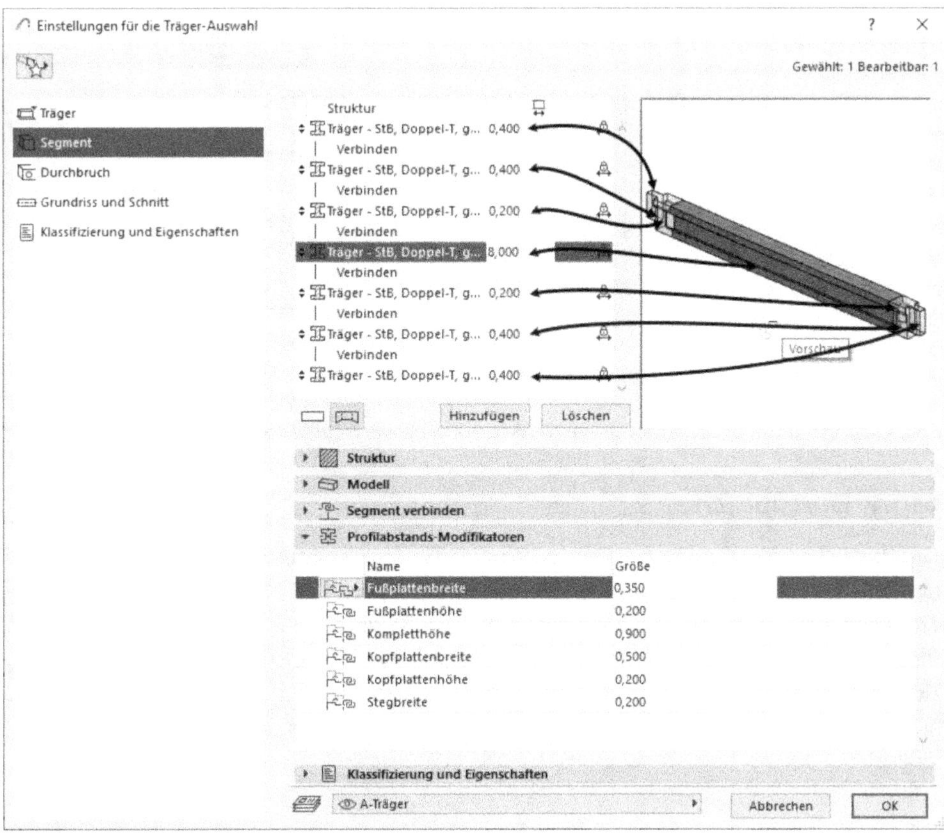

Abb. 5.96: Aufbau eines segmentierten Trägers

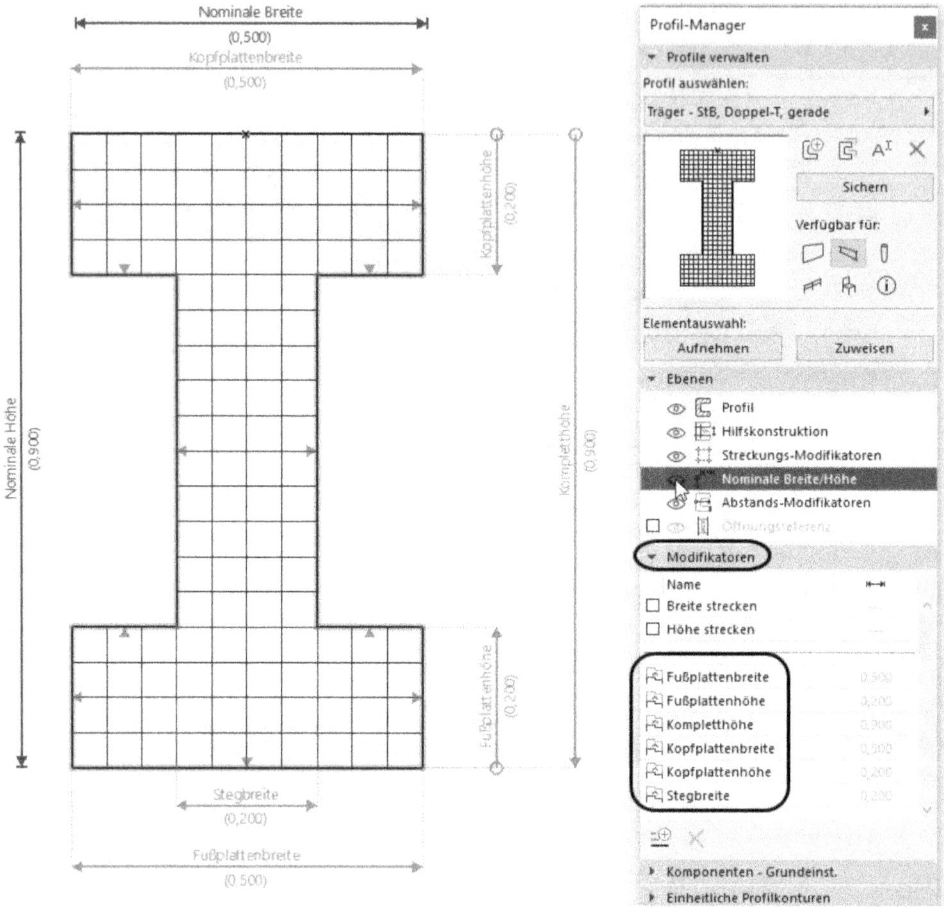

Abb. 5.97: Profil mit Modifikatoren zur Verwendung im segmentierten Profil

5.10.3 Durchbrüche

Durchbrüche bei Trägern werden erst nach Einbau erstellt. Die Durchbrüche können rund oder quadratisch sein. Zum Erstellen eines Durchbruchs wird der fertige Träger in der Grundrissansicht markiert, die Bezugsachse angeklickt und auf der PET-PALETTE dann das Werkzeug für *Durchbrüche* aufgerufen (Abbildung 5.98). Zum Positionieren eignen sich hier wieder hauptsächlich die BESONDEREN FANGPUNKTE (HÄLFTE, TEILUNGEN, PROZENT, ABSTAND) aus der STANDARD-Symbolleiste.

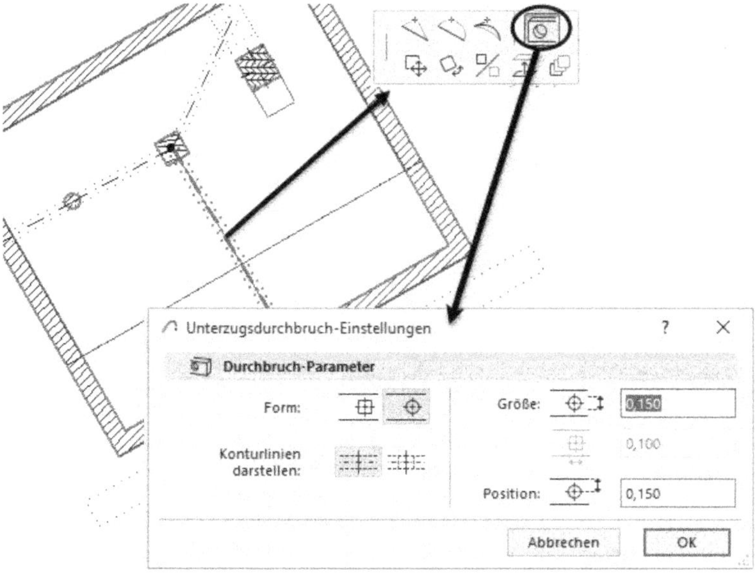

Abb. 5.98: Werkzeug für Trägerdurchbrüche

Die Durchbrüche (Abbildung 5.99) ❶ können dann auch wieder über Werkzeuge aus der PET-PALETTE ❷ verschoben und multipliziert ❸, ❹, ❺ werden.

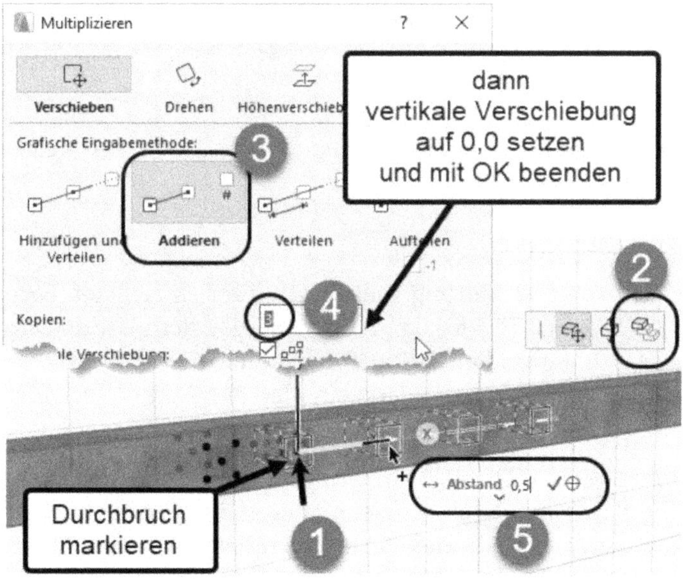

Abb. 5.99: Vervielfachen von Durchbrüchen

5.10.4 Gebogene Träger

Abbildung 5.100 zeigt ein Beispiel für gebogene Träger. Die vorliegende Konstruktion mit den gleichmäßig angeordneten Trägern und Stützen wurde mithilfe der Funktion PLANUNG|RASTERSYSTEM modelliert. Die Träger in einer Richtung wurden dann über die INFOLEISTE unter VERTIKALE KRÜMMUNG mit einer Scheitelhöhe von 2 m gebogen.

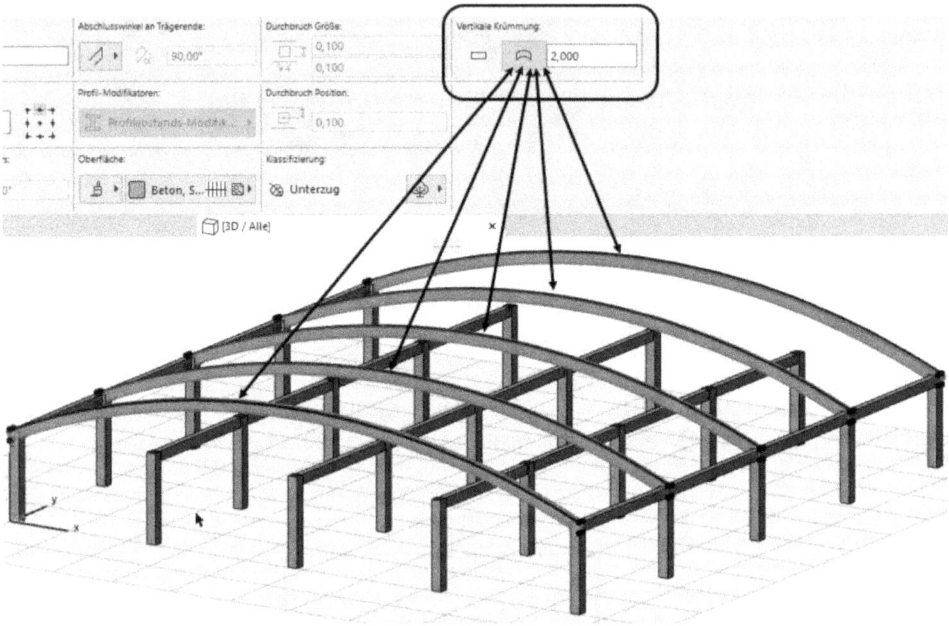

Abb. 5.100: Gebogene Träger aus einem Stützen/Träger-Raster

5.11 Freiflächen

Freiflächen sind für die Geländemodellierung gedacht. In ihrer einfachsten Form sind es *Volumen mit fester Höhe* und rechteckigem oder polygonalem Umriss, um damit die Geländehöhe des Baugrundstücks zu modellieren. Die z-Höhen der Eckpunkte können nachträglich mit einem Werkzeug der PET-PALETTE geändert werden.

Es gibt aber auch einen Typ, der als *Gitternetz* konstruiert werden kann und vorgabemäßig eine schiefe Oberfläche hat. Nach Aufziehen des rechteckigen Umrisses über zwei diagonale Positionen geben Sie die Höhen dreier Eckpunkte Z1, Z2 und Z3 vor (Abbildung 5.102). Diesen Typ können Sie in den einzelnen Gitterpunkten modellieren. Mit der PET-PALETTE lassen sich einzelne Gitterpunkte auf beliebige Höhe legen, im 3D-Fenster sogar per Cursor. Damit gelingt es dann, fast beliebige Oberflächen eines Baugrundstücks darzustellen.

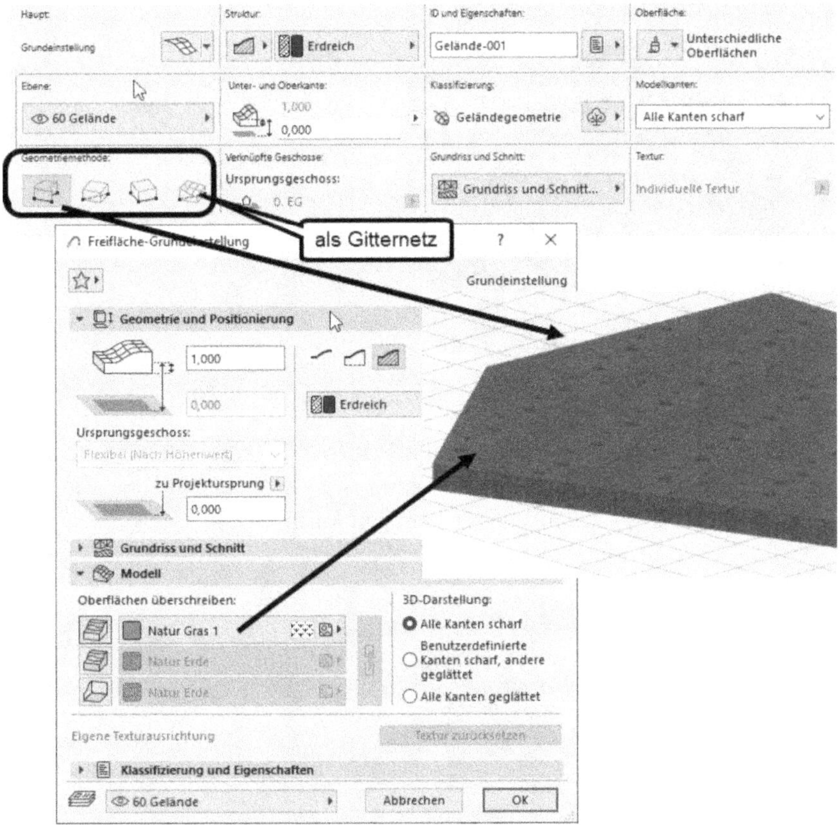

Abb. 5.101: Freiflächen-Einstellungen

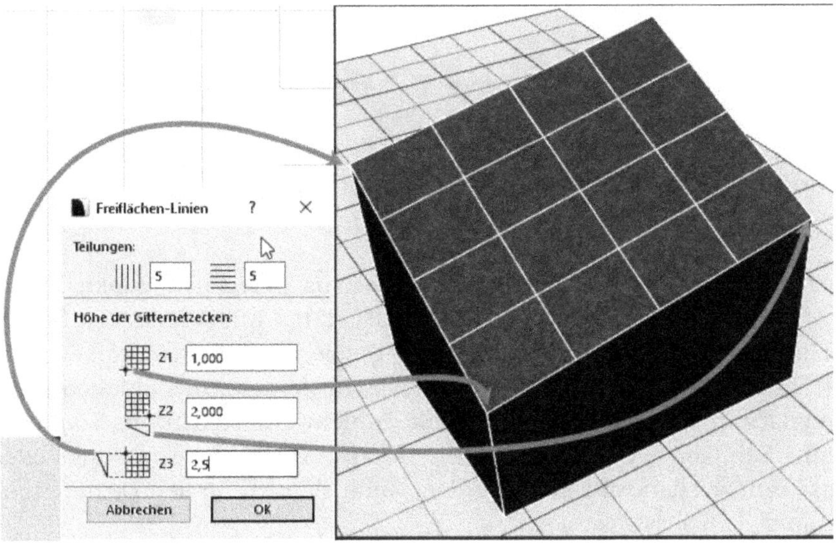

Abb. 5.102: Freifläche als Gitternetz

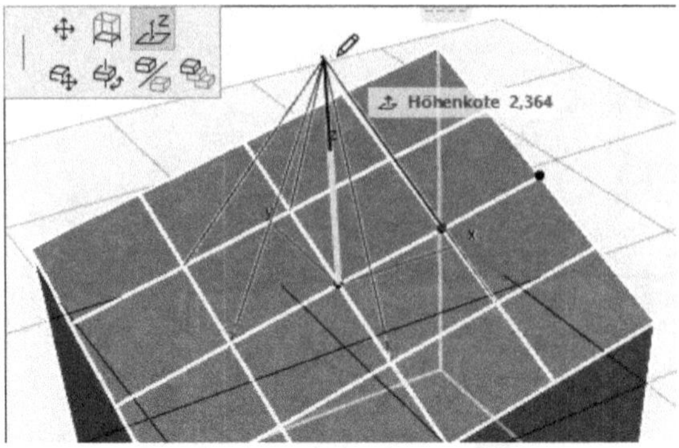

Abb. 5.103: Freifläche punktweise modifizieren

Abbildung 5.101 zeigt die Geometriemethoden POLYGON, RECHTECKIG, RECHTECK GEDREHT und REGELMÄSSIG ABGESCHRÄGT. Letzteres ist die *schiefe Ebene*, die noch punktweise mit der PET-PALETTE modelliert werden kann.

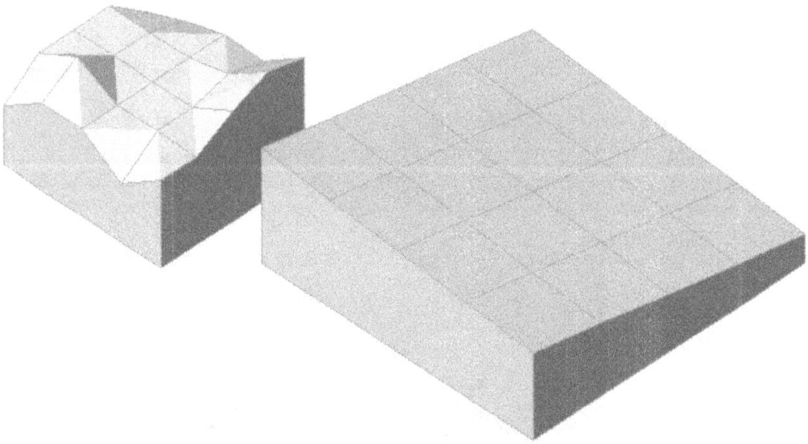

Abb. 5.104: Freiflächen vom Typ REGELMÄSSIGABGESCHRÄGT, links punktweise modelliert, rechts unbearbeitet

Als Alternative können Sie aber auch mit Daten aus gegebenen Punkte-Listen über das Menü ABLAGE|INTEROPERABILITÄT|FREIFLÄCHEN AUS VERMESSER-DATEN ERSTELLEN die Freiflächen erzeugen. Es können Dateien mit Punktkoordinaten als Textdatei (*.TXT) oder XYZ-Datei (*.XYZ) eingelesen werden. Die Punktkoordinaten müssen darin pro Zeile als drei getrennte Zahlenwerte stehen. Als Trennzeichen kommt Semikolon oder Leerzeichen infrage. Es kann auch Punkt oder Komma als Trennzeichen verwendet werden, wenn sie nicht in den Dezimalzahlen vorkommen, beispielsweise so:

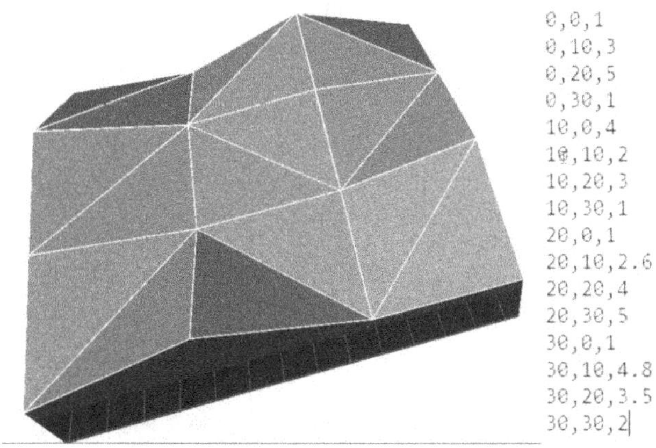

Abb. 5.105: Freifläche über Vermesserdaten definiert

Um den Kellerschacht für das Haus aus dem Gelände herauszuschneiden, können Sie ein MORPH-Element (s. das Downloadkapitel »Morph-Elemente«) konstruieren, das dem Kellervolumen entspricht, und dieses dann mit dem SOLID ELEMENT-Befehl (siehe Abschnitt 6.9.8 Symbolleiste »Elemente bearbeiten«) vom Gelände abziehen.

5.12 Geländer als Zäune

GELÄNDER sind nicht nur für Treppen interessant, sondern auch für Balkone oder in Verbindung mit Freiflächen als Gartenzäune. GELÄNDER können statisch, also mit fester Höhe erzeugt werden oder auch assoziativ durch Verknüpfen mit vorhandenen Punkten. In den FAVORITEN gibt es zahlreiche fertige GELÄNDER, die Zäune sind dort unter der Rubrik BAUTEILE zu finden.

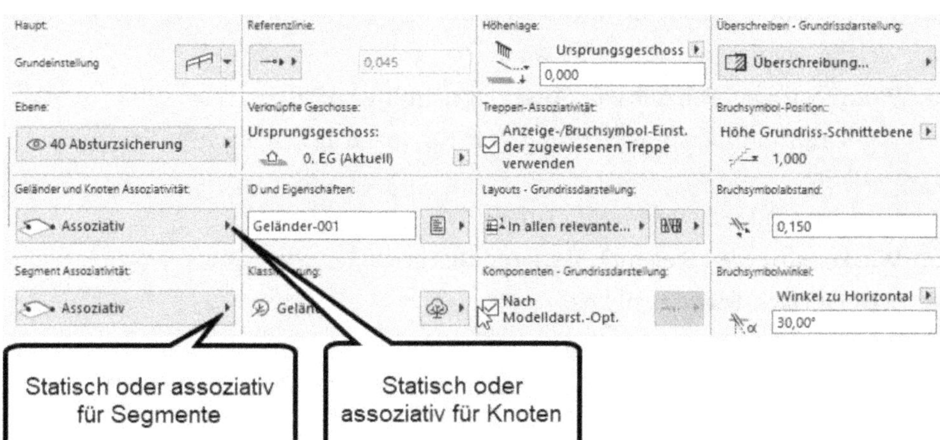

Abb. 5.106: Geländer-INFOFENSTER

Im Beispiel wurde ein Geländer als Gartenzaun assoziativ zunächst in der Grundrissansicht und damit eben erstellt. Nachträglich wurden dann die Zaunpunkte in der 3D-Ansicht senkrecht in der Höhe verschoben, bis der Schnittpunkt mit der Freifläche angezeigt wurde. Sie können aber auch die Knotenpunkte des Geländes nutzen, um die Zaunpfosten zu setzen.

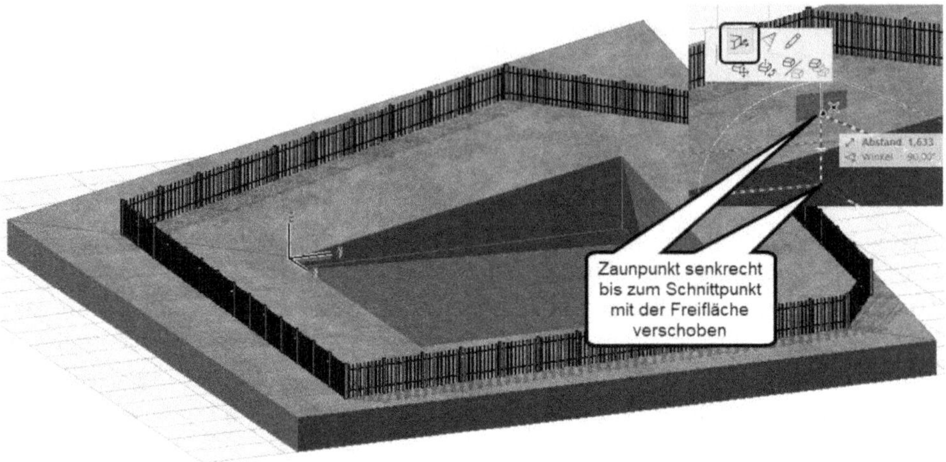

Abb. 5.107: Assoziatives Geländer mit den Eckpunkten senkrecht auf das Gelände positioniert

Geländer können auch für Dachflächen oder andere schräge Flächen assoziativ erstellt werden.

5.13 Übungsfragen

1. Welche Geometriemethoden gibt es für Wände?
2. Welche Optionen hat die lineare Wand?
3. Welche Neigungen gibt es für Wände?
4. Womit wird bei Fenstern die Anschlagrichtung spezifiziert?
5. Wie kann die Öffnungsrichtung der Tür (nach innen/nach außen) geändert werden?
6. Wo wird ein Deckenelement platziert?
7. Wie konstruieren Sie einen Deckendurchbruch?
8. Welche Dach-Formen gibt es?
9. Wie wird ein Dach im 3D-Fenster erstellt?
10. Was ist die Vorbedingung für das Anpassen von Wänden an Dächer?

Kapitel 6

Elemente bearbeiten

Die Bearbeitung von Elementen wird in Archicad in speziellen WERKZEUGPALETTEN angeboten, nachdem Sie die Elemente gewählt und bestimmte Positionen angeklickt haben. Deshalb steht bei der Bearbeitung die geeignete *Elementwahl* im Vordergrund. Elemente können zunächst einmal nur zum Zwecke der *Information* gewählt werden. Nach Anklicken bestimmter Positionen auf diesen Elementen erhalten Sie dann aber sogenannte PET-PALETTEN, die verschiedene *Bearbeitungsmöglichkeiten* anbieten.

6.1 Informative Auswahl

6.1.1 Wahl mit Pfeilwerkzeug

Informationen über Elemente können Sie erhalten, indem Sie das PFEIL-Werkzeug  aktivieren und damit auf die Kanten oder Ecken eines Elements fahren. Hier können Sie klicken oder das Element nur mit dem PFEIL-Werkzeug berühren und etwas warten. Das Element wird dann *grün* hervorgehoben sowie besonders wichtige Basislinien des Elements in Blau. Es erscheint dann auch eine Box mit den wichtigsten Elementdaten:

- *Typ des Elements*
- *Grundeigenschaften wie beispielsweise*
  - *Name* (elementabhängig, beispielsweise bei Fenstern, Türen)
  - *Bezugshöhen* (elementabhängig, beispielsweise bei Wänden)
  - *Ebenenzuordnung* (elementabhängig, beispielsweise bei Wänden)
  - *Geschosszugehörigkeit* (elementabhängig, beispielsweise bei Wänden in Schnittansichten)
  - *Umbauzustand (Neu, Bestand, Abriss)*

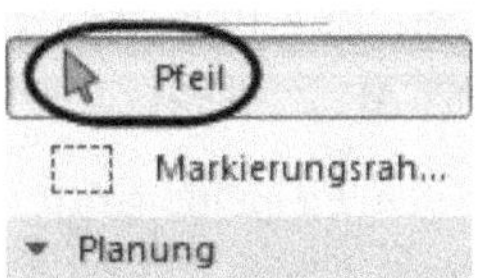

Abb. 6.1: Das PFEIL-Werkzeug

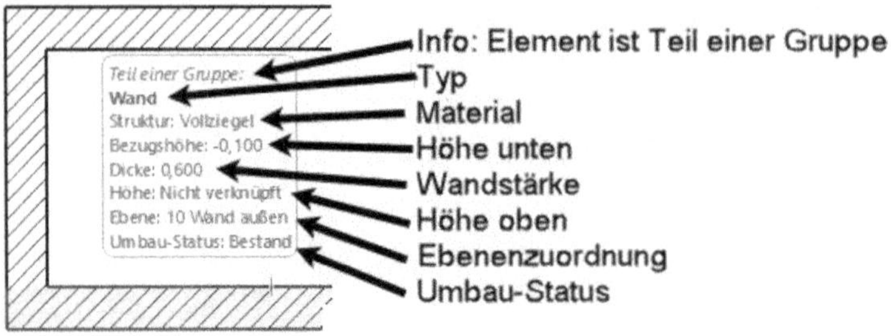

Abb. 6.2: Elementinformation bei einer Wand nach Anklicken mit dem Pfeil-Werkzeug

Wenn Sie an eine Stelle fahren, wo mehrere Elemente zusammentreffen, wird eine weitere Zeile angezeigt:

- *Mehrere Elemente (TAB)*

Ein typisches Beispiel dafür ist die Position, wo sich Wand und Geschossdecke in einer Kante überlagern. Das bedeutet, dass Sie mit ⇆ zwischen den verschiedenen Elementen hin- und herblättern können.

Abb. 6.3: Elementinformation bei mehreren Elementen

Wenn gerade ein Werkzeug aus dem Werkzeugkasten aktiv ist, können Sie das Pfeil-Werkzeug mit der ⇧-Taste aktivieren.

6.1.2 Schnell-Auswahl über die Elementfläche

Eine einfachere Auswahl bietet die Schnell-Auswahl. Vorgabemäßig ist die Schnell-Auswahl als Zusatzoption zum Pfeil-Werkzeug schon aktiviert. Über diesen speziellen Button mit dem Magnetsymbol im Infofenster können Sie diese Schnell-Auswahl ein- und ausschalten. Wählen Sie das Pfeil-Werkzeug und aktivieren Sie dann im Infofenster die Schnell-Auswahl.

Während Sie mit dem Pfeil-Werkzeug *eine Kante des gewünschten Elements* treffen müssen, aktiviert dieses Werkzeug ein Element, auch *wenn Sie in dessen Fläche hineinklicken*. Die *Schnell-Auswahl* kann für das Pfeil-Werkzeug auch *temporär* mit

[Leertaste] aktiviert und deaktiviert werden. Wenn die Elemente zu klein sind, erscheint kein Schnell-Auswahl-Cursor. Dann müssen Sie zuerst zoomen.

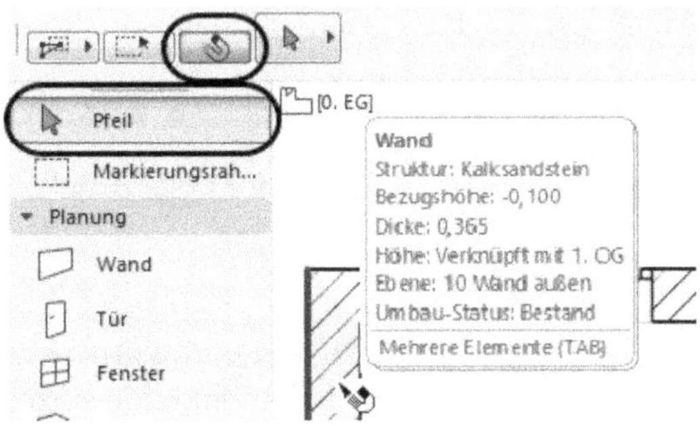

Abb. 6.4: SCHNELL-AUSWAHL mit PFEIL-Werkzeug und aktiviertem Magnetsymbol

6.2 Auswahl zur Bearbeitung

6.2.1 Auswahl mit Pfeil-Werkzeug

Um Elemente zu bearbeiten, können Sie diese

- mit dem PFEIL-Werkzeug anklicken
- mit [⇧] anklicken, falls ein anderes Werkzeug aktiv ist
- mit PFEIL-Werkzeug und aktivierter SCHNELL-AUSWAHL anklicken, um einfach und effektiv zu wählen
- mit [Strg]+[A] alle Elemente wählen, die zum aktuellen Werkzeug (WAND, FENSTER o. Ä.) passen. Beispiel: Bei aktivem WAND-Werkzeug wählt [Strg]+[A] alle Wände.

Beim PFEIL-Werkzeug gibt es noch zwei Varianten, den *normalen* Objektwahlpfeil und den hellen Pfeil zur Wahl von *Unterobjekten*. Das wird beispielsweise bei MORPH-Objekten (Volumenkörpern) interessant, bei denen Sie neben dem gesamten Objekt auch mal einzelne *Flächen*, *Kanten* oder *Eckpunkte* wählen wollen. Dafür ist dann der helle Pfeil da.

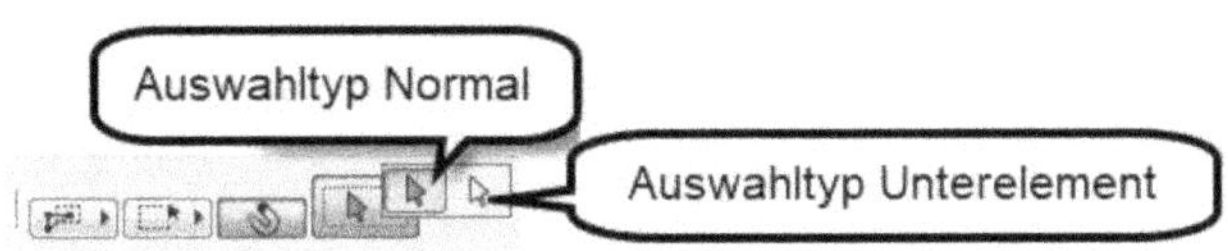

Abb. 6.5: PFEIL-Werkzeug für normale Objekte und Unterobjekte

Bei Wahl mit gedrückter Umschalt-Taste [⇧] werden *ein oder mehrere Elemente der bisherigen Auswahl hinzugefügt.*

Die *Markierungsfarbe* gewählter Elemente ist *Grün*. Zudem werden für die gewählten Elemente die Knotenpunkte und Kanten hervorgehoben. Bei einem weiteren *Klick auf einen Knoten oder eine Kante* erscheinen Werkzeugkästen mit elementspezifischen Bearbeitungsfunktionen, sogenannte PET-PALETTEN.

6.2.2 Auswahl beenden

Eine Auswahl wird *beendet*, wenn Sie auf eine *leere Fläche* klicken oder [ESC] drücken.

6.2.3 Pfeil-Werkzeug und Auswahlmethoden

Das INFOFENSTER des PFEIL-Werkzeugs bietet neben der SCHNELL-AUSWAHL noch weitere Auswahlverfahren, insbesondere zur Wahl mehrerer Elemente. Sie setzen sich zusammen aus

1. den Auswahlmethoden , , oder und
2. den Geometrieverfahren , , oder .

Verfahren	Bedeutung
	Objekt ist gewählt, wenn mindestens *ein* Knotenpunkt im Auswahlgebiet liegt.
	Objekt ist erst dann gewählt, wenn *alle* Knotenpunkte im Auswahlgebiet liegen.
	Die Elementwahl ist nun richtungsabhängig. Bei Aufziehen einer *Box von rechts nach links* oder eines Polygons im Gegenuhrzeigersinn werden Elemente gewählt, wenn *mindestens ein* Knotenpunkt im Auswahlgebiet liegt. Das Auswahlgebiet wird in diesem Fall von *gepunkteten Linien* umgrenzt. Im umgekehrten Fall mit *Box von links nach rechts* werden Elemente nur gewählt, wenn *alle* Knotenpunkte im Auswahlgebiet liegen. Die Umgrenzung erscheint dann *strichpunktiert*.
	Auswahlgebiet ist eine *rechteckige Box*, die durch zwei Klickpositionen aufgezogen wird.
	Auswahlgebiet ist ein *gedrehtes Rechteck*, dessen erste Kante durch zwei Klickpositionen definiert wird und dessen Höhe der dritte Klickpunkt festlegt.
	Das Auswahlgebiet wird durch ein *Polygon* mit beliebig vielen Klickpunkten gebildet. Wenn der letzte Punkt auf den ersten fällt, ist das Polygon definiert und die Auswahl getätigt.

Tabelle 6.1: Auswahlverfahren

6.2.4 Werkzeug »Markierungsrahmen«

Zur Auswahl mehrerer Elemente ist auch das Werkzeug MARKIERUNGSRAHMEN nützlich. Der MARKIERUNGSRAHMEN wird typischerweise zum Verschieben von ganzen Elementgruppen verwendet. Es gibt zwei verschiedene Rahmen, der eine wirkt nur im *aktuellen Geschoss* , der andere wirkt *geschossübergreifend* .

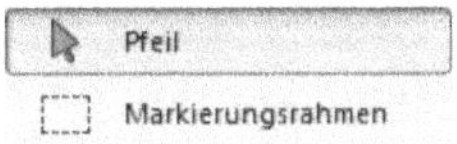

Abb. 6.6: Auswahlwerkzeuge PFEIL und MARKIERUNGSRAHMEN (unten)

Wieder gibt es dann die oben gezeigten Formen des Markierungsrahmens: *Rechteck, gedrehtes Rechteck* und *Polygon*.

Bei aktiviertem Markierungsrahmen werden bei Annäherung an Ecken oder Kanten die bekannten Cursorsymbole *Häkchen* oder *Stern-Cursor* (Mercedesstern) gezeigt. Damit können Sie dann beispielsweise mit Klick einen Startpunkt für eine Verschiebung wählen und danach eine Zielposition anklicken. Standardmäßig bleibt dabei dann ein Zusammenhang zwischen Wandobjekten erhalten. Es wird also kein einzelnes Wandstück von benachbarten getrennt und beim Verschieben herausgerissen. Wenn Sie im Markierungsrahmen auf eine freie Fläche fahren, erscheint ein *Dreizack*, der das Verschieben des Rahmens mitsamt der Auswahlwirkung selbst erlaubt. Die gewählten Elemente werden in diesem Fall aber nicht grün hervorgehoben.

Der Markierungsrahmen wird mit [ESC] wieder entfernt.

6.2.5 Auswahl nach Kriterien

Über die Symbolleiste STANDARD mit SUCHEN & AKTIVIEREN oder mit dem Menü BEARBEITEN|SUCHEN & AKTIVIEREN können Sie eine Auswahl nach bestimmten Kriterien zusammenstellen.

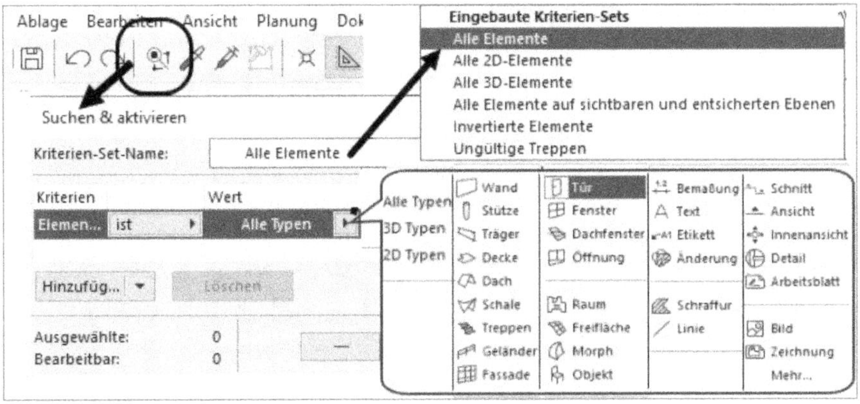

Abb. 6.7: Suchen & Aktivieren

Bei KRITERIEN-SET-NAME können Sie aus zahlreichen vordefinierten Sets auswählen wie in Abbildung 6.7 rechts angezeigt.

Um ein eigenes Set zusammenzustellen, wählen Sie zuerst einen ELEMENTTYP oder klicken Sie auf HINZUFÜGEN und wählen aus der angebotenen Liste ein Kriterium ggf. durch Aufblättern einer Kategorie aus. Danach erscheint automatisch die Bezeichnung *Individuell* unter KRITERIEN-SET-NAME. Nun im eigenen Set können Sie beliebig Kriterien hinzufügen oder löschen. Ändern Sie beispielsweise dann in der Zeile ELEMENT-TYP ... hinten bei ▸ die Spezifikation auf WAND. Weitere Kriterien können Sie mit HINZUFÜGEN noch dazugeben oder nicht benötigte mit LÖSCHEN entfernen.

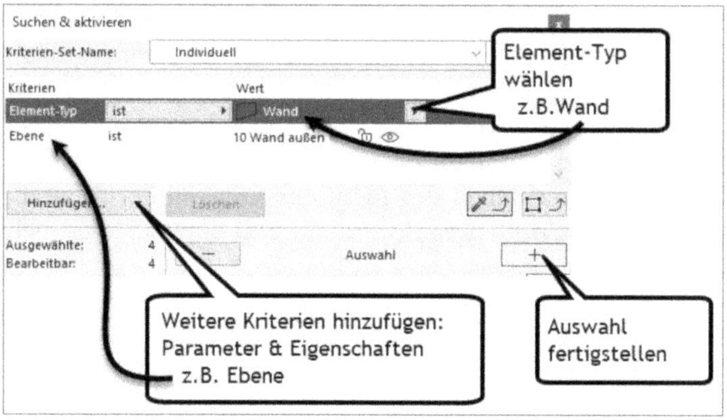

Abb. 6.8: BEARBEITEN|SUCHEN & AKTIVIEREN

Nach Wahl eines Kriteriums aus der Liste gibt es eine Wertzuweisung, meist ein Gleichheitszeichen, aber es kann auch ein Kleiner- oder Größer-Zeichen sein. Dahinter können Sie entweder aus einer Liste einen Wert auswählen oder frei eingeben.

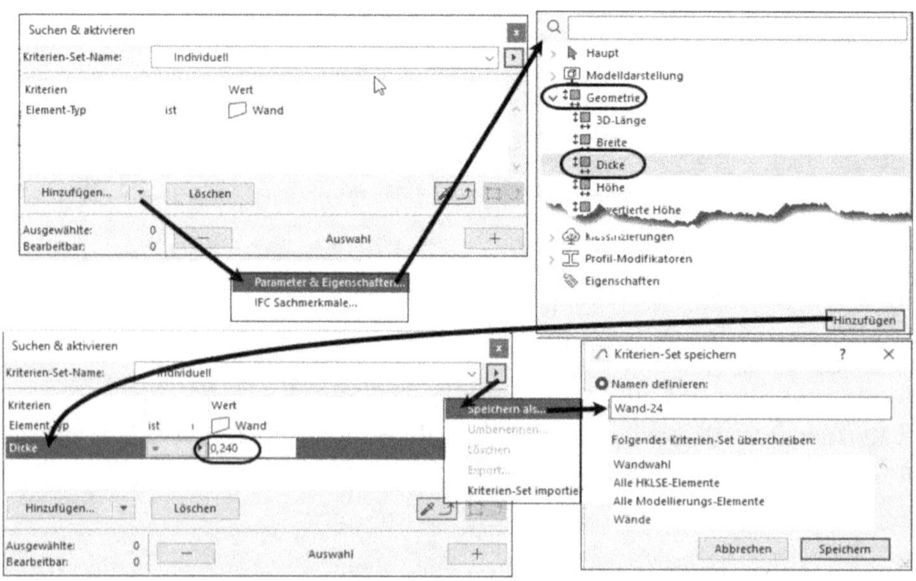

Abb. 6.9: Erstellen eines eigenen Kriterien-Sets

Die Schaltfläche mit der *Pipette* wird benutzt, um einzelne *Kriterien* von einem Element per Mausklick *abzugreifen*. Mit dem Werkzeug mit der *Box* rechts daneben können Sie alle Kriterien eines angeklickten Elements übernehmen.

Mit dem Button ▸ rechts neben INDIVIDUELL können Sie über die Option SPEICHERN ALS Ihr neues Set unter einem sinnvollen Namen sichern oder mit EXPORTIEREN als XML-Datei extern ablegen.

Die Schaltfläche mit dem Pluszeichen wählt dann die Objekte nach den Kriterien aus, die Schaltfläche mit dem Minuszeichen hebt die Auswahl wieder auf oder entfernt die Objekte aus einer bestehenden Auswahl.

Gehört ein gewähltes Element zu einer *Gruppe* und ist die GRUPPIERUNG in der STANDARD-Symbolleiste aktiviert, dann wird die komplette *Gruppe* gewählt.

6.2.6 Auswahlsets

Mit der Palette AUSWAHLSETS bzw. AUSWAHLEN, zu aktivieren mit dem Menü FENSTER|PALETTEN|AUSWAHLSETS, können Sie aus beliebigen frei *gewählten Objekten* ein Auswahlset zusammenstellen und speichern. Zum Test wählen Sie einfach mit dem PFEIL-Werkzeug bzw. mit [⇧]+PFEIL mehrere Objekte aus. Dann aktivieren Sie in der Palette AUSWAHLSETS bzw. AUSWAHLEN unter der Liste das Werkzeug NEUES AUSWAHLSET, um die aktuelle Auswahl hinzuzufügen und dieser Auswahl einen Namen zu geben. Diese Auswahl können Sie nun benutzen, um bestehende Auswahlen über die drei Schaltflächen mit den Zeichen »x«, »-« und »+« zu manipulieren.

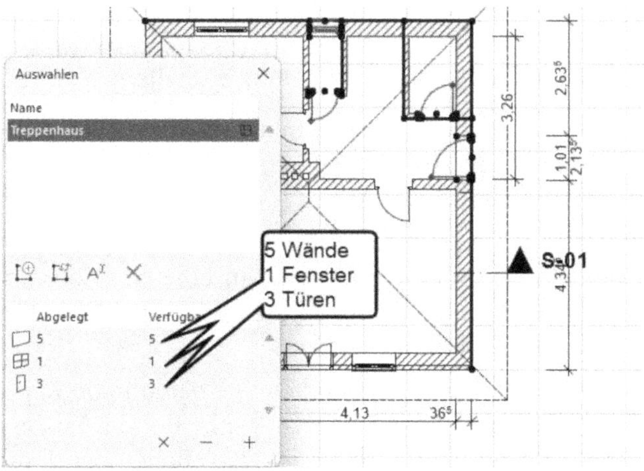

Abb. 6.10: Auswahlsets verwenden

- x – aktiviert in einer bestehenden Auswahl (Markierung) nur diejenigen Elemente, die auch in der oben markierten Auswahl vorkommen, und schaltet andere bereits gewählte ab. Man nennt das auch die Schnittmenge der beiden Auswahlen.
- - – schließt aus einer Auswahl diejenigen aus, die in der markierten Auswahl vorkommen. Das ist eine Art Differenzbildung.
- + – fügt zu einer aktuellen Auswahl noch die Objekte der markierten Auswahl hinzu. Das ist eine Summierung.

Um die Objekte eines Auswahlsets direkt zu wählen, brauchen Sie nur den Namen mit Doppelklick zu aktivieren.

6.3 Direktbearbeitung mit Pet-Paletten

Nach *Markieren* eines Elements und *nachfolgendem Anklicken* einer Kante oder eines Eckpunkts erscheinen die PET-PALETTEN und bieten Bearbeitungsbefehle an. Nach dem Klick auf eine *definierende Kante* wird als Standard-Bearbeitung das VERSCHIEBEN angeboten. Nach Klick auf einen *Eckpunkt* wird vorzugsweise die LÄNGENÄNDERUNG vorgegeben.

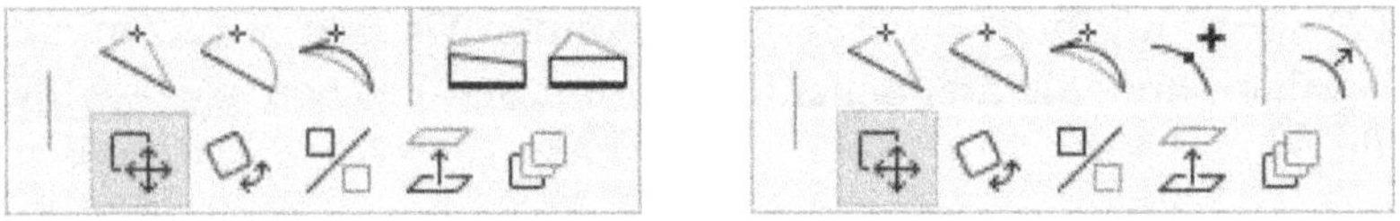

Abb. 6.11: PET-PALETTEN nach Markieren eines Elements, rechts für bogenförmige Wand

Folgende Optionen sind in der oberen Reihe der PET-PALETTE enthalten:

- NEUEN KNOTENPUNKT HINZUFÜGEN – fügt einen neuen Punkt an der angeklickten Position ein und macht damit aus einem Segment zwei. Bei gebogenen Objekten wird zuerst in ein lineares Objekt umgewandelt, und dann ein Punkt hinzugefügt.
- KANTE ABRUNDEN – wandelt eine geradlinige Kante in eine gewölbte um und verlangt dazu einen Punkt auf dem neuen Bogen. Bei gebogenen Objekten wird mit diesem Punkt ein neuer Bogen bestimmt.
- SEGMENT MIT DER TANGENTE BEARBEITEN – wandelt eine geradlinige Kante in eine gewölbte um und verlangt dazu einen weiteren Punkt, der die Tangentenrichtung im nächstliegenden Endpunkt definiert. Bei Bögen wird die nächstliegende Endtangente neu definiert.
- KONTUR EINER TRAPEZWAND VERÄNDERN – wandelt eine normale Wand mit *zwei zusätzlichen Punkten* für die neuen Endpunkte der gegenüberliegenden Wandkante in eine Trapezwand (mit trapezförmigem Grundriss) um oder ändert den Grundriss einer Trapezwand entsprechend.

- Neuen Punkt in Trapezwand einfügen – wandelt ein normales Wand- oder Trapezwandsegment in eine Trapezwand mit zwei Segmenten um und braucht dafür eine weitere Position auf der Innenseite.

In der unteren Reihe liegen:

- Verschieben – verschiebt auf eine neue Punktposition.
- Drehen – verlangt drei Punkteingaben: einen Drehpunkt, einen Punkt für den Anfangswinkel und einen weiteren für den Endwinkel.
- Spiegeln – spiegelt an einer Spiegelachse, die über zwei Punkte definiert wird.
- Höhenverschiebung – verschiebt gewählte Objekte um den eingegebenen Höhenwert. Optional können Sie wählen, ob die Elemente dann je nach Höhe dem entsprechenden Geschoss zugeordnet werden sollen: Ursprungsgeschoss nach Höhenwert festlegen.
- Multiplizieren – erzeugt eine Vervielfachung der Elemente auf verschiedene Arten (Abbildung 6.28):
    - Verschieben – verschiebt in der Ebene über zwei Punktpositionen.
    - Drehen – dreht um einen Drehpunkt über Angabe von Anfangswinkel und Endwinkel.
    - Vertikal verschieben – verschiebt in der Höhe um jeweils eine Geschoss-Höhe.
    - Matrix – bewirkt eine Verschiebung in x- und y-Richtung um Abstände, die durch zwei Punkte angegeben werden und um eine Geschoss-Höhe in z-Richtung.

  Sie können bei Höhenverschiebungen wählen, ob die verschobenen Objekte den entsprechenden neuen Geschossen zugeordnet werden sollen oder zum alten zugehörig bleiben sollen. Es gibt verschiedene Optionen zur Angabe der Anzahl, des Gesamtabstandes und des Einzelabstandes. Insgesamt sind damit eine große Zahl regelmäßiger Anordnungen möglich.
- Radiale Streckung – bewirkt bei gebogenen Elementen eine Variation des Bogenradius bei gleichem Zentrum.
- Neuen Knoten zum Kreisbogen hinzufügen – fügt einen neuen Punkt an der angeklickten Position ein und macht damit aus einem Bogensegment zwei.

In Abbildung 6.12 sehen Sie die Funktionen der Pet-Palette bei *Klick auf einen Eckpunkt*.

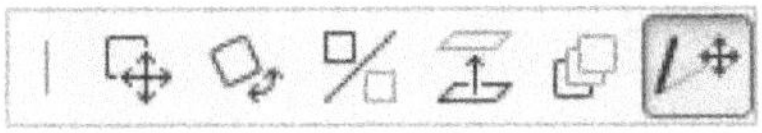

Abb. 6.12: Pet-Palette für markiertes Element nach Klick auf Eckpunkt

Hier erscheint noch eine neue Operation am rechten Ende:

- LÄNGENÄNDERUNG – ermöglicht die Änderung des markierten Eckpunkts in beliebiger Richtung und Entfernung.

Weitere Bearbeitungen erscheinen bei anderen Elementen wie *verbundenen Elementen* oder *Kreisen, Ellipsen, Splines* und *Polylinien.* Die PET-PALETTEN sind immer abhängig vom Element-Typ und vom angeklickten Detail des Elements. Etliche werden im folgenden Abschnitt detailliert beschrieben.

6.4 Elemente bearbeiten

Die Bearbeitung ist gemäß dem Charakter des Programms wieder sehr intuitiv möglich. Dazu wird *zunächst* das betreffende Element durch Anklicken *markiert.* Dann gibt es verschiedene Vorgehensweisen, eine bestimmte Bearbeitung zu wählen:

- Klicken und direktes Ziehen mit der Maus
- Klicken und Funktionen der PET-PALETTEN verwenden
- Kontextmenü verwenden (über Rechtsklick)
- BEARBEITEN-Menü
- Tastaturkürzel
- Symbolleiste ELEMENTE BEARBEITEN
- Symbolleiste ELEMENTE ANORDNEN

6.4.1 Direktes Ziehen mit der Maus

Wenn Sie das *Element* mit Klick markieren und die Maustaste gedrückt halten, ist die Funktion VERSCHIEBEN vorgewählt, und Sie können mit dem Cursor sofort die neue Position für die Verschiebung des Elements eingeben oder die Position in den *Tracker* eingeben oder auch den Abstand spezifizieren.

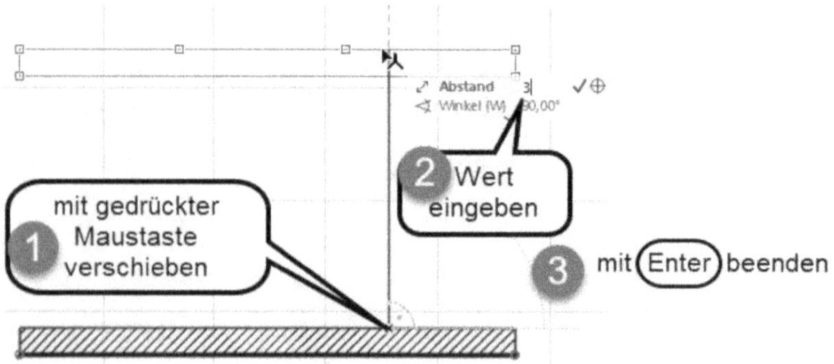

Abb. 6.13: Verschieben einer Wand

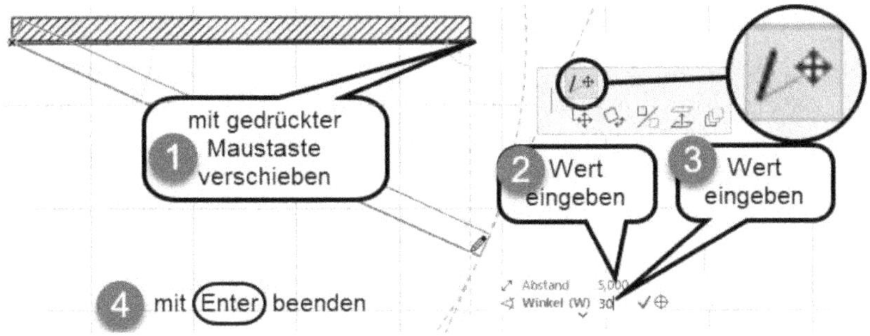

Abb. 6.14: Längenänderung

Wenn Sie einen Eckpunkt angeklickt haben, wird die Funktion LÄNGENÄNDERUNG automatisch aktiviert. Sie geben dann die neue Position für diese Ecke an. Die andere Ecke bleibt erhalten. Dadurch wird das Objekt gestreckt oder zusammengeschoben.

6.4.2 Funktionen der Pet-Paletten verwenden

Die PET-PALETTEN brauchen Sie, um andere Funktionen als die auszuwählen, die automatisch nach dem zweiten Anklicken des Elements aktiviert werden.

Neuen Knotenpunkt einfügen

Hiermit wird in einer Wand oder in einer Linie ein neuer Eckpunkt mit den Koordinaten erzeugt, die Sie hier eingeben. Zum Positionieren stehen Ihnen natürlich alle oben bereits vorgestellten Koordinateneingaben inklusive Hilfslinien und Fangpositionen zur Verfügung.

Tipp

Wenn Sie Wände mit der Geometriemethode POLY erstellt haben, müssen Sie mit BEARBEITEN|GRUPPIEREN|GRUPPIERUNG AUSSETZEN oder mit dem Werkzeug in der STANDARD-Werkzeugleiste die Gruppierung aufheben, um Bearbeitungen für einzelne Wandteile zu ermöglichen. Erst dann erhalten Sie auch die PET-PALETTE für Einzelbearbeitung.

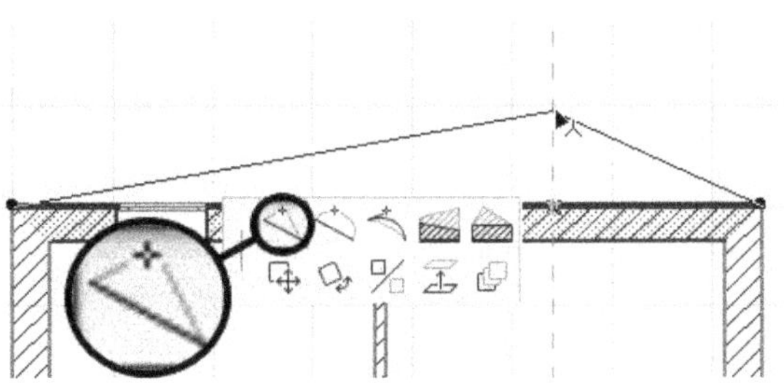

Abb. 6.15: Wand mit neuem Eckpunkt

Kante abrunden

Diese Funktion macht aus einer Linie oder einer geradlinigen Wand ein *gebogenes Element*. Die Cursorposition liegt *auf* dem Bogen und bestimmt damit dessen Krümmung. Elemente wie Fenster oder Türen können entlang der neuen Wand mit den alten Abständen erscheinen oder proportional positioniert werden.

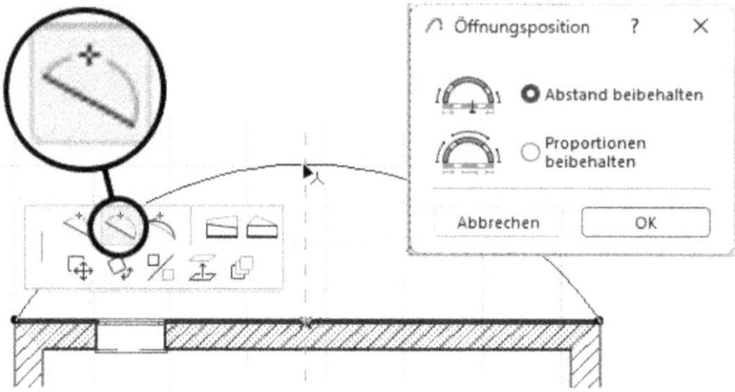

Abb. 6.16: Gebogene Wand erstellen

Sie können die Krümmung mit der Funktion Segment mit Tangente wieder zurücknehmen, indem Sie die Tangente des gebogenen Objekts zum anderen Endpunkt hin ziehen.

Segment mit der Tangente bearbeiten

Diese Option bestimmt für ein gebogenes Objekt die Tangentenrichtung im nächstliegenden Endpunkt. Sie kann auch verwendet werden, um ein geradliniges Objekt erst in einen Bogen umzuwandeln.

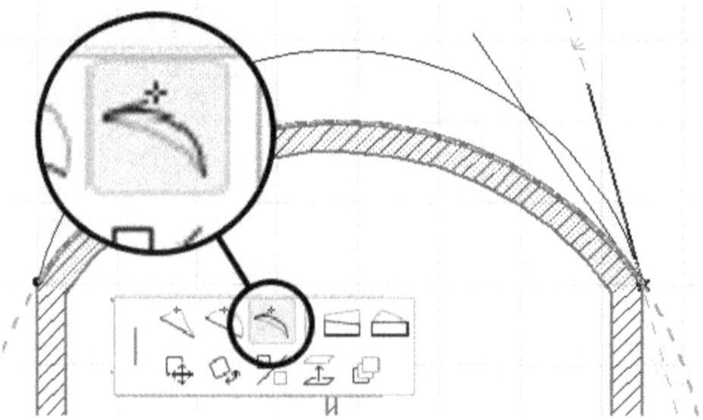

Abb. 6.17: Tangentenrichtung bestimmen

Kontur einer Trapezwand verändern

Diese Funktion ist nur für normale Wände und solche vom Typ *Trapezwand* sinnvoll. Trapezwände werden mit der Geometriemethode TRAPEZ (im INFOFENSTER WAND vorm Erstellen wählen) erzeugt und besitzen unterschiedliche Wandstärken an beiden Enden. Wenn Sie damit eine normale geradlinige Wand bearbeiten, wird sie zuerst in eine Trapezwand umgewandelt.

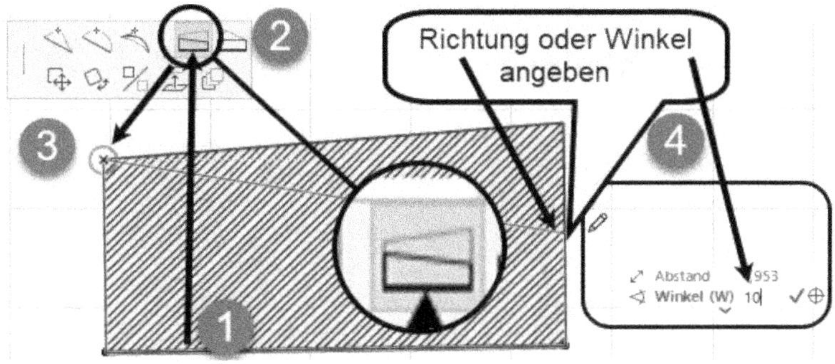

Abb. 6.18: Trapezwand

Nach Anklicken der definierenden Linie können Sie diese Funktion wählen, dann einen Eckpunkt der Innenwand wählen und die Richtung für die Wandlinie über einen zweiten Punkt festlegen. Die betreffende Wandlinie wird dann gedreht.

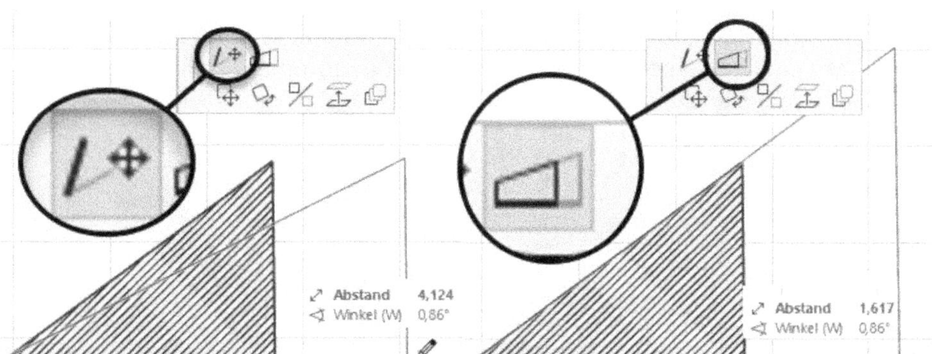

Abb. 6.19: Längenänderungen bei Trapezwand

Neuen Punkt in Trapezwand einfügen

Diese Funktion ist auch wie oben nur für normale Wände oder solche vom Typ *Trapezwand* aktiv. Normale Wände werden wieder in Trapezwände umgewandelt. Durch den angegebenen Punkt wird das Wandstück in zwei Teile unterteilt und außerdem definiert der Punkt die Wandstärke an der gewählten Position.

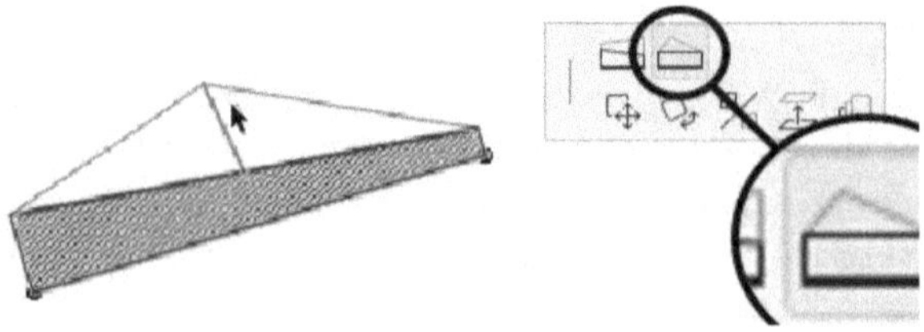

Abb. 6.20: Punkt zu Trapezwand hinzufügen

6.5 Standard-Transformationen

Die Standard-Transformationen sind für fast alle Elemente verfügbar: VERSCHIEBEN, DREHEN, SPIEGELN, HÖHENVERSCHIEBUNG, LÄNGENÄNDERUNG, MULTIPLIZIEREN.

Kopien bearbeiten

Sie können diese Funktionen auch auf die *Kopien* dieser Elemente ausführen, wenn Sie nach Markieren der Objekte die [Strg]-Taste einmal drücken. Dann erscheint am Cursorsymbol ein *Pluszeichen* als Hinweis, dass eine Kopie erstellt wird und das Original so erhalten bleibt.

Verschieben

Zum Verschieben von Elementen brauchen Sie diese nur mit der Schnell-Auswahl anzuklicken, beim letzten Element dann die Maustaste gedrückt zu halten und das Element so zu verschieben. Sie können aber auch [Strg]+[E] als Tastaturkürzel eingeben oder BEARBEITEN|BEWEGEN|VERSCHIEBEN wählen, wenn Sie Objekte markiert haben und verschieben wollen. Sie geben dann einen Ausgangspunkt und einen Endpunkt für die Verschiebung an.

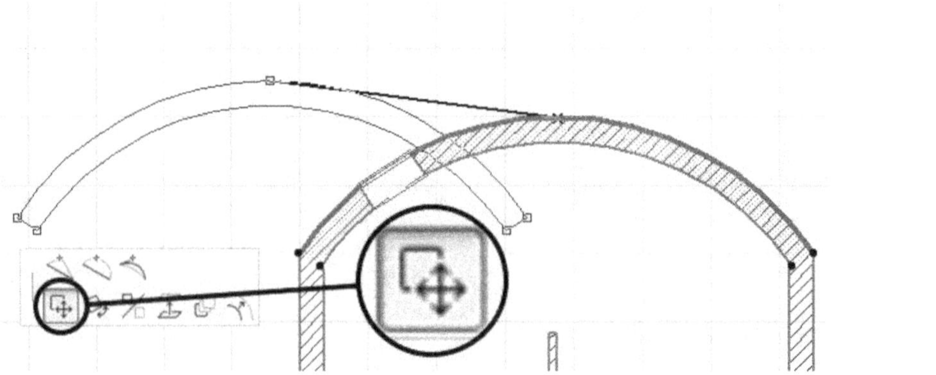

Abb. 6.21: Verschieben

Gruppierte Objekte werden zusammen verschoben. Um Elemente zu gruppieren, müssen Sie diese markieren und BEARBEITEN|GRUPPIEREN|GRUPPIEREN oder

[Strg]+[G] wählen. Mit dem Werkzeug GRUPPIERUNG AUSSETZEN aus der STANDARD-Symbolleiste wird eine Gruppierung zeitweilig ausgeschaltet, kann aber auch wieder eingeschaltet werden.

Drehen

Wenn Sie BEARBEITEN|BEWEGEN|DREHEN oder [Strg]+[D] wählen, müssen Sie einen Drehpunkt wählen und dann einen Startwinkel und einen Endwinkel der Drehung angeben.

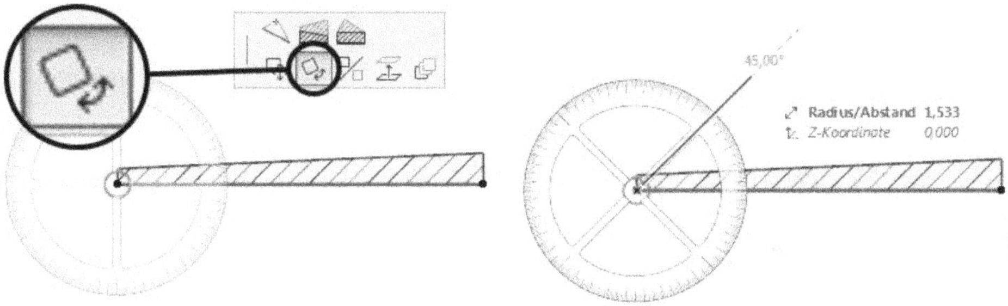

Abb. 6.22: Drehen

Spiegeln

Wenn Sie BEARBEITEN|BEWEGEN|SPIEGELN oder [Strg]+[M] wählen, müssen Sie zwei Punkte für eine Spiegelachse wählen, an der die Objekte unmittelbar gespiegelt werden. Bei Elementen wie Texten, Bemaßungen und Pfeilspitzen wird zwar das Element selbst gespiegelt, aber die Elemente behalten ihre Ausrichtung bei. Es entsteht also keine Spiegelschrift. Raumstempel können nicht gespiegelt werden.

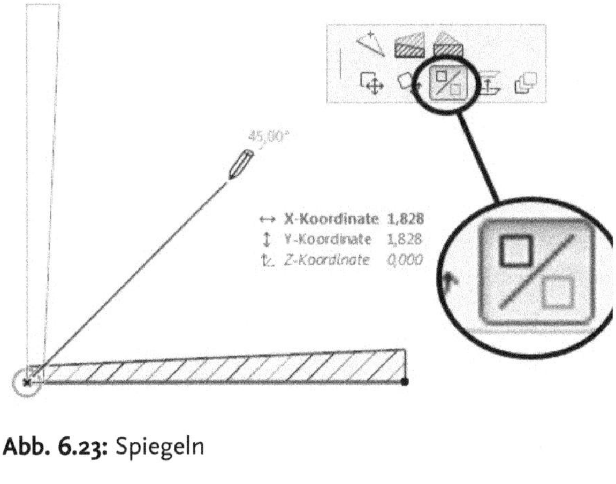

Abb. 6.23: Spiegeln

Höhenverschiebung/Vertikal verschieben

Mit dieser Funktion können Sie ein oder mehrere Elemente wählen und die neue Bezugshöhe in einem Dialogfenster eingeben.

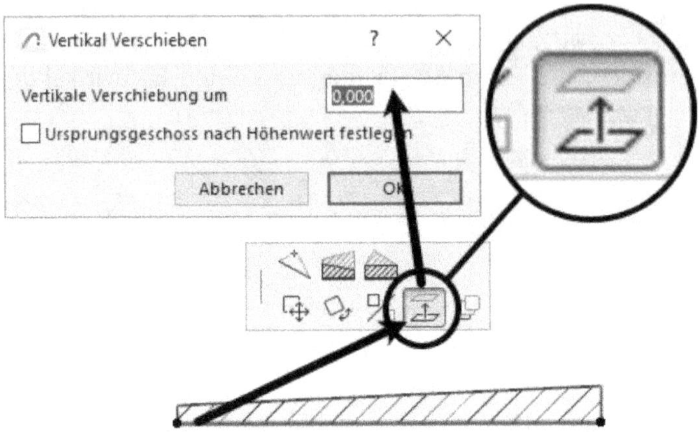

Abb. 6.24: Höhenverschiebung

Längenänderungen und Spezialfälle

Zum *Ändern der Größe* von Elementen gibt es drei Arten von Operationen: SPLITTEN, LÄNGENÄNDERUNG und ANPASSUNG. Die einfachste Operation ist die LÄNGENÄNDERUNG. Die PET-PALETTEN bieten da bei verschiedenen Elementen unterschiedlichste Optionen.

- *Wände* – Bei Wänden geschieht die Längenänderung ganz intuitiv durch Verschieben eines Eckpunkts.
- *Geneigte Wände* – Geneigte Wände haben ähnliche Optionen zur Längenänderung (eine geneigte Wand entsteht mit dem WAND-Werkzeug, wenn Sie im EINSTELLUNGSDIALOG die Wandform GENEIGT wählen). Sie sind aber nicht alle im 2D-Modus verfügbar. Um alle Optionen zu erhalten, müssen Sie über das Zeichnungsregister [3D/ALLE] in den 3D-MODUS wechseln, am besten in die ALLGEMEINE AXONOMETRIE. Bei Wänden klicken Sie einen Eckpunkt oben oder unten an.
  - HÖHE BEI FESTEN WINKELN ÄNDERN – variiert die Höhe unter Beibehaltung des Neigungswinkels.
  - WINKEL ÄNDERN – verändert den Neigungswinkel des Elements durch Wahl entsprechender Zielpunkte für den gewählten Eckpunkt bei gleichem z-Wert.
  - HÖHE STRECKEN – verschiebt die obere Fläche der Wand oder Stütze in z-Richtung, also senkrecht zur Konstruktionsebene. Dabei ändert sich der Neigungswinkel, aber die Projektion auf die xy-Ebene bleibt gleich.

- *Träger* – Auch bei Trägern gibt es die volle Palette der Optionen erst im 3D-Modus. Bei *segmentierten Trägern* werden einige *Pet-Funktionen* auch erst wählbar, wenn Sie in den angebotenen BEARBEITEN-Modus gehen (Abbildung 6.25).

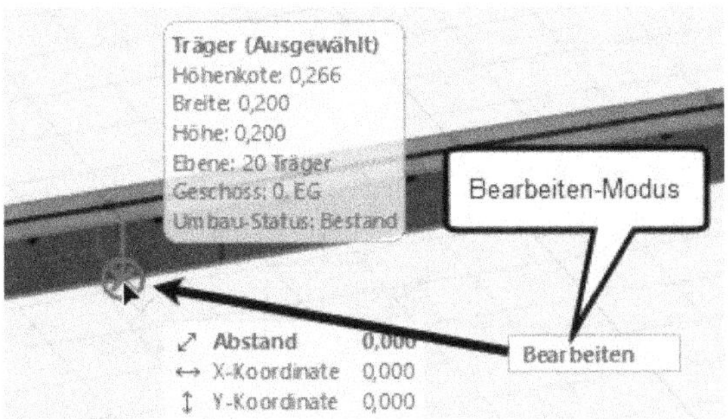

Abb. 6.25: BEARBEITEN-Modus aktivieren

  - LÄNGE STRECKEN – ermöglicht die Eingabe der neuen Gesamtlänge oder einer neuen Punktposition für den Eckpunkt.
  - PROFILBREITE STRECKEN – erlaubt die Eingabe einer neuen Gesamtbreite oder einer Punktposition, wobei symmetrisch zur Mittellinie verbreitert wird.
  - PROFILHÖHE STRECKEN – verlangt einen neuen Wert für die Balkenhöhe oder einen Punkt. Dabei bleibt die Balkenfläche gegenüber dem gewählten Punkt fixiert.
  - DREHEN AN ACHSE – dreht den Träger um die gewählte Kante.
  - SEGMENT SPLITTEN – zerteilt ein Trägersegment am Punkt auf der gewählten Kante. Dadurch kann aus einem nichtsegmentierten Träger ein segmentierter werden.
- *Stützen* – Bei Stützen unterscheiden sich die Optionen je nachdem, ob der Mittelpunkt oder ein Eckpunkt oben oder unten gewählt wurde. Wenn Sie bei Stützen eine Position auf einer Kante wählen, gibt es eine SPLITTEN-Funktion zum nachträglichen Segmentieren. Um alle Optionen zu erhalten, müssen Sie ggf. in den 3D-MODUS wechseln, bei segmentierten Stützen evtl. auch in den BEARBEITEN-Modus.
  - HÖHE BEI FESTEN WINKELN ÄNDERN – variiert die Höhe bei unverändertem Neigungswinkel.
  - WINKEL ÄNDERN und HÖHE STRECKEN – wirken wie bei den Wänden.
  - PROFIL DREHEN – dreht das Profil um die Achse.
  - PROFIL STRECKEN – gibt es für die Verbreiterung in Richtung beider Seitenflächen.

- VERBINDUNGSWINKEL DREHEN – dreht den Winkel der oberen Abschlussfläche der Stütze.
- DREHEN AN ACHSE – dreht die Stütze um die gewählte Kante.
- SEGMENT SPLITTEN – zerteilt eine Stütze am Punkt auf der gewählten Kante. Dadurch kann aus einer nichtsegmentierten Stütze eine segmentierte werden.

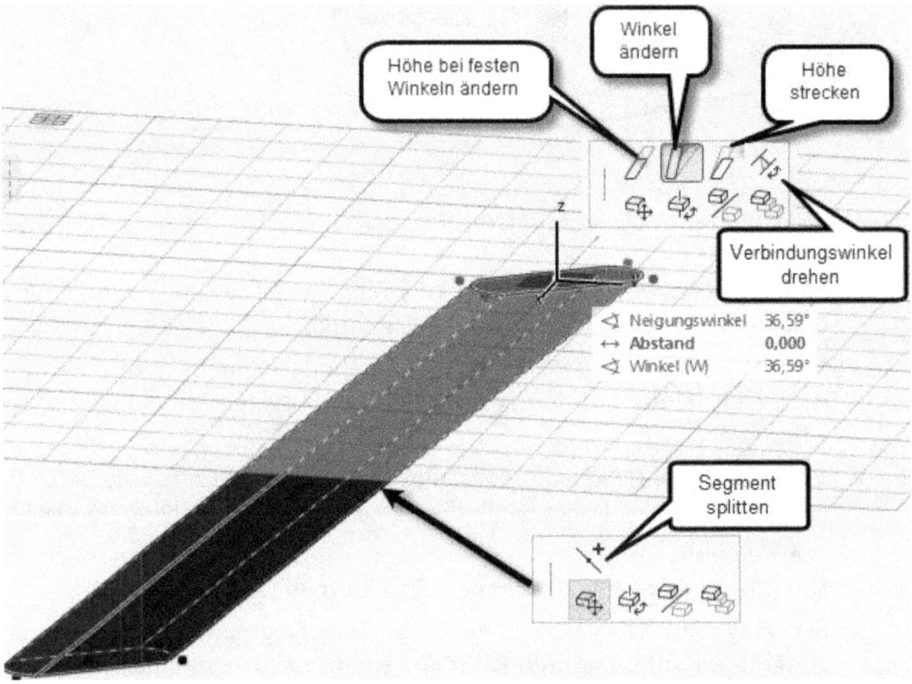

Abb. 6.26: WINKEL ÄNDERN und weitere Funktionen bei Stütze in der 3D-Ansicht

- *Komplizierte Profil-Elemente* – Spezielle Streck- und Dehn-Optionen werden für Profile angeboten. Das sind Wände, die im EINSTELLUNGSDIALOG mit der WANDFORM PROFILE versehen wurden und für die dann unter STRUKTUR ein Profil gewählt wurde.

Multiplizieren

Die Funktion MULTIPLIZIEREN dient zum Erstellen regelmäßiger Anordnungen von Elementen. Dabei kann es sich um lineare Anordnungen, kreisförmige Anordnungen oder Anordnungen in Form einer Matrix handeln. Die lineare Anordnung kann eine normale Verschiebung in der xy-Ebene oder in der Höhe, also in z-Richtung sein. Bei der Matrix-Anordnung sind Sie nicht auf eine rechtwinklige Struktur beschränkt, sondern können die beiden Richtungen für die Matrix-Zeilen und -Spalten angeben.

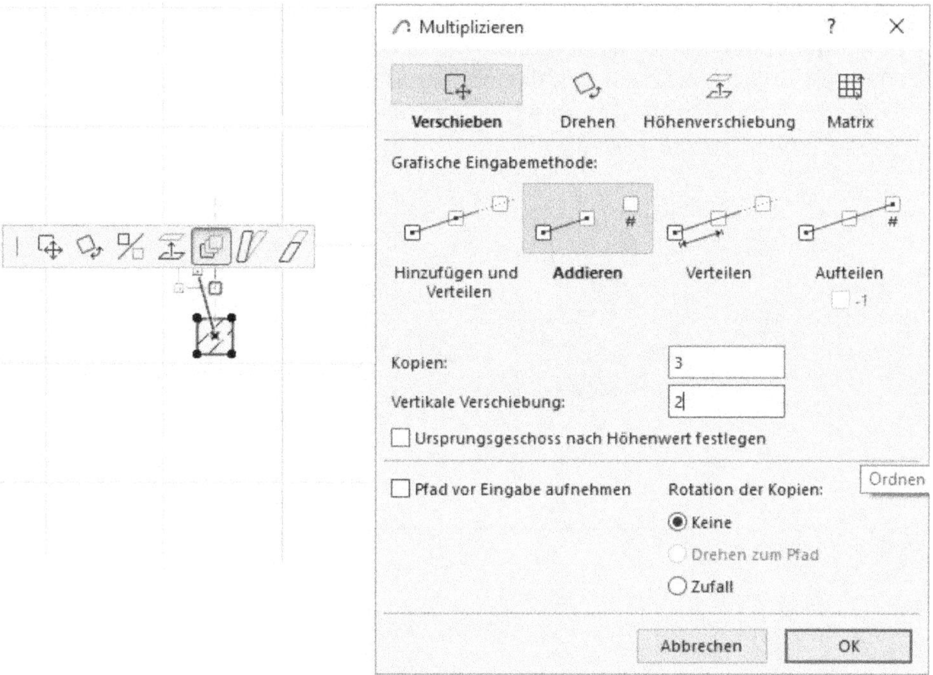

Abb. 6.27: Dialogfeld MULTIPLIZIEREN (im Grundriss)

Die Ausdehnung der Anordnung wird typischerweise durch die ANZAHL DER KOPIEN und dann einen *Referenzpunkt* und einen *zweiten Punkt* festgelegt. Wenn Sie eine VERTIKALE VERSCHIEBUNG angeben, dann werden die neuen Elemente jeweils um diesen Betrag zusätzlich in der Höhe verschoben und landen – eventuell unsichtbar – auf anderen Geschossen. Es gibt vier verschiedene Verfahren, in welcher Art und Weise *Referenzpunkt* und *zweiter Punkt* das Muster definieren:

- ADDIEREN – Die beiden Punkte definieren den *Abstand* zwischen den beiden *ersten Kopien*. Die übrigen Kopien folgen im gleichen Abstand und werden während der Aktion dynamisch angezeigt. Wenn Sie für die *Anzahl* also **4** eingegeben haben, erhalten Sie zusätzlich *zum vorhandenen Element* eben noch diese *vier Kopien*.
- AUFTEILEN – Die beiden Punkte definieren den *Abstand* zwischen der *ersten* und der letzten *Kopie*. Die übrigen Kopien werden in gleichmäßigen Abständen dazwischen gelegt. Sie erhalten also bei *Anzahl* **4** hier dann *vier neue Elemente*.
- VERTEILEN – Hierbei geben Sie nicht die Anzahl an, sondern den gewünschten *Abstand* zwischen zwei Elementen. Der Referenzpunkt und der zweite Punkt definieren dann den *auszufüllenden Bereich*. Es werden also *so viele Kopien* erzeugt, wie bei dem gewählten Abstand zwischen Referenzpunkt und zweiten Punkt passen.

- AUFTEILEN-1 – Die beiden Punkte definieren wie bei AUFTEILEN den *Abstand* zwischen der *ersten* und der letzten *Kopie*. Die gewünschte Anzahl Kopien wird in gleichmäßigen Abständen dazwischen gelegt. Sie erhalten also bei *Anzahl* **4** hier dann mit dem letzten durch den zweiten Punkt bestimmten Element insgesamt *fünf neue Elemente*.

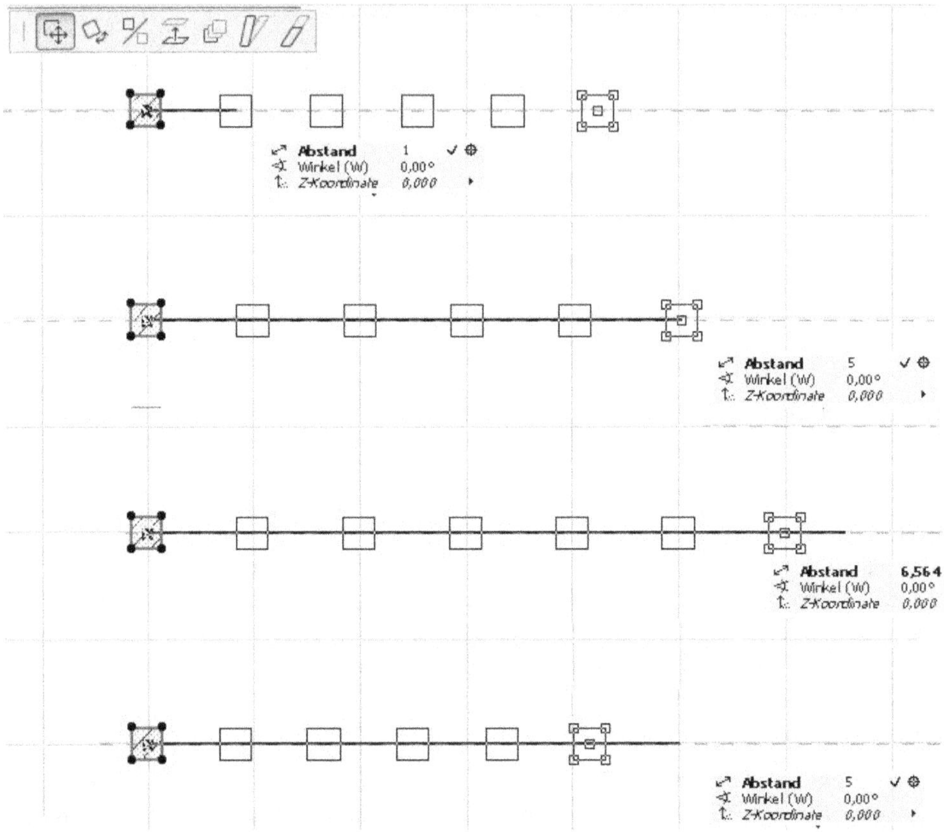

Abb. 6.28: MULTIPLIZIEREN mit Option VERSCHIEBEN und den Methoden ADDIEREN, AUFTEILEN, VERTEILEN und AUFTEILEN-1

6.6 Anpassungsoperationen

Trimmen

Elemente wie Wände, Träger, Linien, Kreise, Bögen, Polylinien oder Splines können Sie trimmen. Das bedeutet, dass Sie Teile aus diesen Elementen bis zum nächsten Schnittpunkt mit einem anderen Element herausschneiden können.

Dazu wählen Sie zuerst mit einem Klick das Element aus. Dann wählen Sie BEARBEITEN|VERÄNDERN|TRIMMEN oder drücken einfach `Strg` und das SCHERE-Werkzeug erscheint. Wenn die Schere geschwärzt aussieht, sitzen Sie richtig auf dem Element bzw. der Kante des Elements und die Schere ist scharf. Nun klicken Sie, und sofort wird das Stück herausgeschnitten.

Sie können natürlich auch das Werkzeug TRIMMEN aus dem Werkzeugkasten STANDARD wählen.

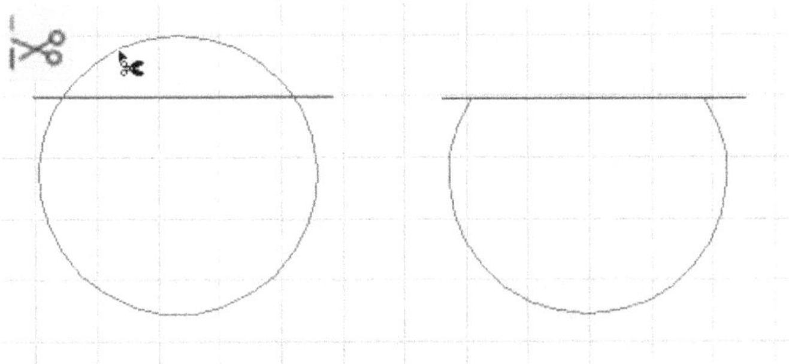

Abb. 6.29: Trimmen

Tipp

Gruppierte Elemente können nicht aneinander getrimmt werden. Dafür müssen Sie zuerst in der STANDARD-Symbolleiste die Schaltfläche GRUPPIEREN AUSSETZEN wählen.

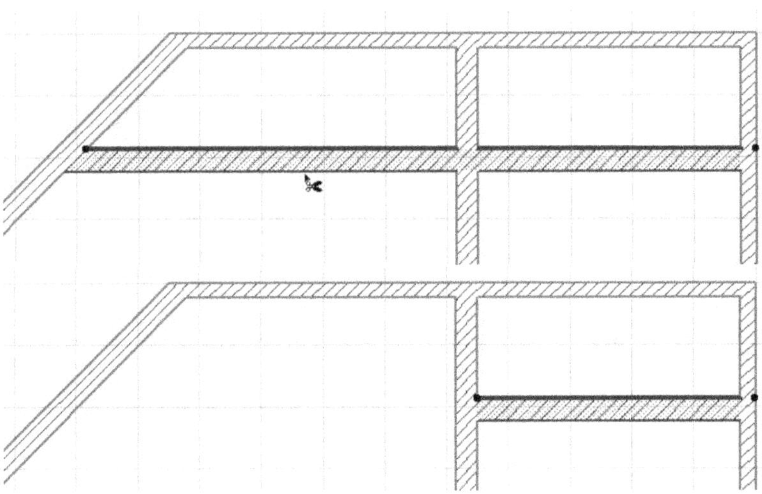

Abb. 6.30: Trimmen von Wänden

Anpassen/Trimmen

Zum Anpassen von Wänden an Dächer oder Schalen verwenden Sie am besten das *Kontextmenü*. Voraussetzung ist, dass die Wand zunächst über Dach oder Schale hinausragt. Dazu wäre sie ggf. in der Höhe zu verlängern. Dann markieren Sie die Wand, wählen mit Rechtsklick das *Kontextmenü* und dort die Option VERBINDEN|ELEMENTE MIT DACH/SCHALE TRIMMEN und markieren das Dach. Danach müssen Sie noch anklicken, was übrigbleiben soll. Das ist natürlich die untere Wandpartie. Wenn die Wände ursprünglich als Rechteck erzeugt wurden, dann bilden sie eine Gruppe. Sie können dann auch die komplette Gruppe wählen und über die ELEMENTEIGENSCHAFTEN mit einer genügend hohen Oberkante versehen, um dann die komplette Gruppe zu trimmen.

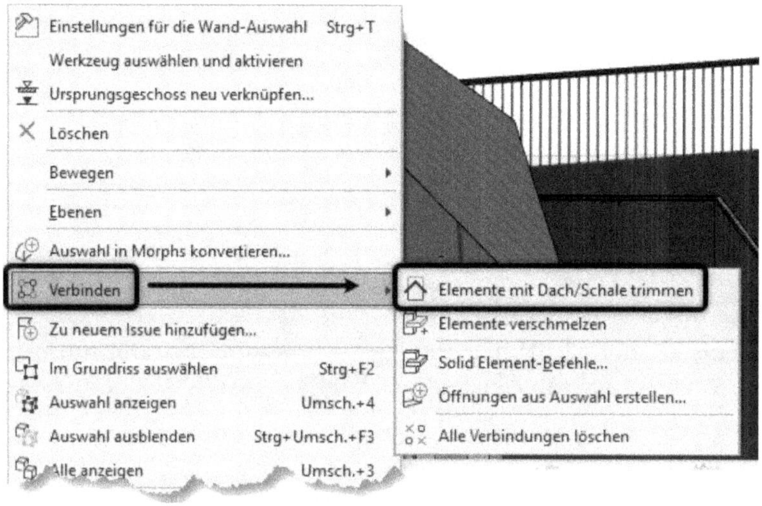

Abb. 6.31: Kontextmenü mit Funktion zum Trimmen von Wänden

Tipp

Wenn eine einzelne Wand aus einer geschlossenen Wandkontur verlängert und angepasst werden soll, ist es ggf. nötig, sie aus der Wand-Gruppierung herauszunehmen mit BEARBEITEN|GRUPPIEREN|GRUPPIERUNG AUSSETZEN.

Wenn ein Dach aus zwei einzelnen Hälften besteht, wählen Sie zuerst die über die Dächer erhöhten Wände und dann im Kontextmenü (Abbildung 6.32) die Funktion MIT EINZEL-DACH BESCHNEIDEN und aktivieren ELEMENT OBEN BESCHNEIDEN (Abbildung 6.33).

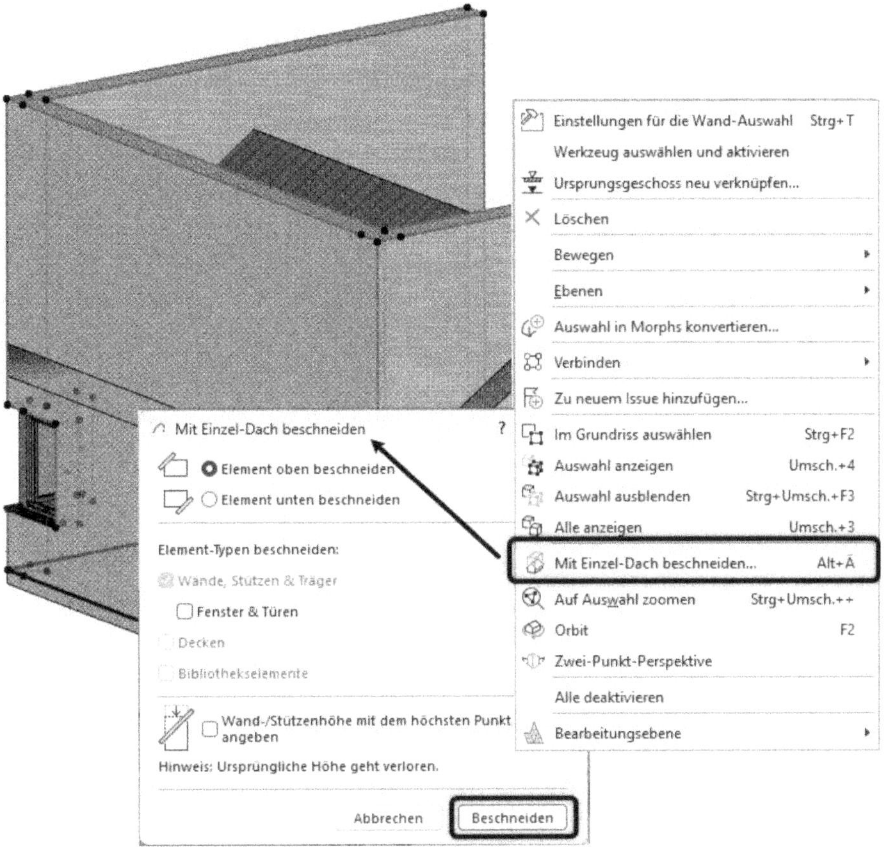

Abb. 6.32: Kontextmenü MIT EINZEL-DACH BESCHNEIDEN

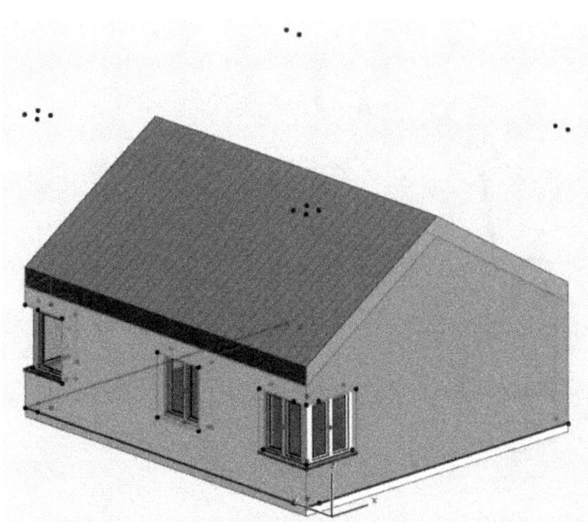

Abb. 6.33: Alle Wände an zwei Einzeldächern getrimmt

Polygone neu formen

Zum Bearbeiten von Polygonen gibt es außer den bekannten weitere *Pet-Werkzeuge*: KNOTENPUNKT VERSCHIEBEN, KANTE VERSETZEN, BENACHBARTE ECKEN ERWEITERN und ALLE KANTEN VERSETZEN.

- KNOTENPUNKT VERSCHIEBEN

  Die Standard-Funktion für Polygonpunkte ist das Verschieben des Knotenpunkts, wobei beide angrenzenden Segmente mitgenommen werden.

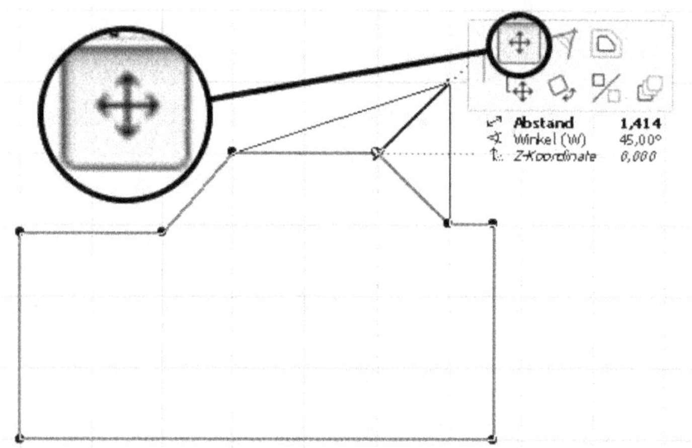

Abb. 6.34: Knotenpunkt verschieben

- KANTE VERSETZEN

  Mit dieser Funktion verschieben Sie eine Kante einzeln parallel. Die angrenzenden Kanten bleiben in ihrer Richtung erhalten, werden aber entsprechend verkürzt oder gedehnt.

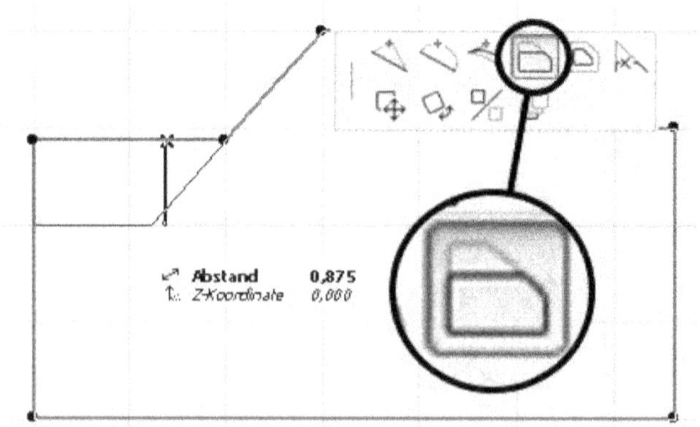

Abb. 6.35: Kante versetzen

- BENACHBARTE ECKEN ERWEITERN

  Hierbei wird das markierte Segment entfernt und die benachbarten Kanten so weit verlängert, bis durch ihren Schnittpunkt das Polygon wieder geschlossen wird. Diese Funktion wird aber nur für solche Kanten angeboten, bei denen die Nachbar-Kanten in ihrer Verlängerung aufeinander zulaufen und die Funktion Erfolg verspricht.

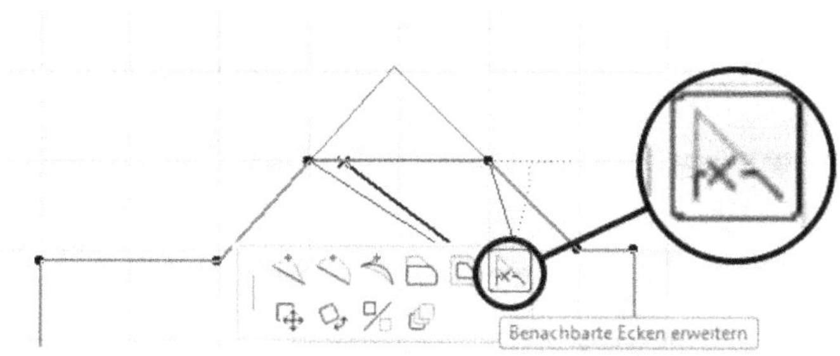

Abb. 6.36: Verlängerung der benachbarten Kanten zum Schließen des Polygons

- ALLE KANTEN VERSETZEN

  Mit dem *Pet-Werkzeug* ALLE KANTEN VERSETZEN wird ein gesamtes Polygon mit allen Segmenten im Stück parallel nach innen oder außen versetzt. Der Abstand wird angegeben oder durch einen Zielpunkt bestimmt.

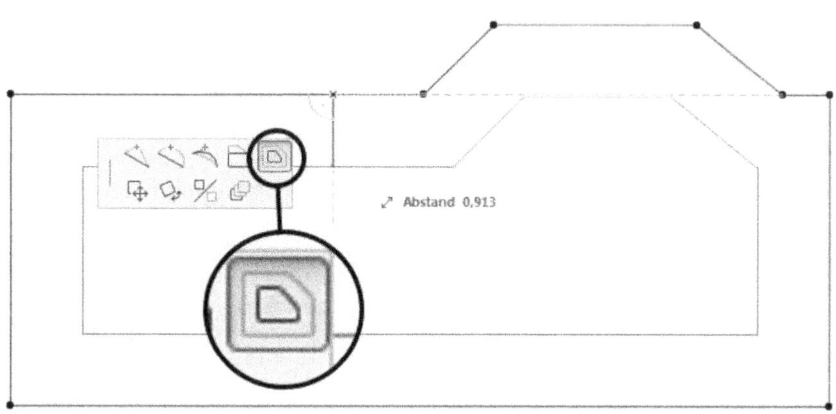

Abb. 6.37: Polygonaler Versatz

Polygonformen hinzufügen oder abziehen

Um ein polygonförmiges Element wie eine Decke mit einem weiteren zu ergänzen oder zu reduzieren, gehen Sie folgende Schritte:

Da die Funktion bei einem Polygon aus reinen Linien nicht funktioniert, sollten Sie vielleicht mit dem Zauberstab zu dem bisher benutzten Polygon mit den Deckenwerkzeug eine Geschossdecke generieren.

- Markieren Sie das Element.
- Klicken Sie auf einen Eckpunkt oder Rand.
- In der PET-PALETTE wählen Sie eine der beiden Funktionen ZUM POLYGON HINZUFÜGEN oder VOM POLYGON ABZIEHEN.
- Zeichnen Sie nun den Umriss für die neue Polygonform mit mehreren Punkten.
- Beim Anfahren des Startpunkts als letztem Punkt erscheint der *Hammer-Cursor*, schließt die neue Polygonform und vollendet den Befehl.
- Die neue Polygonform wird damit automatisch der bestehenden Form hinzugefügt oder von ihr abgezogen.

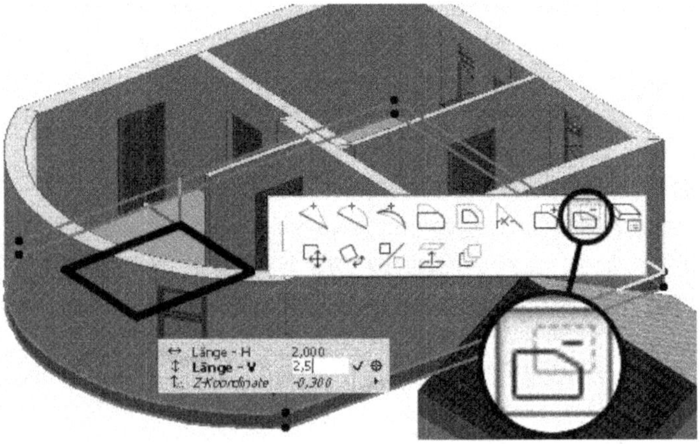

Abb. 6.38: Polygonform wird abgezogen.

Auf diese Art und Weise können Sie *Deckendurchbrüche* für Treppen erzeugen.

Tipp

Wenn Sie polygonale Formen mit Bogensegmenten brauchen, können Sie diese nachträglich durch Umwandeln linearer Segmente über die PET-PALETTEN erzeugen.

6.7 Der Zauberstab

Der ZAUBERSTAB hat seinen Namen wohl zu Recht, denn damit können Sie alle möglichen Objekte zu bereits vorhandenen polygonalen Formen erstellen. Beispielsweise kann damit zu vorhandenen Wänden die Decke erstellt werden oder auch zu einem reinen Polygon- oder Linienzug. Diese polygonalen Formen dürfen für Dächer und Decken auch offen sein. Die fehlende Seite wird vom ZAUBERSTAB für das neue Element dann geradlinig ergänzt.

Der ZAUBERSTAB arbeitet so, dass Sie nur in den Bereich hineinklicken müssen und er dann von der Klickposition aus die Begrenzungen erkennt und das gewünschte Element wie Decke, Träger oder Wand nach der gefundenen Begrenzung erstellt.

Der ZAUBERSTAB erkennt viele Elemente: Wände, Träger, Decken, Dächer, Schraffuren, Freiflächen, Linien, Bögen, Polylinien und Splines. Er kann auch Elemente aus anderen Geschossen oder gesperrte Elemente oder Elemente außerhalb des Arbeitsbereichs erkennen.

Das Vorgehen mit dem ZAUBERSTAB läuft folgendermaßen:

- In der Palette WERKZEUGKASTEN wählen Sie das zu erzeugende Element, z.B. WAND, aus.
- Dann aktivieren Sie den ZAUBERSTAB entweder
  - aus der Palette KONTROLLFENSTER oder
  - im Menü PLANUNG|ZAUBERSTAB oder
  - ganz einfach indem Sie die `Leertaste` gedrückt halten.
- Nun klicken Sie *in die Kontur hinein* oder *klicken sie an.*
- Das Objekt wird unmittelbar erstellt.

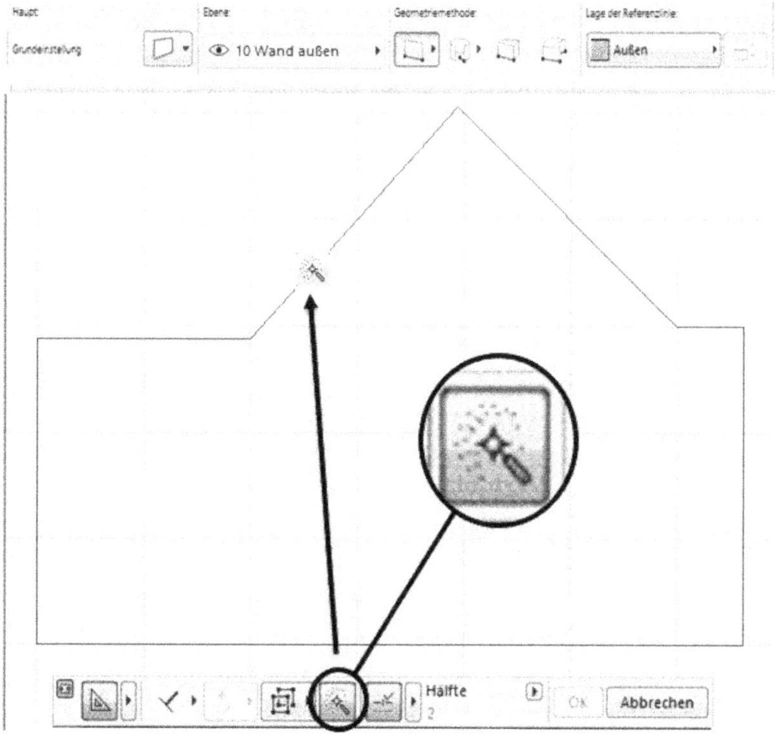

Abb. 6.39: Wand wird aus Polygon erstellt.

Tipp

Die Objekte werden mit dem ZAUBERSTAB manchmal so schnell erstellt, dass man es kaum merkt. Gerade bei der Erstellung von Decken, deren Umriss ja unter der vorgegebenen Geometrie liegt, läuft das ganz unmerklich ab. Danach erscheint dann in der Statusanzeige sofort wieder die Anfrage nach dem ersten Punkt für die nächste Decke. Oft meint man deshalb, die Erstellung hätte nicht geklappt.

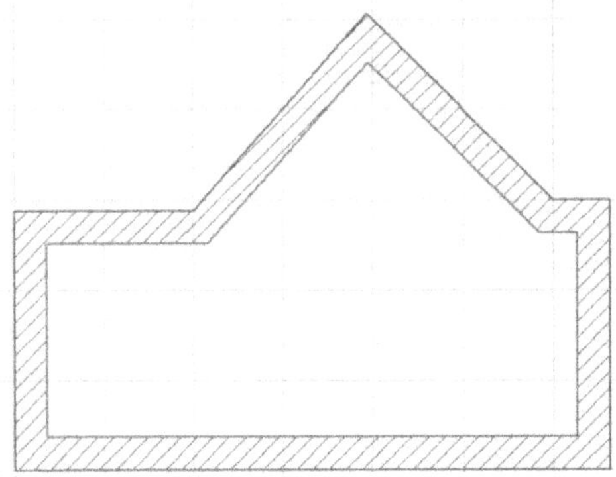

Abb. 6.40: Fertige Wand

Der ZAUBERSTAB wählt standardmäßig ausgehend vom angeklickten Punkt die nächstliegenden Begrenzungsobjekte. Sie können die Auswahl möglicher Grenzobjekte aber noch verfeinern, indem Sie vorher die möglichen Begrenzungsobjekte markieren. Das Vorgehen sieht dann so aus:

- Sie erstellen eine Vorauswahl der Begrenzungsobjekte, indem Sie das erste anklicken und weitere mit ⇧ und Klick hinzufügen.
- Dann wählen Sie in der Palette WERKZEUGKASTEN den Elementtyp aus, der erstellt werden soll.
- Nun aktivieren Sie den ZAUBERSTAB aus der Palette KONTROLLFENSTER.
- Schließlich klicken Sie in die Kontur hinein. Der ZAUBERSTAB bildet nun die Begrenzung lediglich aus den vorgewählten Objekten.
- Das neue Element wird unmittelbar erstellt.

Tipp

Wenn Sie mit dem ZAUBERSTAB durch Hineinklicken Decken zu vorhandenen Wänden erstellen, wird immer die Innenkante der Wände verwendet. Wenn Sie umgekehrt zu einer vorhandenen Decke die Wände erstellen, wird die Konstruktionslinie der Wand auf die Kanten der Decke positioniert.

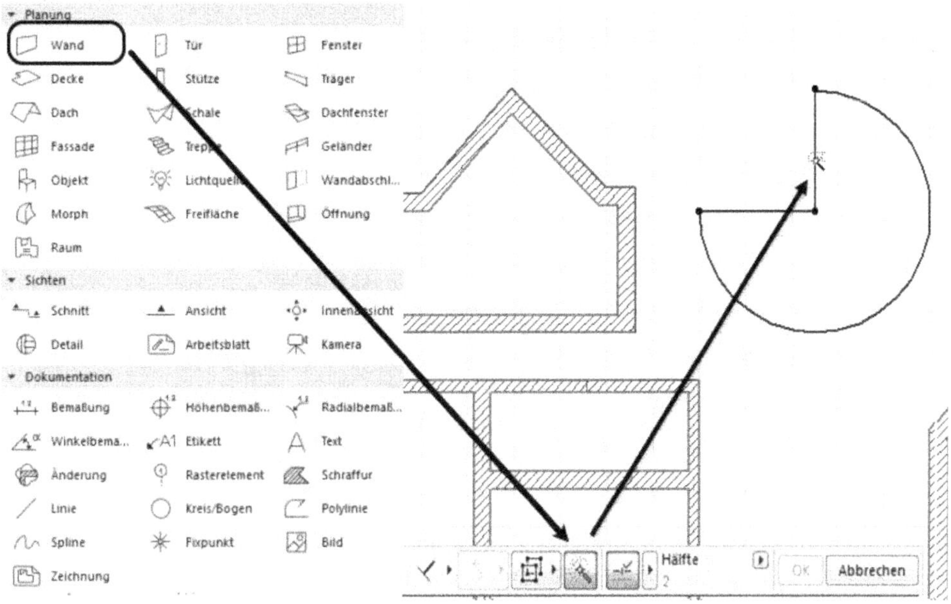

Abb. 6.41: ZAUBERSTAB mit vorgewählten Elementen

Sie können auch den ZAUBERSTAB verwenden, um direkt auf ein Konturobjekt zu klicken. Der ZAUBERSTAB sucht dann entlang der Kontur weitere anschließende Elemente, bis sie geschlossen ist oder bis Konturknoten auftreten, an denen die Fortsetzung nicht mehr eindeutig ist. Bei der Erzeugung von Wänden wird dort aufgehört, wo mehrdeutige Verzweigungen beginnen, bei Decken wird die innerste mögliche Kontur gewählt.

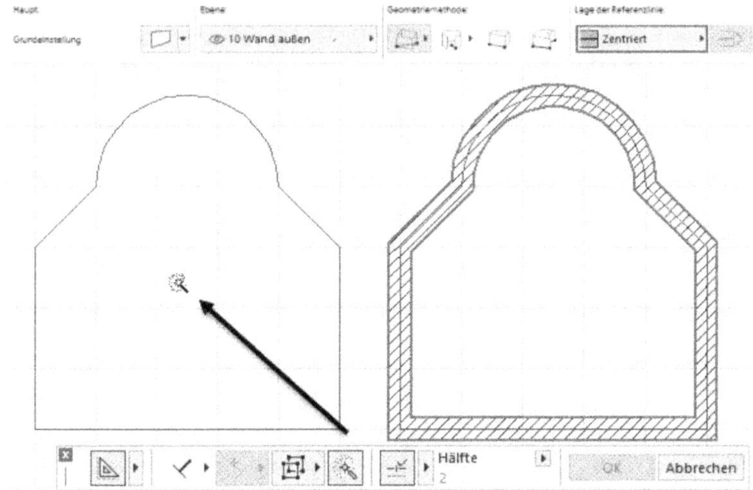

Abb. 6.42: ZAUBERSTAB bei automatischer Konturwahl

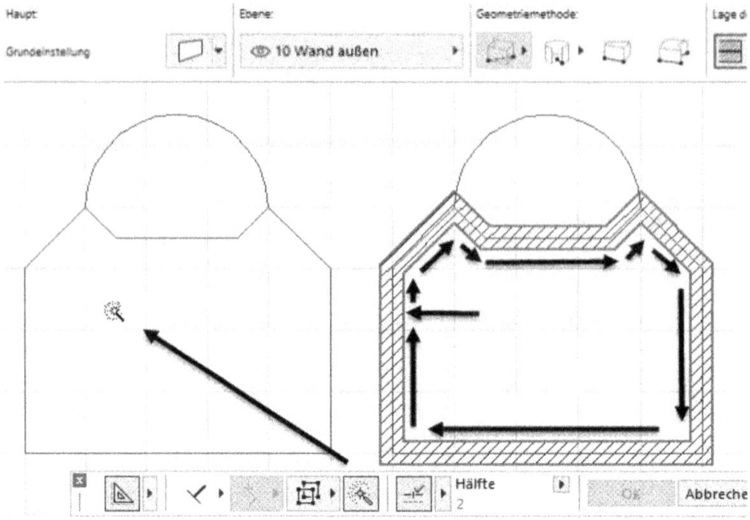

Abb. 6.43: ZAUBERSTAB bei automatischer Konturwahl mit Verzweigungen

6.8 Kontextmenü verwenden

Wenn Sie mit dem PFEIL-Werkzeug ein Element markiert haben, finden Sie nach einem Rechtsklick im Kontextmenü eine große Anzahl von Bearbeitungsfunktionen (Abbildung 6.44).

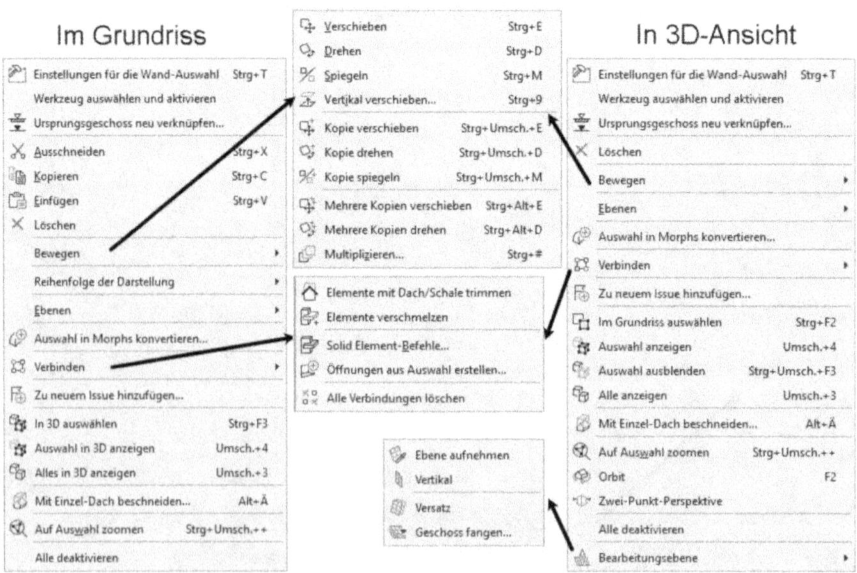

Abb. 6.44: Kontextmenü nach Markieren eines Elements

- EINSTELLUNGEN FÜR DIE TRÄGER-AUSWAHL – liefert das Einstellungsdialogfeld für das markierte Element, im Beispiel hier ein Träger. Damit können Sie also alle Parameter dieses Elements verändern.
- AUSWAHL- & AKTIVIERUNGS-WERKZEUG – aktiviert das Werkzeug, das zu diesem Element gehört, um neue Elemente zu konstruieren.
- URSPRUNGSGESCHOSS NEU VERKNÜPFEN – ordnet ein Element einem anderen Geschoss zu. Das Objekt wird damit nicht etwa in der Höhe verschoben, sondern nur logisch einem anderen wählbaren Geschoss zugeordnet. Die Aktion ist für Wände sinnvoll, die sich über mehrere Geschosse erstrecken und damit neu zugeordnet werden sollen.
- LÖSCHEN – löscht das (die) markierte(n) Element(e).
- BEWEGEN – Hier finden Sie die Funktionen des Menüs BEARBEITEN|BEWEGEN zum Verschieben, Drehen, Kopieren und Spiegeln von Elementen.
- AUSWAHL IN MORPHS KONVERTIEREN
- VERBINDEN – Mit dieser Befehlsgruppe können Sie Volumenkörperaktionen wie das Trimmen von Wänden an Dächern durchführen. Auch lassen sich solche Volumenkörperaktionen wieder rückgängig machen.
- ZU NEUEM ISSUE HINZUFÜGEN – fügt die ausgewählten Elemente zum Issue-Manager hinzu, der zur Verwaltung von Elementen und zum Austausch zwischen Team-Mitarbeitern dient.
- IM GRUNDRISS AUSWÄHLEN – wechselt zur Grundriss-Ansicht mit Hervorhebung der Elemente.
- AUSWAHL ANZEIGEN – isoliert die Elemente, das heißt, alle anderen werden temporär ausgeblendet.
- AUSWAHL AUSBLENDEN – blendet die Elemente aus.
- ALLE ANZEIGEN – zeigt nach Einschränkung der Sichtbarkeiten aus den vorangegangenen Optionen alles wieder an.
- MIT EINZEL-DACH BESCHNEIDEN – wirkt auf Wand- und Stützen-Elemente, um sie an Dachflächen zu beschneiden.
- ALLES IN 3D ANZEIGEN – zeigt die komplette Konstruktion im 3D-FENSTER an.
- AUF AUSWAHL ZOOMEN – zoomt auf die ausgewählten Elemente. Dies ist eine bequeme Optimierung des Fensters auf die gewählten Elemente.
- ORBIT – aktiviert das Schwenken der Ansicht durch Mausbewegung.
- ALLE DEAKTIVIEREN – schaltet die Markierung/Auswahl der Elemente ab.

6.9 Bearbeiten-Menü

Im BEARBEITEN-Menü finden sich noch einige interessante Befehle, die Sie nicht über PET-PALETTEN erreichen können. Hier gibt es insgesamt fünf Kategorien mit Befehlen, die Elemente bearbeiten können: BEWEGEN, AUSRICHTEN, VERTEILEN, VERÄNDERN und VEREINIGEN & ZERLEGEN.

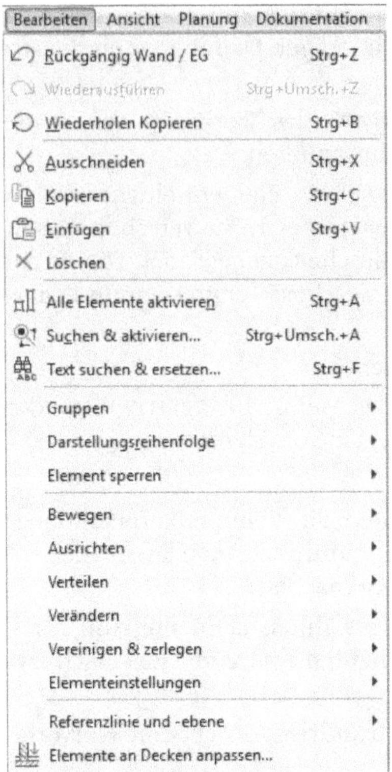

Abb. 6.45: Das BEARBEITEN-Menü

6.9.1 Bewegen

Die erste Gruppe sind Befehle zum BEWEGEN von Elementen. Dies sind meist Befehle, die Sie auch über PET-PALETTEN erreichen können. Zum DREHEN-Werkzeug gibt es hier noch zwei schnelle Varianten:

- SCHNELLES DREHEN IM UHRZEIGERSINN dreht das gewählte Element in 90°-Schritten um seinen Schwerpunkt im Uhrzeigersinn,
- SCHNELLES DREHEN GEGEN DEN UHRZEIGERSINN dreht das gewählte Element in umgekehrter Richtung.
- Als schneller Aufruf sind auch hier die Tastenkürzel zu empfehlen: `Shift`+`→` bzw. `Shift`+`←`.

VERSCHIEBEN, DREHEN und SPIEGELN gibt es hier auch als Varianten KOPIE VERSCHIEBEN, KOPIE DREHEN und KOPIE SPIEGELN. Dabei bleibt dann die Originalgeometrie erhalten. Diese Optionen erhalten Sie auch aus den PET-PALETTEN, wenn Sie bei VERSCHIEBEN, DREHEN und SPIEGELN die Taste `Strg` gedrückt halten. MEHRERE KOPIEN VERSCHIEBEN und MEHRERE KOPIEN DREHEN sind schnelle Optionen, um mehrere Kopien ohne Neuwahl zu erstellen. Auch MULTIPLIZIEREN haben Sie schon über die PET-PALETTEN in Abschnitt 6.5 »Standard-Transformationen« kennengelernt.

Von einem Geschoss in andere kopieren

Eine sehr nützliche Funktion unter BEWEGEN ist ELEMENTE NACH GESCHOSSEN BEARBEITEN. Damit können Sie ausgewählte Elementtypen wie Wände, Fenster oder Türen etc. von einem Geschoss in weitere Geschosse kopieren, was die Erstellung mehrgeschossiger Häuser wesentlich erleichtert. Abbildung 6.47 zeigt ein Beispiel für das Kopieren aller Wände aus dem Erdgeschoss in drei weitere Geschosse. Neben der Option KOPIEREN gibt es noch die Möglichkeit, bestimmte *Objekttypen in ein anderes Geschoss zu kopieren* oder auf gewählten Geschossen zu löschen.

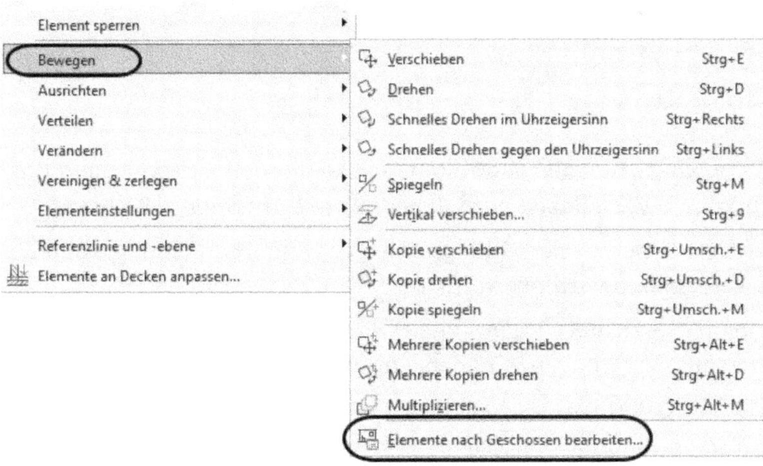

Abb. 6.46: BEWEGEN-Befehle

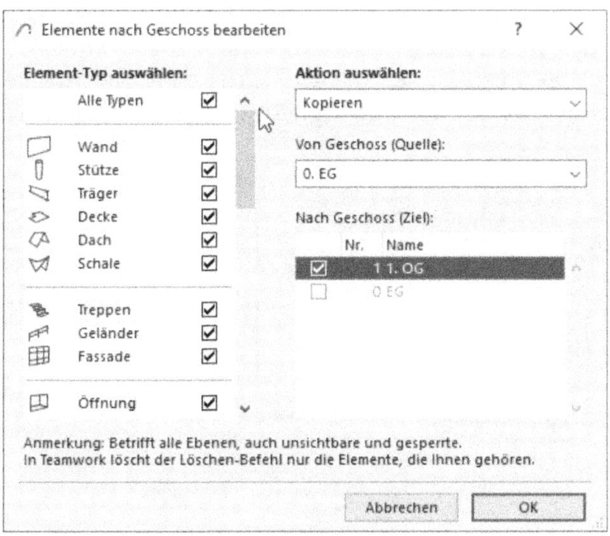

Abb. 6.47: Elemente von einem Geschoss in andere kopieren

6.9.2 Ausrichten

Unter AUSRICHTEN geht es darum, die gewählten Objekte in wählbaren Richtungen fluchtend zueinander auszurichten.

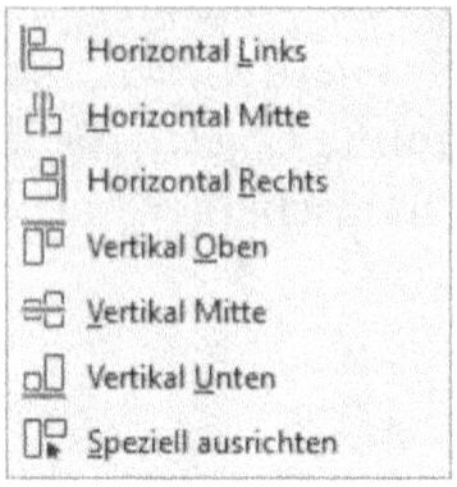

Abb. 6.48: AUSRICHTEN-Funktionen

- HORIZONTAL LINKS – richtet alle gewählten Objekte an dem am weitesten links liegenden Punkt aus. Verschoben wird dabei nur in horizontaler Richtung.
- HORIZONTAL MITTE – richtet alle Mittelpunkte der Objekte an einer gemittelten Position aus. Verschoben wird nur vertikal.
- HORIZONTAL RECHTS – richtet alle gewählten Objekte an dem am weitesten rechts liegenden Punkt aus. Verschoben wird dabei nur in horizontaler Richtung.
- VERTIKAL OBEN, VERTIKAL MITTE, VERTIKAL UNTEN – verschieben die Objekte analog zu HORIZONTAL LINKS etc., aber unter Beibehalten der vertikalen Ausrichtung.
- SPEZIELL AUSRICHTEN – richtet einen spezifizierten Punkt des Objekts an einer Linie aus. Das kann eine existierende Linie sein oder eine, die Sie erst jetzt zeichnen. Welcher Punkt des Objekts auf diese Linie fallen soll, können Sie auswählen zwischen NÄCHSTER PUNKT und UMRANDUNGSBOX-ANKER. Letzteres ist natürlich für Stützen interessant. Hier können Sie auch den Mittelpunkt einer Stütze wählen.

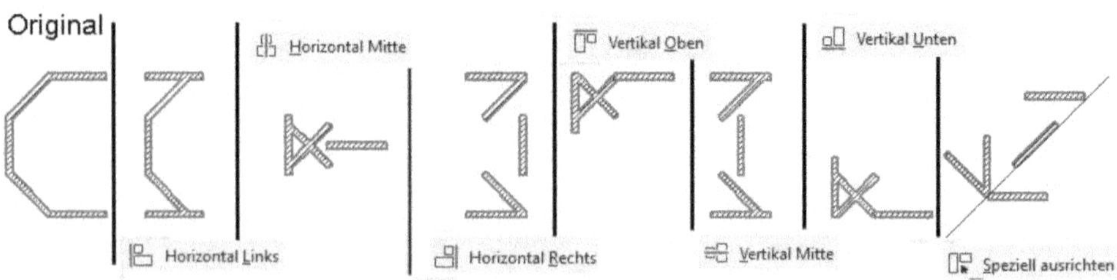

Abb. 6.49: Funktionen zum Ausrichten

6.9.3 Verteilen

Bei VERTEILEN werden die gewählten Objekte in der spezifizierten Richtung auf gleichmäßige Abstände verteilt. Sie müssen für diese Funktion zuerst die Objekte, und zwar mehrere, wählen.

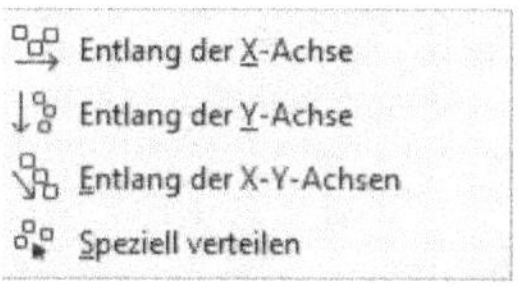

Abb. 6.50: VERTEILEN-Funktionen

- ENTLANG DER X-ACHSE – verteilt durch horizontale Verschiebung gleichmäßig in X-Richtung. Erstes und letztes Element bleiben stehen, die dazwischen werden gleichmäßig verteilt.
- ENTLANG DER Y-ACHSE – verteilt analog zum vorhergehenden Punkt gleichmäßig in vertikaler Richtung.
- ENTLANG DER X-Y-ACHSEN – verteilt die Elemente so, dass sie hinterher gleichmäßig auf einer Linie liegen, die sich zwischen den am weitesten außen liegenden Element-Positionen erstreckt.
- SPEZIELL VERTEILEN – verteilt die gewählten Elemente mit einer wählbaren Position auf eine gewählte oder neu zu zeichnende Linie. Als Position kann der nächste Punkt des Elements verwendet werden oder eine Position des Umrandungsbox-Ankers. Das kann eine Ecke oder auch der Mittelpunkt sein.

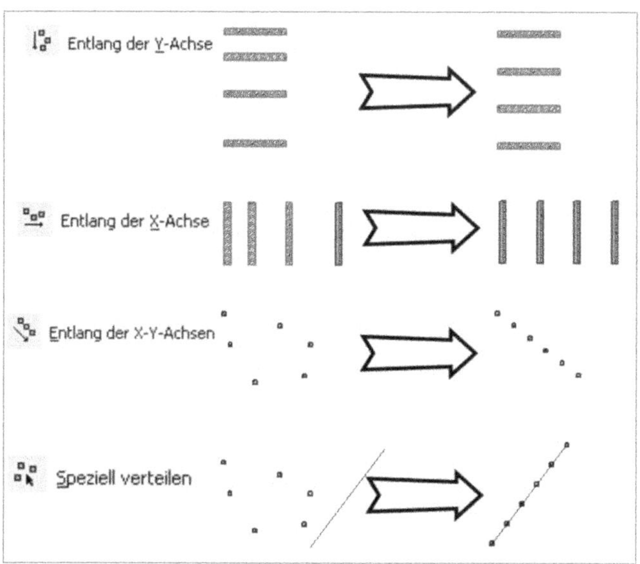

Abb. 6.51: Verteilungs-Funktionen

6.9.4 Verändern

Aus dem Bereich VERÄNDERN sind auch schon viele Funktionen aus den PET-PALETTEN bekannt.

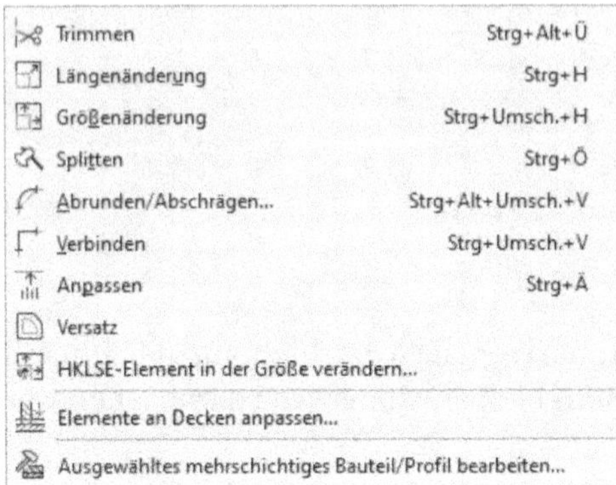

Abb. 6.52: Funktionen unter BEARBEITEN|VERÄNDERN

Trimmen

Die erste Funktion TRIMMEN können Sie auch über das PFEIL-Werkzeug aktivieren, indem Sie einfach mit gedrückter Taste [Strg] einen Teil eines Elements anklicken, den Sie abschneiden möchten. Achten Sie darauf, dass die Schere schwarz wird. Es wird dann ein Segment aus diesem Element herausgetrennt, das *von der Klickposition bis zu den nächsten Schnittpunkten mit weiteren Elementen* reicht.

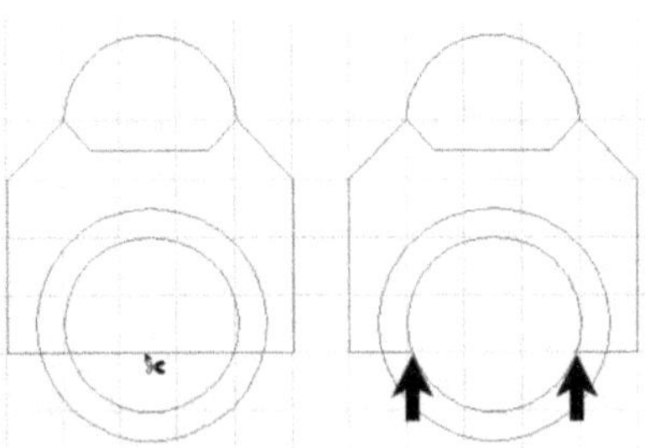

Abb. 6.53: Trimmen an nächstmöglichen Positionen

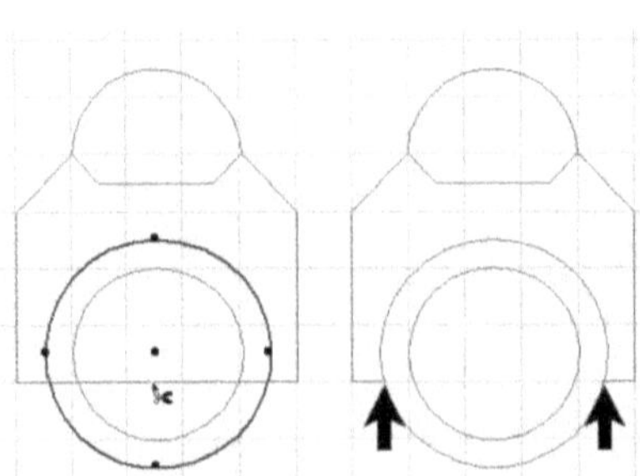

Abb. 6.54: Trimmen an gewählten Positionen

Wenn Sie nicht auf die nächste mögliche Schnittpunkt- oder Endpunkt-Position trimmen möchten, sondern auf gezielt gewählte andere Elemente bzw. deren Schnittpunkte, müssen Sie nur die gewünschten Begrenzungen vorher markieren.

Längenänderung

Bei LÄNGENÄNDERUNG (entspricht in den PET-PALETTEN) wählen Sie vorher das zu verändernde Objekt, etwa eine Wand, dann den Endpunkt, an dem verlängert werden soll, und geben dann die neue Länge ein oder wählen einen neuen Endpunkt aus der Zeichnung.

Größenänderung

Auch die GRÖSSENÄNDERUNG verlangt eine vorhergehende Elementwahl. Dann geben Sie im Dialogfeld den Skalierfaktor ein. Im Beispiel sollen die Elemente doppelt so groß werden. Dafür sind drei Möglichkeiten vorgesehen:

- Verhältnis *neue Größe zu alter Größe*, in der Form 1:**x**, wobei **x** für das Beispiel dann **0,5** wäre (eine etwas unübliche Form)
- Verhältnis *neue Größe zu alter Größe*, in der Form **x**:1, wobei **x** für das Beispiel dann **2** wäre (übliche Eingabe für eine Vergrößerung)
- Verhältnis neue Größe zu alter Größe als *prozentuale Veränderung*, wobei für das Beispiel dann **200** vor % einzugeben wäre

Nach OK müssen Sie noch einen Bezugspunkt angeben, der bei der Aktion fest bleibt. Interessant ist, dass Sie die Größenänderung auf bestimmte Elemente aus der Auswahl beschränken können, etwa nur Texte.

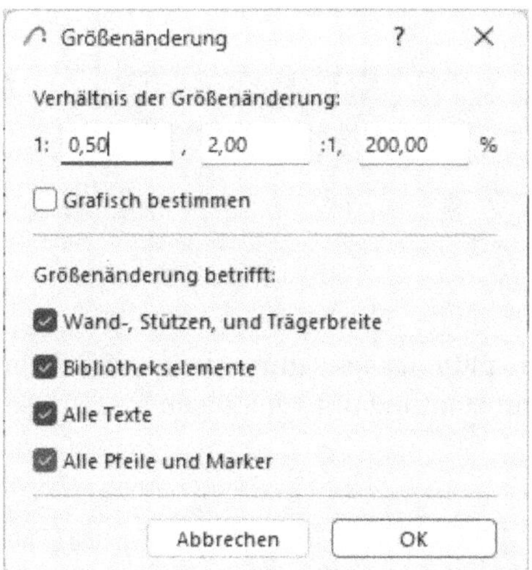

Abb. 6.55: Dialog für Größenänderung um einen Faktor **2**

Sie können alternativ die Vergrößerung auch über Cursorpositionen *grafisch* bestimmen. Dann klicken Sie zuerst den Bezugspunkt an, dann von dort aus gemessen eine Position für die Bezugslänge bzw. alte Länge und eine zweite Position für die neue Länge. Hierbei werden die Elemente *horizontal und vertikal* variiert, also Wände, Fenster und Türen ändern nicht nur Ihre Länge, sondern auch Ihre Breite bzw. Dicke.

Splitten

Die Funktion SPLITTEN wird auf Wände, Decken, Träger und Geometrieelemente angewendet, um sie an Schnittpunkten mit anderen Elementen oder an anderen Punktpositionen aufzutrennen. Die Elemente werden damit praktisch durchgeschnitten. Zum Splitten können Sie als Schnittkanten Linien, Bögen oder Polylinien-Segmente verwenden.

1. Aktivieren Sie die zu splittende Geometrie,
2. wählen Sie SPLITTEN,
3. wählen Sie die Split-Schnittkante oder klicken Sie auf zwei Punktpositionen.
4. Der *Augen-Cursor* erscheint, damit Sie die Seite des zerteilten Elements wählen können, die aktiviert bleiben soll.

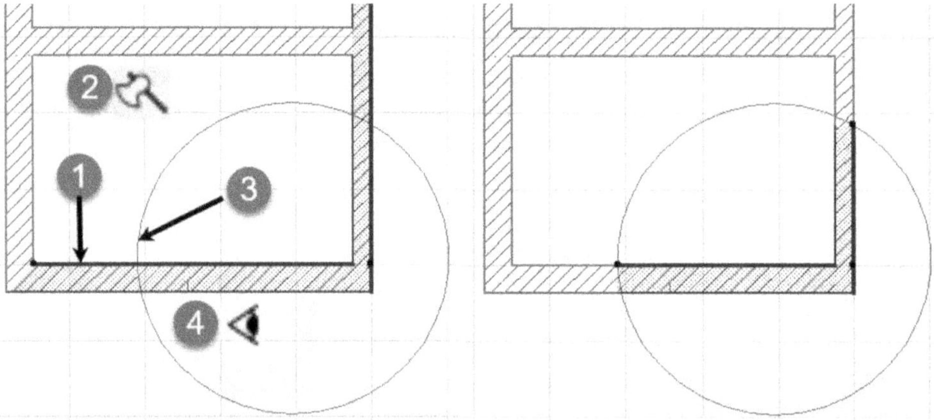

Abb. 6.56: Splitten einer Wand

Sie können damit auch Stützen und Träger splitten, aber damit erzeugen Sie keine Segmentierung, sondern eine komplette Auftrennung in zwei Stützen bzw. Träger.

Abrunden/Abschrägen

Die Funktion ABRUNDEN/ABSCHRÄGEN finden Sie auch in den PET-PALETTEN. Sie dient dazu, zwischen einzelnen Elementen Abrundungen oder Schrägen zu konstruieren. Was beim Abrunden der *Radius* ist, bedeutet beim Abschrägen der *Abstand von der Ecke*. Die Option AUF ALLE ECKEN ANWENDEN bewirkt, dass sämtliche Ecken der gewählten Konturelemente bearbeitet werden. Natürlich muss an den betreffenden Ecken genügend Platz für die Abrundung oder Abschrägung sein. Es werden auch Elemente, die nicht an einer Ecke zusammenstoßen, mit Abrundung oder Fase geschlossen. Dabei werden zu lange oder zu kurze Segmente passend gekürzt oder verlängert.

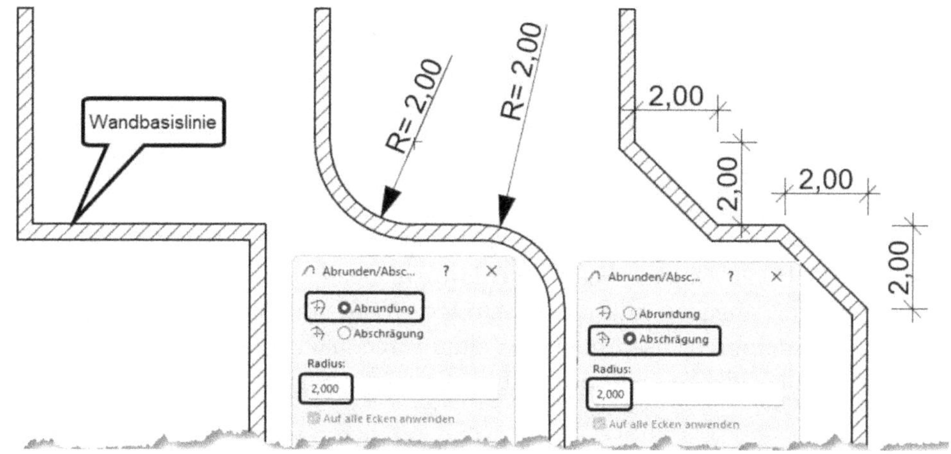

Abb. 6.57: Abgerundete und abgeschrägte Wände

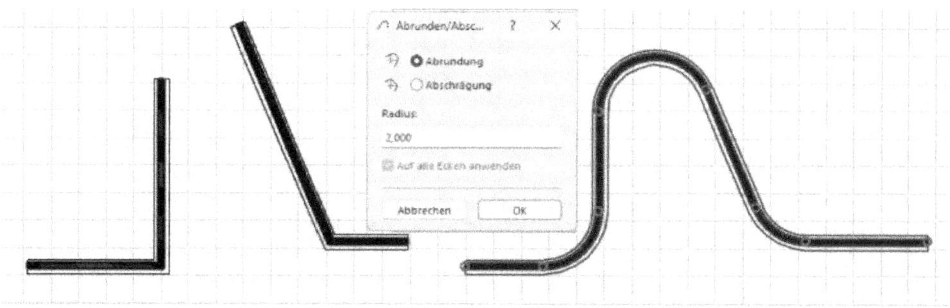

Abb. 6.58: Abrunden bei offener Kontur

Verbinden

Die Funktion VERBINDEN dient dazu, Elemente bis zu einem gemeinsamen Schnittpunkt (Ecke) zu *verlängern* oder an einem gemeinsamen Schnittpunkt zu *verkürzen*. Sie werden dabei aber nicht im logischen Sinne verbunden, sondern bleiben einzelne Elemente.

Anpassen

Mit ANPASSEN können Sie mehrere Elemente an Linien, Bogensegmente oder Polygonkanten anpassen, d.h. überstehende Enden abschneiden.

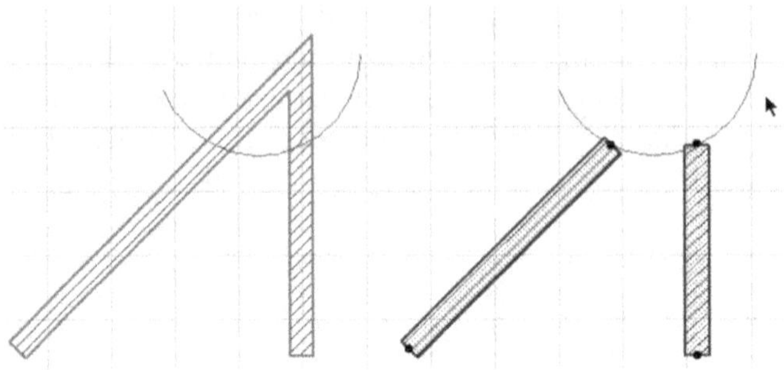

Abb. 6.59: Anpassen mehrerer Wände an einen Bogen

Versatz

Die Funktion VERSATZ finden Sie auch wieder in den PET-PALETTEN. Sie müssen nach Wahl der Objekte beim Befehlsaufruf noch einen REFERENZPUNKT und einen ABSTAND angeben, um die Kanten von Wänden, Decken u.Ä. versetzen zu können. Bei mehreren zusammen gewählten Wänden oder polylinienartigen Objekten werden alle Teile gemeinsam versetzt, Gruppierung ggf. abschalten.

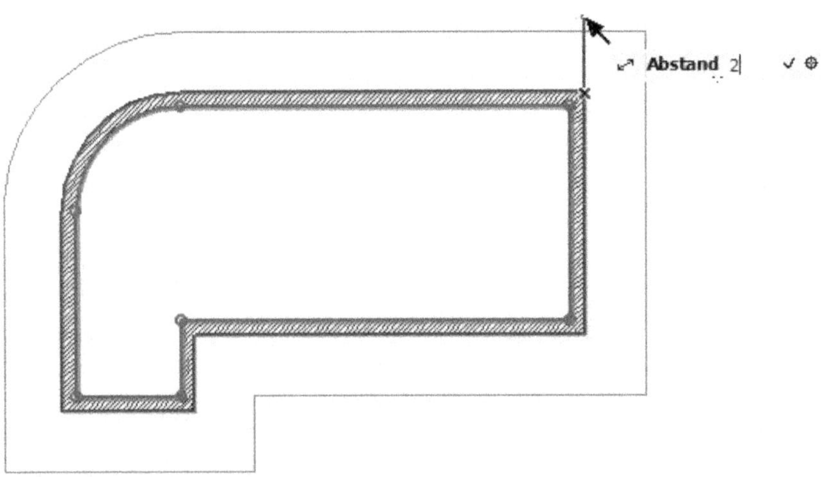

Abb. 6.60: Versatz mehrerer Wände um 2 m

Elemente an Decken anpassen

ELEMENTE AN DECKEN ANPASSEN bietet für Wand-Decke- oder Stütze-Decke-Verbindungen individuelle Varianten für die Verbindung am oberen und unteren Ende an: OBEN, KERN-OBERSEITE, KERN-UNTERSEITE, UNTEN. Die normale Verbindung der Wand mit der Rohdecke mit Unterdrückung des Fertigfußbodens geschieht automatisch über die Materialprioritäten.

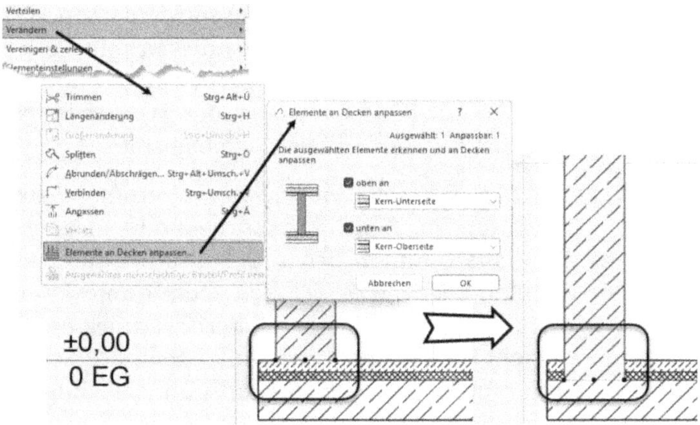

Abb. 6.61: Stütze an der Unterseite an Decke anpassen

Ausgewähltes Profil bearbeiten

AUSGEWÄHLTES MEHRSCHICHTIGES BAUTEIL/PROFIL BEARBEITEN aktiviert für Elemente, die über ein Profil definiert sind, wie beispielsweise Stützen, Träger oder die komplexen Wände, den PROFILMANAGER zur Bearbeitung. Sie ist auch im Menü unter OPTIONEN|ELEMENT-ATTRIBUTE|PROFIL-MANAGER zu erreichen (siehe Abschnitt 5.9.3 »Eigenes Profil«).

6.9.5 Vereinigen & Zerlegen

Der Bereich BEARBEITEN|VEREINIGEN & ZERLEGEN dient dazu, komplexe Objekte aus einfachen zusammenzustellen und umgekehrt.

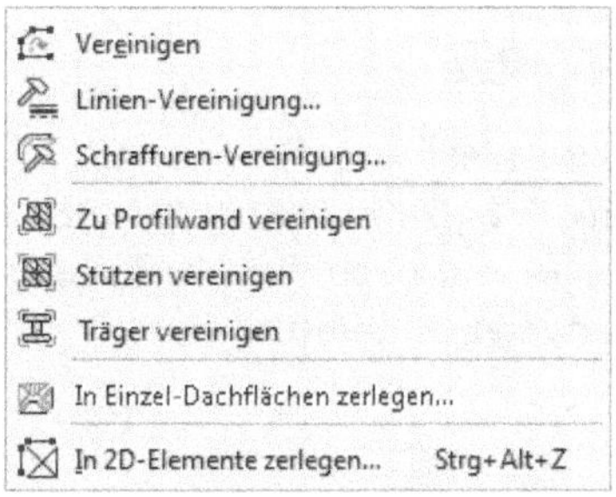

Abb. 6.62: VEREINIGEN & ZERLEGEN-Befehle

Mit VEREINIGEN können Sie einzelne *Linien* und *Bögen* und auch *Polylinien* zu einer *Gesamt-Polylinie* zusammenfügen. Als Polylinie bezeichnet man Kurven, die aus Linien und Bogensegmenten zusammengesetzt sind, aber trotzdem ein einziges Objekt bilden. Voraussetzung ist, dass die Einzelteile in ihren Endpunkten exakt passen. Auch einzelne *Splinekurven* können zu einer übergreifenden Splinekurve kombiniert werden. Dabei werden sie an den Verbindungsstellen geglättet.

Mit LINIEN-VEREINIGUNG lassen sich kollineare Linien zusammenfassen, also exakt fluchtende Linien. Die Linien dürfen überlappen oder müssen mindestens zusammenstoßen. Wenn verschiedene Linientypen überlagert sind, können Sie wählen, ob der Type Volllinie dominieren soll, und ob sonst der Typ der jeweils oben liegenden Linie als einzelnes Liniensegment erhalten bleiben soll.

Die Option SCHRAFFUREN-VEREINIGUNG bietet verschiedene Verfahren zum Kombinieren überlappender Schraffuren an. Beim Anpassen unterschiedlicher überlappender Schraffuren wird die ältere, unten liegende Schraffur durch die obere, neuere beschnitten. Sie könnten aber die *Reihenfolge* übers Kontextmenü der Schraffur mit REIHENFOLGE DER DARSTELLUNG vorher ändern. Handelt es sich um *gleiche Schraffurtypen*, dann entsteht ein gesamtes zusammengefasstes Schraffurgebiet. Zusätzlich lassen sich aus den gewählten Schraffuren die Umgrenzungskurven wieder ableiten und als Bögen und Linien erzeugen.

Die Option ZU PROFILWAND VEREINIGEN führt kollinear verlaufende, also fluchtende, Wandstücke zu einer einzigen Wand zusammen. Sie können überlappen und dürfen auch Lücken aufweisen. Letztere werden dann geschlossen. Analog können mit TRÄGER VEREINIGEN kollineare Träger vereinigt werden.

STÜTZEN VEREINIGEN fasst mehrere benachbarte oder überlappende Stützen zu einer Stütze mit dem Querschnittstyp *Profil* zusammen. IN EINZEL-DACHFLÄCHEN ZERLEGEN zerlegt ein komplexes Dach in einzelne Dachflächen, um individuelle Bearbeitungen zuzulassen.

IN 2D-ELEMENTE ZERLEGEN ist eine Funktion, die man sich gut überlegen sollte. Damit werden nämlich die gewählten Elemente in alle ihre zweidimensionalen Zeichnungs-Bestandteile zerlegt. Eine Wand zerfällt beispielsweise in die Schraffur und die vier Begrenzungslinien. Eine Polylinie zerfällt in ihre einzelnen Segmente. Das macht meist nur in Detailausschnitten Sinn, damit Sie weiter detaillieren können.

6.9.6 Elementeinstellungen mit Pipette und Spritze

Über den letzten Menüpunkt BEARBEITEN|ELEMENTEINSTELLUNGEN können Sie die Eigenschaften von Elementen verändern (Abbildung 6.63). Mit AKTIVIERTE ELEMENTE ÄNDERN können Sie die Ebene oder die Farbe und noch weitere Klassifikationsmerkmale der gerade markierten Elemente ändern (Abbildung 6.64).

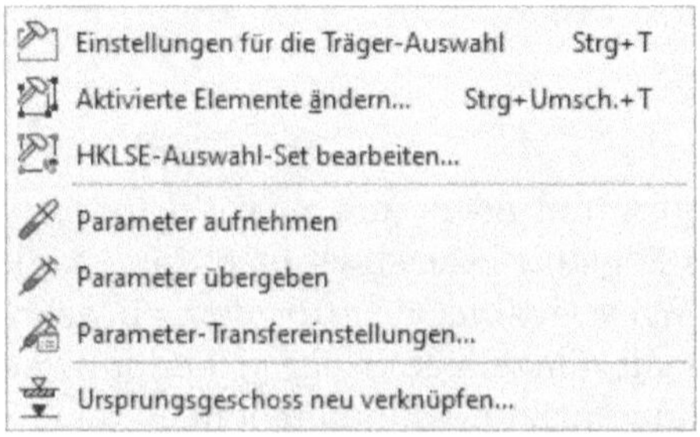

Abb. 6.63: Menü BEARBEITEN|ELEMENTEINSTELLUNGEN

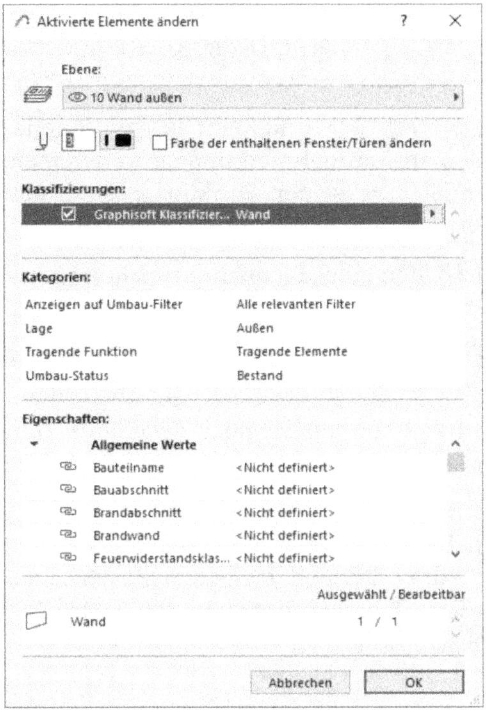

Abb. 6.64: Elementdaten bearbeiten

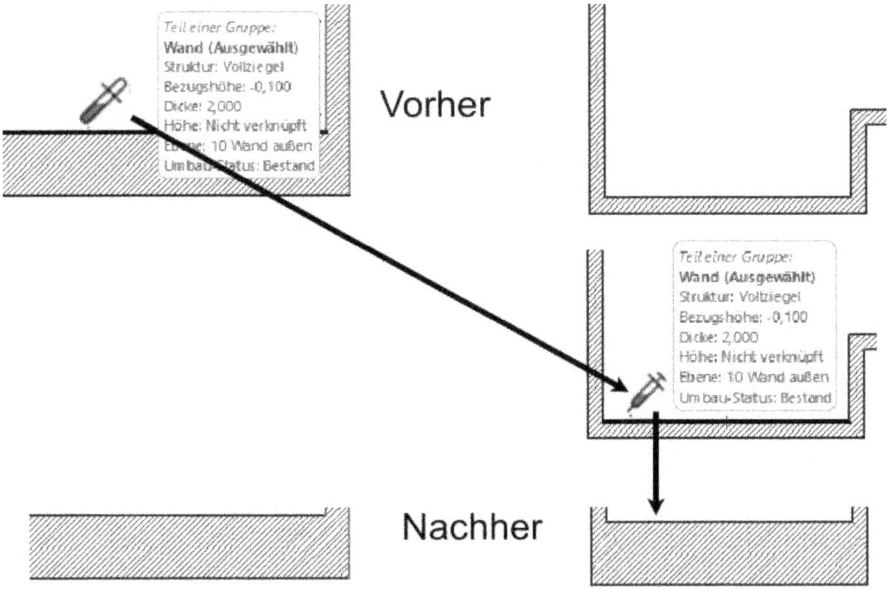

Abb. 6.65: Eigenschaften übertragen mit Pipette und Spritze

Über EINSTELLUNGEN FÜR DIE XXX-AUSWAHL – wobei xxx der Elementtyp eines zuvor gewählten Elements ist – können Sie alle *Grundeinstellungen* der markierten Elemente des Typs XXX ändern.

Besonders interessant sind die Werkzeuge PIPETTE und SPRITZE, mit denen Sie einerseits alle Eigenschaften eines Elements aufnehmen und sie andererseits auf ein anderes Element übertragen können. Die beiden Funktionen sind auch über Tastenkürzel aufzurufen:

- PIPETTE zum *Aufnehmen* von Eigenschaften eines Elements erreichen Sie mit [Alt],
- SPRITZE zum *Übertragen* auf andere Elemente aktivieren Sie über [Strg]+[Alt].

Über die PARAMETER-TRANSFEREINSTELLUNGEN können Sie noch detaillierte Feineinstellungen für spezielle Parameter vornehmen.

URSPRUNGSGESCHOSS NEU VERKNÜPFEN ordnet ein Element einem anderen Geschoss zu. Das Objekt wird damit nur logisch einem anderen Geschoss zugeordnet. Seine Originalkoordinaten und -abmessungen bleiben dabei erhalten. Eine Wand im Erdgeschoss, die hiermit dem Obergeschoss zugeordnet wird, verschiebt sich geometrisch nicht ins Obergeschoss.

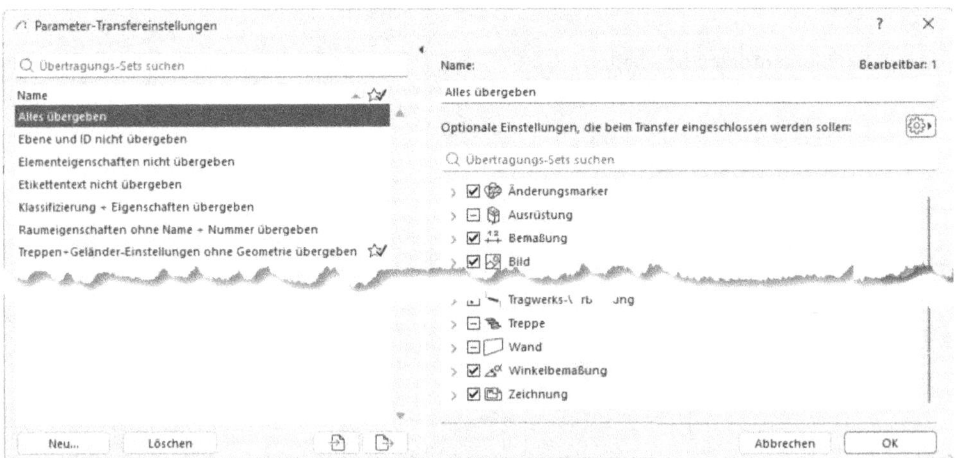

Abb. 6.66: Einstellungen für den Paramater-Transfer

6.9.7 Tastaturkürzel

Für viele Befehle gibt es *Tastaturkürzel*. Besonders interessant sind sie für die Bearbeitungsbefehle. Die Tastaturkürzel können unter OPTIONEN|ARBEITSUMGEBUNG|TASTATURKÜRZEL mit der Schaltfläche TASTATURKÜRZEL IM BROWSER ANZEIGEN betrachtet und auch neu definiert werden. Von dort können Sie sich auch alle Kürzel als HTML-Datei ausgeben lassen. Hier eine kurze Übersicht über Tastaturkürzel für Bearbeitungsbefehle:

Befehlsart	Funktion	Kürzel
BEWEGEN	VERSCHIEBEN	Strg+E
	DREHEN	Strg+D
	SCHNELLES DREHEN IM UHRZEIGER	Strg+→
	SCHNELLES DREHEN GEGEN UHRZEIGER	Strg+←
	SPIEGELN	Strg+M
	VERTIKAL VERSCHIEBEN	Strg+9
	KOPIE VERSCHIEBEN	Strg+⇧+E
	KOPIE DREHEN	Strg+⇧+D
	KOPIE SPIEGELN	Strg+⇧+M
	MEHRERE KOPIEN VERSCHIEBEN	Strg+Alt+E
	MEHRERE KOPIEN DREHEN	Strg+Alt+D
	MULTIPLIZIEREN	Strg+#
VERÄNDERN	TRIMMEN	Strg+Alt+ü
	LÄNGENÄNDERUNG	Strg+H
	GRÖẞENÄNDERUNG	Strg+⇧+H
	SPLITTEN	Strg+ö
	ABRUNDEN/ABSCHRÄGEN	Strg+Alt+⇧+V
	VERBINDEN	Strg+⇧+V
	ANPASSEN	Strg+ä
	IN 2D-ELEMENTE ZERLEGEN	Strg+Alt+Z

Tabelle 6.2: Tastaturkürzel für Bearbeitungsbefehle

An dieser Stelle wären noch zwei wichtige Tasten zu erwähnen:

ESC	Bricht eine Eingabe ab
	Bricht eine Auswahl ab
	Löscht den Markierungsrahmen
	Wechselt aus einem Werkzeug zum PFEIL-Werkzeug
Backspace	Bricht eine Eingabe ab
	Löscht markierte Elemente

6.9.8 Symbolleiste »Elemente bearbeiten«

Häufig verwendete Bearbeitungsfunktionen sind in dieser Symbolleiste (Abbildung 6.67) zusammengefasst. Viele von diesen Funktionen sind auch in der STANDARD-Symbolleiste (Abbildung 6.68) enthalten.

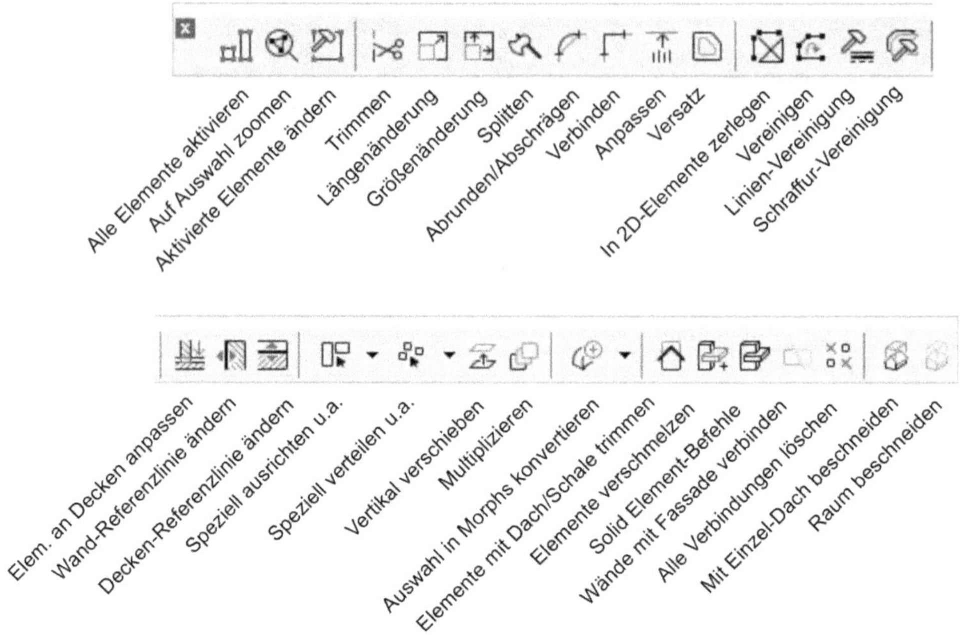

Abb. 6.67: Symbolleiste ELEMENTE BEARBEITEN

- ALLE ELEMENTE AKTIVIEREN – aktiviert/markiert alle Elemente der Konstruktion.
- AUF AUSWAHL ZOOMEN – zoomt auf ausgewählte Elemente, damit sie größtmöglich im Fenster erscheinen.
- AKTIVIERTE ELEMENTE ÄNDERN – Attribute von gewählten Elementen wie Ebenenzuordnung oder Stiftfarbe können hiermit geändert werden.
- TRIMMEN – schneidet überstehende Enden oder Teile zwischen Schnittpunkten aus Objekten heraus. Sie können vorher Elemente als Begrenzung für das Trimmen wählen, ansonsten wird immer bis zu den nächsten Schnittpunkten herausgeschnitten. Die Funktion aktiviert den *Scheren-Cursor*, mit dem Sie das wegzuschneidende Segment anklicken.
- LÄNGENÄNDERUNG – Sie können damit die Länge des markierten Elements gummibandartig ändern, meist auch den Winkel, indem Sie einen neuen Endpunkt angeben.
- GRÖSSENÄNDERUNG – Damit lassen sich Elemente skalieren.
- SPLITTEN – Diese Funktion erlaubt, Elemente wie beispielsweise Wände an einem Punkt zu zerteilen. Damit werden aus einer durchgehenden Wand zwei Einzelstücke, die dann ihrerseits einzeln weiter editiert werden können. Sie können auch mehrere Elemente an einer Kante oder einem Kreisbogen splitten, wenn Sie die zu splittenden Elemente vorher wählen, dann die Funktion aufrufen und dann die Kante oder den Kreisbogen anklicken, der als Schnittkante dienen soll. Es erscheint abschließend der *Augen-Cursor*, mit dem Sie auf

die Seite der Schnittkante klicken, wo die Elemente markiert bleiben sollen. Auf dieser Seite könnten Sie dann weiter splitten.

- ABRUNDEN/ABSCHRÄGEN – erstellt eine Abrundung oder eine Schräge zwischen Elementen. Der Rundungsradius oder die Abschrägung wird über ein Dialogfenster abgefragt. Der Wert der Abschrägung gibt an, in welchem Abstand von der ursprünglichen Ecke bzw. der gedachten Ecke die Abschrägung beginnt. Die Funktion kann auch auf Wände o.Ä. angewendet werden, die sich nicht direkt schneiden, sondern nur in ihrer gedachten Verlängerung. Die Elemente werden derart verlängert oder verkürzt, bis die Rundung oder Abschrägung passt.
- VERBINDEN – erzeugt für Wände, Linien oder Kreisbögen eine Ecke, indem die zuvor gewählten Elemente entsprechend verlängert oder verkürzt werden. Sie müssen nur zuvor die Elemente an den Stellen markiert haben, die nach Bildung der spitzen Ecke stehen bleiben sollen.
- ANPASSEN – passt Endpunkte von Wänden, Trägern, Linien und Bögen an Linien, Bögen oder Polygonsegmente an (Abbildung 6.59).
- IN 2D-ELEMENTE ZERLEGEN – Sie können damit Archicad-Elemente wie Wände in die geometrischen Grundelemente wie Linien, Bögen und Schraffuren zerlegen.
- VEREINIGEN – Einzelne Linien, Bögen oder Polylinien können zu einer einzigen zusammenhängenden Polylinie zusammengefasst werden. Sie dürfen aber keine Lücken aufweisen, sondern müssen in ihren Endpunkten exakt passen. Auch einzelne Splines lassen sich zu einem gesamten Spline kombinieren. Dabei werden eventuelle Knickstellen geglättet.
- LINIEN-VEREINIGUNG – kollineare Linien mit Überlappung können zusammengefasst werden.
- SCHRAFFUREN-VEREINIGUNG – Überlappende Schraffuren können zu einer zusammengefasst werden, wenn sie gleich sind, oder gegeneinander verschnitten werden, wenn sie verschieden sind.
- ELEMENT AN DECKEN ANPASSEN – Hiermit können Sie Wände nach oben und/oder unten vom aktuellen Geschoss aus gesehen an die Decken anpassen, sodass überstehende Teile entfernt werden. Sie können jeweils zwischen Decken-Oberseite und -Unterseite wählen oder Decken-Kern-Oberseite und -Unterseite.
- WAND-REFERENZLINIE ÄNDERN – Hiermit lässt sich die Wand-Referenzlinie verlagern, mit oder ohne Spiegelung daran.
- DECKEN-REFERENZLINIE ÄNDERN – verschiebt die Referenzlinie der Wand zwischen Ober- und Unterkante bzw. Kern-Oberseite und -Unterseite.
- VERTIKAL VERSCHIEBEN – Damit verschieben Sie Elemente in der Höhe, also den Koordinaten nach in z-Richtung.
- MULTIPLIZIEREN – Diese Funktion erlaubt, Elemente zu vervielfachen und in einer regelmäßigen Anordnung durch Verschiebungen oder Drehungen zu positionieren.

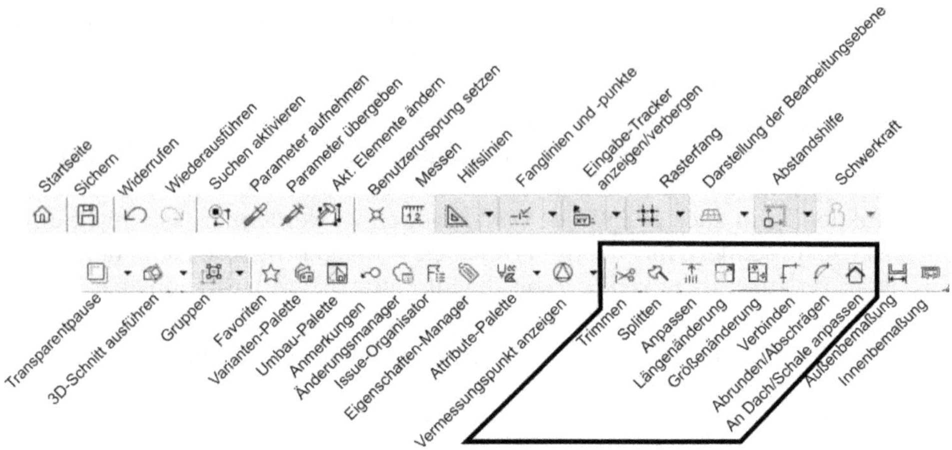

Abb. 6.68: Symbolleiste STANDARD mit Bearbeitungsbefehlen

- SPEZIELL AUSRICHTEN – Markierte Elemente werden wahlweise mit dem nächsten Punkt oder einem Umrandungsbox-Anker an einer Linie ausgerichtet. Im Flyout erscheinen die übrigen bereits oben erläuterten Ausrichteoptionen.
- SPEZIELL VERTEILEN – Markierte Elemente werden wahlweise mit dem nächsten Punkt oder einem Umrandungsbox-Anker gleichmäßig entlang einer Linie verteilt. Im Flyout erscheinen die übrigen bereits oben erläuterten Verteiloptionen.
- AUSWAHL IN MORPHS KONVERTIEREN – Elemente können hiermit in die frei modellierbaren MORPH-Elemente konvertiert werden.
- ELEMENTE MIT DACH/SCHALE TRIMMEN – Wände oder Räume, die über ein Dach hinausragen, können Sie hiermit an das Dach anpassen.
- ELEMENTE VERSCHMELZEN – Für überlappende Elemente wird hiermit die Verschneidung berechnet, wie sie sich aus den Prioritäten der einzelnen Materialien ergibt (siehe PRIORITÄTEN in Symbolleiste ATTRIBUTE|BAUSTOFFE).
- SOLID ELEMENT-BEFEHLE – Mit diesem Werkzeug können Sie volumenartige Elemente wie Wände mit den sogenannten *Boole'schen Operationen* bearbeiten. Zuerst müssen Sie *Zielelemente* wählen, das sind die Elemente, die bearbeitet werden sollen. Zweitens wählen Sie *Operatorelemente*, das sind die Elemente, die Sie für die Bearbeitungsoperation brauchen, die aber selbst nicht verändert werden sollen. Oft sind auch die *Zielelemente* gleichzeitig die *Operatorelemente*. Im Beispiel (Abbildung 6.69) wurde die Wand als Zielelement gewählt und die Freifläche als Operatorelement. Damit der Effekt besser zu sehen ist, wurde die Ebene der Freifläche in der Ebenenverwaltung DOKUMENTATION|EBENEN|EBENEN (MODELL) auf DRAHTMODELL geschaltet. Im Vordergrund sehen Sie die

Ausgangssituation, bei der beide Volumina einfach überlappen. Dahinter sehen Sie von links nach rechts verschiedene Bearbeitungen:

- ABZUG
- ABZUG MIT VERLÄNGERUNG NACH OBEN
- ABZUG MIT VERLÄNGERUNG NACH UNTEN
- SCHNITTMENGE
- VEREINEN

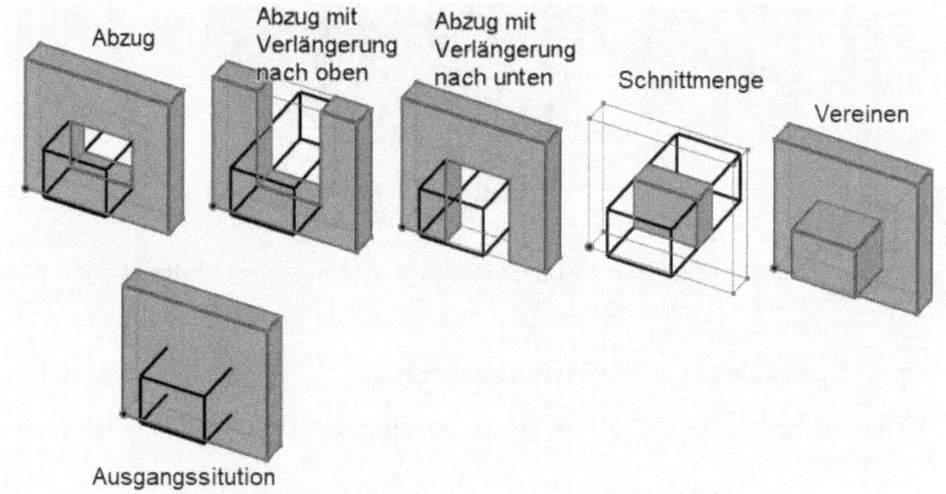

Abb. 6.69: SOLID-ELEMENT-BEFEHL: Boole'sche Operationen

- WÄNDE MIT FASSADE VERBINDEN – Mit dieser Funktion können Sie eine Wand und eine Fassade wählen (darauf achten, dass die Fassade auf der Wand-Außenfläche liegt) und im vorgegebenen oder einem individuellen Abstand verbinden. Beim Anklicken solch verbundener Elemente erscheint ein quadratisches Verbindungssymbol. Sie können es anklicken und wenn nötig auch darin Verbindungen löschen.
- ALLE VERBINDUNGEN LÖSCHEN – Damit werden solche Verbindungen von Elementen gelöscht. Eine gelöschte Verbindung zwischen Dach und getrimmter Wand bedeutet natürlich, dass die Wand wieder ihre vorherige Höhe erreicht.
- MIT EINZEL-DACH BESCHNEIDEN – Wenn Sie Wände an *mehreren einzelnen* Dachelementen trimmen müssen, verwenden Sie diese Funktion statt ELEMENTE MIT DACH/SCHALE TRIMMEN.
- RAUM BESCHNEIDEN – Damit können Sie nach Änderungen an Wänden die Räume wieder automatisch anpassen lassen.

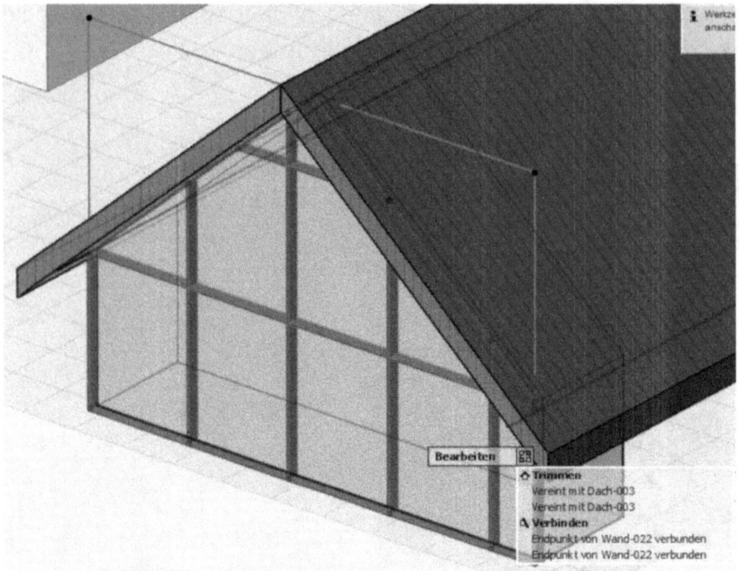

Abb. 6.70: Wand mit verbundener Fassade, beide durch Trimmen mit den beiden Dachhälften verbunden

6.9.9 Symbolleiste »Elemente anordnen«

Die Symbolleiste ELEMENTE ANORDNEN (Abbildung 6.71) enthält drei Gruppen von Funktionen:

- Werkzeuge zum Verwalten von Gruppierungen,
- Werkzeuge zum Verwalten der Anzeigereihenfolge,
- Werkzeuge für die Ebenenverwaltung.

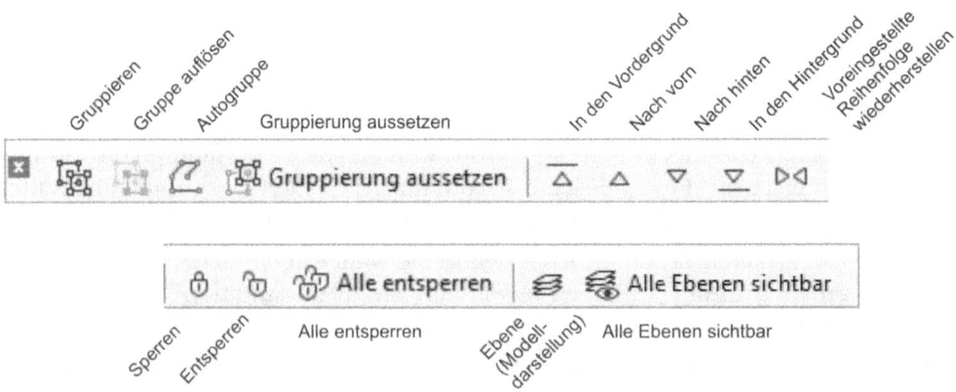

Abb. 6.71: Symbolleiste ELEMENTE ANORDNEN

Gruppierungen

Mehrere Elemente auch unterschiedlichen Typs können Sie zu Gruppen zusammenfassen, um danach bequemer bestimmte Editierfunktionen ausführen zu können. Zum Verschieben, Drehen, Kopieren oder Spiegeln mehrerer Elemente ist es oft angenehm, diese als Gruppe mit einem einzigen Klick wählen zu können.

- GRUPPIEREN – fasst gewählte Elemente zu einer Gruppe zusammen. Beim Anklicken einer Gruppe werden an den charakteristischen Punkten der Elemente kleine offene Kreise anstelle gefüllter Kreise angezeigt.
- GRUPPE AUFLÖSEN – löst eine Gruppe wieder auf.
- AUTOGRUPPE – bewirkt, dass Elemente, die mit polygonalen oder rechteckigen Konstruktionsmethoden erstellt werden, automatisch zu Gruppen zusammengefasst werden.
- GRUPPIERUNG AUSSETZEN – Diese Funktion schaltet die Wahl der ganzen Gruppe mit einem einzigen Klick ab. Wenn also diese Option aktiviert ist, und Sie ein Element einer Gruppe anklicken, wird nur das angeklickte Element gewählt. Schalten Sie diese Funktion ab, wird beim Anklicken eines einzelnen Elements einer Gruppe wieder die gesamte Gruppe gewählt.

Anzeigereihenfolge

Mit diesen Funktionen können Sie die Anzeigereihenfolge von Elementen steuern. Standardmäßig wird eine Anzeigereihenfolge für die Elemente festgelegt, die üblichen Kriterien für eine sinnvolle Anzeige und Ausgabe entspricht. Die Reihenfolge sieht folgendermaßen aus: Beschriftung, dann 2D-Grafiken, dahinter Bibliothekselemente, 3D-Strukturen, 2D-Polygone und ganz hinten Abbildungen (Pixelbilder). Nur wenn Sie von dieser Reihenfolge abweichen wollen, brauchen Sie die folgenden Befehle:

- IN DEN VORDERGRUND – befördert das gewählte Element vor alle anderen ganz in den Vordergrund.
- NACH VORNE – bringt das gewählte Element um eine Stufe weiter nach vorne.
- NACH HINTEN – bringt das gewählte Element um eine Stufe weiter nach hinten.
- IN DEN HINTERGRUND – befördert das gewählte Element hinter alle anderen ganz in den Hintergrund.
- VOREINGESTELLTE REIHENFOLGE WIEDERHERSTELLEN – stellt die vorgegebene Reihenfolge wieder her.

Ebenen-Verwaltung

Über die Ebenen können Sie Elemente unsichtbar machen oder vor Änderungen schützen.

- SCHÜTZEN – schaltet für die Ebene des gewählten Elements den Schutz vor Änderungen ein. Kein Element auf dieser Ebene kann dann geändert werden.
- ENTSICHERN – nimmt den Schutz für die Ebene des gewählten Elements wieder weg.
- ALLE ENTSICHERN – nimmt den Schutz für alle Ebenen weg. Alle Elemente können bearbeitet werden.
- EBENEN (MODELL) – startet das Dialogfenster für die Ebenen-Verwaltung.
- ALLE EBENEN SICHTBAR – macht alle Ebenen wieder sichtbar.

6.10 Drag&Drop

Zum Thema *Bearbeiten* gehört natürlich auch das Arbeiten mit der Zwischenablage, um Objekte über dieses Medium aus anderen Programmen in das Projekt einzufügen. Folgendes ist möglich:

- Texte einfügen aus anderen Programmen
- Zeichnungen aus der Projektstruktur anderer Projekte hereinholen
- Bilder (Rasterdateien) aus anderen Programmen hereinholen
- GDL-Objekte einfügen
- Grundriss-Elemente aus anderen Stockwerken oder Projekten einfügen

Die Befehle dafür finden Sie im Menü BEARBEITEN.

- AUSSCHNEIDEN [Strg]+[X] – löscht die gewählten Elemente aus der Zeichnung und befördert sie in die Zwischenablage.
- KOPIEREN [Strg]+[C] – lässt die gewählten Elemente in der Zeichnung stehen und kopiert sie in die Zwischenablage.
- EINFÜGEN [Strg]+[V] – fügt die Elemente aus der Zwischenablage in die Zeichnung ein. Wenn es sich um Archicad-Elemente handelt, werden sie zunächst mit der Originalposition eingesetzt. Die Elemente bleiben für weitere Einfüge-Operationen so lange in der Zwischenablage, bis andere Objekte in die Zwischenablage kommen.

Sie können mit diesen Befehlen auch bequem Objekte von einem Geschoss in ein anderes kopieren. Die Elemente werden standardmäßig an der gleichen Stelle eingefügt. Da sie beim Einfügen mit einer Auswahlbox erscheinen, können Sie die Elemente auch gleich an eine andere Stelle verschieben.

6.11 Übungsfragen

1. Wie erhalten Sie Element-Informationen?
2. Wie wird signalisiert, dass mehrere Elemente übereinander liegen?
3. Wie arbeiten Sie mit der SCHNELL-AUSWAHL?
4. Womit fügen Sie Elemente zur Auswahl hinzu?
5. Wie sieht der geschossübergreifende Markierungsrahmen aus?
6. Was ist das Universalwerkzeug zum Bearbeiten?
7. Wie verschieben Sie Elemente am schnellsten?
8. Was bietet die Bearbeitungsfunktion MULTIPLIZIEREN?
9. Zu welcher Funktion gehört der Scheren-Cursor?
10. Womit erstellen Sie aus 2D-Geometrie normale Elemente wie Wände oder Decken?

Kapitel 7

Treppen und Geländer

Die Werkzeuge für Treppen und Geländer sind hierarchisch organisierte Elemente, das heißt, Sie können auch die internen Bestandteile nach Erstellung direkt in einem Bearbeitungsmodus noch weiter bearbeiten. Dadurch entsteht insbesondere für die Treppen eine ungeheure Vielfalt und Flexibilität in der Gestaltung.

7.1 Treppen

Das TREPPEN-Werkzeug erscheint in seiner INFOLEISTE mit anfänglich nur wenigen Parametern. In Abbildung 7.1 wurde die INFOLEISTE aufgeblättert, um mehr zu finden.

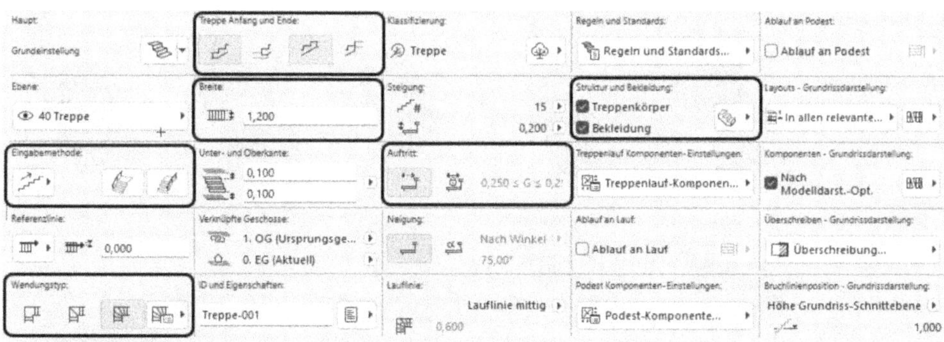

Abb. 7.1: INFOLEISTE für Treppen (wichtigste Parameter)

Unter EINGABEMETHODE können Sie gleich die Treppenrichtung vorgeben und auch die Geländer mit erstellen lassen. Unter TREPPE ANFANG UND ENDE legen Sie fest, ob Tritt- oder Setzstufen verwendet werden sollen. Bei AUFTRITT können Sie die Auftrittslänge fest vorschreiben oder variabel halten, damit sie über die Treppenregel und die Anzahl der Stufen festgelegt wird.

Die mögliche Vielfalt wird auch erkennbar, wenn Sie die FAVORITEN-Liste der vordefinierten Treppentypen betrachten (Abbildung 7.2).

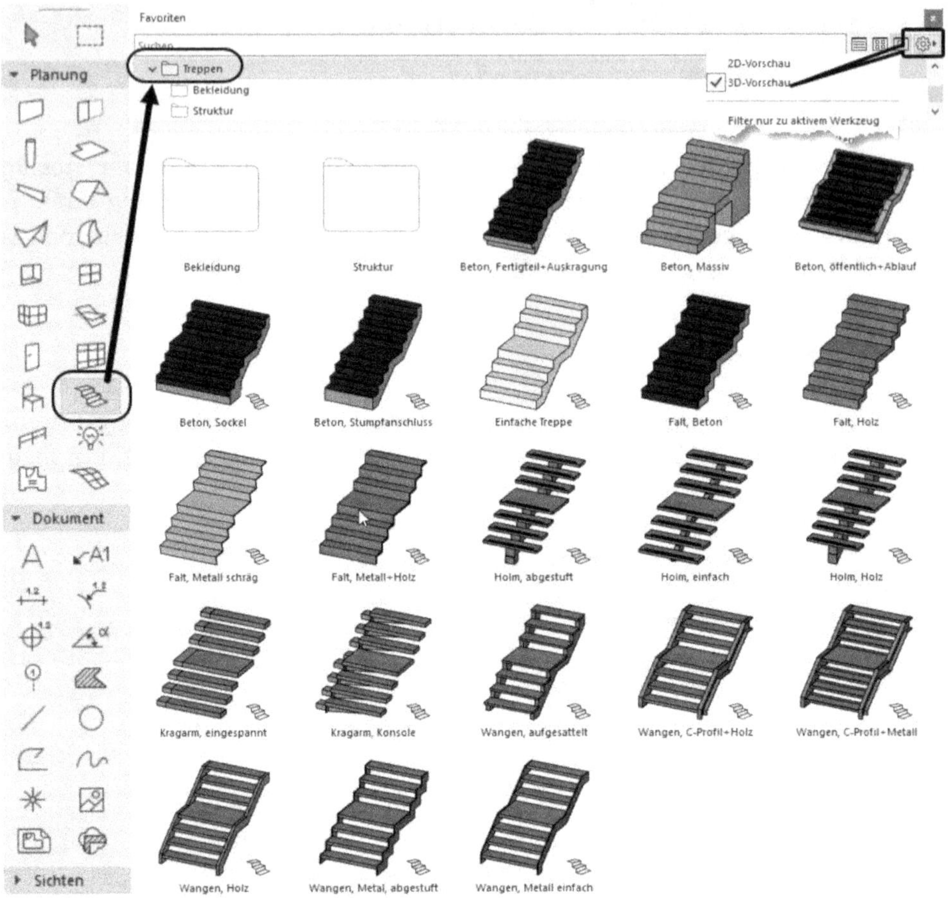

Abb. 7.2: Treppenarten in den Favoriten

In der TREPPE-GRUNDEINSTELLUNG (Abbildung 7.3) finden Sie unter der Kategorie TREPPEN zunächst die globalen Einstellungen für die Verknüpfung mit Geschoss und Obergeschoss ❶, die Breite, Anzahl der Stufen und Stufenhöhe ❷. Außerdem können Sie für gewendelte Treppen zwischen vier Wendelungstypen wählen ❸ (s.a. Abbildung 7.4 Ⓐ, Ⓑ, Ⓒ, Ⓓ). Unter REGELN & STANDARDS sind die Vorgabewerte für die *Treppenregel* (2 * Steigung + 1 * Auftritt = 0,62 m) mit gewissen Toleranzen gespeichert ❹. Bei komplizierten Treppensituationen kann man durch Variation dieser Parameter noch Lösungen finden. Schließlich kann unter KOPFFREIHEIT ❺ noch die nötige Durchgangshöhe der Treppe festgelegt werden, die für Kollisionsberechnung des Treppenausschnitts nützlich ist.

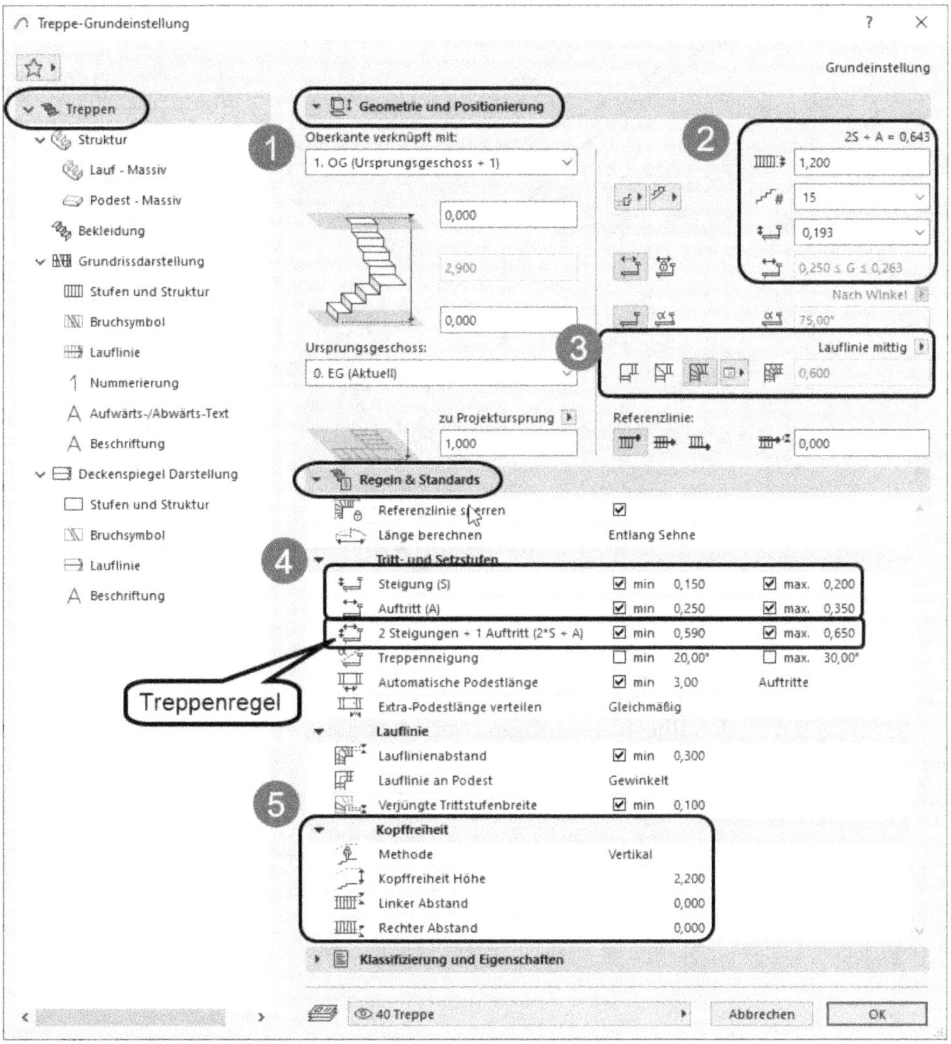

Abb. 7.3: Wichtigste Geometrieeinstellungen der Treppe

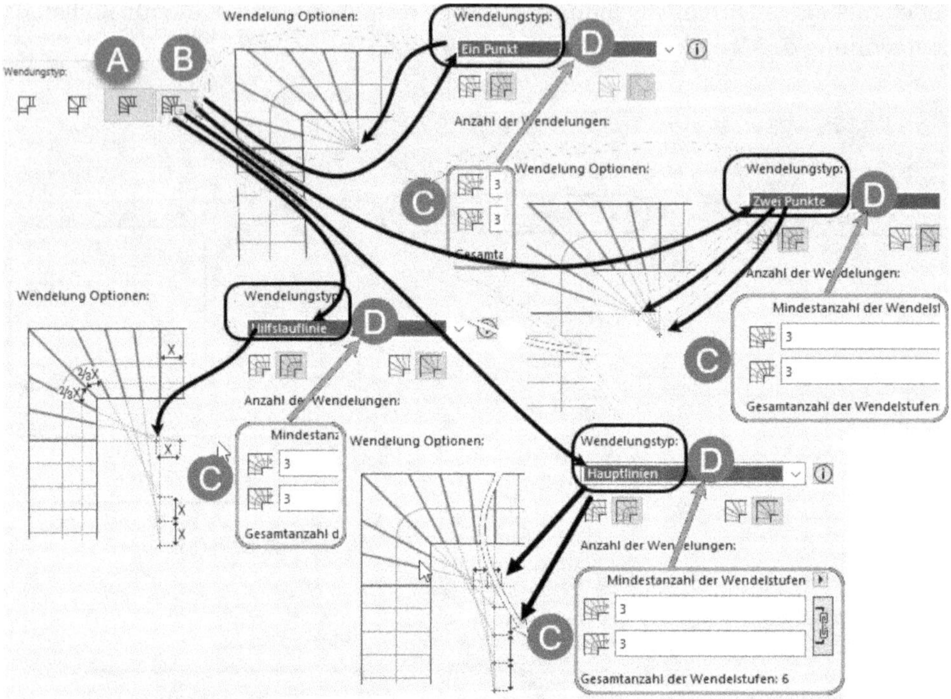

Abb. 7.4: Verschiedene Wendelungstypen mit 1 oder 2 Punkten bzw. 1 oder 2 Hilfslauflinien

Unter der Kategorie STRUKTUR können Sie die WANGEN und PODESTE der Treppe noch einzeln und detailliert bestimmen. Auch können beide Wangen unterschiedlich angelegt werden. Die Übergänge zwischen Treppe und Decken und Podesten können hier individuell angelegt werden (Abbildung 7.5).

Die Wangen können auch noch individuell gestaltet werden, wenn Sie unter LAUF – WANGEN den üblichen TREPPENLAUF-LÄNGSBALKEN durch einen Träger mit *eigenem Profil* ersetzen (Abbildung 7.6).

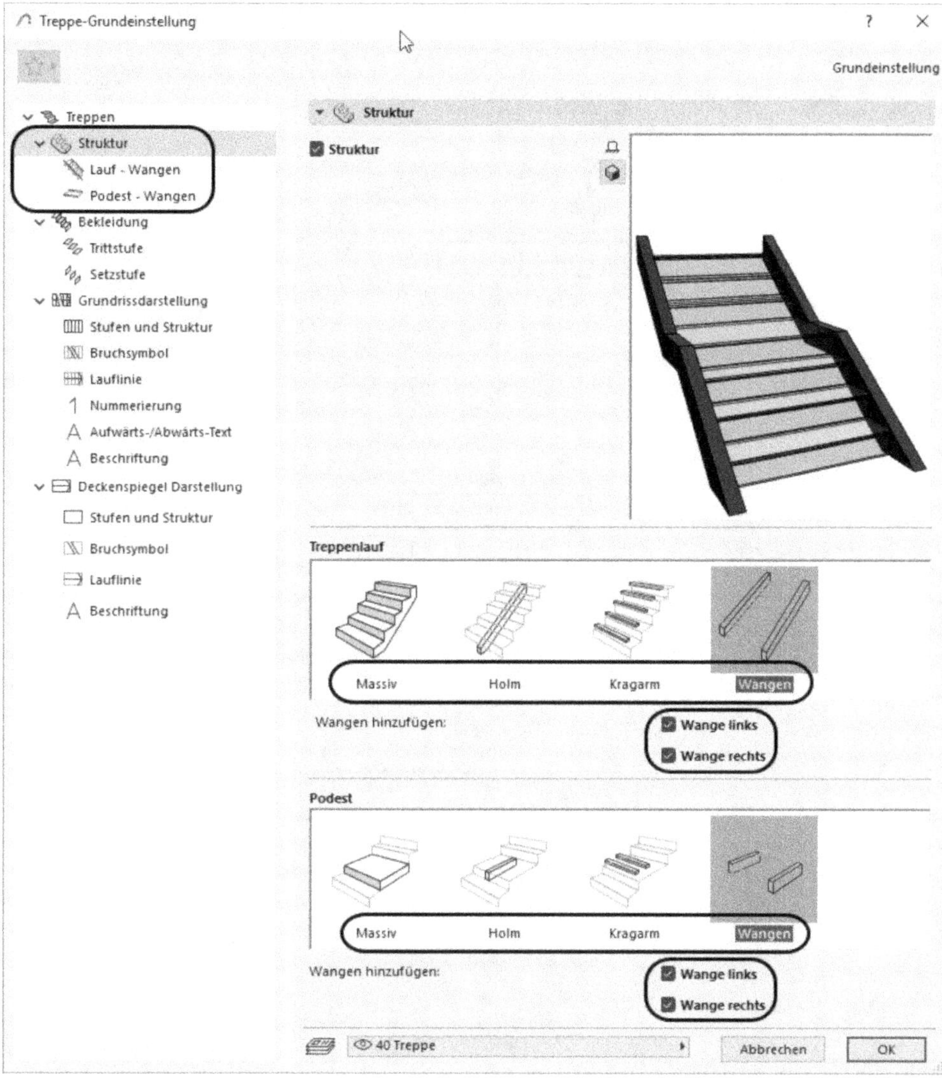

Abb. 7.5: Struktur der Treppe

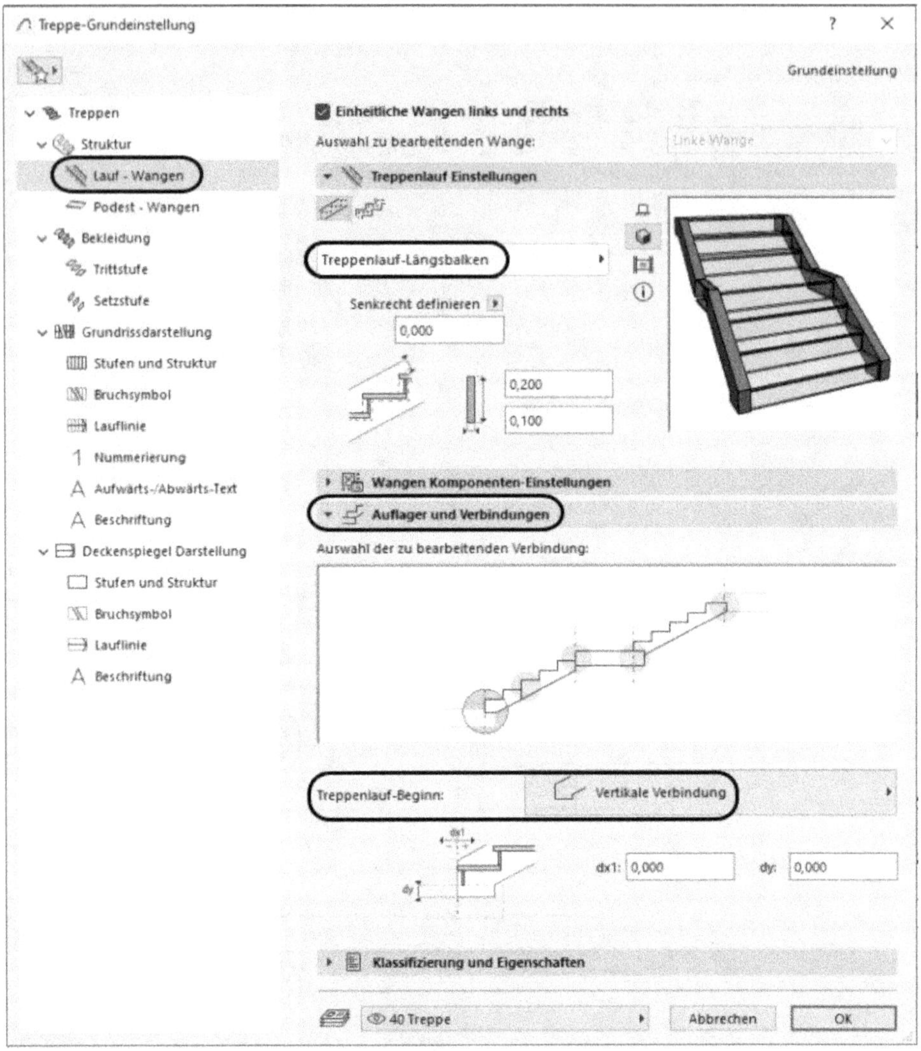

Abb. 7.6: Gestaltung der Wangen und Auflager

Unter BEKLEIDUNG wählen Sie, ob nur Trittstufen oder Tritt- und Setzstufen benötigt werden. Außerdem aktivieren Sie den Treppenbelag (Abbildung 7.7).

Weiter unten finden Sie unter GRUNDRISSDARSTELLUNG alle nötigen Einstellungen für die Zeichnungsdarstellung.

Die Konstruktion der Treppe geschieht über die Referenzlinie. Sobald Sie den ersten Punkt bestimmt haben, bietet Archicad eine PET-PALETTE (Abbildung 7.8) mit verschiedenen Konstruktionsmethoden an. Darin finden Sie neben der linearen Referenzkontur auch Möglichkeiten für Bögen. Damit sind dann auch Wendeltreppen möglich. Die Treppenlänge ermittelt das Programm aus den Vorgaben wie

Geschosshöhe, Stufenzahl und den Parametern der Treppenregel. Schemenhaft wird dann immer die voraussichtliche Länge angezeigt, auch wenn die Treppe Knickstellen oder Bögen beinhaltet. Sie können die Treppe aber auch länger machen, wodurch sich die Auftrittslänge verändert.

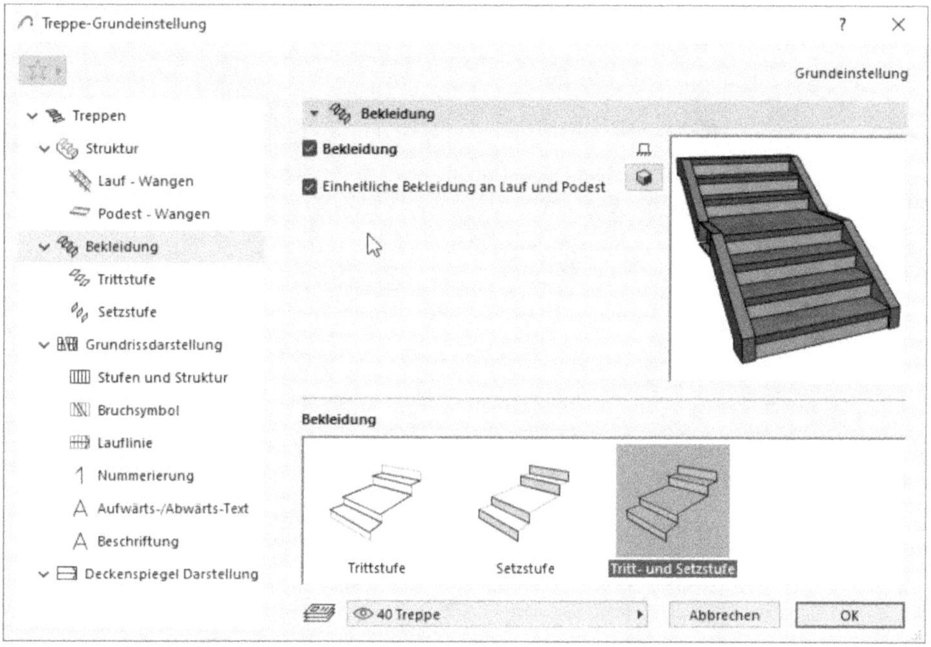

Abb. 7.7: Nur Trittstufen oder auch Setzstufen?

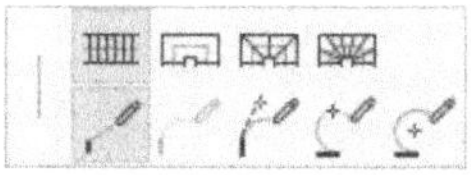

Abb. 7.8: Konstruktionsmethoden für die Referenzlinie

Wenn es Probleme bei der Erstellung der Treppe gibt, bietet das Programm auch Lösungsmöglichkeiten an, unter denen Sie oft wählen können (Abbildung 7.9).

Den äußeren Treppenverlauf definieren Sie mit den Skizziermethoden der PET-PALETTE. Wenn Sie aber Details einer Treppe noch verändern wollen, dann können Sie sie markieren und die hellblau erscheinende Schaltfläche BEARBEITEN wählen. Damit erreichen Sie die nächste Hierarchiestufe der Treppe. Sie können nun einzelne Segmente der Wangen oder Tritt- oder Setzstufen wählen und mit PET-PALETTEN bearbeiten (siehe Abbildung 7.10 rechts unten und Abbildung 7.11). Damit können beispielsweise die Stufen und Wangen, auch wenn sie ursprünglich geradlinig waren, jederzeit nachträglich beliebig gekrümmten Wänden angepasst werden. Den Bearbeitungsmodus verlassen Sie über BEARBEITUNGSMODUS VERLASSEN.

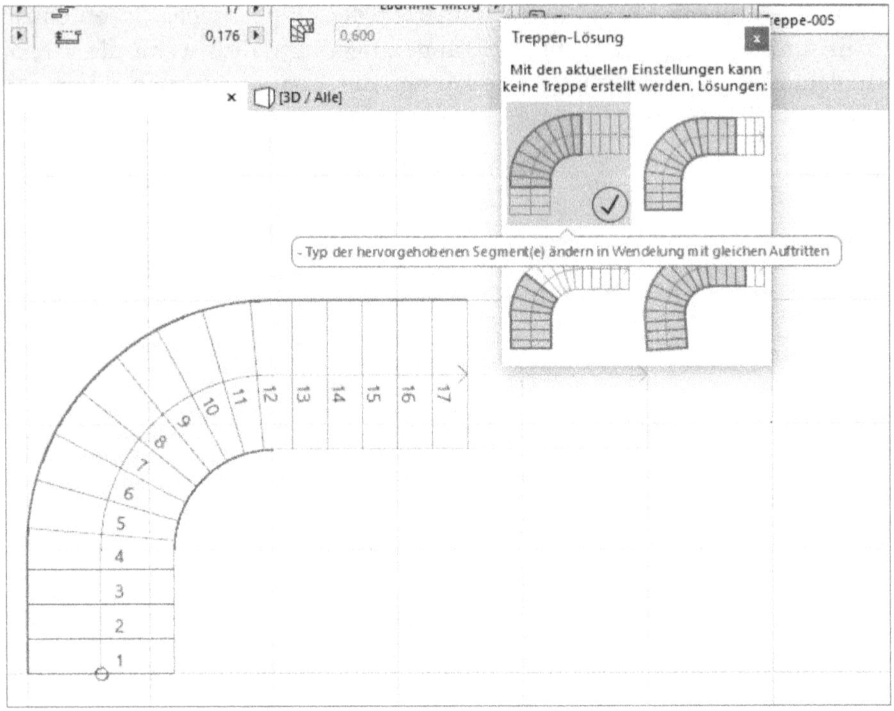

Abb. 7.9: Verbesserungsvorschlag bei Problemen

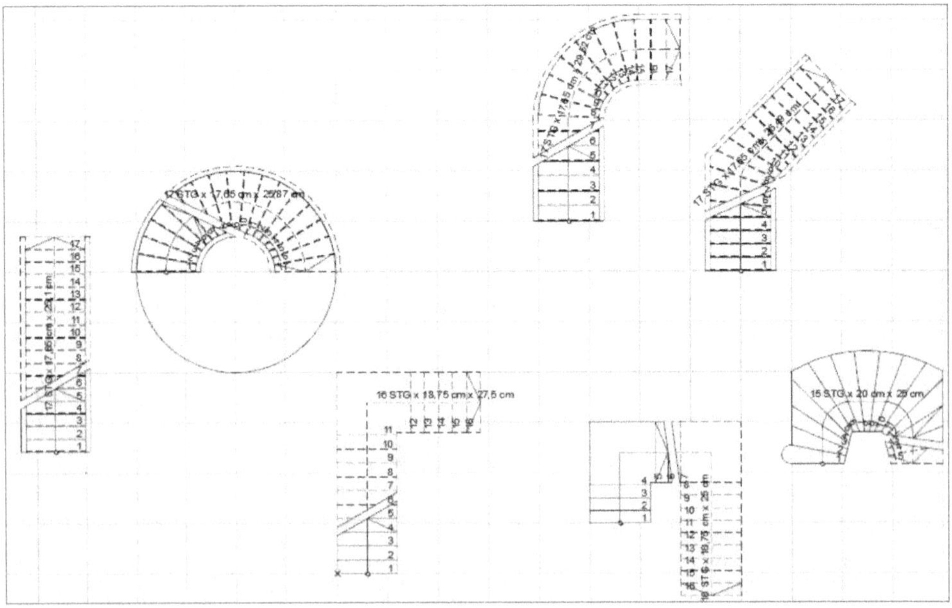

Abb. 7.10: Einige Treppenentwürfe

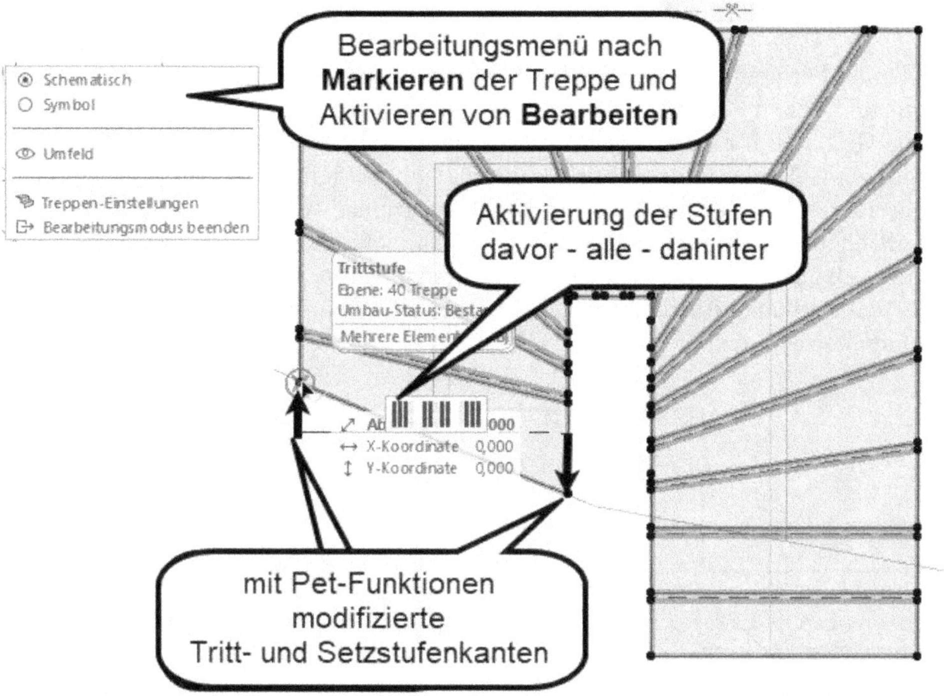

Abb. 7.11: Deformieren einer Treppenstufe im Bearbeiten-Modus

Die Geländer können auch nachträglich mit dem GELÄNDER-Werkzeug angefügt werden.

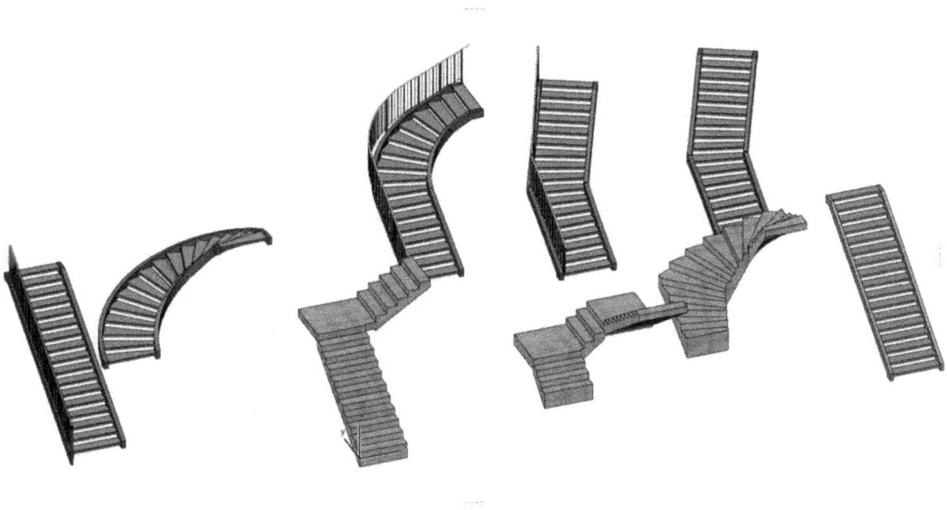

Abb. 7.12: Treppen in 3D

7.2 Treppengeländer

Geländer können nicht nur für Treppen verwendet werden, sondern auch für Balkone an Decken oder an Dachflächen angefügt werden. Auch in Freiflächen kann man Geländer für Zäune verwenden (siehe auch Abschnitt 5.12 »Geländer als Zäune«). Geländer können *statisch* in einer Ebene geführt werden wie bei Balkonen, aber auch *assoziativ* zu Elementen konstruiert werden wie bei Treppen und Freiflächen. Bei Treppen können Sie die Geländer an den Knotenpunkten fixieren oder auch gleich den ZAUBERSTAB für die ganze Treppenlänge benutzen. Beachten Sie, den seitlichen Abstand für jede Treppenseite über die REFERENZLINIE-Einstellungen korrekt zu steuern.

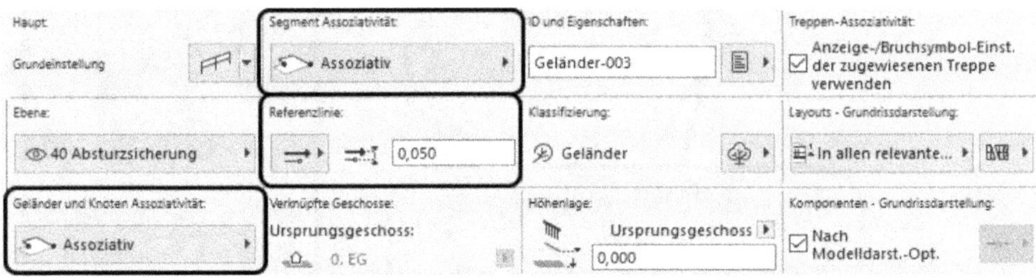

Abb. 7.13: INFOFENSTER für Geländer

Den Typ des Geländers können Sie ähnlich wie bei den Treppen aus einer Reihe von Vorgaben auswählen. Das Platzieren der Geländer geschieht am besten im 3D-Fenster durch Anklicken der Positionen auf den Wangen.

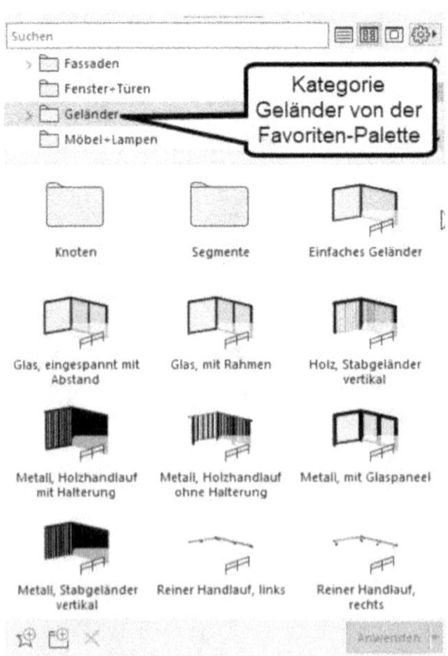

Abb. 7.14: Geländertypen

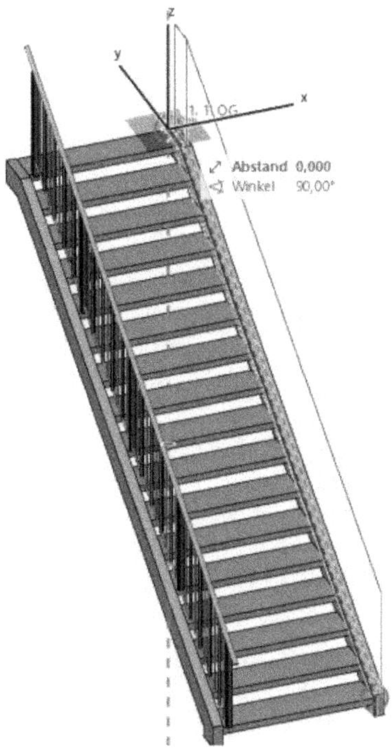

Abb. 7.15: Geländer an Treppe positionieren

Wenn Sie den Treppenlauf unten und oben an der Referenzlinie mit dem Hammer-Cursor anklicken, wird das Geländer automatisch der Treppenform angepasst. Voraussetzung ist, dass Sie sowohl die SEGMENT-ASSOZIATIVITÄT als auch die GELÄNDER- UND KNOTEN-ASSOZIATIVITÄT auf **Assoziativ** geschaltet haben.

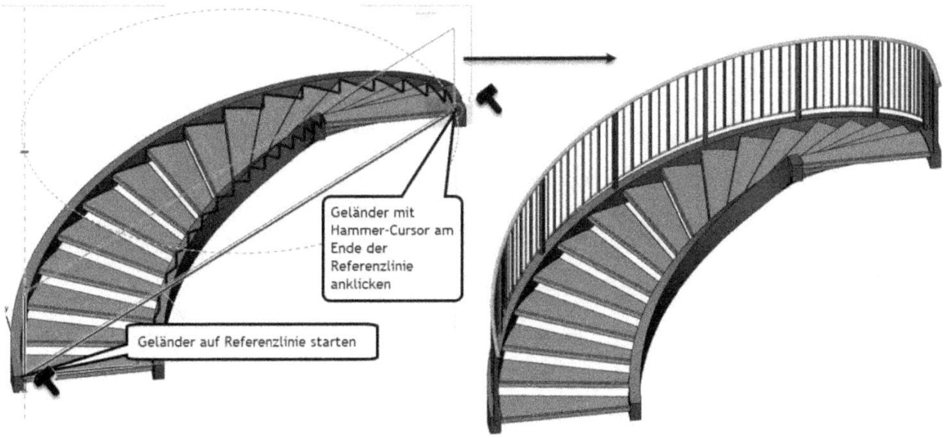

Abb. 7.16: Mit Hammer-Cursor angeklickt folgt das Geländer automatisch der Referenzlinie.

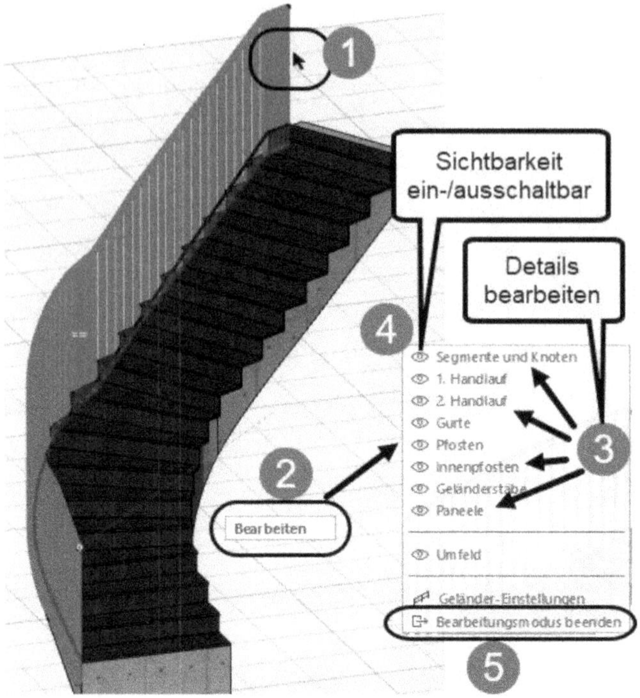

Abb. 7.17: Detailbearbeitung am Treppengeländer

Ein Geländer kann nach Anklicken ❶ mit der Option BEARBEITEN ❷ noch in zahlreichen Details ❸ weiterbearbeitet werden. Die Sichtbarkeit ❹ der einzelnen Details kann dafür ein- und ausgeschaltet werden wie auch die Sichtbarkeit des UMFELDES. Abgeschlossen wird mit BEARBEITUNGSMODUS BEENDEN ❺.

7.3 Übungsfragen

1. Wie viele vordefinierte Typen von Treppen gibt es?
2. Wie lautet die Treppenregel?
3. Was sind die wichtigsten Treppenparameter?
4. Welche Gestaltungselemente gibt es für den Lauf?

Kapitel 8

Fassaden

8.1 Das Fassaden-Werkzeug

Das FASSADEN-Werkzeug erlaubt die Konstruktion komplexer Fassaden sowie die Bearbeitung der Fassade als Ganzes oder jeder Einzelkomponente.

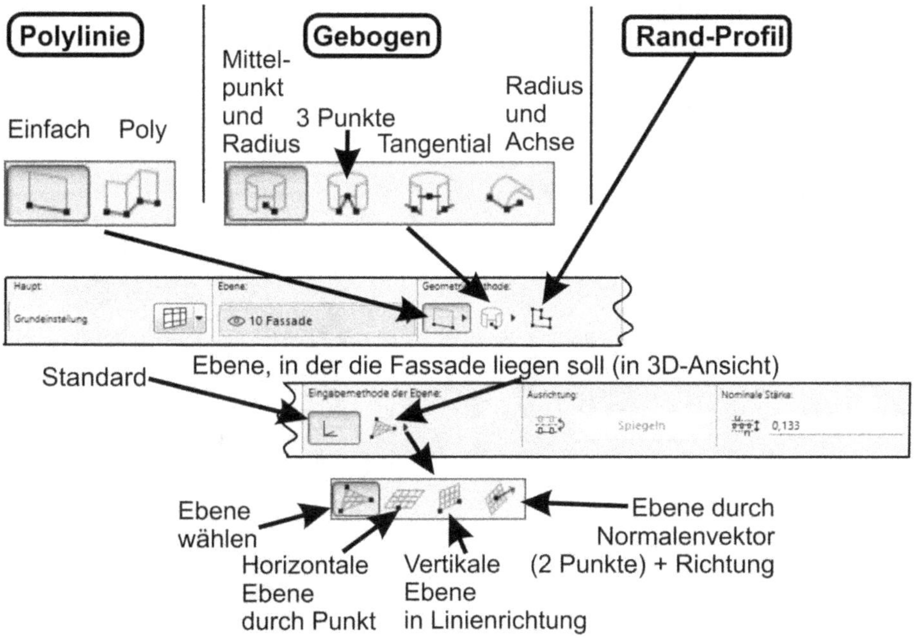

Abb. 8.1: FASSADEN-Werkzeug

Es gibt insgesamt sieben Geometriemethoden.

- Die einfachsten Methoden sind eine *Einzellinie* oder eine
- *Polylinienkontur* als Grundriss.
- Für gebogene Formen gibt es als einfachste Möglichkeit *Kreisbögen* definiert über *Mittelpunkt und Radius* (und natürlich einem Öffnungswinkelbereich),
- ferner den *Kreisbogen* über *drei Punkte,*
- fünftens den *Kreis* über *drei tangierende Elemente* definiert.

- Die sechste Methode erzeugt eine *zylinderförmige* Fassade mit *liegender Zylinder-Achse* wie das *Tonnendach* einer Bahnhofshalle.
- Die Methode RAND-PROFIL erwartet die Wahl einer Ebene und dann die Eingabe von Punkten für Linien- und Bogensegmente wie bei der Polylinie.

Die Ebene für die Fassade kann über STANDARD vorgegeben werden. Das ist dann in den Grundrissen die normale xy-Ebene. In Schnitten oder Ansichten bedeutet STANDARD die Schnitt- oder Ansichtsebene. Wenn Sie eine senkrecht stehende Fassade in einer 3D-Ansicht zeichnen wollen, dann können Sie mit den Werkzeugen unter EBENE WÄHLEN die Bezugsebene definieren, zu der die Fassade senkrecht stehen soll.

Tipp

OBERFLÄCHEN-FANG: Damit die Wahl der Zeichenfläche für die Fassade im 3D-Modus möglichst einfach mit dem Flächen-Cursor läuft, wäre ANSICHT|OBERFLÄCHEN-FANG zu aktivieren.

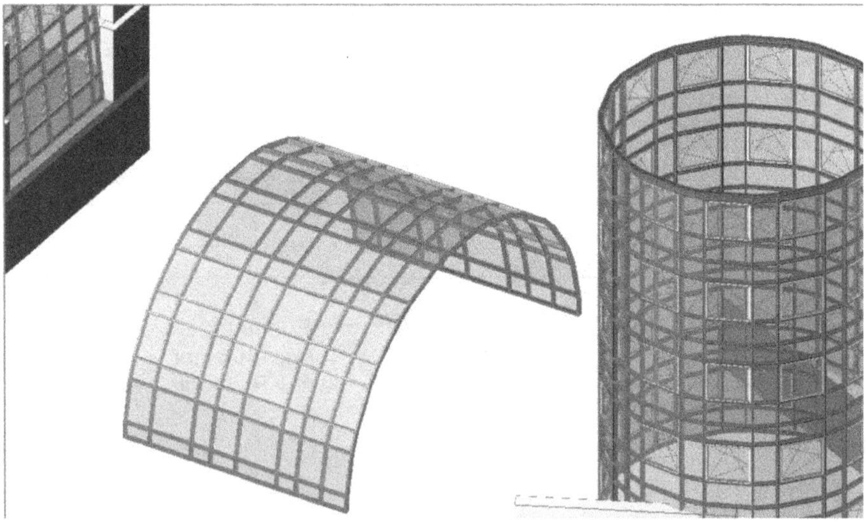

Abb. 8.2: Fassade auch als Tonnendach

Sie zeichnen die Fassade in der Grundrissansicht mit der Innenkante als Definitionslinie. Wenn Sie eine geneigte Fassade erstellen, dann bezieht sich der angegebene Winkel auf die Innenseite. Ein Winkel unter 90° definiert also eine Neigung nach innen, ein Winkel über 90° eine Neigung nach außen. Neigung und Höhenlage können Sie im Infofenster oder in den Grundeinstellungen setzen.

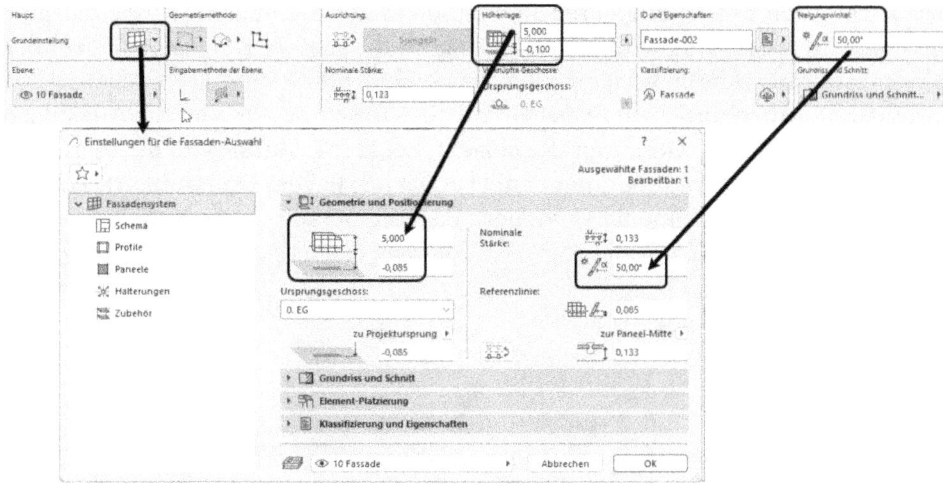

Abb. 8.3: Höhenlage und Neigung der Fassade

In den Favoriten finden Sie fünf Gruppen mit bereits fertigen Fassadentypen (Abbildung 8.4).

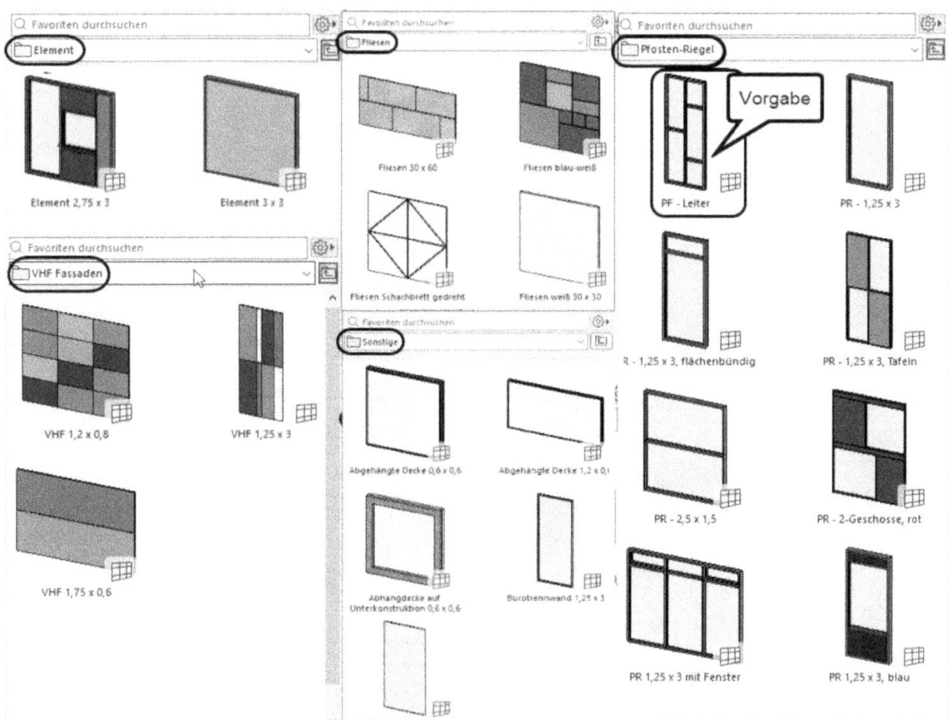

Abb. 8.4: Fassaden in den Favoriten

Die wichtigsten Einstellungen für die Fassade finden Sie in den Grundeinstellungen unter SCHEMA. Hier wird die Einteilung für die Fassade festgelegt. Sie können die Anzahl der Felder in waagerechter und senkrechter Richtung festlegen, deren Größe bestimmen und auch festlegen, ob die Größe festliegt oder die Anzahl der Teilungen sich auf die Gesamtgröße bezieht. Bei FESTE GRÖSSE wird die Fassade so geteilt, dass nur das letzte Segment angepasst wird. Bei der Option BESTE TEILUNG wird die Breite der Segmente so variiert, dass sie notfalls proportional angepasst werden.

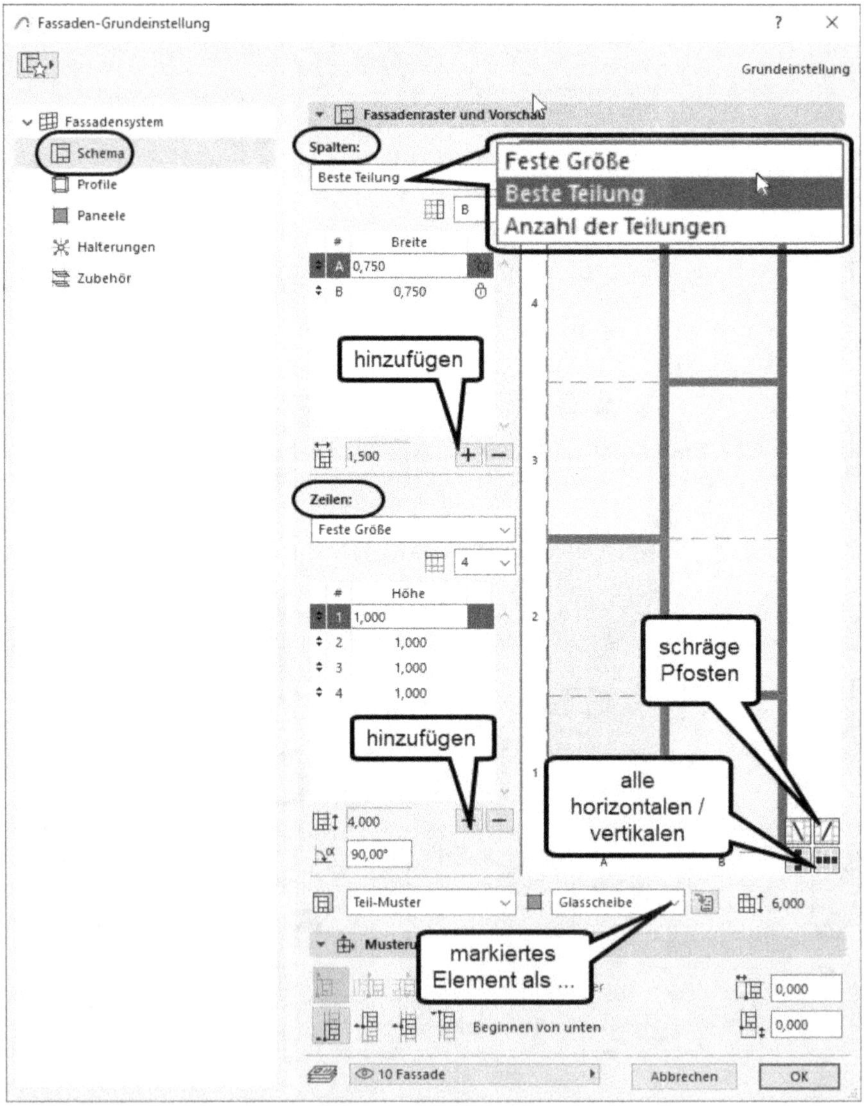

Abb. 8.5: Fassaden-Grundeinstellungen mit vorgegebenem Schema

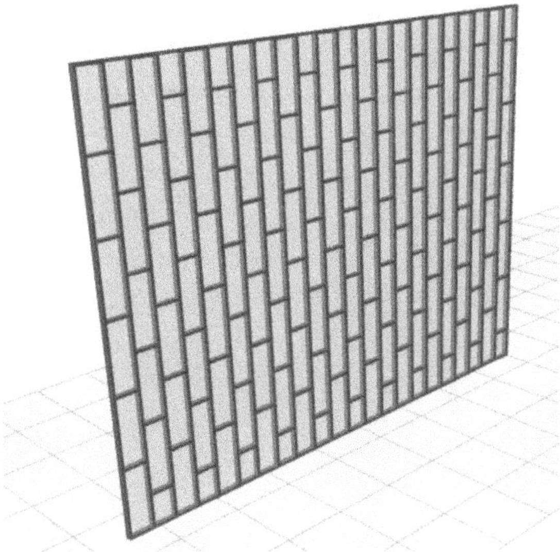

Abb. 8.6: Geneigte Fassade (85°)

8.2 Fassaden mit Polylinienkontur

Fassaden mit komplexem Umriss können mit der Geometriemethode RAND-PROFIL nach Auswahl einer Ebene konstruiert werden. Man muss dazu nicht unbedingt in einer Seitenansicht oder Schnittansicht sein. Es reicht, in einer 3D-Ansicht den Befehl mit der Ebenenwahl aufzurufen. Dann ist zuerst mit dem Ebenen-Cursor eine passende Wand o.Ä. anzuklicken. Danach werden die Polygonpunkte für die Fassadenberandung eingegeben.

In einem Schnitt oder einer Außenansicht fällt bei diesem Befehl die Wahl der Zeichenebene weg. Einen Schnitt können Sie mit WERKZEUGKASTEN|SICHTEN ▾| SCHNITT in der Grundrissansicht erstellen, eine Außenansicht mit WERKZEUGKASTEN|SICHTEN ▾ |ANSICHT. Klicken Sie zwei Positionen für die Schnittlinie an, z.B. auf der Wandaußenseite, und definieren Sie mit dem Augen-Cursor die Blickrichtung für Schnitt oder Ansicht. Schnitt- oder Außenansicht finden Sie danach sofort im NAVIGATOR unter SCHNITTE bzw. ANSICHTEN. Die Fassade entsteht in der jeweiligen Ansichts- oder Schnittebene, kann aber bequem in der Grundrissansicht dann auf die korrekte Position verschoben werden.

Im Beispiel wurde mit der Geometriemethode RAND-PROFIL eine Fassade an bestehende Geometrien über eine Polylinien-Kontur angepasst und mit bogenförmigem Abschluss versehen.

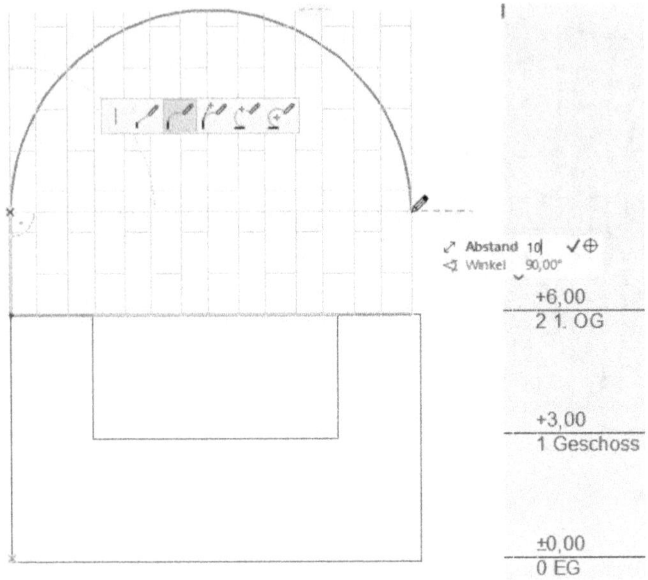

Abb. 8.7: Polylinienkontur in Schnittansicht zeichnen

Für diesen Fall wurden die Einstellungen für das Fassadenraster ausgetestet. Das Raster entstand aus dem oben vorgegebenen Muster (s. Abbildung 8.5). Es besteht ja aus Streifen mit je zwei Spalten, jede 0,75 m breit. Die Gesamtbreite beträgt hier 10 m.

Im Fall FESTE GRÖẞE bleibt deshalb am rechten Rand ein *Restfeld*.

Die Option BESTE TEILUNG ist nur möglich, wenn eine der Spalten von der Breite her nicht fixiert ist. Dann ergibt sich eine stets gleiche Streifenbreite, die aber knapp unter 2*0,75 liegt, das heißt, die variable Spalte wird angepasst.

Im letzten Fall ANZAHL TEILUNGEN wird die Streifenbreite aus `Gesamtbreite/Anzahl` berechnet. Die Spalte mit variabler Breite wird dann so variiert, dass alle Streifen gleich breit sind, hier exakt `2 m` (= `10 m / 5`).

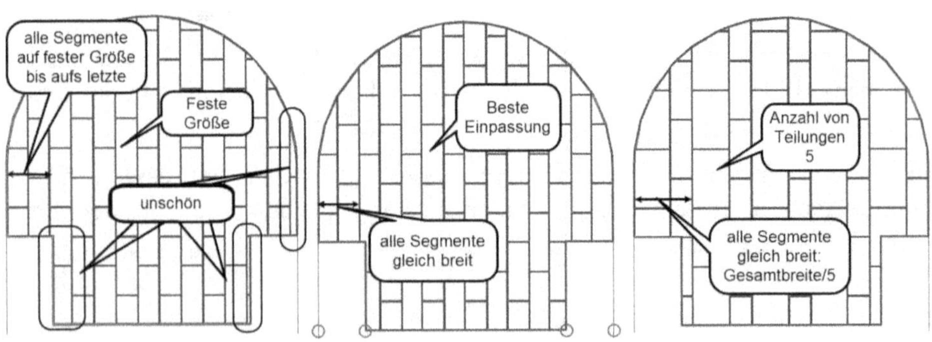

Abb. 8.8: Fassadenraster anpassen

Abb. 8.9: Fertige Fassade

Die Fassade als Ganzes lässt sich auch noch über die PET-PALETTE drehen, wie Abbildung 8.10 zeigt.

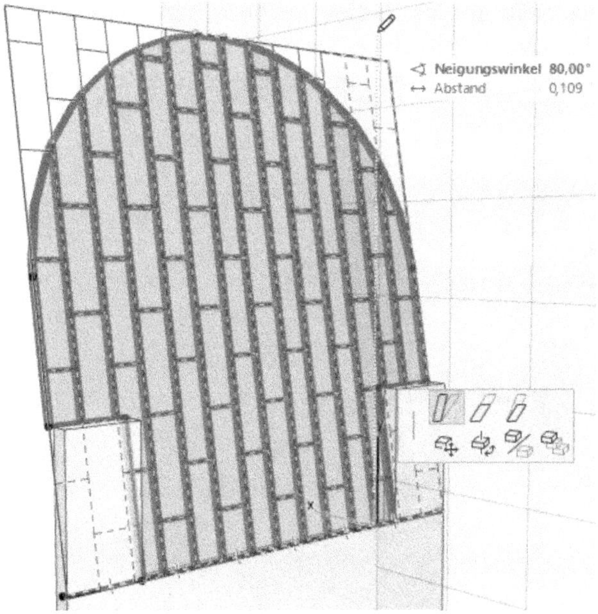

Abb. 8.10: Fassade in 3D kippen

Alternativ kann diese Fassade auch in einer 3D-Ansicht erstellt werden, wenn die Ebene für die Fassade gemäß Fassaden-Grundeinstellung als Erstes durch Anklicken einer Wandfläche oder über drei Punkte definiert wurde und anschließend dann auch die Polylinien-Fassade erstellt wird.

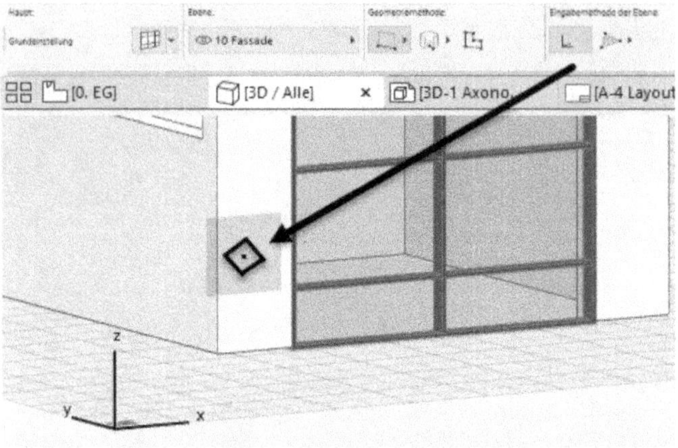

Abb. 8.11: Fassade in 3D-Ansicht, Ebenenfestlegung

8.3 Fassaden bearbeiten

Da die Fassaden aus vielen Einzelelementen bestehen, ist es wichtig, dass es Möglichkeiten zur detaillierten Bearbeitung gibt. Außer der oben gezeigten Bearbeitung über INFOFENSTER und PET-PALETTE können Sie auch in den Bearbeitungsmodus für Einzelelemente gehen. Dazu markieren Sie die Fassade und klicken dann auf BEARBEITEN.

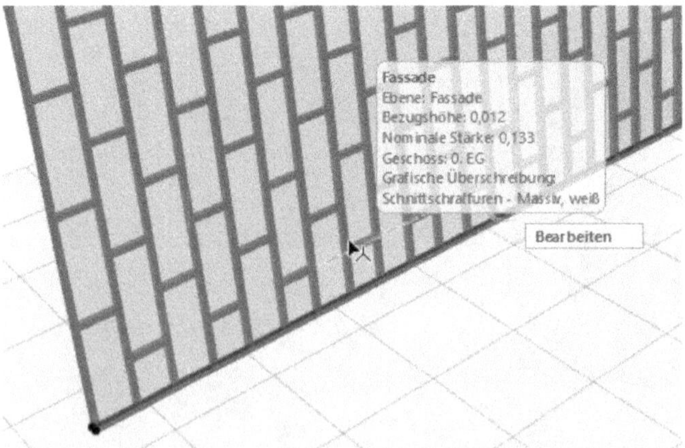

Abb. 8.12: Bearbeitung der Fassadenelemente starten

Im Einzelbearbeitungsmodus wird ein extra Menü zur Einstellung der Sichtbarkeit der verschiedenen Fassadenelemente angezeigt.

- Normalerweise ist die Basisfläche der Fassade, das SCHEMA, unsichtbar. Es wird stets mit einer kompletten Anzahl von Rasterelementen angezeigt, wird also im Allgemeinen größer sein als die durch die Basisgeometrie und Höhenangabe beschränkte echte Fassadenfläche. In Abbildung 8.13 wurde das Schema eingeblendet.
- Das UMFELD wären noch Wände und Ähnliches aus der restlichen Konstruktion.
- Das PROFIL ist die Gesamtheit der Profilstäbe senkrecht oder waagerecht oder als Randprofil.
- Die PANEELE sind die Flächen, die typischerweise als Glasflächen oder Fensterelemente die Fassade ausfüllen.
- HALTERUNGEN für die Paneele sind standardmäßig nicht in der Fassade enthalten, können aber zugeschaltet werden (siehe Abbildung 8.14).
- Als ZUBEHÖR wären VERSCHATTUNGSELEMENTE, DECKKAPPEN oder ANKER möglich, die aber in der aktuellen Fassade nicht enthalten sind.

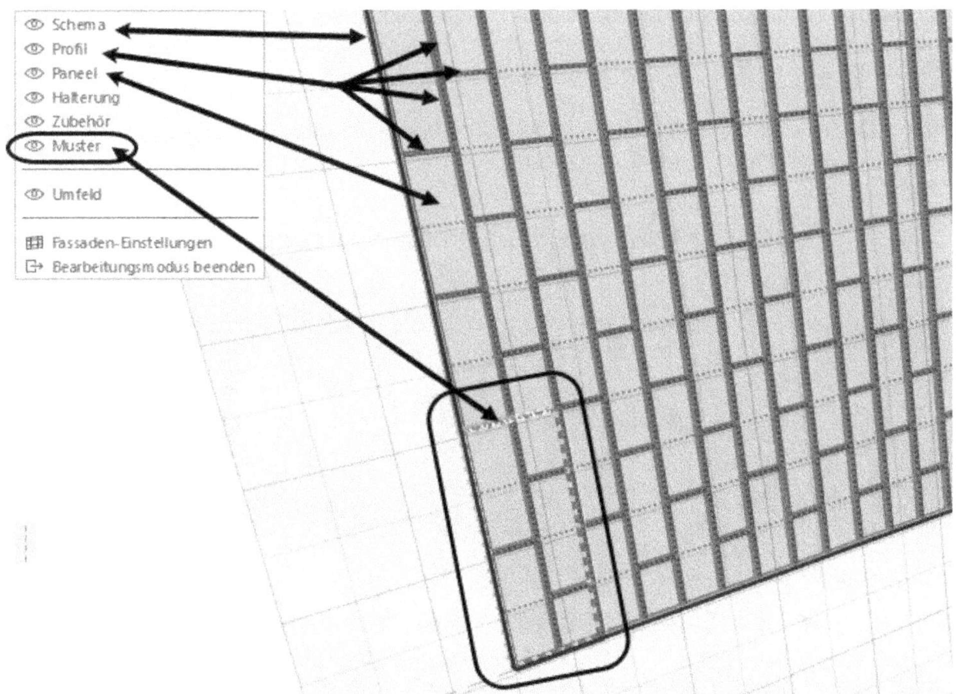

Abb. 8.13: Einzel-Bearbeitungsmodus

Im Einzel-Bearbeitungsmodus können Sie nun die Elemente, die Sie verändern wollen, recht raffiniert auswählen. Nach Klick auf ein Pfosten-Element erscheint eine Auswahlhilfe, über die Sie entweder alle Pfosten in horizontaler daneben oder in senkrechter Richtung darunter dazuwählen können. Sie können damit ganze Pfostenleisten wählen und verschieben. Natürlich können Sie zu einer Pfostenleiste mit der [⇧]-Taste immer noch weitere dazuwählen.

Wollen Sie dagegen *alle Objekte einer Art* wählen, dann müssen Sie die Tastenkombination [Strg]+[⇧]+[A] drücken. Das entspricht der Funktion BEARBEITEN|SUCHEN & AKTIVIEREN. Als Elementtyp ist dann hier im Bearbeitungsmodus automatisch PROFIL eingestellt. Mit dem Plus-Zeichen können Sie dann alle Profilelemente wählen. Nicht erwünschte können Sie mit [⇧]+Klick auch wieder abwählen. Über die Grundeinstellungen lassen sich die Elemente dann bearbeiten.

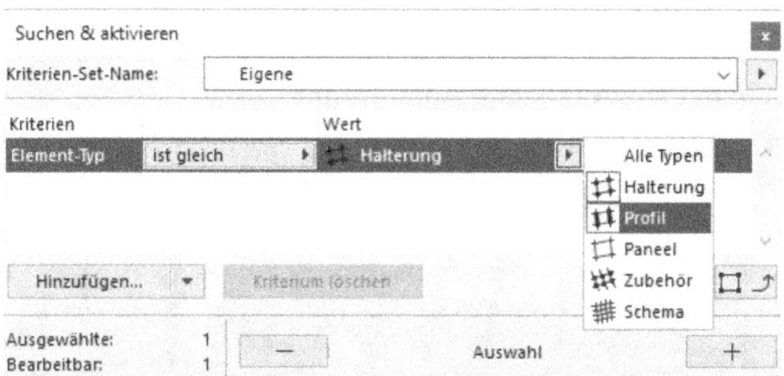

Abb. 8.14: Auswahl aller Halterungen im Fassaden-BEARBEITEN-Modus über Menü BEARBEITEN|SUCHEN & AKTIVIEREN

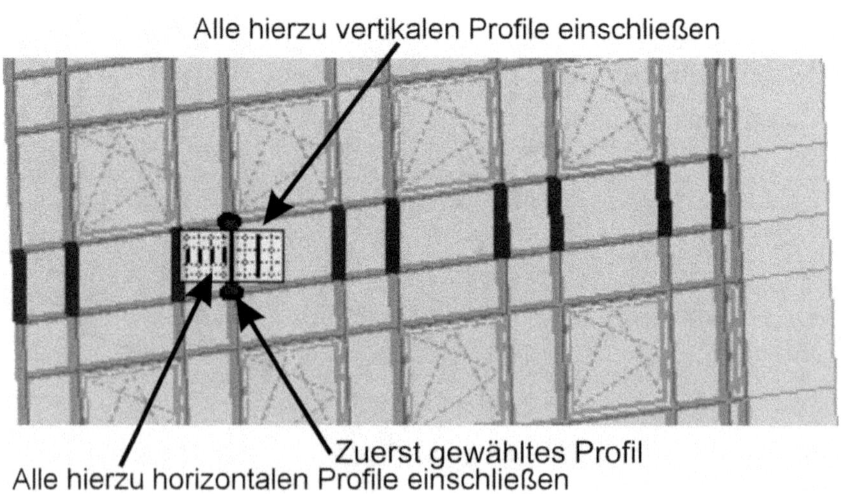

Abb. 8.15: Mehrfach-Wahl von Elementen

Sie können aber auch einzelne Elemente wie beispielsweise einen einzelnen Pfosten wählen und diesen dann über die PET-PALETTE verschieben (Abbildung 8.16) oder vielleicht löschen, weil Sie eine Tür einbauen wollen.

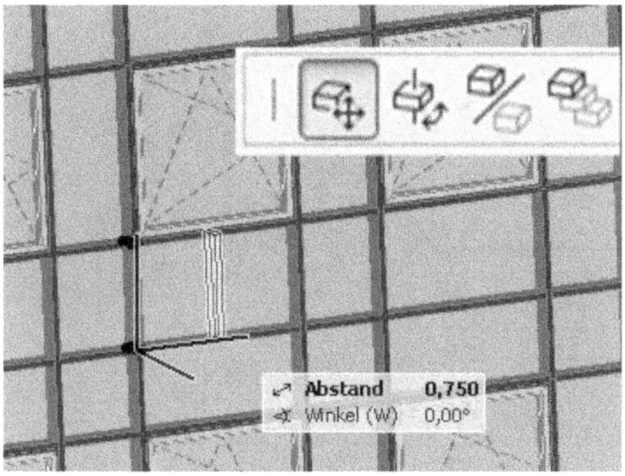

Abb. 8.16: Einzelnes Element verschieben

Wenn Sie ein Paneel anklicken, können Sie ebenfalls alle daneben oder darüber über entsprechende Schaltflächen dazuwählen.

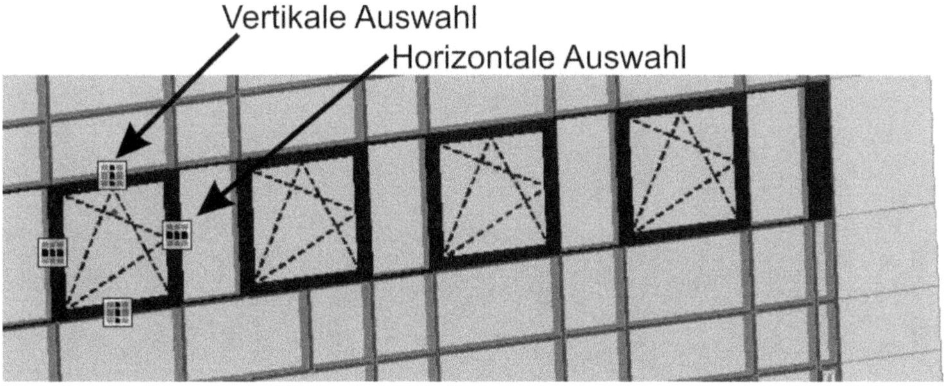

Abb. 8.17: Mehrere gleichartige Elemente nebeneinander wählen

Die Paneele lassen sich wie alle anderen markierten Elemente wieder über den EINSTELLUNGSDIALOG weitgehend modifizieren. Sie können im INFOFENSTER einfach durch Wahl eines anderen Typs in zweiflüglige Fenster, Türen oder sogar Drehtüren umgewandelt werden.

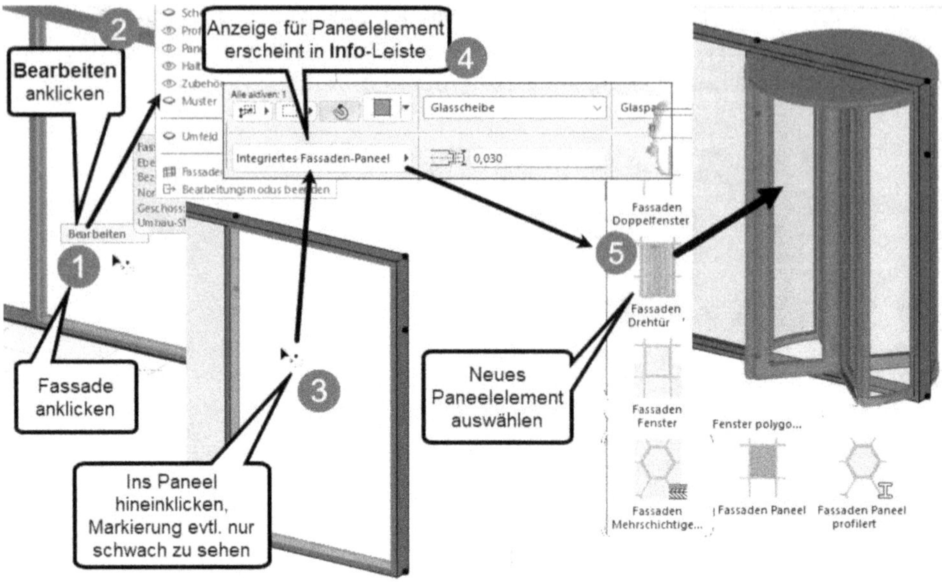

Abb. 8.18: Paneele-Auswahl

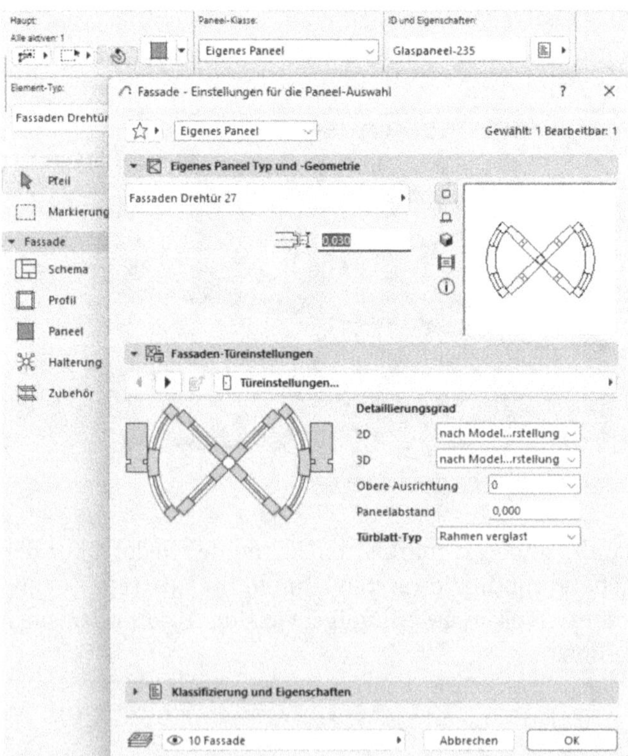

Abb. 8.19: Fassaden-Türgestaltung nach Markieren der Tür im Bearbeitungsmodus

Genauso können die Profile über EINSTELLUNGSDIALOG Ihren Wünschen angepasst werden.

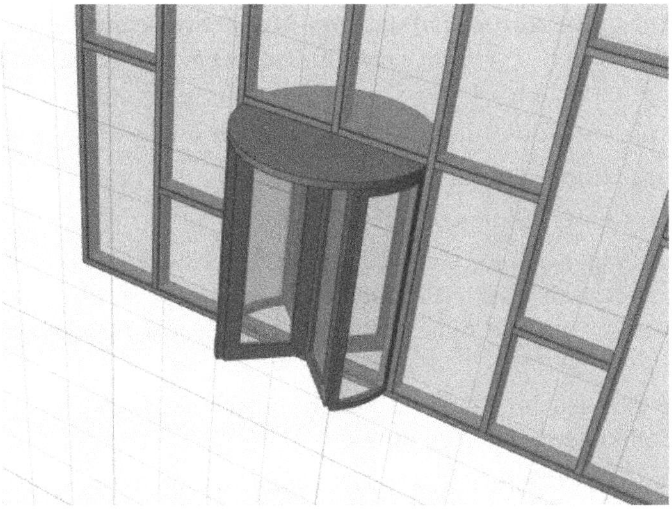

Abb. 8.20: Drehtür, nach Verschieben und Löschen von Riegeln anstelle Paneel eingesetzt

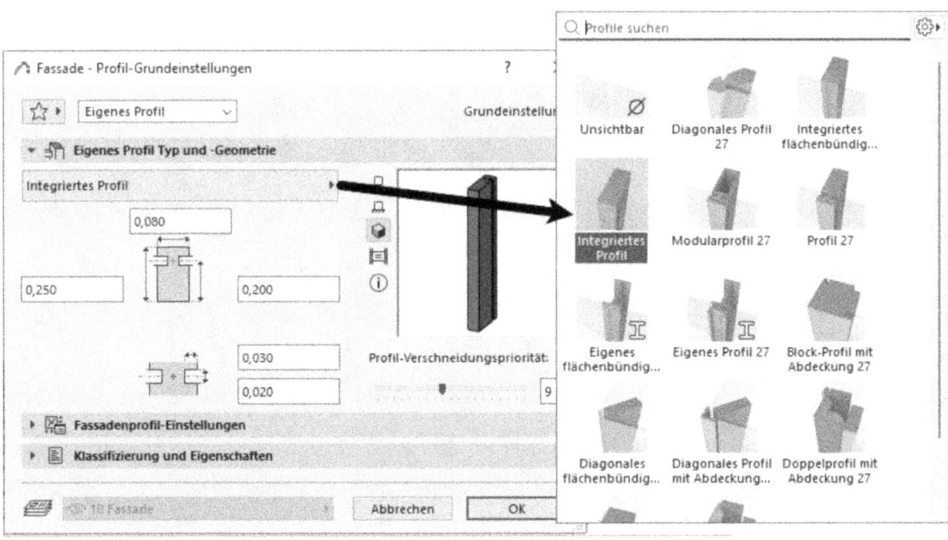

Abb. 8.21: Element-Einstellungen für Fassaden-Pfosten

8.4 Symbolleiste »Fassade«

Zur Bearbeitung von Fassadenelementen gibt es eine Symbolleiste FASSADE. Sie finden einige dieser Funktionen auch im Menü PLANUNG|FASSADE.

- Das erste Werkzeug startet den Fassadenbearbeitungsmodus.
- Das Werkzeug ZELLEN-MUSTER KOPIEREN können Sie im Bearbeitungsmodus nutzen, um die Gestaltung einer Rasterzelle auf eine andere zu übertragen.
- Dann folgen zwei Werkzeuge zur Behandlung von Fassadenverschneidungen bei sich kreuzenden Fassaden. Im Falle einer Fassadenverschneidung wird man zuerst FASSADE SPLITTEN aufrufen:
  - Zuerst ist die Fassade zu wählen, die aufgetrennt werden soll,
  - dann ist der Befehl aufzurufen und
  - danach die Fassade, die das Splitten bewirkt zu wählen.
  - Zuletzt ist mit dem Augen-Cursor eine Position in der Nähe des Fassadenteils anzugeben, das danach markiert bleiben soll. Üblicherweise wird man mit dem Augen-Cursor auf die Seite des Teils klicken, das man später löschen will.
  - Dann können Sie nämlich im Rechtsklick-Menü gleich die Funktion LÖSCHEN aktivieren, ohne neu wählen zu müssen.
- Mit der Funktion VERBINDUNGSPROFIL ERSTELLEN können Sie an der gesplitteten Stelle einen Pfosten erstellen lassen. Dafür gibt es zwei Methoden: ECHTE GEHRUNG oder PARALLEL, d.h. in Richtung der ersten Fassade. Vor dem Befehlsaufruf müssen Sie beide Fassaden wählen.

Abb. 8.22: Symbolleiste FASSADE

- Die nächste Funktion dient dazu, Wände mit einer Fassade logisch und physisch korrekt zu verbinden: WÄNDE MIT FASSADE VERBINDEN. Vor dem Befehlsaufruf ❸ müssen Sie die Wand ❶ und die Fassade ❷ wählen. Dann können Sie die Anschlussbedingungen im Dialog einstellen ❹ (Abbildung 8.23) und beenden den Dialog mit VERBINDEN. Die Wand wird danach mit dem Ende, das Sie mit dem Augen-Cursor auswählen, mit der Fassade verknüpft ❺. Diese Wandverbindung erlaubt es, mit dem Werkzeug VERBUNDENE WÄNDE AUSWÄHLEN später über die Fassade diese Wände mit zu wählen. Elemente mit Verbindungen zeigen beim Markieren das quadratische *Verbindungssymbol*, das Sie anklicken können, um die Verbindungen zu sehen und ggf. auch aufzulösen.

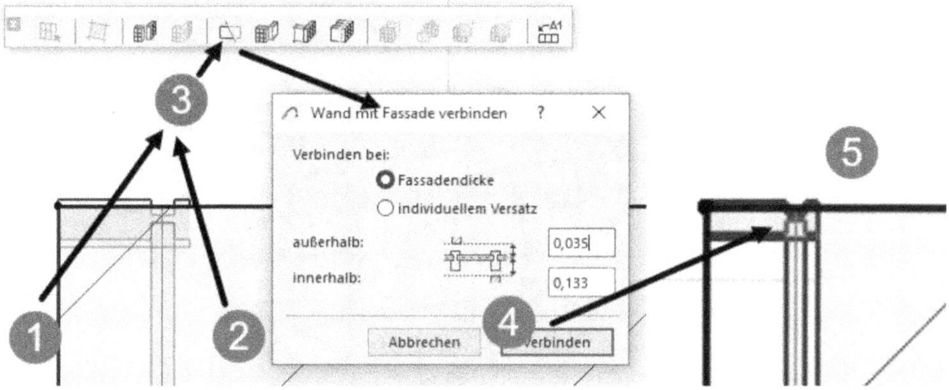

Abb. 8.23: Wandverbindung einer Fassade

- Die nächste Funktion hebt die Wandverbindung wieder auf: VERBINDUNG ABBRECHEN.
- Es folgt eine Funktion zur Wahl der Wände, die mit einer Fassade verbunden sind, VERBUNDENE WÄNDE AUSWÄHLEN, und
- eine Funktion zum Lösen mehrerer angewählter Wandverbindungen, ALLE ELEMENTE LÖSEN.
- Die nächsten vier Funktionen dienen dazu, Fassaden anhand von Schraffurumrissen zu verändern. Um zu einer Fassade mit FORM ALS SCHRAFFUR ABBILDEN einen Schraffurumriss zu generieren, sollten Sie in einer passenden *Seitenansicht* sein. In der *Grundrissansicht* oder einer *3D-Ansicht* ist diese Funktion *nicht möglich.*
- Sie können danach die Schraffur mit der PET-PALETTE bearbeiten und den neuen Umriss wieder auf die Fassade übertragen (FORM ANHAND SCHRAFFUR NEU DEFINIEREN),
- den neuen Umriss von der Fassade abziehen (SCHRAFFUR VON FORM ABZIEHEN) oder
- zur Fassade hinzufügen (SCHRAFFUR ZUR FORM HINZUFÜGEN).

8.5 Eigene Fassadenmuster erstellen

Es gibt auch eine Möglichkeit zur Erzeugung *eigener frei gestalteter Fassadenmuster*. Zum Erstellen eines solchen eigenen Musters sollten Sie eine leere Fassade erstellen und dann im Modus BEARBEITEN die gewünschten Pfosten einzeichnen.

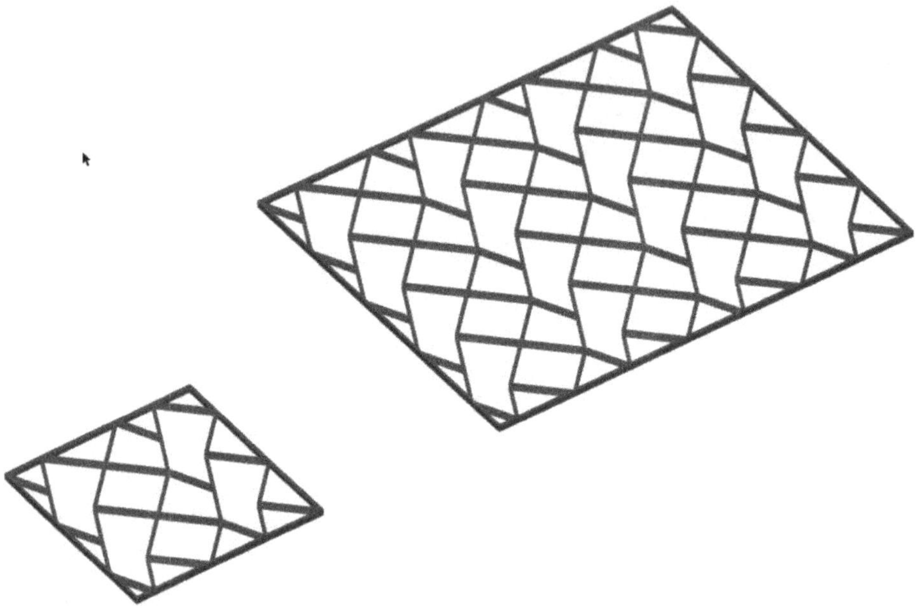

Abb. 8.24: Eigenes Fassadenmuster

1. Wählen Sie im WERKZEUGKASTEN das FASSADEN-Werkzeug (Abbildung 8.25).
2. In der INFOLEISTE klicken Sie auf die FASSADEN-GRUNDEINSTELLUNGEN.
3. In den GRUNDEINSTELLUNGEN aktivieren Sie SCHEMA und
4. klicken dort auf das FAVORITEN-WERKZEUG und wählen UNTERELEMENTE|SCHEMATA.
5. Nun wählen Sie das SCHEMA LEER und
6. gehen auf ANWENDEN|ALLES ÜBERGEBEN und dann OK.
7. In der INFOLEISTE wählen Sie die GEOMETRIEMETHODE RAND-PROFIL (Abbildung 8.26).
8. Zeichnen Sie nun das Rand-Profil für Ihr Muster. Es darf ruhig zu groß sein, denn Sie können es später noch ändern. Hier wurde ein 5x5 Rasterpunkte (d.h. 4 m x 4 m) großes Viereck gezeichnet. Hierzu sollte natürlich der RASTERFANG aktiv sein.

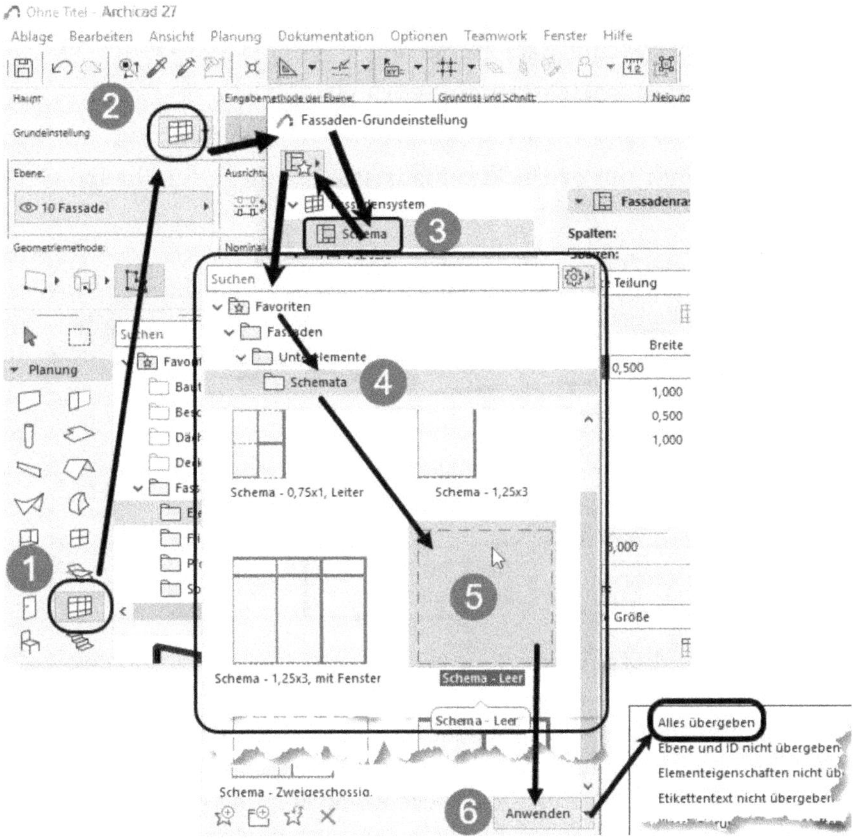

Abb. 8.25: Leere Fassade einfügen

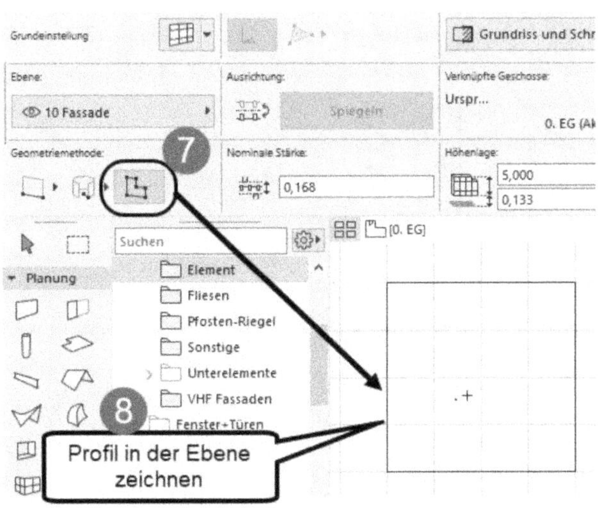

Abb. 8.26: Leeres Schema in der Ebene zeichnen

9. Mit dem PFEIL-WERKZEUG markieren Sie das gezeichnete Viereck.
10. Aktivieren Sie den Modus BEARBEITEN und
11. schalten Sie nur die Sichtbarkeit für PROFIL ein.
12. Im WERKZEUGKASTEN links aktivieren Sie PROFIL.
13. Zeichnen Sie nun mit gedrückter Maustaste die Stege für Ihr individuelles Muster.

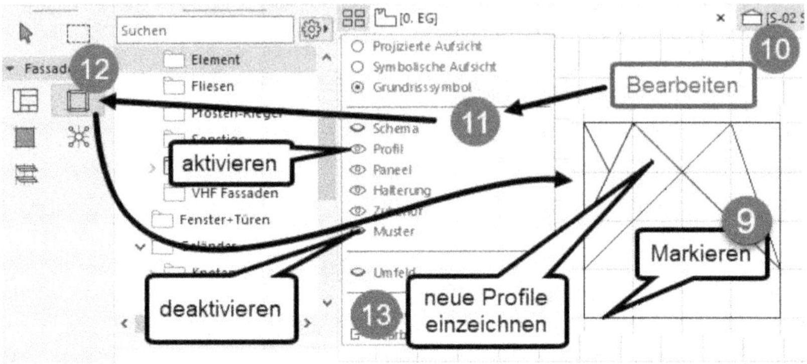

Abb. 8.27: Pfostenverlauf zeichnen

14. Im Beispiel wurde vom ursprünglichen 4 m x 4m-Raster nur ein 3 m x 2 m-Raster großer Bereich benötigt. Aktivieren Sie nun auch die Sichtbarkeit von MUSTER und SCHEMA. Aktivieren Sie das Pfeilwerkzeug und schieben Sie mit dem *Pet-Werkzeug* über die Ecke rechts unten den äußeren Rahmen so zusammen, dass Sie den gewünschten Ausschnitt erhalten.

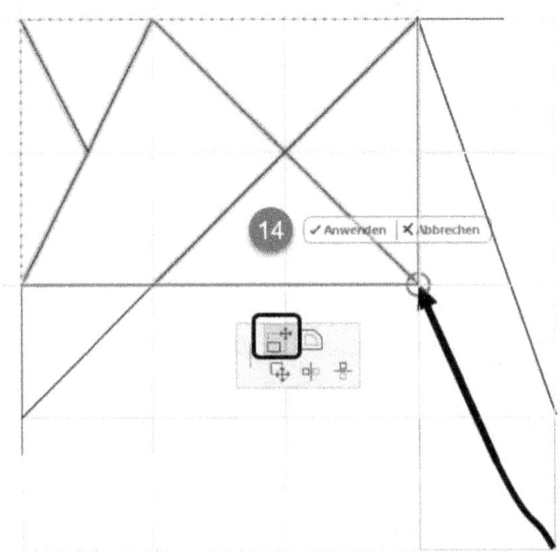

Abb. 8.28: Rahmen des Musters reduzieren

15. Klicken Sie auf BEARBEITUNGSMODUS BEENDEN.
16. Um das Raster nun in den FAVORITEN abzulegen, aktivieren Sie eine passende Fassaden-Kategorie. Markieren Sie Ihre neue Rasterkreation und
17. klicken Sie in der FAVORITEN-PALETTE auf FAVORITEN HINZUFÜGEN.
18. Geben Sie Ihrem Muster noch einen sinnvollen Namen.

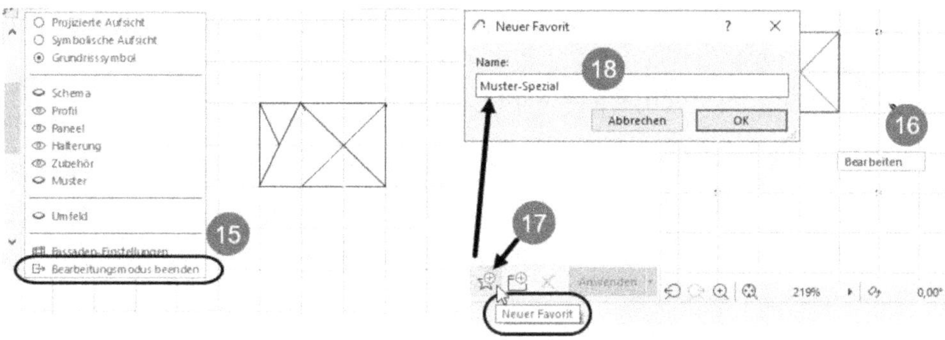

Abb. 8.29: Fassade speichern

Abb. 8.30: Anzeige von Schema und fertigem Muster

8.6 Übungsfragen

1. Wie viele Geometriemethoden gibt es für Fassaden und wie heißen sie?
2. Kann die Fassade geneigt sein?
3. Welche Elemente nennt man Pfosten und Riegel?
4. Welche Bestandteile können im Bearbeitungsmodus einzeln sichtbar gemacht und bearbeitet werden?
5. Zwischen wie vielen Paneelen können Sie auswählen?
6. Was bedeutet die Mehrfachauswahl von Profilelementen?

Kapitel 9

Bemaßung und Text

Die Bemaßung ist in Archicad *assoziativ*, also mit den bemaßten Elementen verknüpft. Dadurch ändert sich die Bemaßung immer automatisch, wenn die Elemente verändert werden. Ebenso skaliert sich die Maßtexthöhe automatisch nach dem aktuellen Maßstab. Bemaßungen können im *Grundrissfenster*, in *Schnitt-/Ansichtsfenstern*, in *Details/Arbeitsblättern* und in *3D-Dokumenten* erstellt werden.

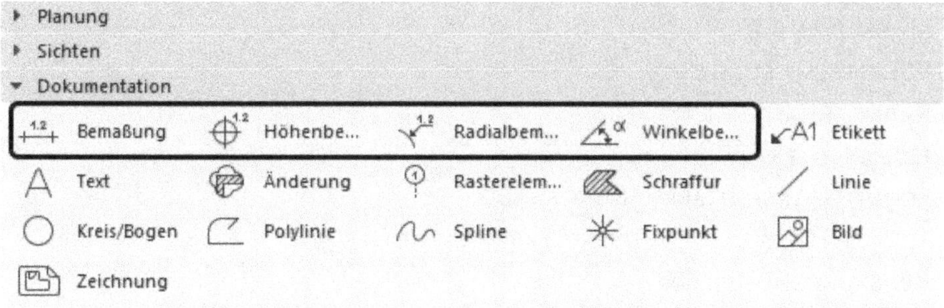

Abb. 9.1: Bemaßungstypen im WERKZEUGKASTEN unter DOKUMENT

Archicad kennt vier Bemaßungstypen mit individuellen Geometriemethoden:

- BEMAßUNG (Tastenkürzel [B]) – erstellt Bemaßungen
- für *lineare Elemente* in *vertikaler* oder *horizontaler* Richtung oder
- am Element *ausgerichtet* und
- für *gebogene* Elemente (GEOMETRIEMETHODE BOGENLÄNGE).
- Auch die Bemaßung mit *Höhenkoten* ist hier als Wahl der Konstruktionsmethode HÖHENBEMAßUNG enthalten. Sie wird in *Schnitten* und *Ansichten* verwendet, um die Höhen der Elemente als Höhenkoten anzuzeigen.

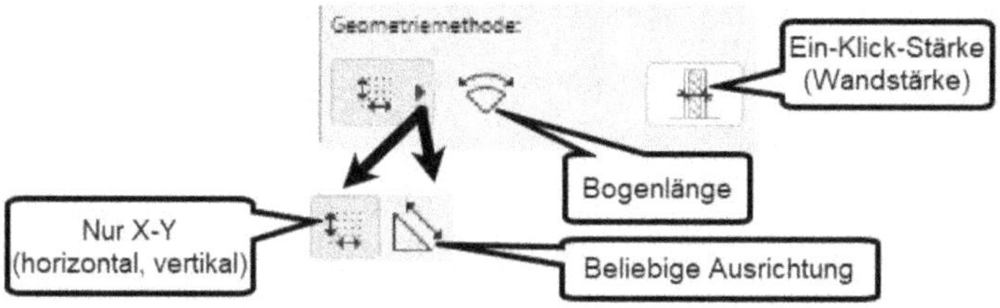

Abb. 9.2: Typen des Werkzeugs BEMAßUNG in der Infoleiste

- HÖHENBEMAẞUNG (Tastenkürzel [⇧]+[B]) – wird verwendet, um im Grundrissfenster die *Höhenmarke* zu setzen, die automatisch die *Geschosshöhe* erhält.
- RADIALBEMAẞUNG (Tastenkürzel [Alt]+[⇧]+[B]) – bemaßt Radien gebogener Elemente.
- WINKELBEMAẞUNG – dient zum Bemaßen von Winkeln zwischen linearen Elementen.

9.1 Bemaßungseinstellungen

Die bei der Bemaßung benutzten Einheiten werden im Menü OPTIONEN|PROJEKTPRÄFERENZEN|BEMAẞUNGSEINSTELLUNGEN eingestellt. Sie finden hier die Parameter für verschiedene *Bemaßungsarten* (Abbildung 9.3):

- MAẞKETTEN
- WINKELBEMAẞUNGEN
- RADIALBEMAẞUNGEN
- HÖHENKOTEN
- SCHNITT-/ANSICHTSBEMAẞUNGEN
- TÜR-/FENSTER- UND DACHFENSTERBEMAẞUNGEN
- BRÜSTUNGSHÖHEN
- FLÄCHENMAẞE

Es gibt vier vordefinierte Bemaßungsstandards:

- DIN 1356 RUNDUNG .01 – verwendet die Einheit Meter bzw. Zentimeter für Längen unter 1 m. Bei Metern werden zwei Dezimalstellen für die Zentimeter nach dem Komma angezeigt. Millimeter werden in jedem Fall hochgestellt angezeigt und zwar in zehntel Millimetern (bzw. auf 0,01 cm genau). Also bedeutet $10{,}25^{15}$ dann 10 Meter, 25 Zentimeter und 15 zehntel Millimeter (oder 1,5 mm bzw. 0,15 cm). Die Angabe 20^{35} bedeutet dann 20 Zentimeter und 35 zehntel Millimeter (oder 3,5 mm bzw. 0,35 cm).
- DIN 1356 RUNDUNG .25 – verwendet die Einheit Meter bzw. Zentimeter für Längen unter 1 m. Bei Metern werden zwei Dezimalstellen für die Zentimeter nach dem Komma angezeigt. Millimeter werden hochgestellt angezeigt, aber auf Vielfache von 2,5 mm gerundet (bzw. auf 0,25 cm genau). Also bedeutet $10{,}25^{25}$ dann 10 Meter, 25 Zentimeter und 25 zehntel Millimeter (oder 2,5 mm bzw. 0,25 cm). Die Angabe 20^{25} bedeutet dann 20 Zentimeter und 25 zehntel Millimeter (oder 2,5 mm bzw. 0,25 cm).
- DIN 1356 RUNDUNG .50 – arbeitet ebenfalls mit Metern bzw. Zentimetern für Längen unter 1 m. Bei Metern werden zwei Dezimalstellen für die Zentimeter nach dem Komma angezeigt. Die Millimeter werden wieder hochgestellt, aber auf Vielfache von 5 mm gerundet (bzw. 0,5 cm). Also bedeutet $10{,}25^{5}$ dann 10

Meter, 25 Zentimeter und 5 Millimeter (oder 0,5 cm). Die Angabe 20^5 bedeutet dann 20 Zentimeter und 5 Millimeter (oder 0,5 cm).

- MILLIMETER – zeigt alle Bemaßungen in Millimetern mit einer Nachkommastelle und bis zu zwei weiteren hochgestellten Stellen an. Damit wird auf 1/1000 mm genau bemaßt. Also bedeutet $110{,}2^{55}$ dann 110 Millimeter, 2 zehntel Millimeter und 55 tausendstel Millimeter. Die Angabe $10.210{,}2^{55}$ bedeutet dann 10 Meter, 210 Millimeter, 2 zehntel Millimeter und 55 tausendstel Millimeter.

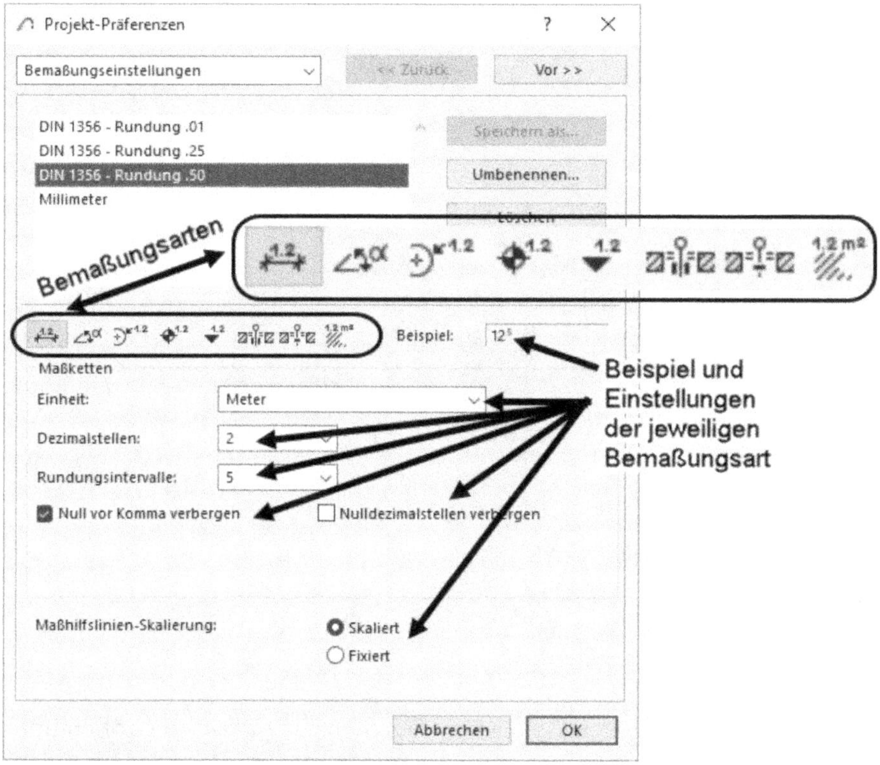

Abb. 9.3: Einstellungen der Bemaßungsarten

Die Einstellungen sind eigentlich eindeutig zu verstehen. Die EINHEIT legt fest, ob Sie in *Metern, Zentimetern* oder *Millimetern* bemaßen wollen. Mit DEZIMALSTELLEN ist die Anzahl der *Nachkommastellen* gemeint. Mit RUNDUNGSINTERVALLE können Sie erreichen, dass die nicht mehr angezeigten Dezimalstellen nicht nur gerundet (Abbildung 9.4), sondern auch *hochgestellt* (Abbildung 9.5) angezeigt werden. Alle Werte darüber oder darunter werden zur letzten Dezimalstelle auf- oder abgerundet. Damit erhalten Sie praktisch die sehr gebräuchliche Darstellung der halben Zentimeter als hochgestellte Fünf mit dem Standard DIN 1356 RUNDUNG .50.

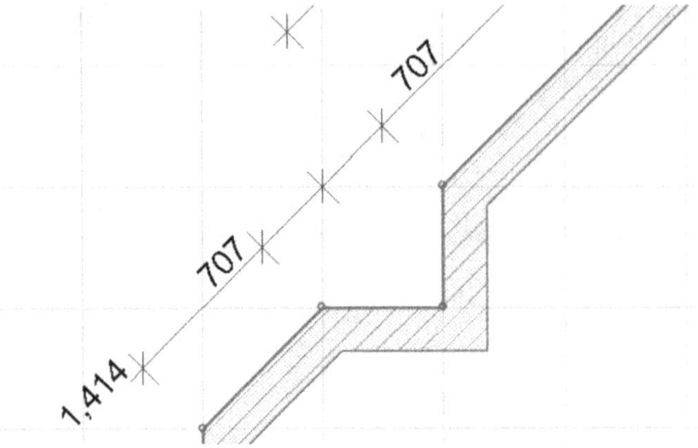

Abb. 9.4: Bemaßung in Millimetern

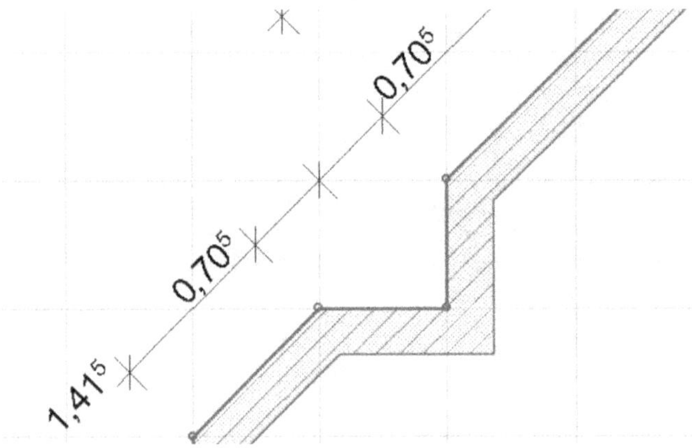

Abb. 9.5: Bemaßung mit hochgestellter Fünf

- Mit NULL VOR KOMMA VERBERGEN lassen sich *führende Nullen* bei Größen unter 1 unterdrücken. Also aus 0,24 wird dann zunächst ,24. Das wird aber dann gleich in Zentimeter-Einheiten umgewandelt und als 24 angezeigt. Maße unter 1 m werden damit in Zentimetern angezeigt.
- NULLDEZIMALSTELLEN VERBERGEN – sorgt dafür, dass *Nullen am Ende der Zahl* nach dem Dezimalkomma unterdrückt werden: statt 3,50 wird dann nur 3,5 geschrieben.

Wenn Sie Einstellungen geändert haben, wird dadurch gleich ein neuer Standard erstellt, der vorerst die Bezeichnung INDIVIDUELL erhält. Mit der Schaltfläche SPEICHERN ALS können Sie ihn als neuen Standard mit einem Namen speichern.

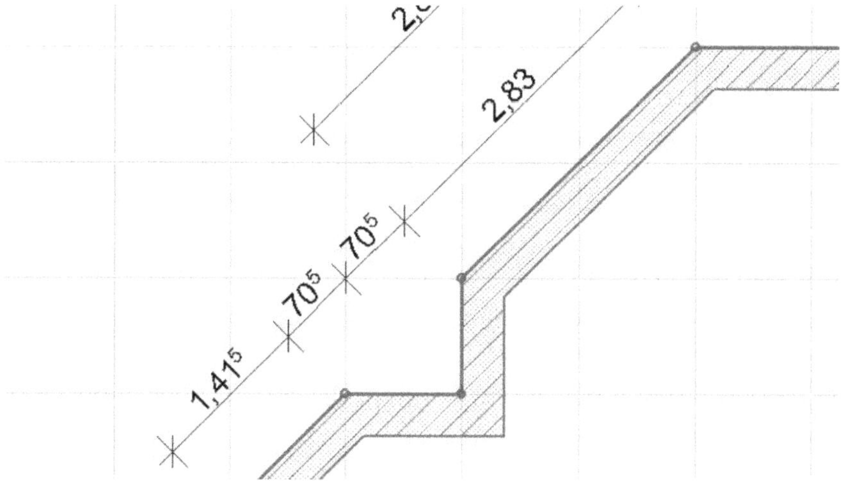

Abb. 9.6: Bemaßung mit Einstellung NULL VOR KOMMA VERBERGEN nach DIN 1357 RUNDUNG.50

9.2 Linear bemaßen

Um lineare Maßketten zu erstellen, aktivieren Sie zunächst das BEMAßUNGS-Werkzeug. Im INFOFENSTER wählen Sie die KONSTRUKTIONSMETHODE und die Geometriemethode.

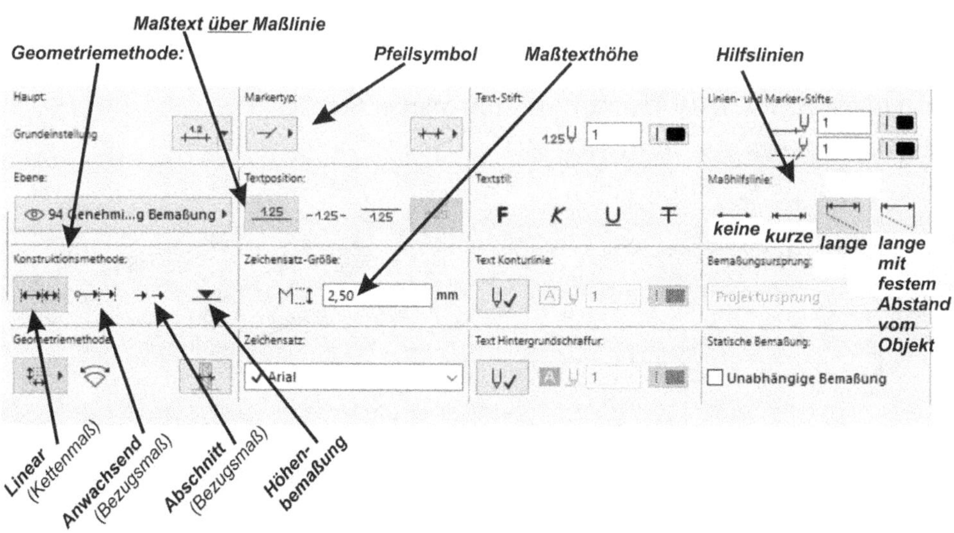

Abb. 9.7: INFOFENSTER für lineare Bemaßung

Es gibt vier KONSTRUKTIONSMETHODEN:

- LINEAR – ist die normale Bemaßungsart in der Architektur, auch als *Kettenbemaßung* bezeichnet.
- ANWACHSEND – ist eine Bemaßung, die von einer Bezugslinie aus alle Entfernungen bestimmt. Üblicherweise wird diese Bemaßungsart im Maschinenbau verwendet und heißt *Bezugsbemaßung*.
- ABSCHNITT – ist ebenfalls eine Bezugsbemaßung, aber es wird jeweils immer nur das Ende der Maßlinie angezeigt.
- HÖHENBEMAẞUNG – Dies sind die Höhenkoten für die Höhenbemaßung in den Schnitten und Ansichten.

Die Geometriemethoden betreffen die Ausrichtung der Bemaßung am Objekt:

- NUR X-Y – generiert die Maßlinien in x- und y-Richtung (waagerecht, senkrecht).
- JEDE RICHTUNG – Diese Bemaßung folgt mit der Maßlinie den Bemaßungspunkten am Element, ist also mit dem Element ausgerichtet.
- BOGENLÄNGE – Eine Bemaßung für Bogenlängen.
- EIN-KLICK-STÄRKE – Diese Option ist nützlich zum schnellen Bemaßen von Wandstärken. Ein Klick in eine Wand hinein reicht dann für die Wandstärke aus.

In der zweiten Spalte oben im INFOFENSTER (Abbildung 9.7) können Sie auch das Maßpfeilsymbol verändern. Abbildung 9.8 zeigt verschiedene Varianten der Bemaßung:

- LINEAR, ANWACHSEND, ABSCHNITT mit Marker Schrägstrich
- ANWACHSEND, ABSCHNITT mit Marker Pfeil

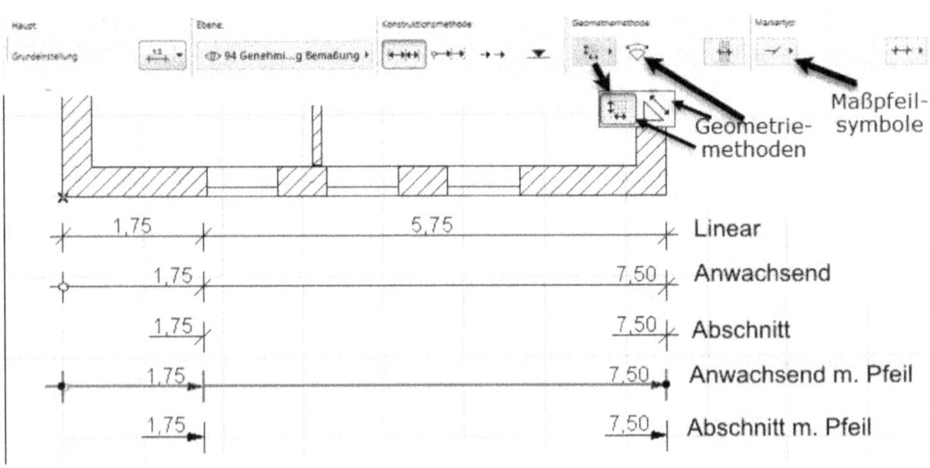

Abb. 9.8: Bemaßungsvarianten

9.2.1 Bemaßungsvorgang

Sie klicken zur Bemaßung zunächst die Bezugspunkte an den Elementen an. Es werden an diesen Positionen kleine kreisförmige Marken gesetzt. Wenn Sie Maßpositionen angeklickt haben, die nicht benötigt werden, können Sie diese Positionen durch weiteres Anklicken wieder entfernen.

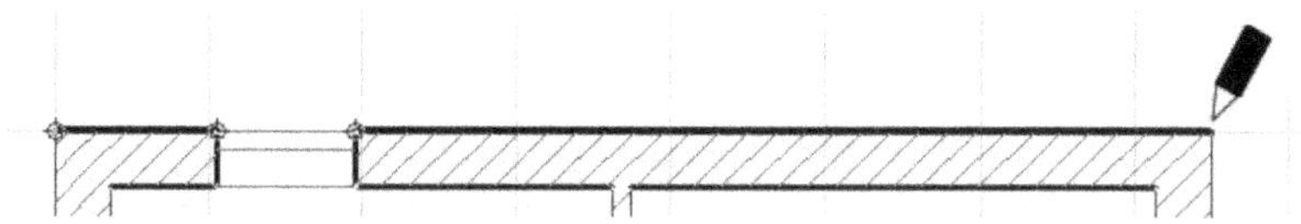

Abb. 9.9: Bezugspunkte für Bemaßung anklicken

Die Wahl der Bezugspunkte *beenden* Sie mit einem *Doppelklick an einer freien Position*. Sie können aber auch mit Rechtsklick das Kontextmenü aufrufen und OK wählen. Als dritte Variante können Sie die Taste `Entf` zum Beenden der Maßpositionen drücken.

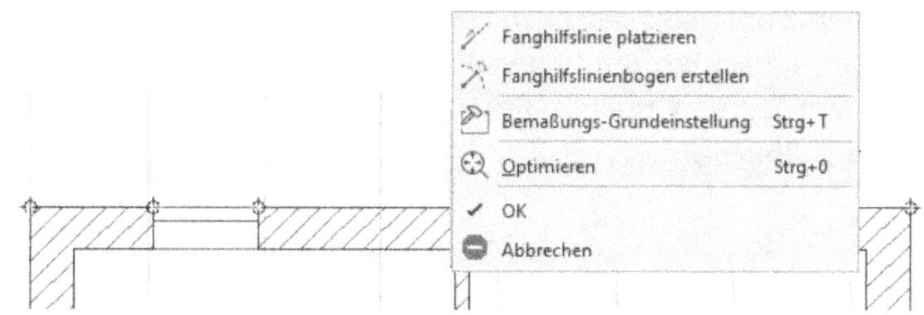

Abb. 9.10: Bezugspunktwahl mit Rechtsklick und OK beenden

Dann erscheint der *Hammer-Cursor*, mit dem Sie abschließend die Position für die Maßlinie festlegen können. Eventuell haben Sie sich dafür vorher eine Hilfslinie im geeigneten Abstand (z. B. 1 m) von der Wand erstellt.

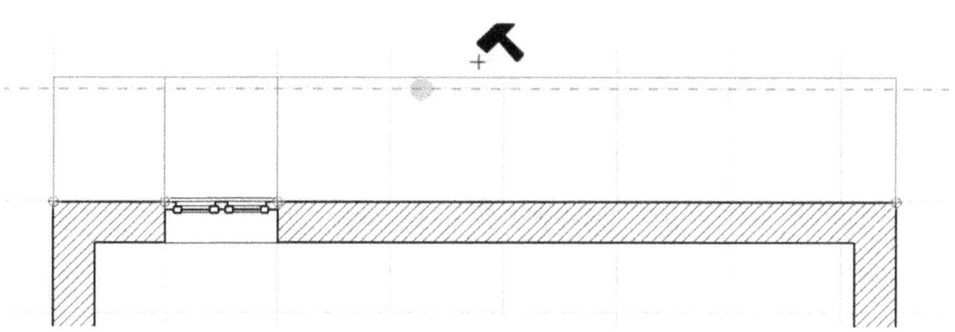

Abb. 9.11: Maßlinien-Position anklicken

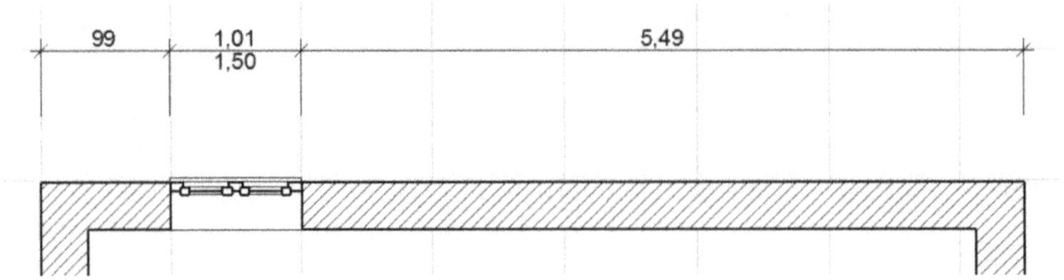

Abb. 9.12: Fertige Maßkette

Eine Bemaßung besteht also (Abbildung 9.13) aus mehreren Komponenten: der *Bemaßungslinie*, den *Maßwerten*, den *Maßpunkten* und den *Maßhilfslinien*. Eine einzelne *Bemaßungseinheit* besteht genau aus *einer Bemaßungslinie*, *einem Maßwert*, *zwei Maßpunkten* und *zwei Maßhilfslinien*. Zum Erzeugen der Bemaßung werden die *Bezugspunkte* gewählt. Sie definieren die zu bemaßenden Positionen. Die Symbole für die Bezugspunkte werden nach Erstellen der Bemaßung wieder unsichtbar. Die Bezugspunkte werden sinnvollerweise an den *besonderen Punkten* der Elemente positioniert und rasten an diesen dann ein. Sie werden auch dauerhaft mit den Elementen verknüpft, also *assoziiert*. Damit können sie sich bei Änderungen der Elemente automatisch an die neuen Positionen anpassen, ohne dass die Bemaßung neu erzeugt werden muss. Diese *Bezugspunkte* haben die Form eines *Kreises mit einem Mittellinien-Kreuz*.

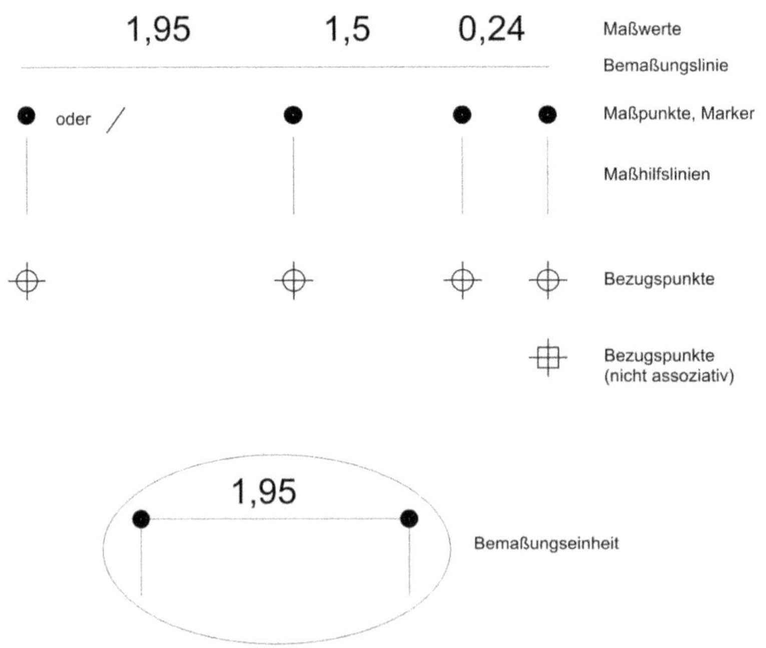

Abb. 9.13: Komponenten eines Bemaßungselements

Wenn Sie versehentlich eine Position gewählt haben, die *kein* charakteristischer Punkt eines Elements ist oder sogar eine freie Position, dann nimmt das Bezugspunktsymbol eine andere Form an, nämlich die eines *Quadrats mit Mittellinienkreuz*. Das soll darauf hindeuten, dass dies kein Maß ist, das mit einem Element verknüpft ist. Es ist damit auch *nicht assoziativ*, kann sich also bei Änderungen an der Zeichnung nicht automatisch an neue Geometrie anpassen.

Es gibt im EINSTELLUNGSDIALOG der Bemaßung, das Sie über das INFOFENSTER aktivieren können, die Option UNABHÄNGIGE BEMAßUNG. Damit lösen Sie die Assoziativität zwischen Bemaßung und Element auf, sodass diese Bemaßung nicht mehr mit dem zugeordneten Element variieren kann.

Bezug der Bemaßung prüfen

Natürlich ist es auch wichtig zu wissen – beispielsweise bei Konstruktionsänderungen –, auf welche Elemente sich einzelne Maßpunkte beziehen. Dazu markieren Sie die betreffende Maßkette mit dem PFEIL-Werkzeug und fahren den gewünschten Marker an und warten, bis er zusammen mit dem assoziierten Objekt dann blau hervorgehoben wird.

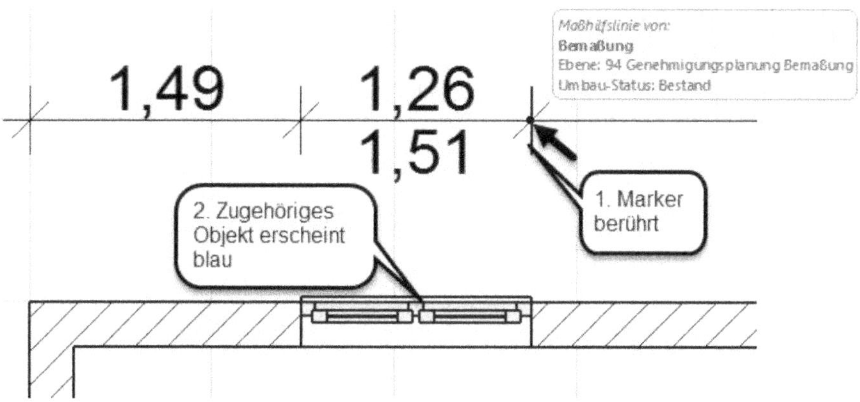

Abb. 9.14: Bemaßung prüfen durch Berühren des Markers

9.2.2 Geometriemethoden

Horizontal, Vertikal

Die Geometriemethode NUR X-Y erzeugt Maßketten parallel zu den x- und y-Achsen. Bei der Methode JEDE RICHTUNG bestimmt sich die Richtung der Bemaßungslinie nach den ersten beiden Bezugspunkten für die Maßkette (Abbildung 9.15).

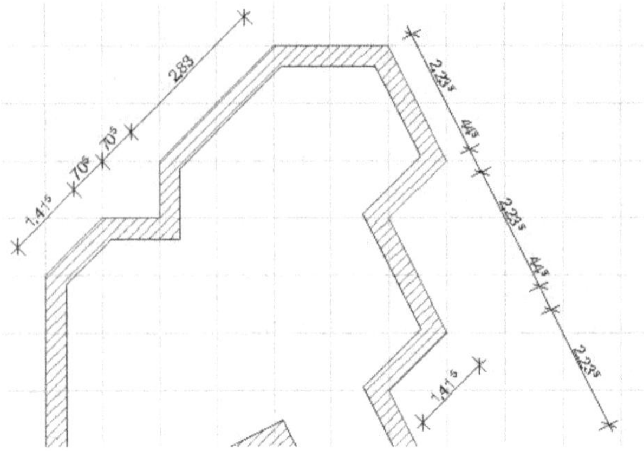

Abb. 9.15: Geometriemethode SCHRÄG

Wandstärken

Zum Bemaßen von Wandstärken brauchen Sie nur eine oder mehrere Wände mit den Methoden NUR X-Y oder JEDE RICHTUNG anzuklicken. Ein einzelner Klick auf eine Wandkante erzeugt gleich jeweils 2 Bezugspunkte auf einer Wand. Die Bemaßung für mehrere Wandstärken wird nur dann erstellt, wenn die Maßkettenrichtung zur ersten Wandbemaßung passt. Die erste Wandbemaßung bestimmt also die Richtung der Maßkette (Abbildung 9.16). Es wird dabei auch die Maßlinie zwischen den Wänden mit erstellt.

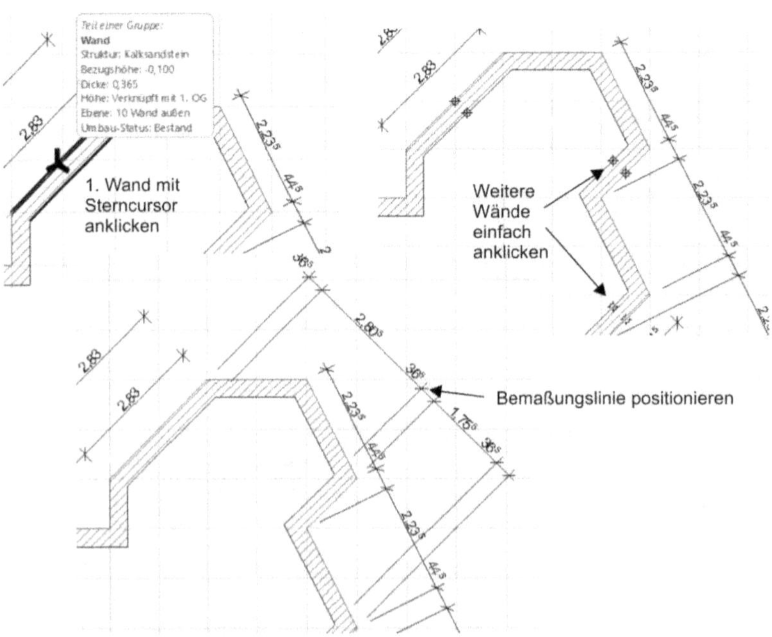

Abb. 9.16: Bemaßung von Wänden

Alternativ können Wände einzeln auch mit der Geometriemethode EIN-KLICK-STÄRKE erzeugt werden. Mit einem Klick auf die Wandkante oder in die Wandfläche wird das Wandstärke-Maß an der Klickposition erstellt. Wenn Sie mehrere Wände damit bemaßen, wird der Abstand der Wände nicht mit bemaßt.

Bogenbemaßung

Die Methode BOGENLÄNGE ermittelt die Bogenlänge (Abbildung 9.17). Sie können einen kompletten Bogen mit dem Mercedesstern-Cursor anklicken, um die Bogenlänge zwischen den Endpunkten zu erhalten, Sie dürfen aber auch noch weitere Bezugspunkte einzeln hinzufügen wie bei der linearen Bemaßung (Abbildung 9.18).

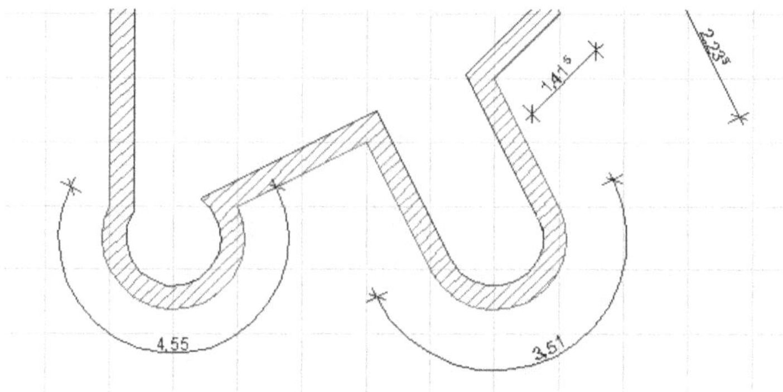

Abb. 9.17: Bogenlängenbemaßung

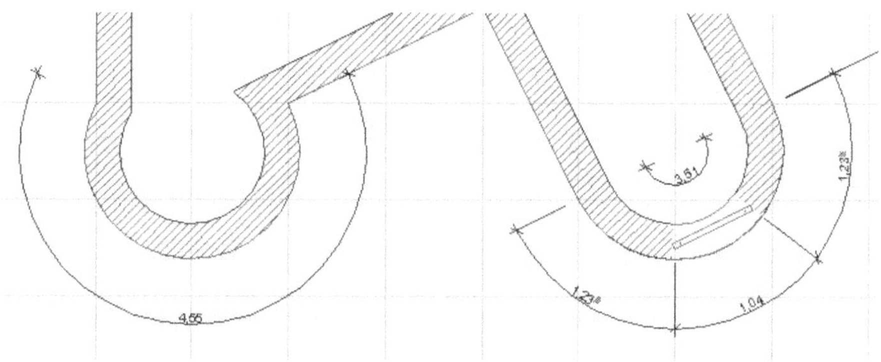

Abb. 9.18: Bogenbemaßung mit zusätzlichen Positionen

Schnitt-/Ansichtsbemaßung

Eine Variante der linearen Bemaßung ist die Bemaßung mit Höhenkoten in Schnitten und Ansichten (Abbildung 9.20). Dazu ist im EINSTELLUNGSDIALOG der linearen Bemaßung der Typ HÖHENBEMAßUNG zu wählen. Sie können dann über die verschiedenen Buttons die Höhenkoten detailliert gestalten wie in Abbildung 9.19 gezeigt. Rechts vom Typ finden Sie die Möglichkeiten für die *Anordnung von Marker und Text*, die Auswahl zwischen Marker *oben* und *unten*, verschiedene *Proportionen* des Dreiecksymbols und die Wahl zwischen *vollem Dreieck* oder *Umrandung*. Schließlich finden Sie etwas tiefer noch die Optionen für *Maßhilfslinien*. Damit die Marker-Symbole mit der richtigen Größe erscheinen, achten Sie auf die korrekte MARKERGRÖßE.

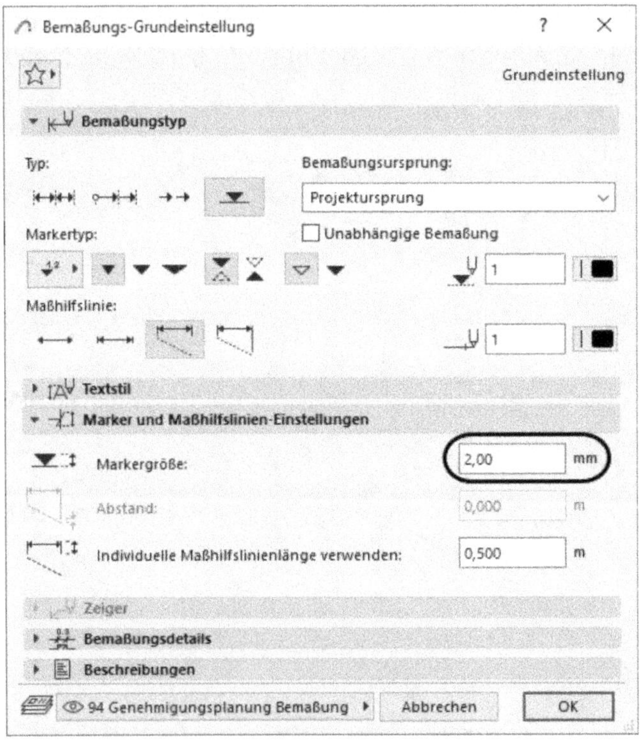

Abb. 9.19: Einstellungen für Höhenkoten

Eine Ansicht wie gezeigt können Sie leicht mit dem Werkzeug SCHNITT oder ANSICHT aus dem WERKZEUGKASTEN im Bereich SICHTEN generieren, indem Sie die Schnittlinie über zwei Punkte außerhalb der Konstruktion erstellen und dann mit dem *Augen-Cursor* eine Position *in* der Konstruktion für die *Ansichtsrichtung* angeben. Sie werden dann im Navigator sehen, dass der Strukturknoten SCHNITTE oder ANSICHTEN ein neues Element enthält. Auf diese neue Ansicht können Sie doppelklicken, um das Fenster mit der Ansicht zu öffnen. In diesem Fenster bemaßen Sie wie im Beispiel der linearen Bemaßung oben, nur mit dem Typ HÖHENBEMAßUNG.

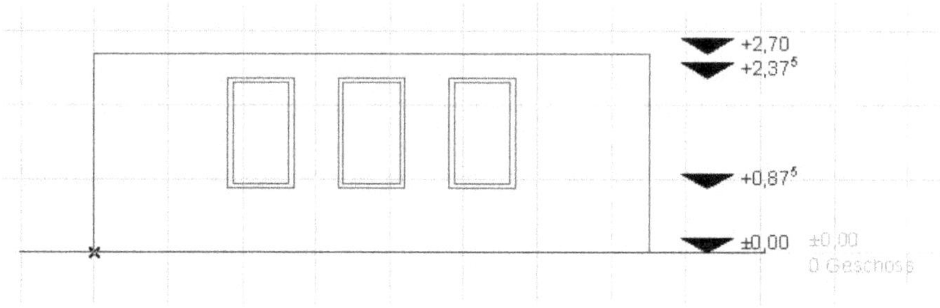

Abb. 9.20: Bemaßung mit Höhenkoten

Der in der Höhenbemaßung verwendete Bezugspunkt für die Höhenangaben kann unter BEMAßUNGSURSPRUNG gewählt werden: PROJEKTURSPRUNG, 1. REFERENZHÖHE, 2. REFERENZHÖHE. Die Angaben für die Referenzhöhen können Sie im Menü OPTIONEN|PROJEKTPRÄFERENZEN|REFERENZHÖHEN einstellen. Dort setzen Sie mit einem Doppelklick in der passenden Zeile das rote *Höhenkotensymbol* auf den gewünschten Nullpunkt für die Bemaßung (Abbildung 9.21).

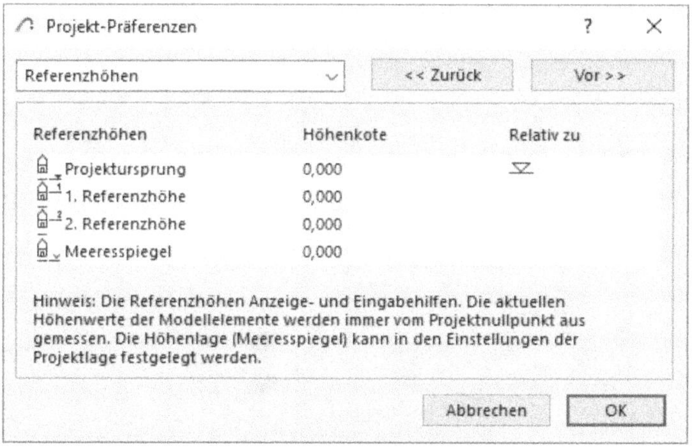

Abb. 9.21: Eintragung der Referenzhöhen

Radialbemaßungen

Wenn Sie das Werkzeug RADIALBEMAßUNG aktiviert haben, brauchen Sie ein bogenförmiges Element nur mit dem *Mercedesstern-Cursor* anzuklicken und dann die *Länge* des Maßpfeils *interaktiv* anzugeben. Die Position des Maßpfeils entlang dem Bogensegment ist durch die erste Klickposition festgelegt. Danach kann nur noch die Maßpfeillänge variiert werden. Sie können nach innen dem Maßpfeil jede beliebige Länge geben, kürzer und länger als bis zum Bogenmittelpunkt, oder Sie *rasten am Bogenmittelpunkt* ein.

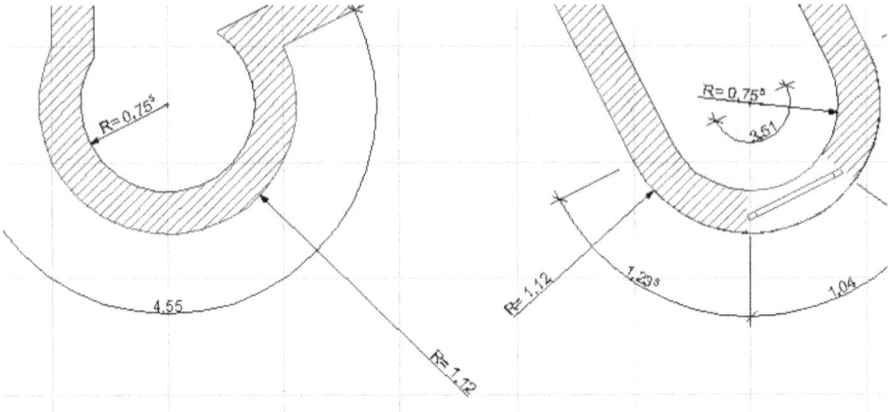

Abb. 9.22: Radialbemaßungen

Die vorgegebenen Einstellungen für Radialbemaßung entsprechen der Norm (Abbildung 9.23). Sie erhalten als Marker den *Pfeil*. Beim Typ können Sie zwischen den Konstruktionsmethoden MIT oder OHNE MITTELPUNKT wählen, ob ein Mittelpunktskreuz mit erzeugt werden soll oder nicht.

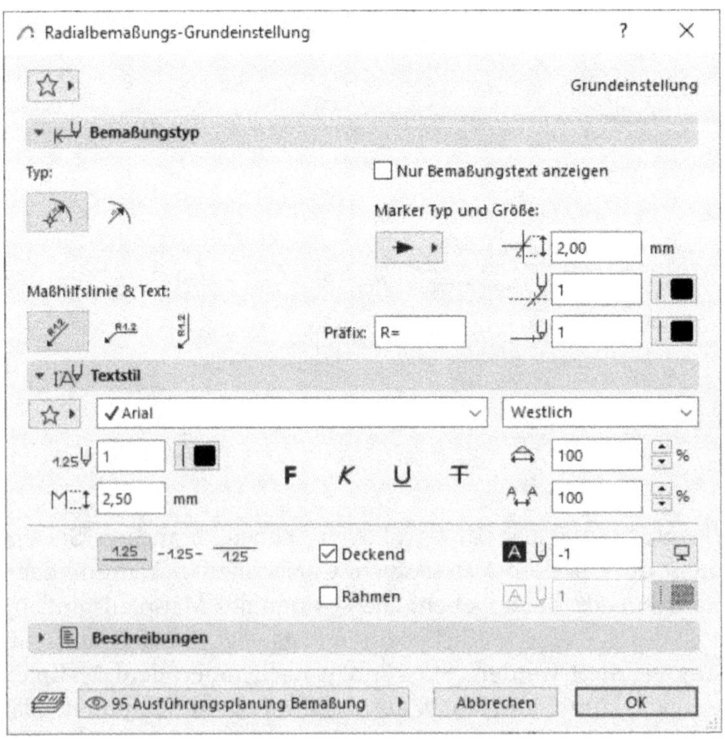

Abb. 9.23: Einstellungen für Radialbemaßung

Die Radialbemaßung kann nachträglich verändert werden, wenn Sie die Bemaßung markieren und für einen der Endpunkte durch Klick die PET-PALETTE aktivieren. Bei Klick an der *Pfeilspitze* wird Ihnen ein Werkzeug zum Drehen des Maßpfeils entlang dem Bogen angeboten (RADIALBEMAẞUNG VERSCHIEBEN), für den anderen Endpunkt des Pfeils gibt es ein Werkzeug zur Variation der Pfeillänge (RADIALBEMAẞUNG STRECKEN).

Winkelbemaßung

Bei der WINKELBEMAẞUNG können Sie im EINSTELLUNGSDIALOG (Abbildung 9.24) bei TYP zwischen INNENBEMAẞUNG und AUẞENBEMAẞUNG wählen. Die INNENBEMAẞUNG ist für die Bemaßung spitzer Winkel gedacht. Wird sie auf Außenecken angewendet, so zeigt sie die Bemaßung des inneren Winkels dort an, wo sich die rückwärtigen Verlängerungen der Kanten schneiden würden (siehe Abbildung 9.25 oben). Die Ausrichtung der Maßzahl sollte nach Norm entlang der Maßlinie sein.

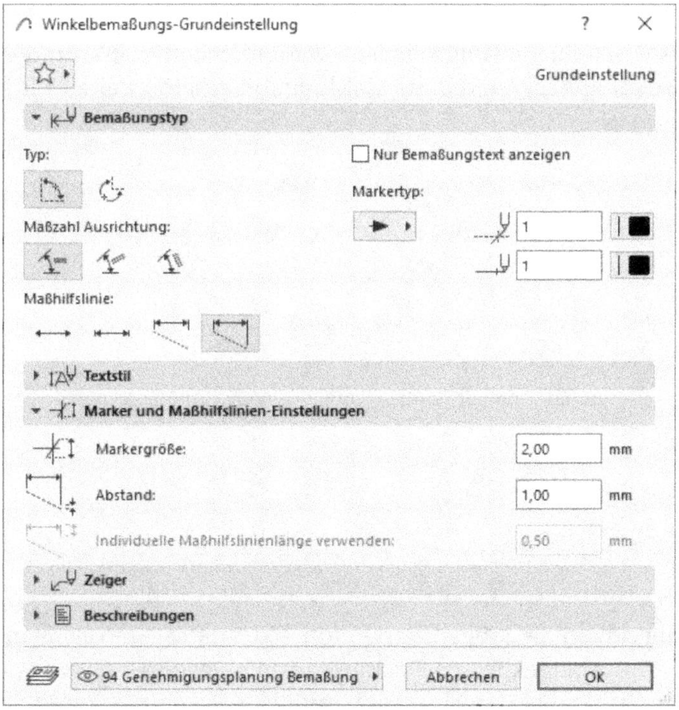

Abb. 9.24: Einstellungen für Winkelbemaßungen

Um die Winkelbemaßung zu setzen, klicken Sie meist die beiden Kanten mit dem Stern-Cursor an und positionieren danach die Maßlinie, wenn der Hammer-Cursor erscheint. Alternativ können Sie aber auch jeden Schenkel eines Winkels durch zwei Punktpositionen definieren.

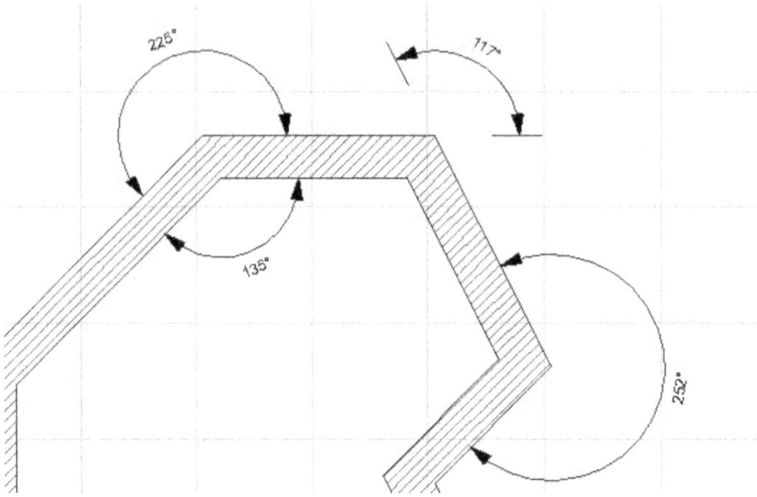

Abb. 9.25: Winkelbemaßung an Ecken

Auch Bögen können mit Winkelbemaßung versehen werden. Sie müssen nur den Bogen mit dem Stern-Cursor anklicken und die Maßlinie mit einem zweiten Klick positionieren (Abbildung 9.26).

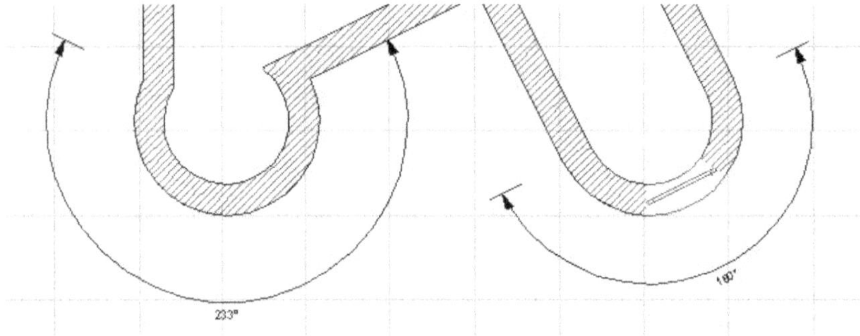

Abb. 9.26: Winkelbemaßung an Bögen

Höhenbemaßung

Mit der Höhenbemaßung setzen Sie Höhenmarken im GRUNDRISSFENSTER. Standardmäßig werden sie an der angeklickten Position auf die jeweilige Geschosshöhe gesetzt. Die Höhenmarken können aber auch mit der Schwerkraft-Funktion auf die aktuelle Oberfläche von Decken, Dächern oder Freiflächen gesetzt werden.

Im EINSTELLUNGSDIALOG können Sie verschiedene Symbolgrößen und Schriftrichtungen wählen sowie noch verschiedene Typen. Die Standard-Vorgaben sind aber in Ordnung.

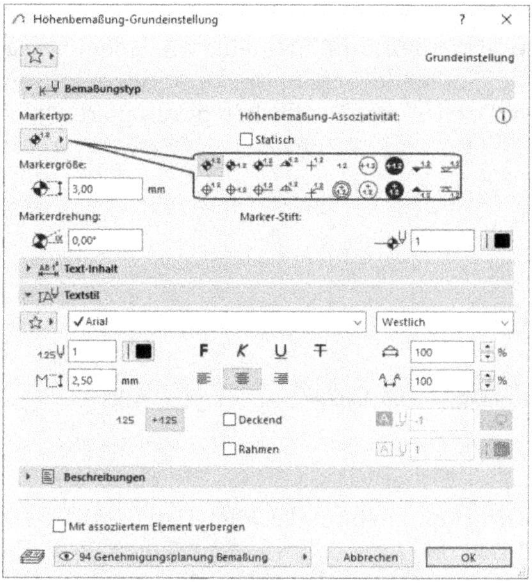

Abb. 9.27: Einstellungen für Höhenbemaßung

In Abbildung 9.28 sind oben links zwei Höhenbemaßungen auf die Geschosshöhe gesetzt worden, die für das Erdgeschoss hier 0,00 beträgt. Die übrigen Höhenbemaßungen wurden bei eingeschalteter Schwerkraft-Funktion auf Freiflächen und ein schräges Dach positioniert. Die Freiflächen sind an den Stützpunktrastern zu erkennen. Sie sehen, dass jeweils die aktuelle Höhe des Ortes angezeigt wird.

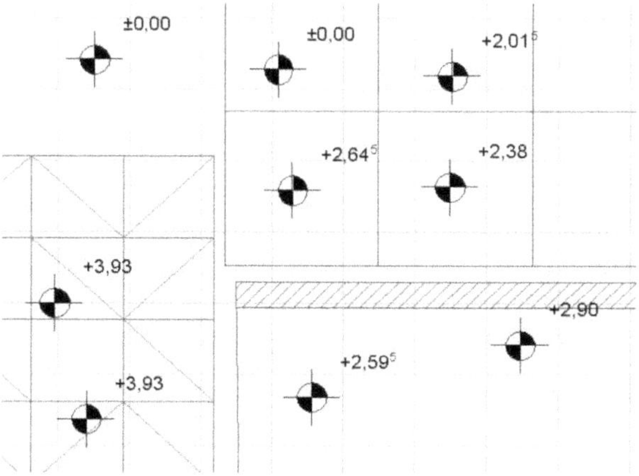

Abb. 9.28: Höhenbemaßungen teilweise mit Schwerkraft

Die SCHWERKRAFT-Funktion können Sie leicht über die STANDARD-Symbolleiste aktivieren. Dort blättern Sie beim *Gewichtssymbol* auf und können drei Varianten aktivieren (einzeln oder gleichzeitig): SCHWERKRAFT AUF DACH, AUF SCHALE, AUF DECKE und/oder AUF FREIFLÄCHE. Damit werden dann Elemente wie Höhenbemaßungen oder auch Stützen nicht auf die aktuelle Geschosshöhe, sondern auf die lokale Höhe der betreffenden Decken, Dächer oder Freiflächen positioniert.

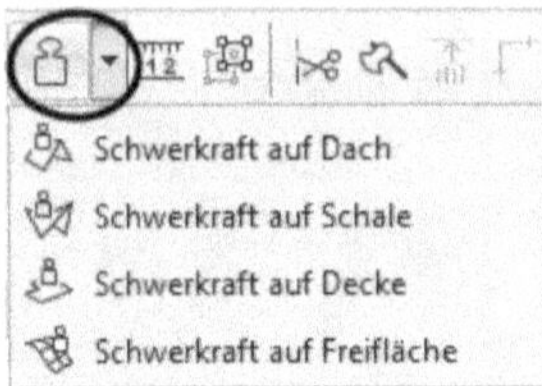

Abb. 9.29: SCHWERKRAFT-Funktion in der STANDARD-Symbolleiste

3D-Bemaßung

Bei der Linearbemaßung gibt es auch drei Optionen für das Bemaßen in 3D-DOKUMENTEN. Dazu muss aber erst ein 3D-DOKUMENT erstellt werden. Gehen Sie dafür ins 3D-Fenster, stellen Sie mit der ORBIT-Funktion die gewünschte Ansichtsrichtung ein und wählen Sie dann per Rechtsklick im Kontextmenü die Option NEUES 3D-DOKUMENT AUS 3D. Geben Sie noch einen sinnvollen Namen für die neue Ansicht ein. Nun gehen Sie ins 3D-Dokument und aktivieren die LINEARBEMAßUNG. Sie können dort zwischen Bemaßungen in verschiedenen Ebenen wählen:

- HORIZONTALE EBENE,
- VERTIKALE EBENE und
- JEDE EBENE.

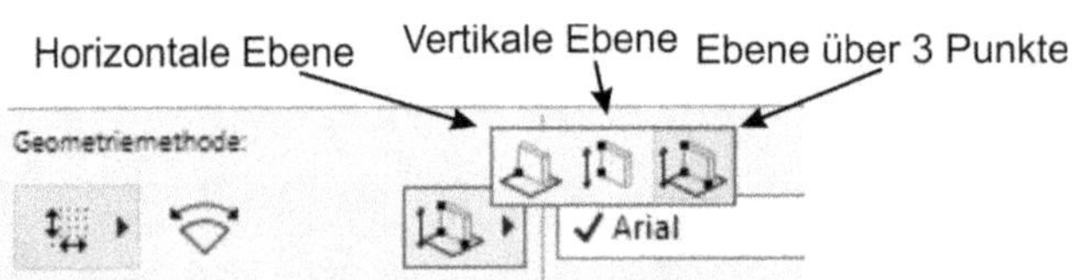

Abb. 9.30: Ebenenwahl für 3D-Bemaßungen

Die 3D-Bemaßungsarten können Sie folgendermaßen anwenden:

- Wählen Sie die gewünschte Bemaßungsart, z.B. VERTIKALE EBENE,
- klicken Sie die zu bemaßenden Positionen der Elemente an,
- schließen Sie die Eingabe mit Rechtsklick und OK oder mit einem *Doppelklick* ab,
- ziehen Sie gemäß dem Richtungsanzeiger in die gewünschte Richtung für die Hilfslinien und
- klicken Sie mit dem HAMMER-Werkzeug auf die Position für den Maßtext (Abbildung 9.31).

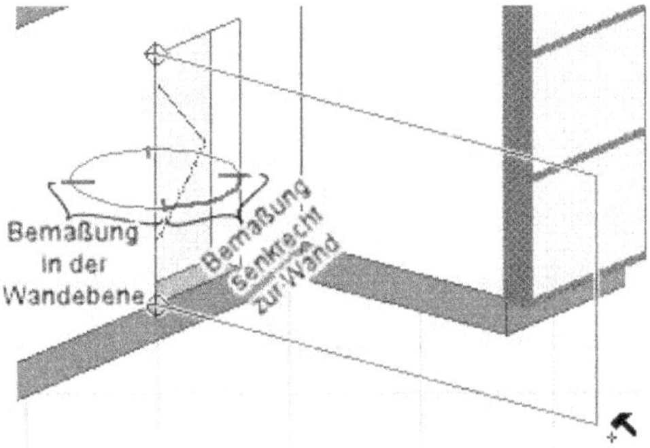

Abb. 9.31: Wahl der Ebenenrichtung über Richtungsanzeiger und der Maßposition mit dem HAMMER-Werkzeug

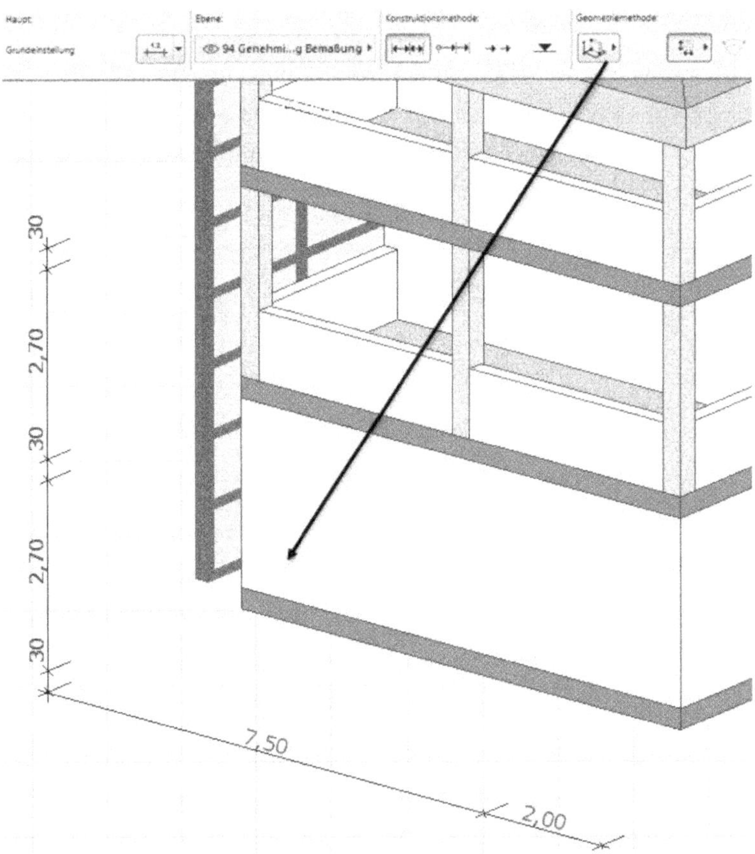

Abb. 9.32: Bemaßung in horizontaler und vertikaler Ebene

Mit der Option JEDE EBENE kann eine Bemaßung auch in der Dachebene ausgeführt werden, wie Abbildung 9.33 zeigt.

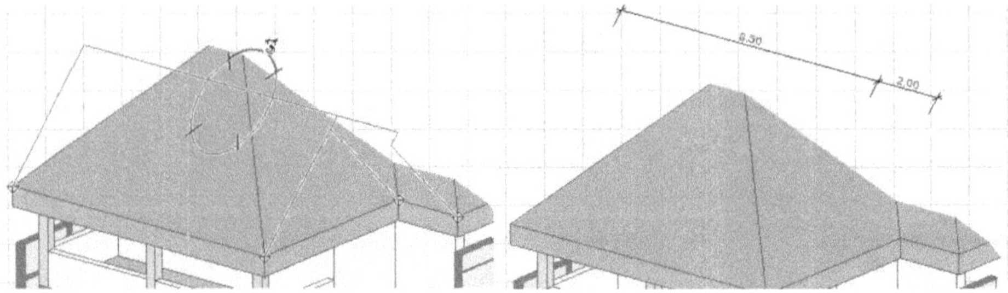

Abb. 9.33: Bemaßung auf einer frei gewählten Ebene (Dachebene)

9.3 Automatisch bemaßen

9.3.1 Außenbemaßung

Zur automatischen Außenbemaßung

- markieren Sie zuerst die zu bemaßenden Elemente und
- rufen dann das Menü DOKUMENTATION|BESCHRIFTUNG|AUTOMATISCHE BEMAßUNG|AUßENBEMAßUNG oder ganz einfach in der STANDARD-Symbolleiste das vorletzte Werkzeug auf (Abbildung 9.34).

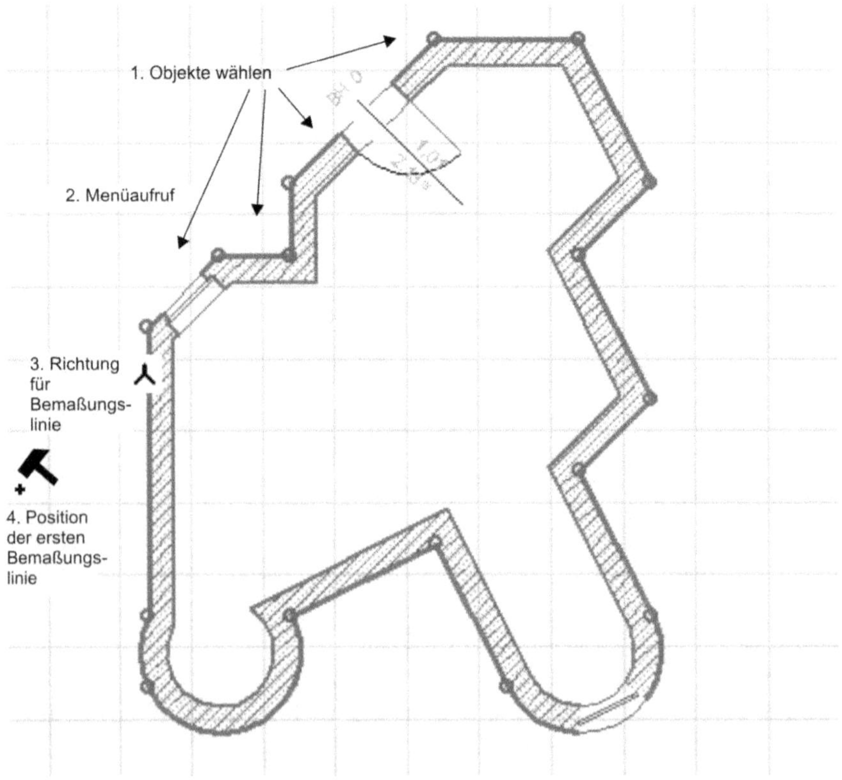

Abb. 9.34: Automatische Außenbemaßung

- Es erscheint dann ein Dialogfeld (Abbildung 9.35), in dem Sie noch Details für die Bemaßung festlegen können. Insbesondere können Sie hier gleich die Bemaßungen auf allen vier Seiten erstellen lassen und den Abstand zwischen den Maßlinien noch anpassen.

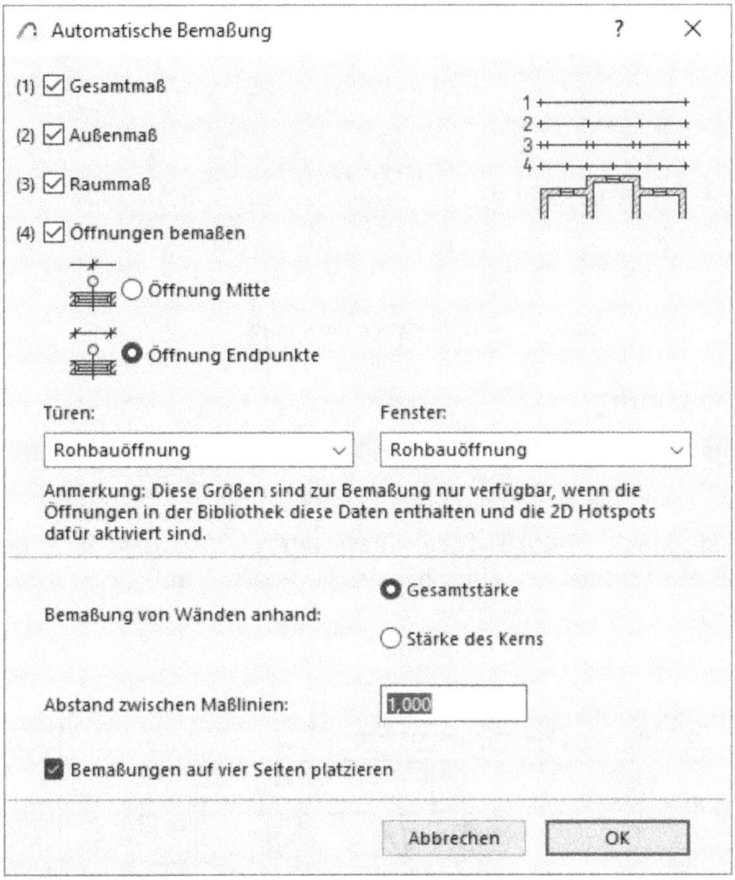

Abb. 9.35: Dialogfeld für automatische Außenbemaßung

- Danach wählen Sie eine Kante mit dem Stern-Cursor, um die Richtung für die erste Maßlinie festzulegen.
- Dann folgt die Position für die innerste Maßlinie, die Sie mit dem Hammer-Cursor definieren.

Abbildung 9.36 zeigt zwei verschiedene Bemaßungen bei unterschiedlicher Wahl der Richtung für die erste Maßlinie. Alle übrigen Maßlinien sind entweder parallel dazu oder senkrecht.

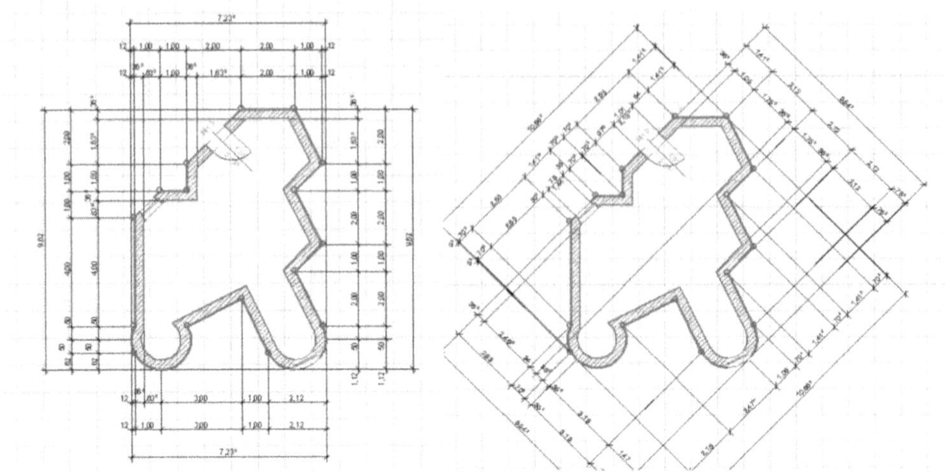

Abb. 9.36: Automatische Bemaßung mit verschiedenen Richtungen

9.3.2 Innenbemaßung

Zur automatischen Erstellung jeder einzelnen Maßkette für die Innenbemaßung

1. markieren Sie zuerst die zu bemaßenden Elemente und
2. rufen dann das Menü DOKUMENTATION|BESCHRIFTUNG|AUTOMATISCH BEMAßEN|INNENBEMAßUNG oder ganz einfach in der STANDARD-Symbolleiste das letzte Werkzeug auf.

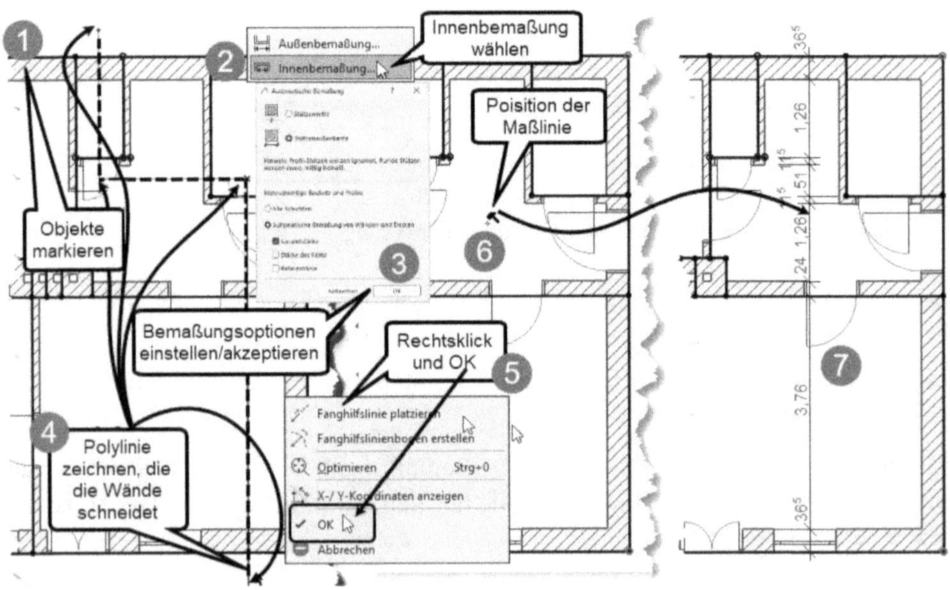

Abb. 9.37: Automatische Innenbemaßung

3. Nun erscheint ein Dialogfenster zur Eingabe von Optionen für die Stützen-Bemaßung. Auch können Sie hier wählen, ob bei mehrschichtigem Wandaufbau die Schichten einzeln bemaßt werden sollen.
4. Dann sollten Sie eine Polylinie mit Grundausrichtung waagerecht oder senkrecht zeichnen, die alle zu bemaßenden Wände schneidet. Die Segmente der Polylinien müssen orthogonal verlaufen.
5. Wenn Sie nur zwei Punkte benutzen, beenden Sie am letzten Punkt mit Doppelklick, ansonsten können Sie auch mit Rechtsklick und OK im letzten Polylinienpunkt beenden.
6. Danach geben Sie die Position für die Maßkette entweder im Außenbereich mit dem Hammer-Cursor oder im Innenbereich mit dem Bleistift-Cursor an
7. und sind fertig.

Die Innenbemaßung wird also nicht ganz so automatisch erstellt wie die Außenbemaßung, sondern immer Maßkette für Maßkette.

9.4 Bemaßungen bearbeiten

9.4.1 Änderungen an Elementen

Wenn Sie die bemaßten Elemente verändern, werden sich die Bemaßungen entsprechend mit ändern, da sie zu den Elementen assoziiert sind.

- Wenn alle bemaßten Elemente bearbeitet werden, etwa verschoben, gedreht oder gespiegelt, dann geht die gesamte Bemaßung mit.
- Wenn einzelne Elemente bearbeitet werden, etwa verschoben, gedreht oder gespiegelt, dann bleibt die Maßlinie stehen und nur die mit dem Element assoziierten Einzelbemaßungen ändern sich in ihren Werten.
- Beim Kopieren gehen die Bemaßungen vollständig mit, wenn sie mit gewählt wurden.

9.4.2 Änderungen an der Bemaßung

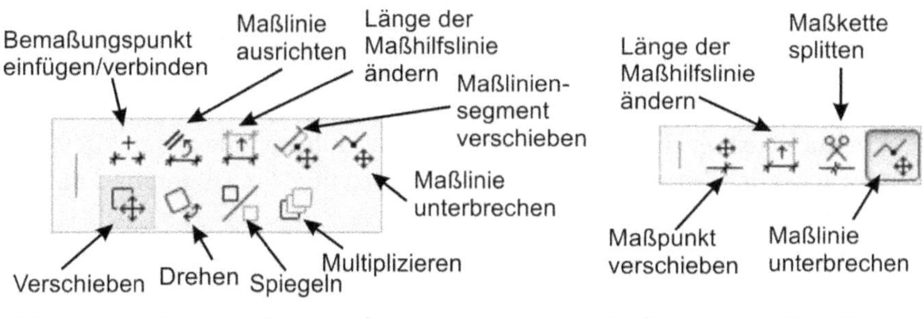

Abb. 9.38: PET-PALETTEN für Bemaßungsänderungen (an Maßlinie, am Maßpfeil)

Sie können eine *Maßlinie* wählen und verschieben, indem Sie sie mit dem Stern-Cursor anklicken. Die PET-PALETTE bietet aber noch mehr Möglichkeiten. Das hängt davon ab, ob Sie auf eine Maßlinie oder auf eine Maßpfeilposition klicken.

- BEMAẞUNGSPUNKT EINFÜGEN/VERBINDEN – Sie können für eine bestehende Bemaßung eine neue Maßposition an einem Element anklicken und damit die neue Position in die Maßlinie aufnehmen. Alternativ können Sie am Ende einer Maßlinie eine Verbindung zu einer weiteren damit fluchtenden Maßlinie erstellen.
- BEMAẞUNGSLINIE AUSRICHTEN – Mit dieser Funktion kann eine neue Bezugskante für die aktuelle Bemaßung gewählt und damit die Maßlinie gedreht werden.
- LÄNGE DER MAẞHILFSLINIE ÄNDERN – Hiermit ändern Sie die Länge der Maßhilfslinien in Richtung der bemaßten Elemente.
- MAẞLINIENSEGMENT VERSCHIEBEN – verschiebt innerhalb einer Maßkette eine einzelne Maßlinie parallel.
- MAẞLINIE UNTERBRECHEN – unterbricht eine Maßkette am markierten Segment und verschiebt den Teilbereich der Kette parallel.
- MAẞPUNKT VERSCHIEBEN – erlaubt, die Bemaßungsposition zu ändern, auf eine neue Position zu setzen.
- MAẞKETTE SPLITTEN – zerteilt eine Maßkette in zwei Teilketten.
- VERSCHIEBEN – verschiebt eine gesamte Maßkette.
- DREHEN – dreht eine gesamte Maßkette (beispielsweise um 90°).
- SPIEGELN – spiegelt eine gesamte Maßkette (beispielsweise an einer 45°-Linie).
- MULTIPLIZIEREN – vervielfacht eine gesamte Maßkette.

Wollen Sie innerhalb einer Maßkette nur eine einzelne Maßlinie wählen, um ihre Einstellungen z.B. übers INFOFENSTER zu ändern, dann müssen Sie die Maßlinie *in der Mitte* mit dem *Häkchen-Cursor* anklicken.

Wenn Sie den *Maßtext ändern* wollen, dann können Sie die *linke untere Ecke* vom Text wählen. Damit könnte der Text verschoben werden. Um den Text bearbeiten zu können, müssen Sie ihn nur anklicken und den EINSTELLUNGSDIALOG im INFOFENSTER aktivieren. Es erscheint ein Dialogfenster zum Bearbeiten (Abbildung 9.39). Hier wird unter ERMITTELTER WERT der automatische assoziative Wert angezeigt. Sie könnten ihn mit einer Eintragung bei INDIVIDUELLER TEXT überschreiben. Um dort auch hochgestellte Zahlen zu erhalten, müssten Sie unter AUTOTEXT EINFÜGEN mit ANFANG/ENDE HOCHSTELLUNG das Zeichen ^ einfügen und danach die hochgestellten Zahlen schreiben. Mit der Option ZURÜCK AUF AUTOMATISCH GENERIERTE POSITION können Sie einen verschobenen Maßtext wieder auf die ursprüngliche Position zurückstellen.

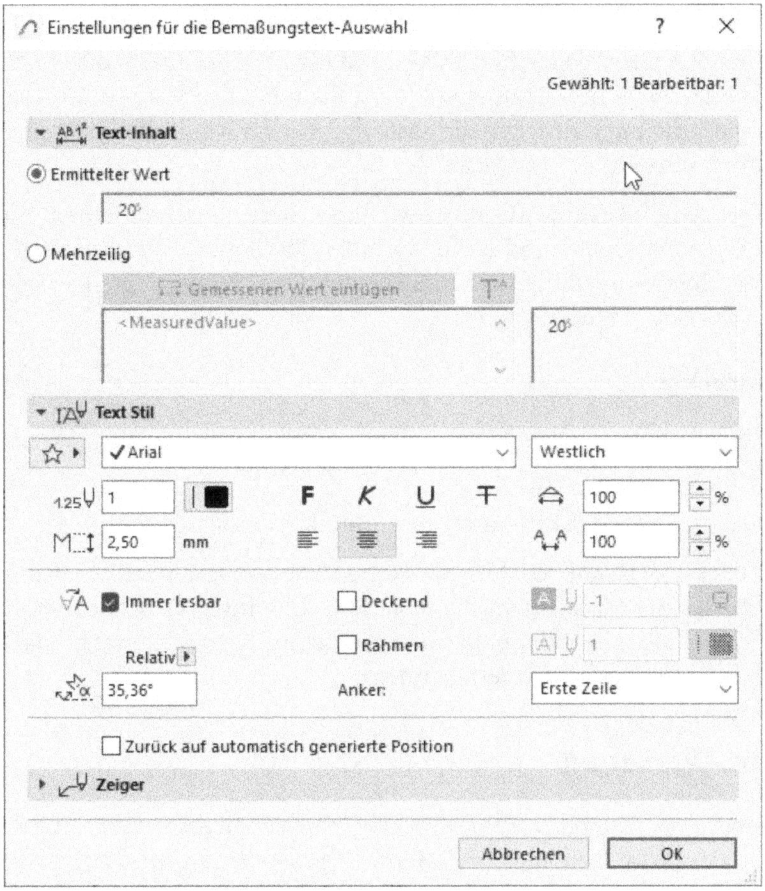

Abb. 9.39: Dialogfenster für Maßtexte

Bei *Höhenbemaßungen* können Sie unter AUTOTEXT EINFÜGEN weitere Eintragungen vornehmen oder andere Referenzhöhen wählen, relativ zu denen dann die automatische Bemaßung angegeben wird.

Bemaßungen ergänzen

Bestehende Bemaßungen können unkompliziert ergänzt werden. Sie müssen

- die zu ergänzende Maßkette mit dem PFEIL-Werkzeug markieren und
- mit Strg den neuen Bezugspunkt anklicken.

Damit ist diese Position sofort in die neue Maßlinie aufgenommen.

Teile einer Bemaßung löschen

Zum Löschen einer Bemaßungsposition in einer Maßkette klicken Sie den Maßpunkt oder Marker an (nicht den Bezugspunkt am Element, sondern die Marker-Position auf der Maßlinie!) und drücken die Taste [Entf] oder wählen nach Rechtsklick im Kontextmenü die Option LÖSCHEN.

Sie können eine einzelne Maßlinie aus einer Maßkette herauslöschen, indem Sie diese am Mittelpunkt markieren und dann wie oben löschen. Dadurch entsteht eine Lücke und die Bemaßungslinie wird natürlich in zwei Teile zerlegt, die nicht mehr zusammen aktiviert werden können.

Maßketten zusammenlegen

Um zwei Maßketten zusammenzulegen, gehen Sie folgendermaßen vor:

- Markieren Sie die erste Maßkette.
- Markieren Sie die zweite Maßkette mit [Strg] und Klick.

Damit wird die Lücke zwischen beiden Maßketten mit einer Einzelbemaßung überbrückt und die zweite Maßlinie in die erste Maßlinie integriert. Auch wenn die Maßketten *nicht parallel* sind, klappt das und die Richtung von der ersten Maßkette wird für die integrierte zweite übernommen.

9.5 Das Text-Werkzeug

Das TEXT-Werkzeug A Text (Kürzel [Alt]+[Shift]+[T]) erreichen Sie im WERKZEUGKASTEN unter DOKUMENTATION oder im Menü DOKUMENTATION|DOKUMENTATIONSWERKZEUGE|TEXT. Damit können im GRUNDRISSFENSTER, im SCHNITT-/ANSICHTSFENSTER, im DETAILZEICHNUNGSFENSTER und in 3D-DOKUMENTEN Texte geschrieben werden.

9.5.1 Einstellungen und Darstellung

Nach Klick auf das TEXT-Werkzeug wird das INFOFENSTER mit den Einstellungen belegt. Die Standard-Einstellungen sind in Abbildung 9.40 gezeigt. Wenn Sie unten rechts als Option für die Texthöhe PAPIER-GRÖSSE (FIXIERT) wählen, können Sie die Texthöhe maßstabsunabhängig angeben, so wie sie später bei der Ausgabe auf dem Papier erscheinen soll. Intern rechnet das Programm diese Höhe dann in Meter um. Die *Texthöhe* ist auf 2,5 mm bzgl. PAPIER-GRÖSSE voreingestellt. Sie wird dann abhängig vom jeweiligen Maßstab (Palette SCHNELL-OPTIONEN) in der Zeichnung immer so skaliert, dass bei der Plot-Ausgabe später diese Texthöhe erscheint. Das heißt, ein Text erscheint im Grundrissfenster im Maßstab 1:100 doppelt so hoch wie im Maßstab 1:50. Ansonsten sind im Bereich TEXTSTIL die üblichen Textformatierungen einzustellen.

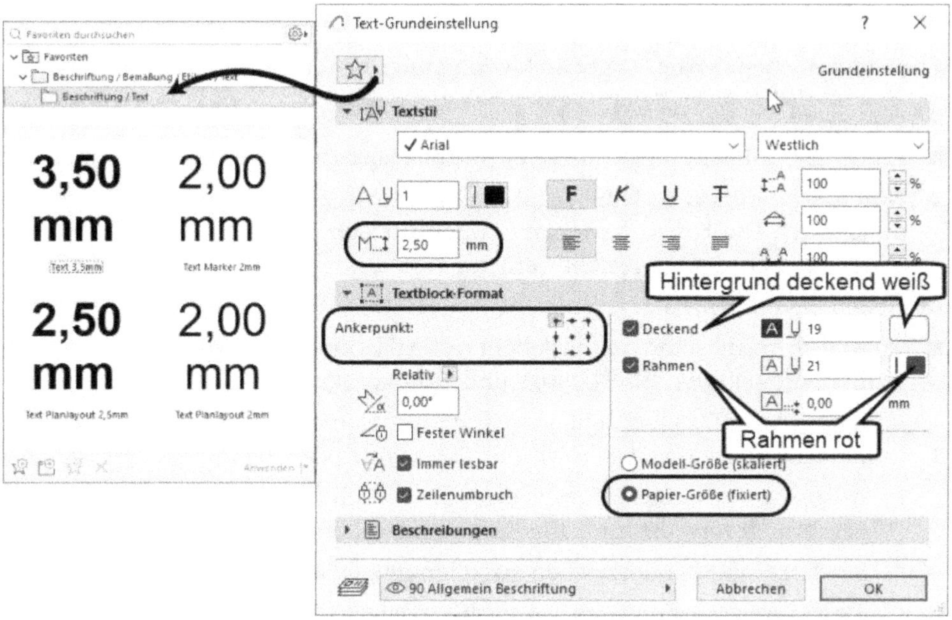

Abb. 9.40: TEXT-Werkzeug-Einstellungen und Favoriten

Im Bereich TEXTBLOCK-FORMAT können Sie einen *Textblockwinkel* für den Textblock einstellen, der den Text dann entsprechend schräg stellt. Mit dem Schalter FESTER WINKEL kann dieser Winkel gegen spätere Verdrehungen mit dem DREH-Werkzeug der PET-PALETTE geschützt werden. Mit der Option IMMER LESBAR wird gewährleistet, dass der Text auch bei Winkeln über 90° lesbar bleibt, das heißt, dann umgedreht wird. Auch beim Spiegeln bleibt ein Text stets lesbar stehen. Wenn ZEILENUMBRUCH aktiviert ist, wird beim Schreiben bei Erreichen der Breite der Textbox automatisch eine neue Zeile begonnen, notfalls auch mitten im Wort. Eine Silbentrennung gibt es hier nicht. Sie können durch Abschalten des Zeilenumbruchs einen Text in eine Zeile zwingen. Die Textbox kann dann nachträglich trotzdem noch dynamisch am Bildschirm verändert werden, und der Zeilenumbruch würde wieder aktiviert werden. Der normale ANKERPUNKT des Textblocks ist die obere linke Ecke der Textbox. Er kann hier auch individuell eingestellt werden.

Der Textblock kann mit einem *deckenden Hintergrund* versehen werden und mit einem *Rahmen*.

Sie können bei Texten auf dem Bildschirm die zugehörige *Textbox* durch kleine *Eckenmarken* anzeigen lassen. Dazu müssen Sie diese Marken mit dem Menü ANSICHT|BILDSCHIRMDARSTELLUNGS-OPTIONEN|ZEICHNUNGS- & BEARBEITUNGSHILFEN EINBLENDEN/AUSBLENDEN einschalten. Dabei werden nicht nur TEXTBLOCK-ECKEN aktiviert, sondern auch noch SCHRAFFURBEZUGSVEKTUREN, BILD-ECKEN und SPLINE-HEBEL. Wenn davon etwas stört, können Sie die wieder einzeln wegklicken.

9.5.2 Texterstellung

Zum Schreiben eines Textes gehen Sie folgendermaßen vor:

- Aktivieren Sie das Text-Werkzeug.
- Ziehen Sie auf dem Bildschirm eine Textbox über zwei diagonale Positionen auf.
- Nun erscheint der Texteditor mit vielen Formatierungsmöglichkeiten (Abbildung 9.41). Die Formatierungen können für den gesamten Text oder nur für markierte Zeichen umgestellt werden.
- Geben Sie nun Ihren Text ein.
- Zusätzlich zum selbst geschriebenen Text können Sie AutoText-Elemente wählen, Anmerkungen, Symbole und Textfavoriten.
    - Unter AutoText versteht man feste Textelemente, die interne Daten der Zeichnung widerspiegeln wie der Dateiname oder Pfad.
    - Anmerkungen sind Hinweistexte, die mit einem Anmerkungs-Manager gesammelt verwaltet und angezeigt werden können.
    - Symbole sind Sonderzeichen aus allen möglichen Zeichensatzdateien und
    - Textfavoriten sind feste, als solche abgelegte Texteinstellungen.
- Mit [↵] schalten Sie in die nächste Zeile weiter.
- Zum Beenden der Texteingabe
    - klicken Sie einfach *neben* die Textbox auf einen *freien Platz*
    - oder klicken Sie nach *Rechtsklick* im Kontextmenü auf OK,
    - oder im Kontrollfenster auf die Schaltfläche OK.

Wenn Sie bei Befehlsbeginn keine Textbox aufziehen, sondern an Ort und Stelle zweimal klicken, entsteht ein *Text ohne Zeilenumbruch*. Dann bewirkt nur Ihr [↵] einen Zeilenwechsel und nicht die Breite der Textbox.

9.5.3 Texte bearbeiten

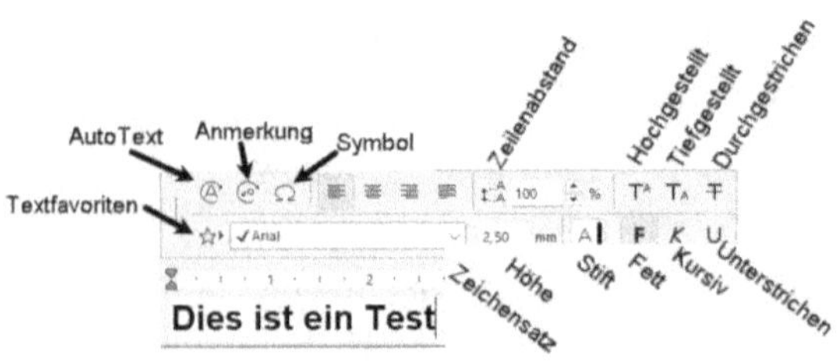

Abb. 9.41: Texteditor

Existierende Texte können Sie leicht weiterbearbeiten, indem Sie doppelklicken. Dabei dürfen Sie den Text aber nicht an einem der besonderen Punkte erwischen, weil dann die Pet-Palette mit den normalen Bearbeitungswerkzeugen aktiviert wird. Zu diesen gehört übrigens ein Werkzeug zum Umformen der Textbox. Nach dem *Doppelklick* ist also der TEXTEDITOR wieder geöffnet, mit dem der Text erstellt wurde.

Der Texteditor verfügt über eine Vielzahl von Schaltflächen zur Formatierung. In der oberen Reihe liegen:

- TEXTFAVORITEN – Sie können hierüber als Favoriten gespeicherte Texteinstellungen aktivieren wie z.B. Stil Arial mit Höhe 3,5 mm.
- AUTOTEXT EINFÜGEN ❶ – Interne Daten des Projekts ❷, der Layouts, der Zeichnung oder des Systems wie Projektname, Autor, Erstellungsdatum, aktuelles Datum, Zeichnungsname, Pfad und viele ähnliche Daten (Abbildung 9.42) können damit eingefügt werden ❸. Wenn die Daten im Projekt verfügbar sind, werden sofort die Werte eingetragen ❹, wenn sie noch keine Werte enthalten, erscheint ein Platzhalter mir vorangestelltem #-Zeichen ❺.
- ANMERKUNG EINFÜGEN – Hiermit können die im ANMERKUNGS-MANAGER verwalteten ANMERKUNGEN als Text (im LAYOUT) eingefügt werden.

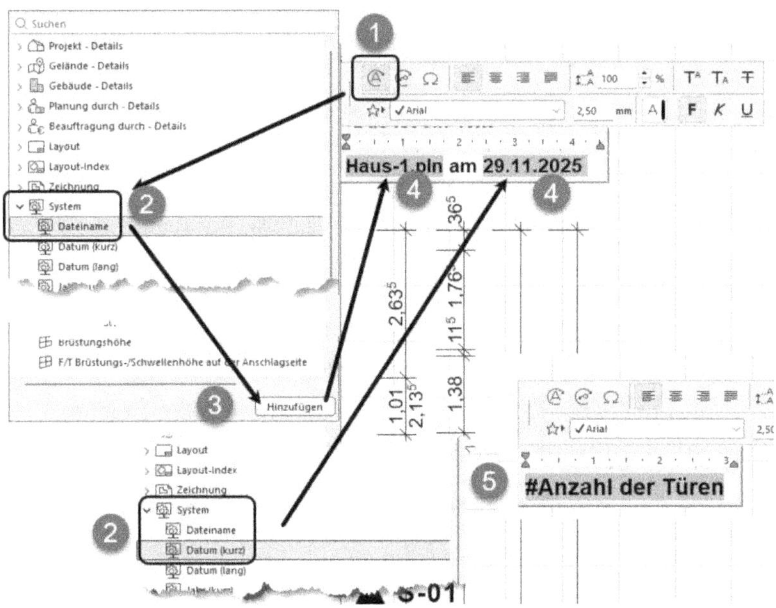

Abb. 9.42: AutoText

- SYMBOL EINFÜGEN – Die Funktion schaltet zur Zeichen-/Symboltabelle von Windows um, aus der Sie beliebige Zeichen einfügen können (Abbildung 9.43). Dazu klicken Sie das gewünschte Zeichen in der Tabelle an, klicken dann auf AUSWÄHLEN und dann auf KOPIEREN. Damit ist das Zeichen in der Zwischenablage. Wechseln Sie zum Texteditor. Dort wählen Sie nach Rechtsklick im Kontextmenü EINFÜGEN, und das Zeichen ist in Ihren Text eingefügt.

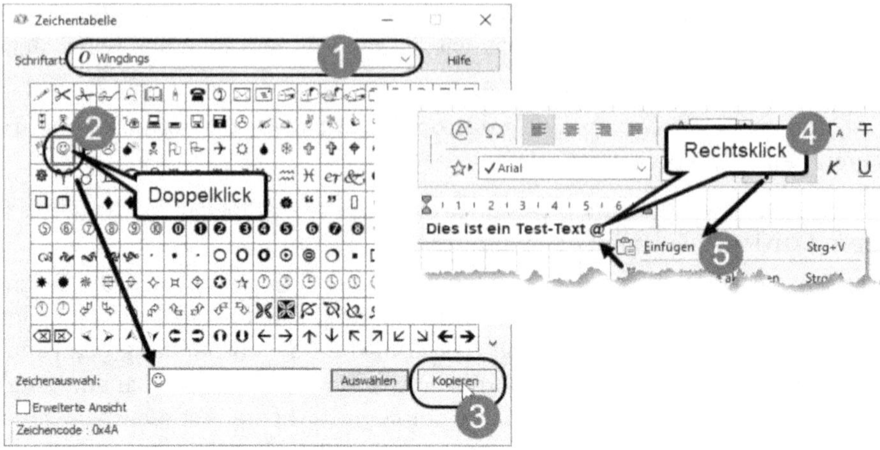

Abb. 9.43: Symboltabelle verwenden

- AUSRICHTUNG LINKS, MITTIG, RECHTS und BLOCKSATZ – wirken in der von Textsystemen bekannten Weise.
- ZEILENABSTAND – dient zum Variieren des normalen Zeilenabstands auf Basis einer Prozentskala.
- HOCHGESTELLT – stellt die markierten Zeichen hoch, beispielsweise für m^2 oder m^3.
- TIEFGESTELLT – stellt die markierten Zeichen tief wie in H_2O.
- DURCHGESTRICHEN – streicht die markierten Zeichen durch.

In der unteren Zeile des Texteditors finden Sie:

- ZEICHENSATZ – zum Auswählen des Zeichensatzes.
- HÖHE – für die Angabe der Zeichenhöhe im späteren Plot (Höhe auf dem Papier).
- STIFT – bestimmt die Farbe und die Stiftbreite der markierten Zeichen.
- FETT, KURSIV, UNTERSTRICHEN – sind die üblichen Zeichenformatierungen.

Wenn Sie innerhalb der Textbox rechtsklicken, erscheint ein Kontextmenü (Abbildung 9.44).

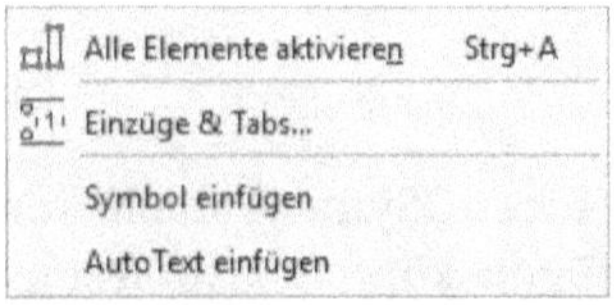

Abb. 9.44: Kontextmenü zum Texteditor

Darin finden Sie den Aufruf für die Einzüge und Tabulatoren, die Sie mit einem extra Dialogfenster setzen und löschen können (Abbildung 9.45).

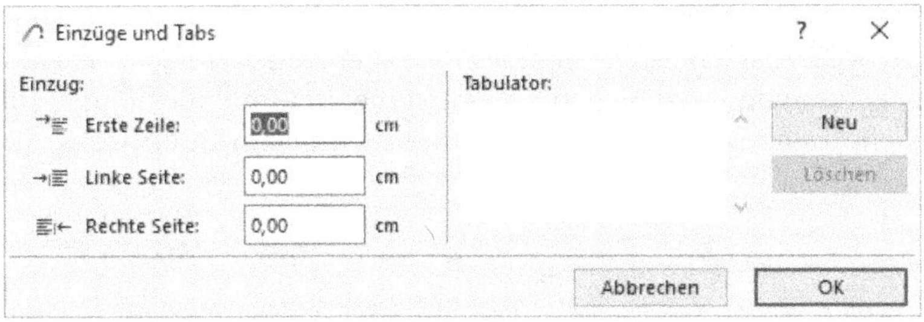

Abb. 9.45: Einzüge und Tabulatoren

9.5.4 Etiketten

Etiketten sind besondere Textblöcke mit einem Hinweispfeil, mit denen Bezeichnungen oder Kommentare an Elemente geschrieben werden. Das ETIKETT-Werkzeug besitzt wenige Grundeinstellungen zur Form des Etiketts (Abbildung 9.47).

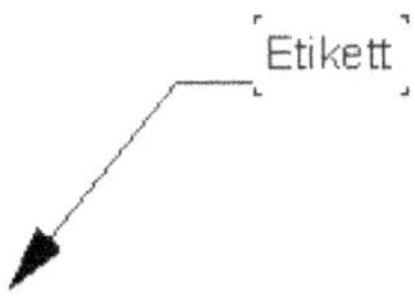

Abb. 9.46: Unabhängiges Etikett

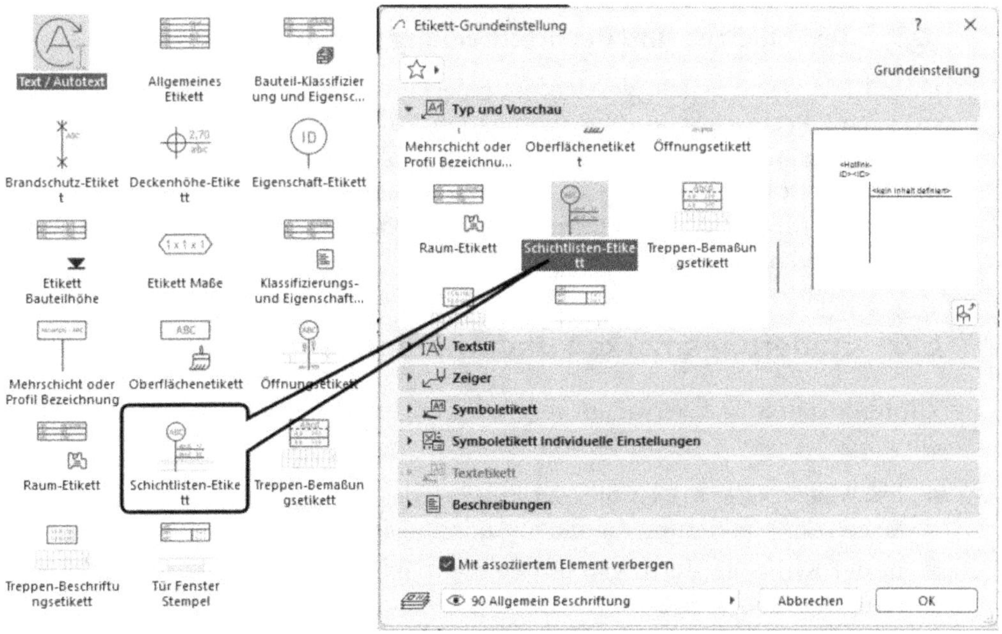

Abb. 9.47: Einstellungen für Etikett mit verschiedenen Typen

Es gibt automatisch generierte Etiketten, die zu Elementen gehören. Sie können aber stets mit dem Werkzeug ein unabhängiges Etikett erzeugen, in das Sie beliebigen Text schreiben können. Dazu geben Sie zuerst die drei Punktpositionen für den Hinweispfeil ein, ziehen dann die Textbox auf und schreiben Ihren Text.

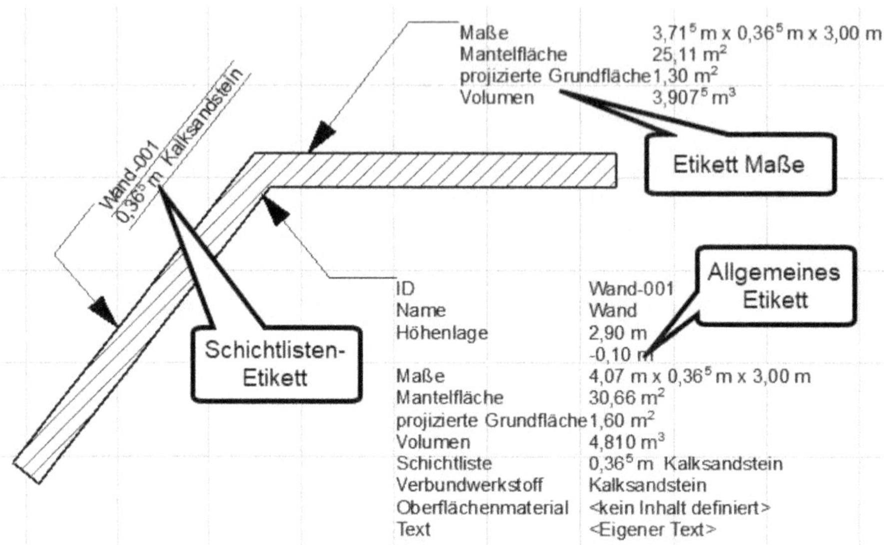

Abb. 9.48: Verschiedene Wand-Etiketten

9.5.5 Text ersetzen und Rechtschreibung prüfen

Überall, wo Texte erstellt werden, ist eine Funktion zum Suchen und Ersetzen sowie eine Rechtschreibprüfung vorhanden. Bei Archicad finden Sie diese Funktionen unter BEARBEITEN|TEXT SUCHEN & ERSETZEN sowie unter DOKUMENTATION|BESCHRIFTUNG|RECHTSCHREIBUNG|RECHTSCHREIBUNG ÖFFNEN. Nach Texten suchen können Sie in verschiedenen Elementen: *Textblöcken, Etiketten, Bemaßungen, Raumstempeln* und auch in *Parametern* von GDL-Objekten.

9.6 Änderungsmarken und Änderungsmanager

Zum Markieren und Verwalten von Änderungen gibt es zwei Werkzeuge (Abbildung 9.48):

- im WERKZEUGKASTEN unter DOKUMENT das ÄNDERUNGSWERKZEUG zum Setzen der Markierung um einen Änderungsbereich
- in der Symbolleiste STANDARD den ÄNDERUNGSMANAGER ❶ zur Verwaltung aller Änderungen

Daraus ergeben sich zwei Methoden, um Änderungen in den ÄNDERUNGSMANAGER einzutragen;

- die Änderung über Zeichnen einer *Revisionswolke* erzeugt automatisch einen Änderungseintrag,
- über Wahl der geänderten Elemente und Erzeugung eines zugeordneten Änderungseintrags.

Es ist auch möglich, die Änderung zunächst in den ÄNDERUNGSMANAGER einzutragen und dann später im INFOFENSTER einer nachträglich erzeugten Änderungsmarke zuzuordnen.

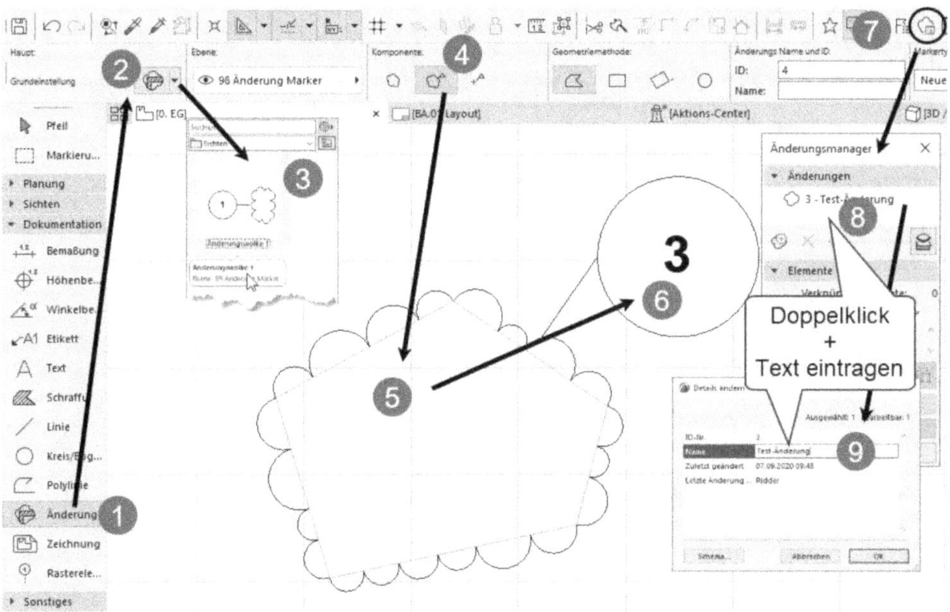

Abb. 9.49: Änderungsmanager

9.6.1 Änderung über Revisionswolke erzeugen

- Mit dem ÄNDERUNGSWERKZEUG ❶ wird *automatisch* eine Änderung in den Manager eingetragen. Sie wählen je nach der eingestellten Geometriemethode entweder
  - eine Position für die Markierung und eine zweite Position für die Änderungsnummer oder
  - eine polygonale Kontur für eine Revisionswolke und dann eine Position für die Änderungsnummer.

Den ÄNDERUNGS-MARKER ❶, ❷ können Sie individuell über den EINSTELLUNGSDIALOG und FAVORITEN ❸ gestalten. Der so gestaltete Marker ❹ wird erstellt, indem zuerst die Umgrenzung polygonal gezeichnet wird ❺. Nach Schließen der Kontur erscheint ein *Hammer-Cursor* zur Positionierung der Texte ❻ für ID-Nr. und

Änderungsnamen. Danach ist die Änderung automatisch in den Änderungsmanager eingetragen ❼, ❽. Nach Doppelklick hier kann der Kommentar der Änderung ❾ eingetragen bzw. bearbeitet werden. Die gesamte Liste der Änderungen finden Sie dann in der PROJEKTMAPPE unter PROJEKTINHALTE|I-30 ÄNDERUNGEN.

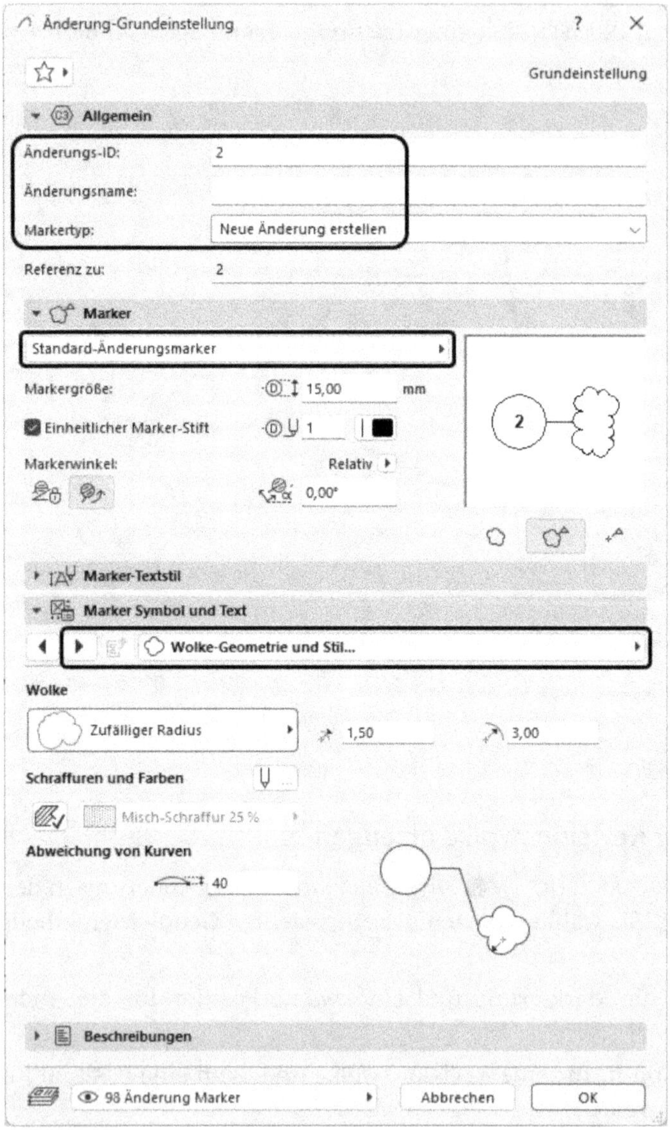

Abb. 9.50: Einstellungen für Änderungsmarker

Abbildung 9.50 zeigt die Einstellung des Änderungsmarkers mit Änderungswolke, ID-Nr. und Änderungsnamen.

9.6.2 Elementspezifische Änderungsmarkierung

Eine *elementspezifische Änderungsmarkierung* wird generiert, indem man

1. das oder die betreffenden Elemente markiert,
2. im ÄNDERUNGSMANAGER das Werkzeug NEUE ÄNDERUNG ERSTELLEN wählt und
3. die Änderungsbeschreibung eingibt.
4. Nach OK ist die Änderung nun eingetragen und
5. zeigt bei Markierung im ÄNDERUNGSMANAGER
   - unter ÄNDERUNGEN die Eintragungen oder
   - unter ELEMENTE VON XXX die betroffenen Elemente an.

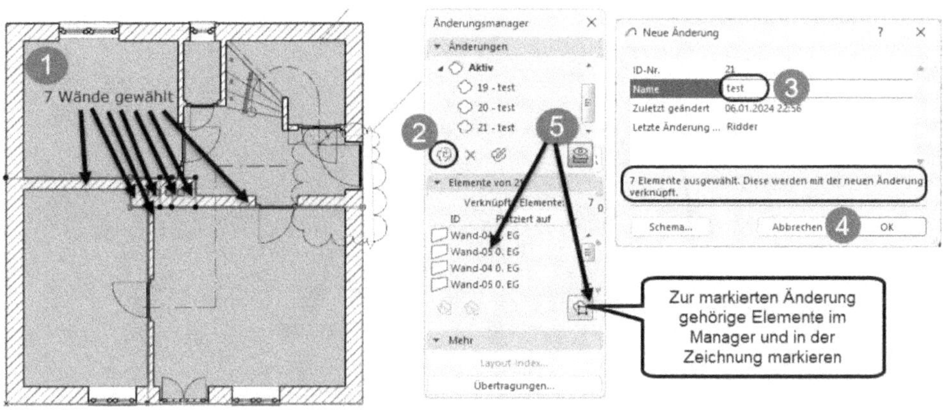

Abb. 9.51: Elementspezifische Änderung

Im ÄNDERUNGSMANAGER können Sie eine Änderung in der Liste oben anklicken und mit der Funktion unten rechts ZU AUSGEWÄHLTEN GEHEN dann in der entsprechenden Zeichnung anzeigen lassen. Es gibt auch weiterführende Möglichkeiten zur Verfolgung von Änderungen einschließlich der indizierten Ausgabe der Layouts.

9.7 Anmerkungen

Anmerkungen können den Elementen aus dem Menü DOKUMENTATION über den ANMERKUNGSMANAGER bzw. das Werkzeug aus der STANDARD-Symbolleiste hinzugefügt werden. Nach dem Eintragen einer neuen Anmerkung in der Anmerkungspalette kann diese ausgewählten Elementen als Etikett angefügt werden (Abbildung 9.52). Die Form des Etiketts kann über die Grundeinstellungen angepasst werden.

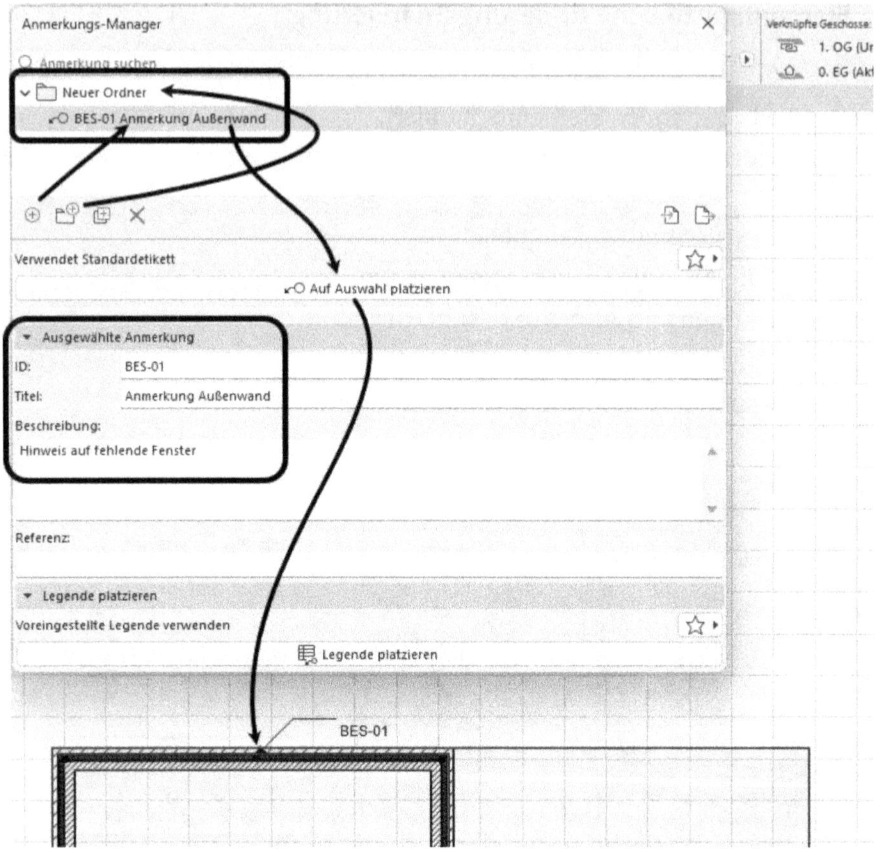

Abb. 9.52: Anmerkungs-Manager und mit Element verbundenes Etikett

9.8 Übungsfragen

1. Was bedeutet assoziative Bemaßung?
2. Welche Bemaßungswerkzeuge gibt es?
3. Welche KONSTRUKTIONSMETHODE aus LINEAR, ANWACHSEN, ABSCHNITT oder HÖHENBEMAßUNG bei der LINEAREN BEMAßUNG entspricht der normalen Architekturbemaßung?
4. Welche geometrischen Methoden gibt es bei der linearen Bemaßung?
5. Aus welchen Teilen besteht ein Bemaßungselement?
6. Wie unterscheiden sich assoziative und nicht-assoziative Bezugspunkte?
7. Welche Bemaßung wenden Sie in SCHNITTEN und ANSICHTEN in z-Richtung an?
8. Wie lautet das Menü für automatische Bemaßung?
9. Was bedeutet beim Text die Option PAPIER-GRÖßE?

Kapitel 10

Raumstempel, Listen und Auswertungen

10.1 Raumstempel

Mit dem Werkzeug RAUM aus der Werkzeuggruppe PLANUNG bzw. aus dem Menü PLANUNG|ARCHITEKTONISCHE WERKZEUGE erstellen Sie *Raumflächen* mit *Raumstempeln*.

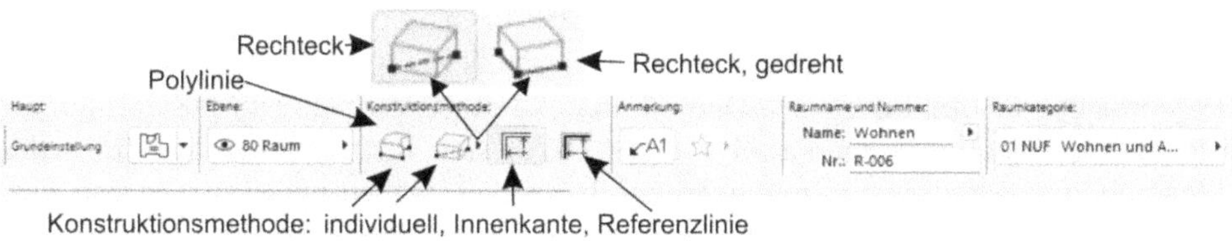

Abb. 10.1: RAUM-Werkzeug

Im INFOFENSTER finden Sie für dieses Werkzeug *drei Konstruktionsmethoden*:

- INDIVIDUELL – Mit der individuellen Methode definieren Sie selbst den Raum über eine polygonale oder rechteckige Kontur, die Sie mit den Varianten POLYLINIE, RECHTECK und GEDREHTES RECHTECK konstruieren können. Die Polylinie wird mit dem *Hammer-Cursor* geschlossen. Danach wird dann mit dem *Hammer-Cursor* die Position für den RAUMSTEMPEL angefordert.
- INNENKANTE – Dies ist eine *automatische* Methode. Mit einem Klick in den Raum hinein wird die Geometrie des Raumes analysiert und die Fläche innerhalb der Wand-Innenkante berechnet. Danach positionieren Sie mit dem *Hammer-Cursor* den RAUMSTEMPEL. Diese Methode setzt aber voraus, dass der Raum *geschlossen* ist. Notfalls müssen Sie den Raum mit einer Linie schließen, damit eine Begrenzung da ist, auch wenn er architektonisch offen sein soll. Für diese Linie, mit der Sie schließen, muss in ihren EINSTELLUNGEN im Panel ALLGEMEINE EINSTELLUNGEN die Checkbox RAUMFLÄCHEN-BEGRENZUNG aktiviert sein.
- REFERENZLINIE – Diese Methode arbeitet ebenfalls *automatisch*. Sie verwendet aber die *Referenzlinie* der Wand als Begrenzung und nicht die Innenkante. Wenn die *Referenzlinie* außen liegt, wird nur der *Innenbereich mit Schraffur* gefüllt, aber der *Bereich* bis zur Referenzlinie als *Brutto-Raumfläche* verwendet

und die *Wandfläche* als *Abzugsfläche.* Damit wird die *Nettofläche* die gleiche sein, wie bei der Methode INNENKANTE berechnet.

Tipp

Die *Referenzlinien* können Sie sichtbar machen, wenn Sie unter ANSICHT|BILDSCHIRMDARSTELLUNGSOPTIONEN die Anzeige für WAND- & TRÄGER-REFERENZLINIEN aktivieren.

Im INFOFENSTER kann unter NAME *die Raumbezeichnung aus einer Liste* gewählt werden und eine *Raumnummer* eingegeben werden. Eigene Raumbezeichnungen können auch eingetippt werden. Die *Raumnummer* wird automatisch hochgezählt, auch wenn sie mit Buchstaben beginnt. Ganz rechts ist entsprechend der *Flächennutzung* eine *Raumkategorie* auszuwählen.

Nun klicken Sie in eine geschlossene Wandkontur mit der Methode INNENKANTE hinein und positionieren mit dem *Hammer-Cursor* den Raumstempel. Er muss nicht unbedingt im Innern liegen, sondern kann beliebig positioniert werden. Das Ergebnis zeigt Abbildung 10.2. Der Inhalt des Raumstempels ist maßstabsabhängig. Sein Inhalt kann im Panel RAUMSTEMPEL des RAUM-Werkzeugs für jeden Maßstab individuell eingestellt werden. Im Panel GRUNDRISS können Sie dem Raum auch eine Schraffur zuordnen.

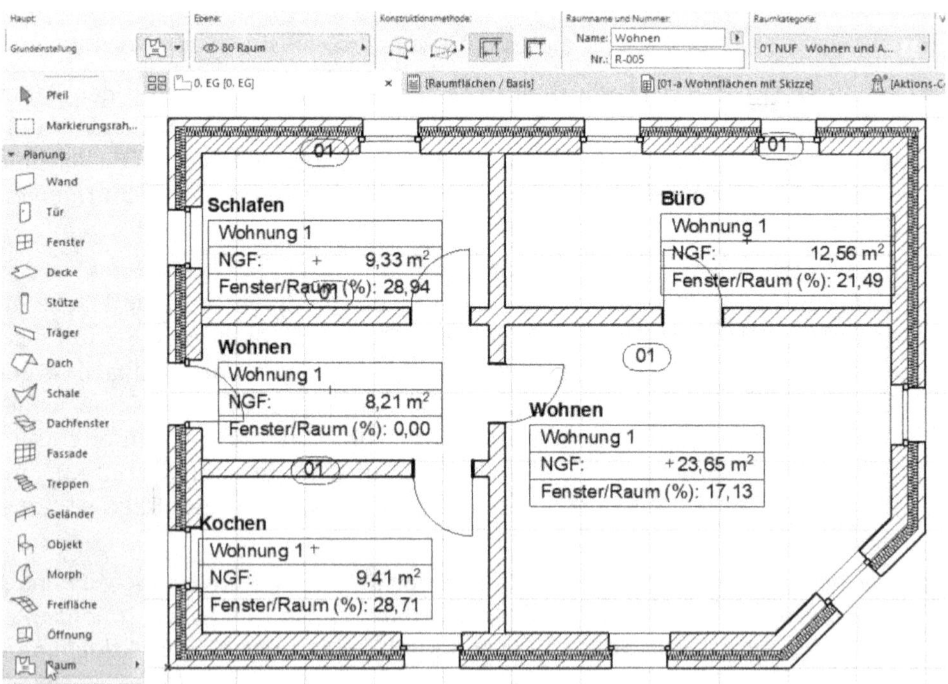

Abb. 10.2: Raumstempel im Grundriss unter Maßstab 1:100

Die Lage der Referenzlinien bestimmt die Größe der Bruttofläche, die aber nur bei der Methode REFERENZLINIE gemessen und angezeigt wird (Abbildung 10.3).

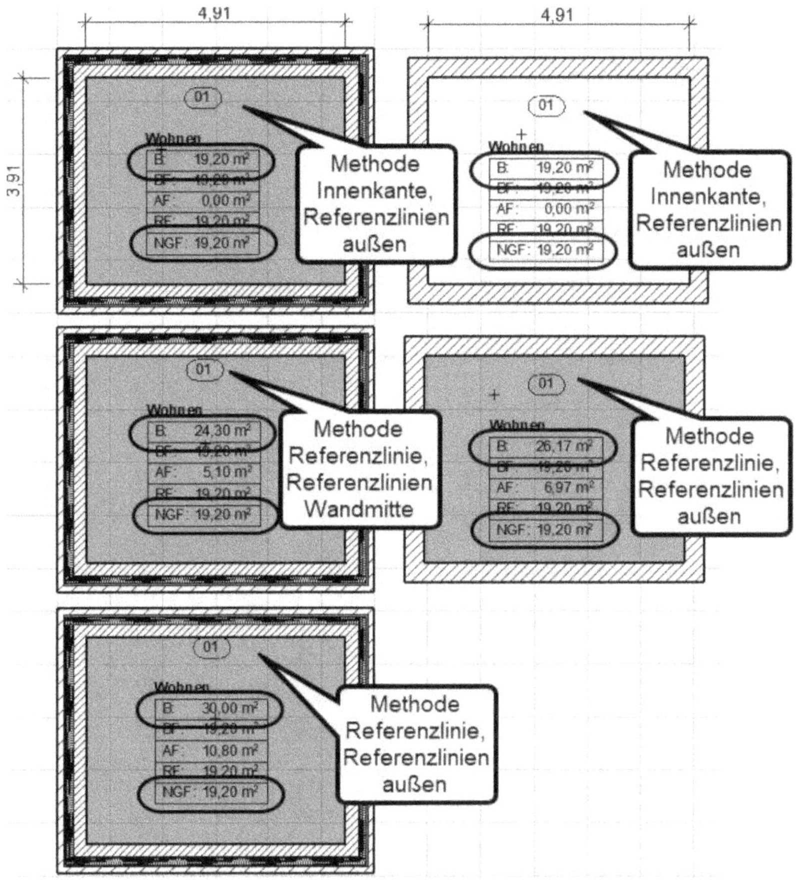

Abb. 10.3: Brutto- und Nettoflächen bei verschiedenen Raum-Methoden und Lage der Referenzlinien

10.1.1 Feineinstellungen

Im EINSTELLUNGSDIALOG des RAUM-Werkzeugs finden Sie noch eine Menge Gestaltungsmöglichkeiten des Raumstempels. Beachten Sie, dass die Raumstempel maßstabsabhängig sind. Die RAUM-HÖHE im Panel NAME UND POSITIONIERUNG ergibt sich aus der Geschoss-Höhe, von der die Deckenstärke oben abgezogen wird (Abbildung 10.4). Diese Höhe wird bei der Volumenberechnung verwendet und nicht etwa die Höhe der Wände.

Im Panel EINSTELLUNGEN (Abbildung 10.5) werden viele schaltbare Parameter über Checkboxen (+/-) angeboten, die Sie über das seitliche Fly-out-Menü aktivieren können.

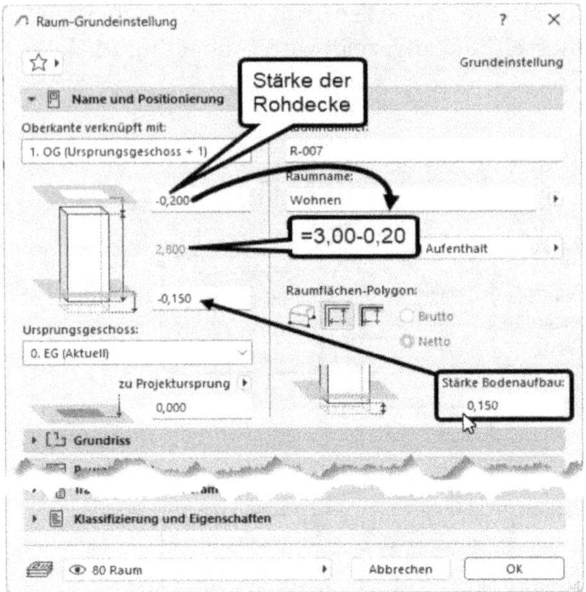

Abb. 10.4: Höhen im RAUM-Werkzeug

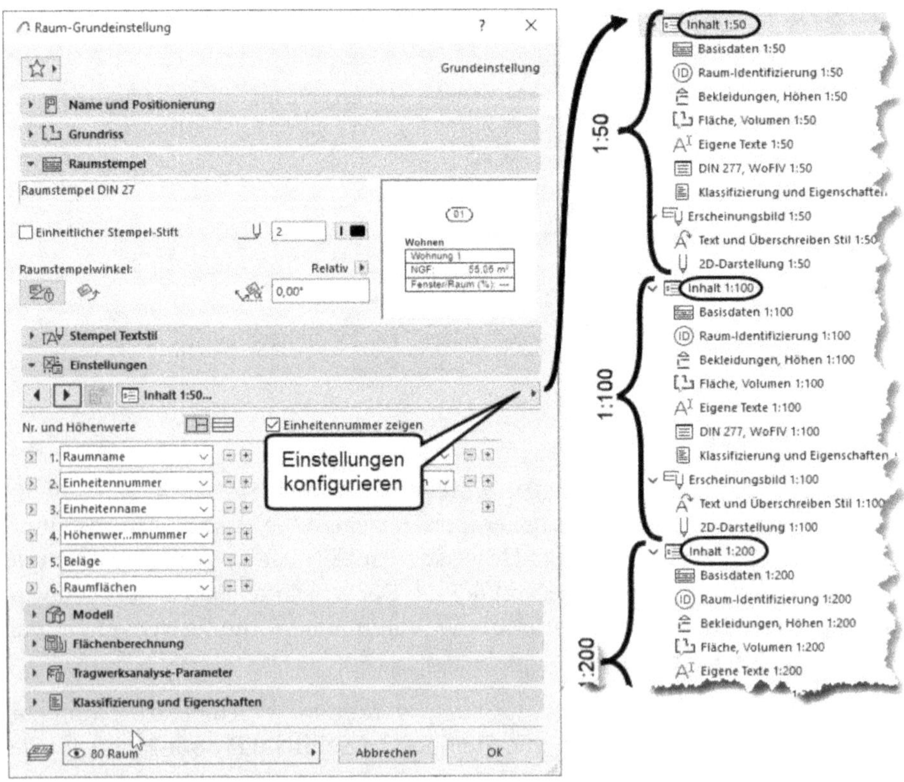

Abb. 10.5: Auszug der Einstellungen RAUM-GRUNDEINSTELLUNG Panel EINSTELLUNGEN

10.1.2 Räume im 3D-Fenster

Im 3D-FENSTER können Räume als *Volumenkörper* angezeigt werden. Da sie normalerweise von Wänden umschlossen sind, werden Sie die Räume nur sehen, wenn die Wände, Fenster und Türen ausgeblendet sind. Dafür wählen Sie das Menü ANSICHT|ELEMENTE IN 3D|ELEMENTE IN 3D FILTERN UND SCHNEIDEN. Vorgabemäßig sind alle Objekte bis auf die Räume in diesem Filter aktiviert. Aktivieren Sie nun auch noch die Räume, dann erhalten Sie die Darstellung nach Abbildung 10.7 mit verschiedenen Räumen, Wänden und Dächern: links schräge Wände, die einen Raum einschließen, dahinter ein Raum, der ohne Wände mit der Polygon-Methode erstellt wurde. Die Räume im Haus sind natürlich hinter den Mauern nicht zu erkennen.

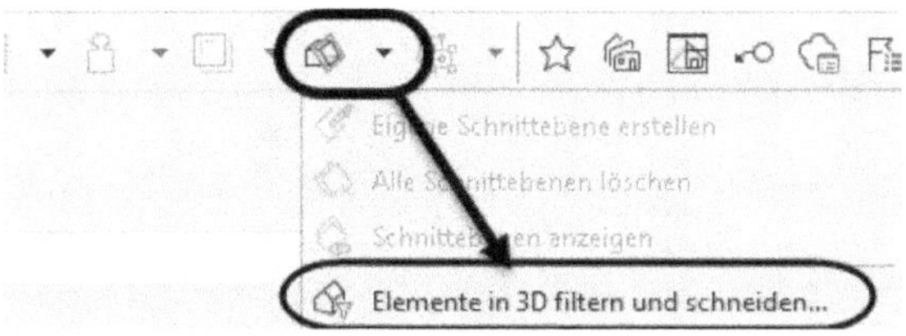

Abb. 10.6: Werkzeug zum 3D-Filtern

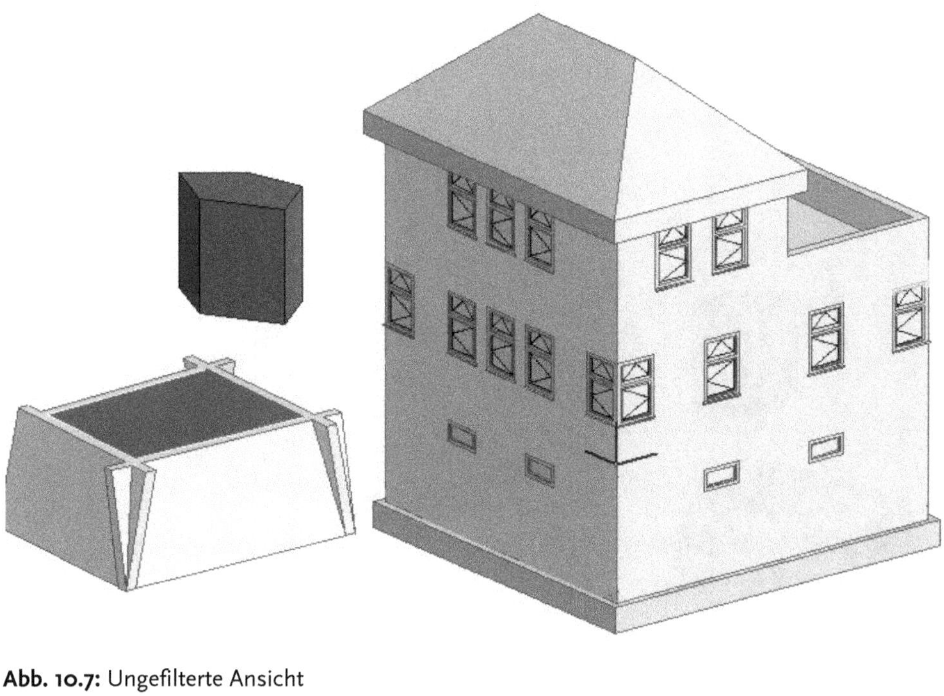

Abb. 10.7: Ungefilterte Ansicht

Schalten Sie nun den Typ RAUM ein und *alle anderen aus* (Abbildung 10.8). Die gefilterte Darstellung (Abbildung 10.9) zeigt jetzt nur noch die Räume. Es ist zu erkennen, dass der Raum den schrägen Wänden genau folgt.

Bei schrägen Wänden wird die Fläche am Wandfuß als Bruttofläche angezeigt. Die schrägen Partien unter den Wänden werden als Abzugsflächen definiert. Damit ergibt sich die Fläche oben als Nettofläche. Wenn die Flächen nach außen geneigt sind, wird nur die Fläche am Wandfuß als Brutto- und Nettofläche angezeigt.

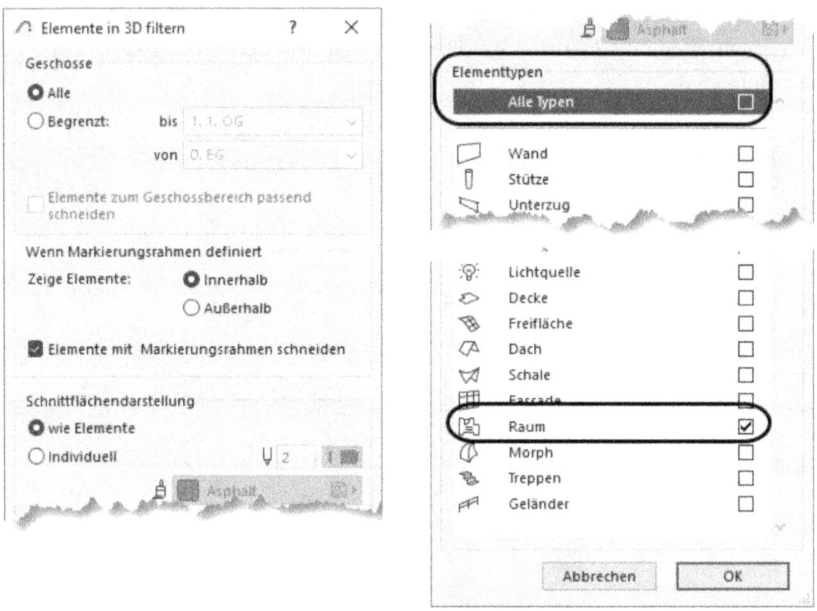

Abb. 10.8: Filter für 3D-Darstellung

Abb. 10.9: Gefilterte 3D-Darstellung mit verschiedenen Räumen

10.1.3 Räume anpassen

Nach Änderungen im Grundrissfenster

Wenn Wände im Grundrissfenster verschoben werden (Abbildung 10.10), passen die Raumflächen nicht mehr zur Konstruktion. Dann rufen Sie danach das Menü PLANUNG|RÄUME AKTUALISIEREN auf. Sie können damit *alle* Raumflächen aktualisieren lassen oder, wenn die Räume vorher aktiviert wurden, die *ausgewählten* Raumflächen aktualisieren.

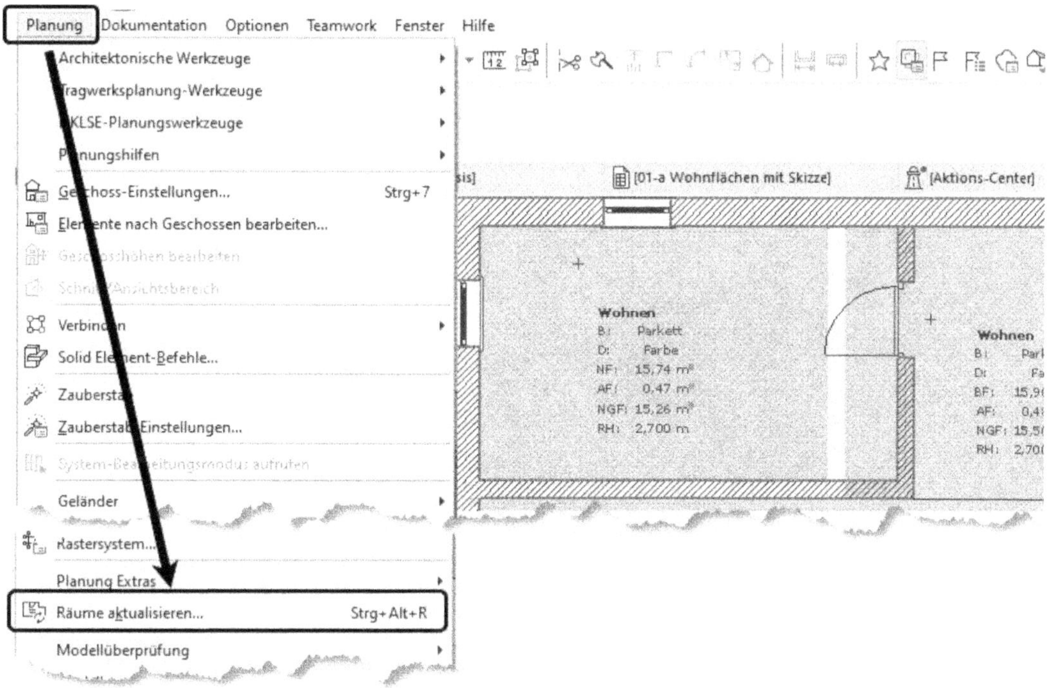

Abb. 10.10: Wand zwischen zwei Räumen wird verschoben.

An Dächer anpassen

Bei der Anpassung von Räumen an Dächer gibt es zwei Möglichkeiten: Der Raum ist niedriger als das Dach oder höher.

Wenn das Dach niedriger ist, müssen Sie die Höhe des Raums zunächst derart vergrößern, dass sie das Dach überragt. Markieren Sie dazu den Raum (Abbildung 10.11), klicken Sie einen *oberen Eckpunkt* an und ziehen Sie ihn mit dem PET-PALETTEN-Werkzeug HÖHE STRECKEN übers Dach. Gegebenenfalls sollten Sie dazu per Rechtsklick die Darstellung DRAHTMODELL aktivieren, damit Sie auch durch die Wand hindurchgreifen können. Mit dem PFEIL-Werkzeug fahren Sie dann zur

Auswahl des Raumes auf eine Kante. Wenn die Anzeige des Elementtyps nicht RAUM zeigt, sondern WAND oder DACH und in der untersten Zeile MEHRERE ELEMENTE (TAB), dann können Sie mit der [Tab]-Taste die Elementtypen durchblättern, bis RAUM angezeigt wird, und mit Klick wählen. Weiter geht es nun wie mit dem höheren Raum im folgenden Absatz.

Wenn die Räume höher sind als das Dach, aktivieren Sie sie per Klick und wählen das Menü PLANUNG|VERBINDEN|ELEMENTE MIT DACH/SCHALE TRIMMEN oder das entsprechende Werkzeug in der STANDARD-Funktionsleiste. Auf die Frage nach dem Trimm-Objekt klicken Sie das Dach an und definieren Sie dann mit einem weiteren Klick in den Bereich unter dem Dach, was von den Räumen stehen bleiben soll. Dieser Bereich erscheint in der Vorschau in blauer Farbe. Dann Klick und Sie sind fertig.

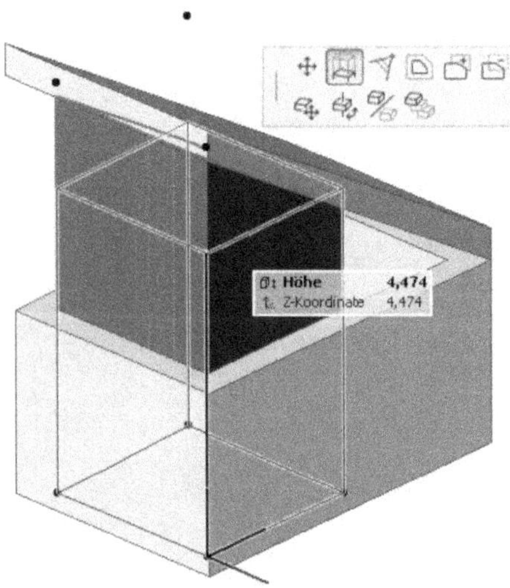

Abb. 10.11: Anzupassender Raum ist aktiviert, *Pet-Funktion* HÖHE STRECKEN

Es gibt eine zweite Funktion zum Trimmen von Elementen: PLANUNG|DACH EXTRAS|RAUM BESCHNEIDEN. Diese Funktion trimmt an *Einzel-Dächern, Decken* und *Träger.* Mit einer Option LÖCHER IGNORIEREN werden auch eventuelle Dachöffnungen für diese Operation geschlossen.

Sie können die Beschneidung des Raums am Dach in den GRUNDEINSTELLUNGEN im Panel MODELL mit der Schaltfläche ALLE OBEREN BESCHNEIDUNGEN RÜCKGÄNGIG MACHEN wieder zurücknehmen.

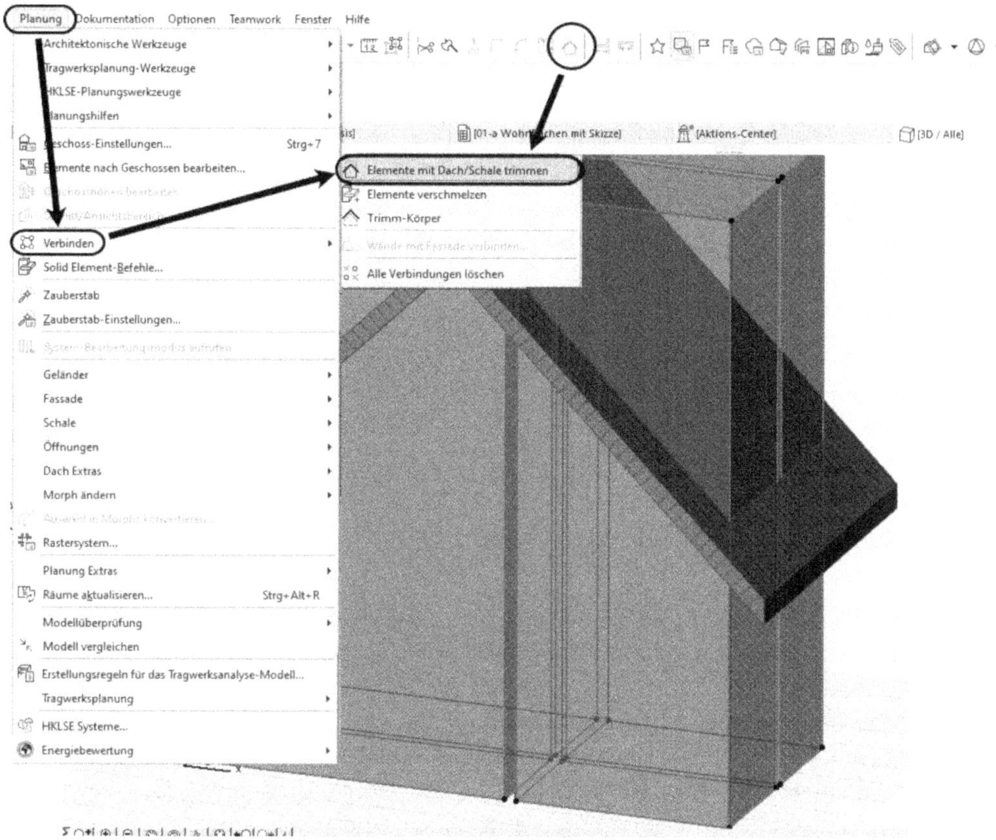

Abb. 10.12: Menü zum Trimmen eines Raumes an Dachflächen

10.1.4 Raum nach Dachlinien erzeugen

Oft möchte man *den* Teil des Raumes bestimmen, der unter einem Dach eine gegebene Höhe über- oder unterschreitet. Für diesen Zweck können Sie *Dach-Höhenlinien* erstellen lassen.

Für das Beispiel in Abbildung 10.13 sollen die Dach-Höhenlinien bei 4 m erstellt werden.

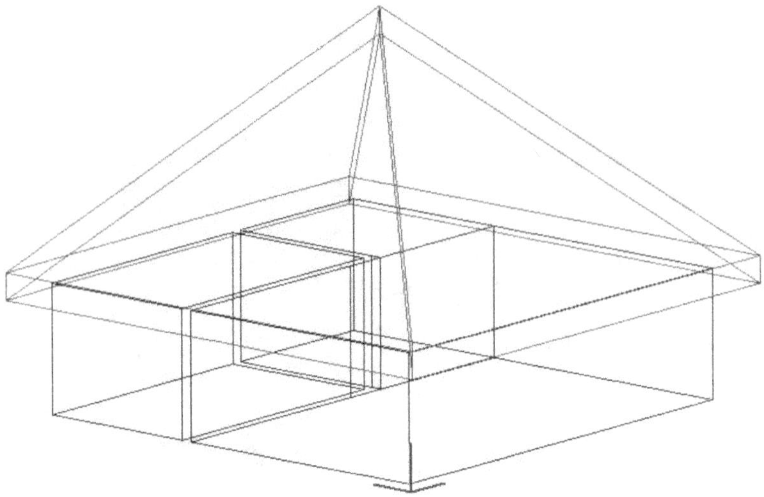

Abb. 10.13: Räume mit Dach, Wandhöhe 2,7 m

Falls das Dach ein komplexes zusammenhängendes Dach ist, zerlegen Sie es erst in Einzeldachflächen mit BEARBEITEN|VEREINIGEN & ZERLEGEN|IN EINZEL-DACHFLÄCHEN ZERLEGEN. Das Dach muss vorher gewählt werden. Aktivieren Sie dann im Grundrissfenster mit dem PFEIL-Werkzeug alle vier Dachsegmente. Rufen Sie die Menüfunktion PLANUNG|DACH EXTRAS|DACH-HÖHENLINIEN ERSTELLEN auf und geben Sie die gewünschte Höhe ein und wählen Sie, ob die Höhe außen bzw. OBEN oder innen bzw. UNTEN genommen werden soll und relativ zu welchem Geschoss. Nach einem Klick auf OK erscheinen die Dach-Höhenlinien im Grundriss.

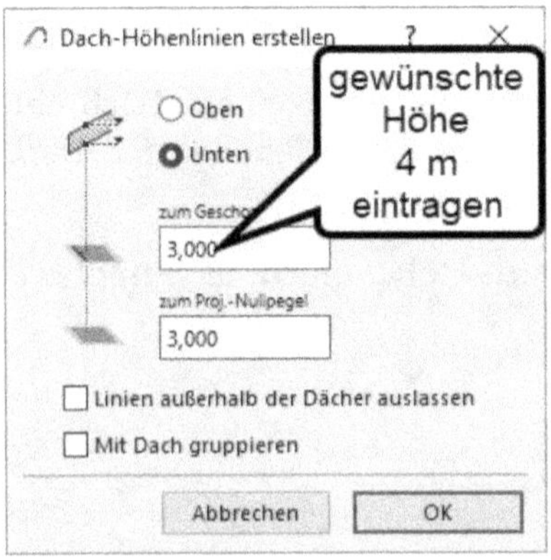

Abb. 10.14: Vorgabe 4 m für die zu berechnenden Höhenlinien

Bevor Sie diese Linien zur Erzeugung der Raumfläche verwenden, aktivieren Sie im EINSTELLUNGSDIALOG der Linien im Panel ALLGEMEINE EINSTELLUNGEN die

Checkbox RAUMFLÄCHEN-BEGRENZUNG. Danach können Sie mit dem RAUM-Werkzeug in die Begrenzung der Linien hineinklicken.

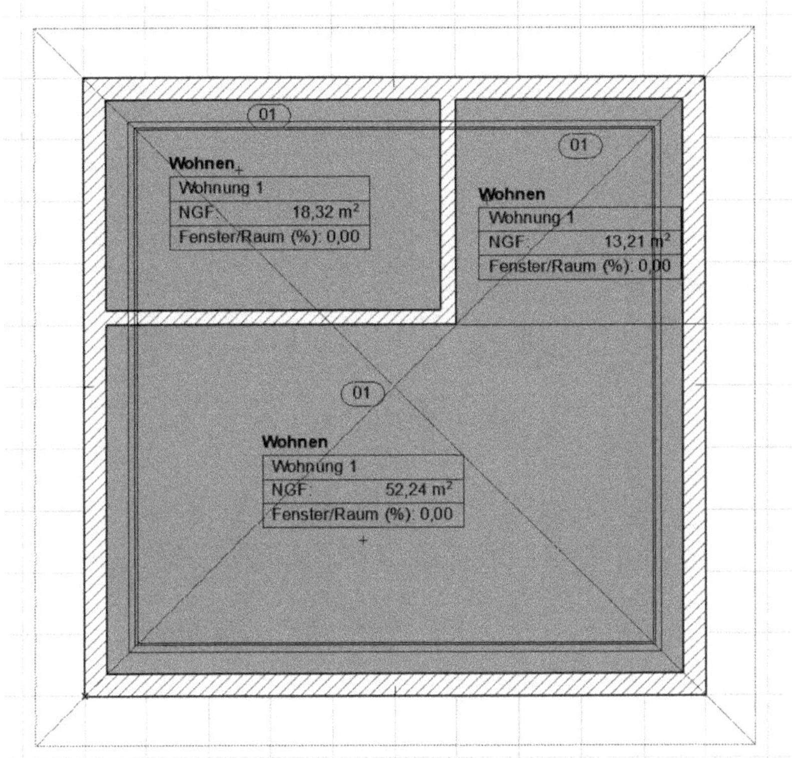

Abb. 10.15: Erzeugte Höhenlinien bei 4 m unterm Dach

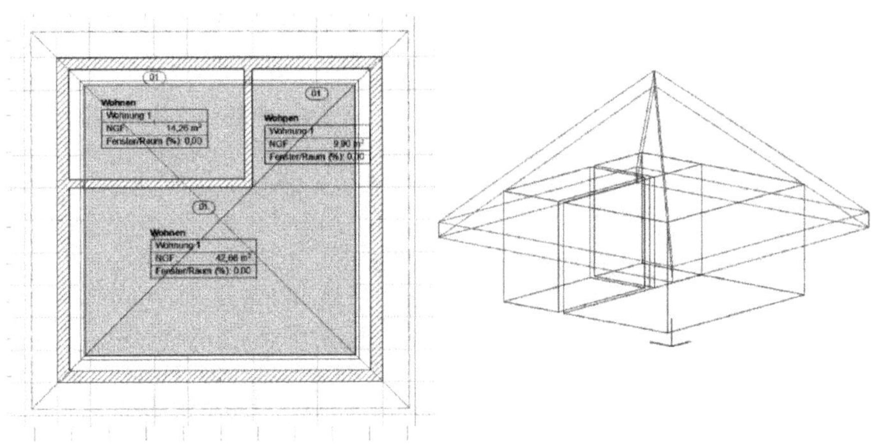

Abb. 10.16: Raum erzeugt mit diesen Höhenlinien als Begrenzung (Raumhöhe 4 m)

10.1.5 Eigene Raumkategorien

Im Menü OPTIONEN|ELEMENT ATTRIBUTE|RAUMKATEGORIEN werden die Raumkategorien verwaltet. Hier erstellen Sie bei Bedarf neue Kategorien mit NEU ❶ und unter Eingabe eines *Kategoriecodes*, hier **07 NUFS** ❷, und eines *Raumkategorienamens* wie **Spielen** ❸. Mit einem Doppelklick auf das Feld FARBE ❹ kommen Sie zur *Farbauswahl* für die aktuelle Kategorie.

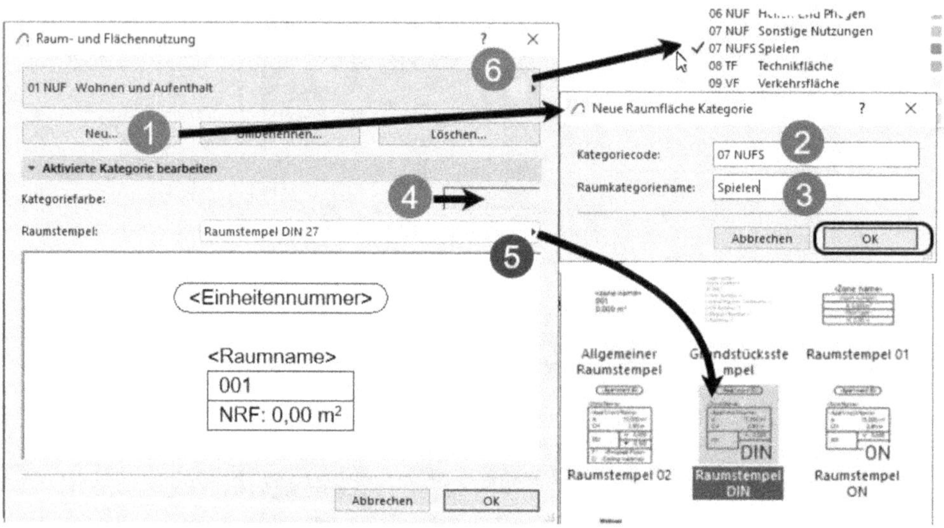

Abb. 10.17: Neue Raumkategorie erstellen

So ganz nebenbei können Sie hier weitere Raumstempel und deren Parameter studieren ❺ oder eine Übersicht der Raumkategorien anzeigen lassen ❻.

10.2 Listen

In Archicad gibt es im NAVIGATOR zwei Ordner mit Listen, den Ordner AUSWERTUNGEN (Abbildung 10.18) und den Ordner LISTEN. Beide Arten von Listen können auf Layouts platziert und damit ausgegeben werden. Mit Doppelklick öffnen Sie die Listen zur Ansicht oder Bearbeitung.

Diese Listen aus dem Ordner AUSWERTUNGEN werden auch als *intelligente Listen* bezeichnet, weil sie direkt mit den Elementen des Gebäudemodells verknüpft sind. Die Einträge darin sind bearbeitbar, wirken sich dann aber direkt auf die assoziierten Elemente aus. Wenn Sie beispielsweise eine Türbreite in der Türliste ändern, dann ist auch die dazugehörige Tür im Grundrissfenster und im 3D-Fenster sofort geändert. Das entspricht dem BIM-Prinzip (Building Information Modelling), das heißt, Daten und Objekte sind assoziativ miteinander verknüpft.

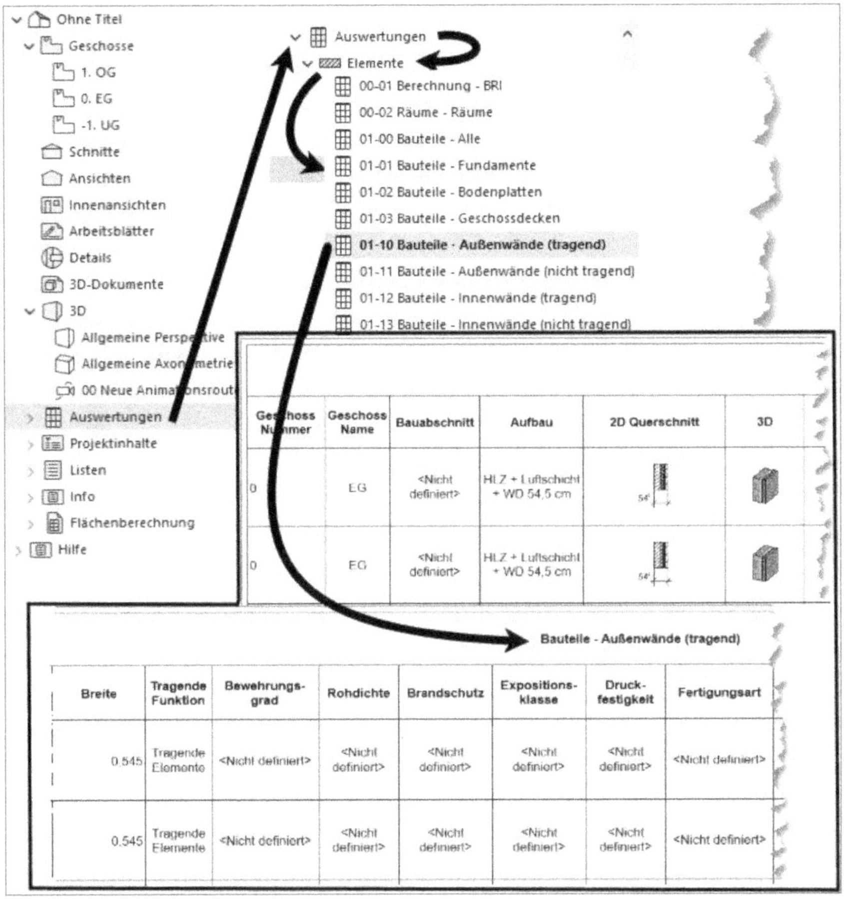

Abb. 10.18: Elementlisten

Die Listen aus dem Ordner LISTEN sind nur für die Ausgabe zur Dokumentation gedacht, *nicht zum Editieren des Gebäudemodells.*

10.2.1 Elementlisten

Elementlisten unter AUSWERTUNGEN werden automatisch erstellt, sobald Sie Elemente für Ihre Konstruktion erstellen. Für jeden Elementtyp werden ein oder zwei Elementlisten erstellt. Für viele Elementtypen gibt es eine einfache und eine komplexe Liste. Die komplexen Listen enthalten zusätzlich zu den Elementdaten auch die Elementbilder.

Die Elementlisten (Abbildung 10.19) können Sie in verschiedener Weise gestalten. Links finden Sie eine Spalte, die mit dem kleinen schwarzen Dreieck im grauen Rand auch ausgeblendet werden kann. Darin legen Sie das Aussehen der Elementliste im Großen fest. Wählen Sie hier zuerst, ob Sie die Elemente in Reihen (Zeilen) oder Spalten anordnen wollen. Dann können Sie ggf. GLEICHE ELEMENTE ZUSAMMENFASSEN aktivieren, wodurch *Summenstücklisten* entstehen können. Weiter gibt es Einstellungsmöglichkeiten für die Texte und die Linien. Ganz unten können Sie noch eine *Fußnotenzeile* für die spätere Ausgabe erzeugen lassen, die beispielsweise Datum und Projektname enthalten kann.

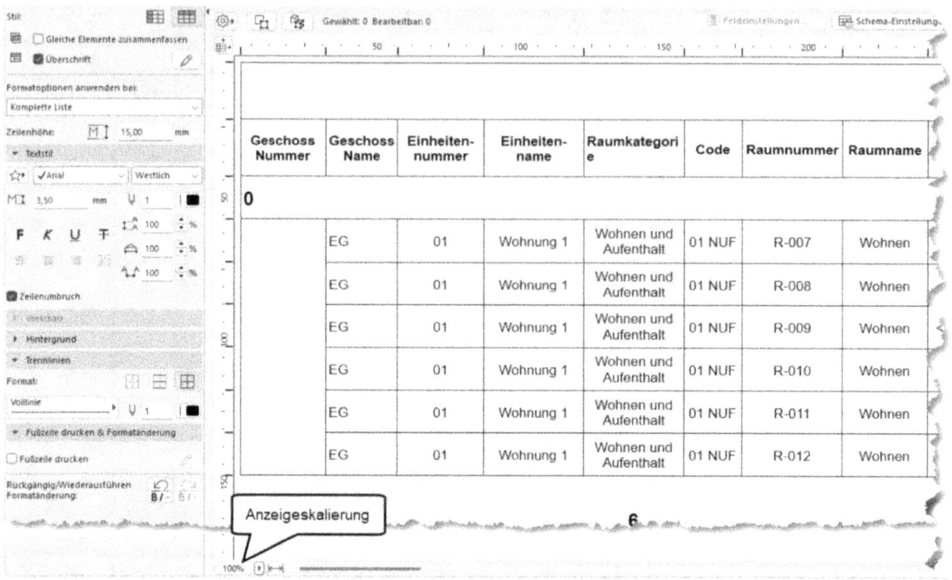

Abb. 10.19: Elementliste mit Gestaltungsmöglichkeiten (links)

In der Liste selbst finden Sie ein *Lineal*. Sie verändern dort die Spaltenbreiten, indem Sie den Cursor auf die Spaltentrenner setzen und diese verschieben.

Dann gibt es noch oben rechts die Schaltfläche SCHEMAEINSTELLUNGEN. Damit können Sie bestimmen, was als Listeninhalt erscheinen soll (Abbildung 10.20). Im Dialogfeld SCHEMA-EINSTELLUNGEN werden unter FELDER/... die Parameter angezeigt, die in der Liste erscheinen. Mit der Schaltfläche LÖSCHEN können Sie unnötige Parameter entfernen und damit auch die Spalten aus der Liste herausnehmen.

Links *vor* jedem Parameter steht ein kleines Doppeldreieck. Mit diesem Symbol ziehen Sie die Parameter nach oben oder unten und ändern damit die Spaltenreihenfolge in der Liste.

Die Parameter werden in Blau oder Schwarz angezeigt.

Hinter dem Parameter wird durch einen *langen Pfeil* gekennzeichnet, ob nach diesem Parameter auf- oder absteigend sortiert wird. Nach meinem Geschmack ist die Pfeilrichtung immer verkehrt herum.

Rechts neben diesem Pfeil gibt es eine Möglichkeit, für diesen Parameter entweder noch die *Summe über seine Werte* oder die *Anzahl* anzeigen zu lassen. Für die *Summe der Werte* klicken Sie, bis das Summensymbol, das griechische Sigma, angezeigt wird. Für die *Berechnung der Anzahl* klicken Sie, bis ein Sigma mit einer Ziffer Eins angezeigt wird.

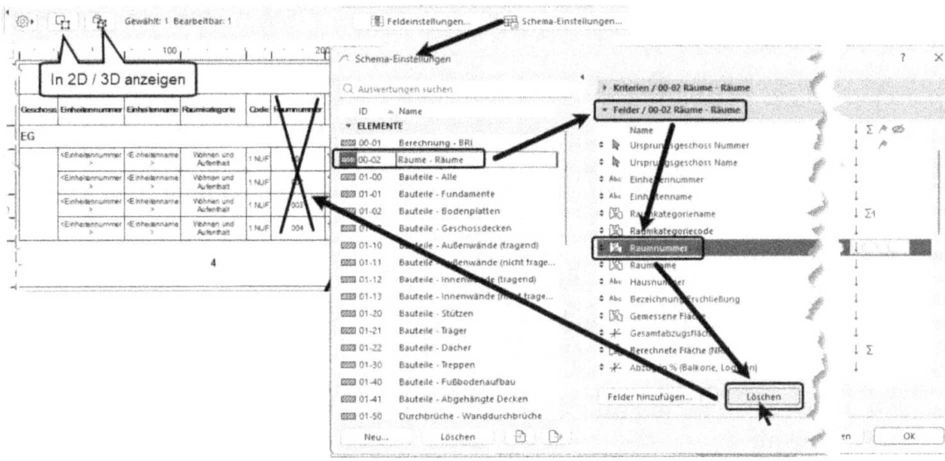

Abb. 10.20: Schema-Einstellungen ändern

Wenn Sie in der Liste eine Zeile durch Anklicken markieren, können die dazugehörigen Elemente über einen Button oberhalb des Lineals im Grundrissfenster oder im 3D-Fenster markiert angezeigt werden.

Das Dialogfenster für Listen-Schemata und zur Neuerstellung von Schemata für eigene Elementlisten kann auch mit dem Menü DOKUMENTATION|INTERAKTIVE AUSWERTUNG|SCHEMA-EINSTELLUNGEN aufgerufen werden.

10.2.2 Listen zur Dokumentation

Listenzusammenstellungen für die Text-Ausgabe werden im Ordner LISTEN gespeichert. Vorgabemäßig sind hier aber nur wenige Listen vorbereitet. Sie müssen eigene Listen aber erst selbst nach Rechtsklick auf LISTEN und weiter bei LISTEN-EINSTELLUNGEN und ERSTELLEN ▽ spezifizieren. Sie können zwischen ELEMENT-, KOMPONENTEN- und RAUMFLÄCHENLISTE wählen und diese dann konfigurieren (Abbildung 10.21).

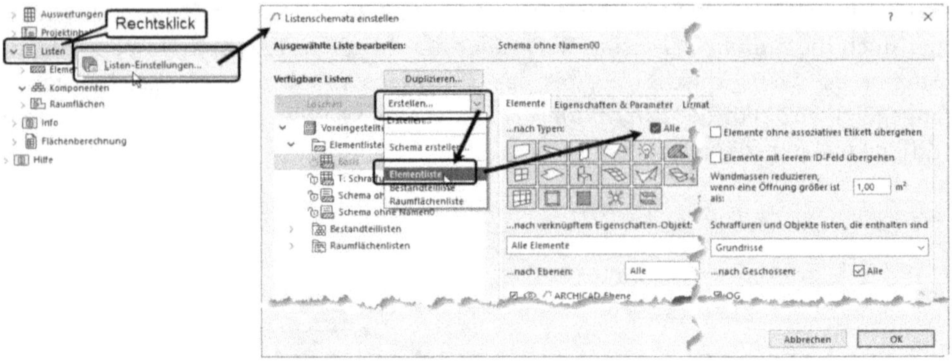

Abb. 10.21: Elementliste konfigurieren

10.3 Übungsfragen

1. Welche Konstruktionsmethoden gibt es für Raumstempel?
2. Sind Raumflächen in 3D sichtbar?
3. Wo finden Sie die Funktion zum Anpassen von Raumflächen nach Wandverschiebungen?
4. Mit welchem Menü erstellen Sie eigene Raumkategorien?
5. Welches sind intelligente Listen, die mit den Elementen assoziiert sind?
6. Mit welcher Schaltfläche gestalten Sie eine Liste?

Schnitte, Ansichten, Innenansichten, Arbeitsblätter, Details, 3D-Dokumente und Varianten

Im WERKZEUGKASTEN finden Sie im Abschnitt SICHTEN die Werkzeuge zur Erzeugung von *Schnitten, Ansichten, Innenansichten, Arbeitsblättern* und *Details* (Abbildung 11.1). Sobald Sie die dafür nötigen Definitionslinien oder Symbole in die Grundrissansicht einfügen, werden die zugehörigen Schnittzeichnungen erzeugt und im Navigator bei den entsprechenden Projektknoten angezeigt.

Abb. 11.1: Abschnitt SICHTEN aus dem WERKZEUGKASTEN

- *Schnitte* werden im Grundrissfenster durch geradlinige oder geknickte Linien des Schnittverlaufs definiert.
- *Ansichten* werden ähnlich wie Schnitte erzeugt mit dem Unterschied, dass die definierenden Schnittlinien komplett oder wenigstens teilweise außerhalb des Bauwerks liegen.
- *Innenansichten* werden durch ein entsprechendes Symbol im Innern des Gebäudes erstellt und normalerweise durch vier Definitionslinien repräsentiert. Es entstehen dann vier einzelne Innenansichtszeichnungen im Navigator.
- Beim *Detail* bzw. *Detailausschnitt* wird meist ein kleinerer Maßstab gewählt und es werden vorgabemäßig keine Bemaßungen und Beschriftungen übernommen. In der Ursprungsansicht wird ein Detailrahmen erzeugt. Über den EINSTELLUNGSDIALOG können Bemaßungen durch Deaktivieren der Option NUR KONSTRUKTIONSOBJEKTE KOPIEREN aber auch übernommen werden.
- *Arbeitsblätter* sind oft Ausschnitte der Grundrissansicht, die getrennt vom Grundriss weiterbearbeitet werden sollen. *Arbeitsblätter* können aber auch von *Schnitten, Ansichten, Innenansichten,* anderen *Arbeitsblättern, Details* und *3D-Dokumenten* erstellt werden. Die Arbeitsblätter können gemäß der Ursprungsansicht aktuell gehalten werden. Sie ähneln damit den *Details. Arbeitsblätter* enthalten nach Vorgabe im Unterschied zu den *Details* auch die Bemaßungs-

und Anmerkungsobjekte aus der Ursprungsansicht und sie übernehmen den Maßstab. Im EINSTELLUNGSDIALOG können Sie mit der Option NUR KONSTRUKTIONSOBJEKTE KOPIEREN die Bemaßungen ausblenden.

- Mit *Kamera* werden perspektivische Ansichten über eine Kameraposition und eine Zielposition erzeugt. Sie werden unter 3D|00 NEUE ANIMATIONSROUTE in der PROJEKTMAPPE gespeichert (s. Abschnitt 14.2.2 »Kamera«).

Als weitere Funktion zur Dokumentation gibt es das 3D-DOKUMENT, das einen Schnappschuss des aktuellen 3D-Fensters aufnimmt und für Dokumentationszwecke mit speziellen Bemaßungen oder Beschriftungen versehen werden kann. Es gibt kein Werkzeug dafür, aber es wird mit dem Menü DOKUMENTATION|DOKUMENTATIONSWERKZEUGE|NEUES 3D-DOKUMENT erzeugt. Im 3D-DOKUMENT können Sie Texte und Etiketten (Hinweistexte), sowie Bemaßungen auch mit ganz speziellen 3D-Eigenschaften erstellen.

11.1 Schnitte

Zur Erzeugung von Schnitten gibt es im WERKZEUGKASTEN unter SICHTEN das Werkzeug SCHNITT. Im INFOFENSTER finden Sie die wichtigsten Einstellungen. Jeder Schnitt bekommt einen *Namen* mit der Vorgabe **Schnitt** und eine *ID-Nummer* der Art **S-01**, die dann an der Schnittlinie verzeichnet wird. Schnitte und Ansichten sind auch wieder mit dem Gebäudemodell direkt verknüpft und werden deshalb immer bei Änderungen *automatisch aktualisiert.* Es gibt zwei Geometrieformen für den Schnittverlauf, EINFACH und VERSETZT. Rechts daneben finden Sie drei Buttons zur Wahl der Schnitttiefe: *unendlich, begrenzt* (d.h. mit angebbarer Tiefe) und *ohne Tiefe.* Weiter rechts können Sie mit dem Button VERTIKALER BEREICH eine *Höhenbegrenzung* einstellen.

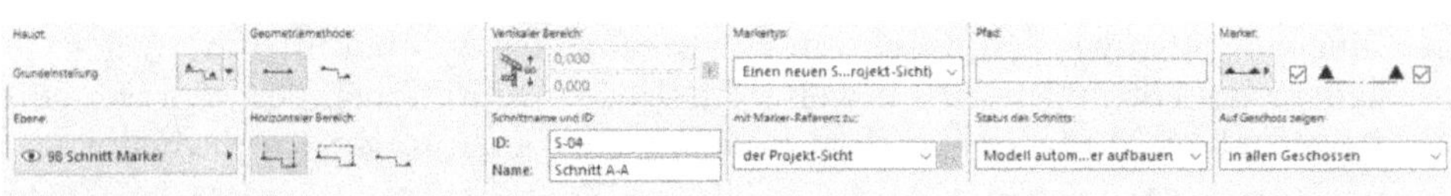

Abb. 11.2: SCHNITT-Werkzeug

Weitere Einstellungen finden Sie im EINSTELLUNGSDIALOG (Abbildung 11.3), der eine Vielzahl von Panels enthält. Sie können dort unter ALLGEMEIN auch wählen, *auf welchen Geschossen* die Schnittlinie angezeigt werden soll.

Im MARKER-Panel (Abbildung 11.3) können Sie wählen, ob die *Schnittlinie durchgehend* (DURCHGEHEND) gezeichnet werden soll oder nur *mit ihren Segmentgrenzen* (SEGMENTIERT). Auch kann hier der *Linientyp* für die Schnittlinie gewählt werden. Um den Schnitt nur mit einem Buchstaben **A-A** an den Schnittlinien-Enden zu bezeichnen, deaktivieren Sie im Listenfeld weiter unten bei ERSTE TEXTZEILE die

Option NAMEN ANZEIGEN und REFERENZ-ID ANZEIGEN. Unter EIGENER TEXT geben Sie dann den Schnittbuchstaben **A** ein.

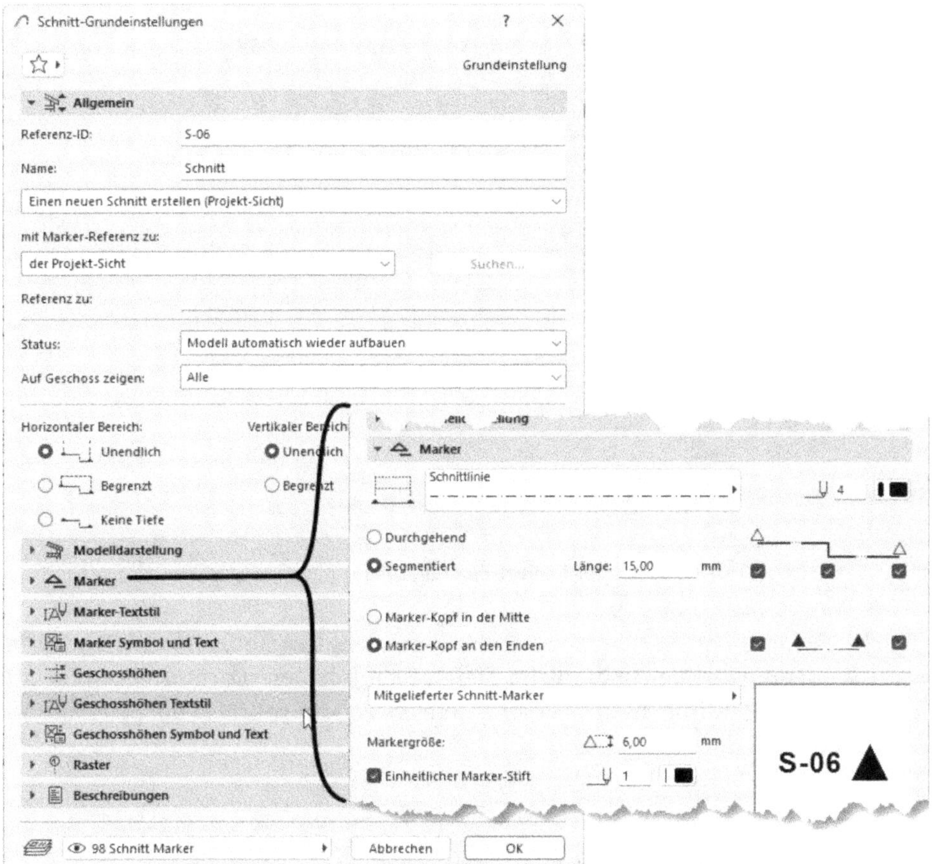

Abb. 11.3: Einstellungen für Schnitte und Ansichten

Im Panel GESCHOSSHÖHEN können Sie wählen, ob in den Schnittansichten die Geschosshöhen automatisch bemaßt werden sollen. Auch die Positionierung und Beschriftung der Marker in den neu erstellten Schnittzeichnungen können Sie hier kontrollieren (Abbildung 11.4).

Der Schnitt wird durch Zeichnen einer Schnittlinie bei der Geometriemethode EINFACH über zwei Punkte oder bei der Geometriemethode VERSETZT über mehrere Punkte erzeugt. Beachten Sie, dass Sie mit der Taste [⇧] die Linie bzw. das erste Segment orthogonal halten können. Wenn Sie die Schnittlinie über mehrere Punkte eingeben, bestimmt das erste Segment die Schnittrichtung, alle weiteren liegen dann automatisch orthogonal bzw. senkrecht dazu. Die segmentierte Schnittlinie wird mit Doppelklick oder Rechtsklick und Wahl von OK beendet.

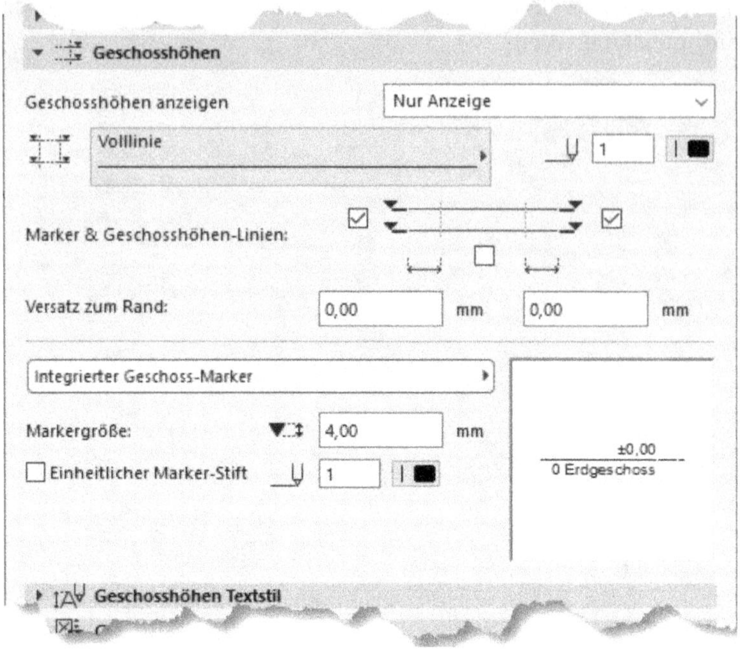

Abb. 11.4: GESCHOSSHÖHEN-Panel der Schnitt-Einstellungen

Danach erscheint der *Augen-Cursor*. Er ist besonders für die Schnitte wichtig, bei denen Sie begrenzte oder unendliche Tiefe gewählt haben. Damit klicken Sie auf die Seite der Schnittlinie, in die sich die Tiefe erstrecken soll, also die Seite, die Sie noch sehen wollen.

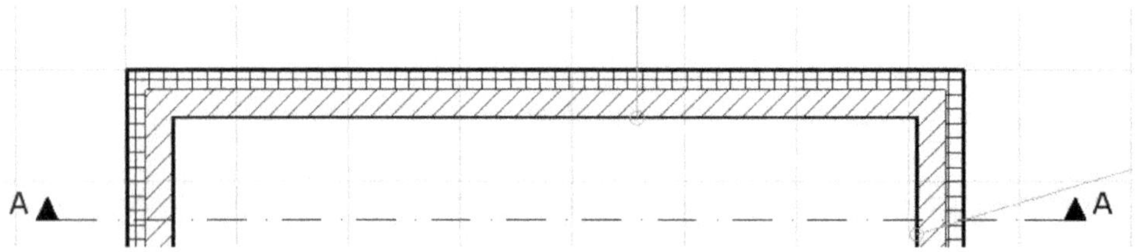

Abb. 11.5: Linie für Schnitt

Wenn der Schnitt erzeugt ist, werden Sie im NAVIGATOR feststellen, dass es einen neuen Eintrag beim Knoten SCHNITTE gibt. Mit Doppelklick können Sie den neuen Schnitt aufblättern und auch weiterbearbeiten, z. B. bemaßen. Abbildung 11.6 zeigt einen Schnitt ohne Tiefe, der also nur Schnittflächen der Elemente enthält, aber keine Ansichten dahinter liegender Elemente. Im Panel ALLGEMEIN wählen Sie dafür HORIZONTALER BEREICH|KEINE TIEFE. Sogar die Treppenstufen und Geländer werden in der angegebenen Tiefe geschnitten.

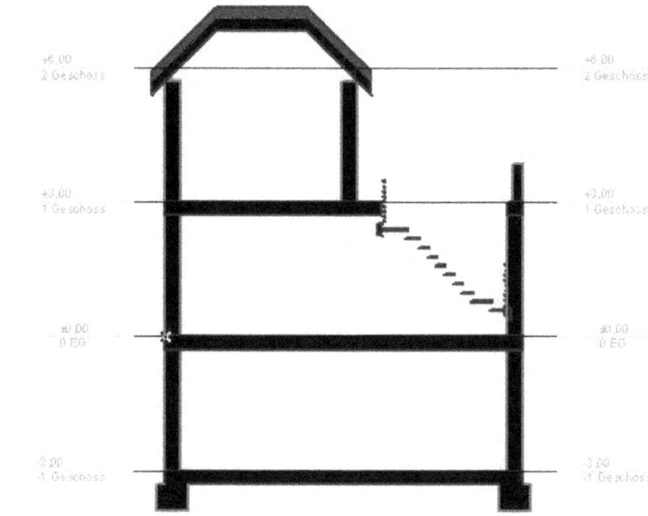

Abb. 11.6: Schnitt ohne Tiefe

Einen Schnitt mit Tiefe sehen Sie in Abbildung 11.7. Alle tiefer liegenden Objekte sind in Draufsicht zu sehen.

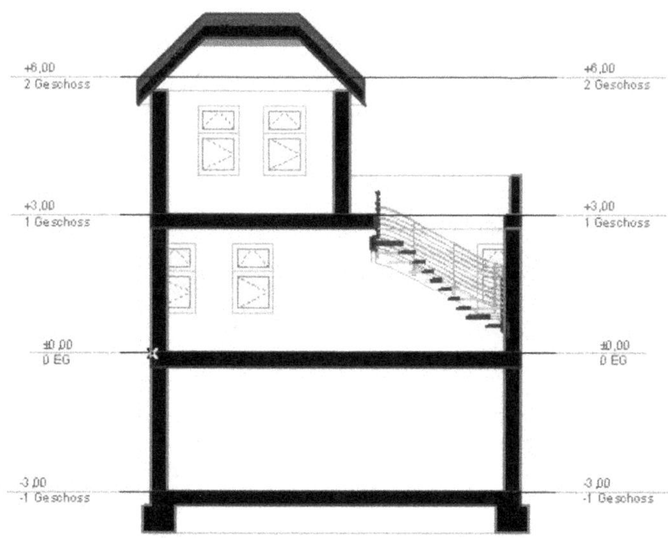

Abb. 11.7: Schnitt mit unendlicher Tiefe

Schnitte können auch nachträglich noch unterbrochen und die Segmente individuell verschoben werden. Dazu gibt es zwei Werkzeuge in der PET-PALETTE.

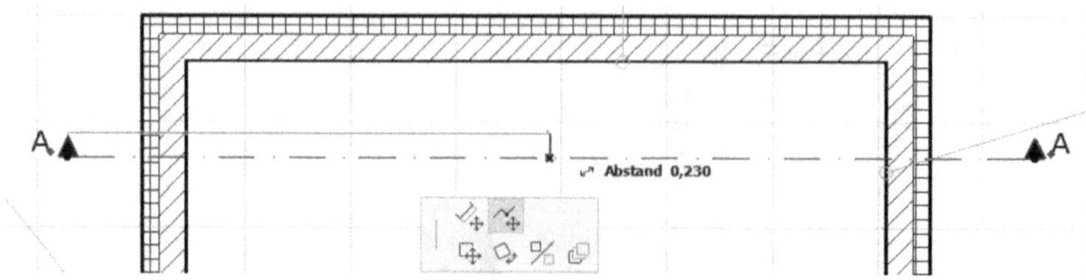

Abb. 11.8: Schnitt am Mittelpunkt unterbrechen und verschieben

11.2 Ansichten

ANSICHTEN sind eigentlich spezielle Schnitte, die im Allgemeinen außerhalb des Objekts liegen und meist mit unendlicher Tiefe ausgeführt werden. Nach Anklicken der beiden Definitionspunkte für die einfache Schnittlinie klicken Sie mit dem Augen-Cursor auf die Seite, die Sie betrachten wollen. Wenn die Definitionslinie nicht die ganze Breite des Bauwerks abdeckt, erhalten Sie auch nur die Ansicht für den so gekennzeichneten Bereich. Auch hier gibt es die Geometriemethode VERSETZT, um eine Ansichtslinie mit Knickstellen zu erzeugen, die auch in das Innere der Konstruktion gehen kann. In diesem Fall macht auch die Option BEGRENZTE TIEFE einen Sinn.

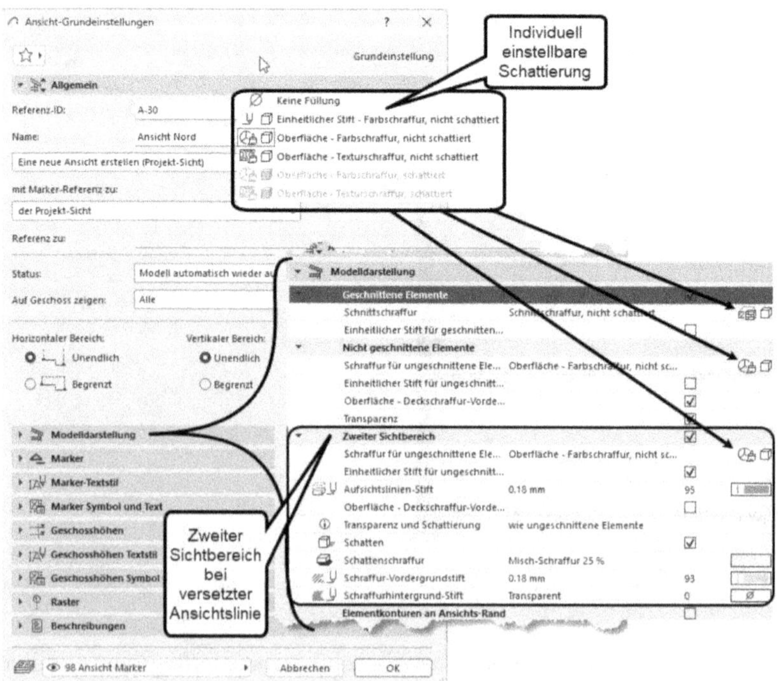

Abb. 11.9: ANSICHT-GRUNDEINSTELLUNGEN

Die ANSICHT unterscheidet sich im Wesentlichen dadurch vom SCHNITT, dass sie Oberflächenfarben und 3D-Schraffuren für die nicht geschnittenen Elemente anzeigt. Dies kann aber im EINSTELLUNGSDIALOG in jedem Fall auch anders eingestellt werden.

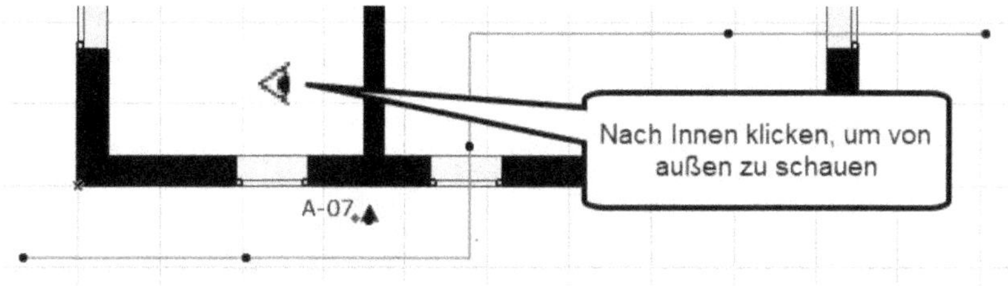

Abb. 11.10: Markierter Linienzug für versetzte Ansicht

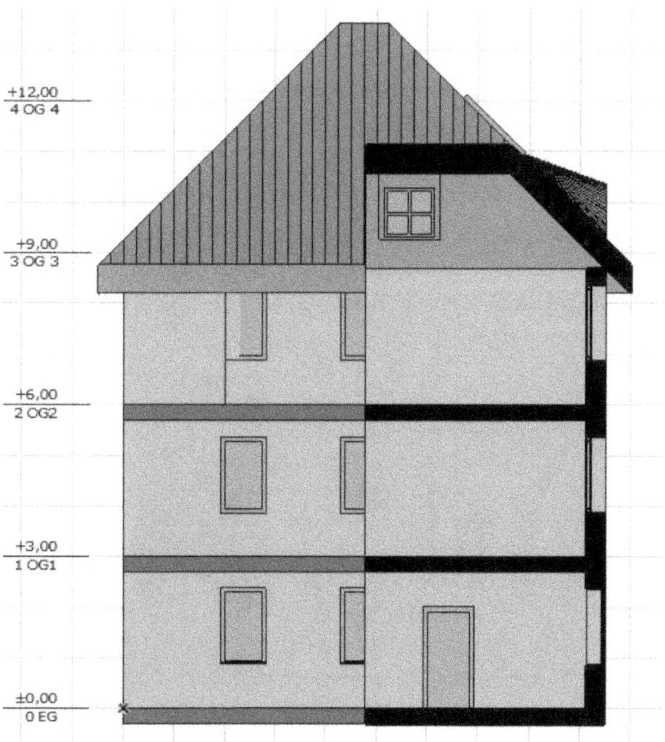

Abb. 11.11: Fertige Ansicht

Die neue Ansicht, die im Ordner ANSICHTEN des NAVIGATORS automatisch erstellt wird, ist mit der Schnittlinie im Grundriss gekoppelt. Wenn Sie die Schnittlinie löschen wollen, erhalten Sie deshalb eine *Warnmeldung*. Führen Sie die Löschung aus, wird auch die zugehörige ANSICHT im NAVIGATOR gelöscht.

11.3 Innenansichten

Innenansichten können mit dem gleichnamigen Werkzeug mit verschiedenen Geometriemethoden erstellt werden: EINFACH, POLYGONAL, RECHTECKIG und GEDREHTES RECHTECK. Im EINSTELLUNGEN-Dialog können Sie angeben, ob die Innenansicht *über alle Stockwerke* gehen oder in der Höhe begrenzt werden soll. In vorliegenden Fall sind keine Höhenbegrenzungen nach oben und unten geplant.

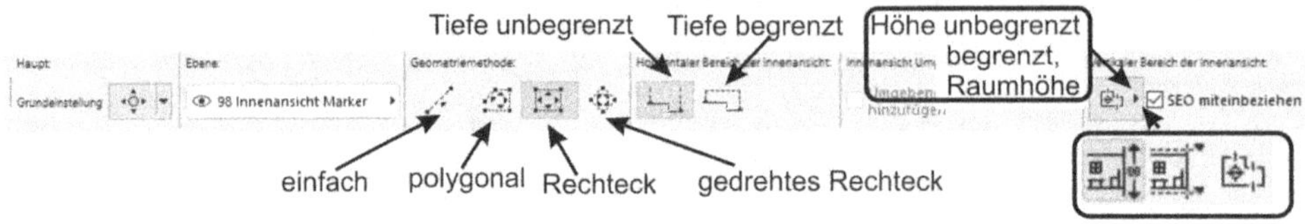

Abb. 11.12: Einstellungen für Innenansicht

Bei der EINFACHEN Innenansicht geben Sie mit einer ersten Linie im Grundrissfenster über zwei Klicks ❶, ❷ die Ebene an, auf die Sie blicken wollen. Sie begrenzt die Tiefe, bis zu der die Abbildung maximal reicht. Um Fenster und Türen der hinteren Wand mit zu erfassen, kann diese Linie auch außerhalb des Gebäudes liegen. Mit einem weiteren Klick ❸ positionieren Sie parallel dazu die Ebene, von der aus Sie blicken wollen (Abbildung 11.13). Wenn Sie alternativ im EINSTELLUNGSDIALOG die Option UMGEBENDEN BEREICH HINZUFÜGEN aktivieren, ist die Tiefe der Sichtbarkeit immer unbegrenzt.

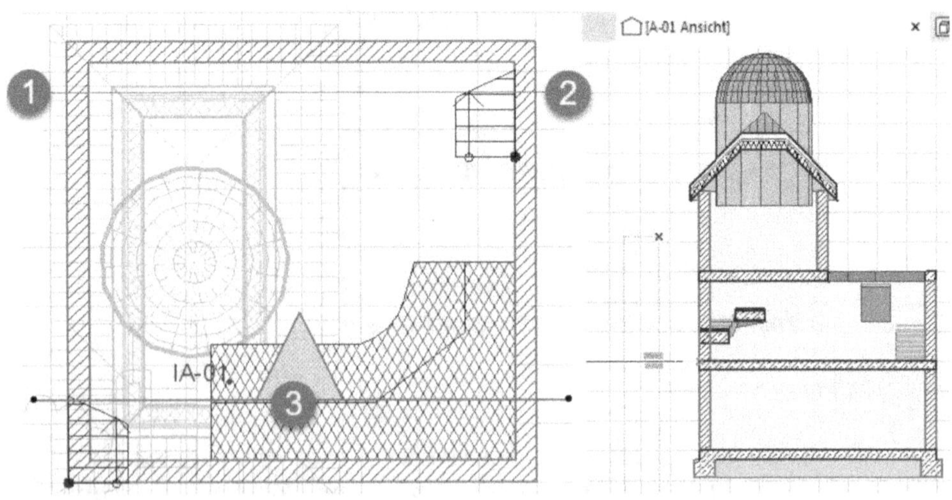

Abb. 11.13: Einfache Innenansicht mit Definitionslinie und resultierender Ansicht

Mit der Geometriemethode RECHTECK geben Sie zuerst über zwei diagonale Positionen ❶, ❷ ein Rechteck vor, das die zu betrachtenden Objekte umfassen sollte. Als Zweites geben Sie über eine weitere Position ❸ ein nach innen parallel versetztes Rechteck an, das die Ausgangspositionen für Ihre Ansichtsebenen definiert (Abbildung 11.14). Achten Sie darauf, dass das zweite Rechteck nicht zu weit nach innen gezogen wird und Sie später nur noch die innersten Wände in den Ansichten sehen. Die vier resultierenden Ansichtslinien können Sie aber auch nachträglich individuell nach Anklicken und mit entsprechenden Funktionen in den PET-PALETTEN verschieben.

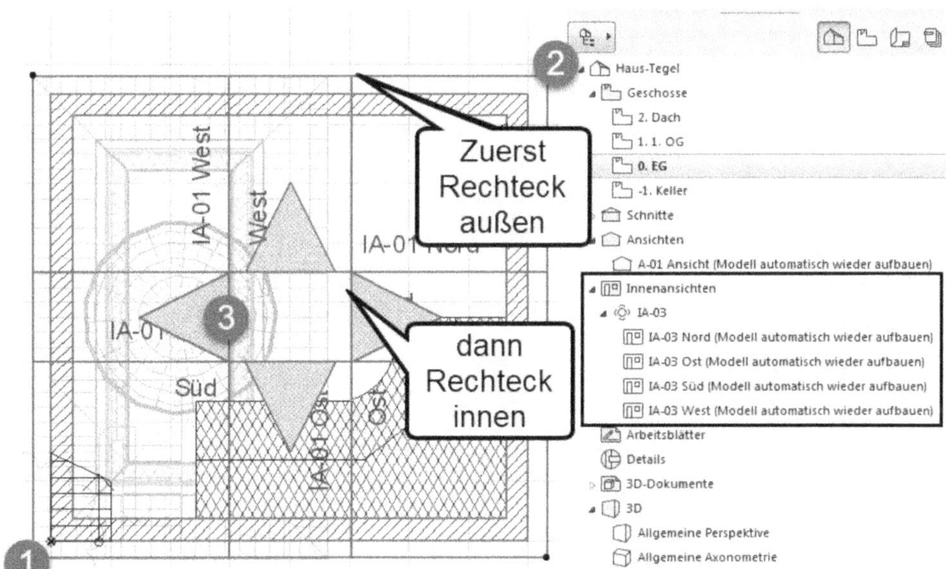

Abb. 11.14: Rechteckige Innenansicht und resultierende Ansichten

Bei diesen vier Ansichten ist es interessant, die Namen beispielsweise automatisch nach den Himmelsrichtungen zu benennen. Dazu müssen Sie in der INNENANSICHT-EINSTELLUNG einen AUTOTEXT aktivieren. Klicken Sie im Panel ALLGEMEIN unter NAME auf das Logo mit dem Buchstaben A und wählen Sie RAUMANSICHT-ORIENTIERUNG. Als Resultat steht in dieser Zeile danach <ORIENTATION> (Abbildung 11.15). Im NAVIGATOR erscheinen dann die entsprechenden Beschriftungen *Nord*, *Süd*, *Ost* und *West*.

Wichtig ist auch noch, auf VERTIKALER BEREICH zu achten. Hier können Sie den Schnitt in der Höhe begrenzen. Mit der Option AN RAUM ANGEPASST wird in den Ansichten dann nur das aktuelle Geschoss bemaßt, ansonsten aber alle Geschosse dargestellt. Bei BEGRENZT können Sie einen Höhenbereich eingeben, auf den dann die Innenansichten begrenzt werden. Bei UNENDLICH werden alle Geschosse in den Innenansichten angezeigt und mit Höhenbemaßung versehen.

Unter HORIZONTALER BEREICH wird die Darstellung vorgabemäßig mit NACH BEGRENZUNGSLINIEN auf die von Ihnen eingegebenen äußeren Linien begrenzt. Mit UMGEBENEN BEREICH HINZUFÜGEN wirken die nächstliegenden Wände als äußere Begrenzungen für die Sichtbarkeit von Objekten. Für Innenansichten einzelner Zimmer ist dies eine durchaus sinnvolle Vorgabe.

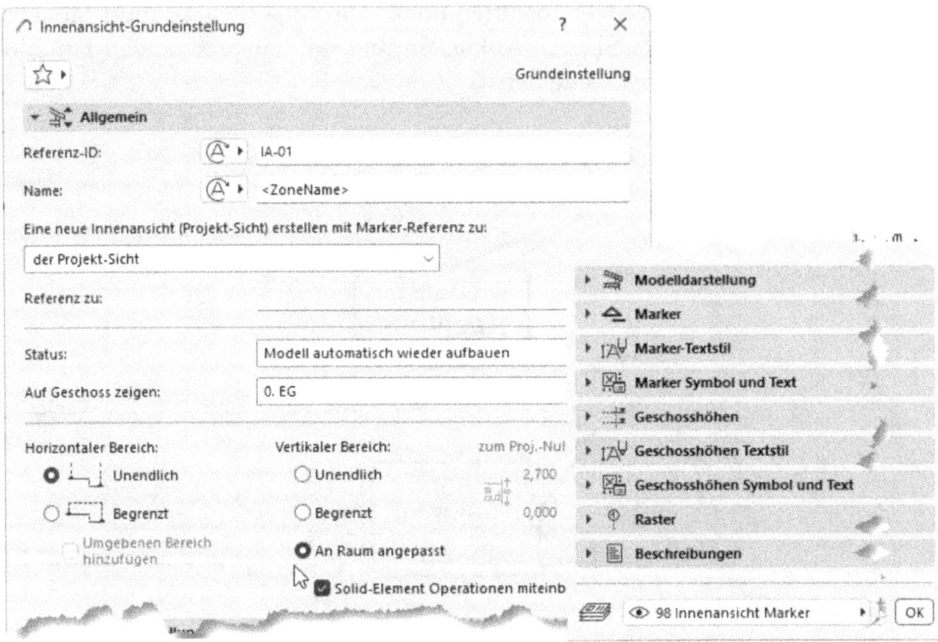

Abb. 11.15: GRUNDEINSTELLUNGEN für INNENANSICHT

Wenn das Rechteck für die Innenansichten wie in Abbildung 11.17 auf die Außenwände gelegt wird, erhält man vier Ansichten der kompletten Wände.

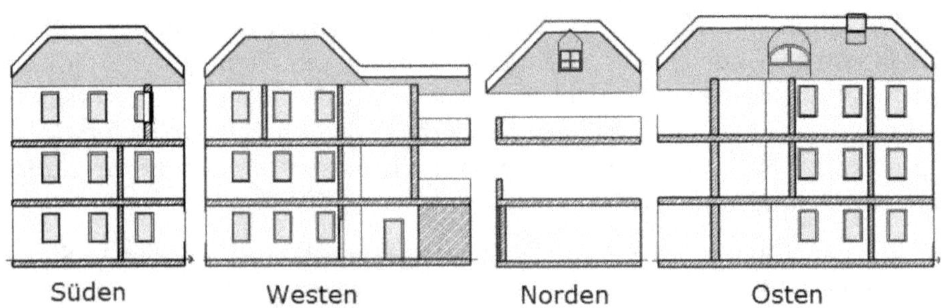

Abb. 11.16: Zusammenkopierte Innenansichten

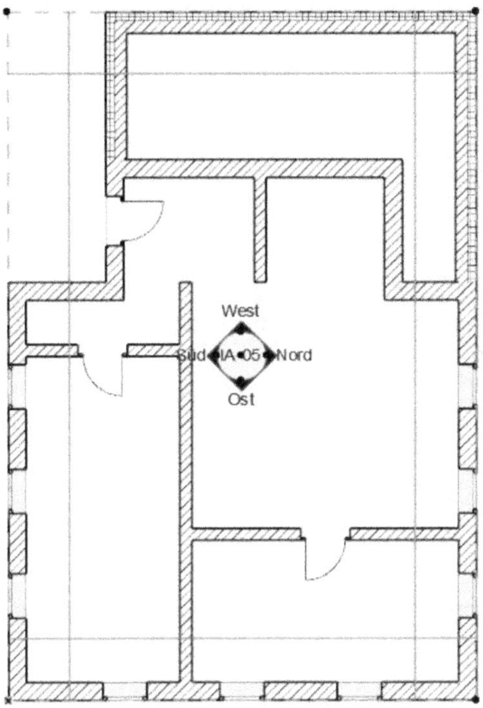

Abb. 11.17: Hilfslinien für eine Gesamt-Innenansicht

11.4 Arbeitsblätter

Mit dem Werkzeug (Abbildung 11.18) erzeugen Sie ARBEITSBLÄTTER praktisch als Schnappschuss eines Grundrissausschnitts oder eines Ausschnitts einer anderen Ansicht zur getrennten Weiterbearbeitung. Im ARBEITSBLATT werden die *Architekturelemente* der Grundrissdarstellung in ihre *2D-Zeichnungselemente* zerlegt und können als solche bearbeitet werden. Wenn Sie das Gruppieren noch nicht ausgeschaltet haben, werden die Elemente wie Fenster, Türen, Wände etc. noch als Gruppen von Linien, Bögen, Schraffuren zusammengehalten. Ansonsten zerfallen sie wirklich in die einfachen Zeichenelemente. Sie können im ARBEITSBLATT mit einfachen Zeichenfunktionen aus dem Abschnitt DOKUMENTATION arbeiten wie LINIE, KREIS oder POLYLINIE etc. Aus dem Bereich PLANUNG kann nur die Kategorie OBJEKTE beispielsweise zum Einfügen von Möblierung verwendet werden, die übrigen Funktionen aber nicht.

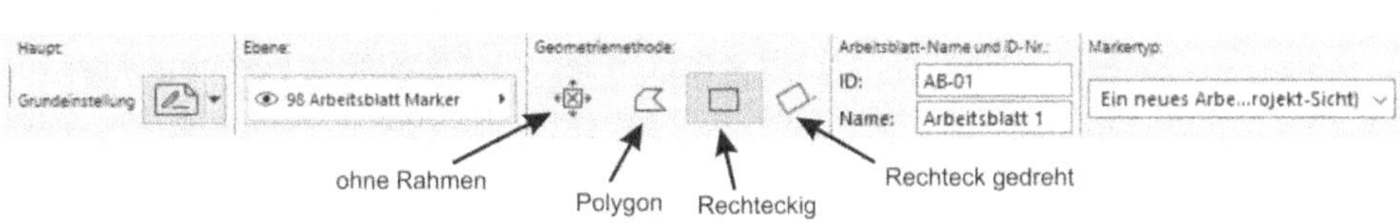

Abb. 11.18: INFOFENSTER zum ARBEITSBLATT

Die Ergänzungen im ARBEITSBLATT haben keinen Einfluss auf die Grundrissansicht, und umgekehrt wird das Arbeitsblatt nicht mehr automatisch mit der Grundrissansicht synchronisiert. In einem Arbeitsblatt können Sie aber über Rechtsklick die Funktion ANHAND DES URSPRUNGSAUSSCHNITTS NEU AUFBAUEN aufrufen und manuell den Inhalt wieder mit dem Grundriss synchronisieren (Abbildung 11.20). Die eigens im Arbeitsblatt erstellten Zeichnungsobjekte bleiben davon unbeeinflusst.

Es gibt wieder verschiedene Geometriemethoden für die Erstellung des Arbeitsblatts: OHNE RAHMEN, POLYGON, RECHTECK, GEDREHTES RECHTECK. Mit der Option OHNE RAHMEN wird nur ein Marker positioniert und ein Arbeitsblatt *von der gesamten aktuellen Projekt-Sicht (Grundriss, Ansicht, Schnitt o.Ä.)* generiert. Die übrigen Geometriemethoden erstellen erst einen Rahmen für den gewünschten Ausschnitt und verlangen dann eine Position für den Marker mit dem Arbeitsblattnamen.

Die im Arbeitsblatt gezeichneten Geometrien können im Grundrissfenster als Transparentpause angezeigt werden. Dazu gehen Sie im NAVIGATOR auf das ARBEITSBLATT und aktivieren per Rechtsklick ALS TRANSPARENTPAUSE ANZEIGEN.

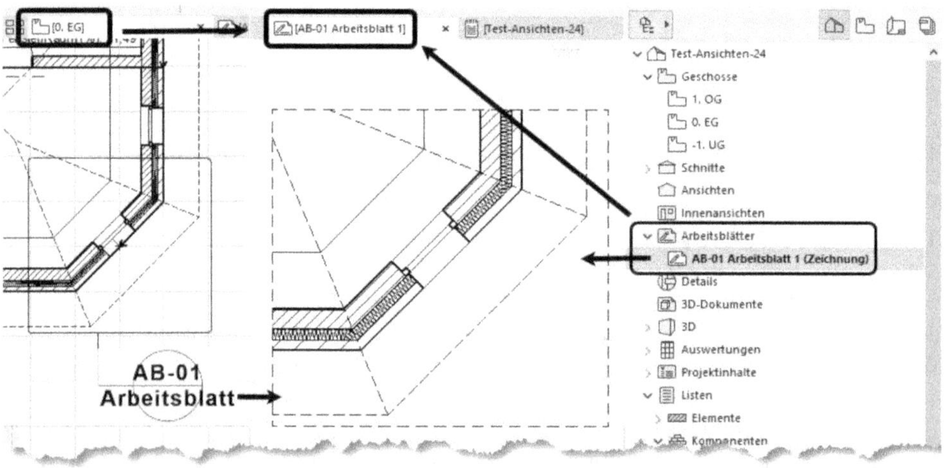

Abb. 11.19: Arbeitsblatt vom Typ Rechteck

Ein ARBEITSBLATT enthält auch die Anmerkungs- und Bemaßungsobjekte aus dem Grundrissfenster und unterscheidet sich damit vom DETAIL. Bemaßungen und Etiketten, deren Bezugspunkte im Arbeitsblattausschnitt liegen, werden angezeigt, auch wenn der Maß- oder Etikettentext außerhalb liegt (Abbildung 11.20).

Mit Rechtsklick auf Arbeitsblätter im NAVIGATOR finden Sie eine Funktion NEUES UNABHÄNGIGES ARBEITSBLATT. Damit wird ein leeres Arbeitsblatt erzeugt, um völlig neue Geometrie zu erstellen, unabhängig vom restlichen Gebäude und ohne direkten Bezug auf Projektelemente.

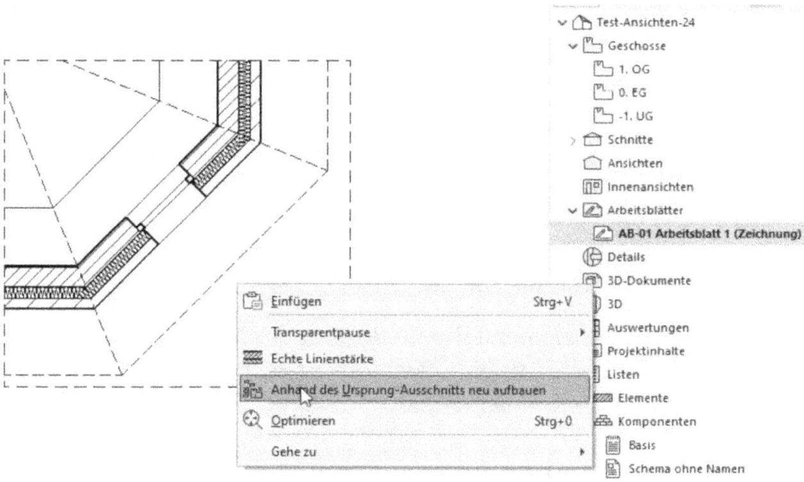

Abb. 11.20: Kontextmenü zum Arbeitsblatt

Arbeitsblätter mit den darin enthaltenen 2D-Konstruktionen, Bemaßungen und Beschriftungen können auch benutzt werden, um als Transparentpausen in anderen Ansichten angezeigt zu werden (Abbildung 11.21).

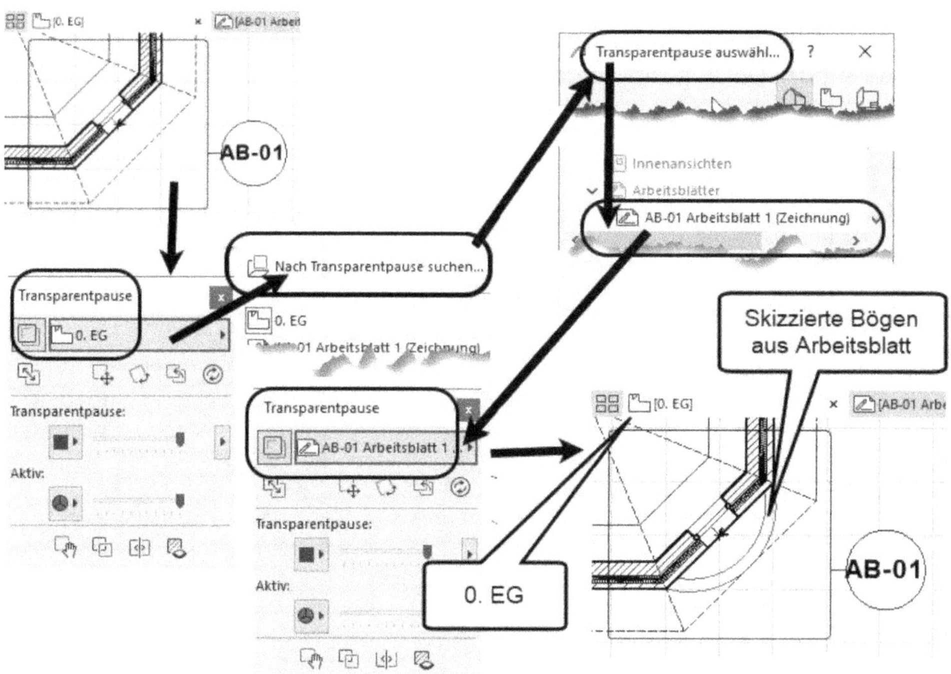

Abb. 11.21: Arbeitsblatt zur transparenten Anzeige in einem Grundriss auswählen

11.5 Details

Mit dem Werkzeug (Abbildung 11.22) erzeugen Sie Detailansichten. Es gibt wieder verschiedene Geometriemethoden: OHNE RAHMEN, POLYGON, RECHTECK, GEDREHTES RECHTECK. Mit der Option OHNE RAHMEN wird nur ein Marker positioniert und eine leere Detailzeichnung generiert. Benutzen Sie das, wenn ein Detail völlig neu gezeichnet werden soll, das nicht aus der aktuellen Projektsicht hervorgeht. Die Funktion verlangt die Positionierung eines Markers in der aktuellen Sicht, aber der kann auch gelöscht werden, um ein Detail ohne Marker zu erstellen.

Die übrigen Optionen verlangen zuerst die Festlegung der Punkte für die Begrenzung der Detailzeichnung und dann eine Position für den Marker, der standardmäßig den *Namen* und die *ID-Nummer* enthält.

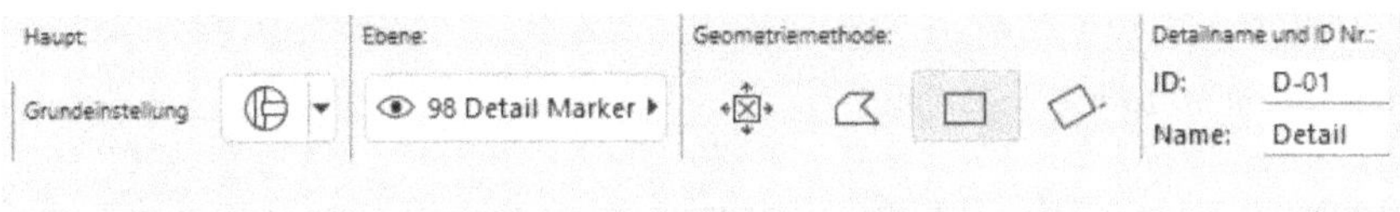

Abb. 11.22: DETAIL-Werkzeug im INFOFENSTER

Als Vorgabe ist die Methode RECHTECK aktiviert. Sie können noch einen Namen für das Detail angeben. Dann klicken Sie zwei diagonale Positionen an, die den Ausschnitt markieren. Danach erscheint der Hammer-Cursor, mit dem Sie den Marker für das Detail positionieren (Abbildung 11.23).

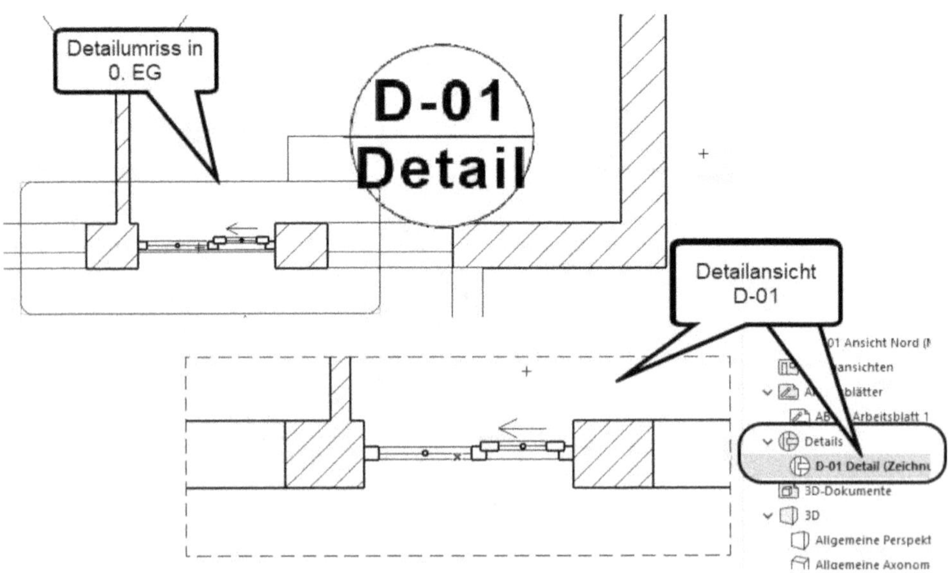

Abb. 11.23: Positionierter Detailausschnitt und Detailansicht

Im EINSTELLUNGSDIALOG gibt es neben der Standard-Vorgabe NEUES DETAIL ERSTELLEN (Abbildung 11.24) noch die Option VERKNÜPFTEN MARKER PLATZIEREN. Damit können Sie ein Detail, das Sie einmal erzeugt haben, an mehreren Stellen des Modells zitieren. Diese Option ist sehr nützlich für Details, die sich z. B. in mehreren Geschossen wiederholen. Mit der Option NUR KONSTRUKTIONSELEMENTE KOPIEREN können Sie Texte, Raumstempel und reine Zeichenelemente unterdrücken.

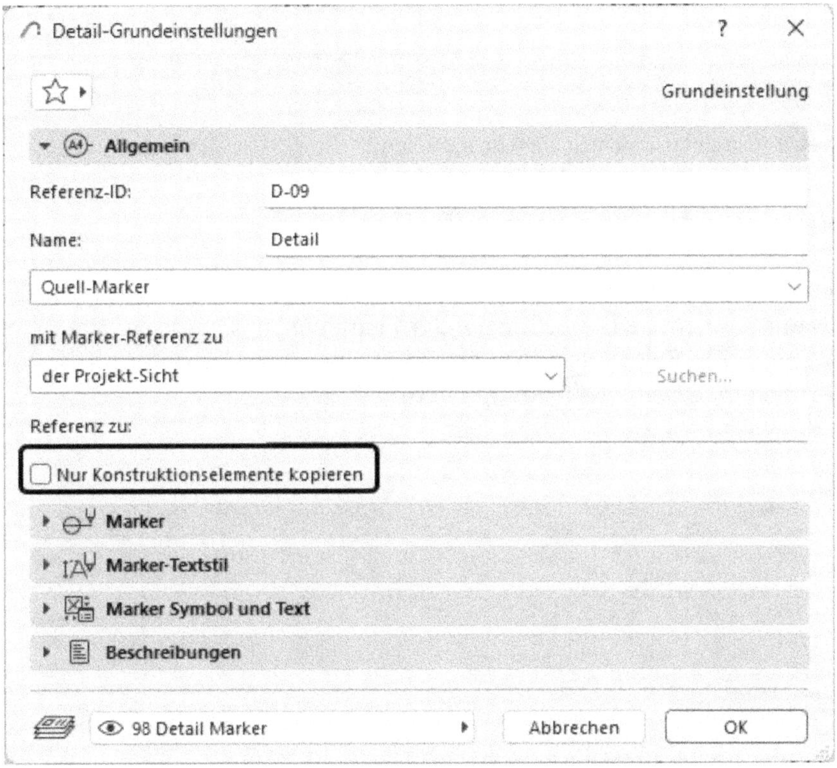

Abb. 11.24: Einstellungen für DETAIL-Werkzeug

Nach Erstellen des Details erscheint im Knoten DETAILS des NAVIGATORS die neue Detailzeichnung. Darin sind die Elemente der Originalzeichnung in einzelne Linien, Kreise und Bögen zerlegt worden. Sie können das Detail durch weitere Geometrieelemente, Bemaßungen und Texte ergänzen. Sollten Sie die Originalzeichnung im Grundrissfenster bearbeitet haben, können Sie das Detail neu aufbauen lassen. Dazu gibt es eine entsprechende Funktion im Kontextmenü des Detailfensters. Die Detailkonstruktionen können Sie übers Kontextmenü als Transparentpause anzeigen lassen.

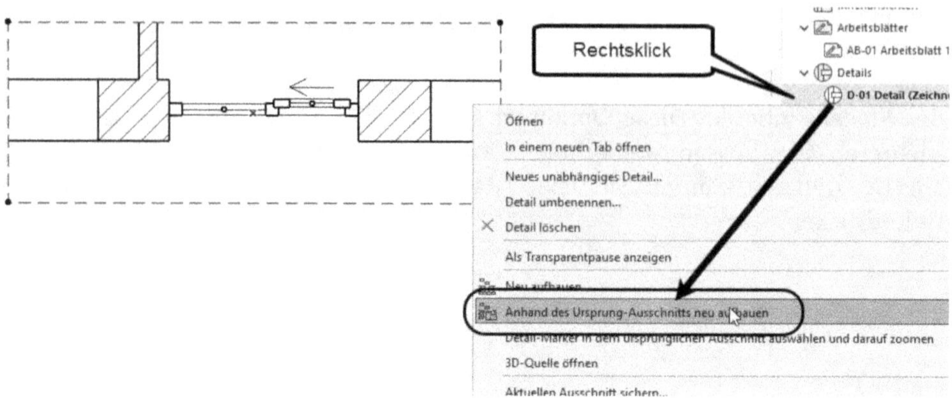

Abb. 11.25: Detail-Ausschnitt kann neu aufgebaut werden.

11.6 Die grafischen Überschreibungen

Ein sehr nützliches Dokumentations-Werkzeug sind die GRAFISCHEN ÜBERSCHREIBUNGEN. Damit können die Darstellungen der Elemente an bestimmte Parameter geknüpft werden. Als Beispiel sei hier die Darstellung für Elemente mit Brandschutz-Spezifikation gewählt (Abbildung 11.26).

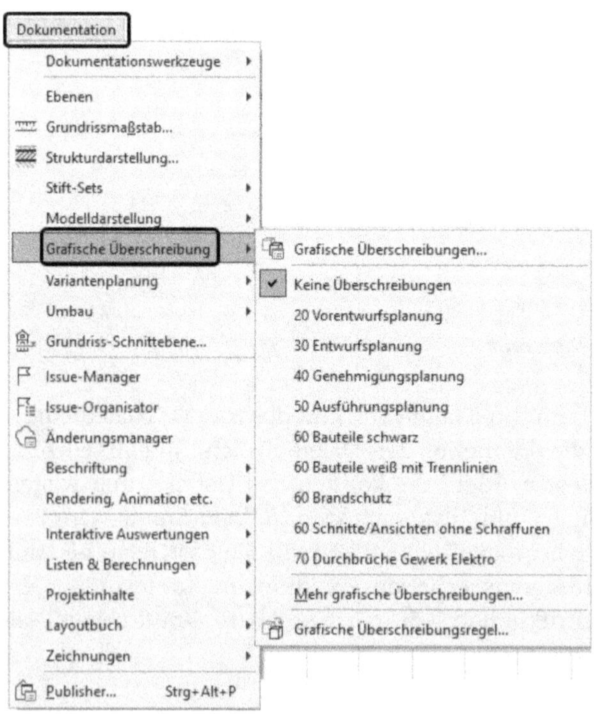

Abb. 11.26: Grafische Überschreibungen

Damit diese Überschreibungen greifen, müssen Sie natürlich die entsprechenden Parameter im EINSTELLUNGSDIALOG der Elemente setzen (Abbildung 11.27). Entsprechend erfolgt dann die grafische Darstellung (Abbildung 11.28).

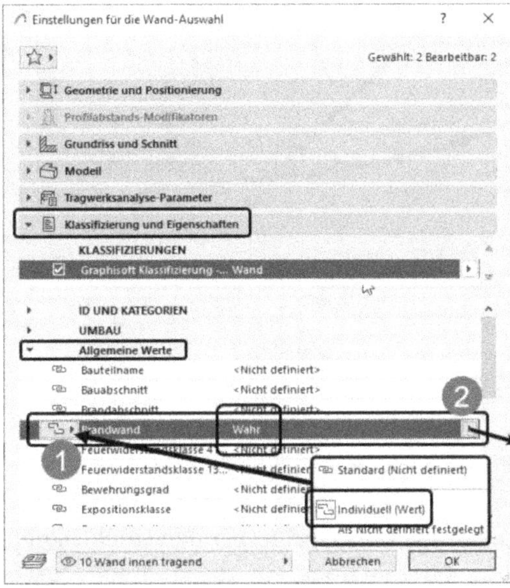

Abb. 11.27: Klassifizierung einer Wand als Brandwand

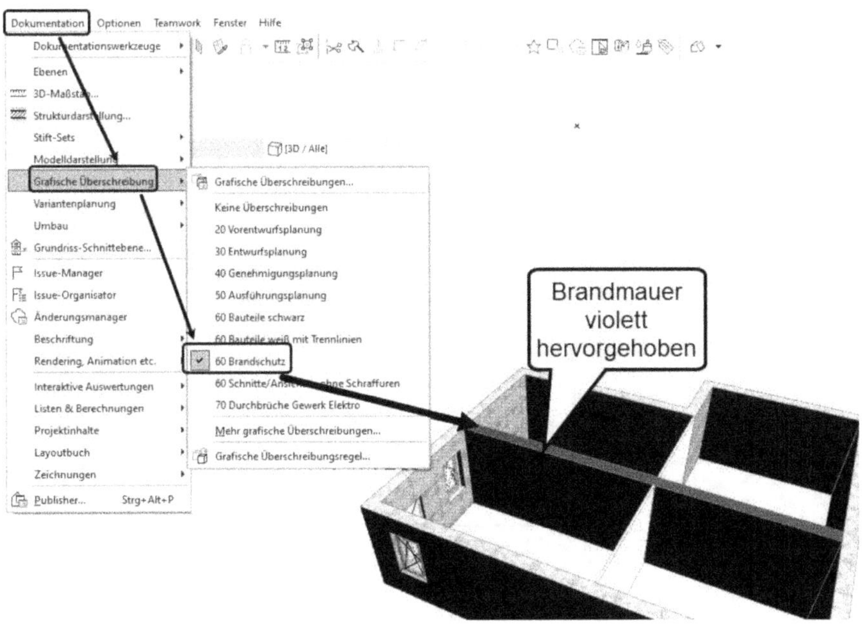

Abb. 11.28: Farbige Hervorhebung der Brandwand

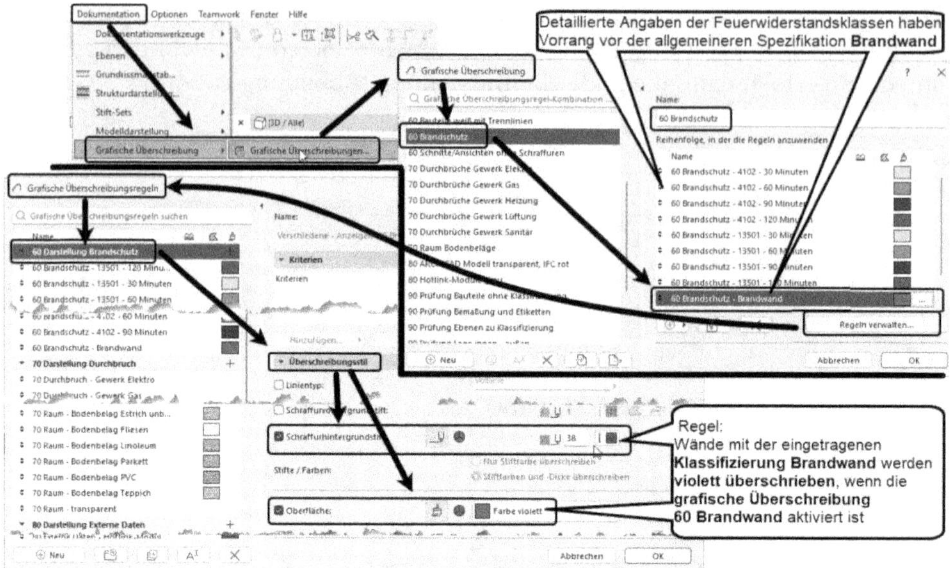

Abb. 11.29: Definition der grafischen Überschreibung und Regel für Brandschutz

Ein zweites Beispiel zeigt die Unterscheidung zwischen tragenden, nichttragenden und unspezifizierten Bauelementen. Hier wurden für die drei Kategorien unterschiedliche Farben in den Regeln festgelegt (Abbildung 11.30).

Damit die Regeln wirksam werden können, müssen natürlich auch hier die Parameter für die einzelnen Wände wieder im EINSTELLUNGSDIALOG gesetzt werden.

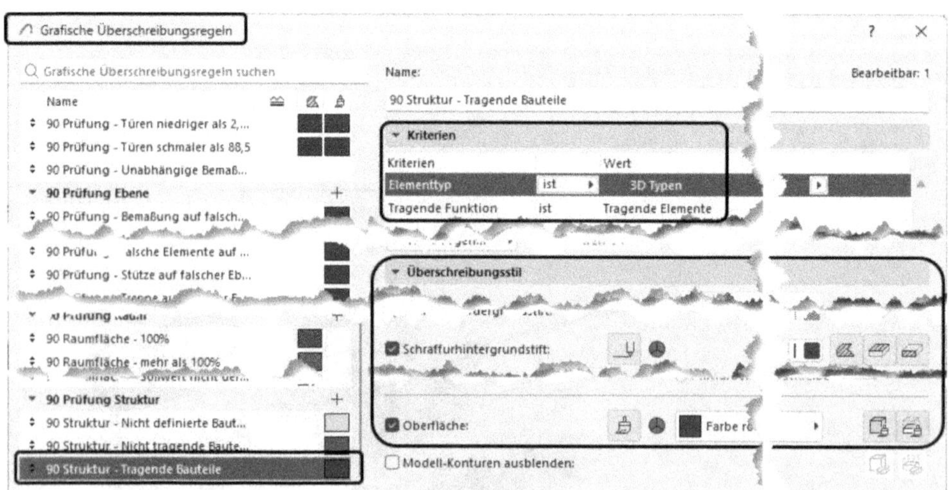

Abb. 11.30: Überschreibungsregeln für tragendende (rot) und nicht tragende (violett) und nicht definierte (gelb) Elemente

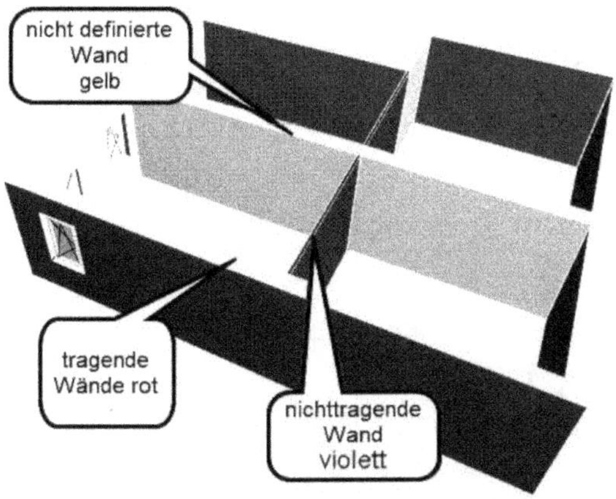

Abb. 11.31: Anzeige für tragende (rot, hier dunkelgrau), nichttragende (blau, hier mittelgrau) und unspezifizierte (gelb, hier hellgrau) Elemente

11.7 3D-Schnitte

Das Werkzeug für 3D-Schnitt finden Sie in der Symbolleiste STANDARD oder im Menü ANSICHT|ELEMENTE IN 3D|3D-SCHNITT AUSFÜHREN. Nach Aktivieren dieser Funktion können Sie eigene Schnittebenen mit ANSICHT|ELEMENTE IN 3D|3D-SCHNITTEBENEN|EIGENE SCHNITTEBENE ERSTELLEN erzeugen.

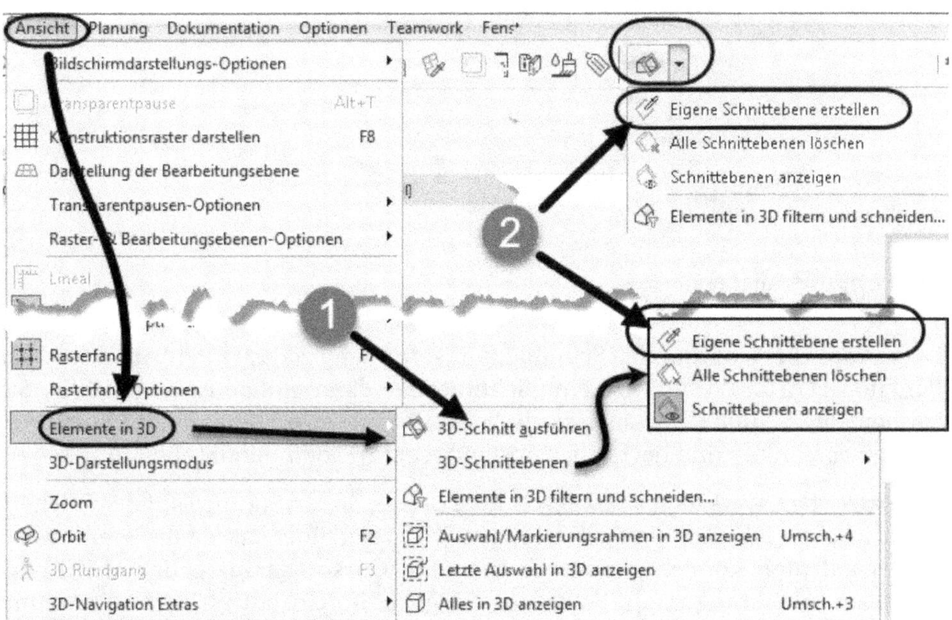

Abb. 11.32: Werkzeuge für 3D-Schnitte

Der Cursor erscheint dann mit einem Flächenwahl-Werkzeug, mit dem Sie eine Fläche anklicken und interaktiv oder durch eine Abstandseingabe positionieren können (Abbildung 11.33).

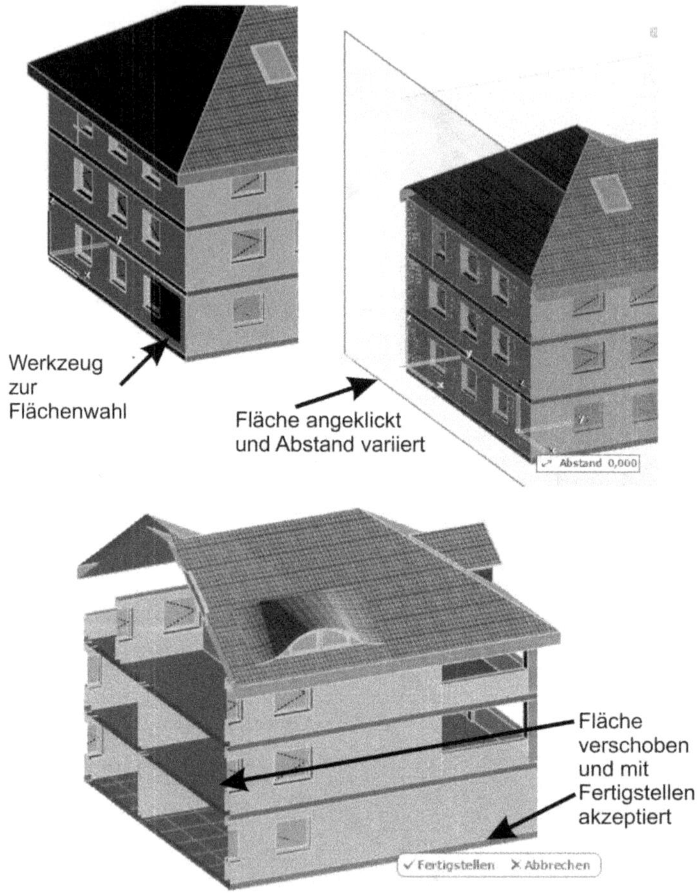

Abb. 11.33: 3D-Schnitt-Definition

Dabei wird die Wirkung der Schnittaktion sofort angezeigt. Durch Anklicken der Funktion FERTIGSTELLEN wird eine Schnittebene dann endgültig eingerichtet. Sie können eine Schnittebene auch nach Anklicken von zwei Punkten und durch Angabe eines Winkels und noch eines Abstands sehr frei definieren (Abbildung 11.34).

Bei aktiviertem Werkzeug 3D-SCHNITT AUSFÜHREN finden Sie auch auf der Zeichenfläche an allen Rändern ein Schnittebenen-Werkzeug, über das Sie die Schnittfunktionen aufrufen können, wenn Sie mit dem Cursor darauf gehen und etwas verweilen (Abbildung 11.34). Es ist auch möglich, im Grundrissfenster die Schnittebenen zu positionieren. Das kann für vertikale Schnittebenen viel einfacher sein als im 3D-Fenster.

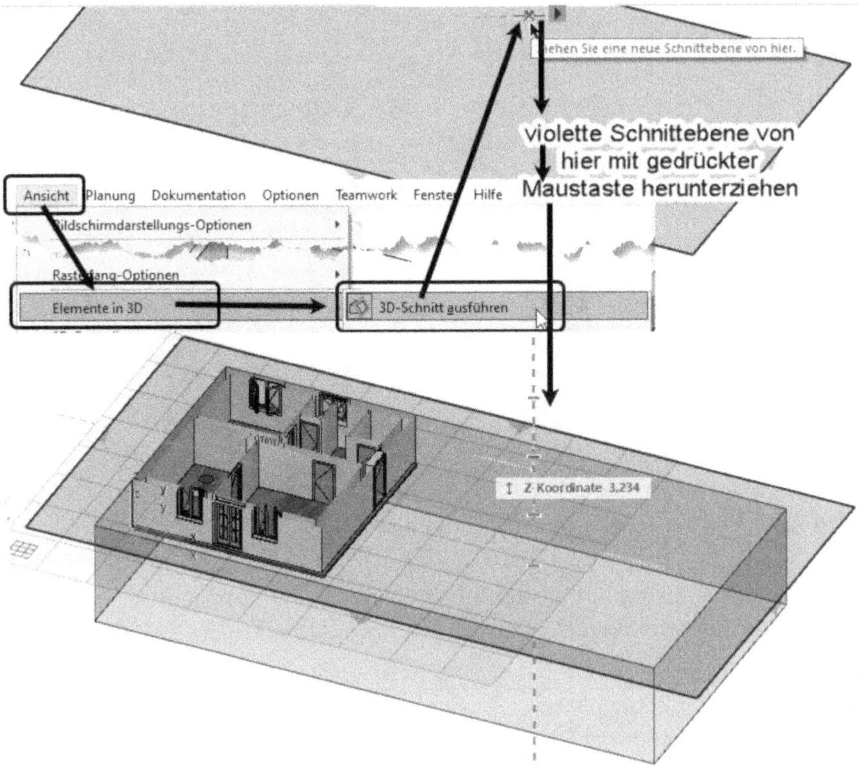

Abb. 11.34: 3D-Schnitt mit SCHNITT-Werkzeug am Bildschirmrand

Das 3D-Fenster wird immer sofort durch die erzeugten Schnittflächen entsprechend geschnitten. Um wieder das ungeschnittene Modell zu sehen, müssen Sie 3D-SCHNITT AUSFÜHREN wieder deaktivieren. Die Einstellungen für den 3D-Schnitt werden mit dem Projekt gespeichert, sofern Sie nicht auf ALLE SCHNITTEBENEN LÖSCHEN klicken. Die Darstellung des 3D-Schnitts kann jederzeit wieder mit 3D-SCHNITT AUSFÜHREN eingeschaltet werden.

Zur Speicherung des 3D-SCHNITTS könnten Sie im Kontextmenü nach Rechtsklick die Option NEUES 3D-DOKUMENT AUS 3D wählen. Das 3D-DOKUMENT ist praktisch ein Schnappschuss der aktuellen 3D-Darstellung mit den aktuellen Schnittebenen. Aber dieses 3D-Dokument wird bzgl. der konstruktiven Änderungen dauerhaft *synchron* zum 3D-Modell gehalten. Ändern Sie eine Wandhöhe im 3D-Modell, ändert sie sich auch im 3D-DOKUMENT. Wenn Sie aber im Original-3D-Fenster die Schnittebenen deaktivieren, ändert sich zunächst nichts im 3D-DOKUMENT, nur wird dann Ihr 3D-Fenster mit einer Warnung versehen, weil es nicht mehr synchron zum 3D-DOKUMENT ist. Erst, wenn Sie entweder im 3D-Fenster die Schnittebenen wieder aktivieren oder alternativ im Kontextmenü das 3D-DOKUMENT neu erstellen lassen, wird die Warnmeldung entfernt. Damit ist eine dauerhafte Speicherung des 3D-Schnitts hier nicht möglich.

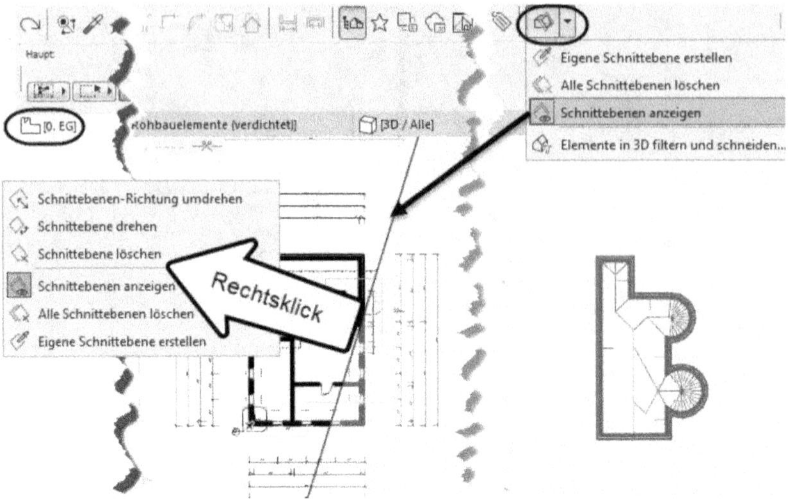

Abb. 11.35: Manipulation der Schnittebenen im Grundriss-Fenster

Sie können den 3D-Schnitt aber als echten Bildschirm-Schnappschuss in ein Layout legen. Richten Sie am besten zuerst im LAYOUTBUCH des NAVIGATORS ein neues Layout ein .

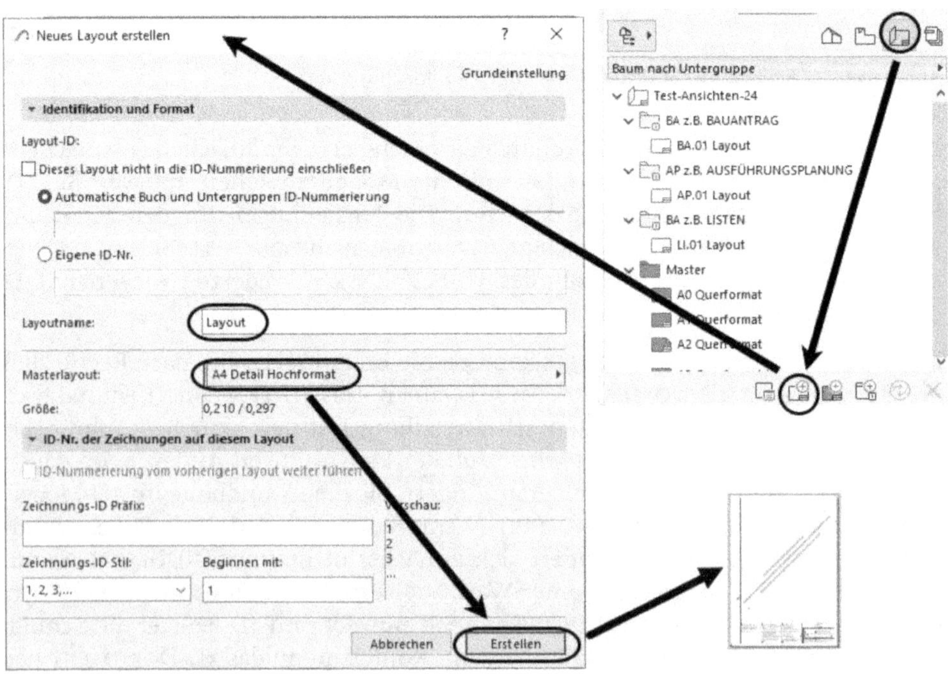

Abb. 11.36: Neues Layout im Layout-Buch erstellen

Um den 3D-SCHNITT ins Layout zu bringen, sollten Sie ihn zuerst als Ausschnitt in die AUSSCHNITT-MAPPE geben. Im 3D-FENSTER zoomen Sie nun auf die geschnittenen Objekte und aktivieren dann im NAVIGATOR nach Rechtsklick auf ALLGEMEINE AXONOMETRIE die Funktion AKTUELLEN AUSSCHNITT SICHERN. Nun erscheint ein Dialogfenster, in dem Sie einfach ganz unten auf ERSTELLEN klicken.

Gehen Sie in die AUSSCHNITT-MAPPE und suchen Sie ganz unten den zuletzt hinzugefügten Ausschnitt. Mit Rechtsklick gehen Sie ins Kontextmenü und wählen AUF LAYOUT PLATZIEREN.

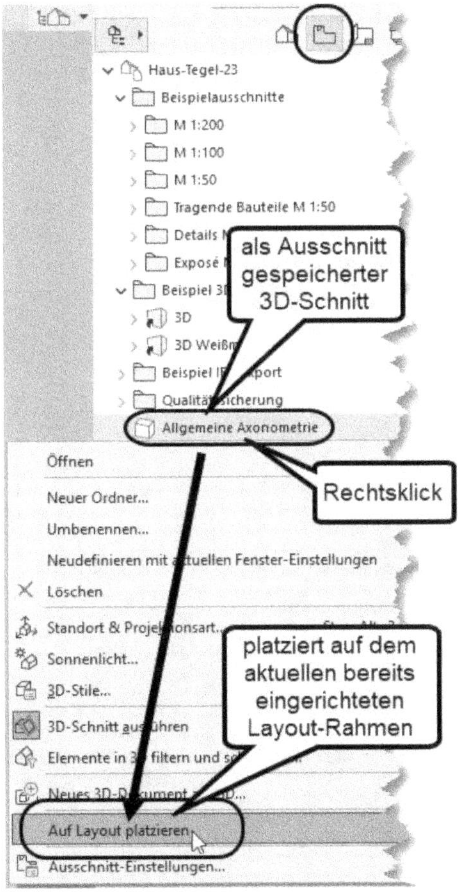

Abb. 11.37: Ausschnitt ins Layout bringen

Archicad wechselt nun in das vorher erstellte neue Layout und platziert dort den 3D-Schnitt als Zeichnung. Größe und Lage der Abbildung können Sie dann durch Anklicken des Ausschnitts – am besten an einer Ecke – über Werkzeuge aus der PET-PALETTE manipulieren. Zum Skalieren eignet sich dort die Funktion LÄNGENÄNDERUNG.

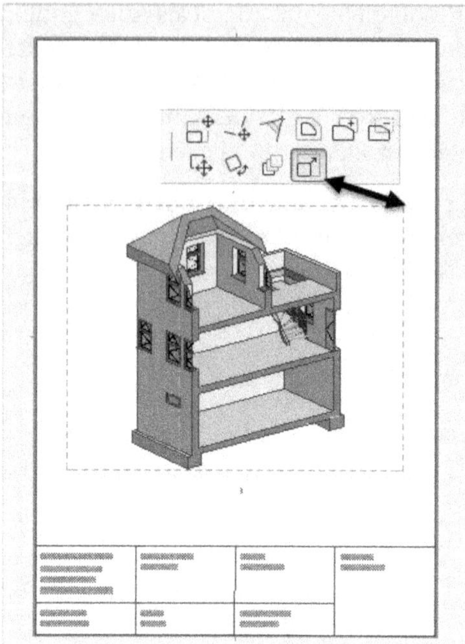

Abb. 11.38: 3D-Schnitt in ein Layout eingefügt

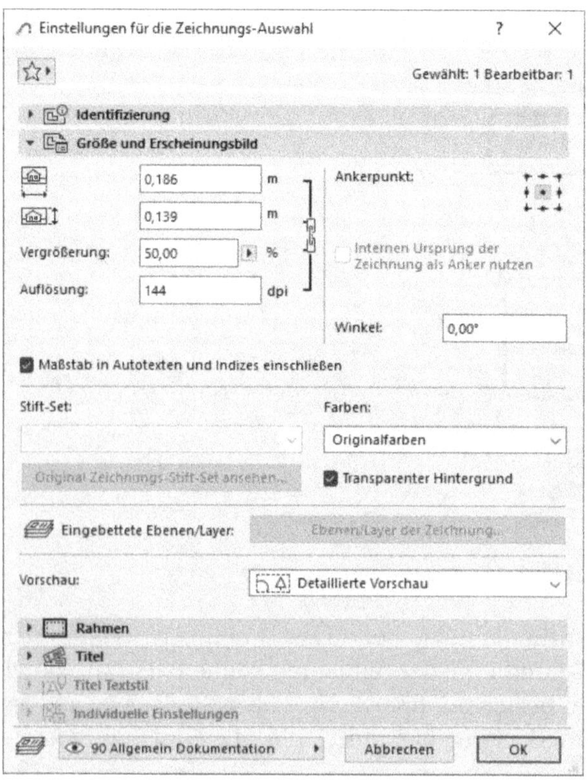

Abb. 11.39: Eigenschaften für die 3D-Schnitt-Zeichnung im Layout

11.8 Das 3D-Dokument

Auch in axonometrischen oder perspektivischen Ansichten ist es manchmal interessant, Texte oder Hinweise mit Etiketten oder gar Bemaßungen anzubringen, um für Klarheit in einer Konstruktion zu sorgen. Dafür gibt es das 3D-DOKUMENT als eine Art Schnappschuss des aktuellen 3D-FENSTERS. Dabei werden natürlich solche Einstellungen des 3D-FENSTERS wie 3D-SCHNITT oder Filterung übernommen. Im 3D-DOKUMENT können Sie dann bemaßen, Texte und Etiketten (Hinweistexte) anbringen oder 2D-Zeichenelemente mit den 2D-Werkzeugen aus dem Bereich DOKUMENTATION erstellen. Das 3D-DOKUMENT wird standardmäßig bei Änderungen am Modell automatisch auf den aktuellen Stand gebracht. Diese Eigenschaft kann nach Rechtsklick auf das 3D-DOKUMENT über die 3D-DOKUMENT-EIGENSCHAFTEN auf MANUELLES WIEDERAUFBAUEN (MODELL) umgestellt werden.

11.8.1 3D-Dokument erstellen

Zum Erstellen eines 3D-DOKUMENTS können Sie

- im aktuellen 3D-FENSTER nach Rechtsklick im Kontextmenü die Funktion NEUES 3D-DOKUMENT AUS 3D... anklicken,
- nach Rechtsklick auf 3D-DOKUMENT im NAVIGATOR die Funktion NEUES 3D-DOKUMENT AUS 3D... oder
- das Menü DOKUMENTATION|DOKUMENTATIONSWERKZEUGE|NEUES 3D-DOKUMENT... aufrufen.

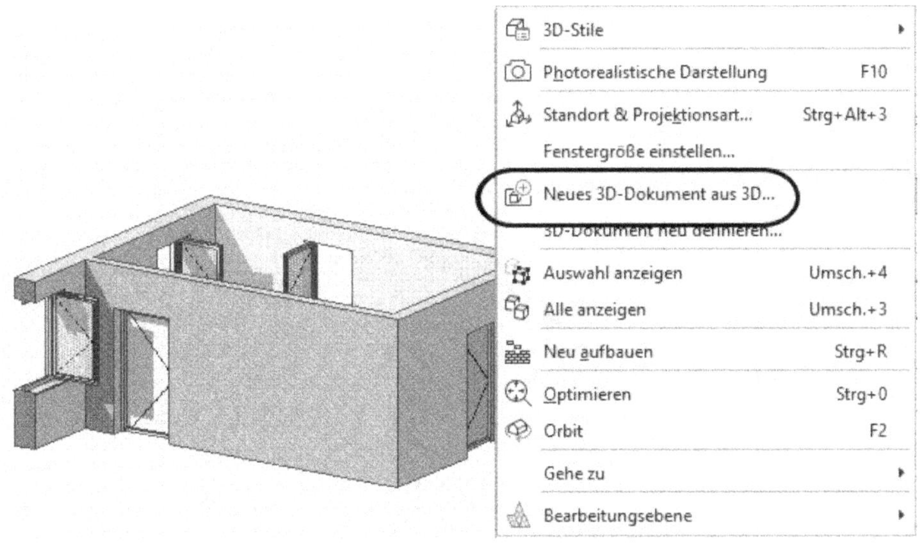

Abb. 11.40: Im 3D-FENSTER ein 3D-DOKUMENT mit gefilterten und geschnittenen Elementen erstellen

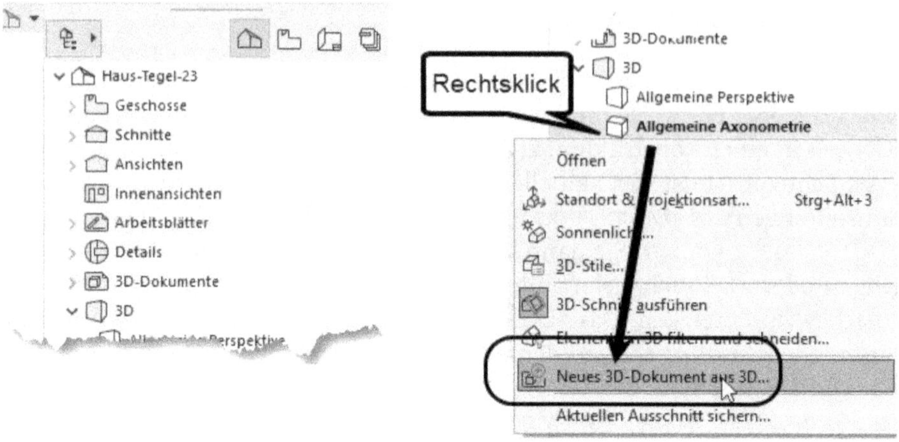

Abb. 11.41: 3D-DOKUMENT über Kontextmenü vom aktuellen 3D-FENSTER erstellen

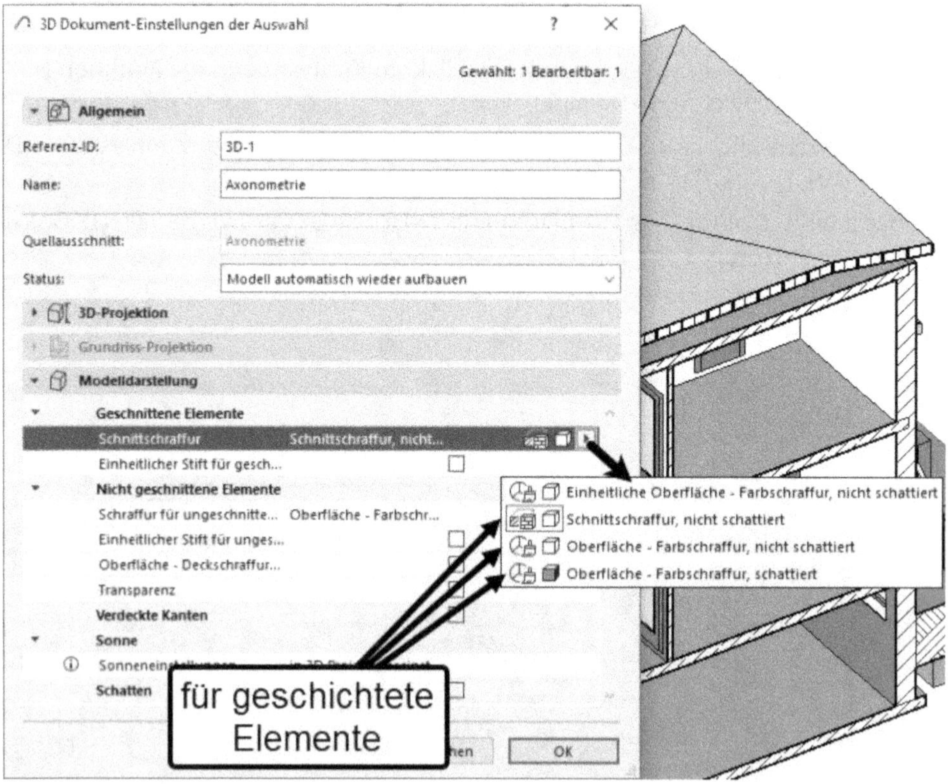

Abb. 11.42: 3D-Dokument-Einstellungen

Im Beispiel von Abbildung 11.42 wurde mit dem Menü ANSICHT|ELEMENTE IN 3D|ELEMENTE IN 3D FILTERN UND SCHNEIDEN das Dach herausgefiltert und mit

ANSICHT|ELEMENTE IN 3D|3D-SCHNITTEBENEN|EIGENE SCHNITTEBENE ERSTELLEN ein Schnitt definiert und mit ANSICHT|ELEMENTE IN 3D|3D-SCHNITT AUSFÜHREN erzeugt. Dann wurde das 3D-DOKUMENT erstellt. Damit bei Wänden mit Schichtaufbau die einzelnen Schichten zu sehen sind, muss bei den 3D-DOKUMENT-EINSTELLUNGEN (über Rechtsklick auf das Dokument im Navigator) eine der Schraffur-Optionen aktiviert sein:

- SCHNITT-SCHRAFFUREN – WIE IN EINSTELLUNGEN zusammen mit der *Modelldarstellungs-Kombination* 03 BEISPIEL AUSFÜHRUNGSPLANUNG in den SCHNELL-OPTIONEN gewählt werden (Abbildung 11.42) oder
- OBERFLÄCHE – FARBSCHRAFFUR, NICHT SCHATTIERT oder
- OBERFLÄCHE – FARBSCHRAFFUR, SCHATTIERT.

Das gilt zusammen mit der MODELLDARSTELLUNGS-KOMBINATION 50 BEISPIEL AUSFÜHRUNGSPLANUNG in den SCHNELL-OPTIONEN.

11.8.2 3D-Dokument aktualisieren und bearbeiten

Wenn Sie ein 3D-Dokument nach Konstruktionsänderungen aktualisieren wollen, können Sie

- mit der rechten Maustaste das 3D-DOKUMENT im NAVIGATOR anklicken,
- im Kontextmenü ANHAND DES MODELLS NEU AUFBAUEN wählen.

Damit wird Ihr 3D-DOKUMENT gemäß den Grundrissdarstellungen wieder auf den aktuellen Stand gebracht.

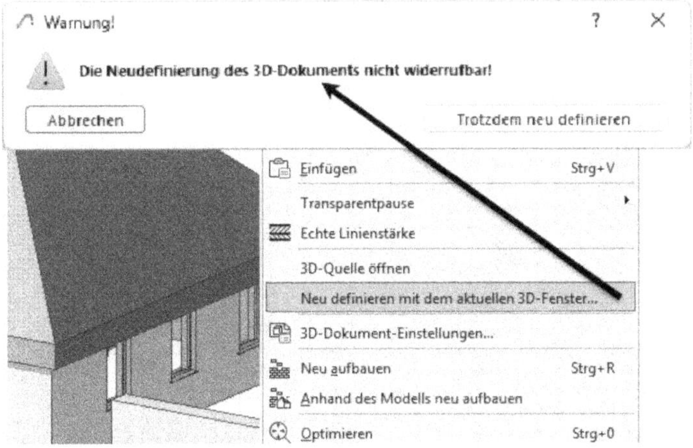

Abb. 11.43: Markiertes 3D-Dokument aktualisieren

Wenn Sie aber das 3D-DOKUMENT nach Änderung des 3D-FENSTERS z.B. bezüglich der Ansichtsrichtung wieder aktualisieren wollen, dann kann das 3D-DOKUMENT über die Kontextfunktion MIT DEM AKTUELLEN 3D NEU DEFINIEREN aktualisiert werden. Für diese Aktion kann auch ein 3D-DOKUMENT im NAVIGATOR gewählt werden und im Kontextmenü 3D-DOKUMENT BASIEREND AUF DEM AKTUELLEN 3D-FENSTER NEU AUFBAUEN aufgerufen werden. Es erscheint dann eine Warnung, dass diese Aktion nicht widerrufen werden kann. Sie können aber auch in der 3D-Ansicht (Axonometrie oder Perspektive) im Kontextmenü 3D-DOKUMENT NEU DEFINIEREN wählen und aus den vorhandenen 3D-DOKUMENTEN das zu aktualisierende auswählen.

Im 3D-DOKUMENT können alle Funktionen für 2D-Konstruktionen verwendet werden. Außerdem sind hier auch die Beschriftung und die Erstellung von Etiketten möglich (Abbildung 11.44). Für mehrschichtige Wände ist hier das SCHICHTLISTEN-ETIKETT interessant.

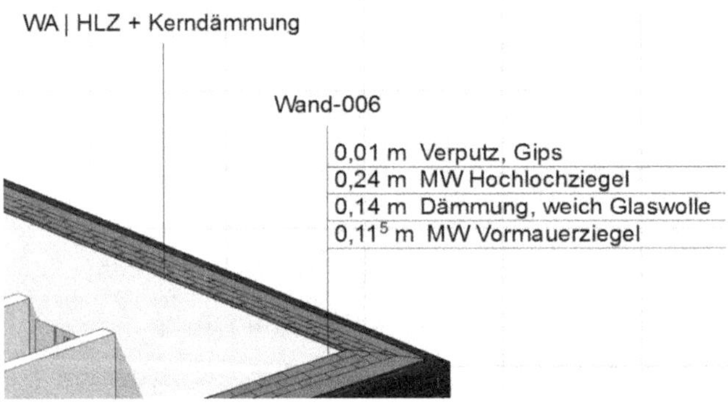

Abb. 11.44: Beschriftung im 3D-Dokument mit Text-Etiketten

11.8.3 3D-Dokument bemaßen

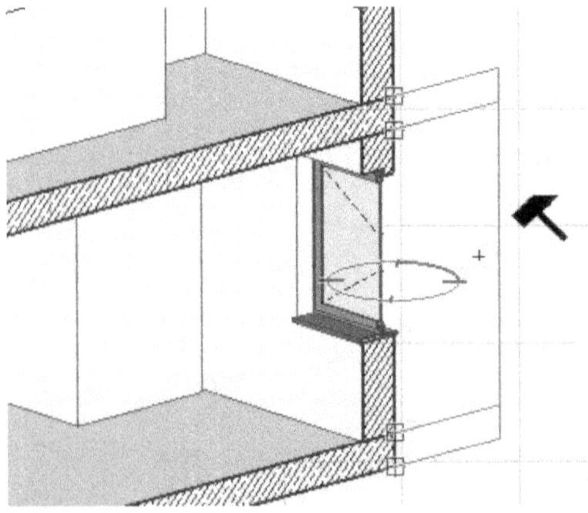

Abb. 11.45: Linearbemaßung auf vertikalen Flächen über die Richtungswahl

Im 3D-DOKUMENT ist im Bemaßungswerkzeug nun auch die Bemaßungsebene wählbar (Abbildung 11.46). Wenn Sie im 3D-DOKUMENT bemaßen, können Sie Eckpunkte normal anklicken und beenden die Angabe der zu bemaßenden Positionen mit einem Doppelklick. Dann erscheint wie in Abbildung 11.45 gezeigt der Hammer-Cursor zur Wahl der Fläche. Sie können damit eine Fläche anklicken, zu der parallel bemaßt werden soll, oder wie in der Abbildung gezeigt die Richtungsauswahl bedienen. Erst dann erscheint wieder der Bleistift-Cursor zur Angabe der Maßlinienposition innerhalb dieser Ebene. Abbildung 11.47 zeigt Beispiele für solche Bemaßungen in den orthogonalen Ebenen.

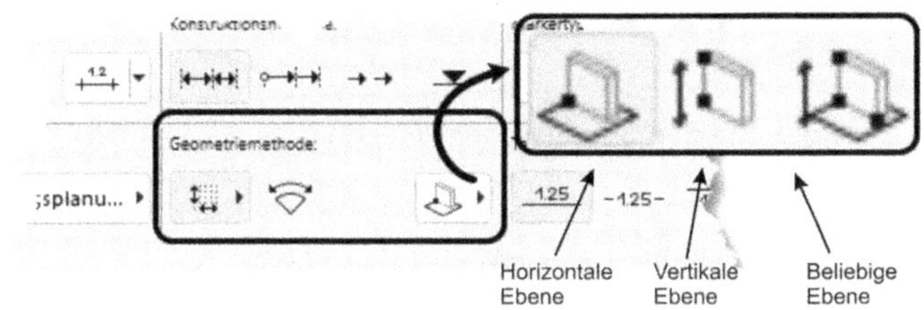

Abb. 11.46: Wahl der Ebene für Bemaßung

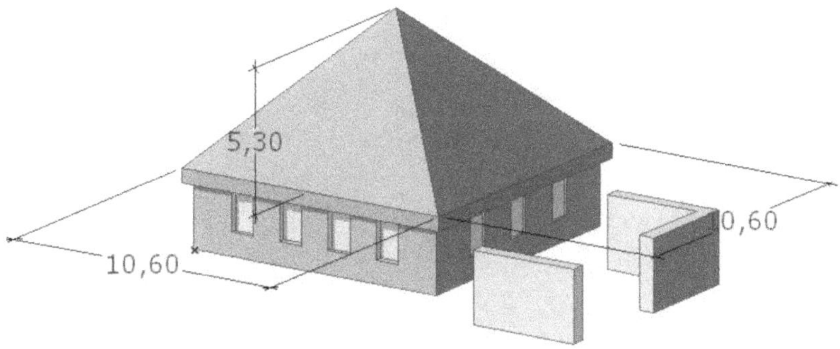

Abb. 11.47: Bemaßung horizontal und vertikal

Fertige Bemaßungen können im 3D-DOKUMENT noch sehr speziell modifiziert werden. Bei Markieren der Maßlinie erscheinen in der PET-PALETTE die Funktionen

- VERSCHIEBEN – verschiebt die Maßlinie in der aktuellen Ebene,
- BEMAẞUNGSPUNKT EINFÜGEN – fügt zur aktuellen Maßkette eine Position hinzu,
- BEMAẞUNGSLINIE AUSRICHTEN – kann beispielsweise die vertikale Maßlinie (5,30m) parallel zur Dachneigung ausrichten, um die Dachlänge zu messen.
- LÄNGE DER MAẞHILFSLINIE ÄNDERN – dient zum Verkürzen der Hilfslinien.
- BEMAẞUNGSEBENE VERSETZEN – kann die Bemaßung senkrecht zur ursprünglichen Ebene versetzen wie in Abbildung 11.48 gezeigt.

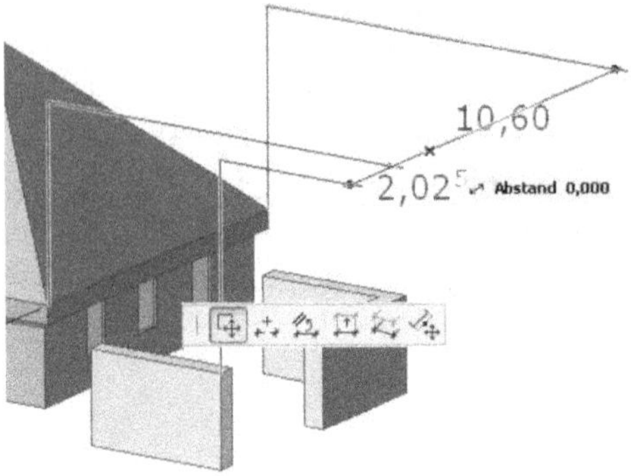

Abb. 11.48: Bemaßungspunkt eingefügt und Bemaßungsebene versetzt

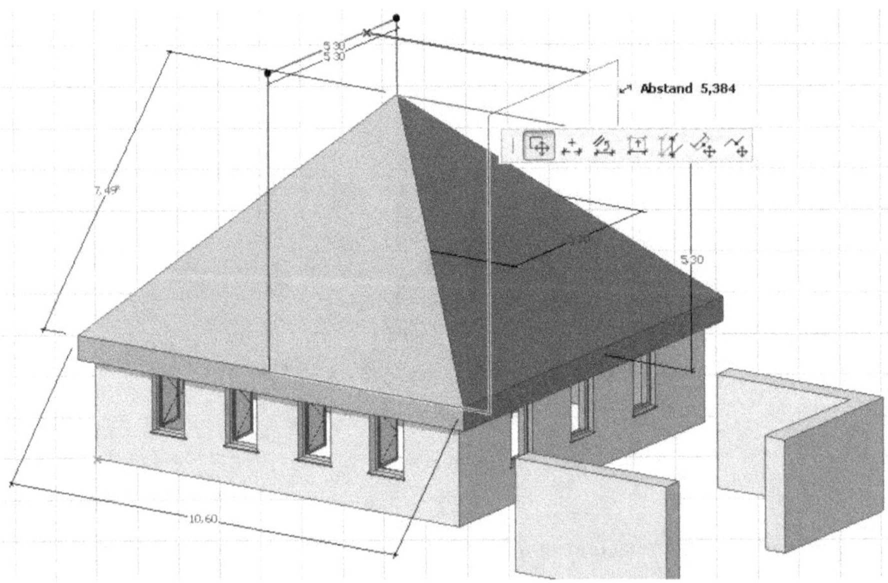

Abb. 11.49: Spezielle Bemaßungsfunktionen im 3D-Dokument

11.9 Varianten im Modell

Seit Version 27 bietet Archicad die Verwaltung von Modellierungsvarianten an. Im Menü DOKUMENTATION finden sich unter VARIANTENPLANUNG drei Einträge:

- VARIANTEN-MANAGER – bietet ein Dialogfenster zum Einrichten mehrerer Varianten-Sets und zur Vergabe von Namen der dazu gehörigen Varianten an.
- NUR HAUPTMODELL – macht nur die Objekte des Hauptmodells sichtbar und unterdrückt alle Objekte der Varianten.

- VARIANTEN-PALETTE – Hiermit schalten Sie die gewünschten einzelnen Varianten sichtbar. Es lassen sich auch Objekte aus einer Variante oder aus dem Hauptmodell in eine andere Variante oder das Hauptmodell überführen.

In der Palette SCHNELL-OPTIONEN gibt es auch einen Schalter für die Varianten. Er dient dort lediglich zum Umschalten von einer Varianten-Anzeige, gekennzeichnet durch INDIVIDUELL, auf das HAUPTMODELL und macht damit die Varianten wieder unsichtbar.

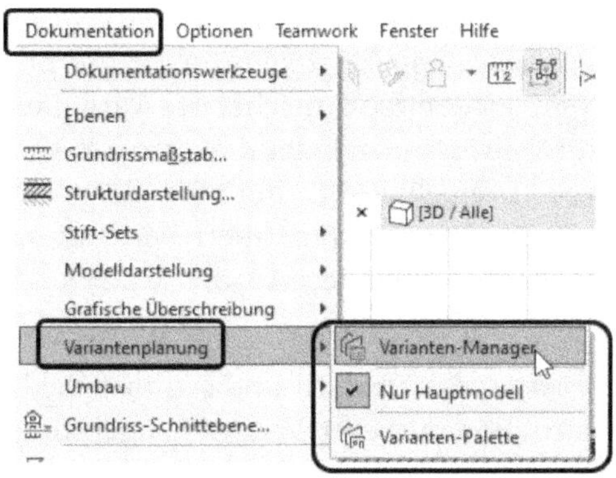

Abb. 11.50: Variantenplanung

11.9.1 Der Varianten-Manager

Die grundlegende Verwaltung der Varianten finden Sie im VARIANTEN-MANAGER. Normalerweise würden Sie zuerst im normalen Modus HAUPTMODELL (siehe Palette SCHNELL-OPTIONEN) die Elemente konstruieren, für die es keine verschiedenen Varianten-Vorschläge gibt.

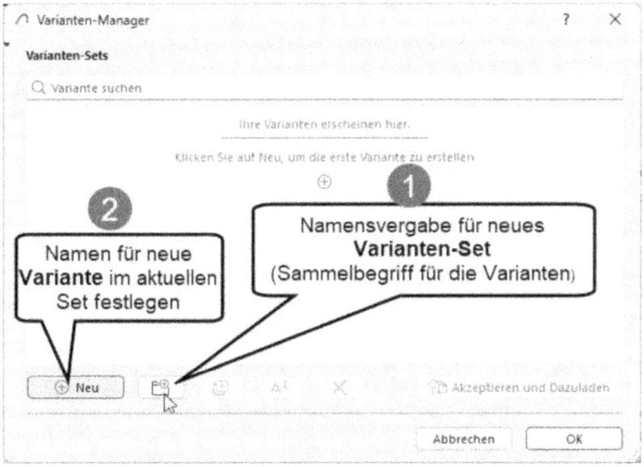

Abb. 11.51: VARIANTEN-MANAGER noch ohne Varianten-Sets und Varianten

Wenn Sie nun Elemente für Varianten konstruieren wollen, erstellen Sie zuerst im VARIANTEN-MANAGER mit VARIANTEN-SET HINZUFÜGEN ein neues Set mit einem passenden Namen, üblicherweise einem Sammelbegriff für die geplanten Varianten. Danach vergeben Sie dann mit NEUE VARIANTE ⊕ Neu die Namen für die verschiedenen Varianten.

11.9.2 Die Varianten-Palette

Die VARIANTEN-PALETTE verwenden Sie für die Zuordnung einzelner Konstruktionselemente zu den im Manager angelegten Varianten. In der Palette wird vorgabemäßig oben unter STANDARD: das *Hauptmodell* angezeigt sein. Bevor Sie nun neue Objekte für eine Variante konstruieren, suchen Sie zunächst das Varianten-Set heraus (hier *Fensterkonfigurationen*) und aktivieren darunter die einzelne Variante (*Grundausstattung* oder *Neue Fenster*) per Doppelklick. Damit wird diese Variante angezeigt. Das bedeutet, dass alles, was ab jetzt konstruiert wird, dieser Variante zugeordnet wird und nur sichtbar ist, wenn diese in der VARIANTEN-PALETTE sichtbar geschaltet ist.

In Abbildung 11.52 ist die Variante *Neue Fenster* als Standard und sichtbar deklariert und damit werden ab jetzt alle Konstruktionen dieser Variante zugeordnet. Abbildung 11.53 demonstriert diese Konstruktion mit zwei Varianten, die hier abwechselnd sichtbar geschaltet worden sind.

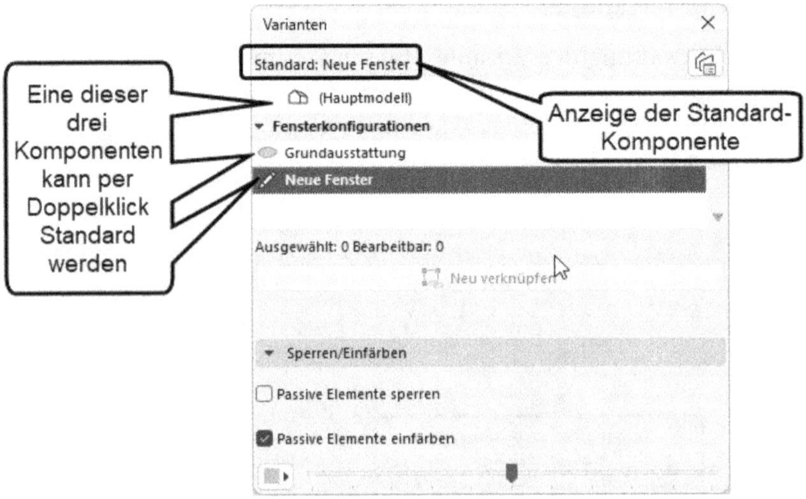

Abb. 11.52: VARIANTEN-PALETTE mit einem Set und zwei darin enthaltenen Varianten

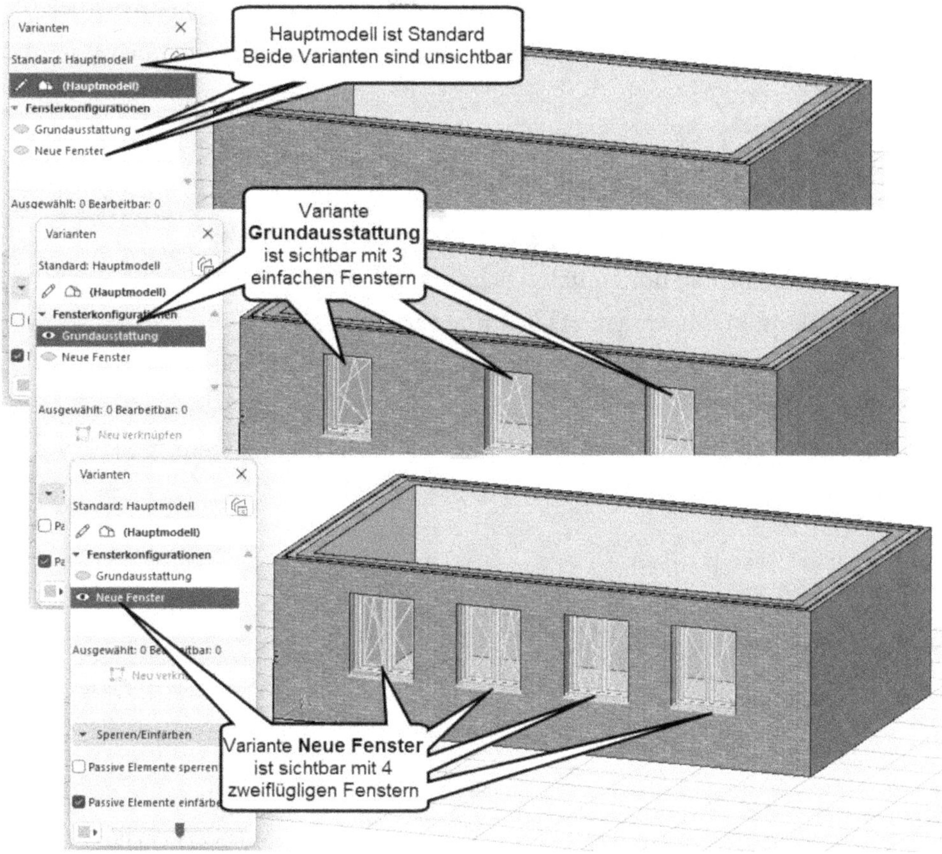

Abb. 11.53: Beispiel mit zwei Varianten für die Fenstergestaltung

Die Variantenpalette können Sie auch benutzen, um neue Varianten anzulegen, sie zu benennen oder zu löschen. Über das Kontextmenü erreichen Sie hier auch die nötigen Schnellbefehle. Auch lassen sich existierende Elemente damit per Drag&Drop den Varianten zuordnen oder aus ihnen entfernen.

11.9.3 Elemente umordnen

Für die Verwaltung von Varianten ist noch interessant, wie Elemente von einer Kategorie in die andere überführt werden können. Das kann Elemente betreffen, die vom HAUPTMODELL in eine Variante wechseln sollen oder umgekehrt oder von einer Variante in eine andere. Gehen Sie folgendermaßen vor:

- Machen Sie die Variante oder das HAUPTMODELL, in dem sich das zu tauschende Element befindet, zum STANDARD.
- Markieren Sie das Element im Zeichenfenster.
- In der Palette wechselt *Ausgesucht:0 / Bearbeiten:0* zu *Ausgesucht:1 / Bearbeiten:1.*

- Markieren Sie nun die Ziel-Variante oder das Ziel-HAUPTMODELL per Klick.
- In der Palette wird die Option NEU VERKNÜPFEN angeboten, die Sie nun anklicken.

11.10 Übungsfragen

1. Worin besteht der Unterschied zwischen *Ansicht* und *Schnitt*?
2. Wie können Sie den horizontalen Schnittbereich einstellen?
3. Mit welchem Menü werden 3D-Schnitte erzeugt?
4. Wie wird eine Detailansicht erzeugt?
5. Was passiert mit den Elementen im Detailfenster?
6. Wie kann man Details bei Konstruktionsänderungen anpassen?
7. Welche Funktionen sind im 3D-DOKUMENT möglich?

Kapitel 12

Organisation, Layout und Plot

Ziel der Konstruktionsarbeit ist letztendlich die Erstellung von Unterlagen für die Genehmigung des Projekts, Beschaffung der Materialien und Ausführung der Arbeiten. Dazu ist die Erstellung eines Grundrissplans allein natürlich nicht ausreichend. Deshalb verwaltet Archicad neben den rein geometrischen Daten noch einiges mehr, was sich dann im Begriff BIM (Building Information Model) widerspiegelt. *Alle* Informationen eines Bauprojekts sollen möglichst *gemeinsam und mit Bezug aufeinander* in einer Datenstruktur gespeichert sein. Damit das alles zusammen sinnvoll verwaltet werden kann, gibt es zwei wichtige Paletten, den NAVIGATOR und den ORGANISATOR. Diese Organisationsmittel und ihre Strukturierung sollen zuerst vorgestellt werden, bevor im Weiteren dann die Erstellung von LAYOUTS für die *Plotausgabe* erläutert wird. Am Schluss werden auch die weiteren Möglichkeiten des Publizierens in verschiedenen Formaten erläutert.

12.1 Der Navigator

Der NAVIGATOR bzw. die Palette NAVIGATOR wird unter FENSTER|PALETTEN|NAVIGATOR aufgerufen. Alternativ können Sie ihn auch über das Werkzeug POP-UP NAVIGATOR aktivieren (Abbildung 12.1). Er dient dazu, das 3D-Modell mit all seinen Objekten und Daten zu verwalten. Dazu werden vier verschiedene Mappen verwendet, die im Ablauf des Konstruktionsprozesses unterschiedliche Objektkategorien enthalten.

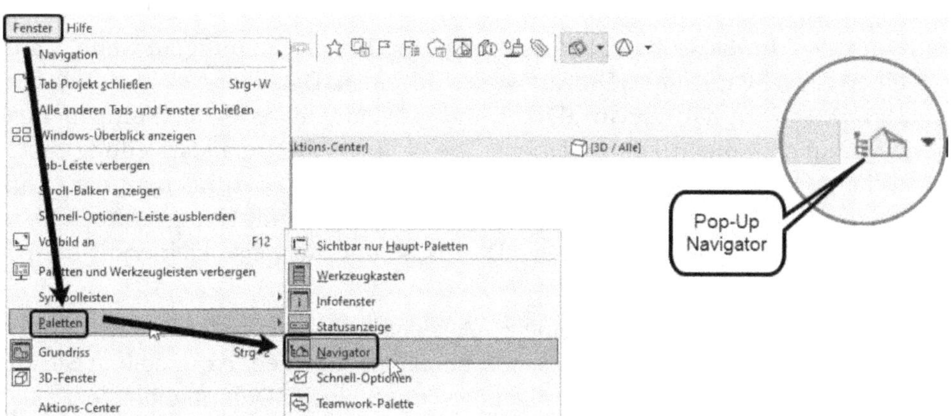

Abb. 12.1: Aufruf des NAVIGATORS

Die Mappen des NAVIGATORS, von denen immer nur eine sichtbar sein kann, sind:

1. PROJEKT-MAPPE,
2. AUSSCHNITT-MAPPE,
3. LAYOUTBUCH und die
4. PUBLISHER-SETS.

12.1.1 Die Projekt-Mappe

Die PROJEKT-MAPPE ist standardmäßig aktiviert. Sie enthält die *Baumstruktur des virtuellen Gebäudes*, d.h. des Gebäudes mit all seinen innewohnenden Informationen, Planungsdaten und geometrischen Abmessungen. Sie ist die Mappe, die typischerweise während des Konstruktionsprozesses dauernd gebraucht wird und in der dann auch ständig zwischen den Konstruktionen der verschiedenen Geschosse und den dreidimensionalen Ansichten hin- und hergeschaltet werden kann.

Da in der PROJEKT-MAPPE aber das komplette Projekt verwaltet wird, inklusive seiner internen Daten, gibt es noch weitere Kategorien zur Informationsspeicherung:

- GESCHOSSE – Diese Kategorie enthält die zweidimensionalen Grundrisse der einzelnen Geschosse.
- SCHNITTE/ANSICHTEN/INNENANSICHTEN – Wenn Sie mit einem der Werkzeuge SCHNITT, ANSICHT oder INNENANSICHT arbeiten, wird automatisch hier der Schnitt, die Ansicht oder die Innenansicht(en) generiert und kann dann weiterbearbeitet werden, z.B. mit Bemaßung versehen werden.
- ARBEITSBLÄTTER – Für ergänzende 2D-Konstruktionen können Sie ARBEITSBLÄTTER erzeugen. Diese enthalten neben 2D-Kopien der Modell-Geometrie vorgabemäßig auch die zugehörigen Anmerkungs- und Bemaßungselemente. Der Maßstab wird von der Ursprungsansicht übernommen. ARBEITSBLÄTTER können gemäß der jeweiligen Ursprungsansicht aktualisiert werden.
- DETAILS – In dieser Kategorie entstehen die Detailzeichnungen, wenn Sie in einer Ansicht mit dem DETAIL-Werkzeug einen Detailausschnitt definieren. Das DETAIL enthält die in 2D-Zeichnungselemente zerlegten Komponenten der Original-Konstruktionselemente. Sie können die Detaildarstellung durch weitere eigene 2D-Konstruktionen ergänzen. Nach Änderungen an der Originalkonstruktion kann das Detail übers Kontextmenü mit NEU AUFBAUEN aktualisiert werden. Der Maßstab des Details ist üblicherweise kleiner als die Ursprungsansicht.
- 3D-DOKUMENTE – Wenn Sie eine 3D-Ansicht brauchen, in die Sie Texte eintragen können oder bestimmte Sachen bemaßen möchten, dann sollten Sie aus einem 3D-Fenster (siehe nachfolgender Punkt) ein 3D-Dokument erstellen.

- 3D – Sobald Sie im GRUNDRISSFENSTER Elemente erzeugen – außer den zweidimensionalen Dokumentationselementen –, entstehen stets dreidimensionale Objekte, die hier in zwei Unterkategorien betrachtet werden können, als ALLGEMEINE PERSPEKTIVE oder ALLGEMEINE AXONOMETRIE. In der Kategorie 00 NEUE ANIMATIONSROUTE werden bei Benutzung des Werkzeugs SICHTEN|KAMERA die Kamerapositionen gespeichert, die für einen Animationsfilm unter DOKUMENTATION|RENDERING, ANIMATION ETC.|ANIMATION verwendet werden können.
- AUSWERTUNGEN – Hier werden automatisch erzeugte Listen der verschiedenen Elemente Ihrer Konstruktion verwaltet. Diese Listen sind assoziativ mit den Elementen verknüpft. Deshalb können Sie hier in diese Listen auch eingreifen, um z.B. eine Fensterbreite in der Konstruktion zu ändern. Diese Listen sind als Grundlage für Bestellungen und zur Überprüfung der eingebauten Elemente gedacht.
- PROJEKTINHALTE – Hier werden Listen über erstellte AUSSCHNITTE, LAYOUTS, ZEICHNUNGEN, ÄNDERUNGEN und AUSGABEN geführt. Deren Anzeigeparameter können Sie hier ändern. Mit dem Menü DOKUMENTATION|PROJEKTINHALTE|PROJEKTINHALT-EINSTELLUNGEN werden die anzuzeigenden Parameter und Informationen festgelegt.
- LISTEN – Diese Kategorie enthält Listen der ELEMENTE, KOMPONENTEN und RAUMFLÄCHEN der Konstruktion. Sie können nicht bearbeitet werden, sondern sind nur Listen für die Ausgabe. Sie sind nicht mit den unter AUSWERTUNGEN gespeicherten assoziativen Listen zu verwechseln.
- INFO – Hier werden in zwei Unterkategorien PROJEKTNOTIZEN und PROTOKOLLE verwaltet.
- FLÄCHENBERECHNUNG – Hier finden Sie automatisch ermittelte Raumflächen und Volumen, wenn Sie die Konstruktion mit dem RAUM-Werkzeug bearbeitet haben.

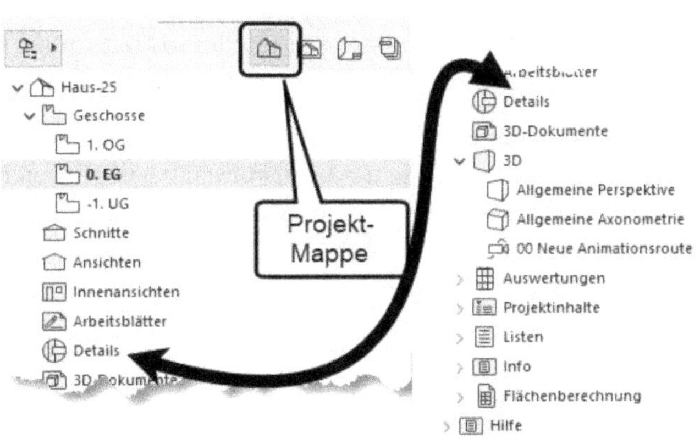

Abb. 12.2: NAVIGATOR-Palette mit PROJEKT-MAPPE

12.1.2 Die Ausschnitt-Mappe

Die AUSSCHNITT-MAPPE enthält definierte *Ausschnitte mit bestimmten Maßstäben, Bemaßungen, gezielt aktivierten oder deaktivierten Ebenen*, wie es später für ganz bestimmte Ausgaben z.B. als Plot für bestimmte Gewerke usw. nötig ist. Dies ist schon ein Schritt in Richtung der Zeichnungsausgabe. Für ein *einziges* Geschoss in der PROJEKT-MAPPE können hier *mehrere* Ausschnitte mit verschiedenen Maßstäben und Darstellungseinstellungen erzeugt werden.

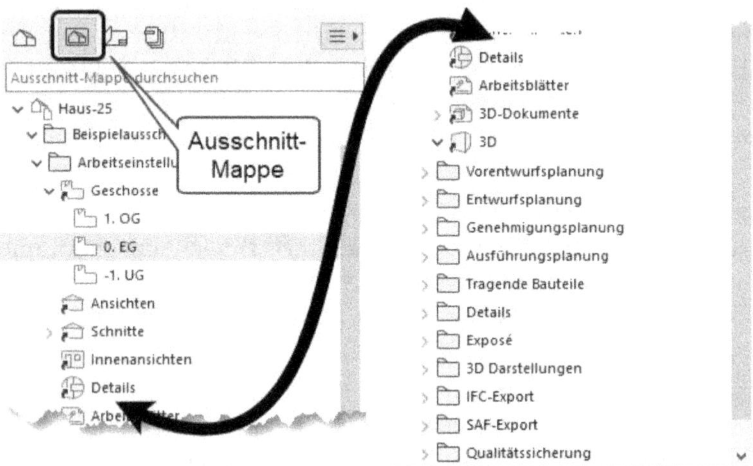

Abb. 12.3: NAVIGATOR-Palette mit AUSSCHNITT-MAPPE

Der Unterschied zur Konstruktion in der PROJEKT-MAPPE besteht darin, dass hier die Konstruktionsansichten mit bestimmten Einstellungen wie *Maßstab* oder *Ebenen-Einstellungen* fest gespeichert bleiben, während in der PROJEKT-MAPPE zum Zwecke der Konstruktion die Vergrößerung stets variabel bleibt. Bei einfachen Aufgabenstellungen sind die Inhalte von PROJEKT-MAPPE und AUSSCHNITT-MAPPE oft sehr ähnlich. Deshalb kann man sich die Ausschnitte dann auch per *Drag&Drop* durch Herüberziehen aus der PROJEKT-MAPPE erstellen. Dazu müssen Sie dann die ORGANISATOR-Palette aktivieren und beide Mappen öffnen.

Wenn Sie die AUSSCHNITT-MAPPE zum ersten Mal öffnen, werden Sie dort schon *vorbereitete Ordner für bestimmte Ebenenkombinationen* und Maßstäbe im Bereich 1:20 bis 1:200 vorfinden. Sie finden dann parallel zur Struktur im NAVIGATOR die bekannten Unterordner für GESCHOSSE, SCHNITTE, ANSICHTEN, INNENANSICHTEN, DETAILS und 3D-DOKUMENTE. Jedes Geschoss und jede Ansicht, die Sie in der PROJEKT-MAPPE einrichten, wird sofort in der Ausschnitt-Mappe in allen vorhandenen Ordnern geklont und später immer aktuell gehalten.

Sie können in der AUSSCHNITT-MAPPE jederzeit eigene Ordner erstellen und dort eigene Geschosse etc. aus der PROJEKT-MAPPE herüberziehen. Wenn Sie selbst einzelne Elemente oder Ordner aus der PROJEKT-MAPPE in die AUSSCHNITT-MAPPE herüberziehen, dann sind sie nicht geklont.

Um einen Ordner zu klonen, müssen Sie beim Herüberziehen `Strg`+`Shift` gedrückt halten. Alternativ können Sie auch das Werkzeug in der AUSSCHNITT-MAPPE unterhalb der Strukturanzeige zum Erzeugen geklonter Ordner verwenden. In einem geklonten Ordner werden dann parallel und automatisch neue Geschosse oder Ansichten erzeugt, wenn Sie in der PROJEKT-MAPPE neue Geschosse o.Ä. erstellen.

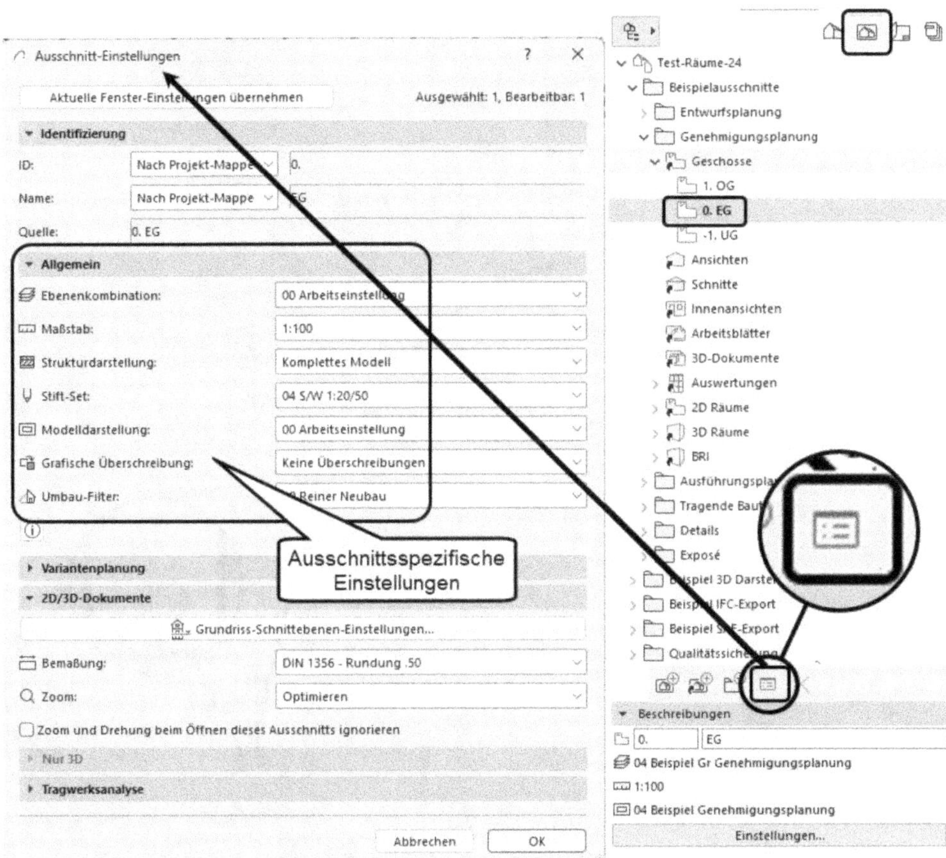

Abb. 12.4: Ausschnitt-Einstellungen

In der AUSSCHNITT-MAPPE finden Sie im unteren Bereich fünf Werkzeuge:

- AUSSCHNITT-EINSTELLUNGEN – dient zum Einstellen der Vorgaben für die Ausschnitte in einem Ausschnitt oder einem geklonten Ordner (Abbildung 12.4). Die wichtigsten Einstellungen sind die *Ebenenauswahl* und die *Skalierung*

(Maßstab). Dann können Sie auch noch die *Modelldarstellung*, den *Bemaßungsstil* und einen *Zoomfaktor* wählen. Letzteres wählen Sie nur, wenn unbedingt ein bestimmter Zoomfaktor immer bei diesen Ausschnitten aktiv sein soll. Die *Modelldarstellungen* (Abbildung 2.7 in Kapitel 2) werden im Menü DOKUMENTATION|MODELLDARSTELLUNG verwaltet.

- AKTUELLEN AUSSCHNITT SICHERN – speichert die *aktuelle Darstellung* aus dem Zeichenfenster als neuen Ausschnitt in der AUSSCHNITT-MAPPE im aktuellen Ordner.

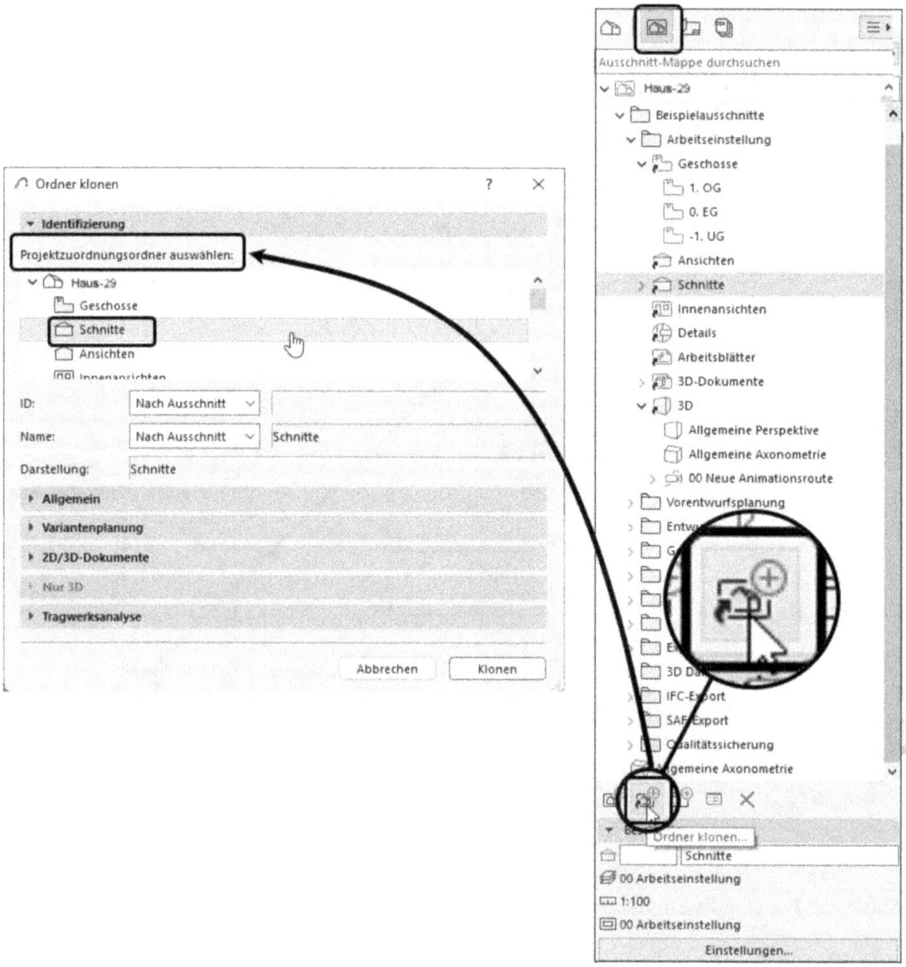

Abb. 12.5: Dialogfenster zum Klonen von Ordnern

- NEUER ORDNER – Hiermit legen Sie einen neuen (nicht geklonten) Ordner für Ausschnitte an. Sie können im ORGANISATOR per *Drag&Drop* vorhandene

Geschosse aus der AUSSCHNITT-MAPPE in diesen neuen Ordner ziehen (kopieren) und dann im Kontextmenü die Ausschnittseinstellungen ändern. So können Sie beispielsweise die EBENENKOMBINATION von 01 ENTWURF auf 03 AUSFÜHRUNGSPLANUNG ändern oder unter SKALIERUNG einen neuen *Maßstab* wählen.

- ORDNER KLONEN – Damit öffnen Sie ein Dialogfenster zur Auswahl eines Verzeichnisses (Ordner) aus der PROJEKT-MAPPE, das dann nach hier geklont, d.h. kopiert wird. Sie tun das, um danach die mitkopierten Ausschnitte übers Kontextmenü mit anderen Einstellungen wie Maßstab und Darstellungseigenschaften zu versehen.
- LÖSCHEN – dient zum Entfernen von Ordnern.

12.1.3 Das Layoutbuch

Das LAYOUTBUCH verwaltet die *zur Plotausgabe aufbereiteten Layouts.* Das sind auf das jeweilige Ausgabeformat zugeschnittene Zeichnungsrahmen und darin platzierte Ausschnitte aus der AUSSCHNITT-MAPPE. Im Layoutbuch gibt es sogenannte MASTER-LAYOUTS, im Wesentlichen leere Papierlayouts für die verschiedenen DIN-Formate mit Zeichnungsrahmen, die als Vorlage für individuelle Layouts dienen. Das individuelle Layout entsteht aus diesen Vorlagen durch Füllen mit Ausschnitten. In Layouts werden *Ansichten, Abbildungen* und/oder *Listenansichten* eingefügt. Sie können aus der AUSSCHNITT-MAPPE die gewünschten Ausschnitte direkt in den Zeichnungsrahmen des Layouts ziehen. Bei 3D-Ansichten können Sie die Auflösung übers Kontextmenü hier im Layout anpassen. Aus diesem LAYOUTBUCH können Layouts direkt zur Ausgabe an einen Plotter geschickt werden.

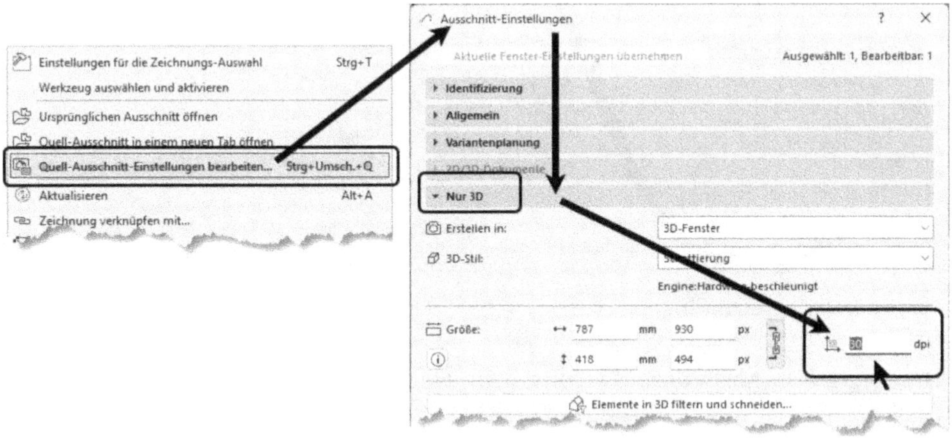

Abb. 12.6: Kontextmenü einer eingefügten 3D-Ansicht mit Änderung der Auflösung

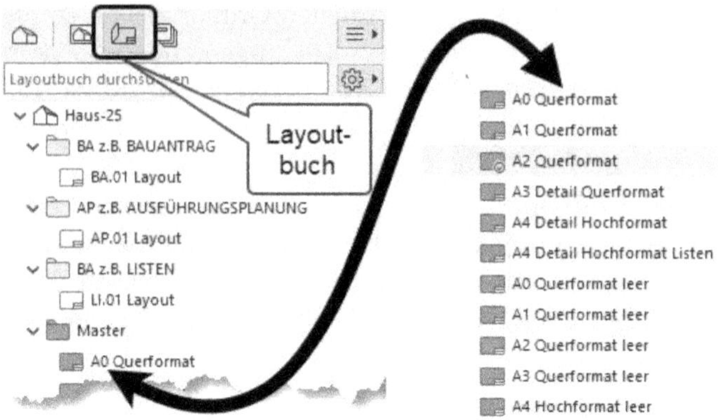

Abb. 12.7: NAVIGATOR-Palette mit LAYOUTBUCH

Vorgabemäßig werden Sie im LAYOUTBUCH eine Struktur mit zwei Ordnern BA Z.B. BAUANTRAG und AP Z.B. AUSFÜHRUNGSPLANUNG mit leeren Beispiel-Layouts BA.01 LAYOUT bzw. AP.01 LAYOUT finden. Darunter liegt noch ein Ordner für die Ausgabe von Listen. Weiter unten liegt der Ordner MASTER mit Masterlayouts für DIN A0, DIN A1, DIN A2, DIN A3 und DIN A4. Weitere leere Layouts erstellen Sie mit Rechtsklick auf einen Ordner-Knoten, indem Sie einen *Namen angeben* und ein *Masterlayout* als Vorlage auswählen.

Abb. 12.8: Das Layoutbuch

Das *vorgegebene* Masterlayout ist durch ein Häkchen rechts unten am Icon gekennzeichnet, das ist hier MASTER A2-QUERFORMAT. Sie können jedes andere Masterlayout zum *Vorgabe-Masterlayout* machen, indem Sie nach Rechtsklick auf das betreffende Masterlayout die Kontext-Funktion ALS GRUNDEINSTELLUNG FESTLEGEN wählen.

Im Schriftfeld des Zeichnungsrahmens werden automatisch Projektdaten ausgegeben. Die Werte für diese *Projektinformationen* können Sie leicht nach Rechtsklick auf den Projekttitel im NAVIGATOR über die Funktion PROJEKT-INFO eingeben. Das Eingabe-Dialogfeld zeigt Abbildung 12.9. Damit wird dann eine automatische Beschriftung mit den projektintern gespeicherten Daten möglich.

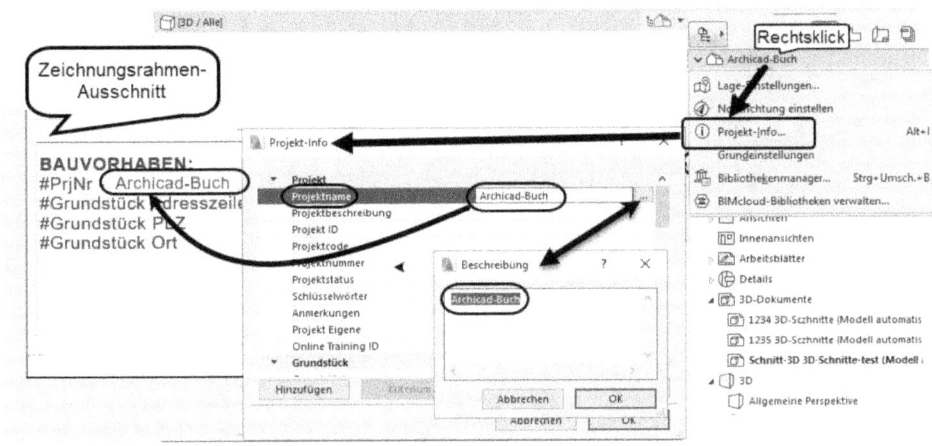

Abb. 12.9: PROJEKT-INFO für den Zeichnungskopf

Die *Projektinformationen* können Sie alternativ auch über ABLAGE|INFO|PROJEKT-INFO eingeben.

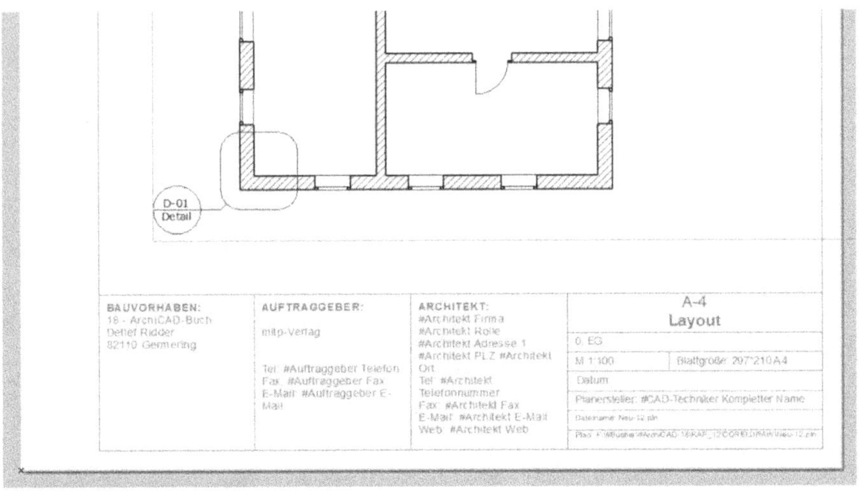

Abb. 12.10: Automatisch beschrifteter Rahmen

Es gibt sechs Werkzeuge unten am Fenster des Layoutbuchs:

- NEUES LAYOUT – erzeugt ein neues Layout, also eine neue leere Zeichnung. Vorher sollten Sie aus den Masterlayouts das gewünschte nach Rechtsklick und der Wahl ALS GRUNDEINSTELLUNG FESTLEGEN aktiviert haben. Dann markieren

Sie die gewünschte Layout-Kategorie wie z.B. BA oder AP. Nun erstellen Sie mit dem Werkzeug das neue Layout.

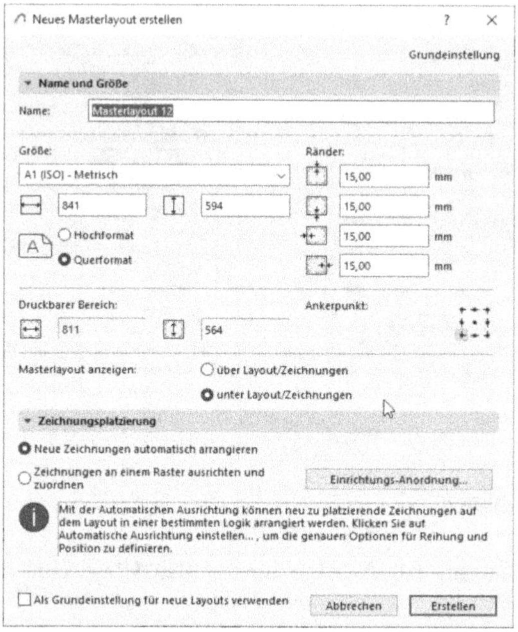

Abb. 12.11: Master-Einstellungen für Name und Größe

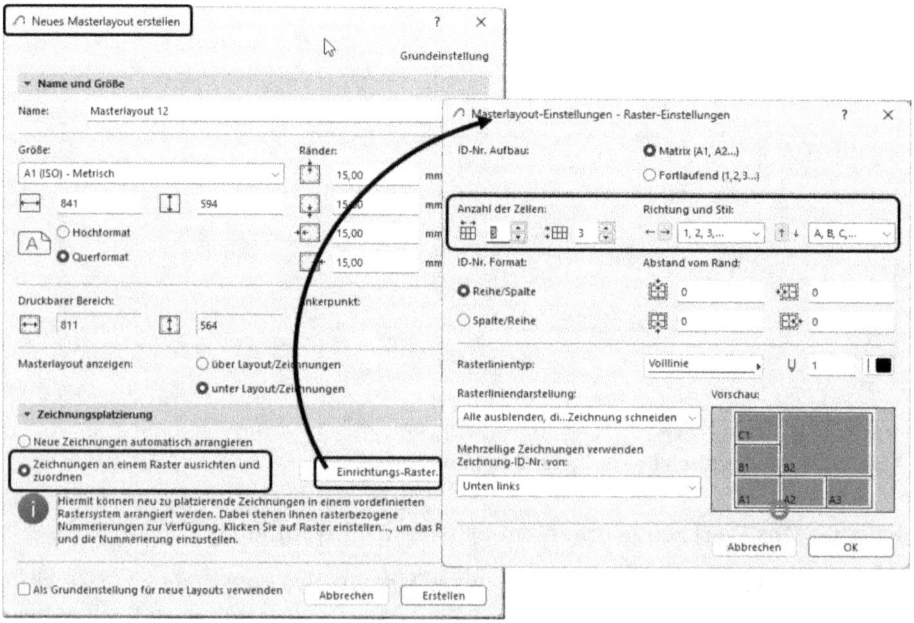

Abb. 12.12: Master-Einstellungen für Anordnung von Zeichnungen im Rahmen

- NEUES MASTERLAYOUT – Hiermit wird zunächst ein leeres Masterlayout nach Vorgabe des aktuellen Masters erstellt. Dieses Masterlayout können Sie mit dem Button EINSTELLUNGEN neu gestalten (Abbildung 12.11). Interessant ist auch die Möglichkeit, im Panel ZEICHNUNGSPLATZIERUNG die Option ZEICHNUNGEN AN EINEM RASTER AUSRICHTEN UND ZUORDNEN zu wählen und mit der Schaltfläche RASTER EINSTELLEN die Einstellungen zu gestalten (Abbildung 12.12).
- NEUE UNTERGRUPPE – erzeugt einfach einen neuen Unterordner im LAYOUTBUCH.
- EINSTELLUNGEN – verwaltet die Einstellungen eines Layouts. Dabei geht es im Wesentlichen um die ID-Nummer (automatisch vergeben oder eigene), den Namen des Layouts und das benutzte Masterlayout sowie um die ID-Nummerierung der eingefügten Objekte.
- AKTUALISIEREN – aktualisiert ein Layout nach Konstruktionsänderungen.
- LÖSCHEN – löscht ein Layout, einen Ordner oder ein Masterlayout.

12.1.4 Die Publisher-Sets

Zum Ausgeben in verschiedenste Dateiformate, aber auch zum Plotten mehrerer Layouts, gibt es die PUBLISHER-SETS (Abbildung 12.13). Mit einem Klick in die PUBLISHER-SET-Auswahl ganz oben können Sie zwischen verschiedenen vorgegebenen PUBLISHER-SETS für unterschiedliche Maßstäbe und für die Ausgabedateiformate BIMx, DWG (AutoCAD), IFC, PDF (Adobe) und SAF (Structural Analysis Format) wählen. Sie können aber auch selbst eigene Sets mit anderen Ausgabeformaten erstellen, in die Sie im Organisator dann die gewünschten Ansichten mit den verschiedensten Maßstäben und für die Ausgabe in den unterschiedlichsten Formaten herüberziehen können. Der Wert der Publisher-Sets besteht in der Möglichkeit, den Zeichnungssatz hier frei zusammenstellen und dann sowohl den ganzen Satz ausgeben zu können, wobei Maßstab und Ausgabeformat individuell bestimmt werden können.

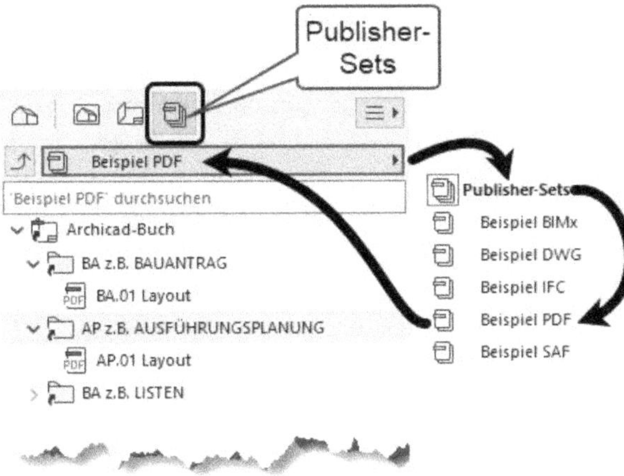

Abb. 12.13: NAVIGATOR-Palette mit PUBLISHER

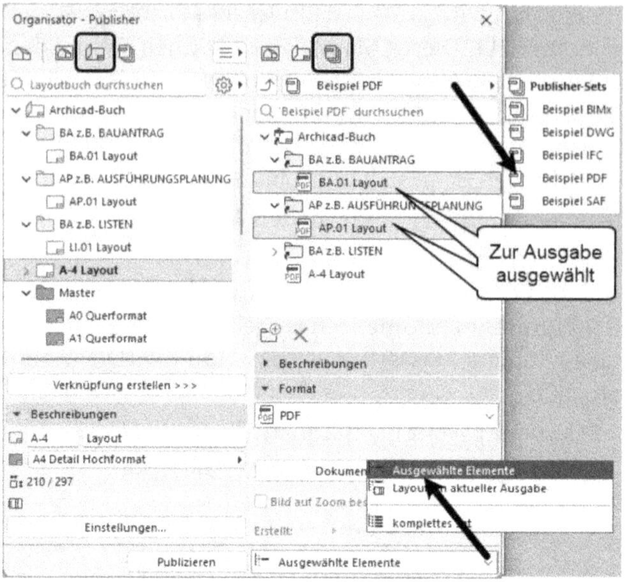

Abb. 12.14: Publisher-Sets-Struktur

Im PUBLISHER ist oben in der ersten Drop-down-Liste das Publisher-Set BEISPIEL PDF eingestellt. Andere vorbereitete Publisher-Sets werden nach Klick auf diese Drop-down-Liste angezeigt.

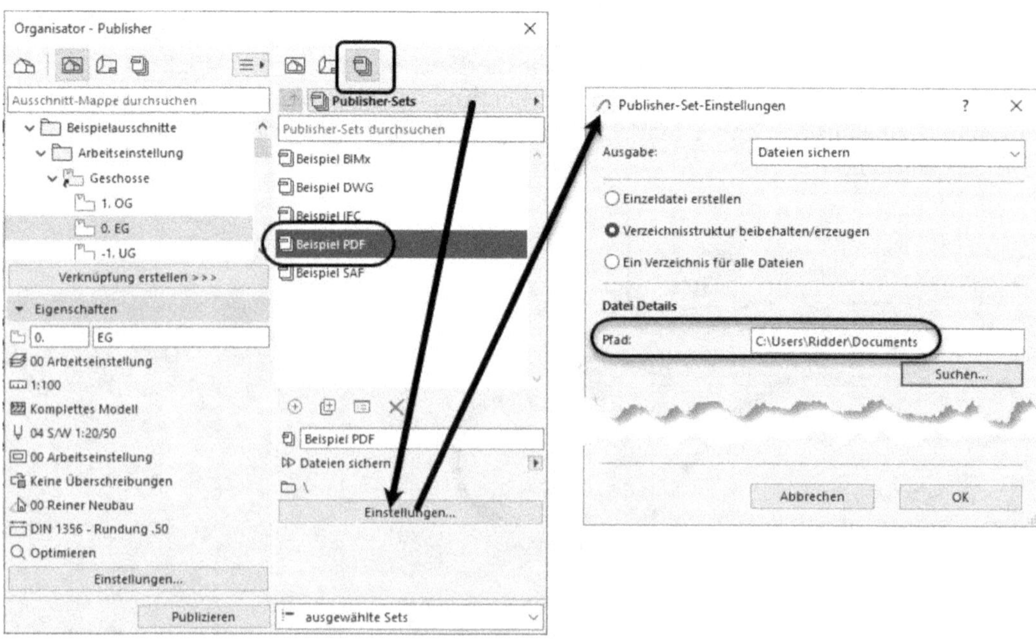

Abb. 12.15: Liste der voreingestellten Publisher-Sets

Über einen Rechtsklick auf ein PUBLISHER-SET werden Ihnen seine Verwaltungsfunktionen angeboten: NEUES PUBLISHER-SET, PUBLISHER-SET DUPLIZIEREN, PUBLISHER-SET UMBENENNEN, PUBLISHER-SET LÖSCHEN und EINSTELLUNGEN.

Unter EINSTELLUNGEN können Sie im Dialogfeld noch zwischen verschiedenen Ausgabeoptionen wählen:

- Drucken
- Dateien sichern
- Plotten
- BIMx Hyper-Modell hochladen

12.2 Der Organisator

Sie sehen also, dass die einzelnen Mappen im Projektablauf typischerweise oft nacheinander zum Einsatz kommen und auch Elemente der einen Mappe in eine andere zur Weiterverwendung übergeben werden müssen. Da dies in einem modernen EDV-Programm per *Drag&Drop* möglich sein muss, braucht man noch eine Darstellung, in der *zwei Mappen zugleich* geöffnet werden können, und das ist der ORGANISATOR. Er ist also ein erweiterter NAVIGATOR, der in einem zweiten Fenster eine weitere Mappe öffnen lässt. Im rechten Fenster sind AUSSCHNITT-MAPPE, LAYOUT-BUCH und PUBLISHER wählbar, im linken Fenster als Erstes noch zusätzlich die PROJEKT-MAPPE.

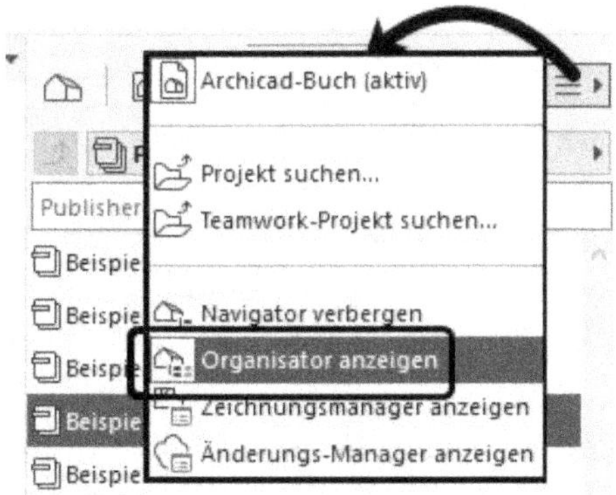

Abb. 12.16: Organisator zur Verwaltung von zwei Mappen nebeneinander aktivieren

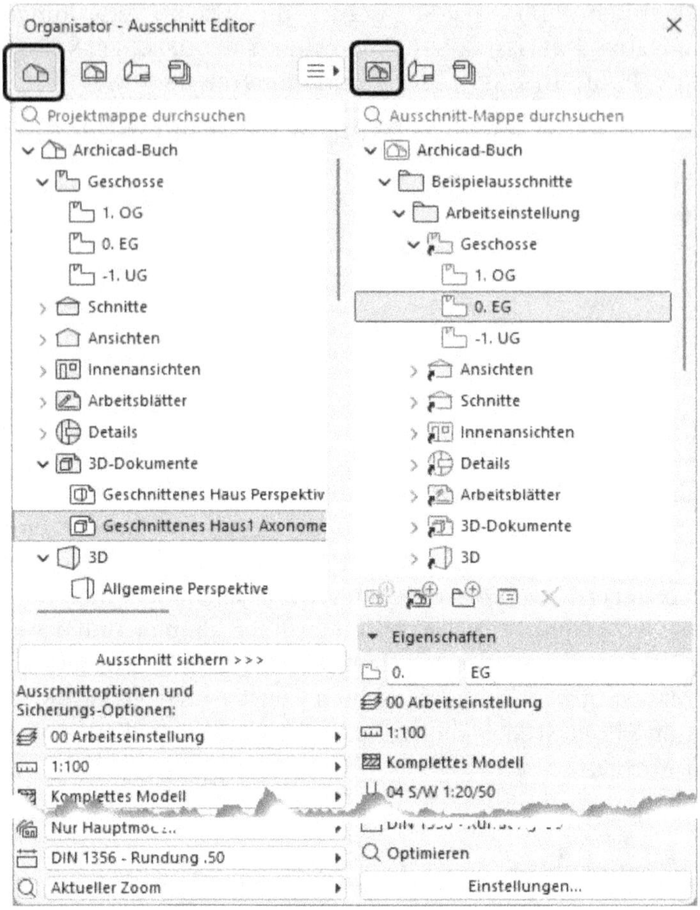

Abb. 12.17: Die ORGANISATOR-Palette mit zwei Mappen

Mit dem ORGANISATOR (Abbildung 12.18) können Sie nun leicht einen *Ausschnitt* in ein *leeres Layout* ziehen. Der Ausschnitt wird dann auf das Layout-Blatt positioniert oder ggf. nach dem eingestellten Raster platziert. Damit wäre Ihre Zeichnung dann bereit für das Plotten.

Konstruktionsansichten können Sie auf unterschiedliche Weise in ein Layout einfügen:

- Im WERKZEUGKASTEN aktivieren Sie das ZEICHNUNGS-Werkzeug, platzieren mit Klick zunächst einen leeren Ausschnitt und wählen dann aus der angebotenen Liste (im Normalfall wird die AUSSCHNITT-MAPPE angezeigt) die gewünschte Ansicht mit Doppelklick aus. Auch andere Quellen sind möglich. Sie können nachträglich per Rechtsklick darauf mit QUELL-AUSSCHNITT-EINSTELLUNGEN BEARBEITEN noch einen individuellen Namen vergeben und sämtliche Einstellungen wie Maßstab etc. bearbeiten.

- Sie können alternativ das ZEICHNUNGS-Werkzeug auch über das Kontextmenü des aktuellen Layouts mit ZEICHNUNG PLATZIEREN wählen. Dann geht es weiter wie oben.
- In der PROJEKT-MAPPE können Sie im Kontextmenü AUSSCHNITT SICHERN wählen und dann in der AUSSCHNITT-MAPPE wieder im Kontextmenü AUF LAYOUT PLATZIEREN, um den aktuellen Zeichnungsausschnitt im aktuellen Maßstab auf das aktuelle Layout zu legen. Auch hier können Sie nachträglich per Rechtsklick darauf QUELL-AUSSCHNITT-EINSTELLUNGEN BEARBEITEN aufrufen.
- Und schließlich als einfachste Prozedur: Ziehen Sie den Ausschnitt einfach per *Drag&Drop* aus der AUSSCHNITT-MAPPE in das Layout in der LAYOUT-MAPPE. Wenn Sie das so von Mappe zu Mappe ziehen, ist es natürlich noch nicht korrekt positioniert und liegt evtl. sogar neben dem Zeichnungsrahmen im Layout.

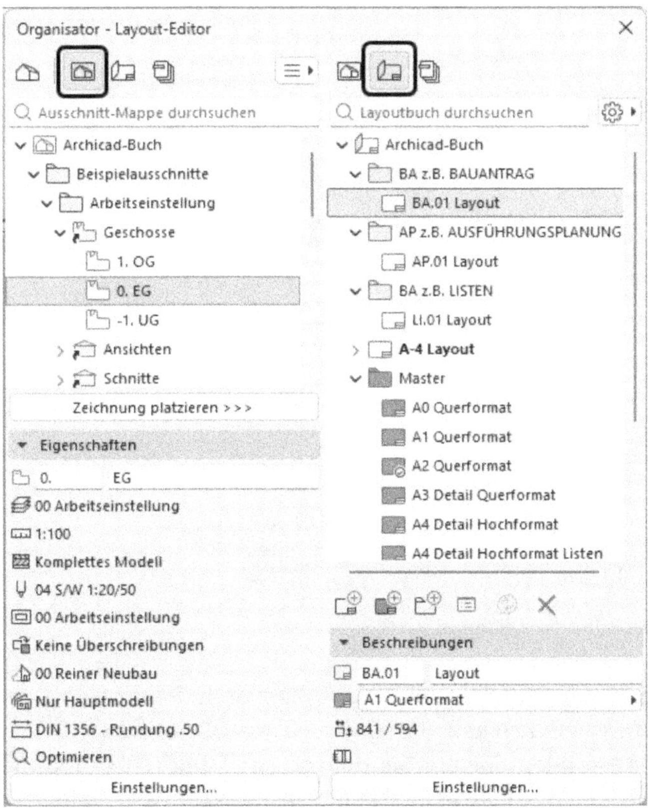

Abb. 12.18: ORGANISATOR mit AUSSCHNITT-MAPPE und Layoutbuch

Den Maßstab für eine platzierte Ansicht können Sie nach Markieren der Ansicht in der zweiten Spalte, unterste Zeile im INFOFENSTER ändern oder über das Fenster EINSTELLUNGEN FÜR DIE ZEICHNUNGSAUSWAHL.

Abb. 12.19: INFOFENSTER für platzierte Ansicht

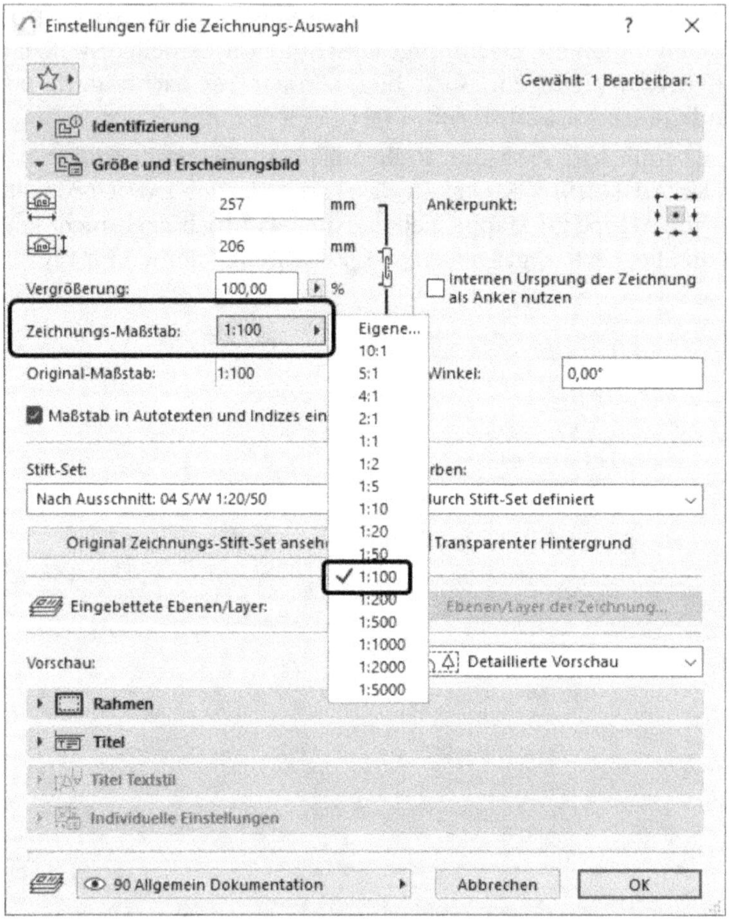

Abb. 12.20: EINSTELLUNGEN-Dialog für die Zeichnung

Sie können auch *Fremdzeichnungen* auf Ihrem Layout platzieren, wenn Sie in der Kontext-Funktion ZEICHNUNG PLATZIEREN die Option ZEICHNUNG VERKNÜPFEN MIT EINER EXTERNEN QUELLE wählen. Gehen Sie danach auf DURCHSUCHEN und wählen Sie die gewünschte Zeichnung aus, z.B. eine AutoCAD-DWG-Datei. Sie müssen dann in einem weiteren Fenster die Einheiten wählen, in denen diese Zeichnung erstellt wurde. Es stehen MILLIMETER und METER zur Verfügung, aber auch eigene Skalierungen durch anzugebende Skalierungsfaktoren. Wenn Sie eine Zeichnung in *Zentimetern* gewählt haben, stellen Sie deshalb als Zeichnungseinheit EIGENE [MM] ein und geben einen Faktor von **10,0** ein. Für die platzierte

Zeichnung muss dann aber noch wie oben beschrieben der gewünschte Maßstab eingestellt werden. Platzierte Zeichnungen können durch Anklicken des Randes oder eines Eckpunktes noch mittels PET-PALETTE bearbeitet werden. Sie lassen sich verschieben oder auch vergrößern.

Nach Änderungen im Grundrissfenster können die platzierten Ansichten über entsprechende Funktionen im Kontextmenü neu aufgebaut werden.

12.3 Plotten

Unter *Plotten* ist hier die Ausgabe auf großformatigen Plottern zu verstehen. Die Ausgabe auf kleinen Formaten A4 und A3 wird weiter unten beim Thema *Drucken* behandelt. Bevor Sie ein Layout plotten können, muss zuerst einmal ein Plotter eingerichtet werden. Dazu wählen Sie zunächst das Menü ABLAGE|PLOTTER-EINSTELLUNG und wählen dann einen Plotter aus (Abbildung 12.21) und konfigurieren die Einstellungen.

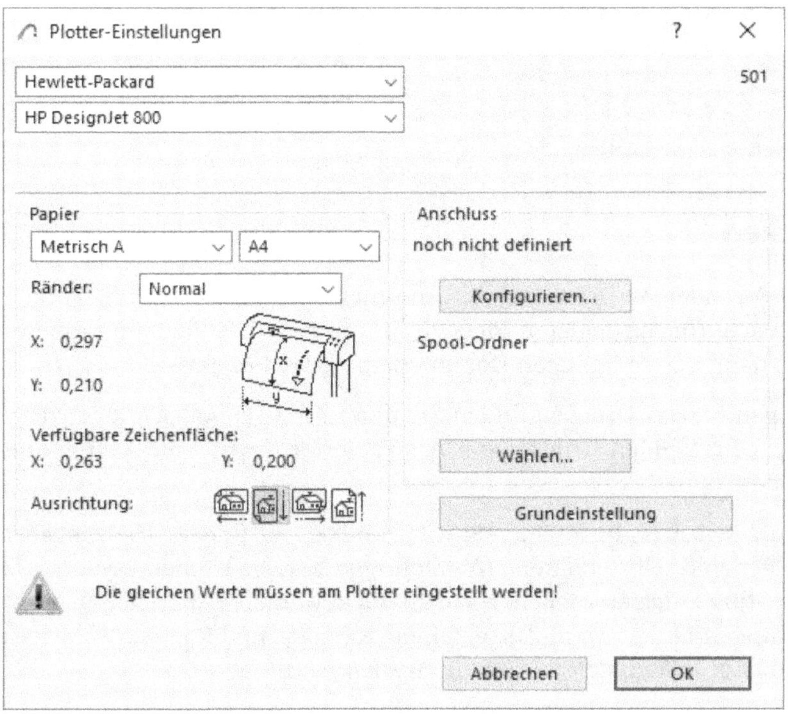

Abb. 12.21: Plotter einstellen

Alle angebotenen Plotter verwenden das HPGL-Format. Sie müssen natürlich darauf achten, dass die Einstellungen mit denen des Plotters konform sind.

Mit dem Menü ABLAGE|PLOTTEN schicken Sie dann den Plot ab (Abbildung 12.22).

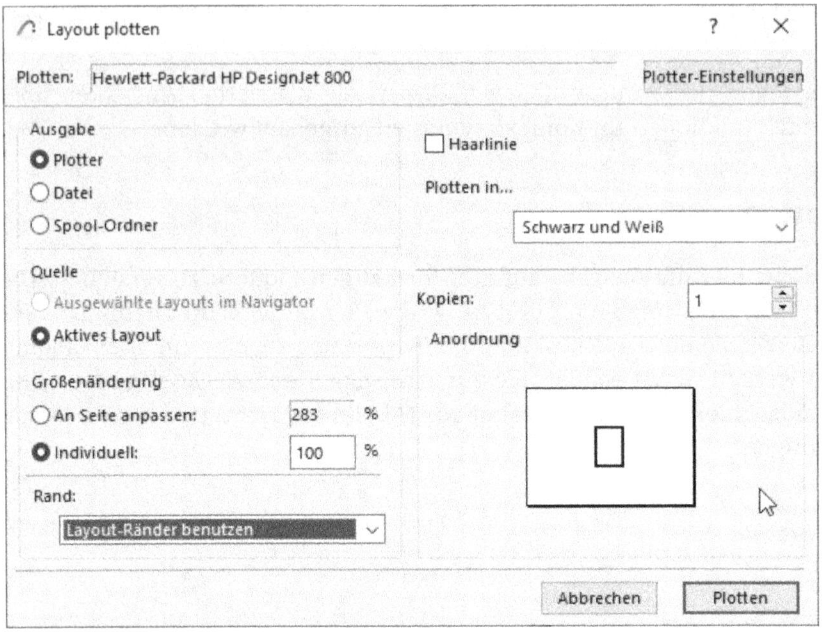

Abb. 12.22: Markiertes Layout plotten

12.4 Drucken

Gedruckt (mit A4- oder A3-Druckern) wird normalerweise nur zu Prüfzwecken, um eine Voransicht für die späteren Plots zu bekommen. Die Plots im größeren Format dienen dann der endgültigen Dokumentation des Projekts.

Die Einstellungen für das Drucken finden Sie unter ABLAGE|PAPIERFORMAT. Hier wählen Sie den betreffenden Drucker aus, das Papierformat und die Ausrichtung hoch oder quer.

Der Druckbefehl selbst ist im Menü ABLAGE|DRUCKEN zu finden. Die Eingaben fürs Dialogfenster sind selbsterklärend (Abbildung 12.22). Sie können Layouts, 2D- oder 3D-Fenster fürs Drucken wählen. Nicht gedruckt werden Fixpunkte, Auswahlpunkte, Schnitttiefen-Linien, Dach-Aufsetzlinien, Kameras und Routen. Wahlweise druckbar sind *Konstruktionsraster* und die *Transparentpause*.

Wenn Sie den Druck-Befehl aus dem Grundrissfenster oder einer anderen Projektsicht heraus starten, erscheinen die Optionen RASTER DRUCKEN und TRANSPARENTPAUSE DRUCKEN (nur wenn eine Transparentpause aktiv ist), die Sie aktivieren können.

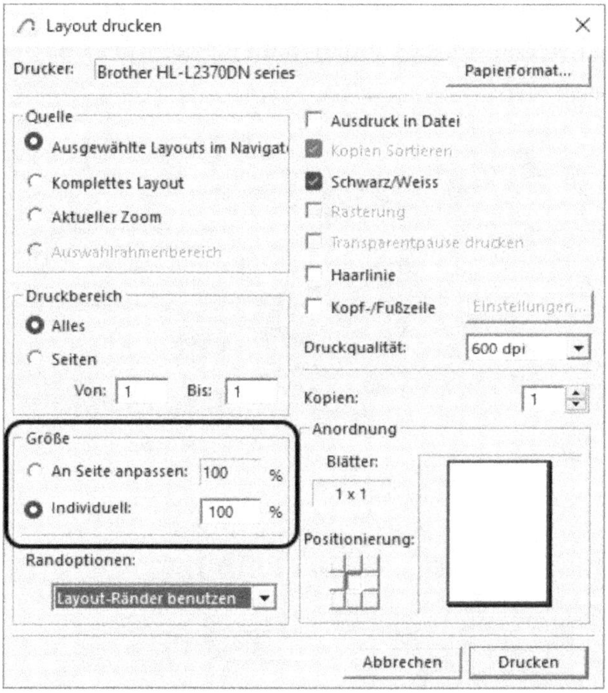

Abb. 12.23: Layoutdrucken

Mit der Option KOPF-/FUßZEILE und den EINSTELLUNGEN daneben können Sie noch *Projektdaten* in extra Kopf- und Fußzeilen drucken lassen.

12.5 Publizieren

Unter Publizieren versteht man im Allgemeinen die Dateiausgabe in Fremdformaten zur Weitergabe. Das soll einerseits die Weiterbearbeitung zu anderen Programmsystemen ermöglichen, andererseits nur zur Betrachtung und Beurteilung dienen. Bei den möglichen Ausgabeformaten gibt es solche zur Übergabe an andere CAD-Systeme wie DWG, DXF (beide für AutoCAD), DGN (für MicroStation). Das Format DWF (Design Web Format für Autodesk Design Review) ist kein spezielles Format zur Übertragung in ein anderes System, sondern ein von der Firma Autodesk definiertes Format, das mit sogenannten Viewern betrachtet werden und ggf. in AutoCAD-Zeichnungen eingefügt werden kann. Eine weitere Art des Publizierens ist die Erzeugung von Rasterdaten für Bildbearbeitungsprogramme, die zum Drucken und einfachen Bearbeiten Verwendung finden. Solche Formate können aber nicht mehr zurück in das Originalformat konvertiert werden.

Sie können bei jedem gewählten Publisher-Set mit NEUER ORDNER ❶ auch Ordner zum Publizieren mehrerer Dateien in verschiedenen Formaten einrichten

(Abbildung 12.24). Ziehen Sie die gewünschten Dateien dann per Drag&Drop dort hinein ❷, markieren diese und stellen für jede unten dann das gewünschte Format ein ❸.

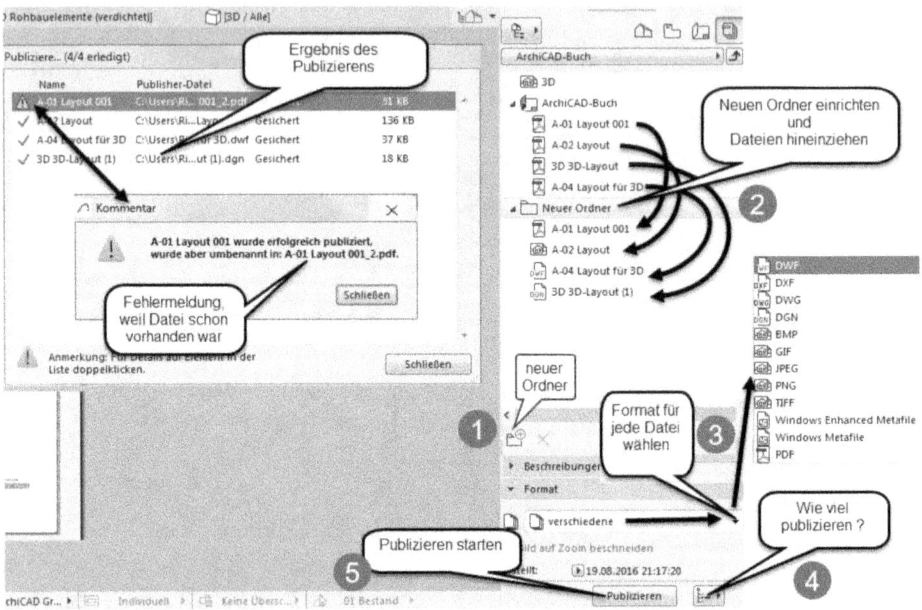

Abb. 12.24: Format fürs Publizieren einstellen

Neben der Schaltfläche PUBLIZIEREN wählen Sie mit einem kleinen Button, wie viel Sie publizieren möchten: DIESES SET, AUSGEWÄHLTE ELEMENTE, ALLE SETS ❹. Nach dem Klick auf PUBLIZIEREN ❺ erhalten Sie ein Protokoll über den Verlauf.

Danach können Sie die spezifizierten neuen Ordner mit den Ausgabedateien im Windows-Explorer finden.

12.6 Übungsfragen

1. Welche Mappen enthält der NAVIGATOR?
2. Wie wird der ORGANISATOR am schnellsten aufgerufen?
3. Wie richten Sie ein neues Masterlayout ein?
4. Wie richten Sie ein neues Layout ein?
5. Mit welchem Menü werden neue Plotter eingerichtet?
6. Welche Ausgabearten fasst man unter Publizieren zusammen?
7. Bei welchem Format sind auch 3D-Objekte möglich?

Kapitel 13

Projekteinstellungen, Geschosse und Ebenen

In den vorangegangenen Kapiteln bin ich davon ausgegangen, dass man mit den vorgegebenen Grundeinstellungen für das Projekt die Geschosse und Ebenen bearbeiten kann. Das ist für Übungsbeispiele natürlich ausreichend, wenn keine speziellen Anforderungen ans Projekt gegeben sind. Die Möglichkeiten für spezifische Voreinstellungen für ein Projekt sollen nun hier geschildert werden.

13.1 Projekteinstellungen

Mit dem Menü OPTIONEN|PROJEKTPRÄFERENZEN legen Sie die *Voreinstellungen* des Projekts fest. Dazu gehören als wichtigste die verwendeten *Maßeinheiten* und die *Standards für Raumberechnungen*.

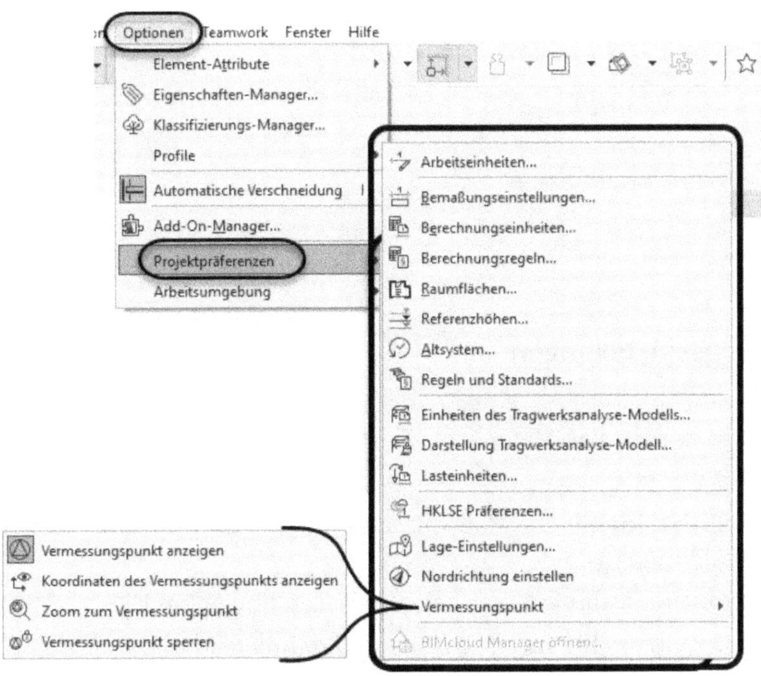

Abb. 13.1: Die Projekteinstellungen

13.1.1 Arbeitseinheiten

Sie stellen hier die Einheiten und die Anzahl der Nachkommastellen ein, mit denen Sie Ihre Konstruktion *erstellen* möchten. In der Regel werden das **Meter** sein, evtl. auch **Zentimeter**. Auch die Winkeleinheiten werden hier festgelegt (Abbildung 13.2).

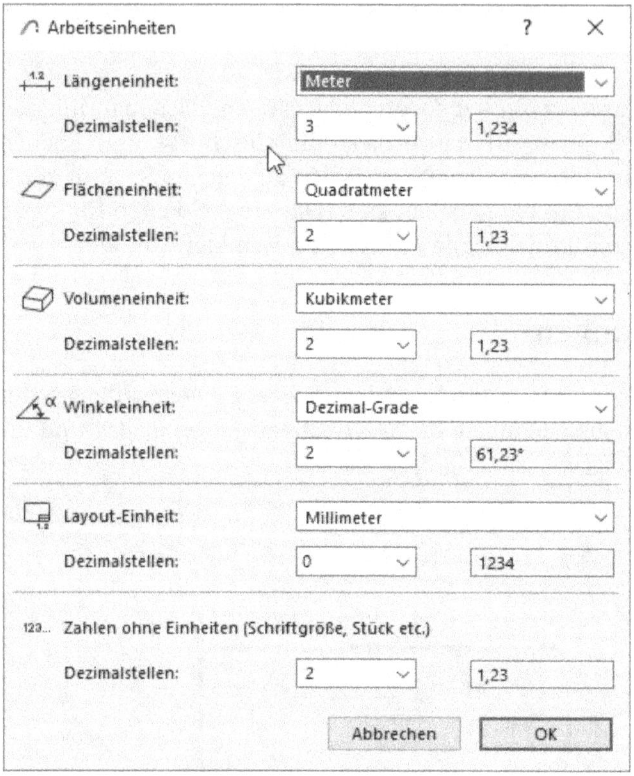

Abb. 13.2: Arbeitseinheiten

13.1.2 Bemaßungseinstellungen

Hier wählen Sie nun, in welchen Einheiten Sie *bemaßen* möchten (Abbildung 13.3). Üblicherweise werden das Meter sein. Es stehen vier gängige Bemaßungsstile zur Verfügung:

- DIN 1356 – RUNDUNG .01 gibt die Maße bis auf 0,01 cm genau an, also auf 1/10 Millimeter (Abbildung 13.3),
- DIN 1356 – RUNDUNG .25 bis auf 0,25 cm, also ¼ Zentimeter, und
- DIN 1356 – RUNDUNG .50 bis auf 0,5 cm, also ½ Zentimeter.

- Millimeter bemaßt in Millimetern wie in Maschinenbau und Schreinerei üblich mit Genauigkeit je nach Einstellungen bis auf 0,001 mm.

Über Rundungsintervall wird die Rundung für die obigen Stile entsprechend eingestellt. Für 1-mm-Genauigkeit müssten Sie beim Stil DIN 1356 – Rundung .01 das Rundungsintervall auf **0.1** schalten. Mit der Option Aus wird immer auf die angegebene Anzahl von Nachkommastellen gerundet, also bei Meter-Einheiten und 2 Nachkommastellen auf volle Zentimeter. Mit der Option Null vor Komma verbergen wird bei normalen Meter-Einheiten die Anzeige der Maße unter 1 m (Bsp. $0{,}36^5$) auf Zentimeter umgestellt (Bsp. 36^5).

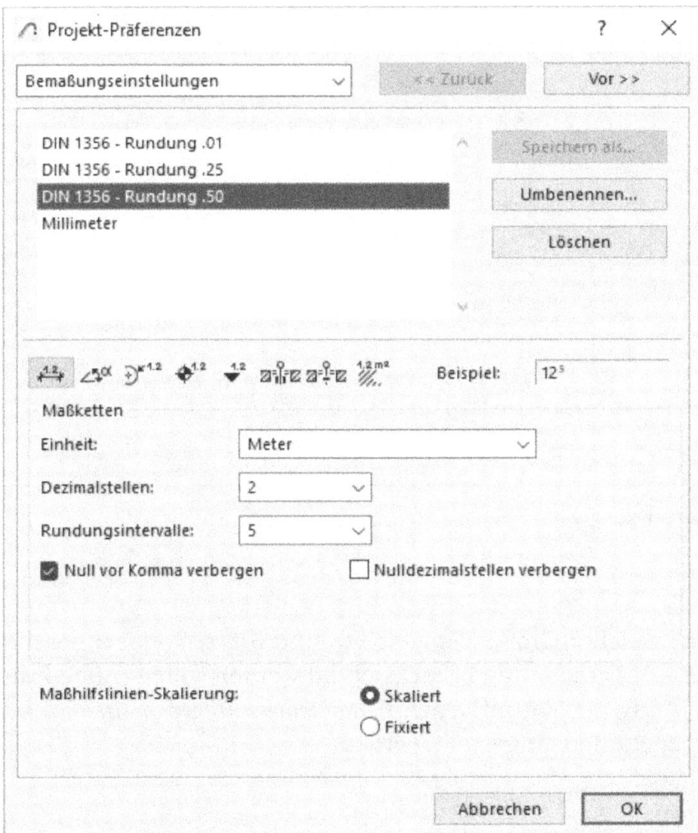

Abb. 13.3: Bemaßungseinstellungen

13.1.3 Berechnungseinheiten und -regeln

Hier geht es um die Einheiten, die bei der Berechnung z. B. von Raumflächen für *Längen, Flächen, Volumen* und *Winkel* verwendet werden sollen (Abbildung 13.4). Bei den Berechnungsregeln geht es im Wesentlichen darum, mit welchen Abzügen für Öffnungen bei berechneten Flächen und Volumina von Wänden, Decken, Dächern und Trägern gearbeitet werden soll.

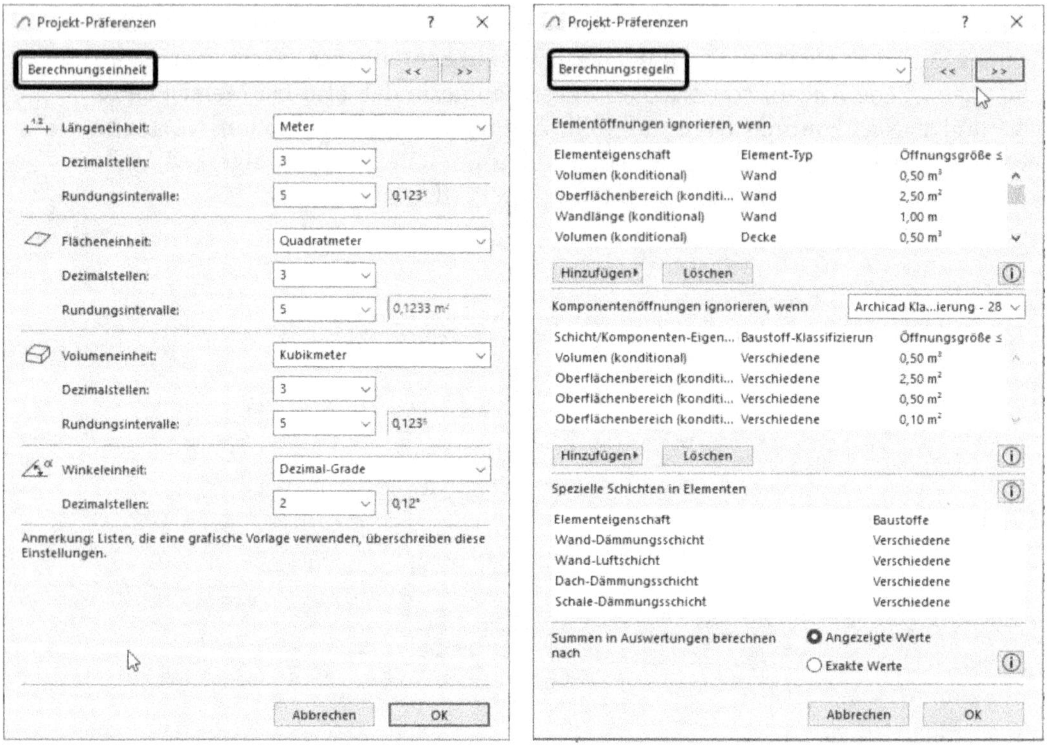

Abb. 13.4: Einheiten für Berechnungen

13.1.4 Raumflächen

Sie bestimmen hier, ab welcher Größe *Wandnischen* und *Stützen* oder innen liegende *Wände* bei der Raumberechnung berücksichtigt werden sollen (Abbildung 13.5). Auch die Gewichtung der Raumflächen unter *Dachschrägen* kann hier bezüglich Höhe und Prozentanteil eingestellt werden.

13.1.5 Referenzhöhen

Hier können Sie bis zu zwei Referenzhöhen angeben, die für die Positionierung der Elemente verwendet werden können (Abbildung 13.6). Die im EINSTELLUNGSDIALOG wählbaren Referenzhöhen PROJEKTURSPRUNG, 1. REFERENZHÖHE und 2. REFERENZHÖHE sind die *Höhennullpunkte* für die dort *absolut* genannten z-Werte.

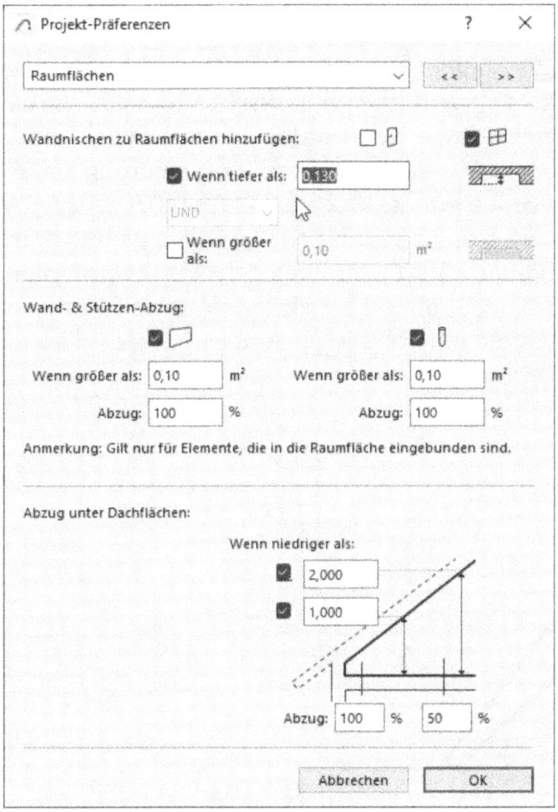

Abb. 13.5: Raumflächen

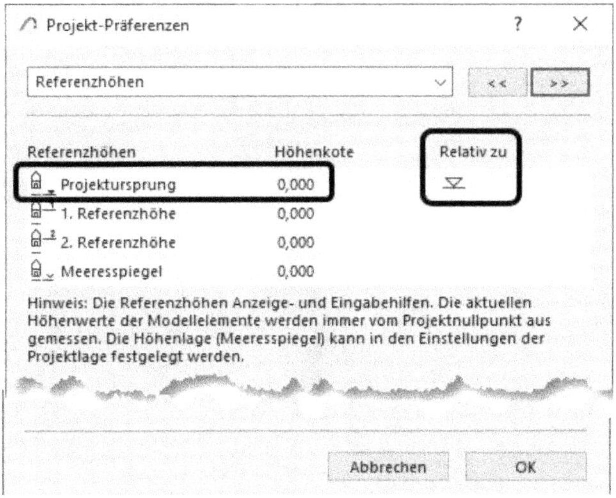

Abb. 13.6: Referenzhöhen

13.1.6 Projektlage

Dieses Dialogfenster bietet Ihnen die Möglichkeit zur exakten Georeferenzierung, also zur genauen Ortseingabe. Dazu sollten Sie die geografischen Koordinaten des Projektortes wissen. Um die ungefähre Lage zu ermitteln, können Sie sich über ORTE eine Städteliste anzeigen lassen. Für eine genauere Positionierung sollten Sie auf IN GOOGLE MAPS ANZEIGEN gehen, unter GOOGLE MAPS den Ort genau auswählen und dort nach Rechtsklick die Option WAS IST HIER wählen, damit Sie im *Google-Suchfeld* oben links die Koordinatenangaben finden. Die Werte für Breiten- und Längengrad können Sie dann einzeln über die *Zwischenablage* von Windows (mit `Strg`+`C` kopieren und in Archicad mit `Strg`+`V` einfügen) in die Felder für BREITENGRAD und LÄNGENGRAD übertragen.

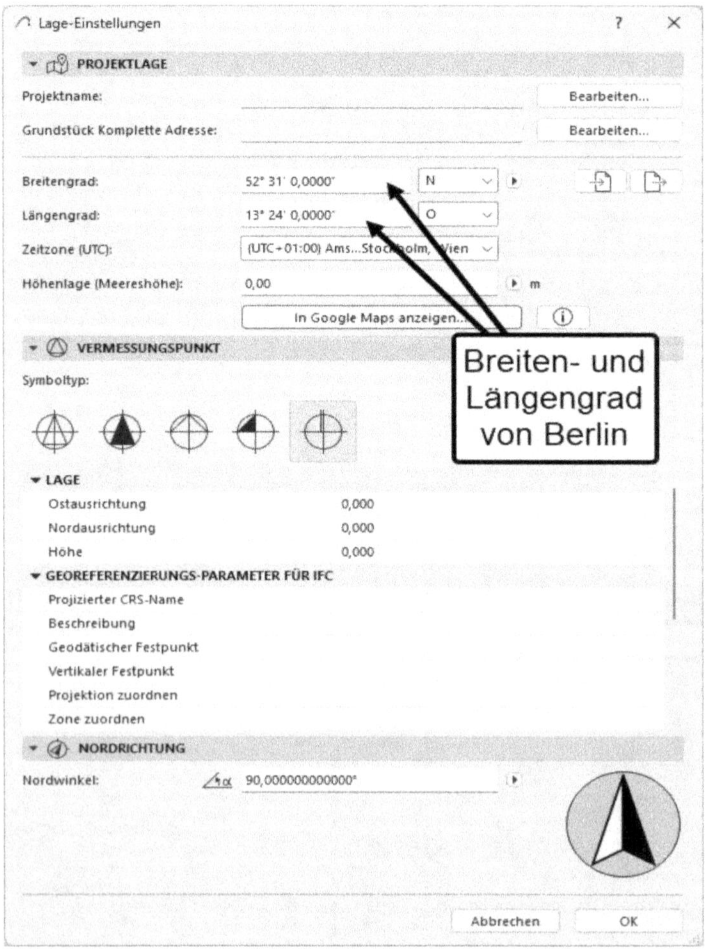

Abb. 13.7: Ortswahl über PROJEKTLAGE

Sie können auch eigene Orte in die Ortsliste eintragen, aber dazu müssen Sie in das Menü OPTIONEN|ELEMENTATTRIBUTE|ATTRIBUTE-MANAGER gehen und das Register mit der *Weltkugel* anklicken.

13.1.7 Nordrichtung einstellen

Die Nordrichtung können Sie eigentlich auch gleich im Dialogfeld PROJEKTLAGE eingeben. Sie ist standardmäßig auf 90° eingestellt. Das bedeutet, dass die y-Koordinatenrichtung der Nordrichtung entspricht, die x-Koordinatenrichtung ist dann Osten. Diesen Wert können Sie beliebig ändern.

Andererseits bietet Ihnen das Menü OPTIONEN|PROJEKTPRÄFERENZEN|NORDRICHTUNG EINSTELLEN eine grafische Option zur Eingabe der Nordrichtung. Falls die Nordrichtung etwa fluchtend zu einem Gebäudeelement einzustellen ist, wäre diese Option ganz praktisch. Sie brauchen dann nur zwei Punkte zu wählen, von denen Sie die Nordrichtung abgreifen.

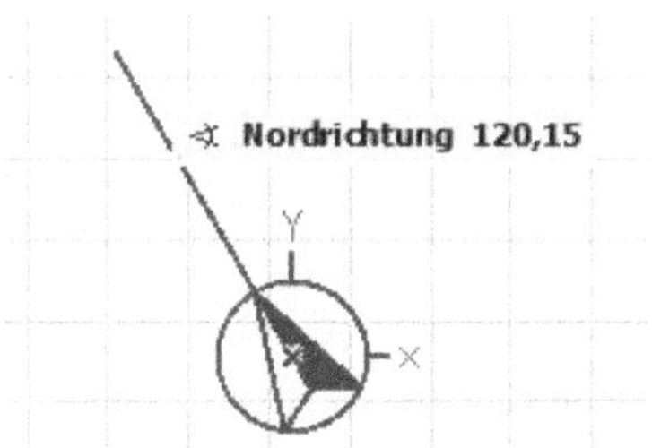

Abb. 13.8: Grafische Eingabe der Nordrichtung

Die Anzeige des Nordpfeils aktivieren Sie unter OPTIONEN|PROJEKTPRÄFERENZEN|VERMESSUNGSPUNKT|VERMESSUNGSPUNKT ANZEIGEN sowie die Anzeige der Koordinaten mit ...|KOORDINATEN DES VERMESSUNGSPUNKTS ANZEIGEN. Mit der Funktion ...|ZOOM AUF VERMESSUNGSPUNKT wird der Vermessungspunkt auf die Mitte der Zeichenfläche gezoomt.

13.2 Geschossverwaltung

Geschosse

Die Geschosse geben die physische Gliederung des Gebäudes wieder. Die Höhenlagen der einzelnen Geschosse werden durch diese Einteilung bestimmt.

Die Geschosse werden im NAVIGATOR im Ordner GESCHOSSE verwaltet. Mit Rechtsklick auf ein Geschoss können Sie dort das Kontextmenü aktivieren, in dem Sie auch Funktionen zum Erstellen neuer Geschosse finden. Die Verwaltung für Geschosse bietet aber auch das Menü PLANUNG|GESCHOSS-EINSTELLUNGEN. Hier können neue Geschosse eingegeben und die Geschosshöhen eingestellt werden. Archicad zählt die Geschosse automatisch durch, Sie dürfen aber auch eigene Geschossnamen hinzufügen.

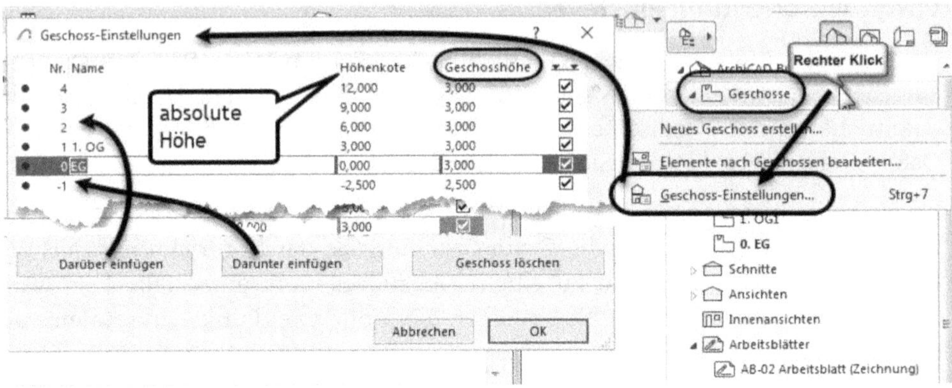

Abb. 13.9: Geschoss-Einstellungen im Navigator

Transparentpausen

Eine wichtige Rolle spielen die TRANSPARENTPAUSEN. In Ihrer Konstruktion können Sie aus jeder einzelnen Projekt-Sicht – egal ob Geschoss, Ansicht oder Schnitt etc. – eine Transparentpause machen. Dazu können Sie im NAVIGATOR eine Projekt-Sicht anklicken und im Kontextmenü ALS TRANSPARENTPAUSE ANZEIGEN wählen. Mit der unter FENSTER|PALETTEN|TRANSPARENTPAUSE aktivierbaren Palette können Sie sich dann jede dieser TRANSPARENTPAUSEN zusätzlich zu Ihrer aktuellen Projekt-Sicht als Zeichenhilfe anzeigen lassen. Die Elemente auf einer TRANSPARENTPAUSE sind standardmäßig in Rot zu sehen. Diese Farbe ist auch änderbar. Die TRANSPARENTPAUSE ist insbesondere nützlich, wenn Sie Positionen eines anderen Geschosses für die Konstruktionen im aktuellen Geschoss brauchen. Alle Positionen aus einer TRANSPARENTPAUSE können in anderen Projekt-Sichten gefangen werden. Es werden aber nur die ebenen Koordinaten übernommen. Die dritte Koordinate richtet sich natürlich nach der aktuellen Projekt-Sicht.

Sie können die TRANSPARENTPAUSE wechseln oder wählen, indem Sie in der Palette TRANSPARENTPAUSE einfach in die *Liste* klicken und eine andere TRANSPARENTPAUSE auswählen. Wenn die gewünschte TRANSPARENTPAUSE noch nicht in dieser Liste zu finden ist, wählen Sie dort nach Klick die Funktion NACH TRANSPARENTPAUSE SUCHEN und aktivieren Sie die gewünschte Projekt-Sicht aus der Gesamtliste. Dann werden deren Elemente überall in Rot sichtbar. Die Elemente der TRANSPARENTPAUSE können aber von einer anderen Projekt-Sicht aus nicht gewählt werden. Sie können auch nicht mit dem aktuellen Geschoss geplottet werden. Nur die Punktpositionen können für Ihre Konstruktion in der aktuellen Projekt-Sicht genutzt werden.

In der Palette TRANSPARENTPAUSE erscheint auf der rechten Seite ein Pfeilsymbol. Darüber wird noch eine *Elementauswahl* angeboten. Damit können Sie steuern, welche Elemente aus der TRANSPARENTPAUSE dann in anderen Projekt-Sichten angezeigt werden sollen. Beispielsweise wäre es sinnvoll, von einem anderen Geschoss nur die Wände in weiteren Geschossen darzustellen.

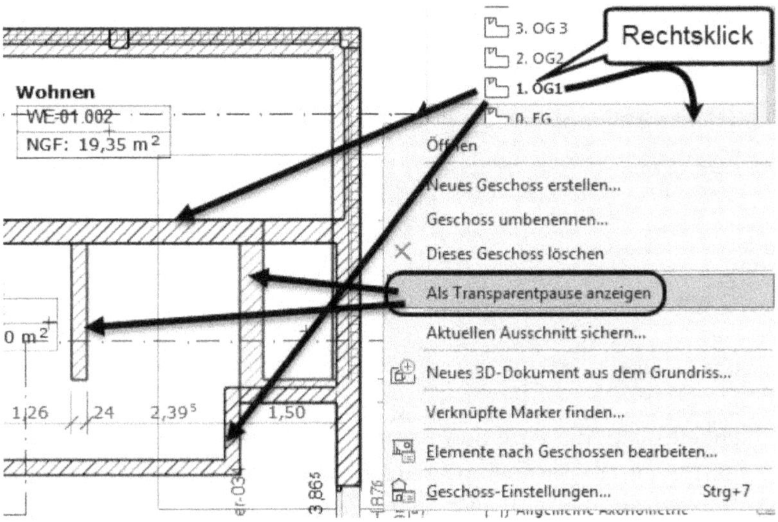

Abb. 13.10: Transparentpause aktivieren

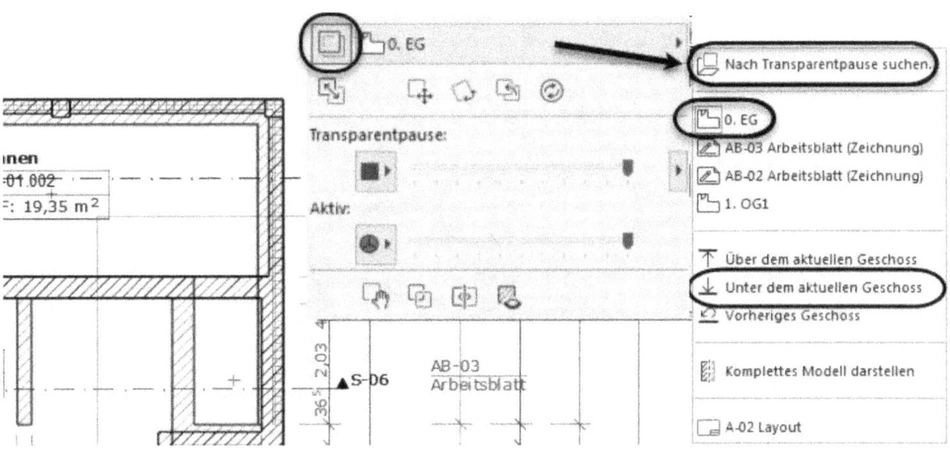

Abb. 13.11: Transparentpausen verwalten

Objekte zwischen Geschossen austauschen

Interessant ist oft auch der Transfer von Objekten in andere Geschosse. Das erreichen Sie einerseits mit den normalen Funktionen aus dem Menü BEARBEITEN, indem Sie die gewünschten Elemente markieren und BEARBEITEN|KOPIEREN wählen. Dann wechseln Sie über den NAVIGATOR ins Zielgeschoss und wählen die Funktion BEARBEITEN|EINFÜGEN. Schon sind die Elemente im neuen Geschoss an der gleichen Stelle. Elemente wie Fenster und Türen, die mit Wänden verbunden sind, können Sie nur mit diesen zusammen in andere Geschosse einsetzen.

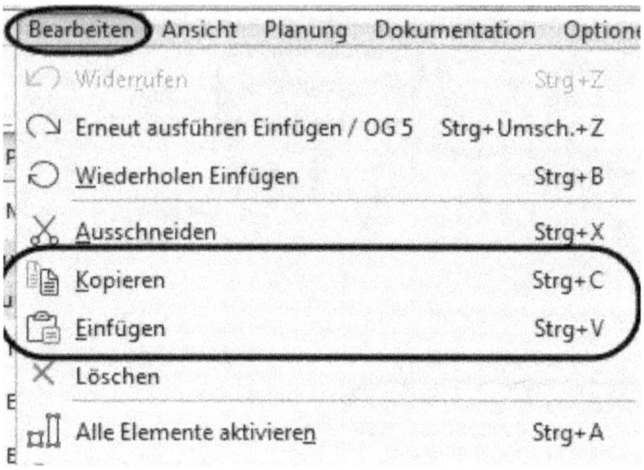

Abb. 13.12: Kopieren und Einfügen

Eine zweite Möglichkeit bietet die Funktion BEARBEITEN|BEWEGEN|ELEMENTE NACH GESCHOSSEN BEARBEITEN an, die Sie auch nach Rechtsklick auf GESCHOSSE im NAVIGATOR erreichen. Wählen Sie die zu kopierenden Elementtypen aus und kopieren Sie dann mit der Schaltfläche KOPIEREN alle Elemente aus dem aktuellen Geschoss in die gewählten Ziel-Geschosse.

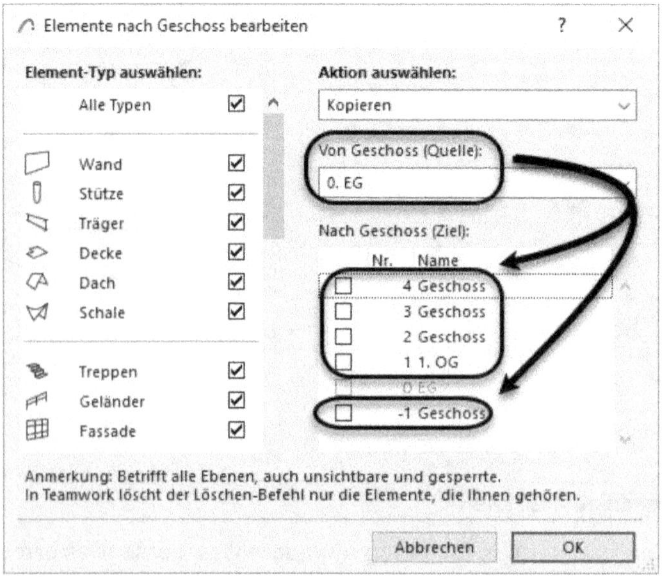

Abb. 13.13: Elemente in andere Geschosse kopieren

13.3 Ebenen

Die Ebenen bewirken eine logische Gliederung des Projekts. Bestimmte Gruppen von Elementen werden auf bestimmten Ebenen abgelegt. Über diese Ebenen können Sie die Sichtbarkeit dieser Elementgruppen steuern. Bestimmte Ebenen können auch gegen Änderungen geschützt werden. Die Ebenen gelten für das gesamte Projekt und sind nicht auf bestimmte Sichten beschränkt. Archicad arbeitet mit Ebenenkombinationen, die aus der Projektvorlage übernommen werden.

Die Einstellungen einzelner Ebenen oder einer Ebenenkombination ändern Sie mit

- OPTIONEN|ELEMENT-ATTRIBUTE|EBENEN (MODELL) oder
- DOKUMENTATION|EBENEN|EBENEN (MODELLDARSTELLUNGEN).

Für jede Ebene gibt es vier Einstellungen:

- GESPERRT/ENTSICHERT – schützt die Elemente dieser Ebene vor *Änderungen* oder erlaubt *Änderungen*.
- ANZEIGEN/AUSBLENDEN – steuert die *Sichtbarkeit* der Elemente auf dieser Ebene.
- 3D-ANZEIGE ALS DRAHTMODELL/SCHATTIERT – steuert die *Anzeige* im 3D-FENSTER *unabhängig* vom dort gewählten Darstellungsmodus. Abbildung 13.15 zeigt eine 3D-Darstellung im Modus SCHATTIERUNG, wobei aber die Ebenen DACH und WAND AUßEN explizit auf DRAHTMODELL gestellt wurden. Der Rest, also die Raumflächen, Decken und Träger, erscheinen dann schattiert.
- VERSCHNEIDUNGS-GRUPPE – Diese Zahl steuert die Verschneidung von Elementen. Elemente auf verschiedenen Ebenen, aber mit gleicher Gruppe werden miteinander verschnitten. Wenn Elemente nicht miteinander verschnitten werden sollen, müssen Sie ihnen nicht nur verschiedene Ebenen, sondern auch unterschiedliche Verschneidungs-Gruppennummern zuordnen. Standardmäßig liegen alle Ebenen in der Verschneidungs-Gruppe 1. Ändern Sie beispielsweise die Verschneidungs-Gruppe der Innenwände auf **2** und ordnen Sie die inneren Wände auch tatsächlich dieser Ebene zu, dann erscheinen zwischen Außen- und Innenwänden Abschlusskanten. Sie werden also nicht mehr automatisch mit den Außenwänden verschmolzen.

Abbildung 13.14 zeigt das Dialogfeld für Ebenen-Einstellungen. Der Bereich links zeigt die EBENENKOMBINATIONEN an. Das sind Zusammenfassungen aller Ebenen mit ihren speziellen Einstellungen. Um den Effekt dieser EBENENKOMBINATIONEN zu überprüfen, sollten Sie einfach einmal das Dialogfenster so weit aufziehen, dass alle Ebenen zu sehen sind. Dann gehen Sie in die linke Hälfte und klicken die Kombinationen durch. Achten Sie vor allem darauf, wie sich dann in der rechten Spalte die Sichtbarkeit der einzelnen Ebene ändert. In der Palette SCHNELL-OPTIONEN können Sie dann schnell in der obersten Zeile zwischen verschiedenen EBENENKOMBINATIONEN hin- und herschalten und damit gleich die Sichtbarkeit oder Editierbarkeit mehrerer Ebenen auf einen Schlag ändern.

Eine besondere Rolle spielt die ARCHICAD-Ebene (Abbildung 13.14). Sie kann nicht gelöscht werden und ihre Elemente können auch nicht unsichtbar gemacht und nicht gegen Löschen geschützt werden. Sie dient als Auffangbecken für Elemente, die ihre Ebenenzuordnung verloren haben.

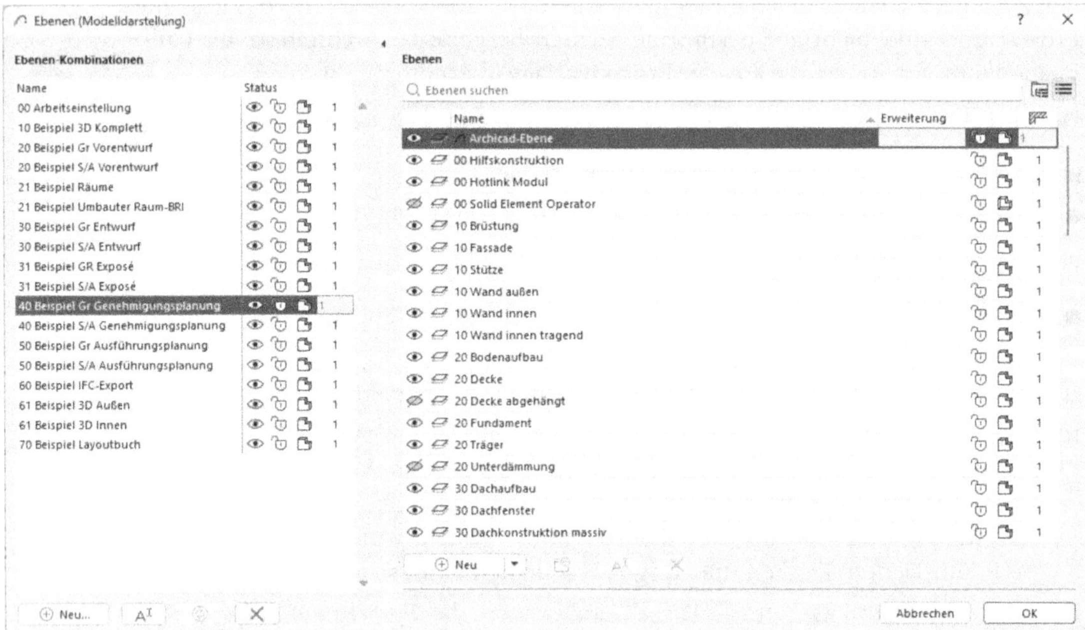

Abb. 13.14: Ebenen-Einstellungen (OPTIONEN|ELEMENT-ATTRIBUTE|EBENEN (MODELLDARSTELLUNG))

Die *Ebenen-Einstellungen* können für die PROJEKT-MAPPE/AUSSCHNITT-MAPPE einerseits und das LAYOUTBUCH andererseits unterschiedlich vorgenommen werden.

Die *Konstruktions-Werkzeuge* aus dem WERKZEUGKASTEN verwenden jeweils bestimmte voreingestellte Ebenen. Dadurch werden bestimmte Elemente immer automatisch auf bestimmte Ebenen gelegt. Sie können diese Zuordnung aber bei jedem *Konstruktions-Werkzeug* ändern.

Für eine normgerechte Projektverwaltung wäre es eventuell sinnvoll, eigene Ebenengruppen mit Ebenen nach DIN 276 zu erstellen.

Die Änderungen an EBENENKOMBINATIONEN werden in der aktuellen Zeichnung gespeichert. Wenn Sie diese auch für weitere Zeichnungen benötigen, dann sollten Sie ausgehend von der aktuellen Zeichnung eine neue Projektvorlage speichern. Wählen Sie dazu ABLAGE|SICHERN ALS, aktivieren Sie unter TYP ARCHICAD PROJEKTVORLAGE (*.TPL), geben Sie einen passenden Namen ein und wählen Sie ein Projektverzeichnis.

Vorsicht

Wird eine Ebene gelöscht, dann werden auch alle Elemente auf dieser Ebene mit gelöscht.

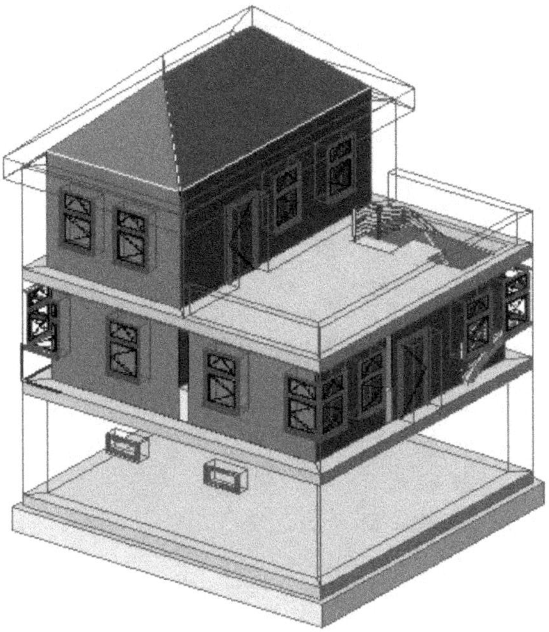

Abb. 13.15: Den Ebenen für 3D-Wände und 3D-Dächer wurde die Drahtmodelldarstellung zugeordnet. In den oberen Stockwerken erscheinen die Räume als Volumenkörper.

13.4 Der HKLSE-Modeler

Seit der Archicad-Version 24 ist der HKLSE-MODELER (Heizung-Klima-Lüftung-Sanitär-Elektro), der vorher nur als Zusatzsoftware verfügbar war, zum festen Bestandteil des Programms geworden. Er wird über PROFIL HKLSE PLANUNG 29 unter OPTIONEN|ARBEITSUMGEBUNG|PROFIL ANWENDEN aktiviert. Dadurch wird im WERKZEUGKASTEN der Bereich PLANUNG aus dem PROFIL ARCHITEKTUR 29 durch den Bereich PROFIL HKLSE PLANUNG 29 ersetzt (Abbildung 13.16). Alternativ können Sie die HKLSE-Werkzeuge auch über PLANUNG|HKLSE-PLANUNGSWERKZEUGE|KANALFÜHRUNG (Heizung-Klima-Lüftung), ...|LEITUNGSFÜHRUNG (Sanitär) und ...|KABELFÜHRUNG (Elektro) aufrufen. Außerdem wird die Symbolleiste HKLSE SYSTEME neben der Symbolleiste STANDARD eingeschaltet (Abbildung 13.16).

Über OPTIONEN|PROJEKTPRÄFERENZEN|HKLSE-VOREINSTELLUNGEN können Sie die Grundeinstellungen anpassen (Abbildung 13.17). Hier sind auch die nützlichen Tabellen für Rohrdurchmesser in Millimetern und in Zollmaßen zu finden.

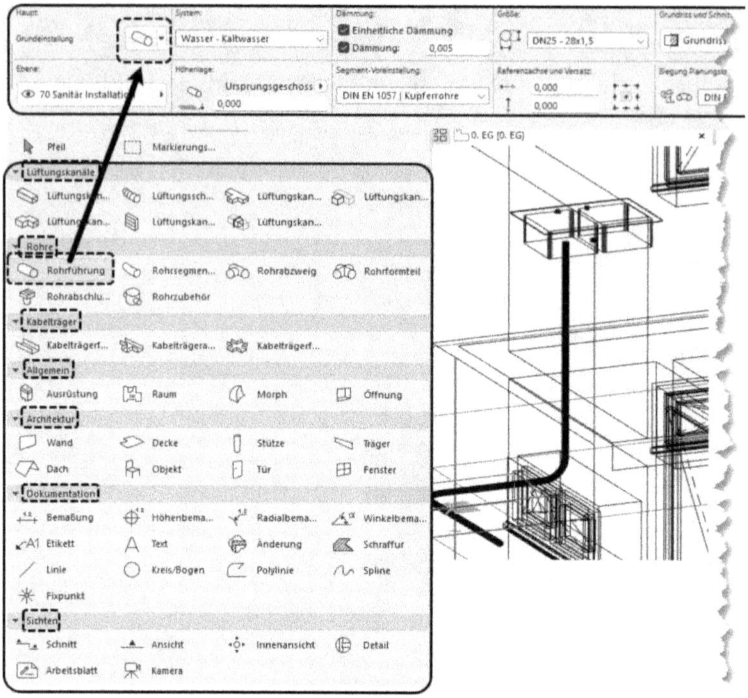

Abb. 13.16: Werkzeugkasten und Palette des HKLSE-Modelers

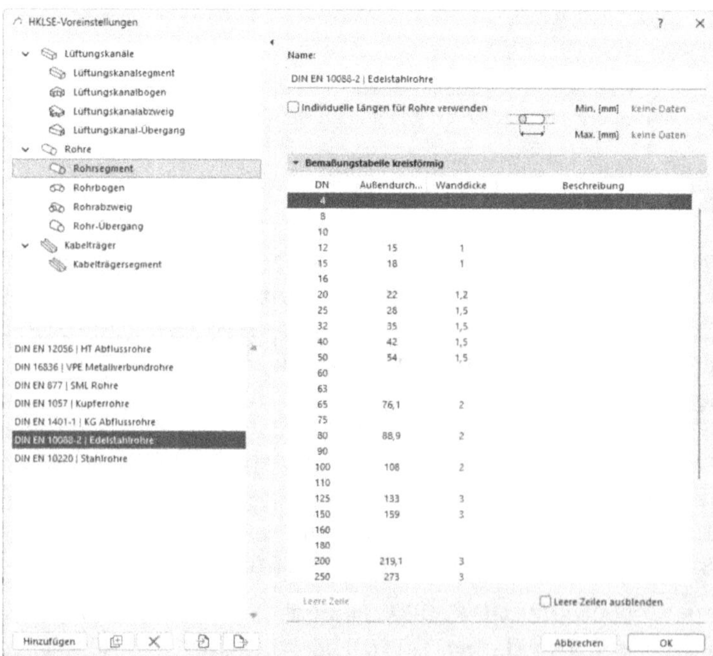

Abb. 13.17: Grundeinstellungen für den HKLSE-Modeler

Am besten beginnen Sie die HKLSE-Installation, indem Sie mit dem Werkzeug AUSRÜSTUNG zu Beginn die Endgeräte wie Heizkörper, Kessel, Waschbecken, Duschen, Elektrogeräte platzieren. Die einzelnen Geräte sind über die AUSRÜSTUNG-GRUNDEINSTELLUNGEN wählbar.

Für die Verlegung der Leitungen sollten Sie die Einstellungen für die Höhe in der INFO-LEISTE vornehmen. Sie können die Leitungsführung dann im Grundriss oder auch in der 3D-Ansicht durchführen. Dort können auch vertikale Rohrleitungen durch Einrasten in senkrechter Richtung konstruiert werden.

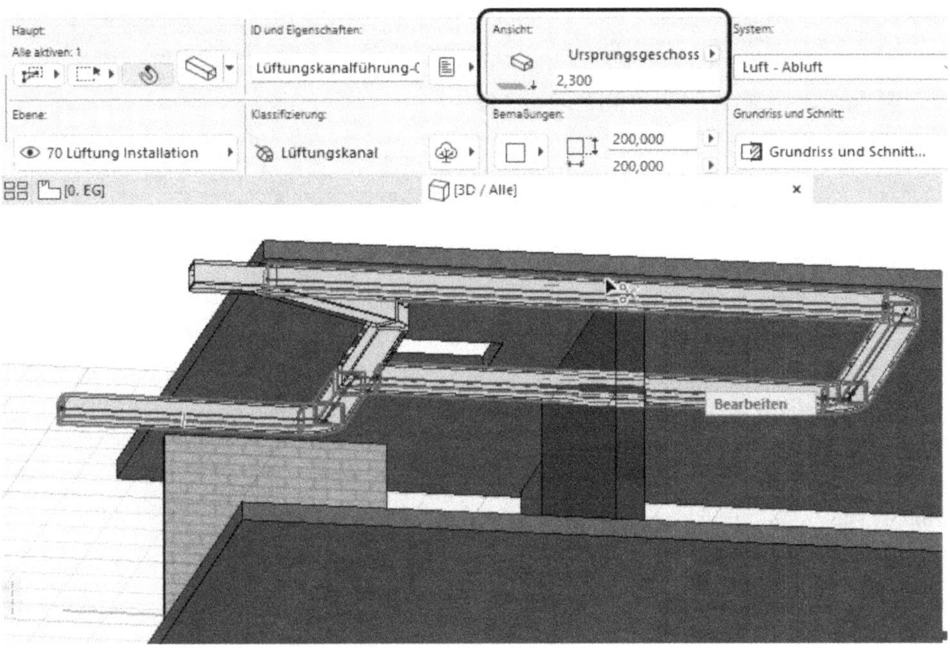

Abb. 13.18: Leitungsführung für Klimaanlage

Damit Sie die Anschlusspunkte für die HKLSE-Installationen angezeigt bekommen, müssen Sie unter DOKUMENTATION|MODELLDARSTELLUNG|MODELLDARSTELLUNG ERSTELLEN im Dialogfenster (Abbildung 13.19) im Bereich WEITERE EINSTELLUNGEN DER BIBLIOTHEKSELEMENTE (ARCHICAD LEGACY OBJEKTE) die Option OBJEKT-HKLSE ANSCHLUSS aktivieren. Sonst wird der Cursor bei der Leitungsführung nicht präzise auf diesen Positionen einrasten.

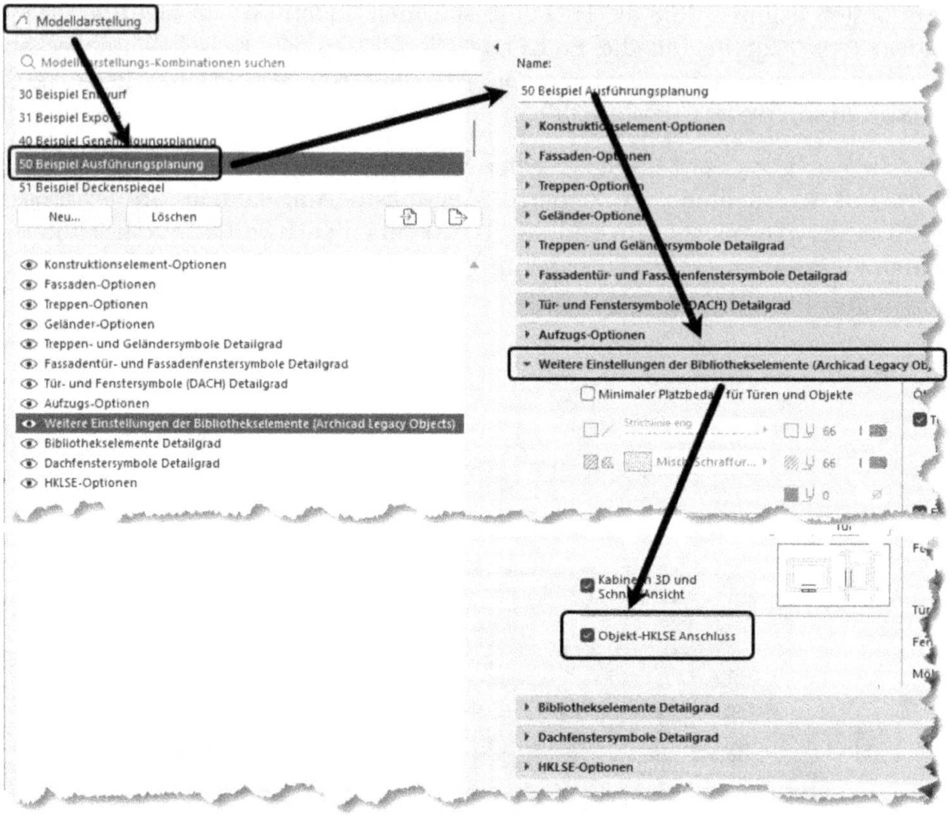

Abb. 13.19: HKLSE-Anschlüsse sichtbar machen

13.5 Übungsfragen

1. Wo liegen die Projekteinstellungen?
2. Was können Sie bei den Projekteinstellungen für RAUMFLÄCHEN einstellen?
3. In welchem Menü werden die Geschosse eingestellt?
4. Wo können Sie die Ebenen einstellen?
5. Welche Einstellungen gibt es für Ebenen?

Kapitel 14

Visualisierung

Die Visualisierung ist natürlich ein ganz wichtiger Punkt für die Präsentation eines Bauwerks gegenüber dem Kunden. Die Möglichkeiten, die eine moderne Software hier bietet, sollten nicht unterschätzt werden. Archicad kann mit drei Highlights auftrumpfen: Photorealistische Darstellung, Animationen und Sonnenstudie.

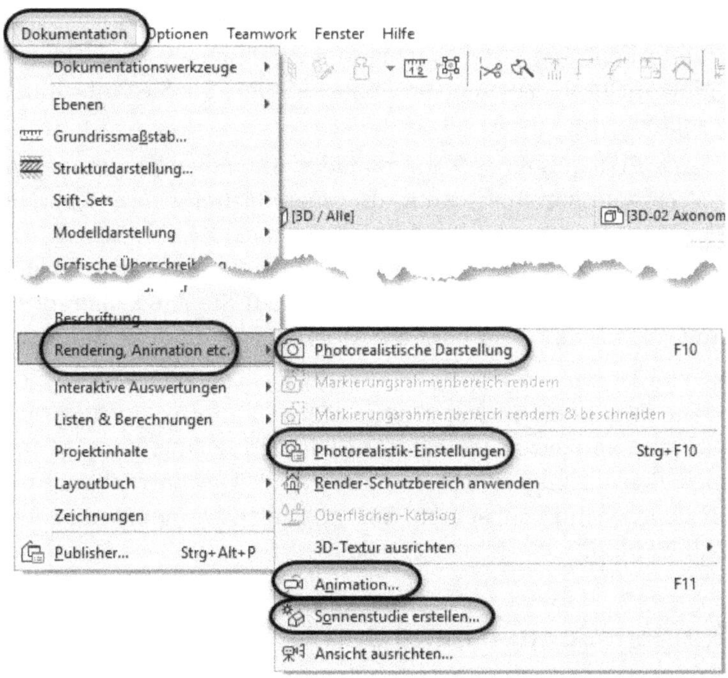

Abb. 14.1: Photorealistische Darstellungen

- Photorealistische Darstellung – Im Werkzeugkasten finden Sie unter Sichten das Kamera-Werkzeug. Damit können Sie mit einem Klick in Ihr Geschoss eine Kamera positionieren und mit einem zweiten Klick ausrichten. Die Aufnahme der Kamera wird in der Projektmappe unter der aktuellen Animationsroute, hier 00 Neue Animationsroute, als Kamera 1 ... gespeichert. Das Kamera-Werkzeug lässt sich beliebig wiederholen, wodurch dann ein *Animationspfad* von Standpunkt zu Standpunkt entsteht. Übers Kontextmenü können hier auch weitere Animationspfade erstellt werden. Von einer Kameraposition aus werden realistisch gerenderte Bilder erzeugt. Mit Rendern ist die Berechnung eines solchen photorealistischen Bildes unter Benutzung verschiedener Effekte wie Schattenwurf, Reflexion an glatten Oberflächen, Berücksichtigung des Sonnenstandes und der Oberflächenbeschaffenheiten gemeint.

- Es gibt verschiedene Renderverfahren, man spricht da auch von den verschiedenen *Rendering Engines*. Sie können unter DOKUMENTATION|RENDERING, ANIMATION ETC.|PHOTOREALISTIK-EINSTELLUNGEN unter ENGINE gewählt werden.
  - CINEWARE VON MAXON – Dies ist eine sehr professionelle Rendering Engine, die ausgefeilteste Darstellungen erlaubt. Diese Einstellung ist Vorgabe.
  - INTERNE ENGINE – Die interne Rendering Engine erzeugt photorealistische Bilder unter Berücksichtigung von Schattenwurf, Transparenz und Reflexionen.
  - SKIZZE – Mit dieser Engine werden Darstellungen ähnlich wie Handskizzen generiert. Es gibt eine große Anzahl von Skizzen-Stilen, die Sie einfach mal ausprobieren sollten.
- ANIMATIONEN – Nach Erstellen eines Kamerapfades mit vielen Kameras, zwischen denen die Verbindungen übers Kontextmenü geglättet werden können, ist es möglich, mit DOKUMENTATION|RENDERING, ANIMATION ETC.|ANIMATION einen kleinen Kinofilm zu erzeugen, in dem von einer Kamera zur nächsten kontinuierlich weitergeschaltet wird. Den Film können Sie dann auch ohne Archicad mit dem QUICKTIME-Player oder als AVI-Dateien mit dem WINDOWS MEDIA PLAYER abspielen.
- SONNENSTUDIE – Die Funktion DOKUMENTATION|RENDERING, ANIMATION ETC.|SONNENSTUDIE ERSTELLEN liefert Ihnen eine Animation des aktuellen 3D-Fensters während eines Tages mit simuliertem Sonnenlauf. Die Entwicklung der Schattenwürfe lässt sich dann beobachten. Die Ausgaben können wie bei der Animation gewählt werden.

14.1 Vorbereitungen: Sonnenstand und Ort

Mit dem Menü ANSICHT|3D-DARSTELLUNGSMODUS|STANDORT & PROJEKTIONSART rufen Sie ein Dialogfenster für perspektivische oder axonometrische Darstellung auf, um mit der Schaltfläche SONNENLICHT die *Sonnenbeleuchtung* einzustellen. Für das SONNENLICHT und das STREULICHT sind prozentuale Angaben möglich.

Natürlich ist zur realistischen Berechnung des Sonnenstands und der Schattenwürfe auch der genaue geografische Standort wichtig. Dies wurde bereits unter Abschnitt 13.1.6 »Projektlage« gezeigt. Auch die Wahl der Nordrichtung wurde schon in Abschnitt 13.1.7 »Nordrichtung einstellen« erwähnt.

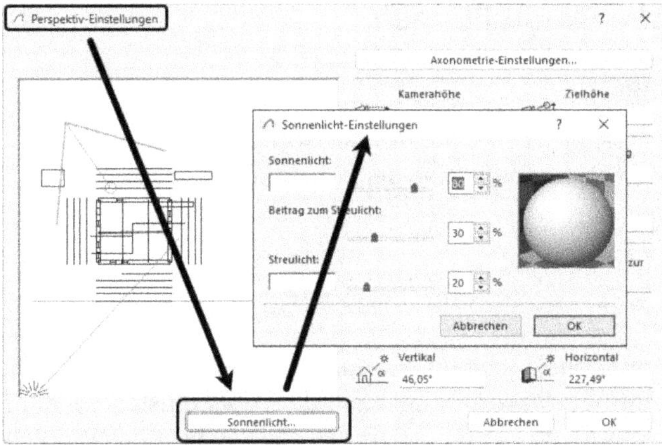

Abb. 14.2: Einstellungen für das Sonnenlicht

Die Kameradaten zur Definition des 3D-Fensters können Sie detailliert im Haupt-Dialogfeld für STANDORT & PROJEKTIONSART einstellen (Abbildung 14.3).

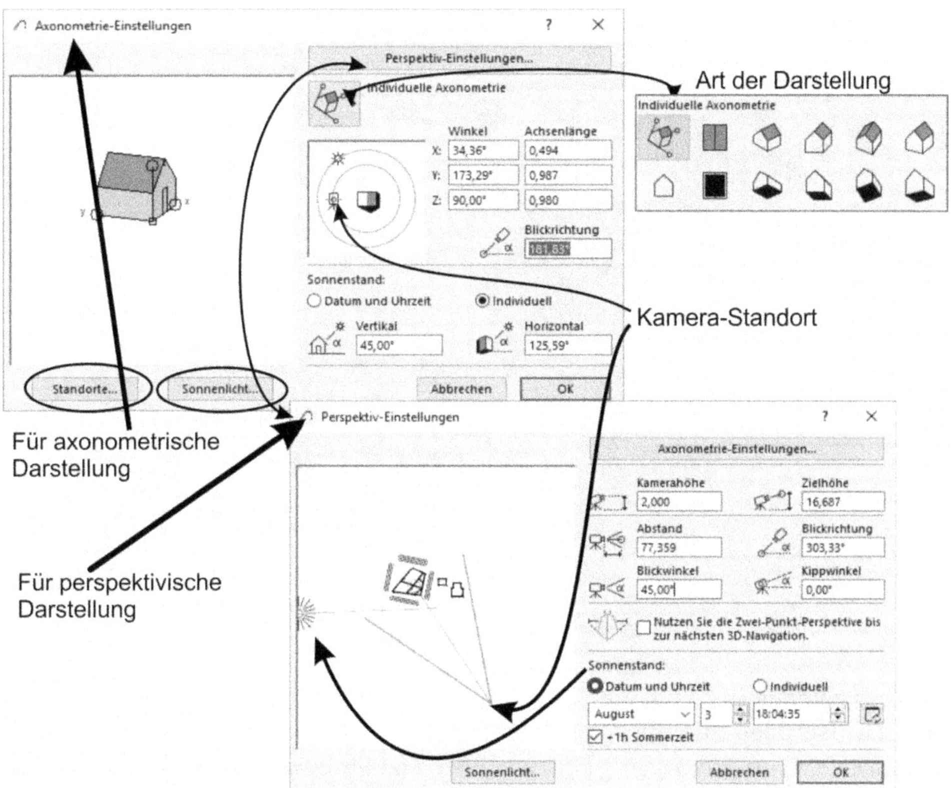

Abb. 14.3: Einstellungen für Standort und Projektionsart

14.2 Photorealistische Darstellungen

14.2.1 Render-Einstellungen

Mit dem Menü DOKUMENTATION|RENDERING, ANIMATION ETC.|PHOTOREALISTIK-EINSTELLUNGEN wählen Sie an erster Stelle eine der *Rendering-Engines* aus:

- CINEWARE VON MAXON
- INTERNE ENGINE oder
- SKIZZE

In den einzelnen Panels können Sie noch eine Vielzahl von Optionen wählen. Die Frage ergibt sich natürlich immer: Warum muss man da so viel einstellen? Kann man nicht einfach alles aktivieren, was es gibt? Beim Rendering liegt das Problem darin, dass alle diese Effekte eben viel Rechenzeit kosten. Wenn bestimmte Effekte bei Ihrer Konstruktion nicht zur Geltung kommen, können Sie durch ihr Abschalten die Rechenzeit wesentlich verringern. Dabei kommt es dann sehr darauf an, nur Effekte mitzunehmen, die auch spürbare Auswirkungen auf die Bilder haben, sonst ist der PC stundenlang beschäftigt.

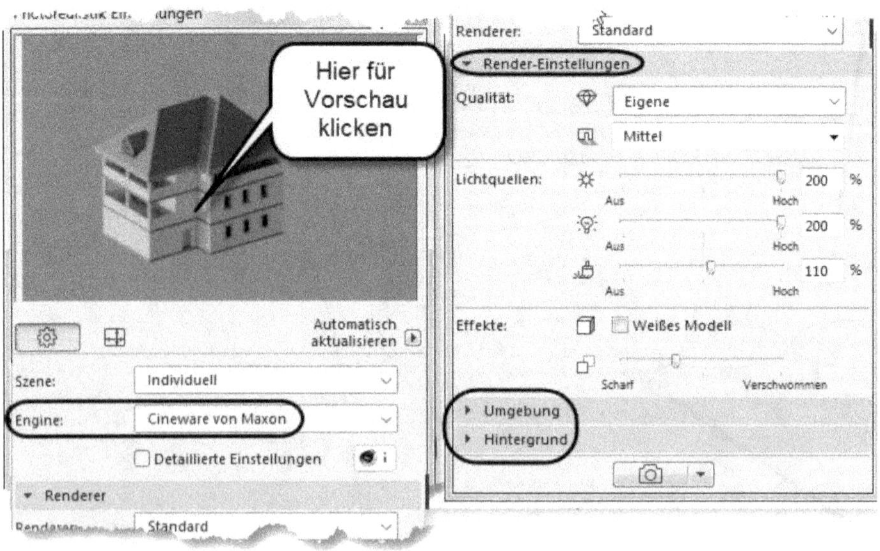

Abb. 14.4: Einfache Render-Einstellungen

Das beste Rendering-Verfahren, CINEWARE, arbeitet nach dem *Ray-Tracing-Prinzip*. Alle Lichtstrahlen, die über den Bildschirm Ihr Auge treffen, werden praktisch zurückgerechnet. Ray-Tracing bedeutet übersetzt Strahlverfolgung, und genau das geschieht hier. Jeder Lichtstrahl wird von Ihrem Auge über die Flächen der Objekte zurückverfolgt, auch unter Berücksichtigung von Reflexionen und Spiegelungen. Je nachdem, bei welcher Lichtquelle der Strahl seinen Anfangspunkt hat, wird die Lichtfarbe und Intensität berechnet. Auch der blaue Himmel zählt hierbei als flächenartige Lichtquelle. Endet ein Lichtstrahl bei keiner Lichtquelle, dann bleibt der zugehörige Bildpunkt schwarz.

Im Panel RENDER-EINSTELLUNGEN (Abbildung 14.5) wählen Sie die *Wirkungen der Lichtquellen*, und unter UMGEBUNG und HINTERGRUND können Sie noch den Himmel einstellen und ggf. ein Hintergrund-Bild aktivieren. Eine Vielzahl an Einstellungen wird aber verfügbar, wenn Sie den Schalter DETAILLIERTE EINSTELLUNGEN aktivieren (Abbildung 14.6). Hier finden Sie dann auch den neuen physikalischen Renderer.

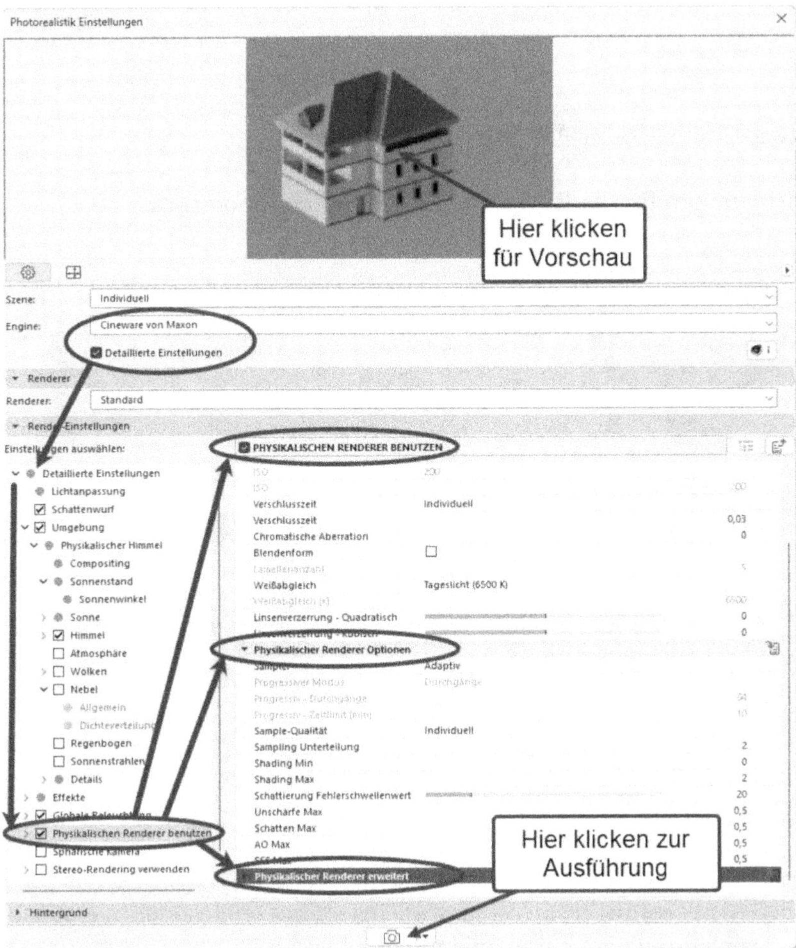

Abb. 14.5: Individuelle Cineware-Einstellungen mit physikalischem Renderer

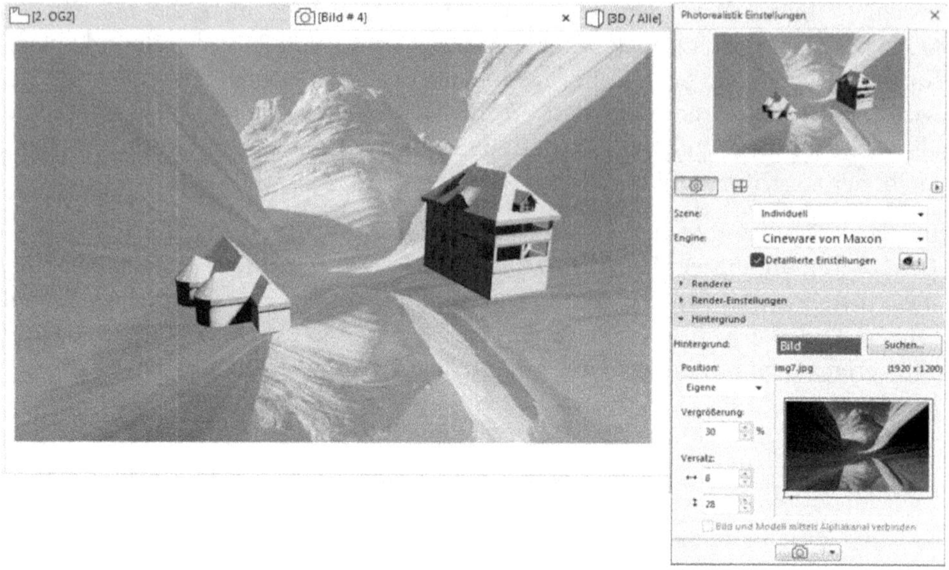

Abb. 14.6: Photorealistik-Darstellung mit Hintergrundbild

Mögliche Einstellungen für die Engine INTERN zeigt Abbildung 14.7.

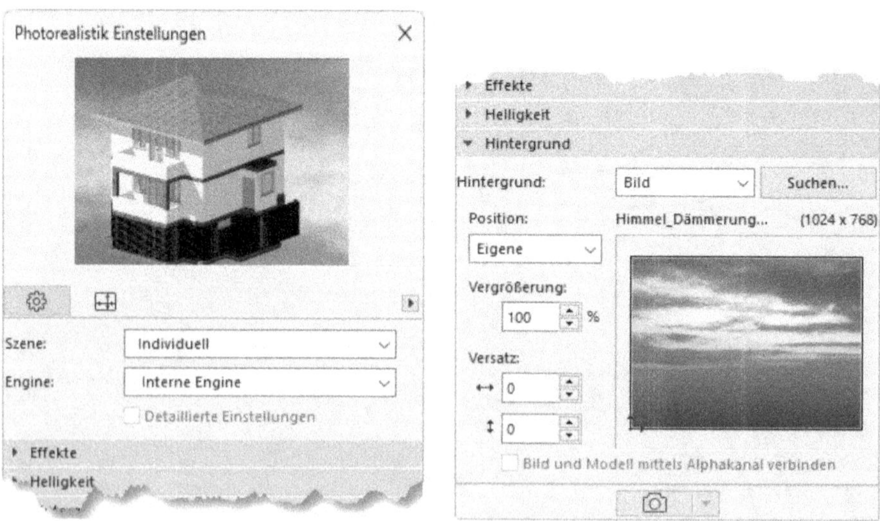

Abb. 14.7: Interner Renderer mit Hintergrund-Bild

Bei der Engine SKIZZE wird die Darstellung einer Handskizze erzeugt (Abbildung 14.8). Ihr Modell wird aber nicht im Vorschau-Fenster angezeigt, sondern erst nach Aktivieren der Darstellung über das Kamera-Symbol unten.

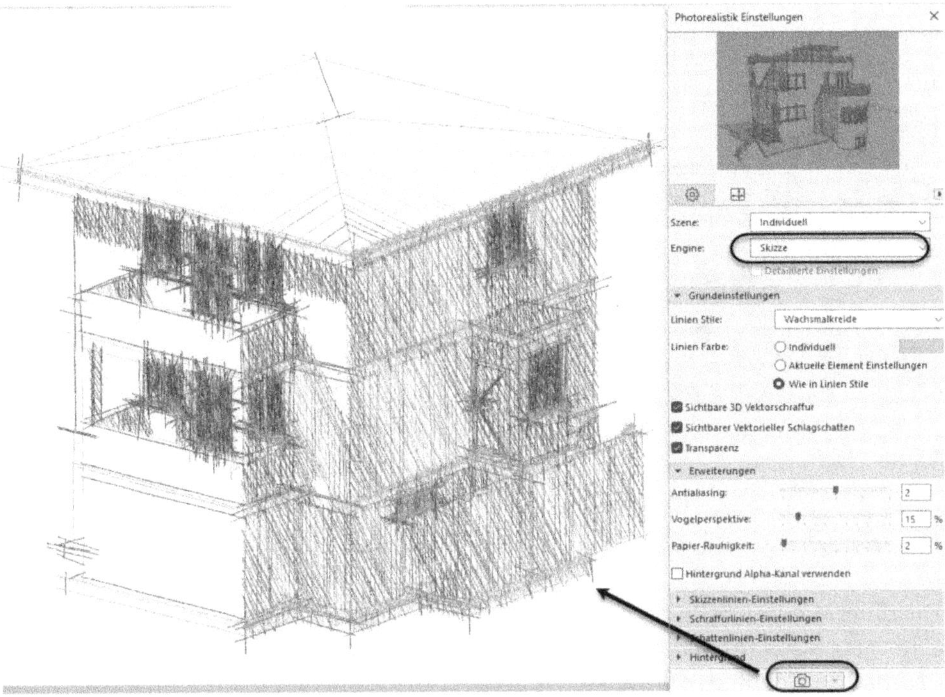

Abb. 14.8: Skizzen-Einstellungen

14.2.2 Kamera

Mit dem KAMERA-Werkzeug aus WERKZEUGKASTEN|SICHTEN können Sie eine oder mehrere Kameras in einem GESCHOSS positionieren. Beim ersten Aufruf entsteht eine *Animationsroute* in der Projekt-Sicht 3D, in die alle folgenden Kamerapositionen aufgenommen werden. Eine neue *Animationsroute* für nachfolgende Kameras legen Sie mit der Schaltfläche NEU in den KAMERA-EINSTELLUNGEN an.

Einzelne Kamera

Eigentlich gibt es keine einzelne Kamera. Es gibt nur *Animationsrouten* mit Kameras. Eine einzelne Kamera realisieren Sie also, indem Sie mit dem KAMERA-Werkzeug eine Position und einen zweiten Punkt für die Richtung anklicken. Für die *Animationsroute* und die damit verbundene einzelne *Kamera* erhalten Sie im Strukturbaum der PROJEKTMAPPE im Knoten 3D einen Eintrag. Mit Doppelklick auf die Kamera dort im Strukturbaum wird die der Kamera-Ausrichtung entsprechende Ansicht angezeigt.

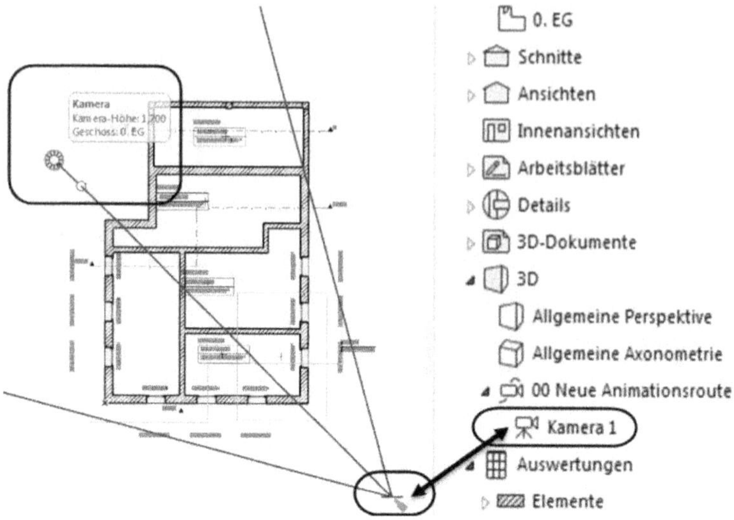

Abb. 14.9: Kamera positionieren

Detailliertere Einstellungen sind im Kontextmenü der Kamera über KAMERA-EINSTELLUNGEN (Abbildung 14.10) möglich, mit NEU können Sie eine neue *Animationsroute* einrichten, die Einstellungen für die Höhe der Kamera und die Höhe des Ziels eingeben und dann die Position und die Zielrichtung bezüglich der Ebene im Grundrissfenster anklicken.

Abb. 14.10: Dialogfeld für KAMERA-Werkzeug

Animationsroute mit mehreren Kameras

Wenn Sie nach der ersten Kameraposition weitere anklicken, werden die nachfolgenden Kameras unter der aktiven *Animationsroute* eingetragen und bilden damit die Grundlage für eine Animation mit mehreren Kameras. Der Pfad mit mehreren Kameras wird genauso wie die einzelne Kamera im Strukturbaum des NAVIGATORS gespeichert. Aktivieren Sie nach Rechtsklick auf die ANIMATIONSROUTE im NAVIGATOR die Option ROUTE. Dort wählen Sie für glatte Wege bei KAMERA die Option BÉZIER und bei ZIELPUNKT GLÄTTEN (Abbildung 14.11). Auch ist es möglich, hier die Route zu schließen. Trotz der Option GLÄTTEN sollten Sie vielleicht noch selber Hand anlegen und die einzelnen Kamerapositionen anklicken, damit Sie die Splinehebel am Kamerapfad noch so drehen, verlängern oder verkürzen können, dass der Gesamtpfad eine glatte Kontur erhält (Abbildung 14.11, rechts).

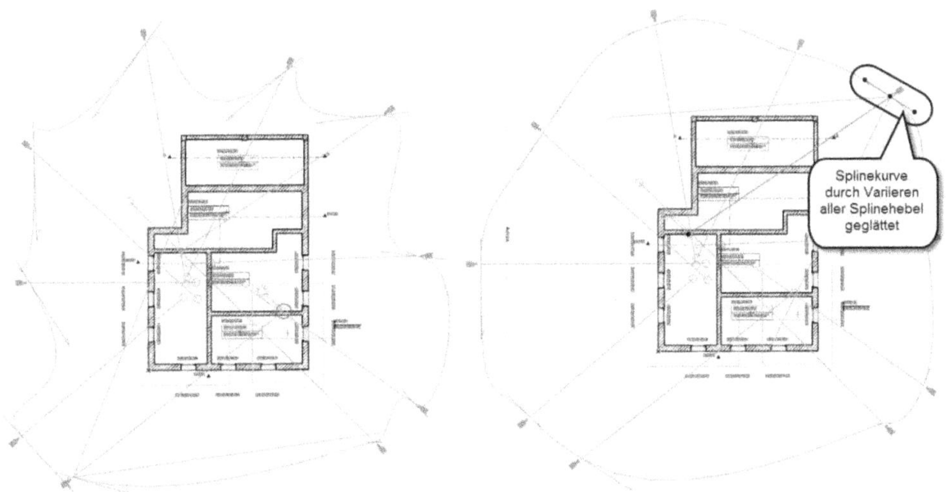

Abb. 14.11: Kamerafolge für Animation vor und nach manueller Glättung

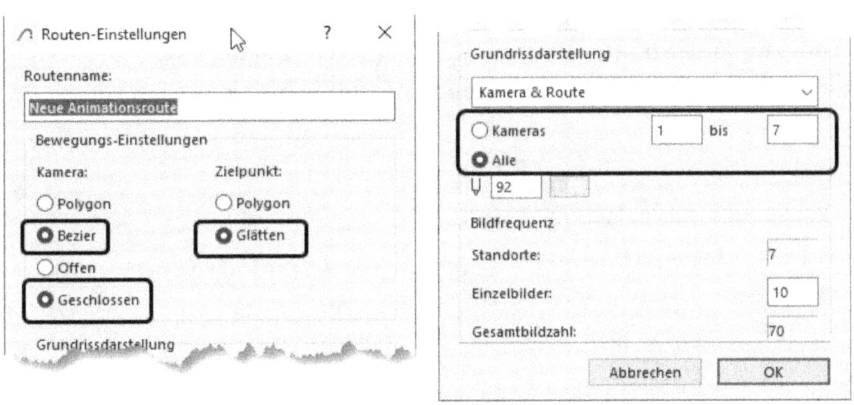

Abb. 14.12: Einstellungen für die Animationsroute

Dann wählen Sie das Menü DOKUMENTATION|RENDERING, ANIMATION ETC.|ANIMATION und lassen die Animation erstellen. Im Dialogfenster (Abbildung 14.13) sollten Sie für einen glatten Filmablauf unbedingt die Option MIT ZWISCHENBILDERN aktivieren. Dann können Sie noch zwischen 3D-FENSTER und PHOTOREALISTIK-FENSTER wählen. Als Ausgabeformat ist MP4 FILMDATEIEN oder WINDOWS MOVIEDATEIEN möglich. Mit SICHERN wird die Animation gespeichert und kann abgespielt werden.

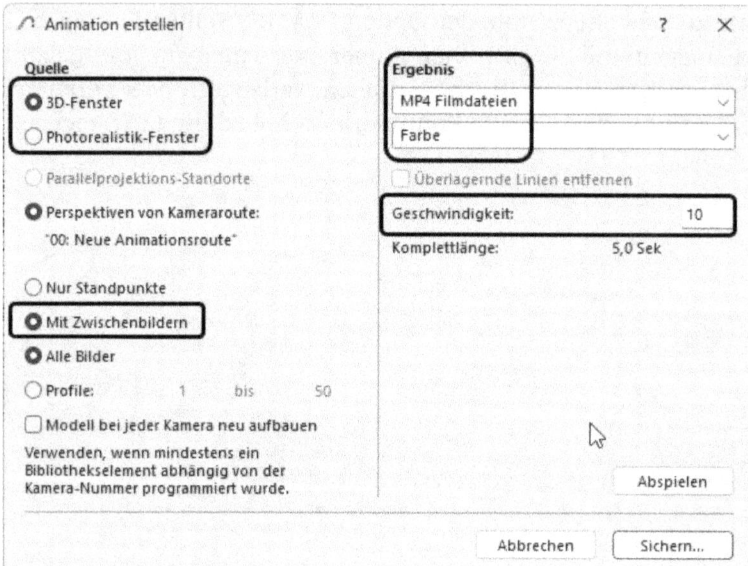

Abb. 14.13: Einstellungen für die Animation

14.2.3 Lichtquellen

Mit dem LICHTQUELLEN-Werkzeug wählen Sie aus einer Vielzahl von Lichtquellen aus. In der Lichtquellen-Grundeinstellung gibt es neben den normalen Lichtquellen wie Lampen und Straßenlaternen aus mehreren Bibliotheken so spezielle Lichtquellen wie: FLÄCHENLICHT, SONNENOBJEKT und FENSTERLICHT.

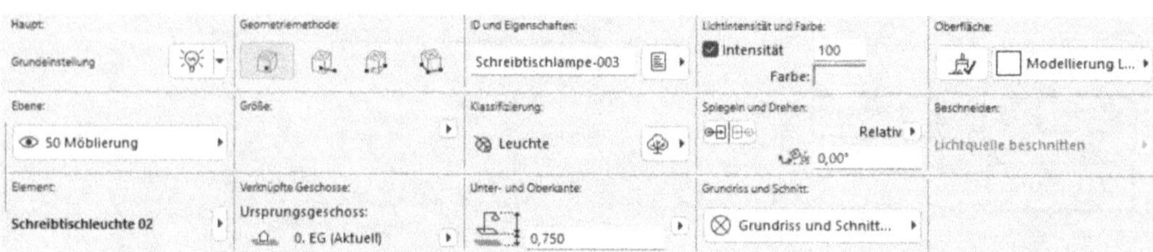

Abb. 14.14: INFOFENSTER für Lichtquellen

Das FLÄCHENLICHT simuliert die Wirkung der Himmelskuppel als Licht gebende Fläche von oben. Das SONNENOBJEKT ist für die Simulation des Sonnenscheins nötig, der mit parallelen Lichtstrahlen Schatten wirft. Was das FLÄCHENLICHT für Außenaufnahmen ist, das bietet das FENSTERLICHT für Innenaufnahmen. Es liefert eine diffuse Beleuchtung entsprechend dem durchs Fenster diffus einfallenden Licht, das ja auch vorhanden ist, wenn die Sonne nicht direkt hereinscheint.

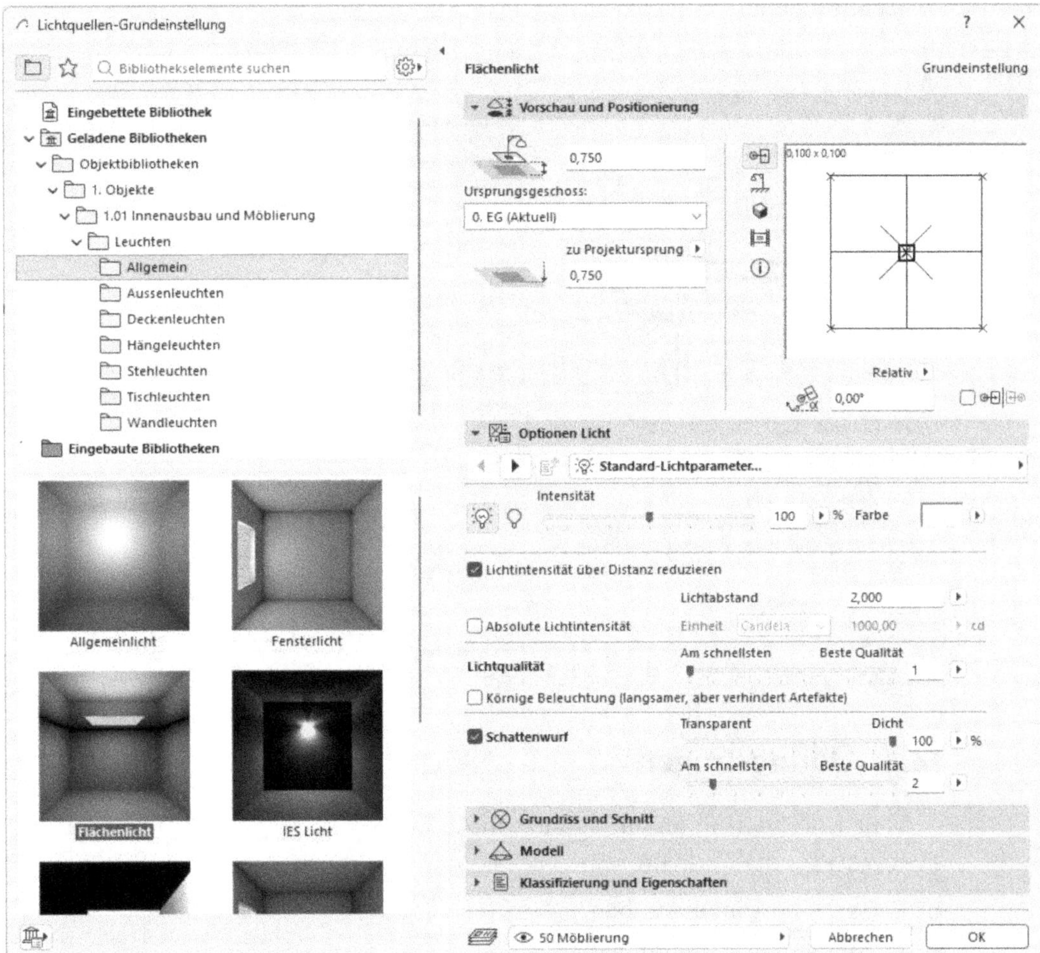

Abb. 14.15: Einstellungsdialog für Lichtquellen

14.3 Sonnenstudie

Eine Sonnenstudie erzeugt für eine bestimmte Kamera einen Film mit der Simulation des Sonnenlaufs für einen Tag.

Für die Sonnenstudie brauchen Sie nur das 3D-FENSTER oder eine einzelne KAMERA. Machen Sie also einen Doppelklick im NAVIGATOR auf das 3D-FENSTER oder die gewünschte KAMERA, und wählen Sie das Menü DOKUMENTATION|RENDERING, ANIMATION ETC|SONNENSTUDIE ERSTELLEN. Hier wählen Sie wieder zwischen 3D-FENSTER und dem komfortableren PHOTOREALISTIK-FENSTER und setzen das DATUM für die Sonnenlauf-Simulation, die *Zeitspanne* sowie das ZEITINTERVALL. Mit SICHERN können Sie dann den Film erzeugen lassen oder mit ABSPIELEN sofort anzeigen.

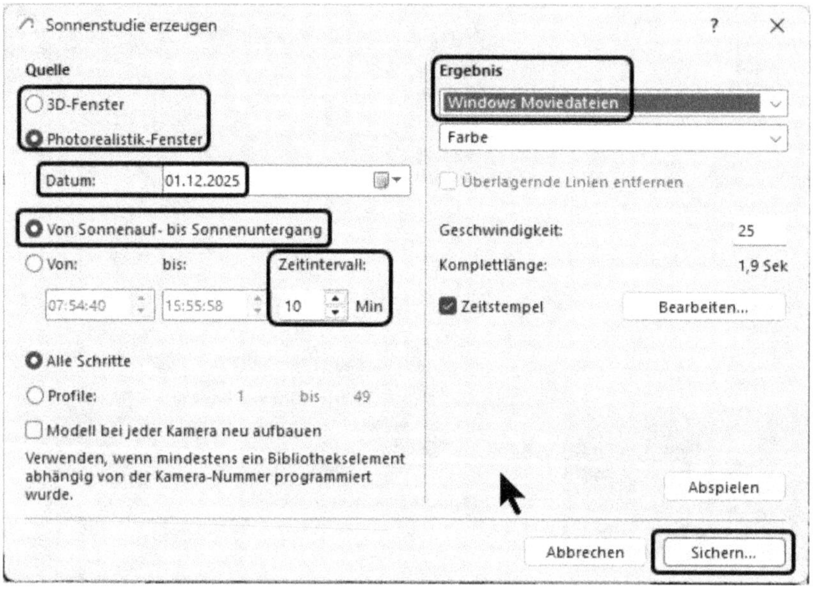

Abb. 14.16: Einstellungen für die Sonnenstudie

14.4 Übungsfragen

1. Welche Rendering Engines gibt es in Archicad?
2. Was ist für die Aufnahme einer Animation nötig?
3. Was ist eine Sonnenstudie?
4. Wo finden Sie die Sonnenstudie?
5. Wo ist Osten in der Konstruktion?

Kapitel 15

Konstruktionsbeispiel

Abschließend soll an einem Konstruktionsbeispiel noch einmal alles geübt werden. Abbildung 15.1 zeigt ein Einfamilienhaus, das nun in einzelnen Schritten konstruiert werden soll.

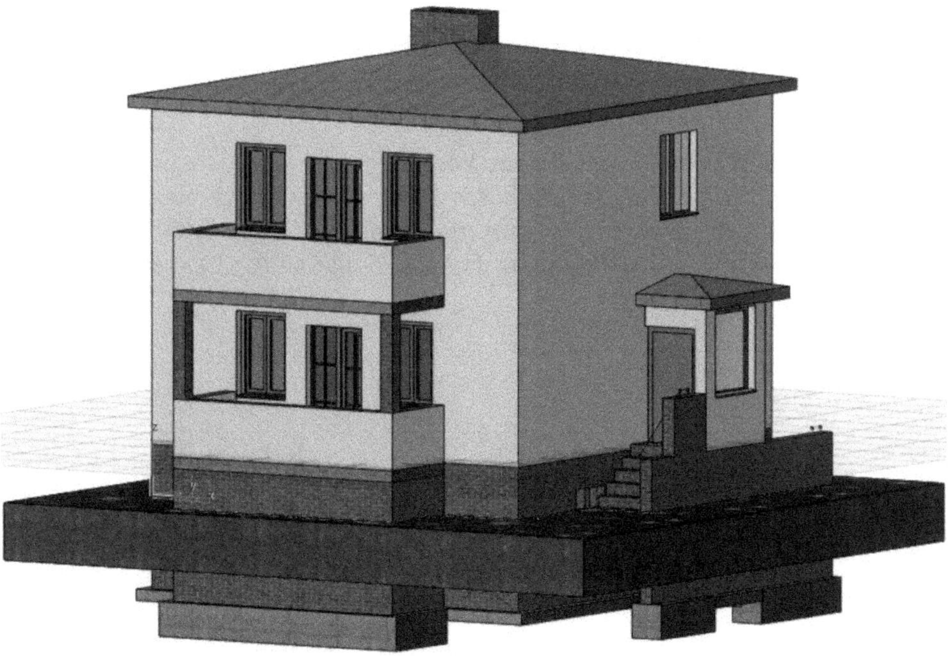

Abb. 15.1: Beispiel-Haus

Beginnen Sie also ein neues Projekt oder machen Sie mit der Konstruktion aus dem ersten Kapitel weiter.

15.1 Die Geschosse

Richten Sie dann die Geschosse mit GESCHOSS-EINSTELLUNGEN ein, entweder übers Menü PLANUNG|GESCHOSS-EINSTELLUNGEN oder nach Rechtsklick auf GESCHOSSE im NAVIGATOR oder über Tastenkürzel Strg+7 (Abbildung 15.2).

Während der Projektursprung ebenerdig liegen soll, beginnt das Erdgeschoss hier im Beispiel in 1 m Höhe. Entsprechend verschieben sich auch die übrigen Geschosshöhen. Als Höhenkote beim *Erdgeschoss* wäre also **`1 m`** einzutragen, die übrigen Höhenkoten ergeben sich aus den Geschosshöhen automatisch.

Das Haus besitzt

- ein Erdgeschoss mit **`2,90 m`** Höhe (lichte Höhe inklusive Fertigfußboden 2,70 m, Rohdecke 0,20 m),
- ein Obergeschoss mit **`2,90 m`** Höhe (lichte Höhe inklusive Fertigfußboden 2,70 m, Rohdecke 0,20 m) und
- einen Keller, der nur **`2,50 m`** hoch ist (lichte Höhe inklusive Fertigfußboden 2,30 m, Rohdecke 0,20 m).
- Auch ein Dachgeschoss sollte für die Decke auf dem obersten Geschoss und die Schornstein-Mauer eingerichtet werden. Beim Dachgeschoss ist die Höhe gleichgültig, weil sie nicht weiter verwendet wird.

Da Sie mit der Konstruktion des Erdgeschosses beginnen werden, und dann Maße und Positionen für die übrigen Geschosse davon abgreifen möchten, erklären Sie am besten gleich das Erdgeschoss zum *transparenten Geschoss*. Nach Rechtsklick auf 0 EG im NAVIGATOR aktivieren Sie dazu die Funktion ALS TRANSPARENTPAUSE ANZEIGEN.

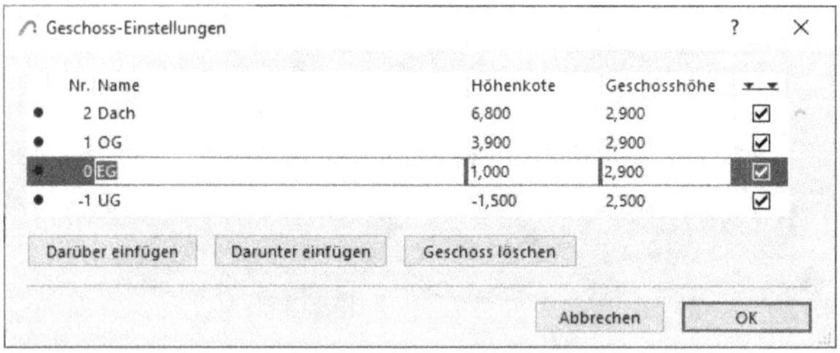

Abb. 15.2: Geschoss-Einstellungen

15.2 Das Erdgeschoss

15.2.1 Wände

Aktivieren Sie nun im NAVIGATOR das Erdgeschoss 0 EG mit einem Doppelklick und erstellen Sie die Außenmauer. Starten Sie das WAND-Werkzeug, dessen EBENE auf 10 WAND AUßEN voreingestellt ist, und setzen Sie die

- GEOMETRIEMETHODE auf RECHTECK und bei
- LAGE DER REFERENZLINIE aktivieren Sie die Option AUßEN. Wählen Sie bei
- STRUKTUR dann in der Kategorie MAUERZIEGEL das Material VOLLZIEGEL sowie bei
- OBER- UND UNTERKANTE die Option OK UND URSPRUNGSGESCHOSS ABSTAND mit jeweils **-0,15 m** für oben und unten. Hierbei wird davon ausgegangen, dass Sie für das Projekt die Vorlage **01 ArchiCAD Beispiel-Vorlage - Geschoss OK FF.tpl** verwendet haben, bei der der Fertigfußboden (wird mit 15 cm Stärke vorausgesetzt) mit der Oberkante auf der Geschosshöhe liegt. Dann beginnen die Wände 15 cm darunter. Die Oberkante der Rohdecke liegt dann ebenfalls 15 cm unter der Geschosshöhe. Bei Verwendung der Vorlage **02 ArchiCAD Beispiel-Vorlage - Geschoss OK RD.tpl** liegt die Oberkante der Rohdecke auf der Geschosshöhe und damit auch Wandunter- und -oberkante jeweils bei **0.00 m**.
- Die WANDSTÄRKE setzen Sie für die Außenwände auf **0,365 m**.

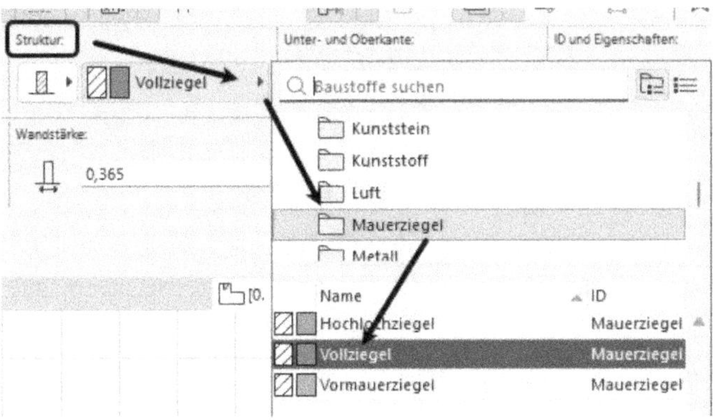

Abb. 15.3: Mauerwerk für Außenwand

Die Geschossdecke wird später **0,20 m** stark sein. Die Decken werden an der Oberkante durch die Verschneidungsprioritäten das Wandmaterial automatisch verdrängen, sodass die Wände an der Oberkante dann durch die Betondecke über dem Geschoss automatisch verkürzt werden. Bei den Innenwänden sollte dann die darüberliegende Rohdecke (vorgabemäßig 20 cm stark) berücksichtigt werden, indem Sie die Oberkante in den Wandeinstellungen um weitere **-0.20 m** herunterlegen.

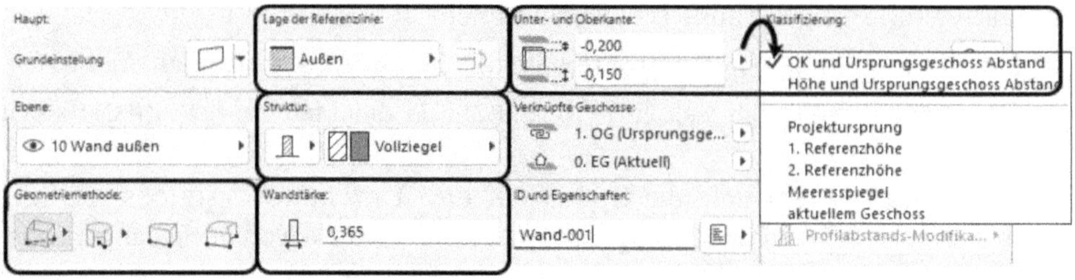

Abb. 15.4: Einstellungen für Außenwand

Die Koordinaten geben Sie typischerweise über den TRACKER ein. Aktivieren Sie dafür ggf. noch den TRACKER. Deaktivieren Sie ggf. den RASTERFANG mit [F7] oder über ANSICHT|RASTERFANG-OPTIONEN|RASTERFANG.

Zeichnen Sie zuerst das Rechteck für die Außenwand mit den Abmessungen 7,49 × 7,99 m (Länge und Breite). Rasten Sie am Nullpunkt für die erste Ecke ein und geben Sie dann LÄNGE und BREITE im TRACKER ein.

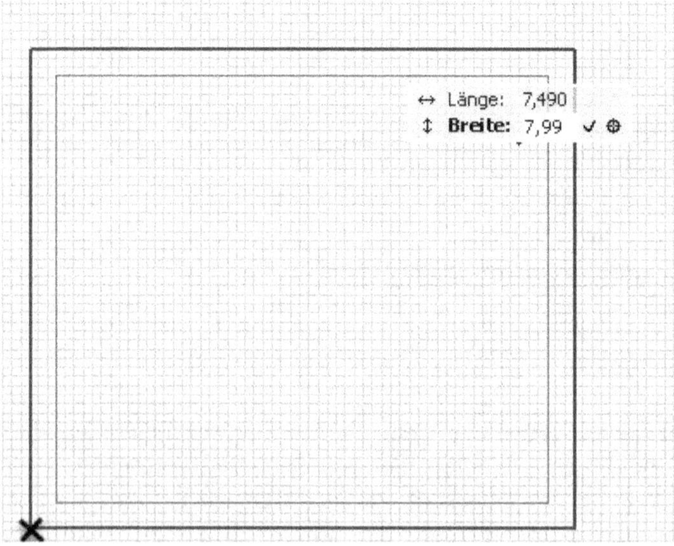

Abb. 15.5: Außenwände als Rechteck 7,49 m auf 7,99 m

Als Nächstes sind nun die **24 cm** starken Innenwände zu erstellen. Dazu wechseln Sie in die

- EBENE 10 WAND INNEN TRAGEND, stellen die
- WANDSTÄRKE auf **0,24** um und wählen die
- GEOMETRIEMETHODE EINFACH.

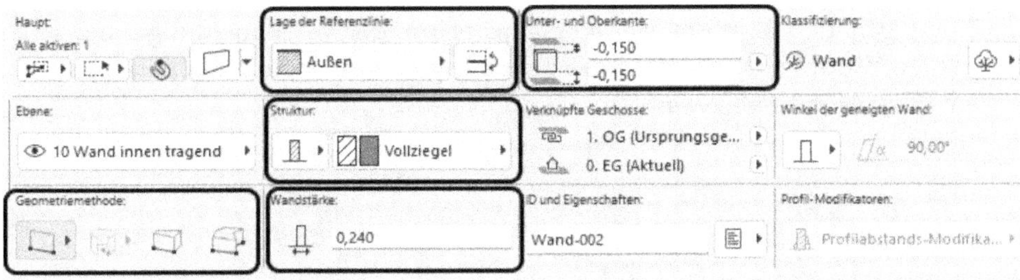

Abb. 15.6: Einstellungen für Innenwände

Außerdem ist es zum Positionieren des Startpunkts der Wand sehr nützlich, jetzt die neuen ABSTANDSHILFEN zur Verfügung zu haben. Deshalb aktivieren Sie in der Symbolleiste STANDARD unter FANGHILFEN UND -PUNKTE zunächst nur die FANGHILFEN, noch *nicht* die FANGPUNKTE. Außerdem können Sie links und rechts von diesem Werkzeug noch die HILFSLINIEN und den TRACKER aktivieren.

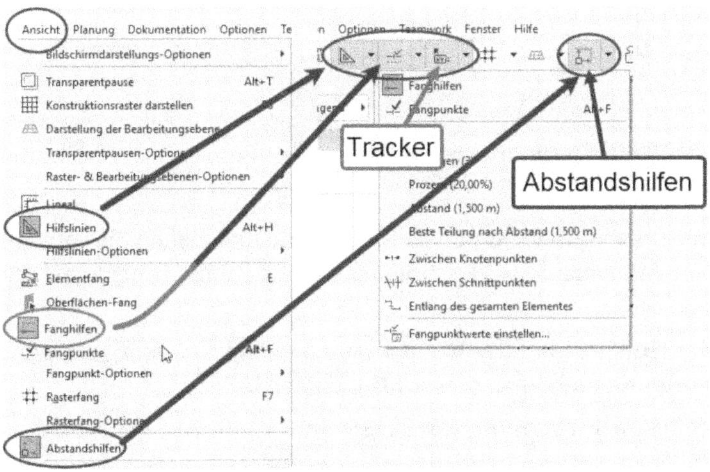

Abb. 15.7: Fanghilfen mit Abstandshilfen aktiviert

Gehen Sie dann folgendermaßen vor:

1. Fahren Sie die linke Innenkante der Wand mit dem Cursor an, bis der Kringel auf der Kante liegt und die Abstandsanzeigen zu den Ecken erscheinen (Abbildung 15.8).
2. Mit der [Tab]-Taste wechseln Sie zum oberen Abstandswert und überschreiben ihn mit **2,885**. Gegebenenfalls müssen Sie in der INFO-LEISTE die LAGE DER REFERENZLINIE mit umkehren, weil das Maß für die Oberkante der Wand gilt.
3. Wenn Sie nun ungefähr horizontal nach rechts ziehen, erscheint an der Startposition der Wand eine exakt waagerechte gestrichelte Hilfslinie.

4. Da die genaue Länge der Wand erst später mit der Verschneidung einer senkrechten Wand bestimmt wird, wird die Länge hier mit einem vorläufigen Wert von ca. **3,67 m** eingegeben.

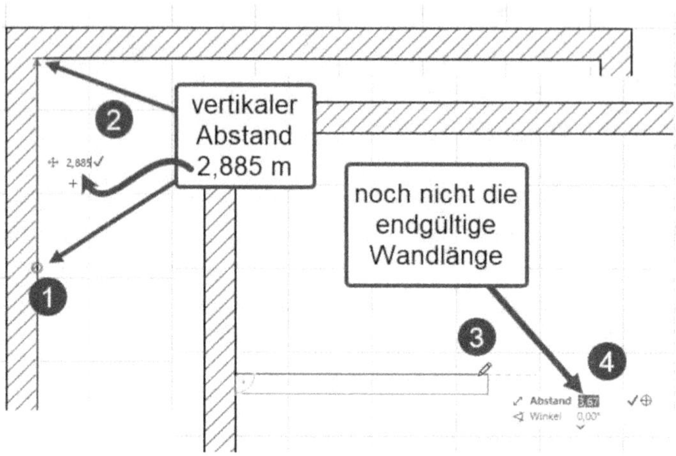

Abb. 15.8: Erste Innenwand

Für die nächste Wand soll eine permanente Hilfslinie benutzt werden (Abbildung 15.9).

5. Gehen Sie mit dem Cursor zum rechten Zeichnungsrand und ziehen Sie von dort die kurze gestrichelte orangefarbene Hilfslinie nach links auf die Innenkante der Außenwand.
6. Dann fahren Sie die Hilfslinie auf der Wand an, warten, bis eine orangefarbene Kreisfläche erscheint, und ziehen an dieser Fläche nach links.
7. Im TRACKER geben Sie die Entfernung von **3,135** ein.
8. Nun können Sie die vorherige Wand am rechten Endpunkt anklicken, bis die PET-PALETTE erscheint und mit dem *Pet-Werkzeug* LÄNGENÄNDERUNG auf die Hilfslinie ziehen.

Bei den anderen Wänden gehen Sie analog vor. Wenn Sie im Befehlsablauf merken, dass Sie die falsche Konstruktionsmethode für die Wand erwischt haben, also INNEN statt AUßEN etwa, dann können Sie auch im laufenden Befehl noch mit [Symbol] (LAGE DER REFERENZLINIE: WAND AN DER REFERENZLINIE SPIEGELN) umschalten.

Sind zu lange oder überflüssige Wandstücke entstanden, dann verwenden Sie das Werkzeug TRIMMEN [Symbol] – auch im Menü BEARBEITEN|VERÄNDERN|TRIMMEN –, um Enden oder Zwischenstücke mit dem Scheren-Cursor abzuschneiden. Am schnellsten rufen Sie das SCHEREN-Werkzeug zum Trimmen mit dem Tastenkürzel Strg+Klick auf. Für zu kurze Wandstücke kann man an Ecken das Werkzeug VERBINDEN gut gebrauchen [Symbol].

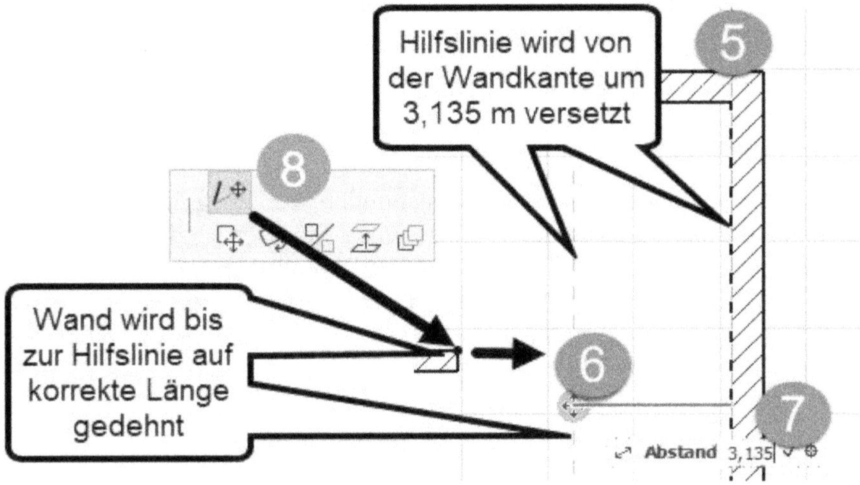

Abb. 15.9: Permanente Hilfslinie positionieren

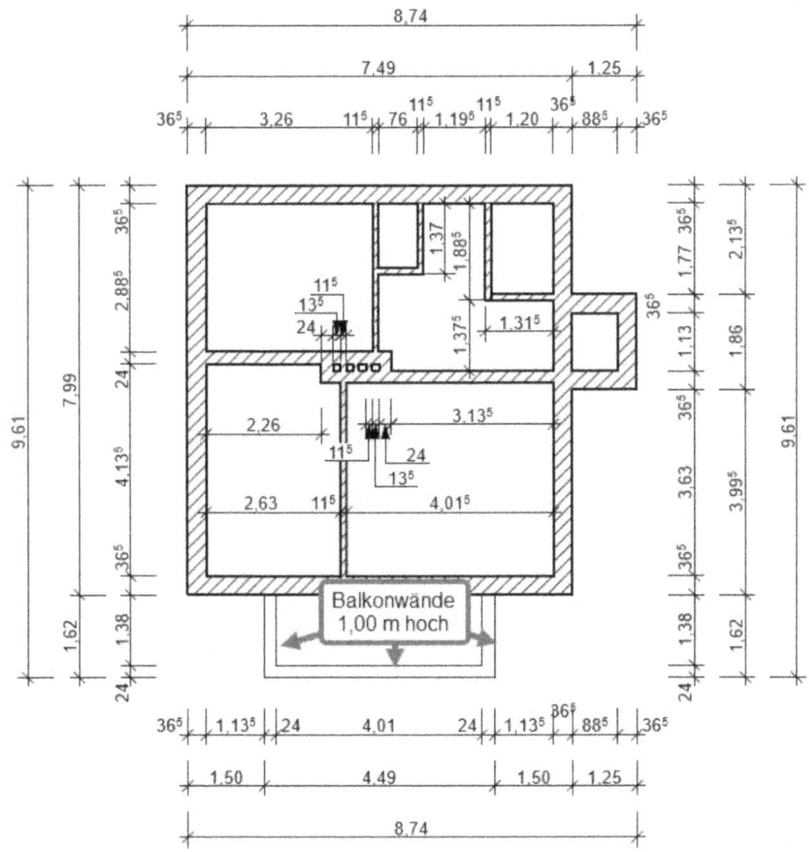

Abb. 15.10: Maße für die Wände im Erdgeschoss

Für die dünnen Zwischenwände stellen Sie die Ebene auf 10 WAND INNEN und setzen die Wandstärke auf **0,115**. Verwenden Sie auch übers Kontextmenü für mehrere parallele Wände die nützlichen Bewegungsbefehle wie KOPIE VERSCHIEBEN.

15.2.2 Türen und Fenster

Die Türen werden natürlich mit dem entsprechenden Werkzeug und den nötigen Einstellungen positioniert (Abbildung 15.11). Wenn Sie aber wiederholt die gleichen Türen benötigen, können Sie diese schnell über die Favoriten aussuchen. Die Favoriten erreichen Sie übers Werkzeug mit ▸ oder generell über die FAVORITEN-Palette, die Sie auch noch sinnvoll immer zum Werkzeug passend einstellen sollten (Abbildung 15.12).

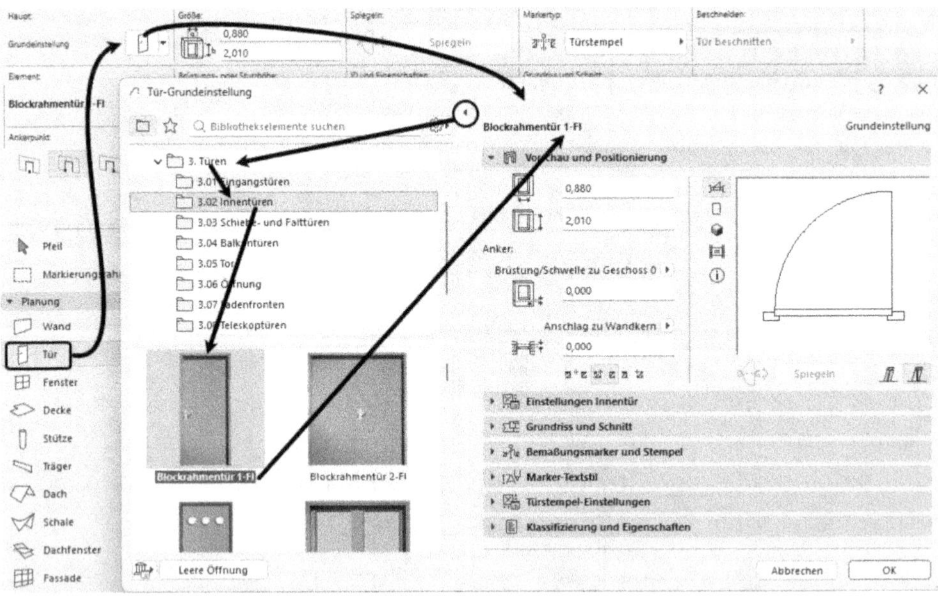

Abb. 15.11: Auswahl einer Innentür

Türen, die auf die Mitte der gesamten Wand gesetzt werden sollen, sind mit der Einstellung ZWISCHEN KNOTENPUNKTEN einfach zu positionieren. Dabei ist vor allem zu beachten, dass in der Regel nicht die Mitte der gesamten Wand, sondern die Mitte des Segments zwischen den nächsten Querwänden gemeint ist. Dazu wäre bei den Fangpunkten nicht nur HÄLFTE zu aktivieren, sondern auch ZWISCHEN SCHNITTPUNKTEN.

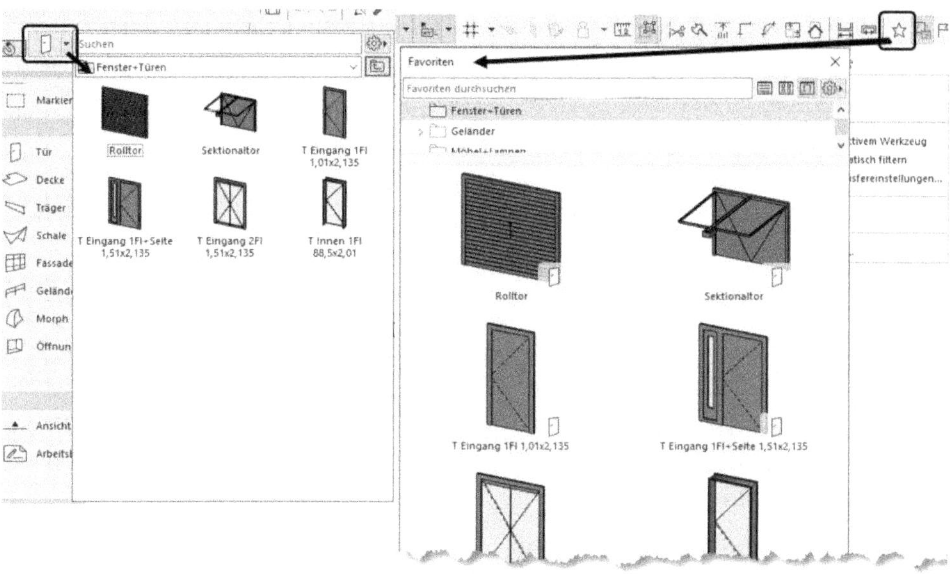

Abb. 15.12: Favoriten über das Werkzeug oder über die FAVORITEN-Palette verwenden

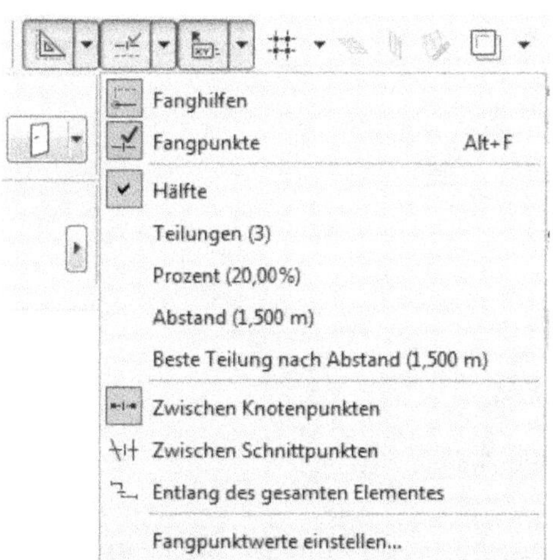

Abb. 15.13: Einstellung der besonderen Fangpunkte (Palette STANDARD), hier Mitte eines Wandstücks

Damit können Sie dann die gewählte Tür auf die Mitte eines Wandstücks positionieren.

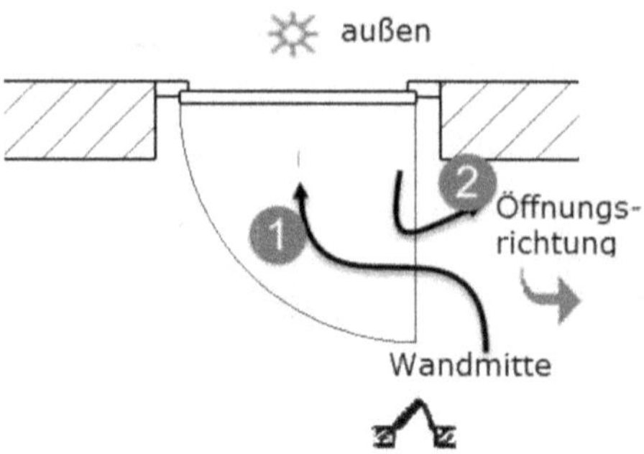

Abb. 15.14: Tür auf Wandmitte legen ❶ und Öffnungsrichtung angeben ❷

Zum Einfügen eines Fensters mit gegebenem Abstand können Sie wieder die ABSTANDSHILFEN benutzen, um die Entfernung von der Ecke als relative Position einzugeben. In Abbildung 15.15 wird

1. zuerst die Außenkante der Wand nahe der Ecke angefahren (Abstandshilfen und Fenster erscheinen),
2. dann mit der [Tab]-Taste zum Abstandswert gewechselt und der Wert mit **1,51** überschrieben und [Enter].

Abb. 15.15: Fenster mit Abstand von Ecke positionieren

Beim Einfügen der Türen gehen Sie analog vor. Wenn eine Tür oder ein Fenster einmal verkehrt herum eingefügt wurde, können Sie es leicht an der Einfügeposition anklicken und mit der PET-PALETTE am Mittelpunkt spiegeln oder um 180° drehen.

Wenn keine Maße vorliegen, verwenden Sie Wandkanten oder Wandmitten zum Positionieren der Elemente.

Damit die Bemaßungen für Fenster und Türen von den Wandabmessungen getrennt werden, können Sie eine neue Ebene dafür verwenden, wie zum Beispiel die Ebene 95 AUSFÜHRUNGSPLANUNG BEMASSUNG (statt vorgabemäßig 94 GENEHMIGUNGSPLANUNG BEMASSUNG). Danach können Sie in der AUSSCHNITTMAPPE durch Wechseln zwischen den vorhandenen BEISPIELAUSSCHNITTEN GENEHMIGUNGSPLANUNG und AUSFÜHRUNGSPLANUNG mal die Wandkonstruktionen mit Bemaßung und im anderen Bereich die Fenster- und Tür-Konstruktionen mit deren Bemaßung und Markern sehen, ohne dass sich störende Überlagerungen zeigen.

Alternativ können Sie auch über die EBENENKOMBINATIONEN 00 Arbeits... aus der Palette SCHNELL-OPTIONEN – auch in der Zeile unter dem Zeichenfenster zu erreichen – schnell einmal umschalten zwischen der Standard-Kombination 00 ARBEITSEINSTELLUNG,der 40 BEISPIEL GR GENEHMIGUNGSPLANUNG sowie der 50 BEISPIEL GR AUSFÜHRUNGSPLANUNG.

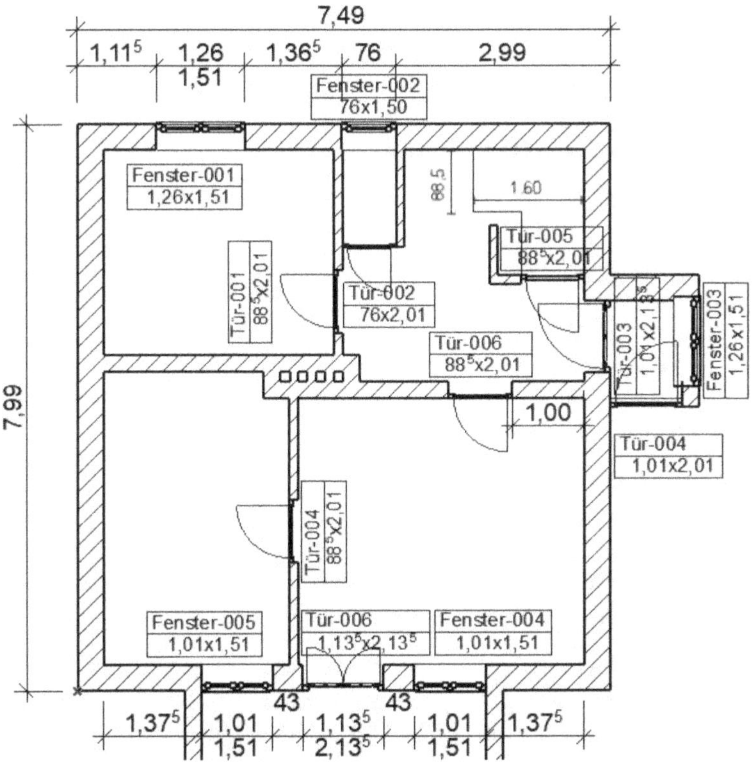

Abb. 15.16: Maße für Fenster und Türen im Erdgeschoss

An dieser Stelle wäre noch die Decke zu zeichnen. Sie ist 20 cm stark. Wenn Sie die Decke hier über zwei rechteckige Teile konstruieren, wird dazwischen eine gestrichelte Grenzlinie angezeigt. Diese können Sie aber ausblenden, indem Sie solche Kanten über eine modifizierte Modelldarstellung ausblenden (s. Abschnitt 5.4.3 »Deckendurchbrüche und -öffnungen«). An der Eingangstür ist auch noch ein Podest von 1 m Länge vorzusehen.

Neben der Außenkontur muss auch das Treppenloch für die Kellertreppe vorgesehen werden. Dazu verwenden Sie in der PET-PALETTE an der Deckenkante die Funktion VOM POLYGON ABZIEHEN.

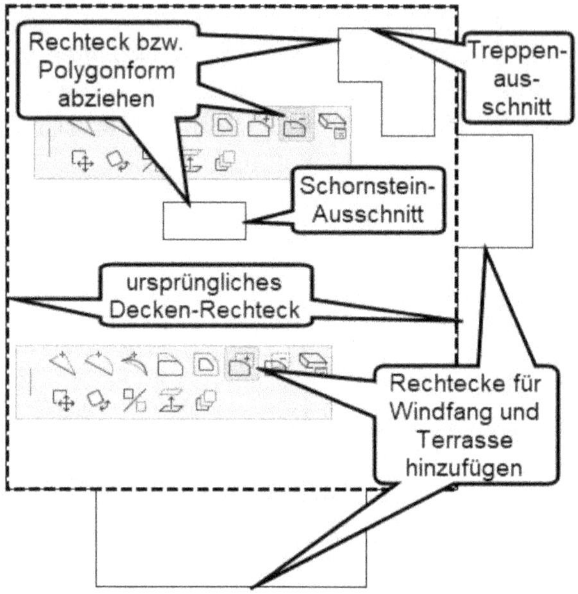

Abb. 15.17: EG-Decke mit Treppenloch

15.3 Die anderen Geschosse

Die Wände für das Obergeschoss und den Keller lassen sich nun leicht erstellen, ohne dass Sie Koordinaten neu eingeben. Es gibt drei Möglichkeiten:

1. Einerseits können Sie ins Obergeschoss gehen und das Erdgeschoss als transparentes Geschoss wählen. Sie müssen dann nur noch die Wände nachzeichnen, indem Sie die passenden Positionen mit dem Häkchen-Cursor anklicken.
2. Andererseits können Sie unter PLANUNG oder nach Rechtsklick auf 1 OG im NAVIGATOR die Funktion ELEMENTE NACH GESCHOSSEN BEARBEITEN wählen, das 0 EG als Quelle wählen und das **1 OG** und **-1 Keller** als Ziele und damit alle Wände, Fenster, Türen und auch Decken in die Zielgeschosse kopieren. Löschen Sie nicht benötigte Wände und schieben Sie einige Wände über die Endpunkte zur richtigen Länge auf.

3. Wände, die identisch sind, können Sie auch über die Zwischenablage kopieren. Markieren Sie die Wände im Erdgeschoss und drücken Sie Strg+C. Dann wechseln Sie ins Obergeschoss und drücken Strg+V, dann *Rechtsklick* und OK. Verwenden Sie zum Markieren das PFEIL-Werkzeug mit der SCHNELL-AUSWAHL, weil es dann ausreicht, in die Elementfläche hineinzuklicken. Zum Wählen mehrerer Elemente müssen Sie bei den Folgeelementen die Taste Shift gedrückt halten. Alternativ können Sie für mehrere Elemente auch die Wahl mit einem Rechteck aufziehen. Achten Sie darauf, dass dafür die Feineinstellungen des PFEIL-Werkzeugs richtig gesetzt sind.

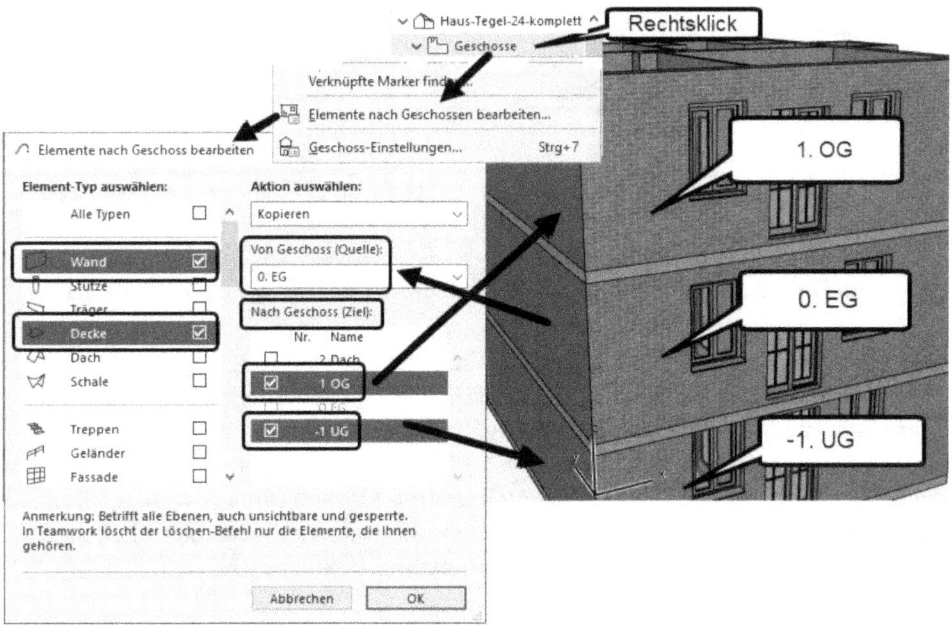

Abb. 15.18: Kopieren der Wände und Decken in Obergeschoss und Keller

Damit die Wandverschneidungen wie gewünscht verlaufen, müssen Sie ggf. einige Wände anklicken und die Endpunkte auf die Definitionslinien der anderen Wände ziehen.

Auch für das Kellergeschoss können viele Wände und Positionen übernommen werden. Die Wände hier sind nur **2,50** m hoch. Das wird beim Kopieren in das andere Geschoss automatisch korrigiert, da die Wände an das jeweilige Unter- und Obergeschoss gekoppelt sind. Sie müssen hier also keine Wandhöhen-Korrekturen vornehmen. Prüfen Sie das ggf. mit dem Werkzeug MESSEN aus der STANDARD-Symbolleiste im 3D-FENSTER nach.

Sie müssen nun im Obergeschoss einige Wände verschieben, verlängern und Fenster und Türen ebenfalls schieben und kopieren.

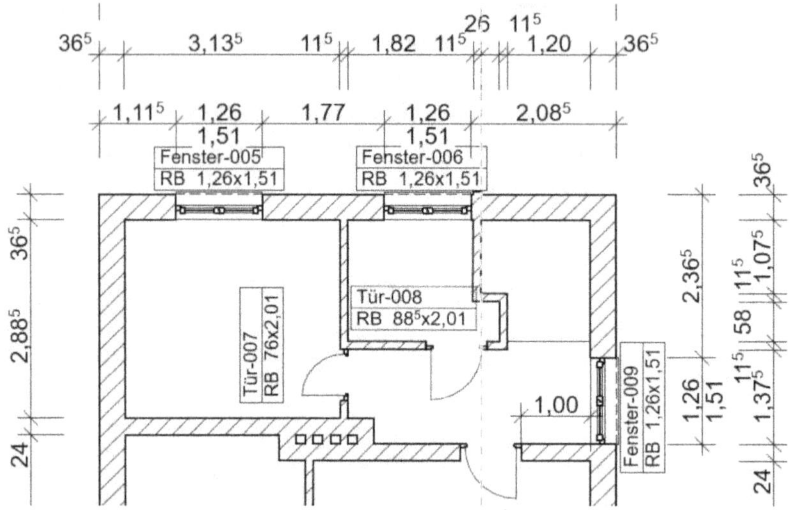

Abb. 15.19: Neue Maße im Obergeschoss: Übernahme der meisten Wände vom Erdgeschoss

Der Balkon mit seinen Maßen wird in Abbildung 15.19 gezeigt. Er fehlt noch vollständig und ist mit Wandhöhe 1 m zu konstruieren. Auch eine Betondecke fehlt hier noch, die Sie einfach als rechteckigen Umriss anbauen können. Den fertigen Balkon können Sie dann in die anderen Geschosse kopieren, aber diesmal sollen nicht wie beim Verfahren oben *alle* Wände und Decken kopiert werden. Deshalb ist zu empfehlen, die drei Wände und auch die Decke des Balkons über die Zwischenablage, am bequemsten mittels Kontextmenü, zu kopieren.

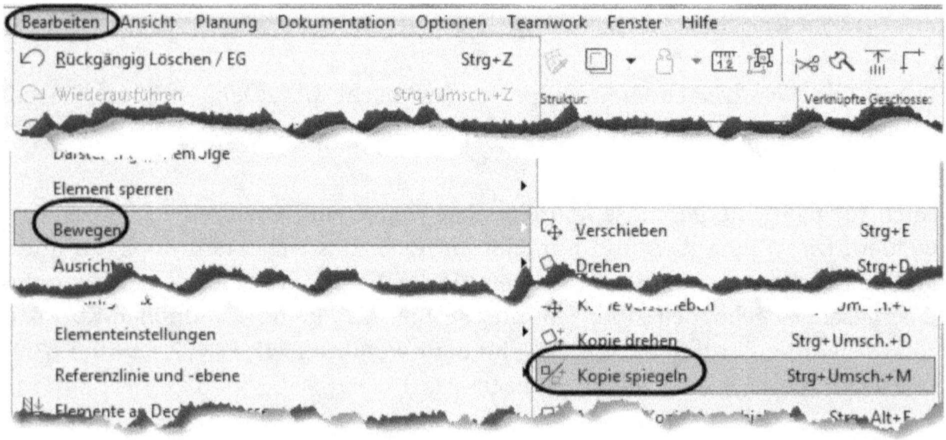

Abb. 15.20: Wand wird als Kopie gespiegelt.

Bei den symmetrischen Wänden rechts und links sollten Sie das Spiegeln nutzen. Nach Konstruktion einer Seitenwand kann mit KOPIE SPIEGELN (Abbildung 15.20) die andere schnell erstellt werden. Als Spiegelachse nehmen Sie die Wandmitte einer Außenwand.

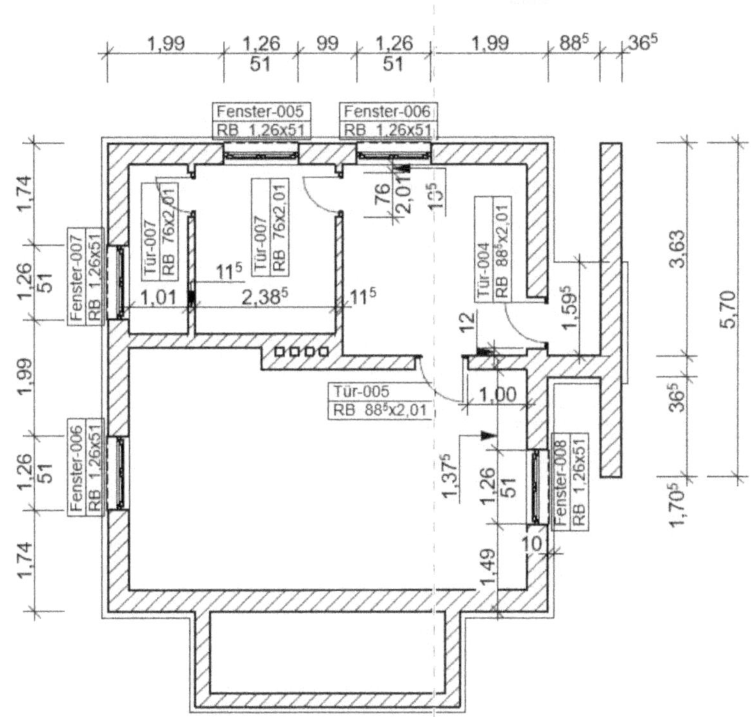

Abb. 15.21: Kellerwände, Fenster und Türen

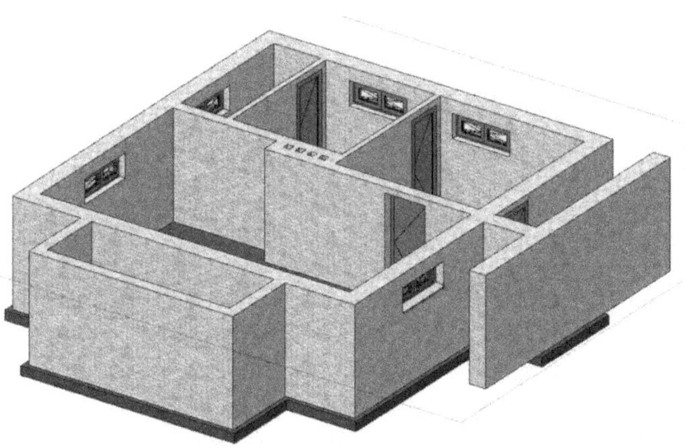

Abb. 15.22: Kellergeschoss mit Bodenplatte (30 cm stark), Fenstern und Türen

Im Kellergeschoss wären seitlich auch noch die Wände für Kellereingang und Hauseingang zu konstruieren. Die Abmessungen finden Sie in Abbildung 15.21. Hier lohnen sich wieder die orangefarbenen Hilfslinien im gegebenen Abstand oder Eingaben im TRACKER. Danach sieht dann das Kellergeschoss so aus wie in Abbildung 15.22.

15.4 Das Gelände

Um nun auch noch das Grundstück zu simulieren, konstruieren Sie einfach eine rechteckige FREIFLÄCHE um das Haus herum mit Geometriemethode RECHTECK. Erstellen Sie diese im Kellergeschoss mit Höhe 1,40 m und Tiefenausdehnung 3 m. Dann liegt die Oberfläche 0,10 m unter dem Projektursprung und sie geht insgesamt 3 m in die Tiefe – wie in Abbildung 15.23 gezeigt.

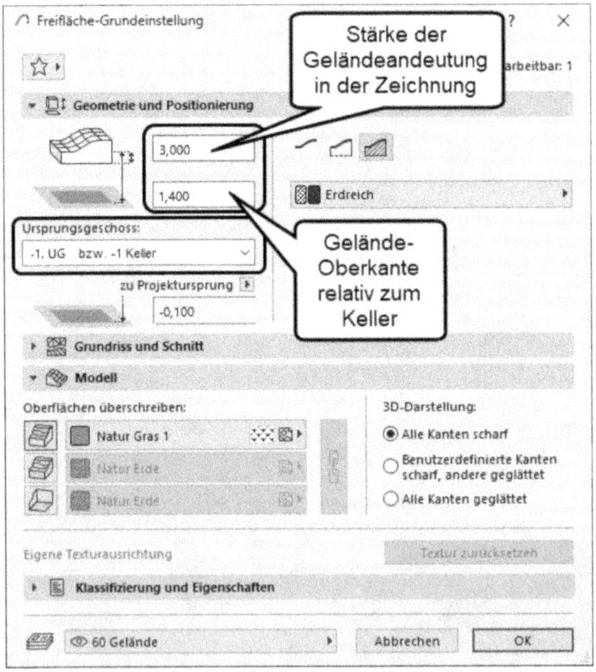

Abb. 15.23: Freifläche 3 m tief ab 0,10 m unter Projektursprung

Diese Freifläche hat nur einen Nachteil, sie füllt auch die Kellerräume aus. Um den Keller herauszuschneiden, erzeugen Sie einen quaderförmigen MORPH von der untersten Kellerecke bis zur diagonal gegenüberliegenden mit etwa 3 m Höhe. Das geht am einfachsten, wenn Sie in der 3D-Darstellung mit ANSICHT|3D-DARSTELLUNGSMODUS auf DRAHTMODELL umschalten. Dieses Morph-Volumen ziehen Sie dann mit PLANUNG|SOLID ELEMENT-BEFEHLE vom Freiflächen-Gelände ab. Für den Kellereingang und die zugehörige Außentreppe benötigen Sie dann weitere Morphs zum Volumenabzug vom Gelände.

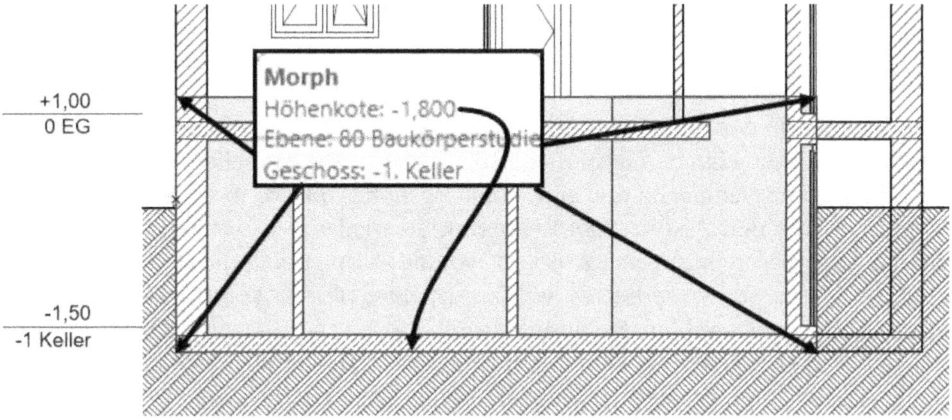

Abb. 15.24: Keller mit Freifläche und abgezogenem Morph

15.5 Der Keller

15.5.1 Sichtbarkeit von Fenstern

Die Kellerfenster liegen bezogen auf das Kellergeschoss recht hoch. Der Keller geht bis zu 1,50 m in die Erde, und die Wandhöhen betragen 2,30 m. Die Kellerfenster mit einer Fensterhöhe von 0,51 m werden dann von 1,50 bis 2,01 reichen. Damit sie in der Grundrissdarstellung zu sehen sind, muss der Darstellungsbereich groß genug sein. Die Vorgabe für die Lage der Grundriss-Schnittebene eines Geschosses beträgt generell 1 m laut DOKUMENTATION|GRUNDRISS-SCHNITTEBENE (Abbildung 15.25).

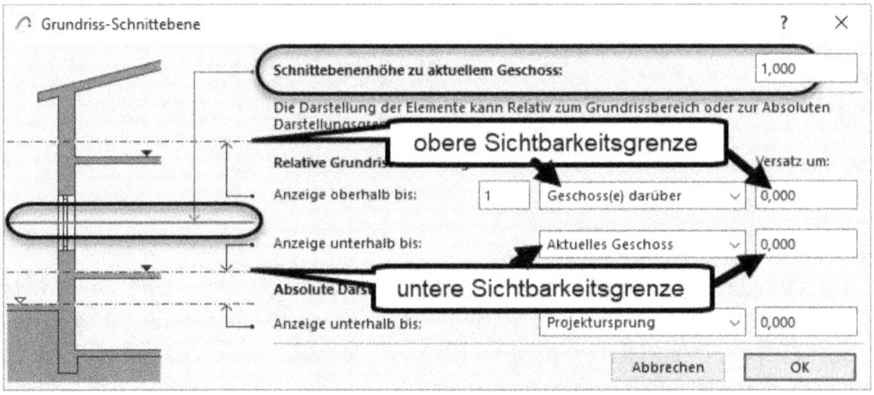

Abb. 15.25: Grundriss-Schnittebene bei 1,00 m mit Sichtbarkeitsbereich

Aber der Sichtbarkeitsbereich für Elemente ist *nicht* auf diese eine Schnittebene beschränkt, sondern erstreckt sich von 0 m im *aktuellen Geschoss* bis 0 m im *Geschoss darüber.* Damit werden die Kellerfenster unabhängig von ihrer Höhenlage im Kellergeschoss-Grundriss immer erfasst.

15.5.2 Kellerfenster

Bevor Fenster in den Keller eingebaut werden können, müssen die Abmessungen im FENSTER-Werkzeug eingestellt werden (Abbildung 15.26). Sie sollen 126 x 51 cm breit und hoch sein, zweiflügelig und eine Brüstungshöhe von 1,50 m besitzen. Setzen Sie die Fenster mit den BESONDEREN FANGPUNKTEN wieder in die Mitten der Wandsegmente. Sie müssen dazu unter ANSICHT|FANGPUNKTOPTIONEN die Optionen HÄLFTE und ZWISCHEN SCHNITTPUNKTEN wählen. Im EINSTELLUNGSDIALOG sollten Sie die Anschläge geeignet wählen. Sie finden sie unter FENSTER-EINSTELLUNGEN|ANSCHLAG. Nach diesen Einstellungen wäre es sinnvoll, dieses Fenster als neuen Favoriten mit geeignetem Namen zu speichern (siehe Abbildung 15.26 ❶ bis ❻).

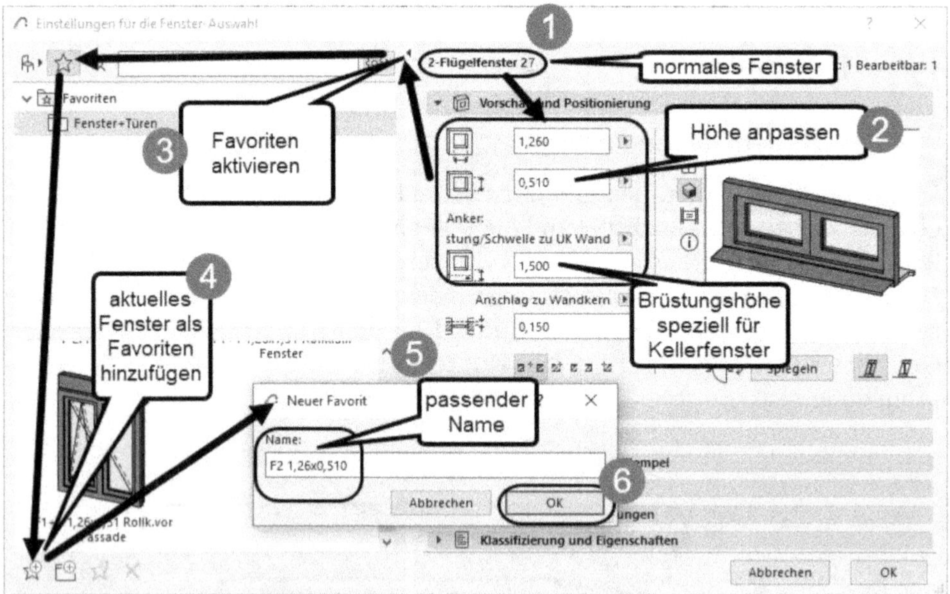

Abb. 15.26: Parameter für Kellerfenster

15.5.3 Kellertüren

Als Nächstes wird noch eine schöne Metalltür für den Eingang gesucht. Die finden Sie unter den EINGANGSTÜREN. Fügen Sie die Tür mit normalen Parametereinstellungen dort ein, wo der Kellereingangsschacht endet. Weitere einfache Holztüren für innen können Sie aus dem Ordner INNENTÜREN nach den Maßen der Grundriss-Ansicht einsetzen.

15.5.4 Außentreppen

Nun fehlt nur noch die Kellertreppe. Ihre Abmessungen sind Höhe **1,50 m**, Breite **1,01 m** und Länge **2,00 m**. Rufen Sie das Treppen-Werkzeug auf, wählen Sie Treppenlauf|Massiv (Abbildung 15.28) und verwenden Sie die Parameter aus Abbildung 15.27. Um die Treppe von unten nach oben zu zeichnen, wählen Sie unter Eingabemethode die Richtung Aufwärts. Bei Unter- und Oberkante wählen Sie als Kantenversatz oben **-1,20 m**, gemessen vom Erdgeschoss 0. EG aus, und Kantenversatz unten **-0,00 m**, gemessen vom Kellergeschoss -1. UG aus, weil hier kein Fertigfußboden angelegt wurde und die Treppe bis zur Rohdecke durchgehen muss. Wählen Sie unten die Setzstufe und oben die Trittstufe. Als Breite stellen Sie **0,885 m** ein und die Anzahl der Stufen setzen Sie auf **7** oder **8**. Dann beginnen Sie, die Treppe am Startpunkt links nahe der Kellertür zu zeichnen.

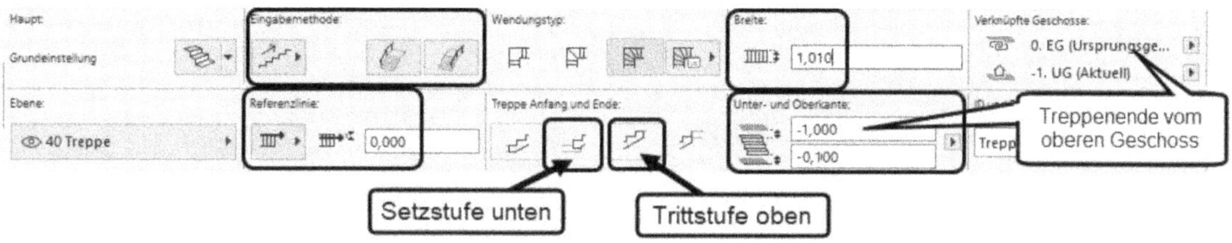

Abb. 15.27: Parameter für Kellertreppe außen

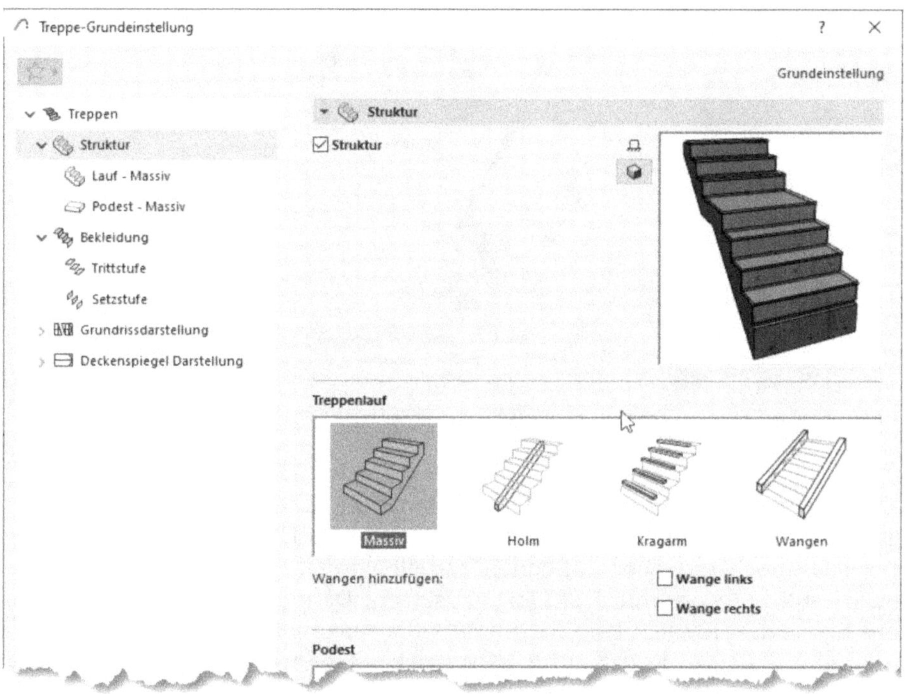

Abb. 15.28: Einstellungen für Kellertreppe außen

Den Endpunkt legen Sie fest, indem Sie oben die Ecke der Außenwand anklicken und dann ggf. die Stufenzahl in der INFOLEISTE noch anpassen, weil es für eine gegebene Länge verschieden steile Treppen gibt, die mit der Treppenregel verträglich sind. Am besten passt hier die Treppe mit 8 Stufen.

Danach können Sie gleich auch die Eingangstreppe ins Erdgeschoss erstellen. Sie beginnt aber nicht auf der Geschosshöhe **0 m**, sondern auf Geschosshöhe **1,50 m** bzgl. Kellergeschoss und geht bis **0 m** Abstand vom Erdgeschoss, **0,885 m** breit und **1,71 m** lang.

15.5.5 Kellertreppe innen

Für die Innentreppe wählen Sie bei den TREPPEN-GRUNDEINSTELLUNGEN die STRUKTUR nur mit WANGEN und unter Bekleidung nur TRITTSTUFEN (Abbildung 15.29).

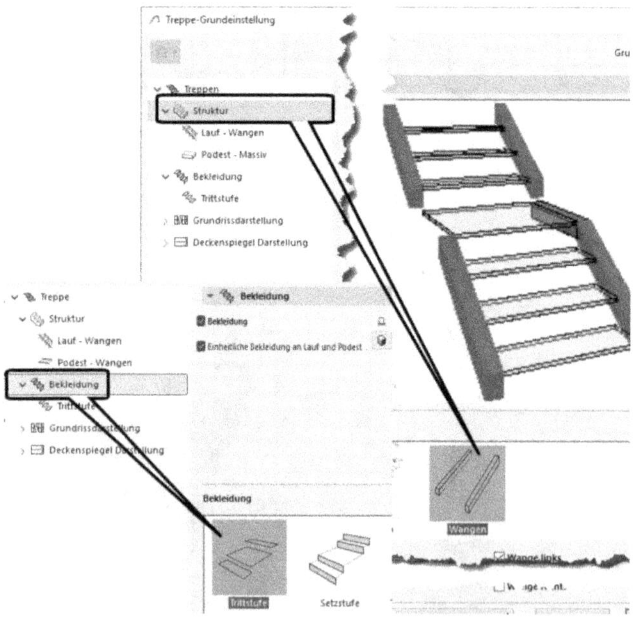

Abb. 15.29: Struktur und Bekleidung der Kellertreppe innen

Bei den Treppenparametern wählen Sie diesmal die absteigende Treppe mit Entfernung **0,00 m** oben und **-0,15 m** unten bei OBER- UND UNTERKANTE, da später im Erdgeschoss noch ein Fertigfußboden erstellt wird, der Kellerboden aber frei bleibt. Die BREITE wäre mit **0,885 m** anzusetzen. Da die Treppe etwas enger ist, ändern Sie in den REGELN UND STANDARDS die maximale STEIGUNG auf **0,25 m** und den minimalen AUFTRITT auf **0,10 m**. Auch sollten wegen der Enge hier oben und unten *Setzstufen* verwendet werden. Dann zeichnen Sie die Treppe beginnend bei der oberen Kellertür rechts nach links um die Ecke. Wenn sie zu lang wird, ändern Sie die Stufenzahl auf **12** und schieben Sie den Endpunkt der Lauflinie in Richtung Kellerecke, bis es nicht mehr weiter geht. Dann haben Sie die Bedingungen für die Treppenregel maximal ausgenutzt.

Für eine automatische Beschriftung gehen Sie in den GRUNDEINSTELLUNGEN in die Kategorie BESCHRIFTUNG und stellen von der Option INTEGRIERTE BESCHRIFTUNG auf TREPPENBESCHRIFTUNG um.

Falls das GELÄNDER auf der verkehrten Seite der Treppe erscheint, können Sie die einzelnen Knotenpunkte im Grundriss einfach mit dem Cursor auf die andere Seite verschieben. Das Geländer für die Innentreppe besteht nur aus Handlauf und Pfosten, die Kategorie PANEELE wäre hier mit einem Klick auf - abzuschalten. Für das Geländer der Außentreppe können Sie über die FAVORITEN den Typ REINER HANDLAUF wählen.

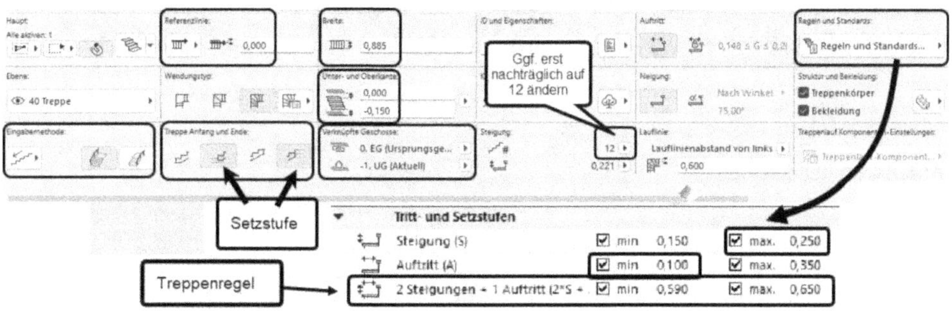

Abb. 15.30: Parameter für die Kellertreppe innen

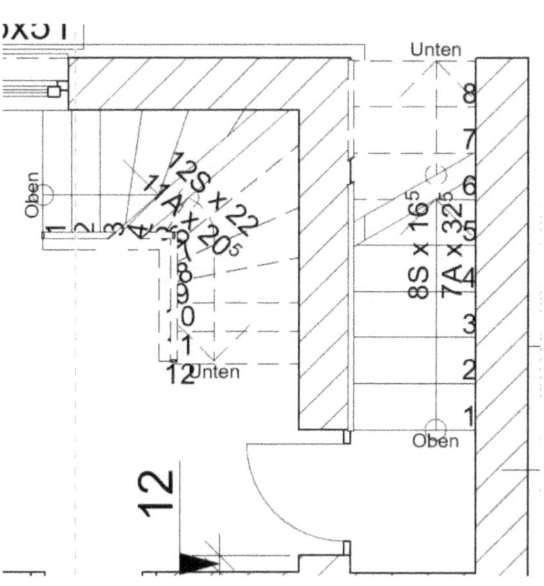

Abb. 15.31: Kellertreppen innen und außen

15.5.6 Der Kellerboden

Der Kellerboden ist zunächst eine Kopie der Decken aus den darüber liegenden Geschossen. Um diese Fundamentplatte auf allen Seiten größer als den Wandumriss zu bekommen, müssen Sie nur den Rand anklicken und mit der PET-PALETTE und der Funktion ALLE KANTEN VERSETZEN beispielsweise um **0,1 m** vergrößern.

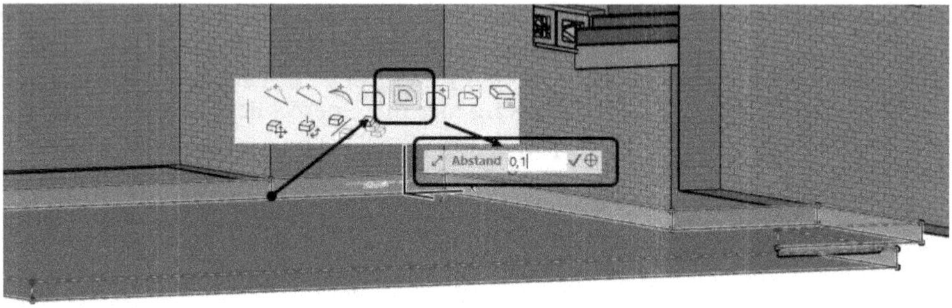

Abb. 15.32: Kellerboden

15.5.7 Wand-Fundamente

Zu guter Letzt können Sie noch die Wand-Fundamente darunter legen. Verwenden Sie Träger, die Sie in die richtige Tiefe legen. Das Kellergeschoss endet bei der Oberkante des Fertigfußbodens, für den Fußbodenaufbau sind die Wände noch nach unten um **-0,15 m** vorgabemäßig verlängert. Die Betonplatte des Kellerbodens liegt deshalb bei **-0,15 m** und die Dicke des Bodens beträgt **0,20 m** nach unten. Die Fundamente müssen deshalb mit der Oberkante bei **-0,15 m** Tiefe, der Unterkante der Wände, liegen.

Damit Sie die Fundamente unterhalb des Kellerniveaus dann auch sehen können, müssen Sie den Sichtbarkeitsbereich der Grundrisse noch unter das aktuelle Geschoss ausdehnen. Dazu wählen Sie im Menü DOKUMENTATION die Option GRUNDRISS-SCHNITTEBENE und ändern im Dialogfenster unter ANZEIGE UNTERHALB BIS: AKTUELLES GESCHOSS den Wert von VERSATZ UM auf **-1,00**.

Ohne die Statik zu kalkulieren, wurde hier eine Fundamentstärke von **60 x 40 cm** angenommen. Stellen Sie dazu die Trägerparameter folgendermaßen ein: HÖHE **0,60 m**, BREITE **0,40 m**, HÖHENLAGE zum URSPRUNGSGESCHOSS **-0,15 m**. Bei REFERENZACHSE und VERSATZ wählen Sie die grafische Vorgabeeinstellung **Mitte der Oberkante** und **0,0 m** (Abbildung 15.33).

Im INFOFENSTER wählen Sie die Geometriemethode EINFACH. Um das Fundament mittig unter die Mauern zu legen, können Sie nach Anfahren (nicht Klicken!) der beiden Eckpunkte am Wandende und unter Verwendung der FANGHILFEN die Mittelposition anklicken (Abbildung 15.34). Bei einer geschlossenen Kontur endet der

TRÄGER-Befehl automatisch, bei einer offenen Kontur beenden Sie mit *Doppelklick* oder *Rechtsklick* und OK.

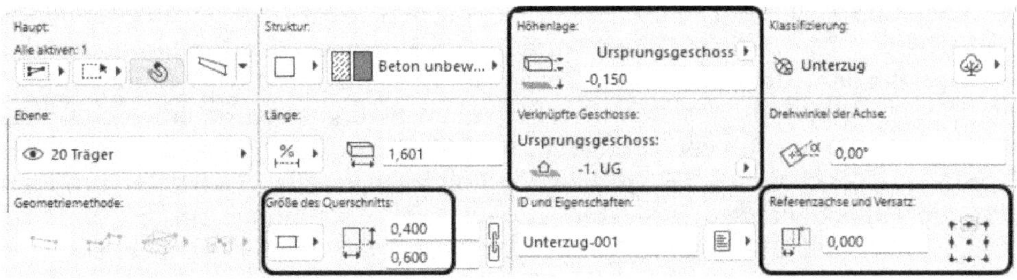

Abb. 15.33: Träger 60 x 40 cm für Fundament

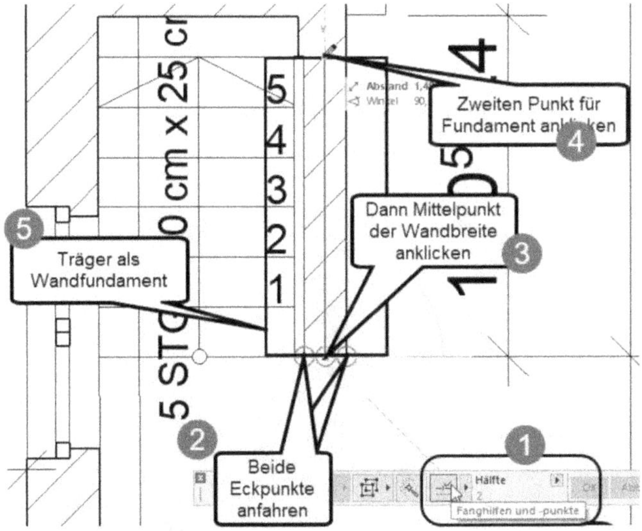

Abb. 15.34: Fundament unter Wandmittellinie zeichnen

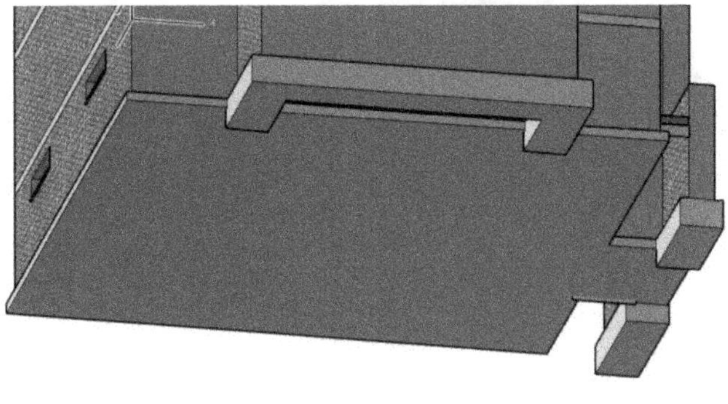

Abb. 15.35: Seitenansicht mit Kellerwänden, Kellerbodenplatte und einigen Wand-Fundamenten

15.6 Türen im Erdgeschoss und Obergeschoss

Im Erdgeschoss geht es weiter mit den Fenstern und Türen. Das dürfte nach den Übungen im Keller nun kein Problem mehr sein. Die Maße gehen aus Abbildung 15.19 hervor. Die übrigen Türen wurden auf entsprechende Wandmittelpunkte gesetzt. Bei den Türen klicken Sie immer auf die Seite mit dem Öffnungs-Cursor nach dort, wo sie öffnen sollen. Die Türen haben vorgabemäßig eine Schwellenhöhe von **0,00 m**. Bei der Vorlage **AC29.3000.DEFAULT.01 Archicad Beispiel-Vorlage - Geschoss OK FF.tpl** liegt die Rohdecke jeweils **15 cm** tiefer, um Platz für den Fußbodenaufbau zu lassen. Daraus folgt, dass momentan die Türen im Erdgeschoss und Obergeschoss jeweils **15 cm** über der Rohdecke liegen. Der Fußbodenaufbau muss dann hier noch später hinzugefügt werden.

15.7 Treppe im Erdgeschoss

Eine letzte Schwierigkeit ist die Treppe im Erdgeschoss. Sie soll im Endzustand die Form aus Abbildung 15.36 haben. Sie ist etwas raffiniert gewendelt und schließt an die Flurböden unten und oben schräg an. Die Parameter zeigt Abbildung 15.37.

Abb. 15.36: Treppe für Erdgeschoss

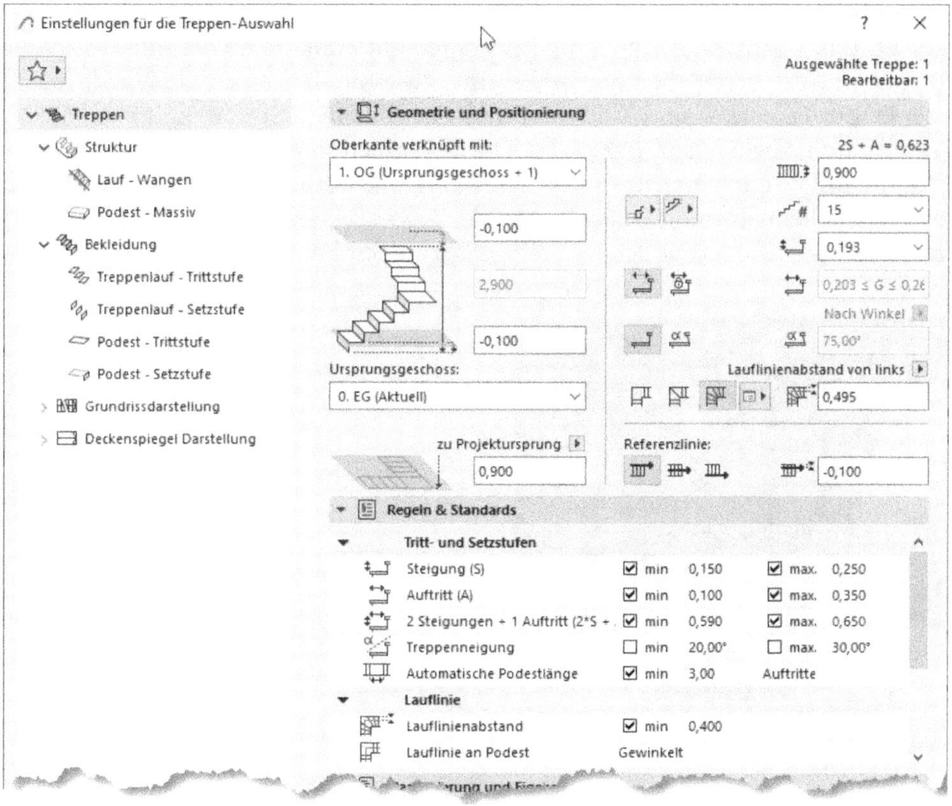

Abb. 15.37: Treppenstruktur fürs Erdgeschoss

Da die Treppe recht schwierig ist, können Sie zunächst mit einer freihändig skizzierten Treppe neben dem Grundriss beginnen ❶ (Abbildung 15.38).

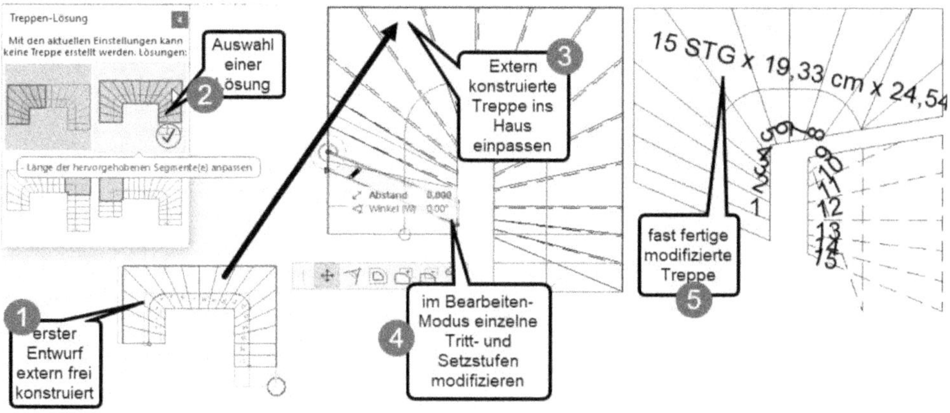

Abb. 15.38: Konstruktion der komplexen Treppe im Erdgeschoss

Dabei kann es passieren, dass Sie zwischen mehreren Alternativen wählen müssen ❷. Dann können Sie die fertige ❸ Treppe mit Funktionen der PET-PALETTE in den Grundriss verschieben und erst einmal die Seitenlängen an die Wände anpassen ❹. Zur Feinanpassung und Änderung der einzelnen Stufen markieren Sie die Treppe und klicken auf BEARBEITEN. Im Bearbeitungsmodus haben Sie dann Zugriff auf die einzelnen Tritt- und Setzstufen und können diese mithilfe der PET-PALETTE beliebig formen ❺. Schließen Sie das Bearbeiten ab mit Bearbeitungsmodus BEENDEN. Die fertige Treppe sollte dann an den Enden schräg abschließen.

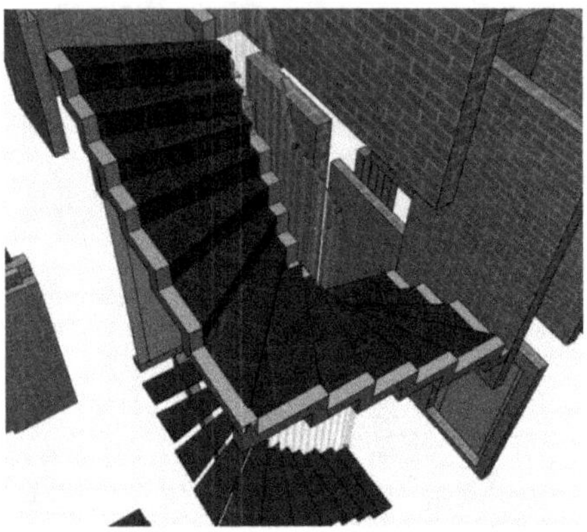

Abb. 15.39: Komplexe Treppe mit Wangen und Geländer

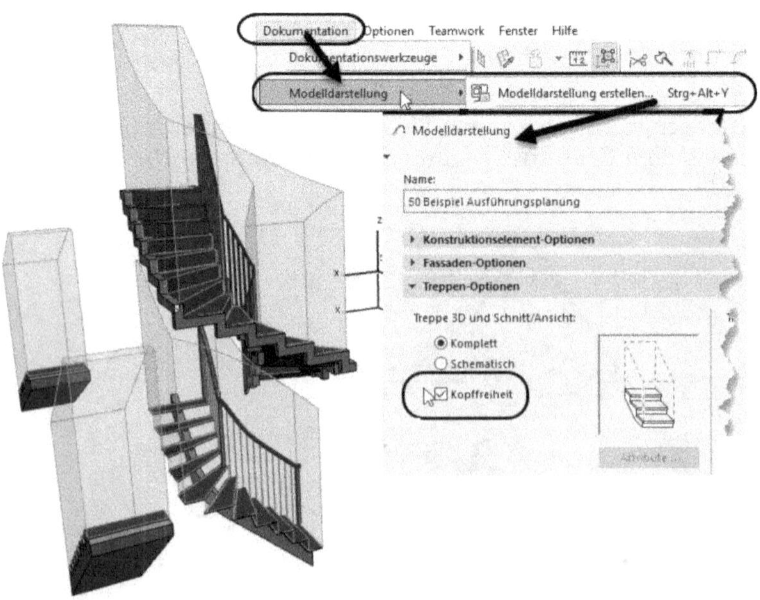

Abb. 15.40: Treppen mit Anzeige der Kopffreiheit

Noch ist der Treppenbau aber nicht ganz fertig. Die Mittelwand der Treppe muss noch verkürzt werden, damit die Treppe hindurchgeht. Das kann einfach durch Verschiebung des Endpunkts geschehen. Die Wand mit der Tür zum Kellerabgang ist aber noch zu hoch. Sie muss nach oben verkürzt werden. Das kann einfach über Änderung der individuellen Wandhöhe geschehen (oberer Abstand in INFOLEISTE auf **-0,40 m**) oder mit den SOLID-ELEMENT-BEFEHLEN.

Um einen besseren Zugriff auf die Elemente zu haben, sollten Sie die Ebenen der Wände und Decken ausblenden. Klicken Sie zunächst eine Außenwand an und wählen Sie im Kontextmenü nach Rechtsklick EBENEN|EBENE AUSBLENDEN. Wiederholen Sie den Schritt für die Decken.

Sie finden diese SOLID-ELEMENT-BEFEHLE unter PLANUNG|SOLID-ELEMENT-BEFEHLE. Gehen Sie folgendermaßen vor (Abbildung 15.41):

1. Markieren Sie die Wand.
2. Klicken Sie auf die Schaltfläche ZIELELEMENTE ÜBERNEHMEN.
3. Markieren Sie die Treppe.
4. Klicken Sie auf die Schaltfläche OPERATORELEMENTE ÜBERNEHMEN.
5. Wählen Sie die Funktion ABZUG MIT VERLÄNGERUNG NACH OBEN.
6. Klicken Sie auf AUSFÜHREN.
7. Das Wandende oben verschwindet dann, und Sie können den Funktionsdialog schließen.

Alternativ könnten Sie auch die Wand markieren, eine Kante anklicken und in der PET-PALETTE die Funktion HÖHE STRECKEN aufrufen, um die Wand niedriger zu machen.

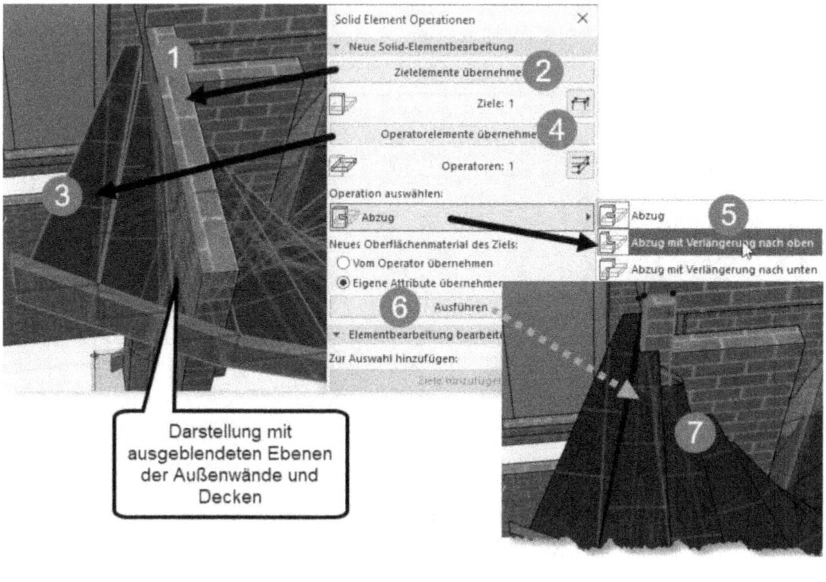

Abb. 15.41: Wand durch Treppe beschneiden

Außerdem ist die Betondecke nun noch an den Treppenverlauf anzupassen. Das geschieht wie in den Grundrissen mit den Funktionen der PET-PALETTE.

15.7.1 Decken und Wände

Da das Beispiel noch ein älteres Haus ohne isolierte Außenwände ist, sollten die Betondecken nicht bis ganz außen gehen, um keine Kältebrücken zu bilden. Sie sollten im Erd- und Obergeschoss deshalb um eine Ziegelbreite etwa zurückgezogen werden. Dazu markieren Sie eine Decke, klicken einen Rand an und wählen aus der PET-PALETTE die Funktion ALLE KANTEN VERSETZEN, ziehen mit dem Cursor nach innen und geben 0,125 ein. Falls Sie die Balkondecke einzeln konstruiert haben, achten Sie darauf, diese an die modifizierte Decke wieder anzupassen. Dazu reicht es dann, die Verbindungskante mit KANTE VERSETZEN zu verschieben.

Um die Wände noch farblich zu gestalten, können Sie in den GRUNDEINSTELLUNGEN unter MODELL die Oberflächenfarben ändern. Sie können diese Einstellungen dann leicht mit PIPETTE und SPRITZE auf andere Wände übertragen (Abbildung 15.42) oder Sie aktivieren in der WAND-GRUNDEINSTELLUNG die Option ENDOBERFLÄCHEN: MIT ANGRENZENDEN WÄNDEN ÜBERSCHREIBEN.

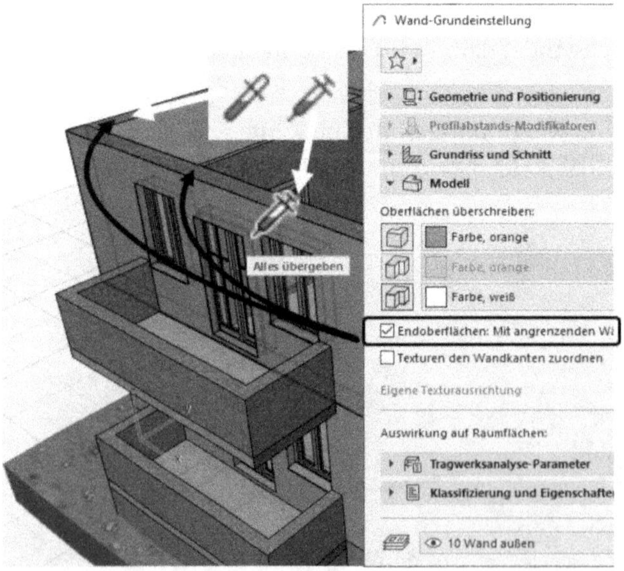

Abb. 15.42: Gestalten und übertragen der Überschreibungen für Wandoberflächen

15.7.2 Der Balkon

Nun sollen die Stützen für den Balkon gesetzt werden. Rufen Sie das STÜTZEN-Werkzeug auf und geben Sie die Abmessungen (Abbildung 15.43) ein und geben Sie vor allem an, mit welcher Ecke Sie die Stütze positionieren wollen. Zeichnen Sie die Wände für den Balkon mit der Höhe `1 m`.

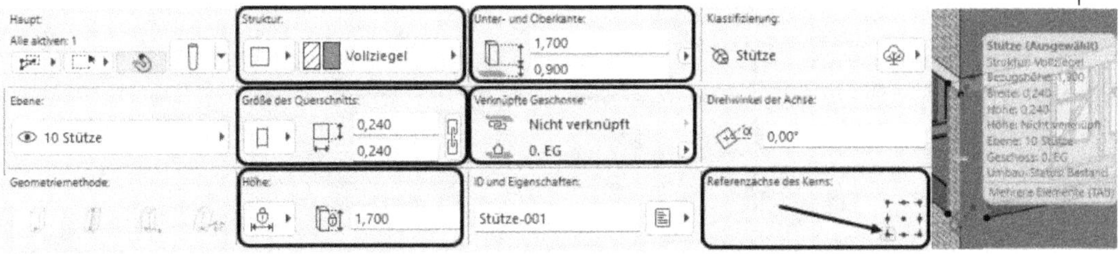

Abb. 15.43: Die Stützen für den Balkon

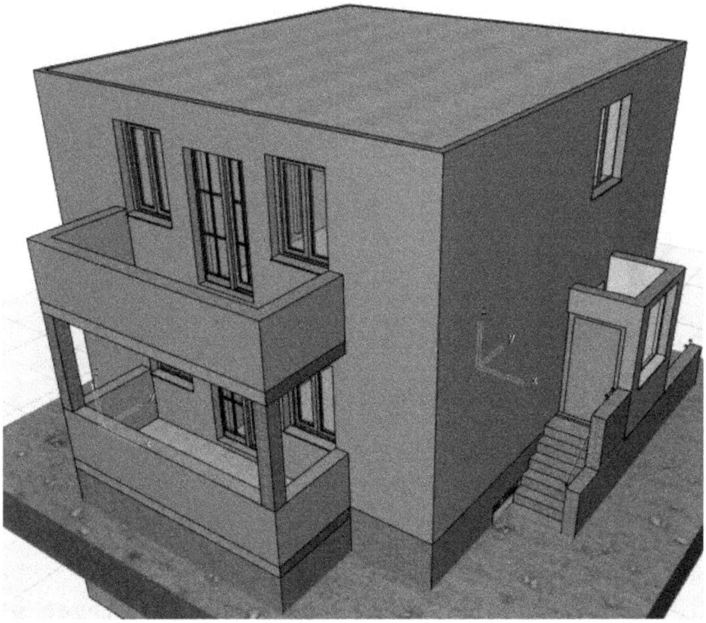

Abb. 15.44: Stützen am Balkon eingesetzt

15.8 Der Hauseingang

Zeichnen Sie auch die übrigen Wände für den Hauseingang mit einer Höhe von **2,55 m**. Tür Fenster fügen Sie wie gewohnt ein.

Die Eingangsüberdachung können Sie mit dem DACH-Werkzeug und der GEOMETRIEMETHODE MULTIFLÄCHEN und KONSTRUKTIONSMETHODE KOMPLEXES DACH erstellen. An sich brauchen Sie ein abgeschnittenes Multiflächen-Dach. Sie sollten es erst mal etwas länger konstruieren, sodass es ins Haus hineinragt (Abbildung 15.45). In dem Beispiel wurde fürs Dach kein Schichtaufbau, sondern als STRUKTUR: EINFACH gewählt. Geben Sie eine DACHNEIGUNG von **11°**, DACHAUFSETZLINIENHÖHE von **2,45 m**, eine DICKE von **0,20 m** und einen DACHÜBERSTAND von **0,30 m** ein.

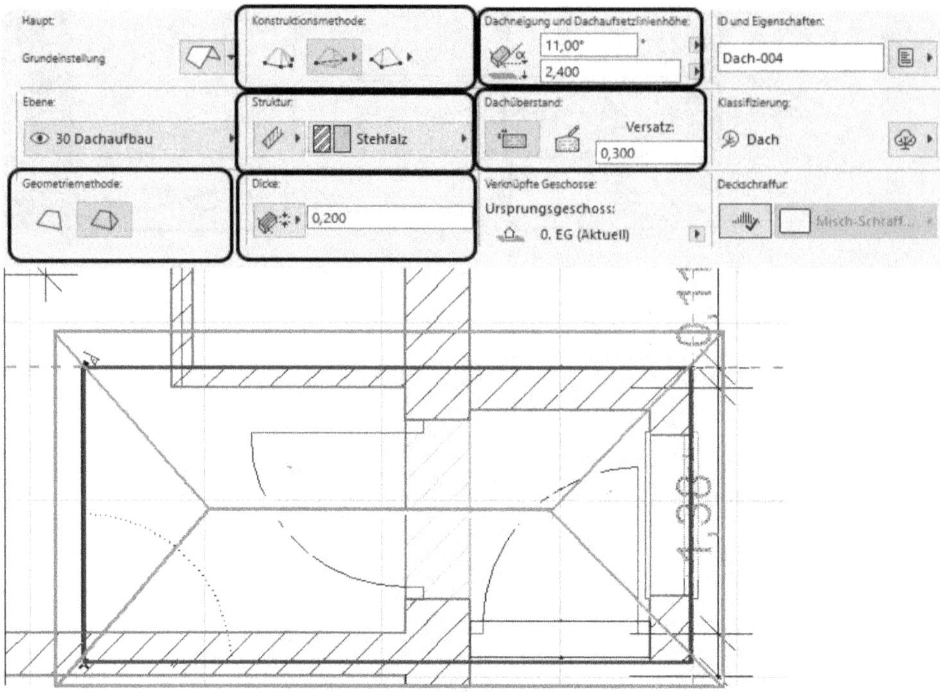

Abb. 15.45: Die Eingangsüberdachung

Das fertige Dach bildet mit seinen vier Dachflächen ein zusammengesetztes Element. Lösen Sie diese Zusammenfassung über Rechtsklick und die Funktion IN EINZEL-DACHFLÄCHEN ZERLEGEN auf. Sie können nämlich danach die ins Haus hineinragenden Dachecken mit dem Cursor und gefangenen Schnittpunktpositionen so verschieben, dass nichts mehr hineinragt in das Gebäude. Markieren Sie jede der vier Dachflächen, klicken Sie auf die Ecke und verwenden Sie von der PET-PALETTE die Funktion KNOTENPUNKT VERSCHIEBEN und schieben Sie den Knotenpunkt auf den Schnittpunkt mit der Wand. So können Sie das Dach anpassen. Die dreieckige Dachfläche, die komplett im Gebäude liegt, löschen Sie natürlich.

Abschließend können Sie die Wände des Eingangsbereichs noch an den Dachflächen trimmen. Klicken Sie dazu jeweils eine Wand an, rufen Sie aus der STANDARDSYMBOLLEISTE das Werkzeug TRIMMEN SIE ELEMENTE MIT DACH/SCHALE auf, klicken Sie dann die zugehörige Dachfläche an und danach den Teil der Wand, der erhalten bleiben soll.

15.9 Das Dach

Das Dach erstellen Sie wieder als MULTIFLÄCHEN-Dach, aber mit der einfacheren Methode RECHTECKIG MIT GRAT. Den Durchbruch für den Schornstein erstellen Sie über die PET-PALETTE mit VOM POLYGON ABZIEHEN, indem Sie einen rechteckigen Ausschnitt passend zu den Schornstein-Wänden zeichnen. Genauso ist auch ein Ausschnitt in der Decke aller Geschosse für die Kaminzüge vorzusehen. Den Schornstein selbst können Sie über Wände im 2. Obergeschoss mit gegebener Höhe von **1,50 m** modellieren.

Probieren Sie selbst auch noch Schnitte aus und analysieren Sie das Haus in 3D (Abbildung 15.46), indem Sie die einzelnen Geschosse auswählen mit ANSICHT|ELEMENTE IN 3D|ELEMENTE IN 3D FILTERN UND SCHNEIDEN. Damit können Sie Geschoss für Geschoss Ihre Konstruktion studieren (Abbildung 15.47).

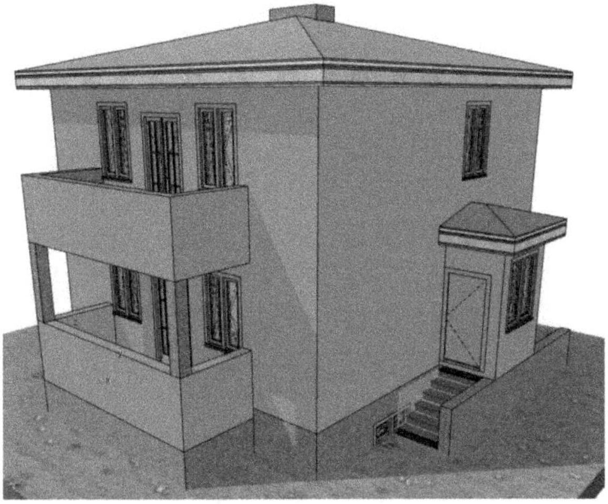

Abb. 15.46: Das Haus im Übersichtsbild

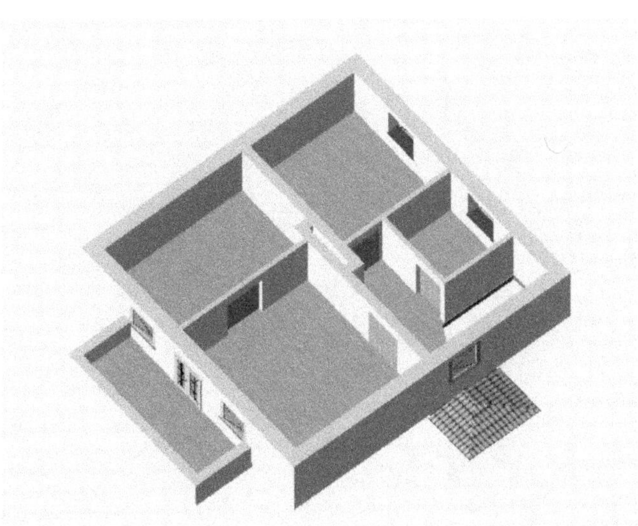

Abb. 15.47: Nur Elemente des Obergeschosses

15.10 Übungsfragen

1. Wo werden die Geschosshöhen eingegeben?
2. Wie geben Sie relative Positionen von einem Elementfang (ggf. mit [E]+[Enter]) aus ein?
3. Wo finden Sie das Werkzeug zum Trimmen?
4. Wo finden Sie die Funktion zum Kopieren aller Wände eines Geschosses in ein anderes Geschoss?
5. Wie wird das Gelände (FREIFLÄCHE) aus dem Kellerbereich entfernt?
6. Wie kann man ein Gebäude in einer 3D-Ansicht geschossweise anzeigen lassen?

Unterschiede Windows – Macintosh und Tastaturkürzel

A.1 Sondertasten bei Mac

Da Archicad unter zwei Betriebssystemen läuft, ergeben sich zwangsläufig einige kleine Unterschiede in der Bedienung. Ich will auf Unterschiede bei der Installation und Verwaltung der Daten hier nicht eingehen, weil dies im Benutzerhandbuch ausführlich geschieht. Hier sollen nur die kleinen Abweichungen zitiert werden, die bei der Bedienung mit den Sondertasten auftreten.

Windows	Mac OS
Strg	⌘
Alt	⌥
ESC	ESC
⇧	⇧

A.2 Tastaturkürzel

Die *Tastaturkürzel* erleichtern das tägliche Arbeiten bei häufig benutzten Funktionen. Sie finden diese Kürzel einerseits in den Menüfunktionen als zusätzliche Angabe. Andererseits gibt es eine Auflistung sämtlicher Tastaturkürzel unter dem Menüpunkt OPTIONEN|ARBEITSUMGEBUNG|TASTATURKÜRZEL über die Schaltfläche TASTATURKÜRZEL IM BROWSER ANZEIGEN LASSEN (Abbildung A.1). Sie werden dort auch sehen, dass diese Kürzel unter verschiedenen Situationen unterschiedliche Auswirkung haben (Abbildung A.2).

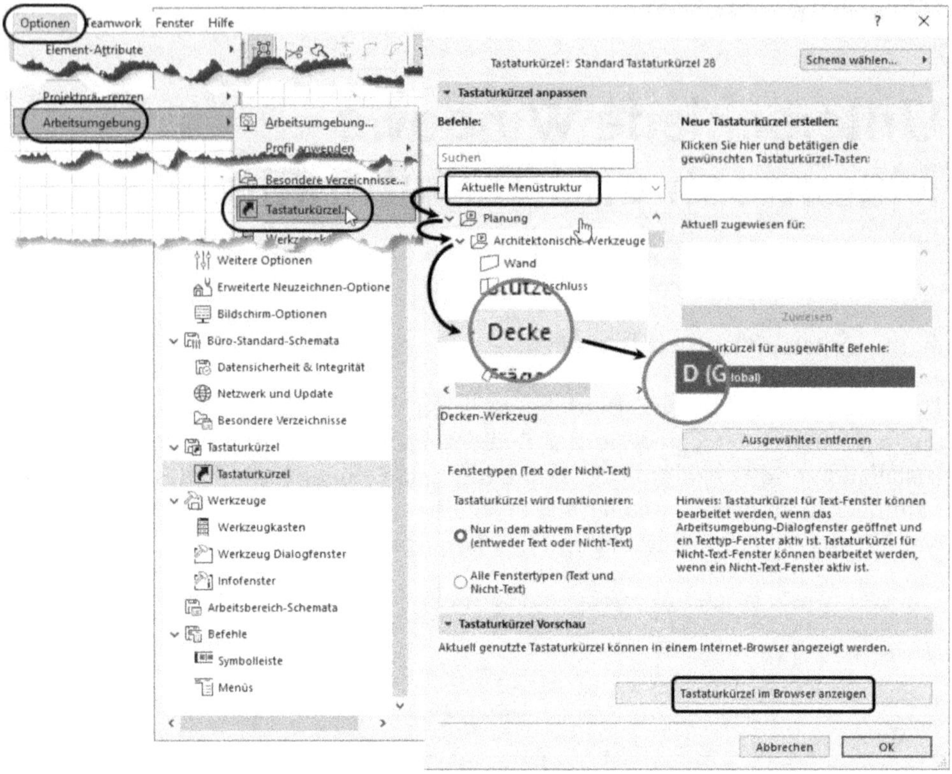

Abb. A.1: Tastaturkürzel suchen und erstellen/ändern

Tastaturkürzel

Befehl	Tastaturkürzel	Beschreibung	Fensterty
Neu...	Strg + N	Öffnet ein neues, leeres Archicad-Projekt.	Alle Typen
Neu & Wiederherstellen	Strg + Alt + N	Erstellt ein neues leeres Archicad Projekt und stellt Standard-Einstellungen ein.	Alle Typen
Öffnen...	Strg + O	Öffnet ein bestehendes Dokument.	Alle Typen
Projekt schließen	Strg + Umsch + W	Schließt das Projekt.	Alle Typen
Sichern	Strg + S	Sichert das Projekt.	Alle Typen
Sichern als...	Strg + Umsch + S	Sichert das Projekt unter einem neuen Namen ab.	Alle Typen
Dazuladen aus Datei...	Alt + O	Lädt ein auf dem lokalen Dateisystem gefundenes bestehendes Dokument zum aktuellen Projekt.	Nicht-Text
Platzieren externe Zeichnung aus BIMcloud ...	Strg + Alt + Umsch + O	Importiert und platziert externe Zeichnungsdateien aus der BIMcloud in das aktuelle Projekt.	Alle Typen
Bibliothekenmanager...	Strg + Umsch + B	Öffnet den Bibliothekenmanager	Alle Typen
Neues Objekt...	Strg + Alt + O	Öffnet das GDL Hauptfenster, um eine neues Bibliothekselement zu erstellen.	Nicht-Text
Objekt öffnen...	Strg + Umsch + O	Nach einem existierenden Bibliothekselement suchen und sein Script-Fenster öffnen.	Alle Typen
Projekt-Info...	Alt + I	Projekt-Informationen eingeben (z.B. Name, Auftraggeber:in etc.)	Nicht-Text
Plotten...	Strg + Alt + Umsch + P	Plottet das aktuelle Projekt.	Nicht-Text
Papierformat...	Strg + Umsch + P	Ändert die Papierformat-Layout-Einstellungen.	Alle Typen
Drucken...	Strg + P	Druckt das aktuelle Projekt.	Alle Typen
Beenden	Strg + Q	Beendet das Programm; Hinweis zum Sichern erfolgt.	Alle Typen
Publisher...	Strg + Alt + P	&Publisher...	Nicht-Text
Rückgängig	Strg + Z	Widerruft die letzte Aktion.	Nicht-Text
Wiederausführen	Strg + Umsch + Z	Führt die widerrufenen Aktionen wieder aus.	Nicht-Text

Abb. A.2: Browserübersicht der Tastaturkürzel

Stichwortverzeichnis

Detlef Ridder

Autodesk Fusion

Der praktische Einstieg in die 3D-Modellierung

Mit zahlreichen Schritt-für-Schritt-Anleitungen

- Autodesk Fusion anhand praxisnaher Projekte lernen
- Leicht verständliche Schritt-für-Schritt-Anleitungen in Farbe
- Für die kostenlose Privatanwender-Version und die Vollversion geeignet

Direkt starten mit praktischen Konstruktionsaufgaben

Dieses Workshop-Buch führt Sie Schritt für Schritt in die Arbeit mit Autodesk Fusion ein. Anhand anschaulicher Beispiele und klar strukturierter Übungen lernen Sie die wichtigsten Funktionen des leistungsstarken CAD-Programms von Grund auf kennen. Ob einfache Bauteile, komplexe Baugruppen oder animierte Explosionsdarstellungen: Sie wenden das Gelernte sofort praktisch an.

Einfach erklärt – auch ohne CAD-Erfahrung leicht verständlich

Die Anleitungen sind so gestaltet, dass sie sich leicht nachvollziehen lassen – ganz gleich, ob Sie beruflich mit CAD arbeiten, als Student erste Erfahrungen sammeln oder als Maker Ihre Projekte verwirklichen möchten. Dank zahlreicher Abbildungen und präziser Erläuterungen eignet sich das Buch ideal für den Einstieg.

Perfekt abgestimmt auf die kostenlose Fusion-Version

Alle Projekte und Übungen sind auf die kostenlose Version von Autodesk Fusion für Privatanwender ausgerichtet und lassen sich damit ohne Einschränkungen umsetzen. Gleichzeitig bilden sie eine solide Grundlage für den professionellen Einsatz mit der kostenpflichtigen Vollversion.

ISBN 978-3-7475-0874-9

Probekapitel und Infos erhalten Sie unter:
www.mitp.de/0874

Detlef Ridder

AutoCAD 2026 und AutoCAD LT 2026 für Ingenieure und Architekten

Das umfassende Praxisbuch

- Einführung in die wichtigsten Bedienelemente
- Konstruktionsbeispiele aus Architektur, Handwerk und Technik
- Zahlreiche Praxisbeispiele und Übungen

Praxisnaher Einstieg

Dieses Grundlagen- und Lehrbuch zeigt Ihnen anhand konkreter Praxisbeispiele aus Architektur, Handwerk und Technik die Möglichkeiten von AutoCAD 2026 und AutoCAD LT 2026 und bietet insbesondere AutoCAD-Neulingen einen gründlichen und praxisnahen Einstieg in CAD. Alle wichtigen Befehle und Funktionen werden detailliert erklärt.

Zahlreiche Übungsaufgaben und Bonusmaterial

Sie arbeiten von Anfang an mit typischen Konstruktionsaufgaben aus Studium und Praxis. Zu jedem Kapitel finden Sie Übungen und Testfragen mit Lösungen. Alle Konstruktionsbeispiele sowie zusätzliche 3D-Beispiele, Video-Tutorials, Vorlagen, einige Zusatzprogramme in AutoLISP sowie zwei Bonuskapitel zu den Themen 3D-Modellierung und Benutzeranpassungen können von der Webseite des Verlags heruntergeladen werden.

Für PC und Mac

Alle Funktionen werden anhand der PC-Version ausführlich beschrieben. Während die Befehlsabläufe auf beiden Systemen fast identisch sind, werden die Besonderheiten der zentralen Benutzeroberfläche für den Mac in einem Bonuskapitel zum Download vorgestellt.

Probekapitel und Infos erhalten Sie unter:
www.mitp.de/1096

ISBN 978-3-7475-1096-4

Detlef Ridder

Autodesk Revit 2026

Der umfassende Praxiseinstieg für Architekturkonstruktion

Mit zahlreichen Beispielen & Übungsaufgaben

- **Architekturkonstruktionen vom Grundriss bis zum 3D-Modell und Plot**
- **Die wichtigsten Konstruktions- und Bearbeitungsbefehle mit zahlreichen Beispielen**
- **Praxisnahe Beispielkonstruktion: Einfamilienhaus vom Keller bis zum Dach**

Fundierte und praxisnahe Einführung

Dieses Grundlagen- und Lehrbuch zeigt Ihnen die typischen Befehle der Architektursoftware Revit 2026 anhand einer vollständigen Beispielkonstruktion sowie kleiner Demonstrationsbeispiele. Der Autor richtet sich insbesondere an Revit-Neulinge, die einen fundierten, praxisnahen Einstieg suchen. Sie können sofort beginnen und in Kürze Ihre ersten Grundrisse und Häuser erstellen. Für jedes Kapitel finden Sie Testfragen mit dazugehörigen Lösungen.

Zahlreiche Praxisbeispiele

Die wichtigsten Vorgehensweisen bei der Konstruktion werden sowohl mit einem vollständigen Projektbeispiel als auch anhand vieler Detailbeispiele erklärt und geübt. Bei Revit ist es besonders wichtig, die verschiedenen Befehlsoptionen und Bedienelemente über Beispiele kennenzulernen, weil dabei stets die Element-Eigenschaften und Typvorgaben sowie die Einstellungen der Optionsleiste und der Eingabeaufforderungen beachtet werden müssen.

Alle wichtigen Konstruktionsmethoden

Neben der traditionellen Konstruktionsweise für einzelne Stockwerke mit Wänden, Türen, Fenstern, Geschossdecken, Treppen und Dächern wird auch das konzeptionelle Design vorgestellt, bei dem als Basis die Gebäudeform als Volumenkörper entworfen wird. Schließlich wird die Erstellung eigener Architekturkomponenten mithilfe des Familieneditors demonstriert.

Probekapitel und Infos erhalten Sie unter:
www.mitp.de/1100

ISBN 978-3-7475-1100-8

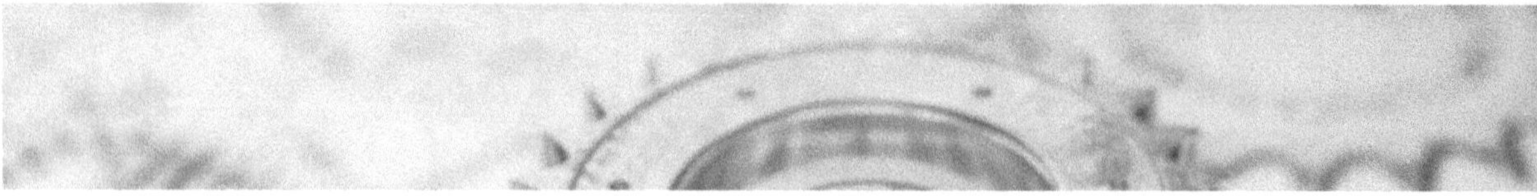

Detlef Ridder

FreeCAD

Der einfache Praxiseinstieg

3D-Modellierung für Mechanik und Architektur

3. Auflage

Komplett in Farbe

- FreeCAD Schritt für Schritt kennenlernen – für Mechanik- und Architekturkonstruktion
- Zahlreiche Praxisbeispiele sowie detaillierte Erläuterungen der Werkzeuge
- 3D-Modelle, technische Zeichnungen und Daten für NC-Fertigung und 3D-Druck erzeugen

3D-Konstruktionen mit FreeCAD für Ein- und Umsteiger

FreeCAD ist eine leistungsstarke Open-Source-Alternative zu professionellen CAD-Programmen. In diesem Buch lernen Sie alle wichtigen Funktionen für die 3D-Modellierung in Mechanik und Architektur von Grund auf kennen. Es eignet sich sowohl für CAD-Neulinge als auch für Umsteiger von anderen Programmen.

Oberfläche und Arbeitsabläufe anschaulich erklärt

Sie erhalten eine umfassende Einführung in die Benutzeroberfläche, die Menüstruktur und die typischen Workflows von FreeCAD. Alle Arbeitsschritte – von der Modellierung über die Ableitung technischer Zeichnungen bis zur Ausgabe von Fertigungsdaten – werden anhand praktischer Beispiele leicht verständlich erklärt. Für einige einfache Teile wird die Generierung der Daten für NC-Fertigung und 3D-Druck gezeigt.

Vollständige Beispiele für Mechanik und Architektur

Zwei durchgängige Beispiele zeigen Ihnen Schritt für Schritt das Vorgehen bei der Mechanikkonstruktion. In einem Bonus-Kapitel zum Download finden Sie ergänzend ein Architekturbeispiel für ein kleines Haus inklusive aller Details. So gewinnen Sie Sicherheit im Umgang mit FreeCAD und können künftig eigene Projekte umsetzen.

ISBN 978-3-7475-1126-8

Probekapitel und Infos erhalten Sie unter:
www.mitp.de/1126

www.ingramcontent.com/pod-product-compliance
Lightning Source LLC
LaVergne TN
LVHW082200051026
849532LV00012B/3630